HB ES

Wolfgang Drave, Franz Rumpler, Peter Wachtel (Hrsg.)

Empfehlungen zur sonderpädagogischen Förderung

Allgemeine Grundlagen
und Förderschwerpunkte (KMK)
mit Kommentaren

Wolfgang Drave, Franz Rumpler, Peter Wachtel (Hrsg.)

Empfehlungen zur sonderpädagogischen Förderung

Allgemeine Grundlagen und Förderschwerpunkte (KMK)

mit Kommentaren

edition bentheim Würzburg 2000

Die Deutsche Bibliothek – CIP-Einheitsaufnahme

Empfehlungen zur sonderpädagogischen Förderung: allgemeine Grundlagen und Förderschwerpunkte (KMK); mit Kommentaren / Wolfgang Drave . . . (Hrsg.). – Würzburg: Ed. Bentheim, 2000
ISBN 3-934471-15-3

Ohmstr. 7, 97076 Würzburg
Tel. 09 31/20 92-1 67 (Vertrieb), Fax: 09 31/20 92-1 70

www.edition-bentheim.de
email: info@edition-bentheim.de

Lektorat: Dr. Wolfgang Drave

Herstellung: CityDruck GmbH, Würzburg

Inhaltsverzeichnis

Wolfgang Drave
Blindeninstitutsstiftung Würzburg
Franz Rumpler
VDS-Bundesvorsitzender
Peter Wachtel
Kultusministerium Niedersachsen

Die Entwicklung der sonderpädagogischen Förderung, die Kultusministerkonferenz und der Verband Deutscher Sonderschulen

Der Entwicklungsgang der institutionalisierten sonderpädagogischen Förderung in der Bundesrepublik Deutschland seit 1949 lässt sich in drei Phasen gliedern:

- Aufbau von Hilfsschulen im Zusammenhang eines allgemeinen Wiederaufbaus der Schulen nach dem Zweiten Weltkrieg (in einer Zeit des ideellen und materiellen Chaos und der Restauration)
- Ausbau eines differenzierten Systems von speziellen Sonderschulen, die auf einzelne Behinderungsarten bezogen sind (in einer Zeit wirtschaftlicher Stabilisierung und sich abzeichnender gesellschaftlicher Umbrüche)
- Umbau des vorhandenen Systems der sonderpädagogischen Förderung mit einer Verlagerung sonderpädagogischer Hilfen in die Allgemeine Schule (in einer Zeit der Neuorientierungen und öffentlichen Finanzkrisen).

Für die Entwicklung der sonderpädagogischen Förderung in den elf (ab 1990: sechzehn) Bundesländern sind neben anderen Einflüssen sowohl die Konferenz der Kultusminister (KMK) mit ihren Gutachten und Empfehlungen als auch das Eintreten des Verbandes Deutscher Sonderschulen (vds), Fachverband für Behindertenpädagogik, mit einer Vielfalt von Aktivitäten von Bedeutung.

Die KMK und die sonderpädagogische Förderung

1949 wurde die Ständige Konferenz der Kultusminister der Länder in der Bundesrepublik gegründet. Angelegenheiten der Kulturpolitik von überregionaler Bedeutung sollten mit dem Ziel einer gemeinsamen Willensbildung verhandelt werden, um der drohenden Zersplitterung des Bildungswesens zu begegnen. In einer föderalistischen Bundesrepublik mit der Kulturhoheit der Länder entwickelte sich die Kultusministerkonferenz (KMK) zu einem Koordinationsgremium zwischen den Ländern.

Für den Bereich der sonderpädagogischen Förderung sind drei Veröffentlichungen der KMK von herausragender Bedeutung:

- Das Gutachten zur Ordnung des Sonderschulwesens von 1960
- Die Empfehlung zur Ordnung des Sonderschulwesens von 1972
- Die Empfehlungen zur sonderpädagogischen Förderung in den Schulen in der Bundesrepublik Deutschland von 1994.

Die Wirksamkeit der KMK im Hinblick auf die schulpolitische Entwicklung und die Organisationsformen sonderpädagogischer Förderung in den einzelnen Bundesländern muss im Zusammenhang mit den Aktivitäten und Einflussnahmen der anderen Gremien des Bildungsföderalismus (Deutscher Ausschuss für das Erziehungs- und Bildungswesen, Wissenschaftsrat und Deutscher Bildungsrat) und der Verbände, hier insbesondere des Verbandes Deutscher Sonderschulen, Fachverband für Behindertenpädagogik, gesehen werden.

Aufbau der sonderpädagogischen Förderung von 1945 bis 1960

Die ersten Jahre nach dem Krieg waren durch Not und Elend gekennzeichnet. Im allgemeinen Chaos ging es vorrangig um die notdürftige Wiederaufnahme des Unterrichts. Angesichts des Mangels an Lehrkräften, Schulräumen, Brennmaterial und Unterrichtsmaterialien musste vielerorts improvisiert werden. Ein geregelter Betrieb kam nach mühevollen und entbehrungsreichen Jahren erst allmählich in Gang.

Die ersten Bemühungen der Schulbehörden um erlassliche Regelungen knüpften an Vorstellungen und Vorgaben der Vorkriegszeit und an dem Prinzip der eigenständigen speziellen Institution an: „Kinder mit geistigen, körperlichen und sittlichen Ausfallerscheinungen und Schwächen, die aber noch bildungs- und erziehungsfähig sind, werden besonderen Schulen und Heimen zugewiesen (Hilfsschulen, Sonderschulen für Schwererziehbare, Blinde, Taubstumme, Krüppel usw.)" (Schulgesetz für Groß-Berlin vom 26. Juni 1948, in: FROESE 1969, 108). Das Eigenständigkeitsprinzip ergab sich nach SPECK (1987, 15) „konsequenterweise aus dem herrschenden Selektionsprinzip, wohl aber auch aus dem typisch deutschen Prinzip der organisatorischen Gründlichkeit und administrativen Praktikabilität." Seine gesetzliche Ausprägung hatte es bereits im Reichsschulpflichtgesetz vom 6.7.1938 erfahren.

Die Entwicklung des Sonderschulwesens in der Deutschen Demokratischen Republik wird hier nicht dargestellt. Die wesentlichen Grundlegungen für das Sonderschulwesen waren, anders als in der föderalistischen Bundesrepublik Deutschland, zentralistisch geregelt. Das Gesetz über die Schulpflicht in der Deutschen Demokratischen Republik (Schulpflichtgesetz) vom 15.12.1950 bestimmte in § 6: „Körperlich und geistig behinderte Schulpflichtige erfüllen die Schulpflicht in den für sie vorgeschriebenen staatlichen Schuleinrichtungen gemäß den Richtlinien, die das Ministerium für Volksbildung im Einvernehmen mit dem Ministerium für Gesundheitswesen der Deutschen Demokratischen Republik erlässt." Im Gesetz über das einheitliche sozialistische Bildungssystem vom 25.2.1965 wird in § 19. 1 festgelegt: „Die Sonderschulen und andere sonderpädagogische Einrichtungen – nachstehend Sonderschulen genannt – haben die Bildung und Erziehung aller Kinder, Jugendlichen und Erwachsenen mit wesentlichen physischen oder psychischen Schädigungen zu gewährleisten." In Ergänzung dazu heißt es: „In den einzelnen Sonderschulen sind die Bildungsstufen so aufeinander abzustimmen, dass unter Umständen ein Übergang aus sonderpädagogischen in allgemeine Bildungseinrichtungen erfolgen kann."

Bedeutsame ergänzende Regelungen zu den Gesetzesvorgaben wurden in verschiedenen Verordnungen und Anordnungen bestimmt: Verordnung über die Beschulung und Erziehung von Kindern und Jugendlichen mit wesentlichen physischen und psychischen Mängeln (5.10.1951), Anordnung über den organisatorischen Aufbau des Sonderschulwesens (5.7.1952), Verordnung zur Verbesserung der allgemeinbildenden Schulen (4.3.1954).

Einen wesentlichen Anteil am restaurativen Wiederaufbau von Hilfsschulen und Einrichtungen für Hilfsschulkinder im Sinne des Eigenständigkeitsprinzips hatte der Verband der Hilfsschulen Deutschlands, der sich nach seiner 1933 erfolgten zwangsweisen Auflösung 1949 in Frankfurt am Main wieder gründete. Der Verband wirkte auf die Einrichtung eines umfassenden heilpädagogischen Sonderschulwesens hin. Am 14.10.1954 übergab er dem Schulausschuss des Deutschen Städtetags in Berlin eine vom Vorsitzenden Paul DOHRMANN ausgearbeitete ‚Denkschrift zu dem Ausbau des heilpädagogischen Sonderschulwesens'. Die Denkschrift, letzten Endes das Programm des Verbandes, fand bemerkenswerte Beachtung und wurde nach der einstimmigen Entschließung des Schulausschusses zum Ausbau des heilpädagogischen Sonderschulwesens grundlegend für die Entwicklung eines differenzierten Sonderschulwesens in allen Ländern der Bundesrepublik Deutschland. Bereits im Juli 1954 hatte der Verband sämtlichen Kultusministerien und Regierungspräsidenten des Bundesgebietes eine Denkschrift zu einem Gesetz über das heilpädagogische Sonderschulwesen überreicht.

Ausgangspunkt in der Denkschrift zu dem Ausbau war aus der Sicht des Verbandes die Stellung der Hilfsschule und der Sonderschule als eigenständige spezielle Institution für den Unterricht und die Erziehung hilfsschulbedürftiger Schüler. Mit selbstverständlicher Überzeugung wurde die systematische Errichtung voll ausgebauter, eigenständiger Sonderschulen als einzige Form für eine „bestmögliche Entwicklung" und als „wirkliche Hilfe" gefordert. Die Programmatik zeigt die vierte These der Denkschrift auf: „Dem beispiellosen Aufbau des Hilfsschulwesens in dem ersten Drittel unseres Jahrhunderts muss jetzt ein Aufbau des gesamten heilpädagogischen Sonderschulwesens folgen" (1954, 5). Der Verband forderte die Einrichtung folgender Schulen: Hilfsschulen, Sprachheilschulen, Schwerhörigenschulen, Sehbehindertenschulen, Schulen für gemeinschaftsschwierige Kinder. Andere Formen sonderpädagogischer Hilfen (Stütz- und Nachhilfekurse, Nebenklassen) wurden nicht in den Blick genommen. Eine andere These der Denkschrift bringt die grundsätzliche Haltung des Verbandes klar zum Ausdruck: „Die gemeinsame Unterrichtung und Erziehung mit den normal begabten Mitschülern bringt die hilfsschulbedürftigen Kinder in eine schwere seelische Not" (1954, 7). Auf der Vertreterversammlung des Verbandes 1955 in Ulm wurden in Ergänzung zur Denkschrift Richtlinien für den Unterricht und die Erziehung in heilpädagogischen Sonderschulen beschlossen. Formulierungen aus beiden Texten fanden Eingang in das Gutachten der KMK von 1960 und in die Empfehlung der KMK von 1972 (vgl. BLEIDICK 1998, 105).

Im September 1955 fasste der Städtetag eine Entschließung zum heilpädagogischen Sonderschulwesen, in der es heißt: „Als heilpädagogische Sonderschulen für solche Kinder, die ihrer besonderen seelisch-geistigen Beschaffenheit wegen durch den Unterricht in der Volksschule nicht zu ausreichenden Leistungen geführt werden können und die durch eine ihrer Eigenart entsprechende Erziehung für den Eintritt in die Arbeitswelt vorbereitet werden müssen, sind die Hilfsschulen selbständige Schulsysteme unter eigener Leitung im Rahmen des allgemeinen Schulwesens." Der Städtetag setzte sich für Schulen für gemeinschaftsschwierige Kinder ein und wies die Städte auf die Dringlichkeit der Entwicklung der heilpädagogischen Sonderschulen für sprachkranke, schwerhörige, seh- und körperbehinderte Kinder hin.

Der Deutsche Ausschuss für das Erziehungs- und Bildungswesen übernahm 1959 in seinen ‚Rahmenplan zur Umgestaltung und Vereinheitlichung des allgemeinbildenden öffentlichen Schulwesens' die grundsätzliche Position des Verbandes: „Die Hilfsschulen und Sonderschulen nehmen diejenigen Kinder auf, deren Entwicklung so stark behindert, gestört und verzögert ist, dass sie in den anderen Schularten nicht zu ihrem Recht kommen und deren Arbeit erheblich belasten würden" (FROESE 1969, 315). Es wurde an die vor 1933 bestehenden Überzeugungen und Strukturen angeknüpft. Für diesen Bereich galt nicht die Erkenntnis, die der Deutsche Ausschuss am 17.2.1955 in seiner Stellungnahme zum ‚Abkommen zwischen den Ländern der Bundesrepublik Deutschland zur Vereinheitlichung auf dem Gebiete des Schulwesens' geäußert hatte, dass das deutsche Schulwesen „den Umwälzungen nicht nachgekommen (ist), die in den letzten fünfzig Jahren den Zustand und das Bewusstsein der Gesellschaft und des Staates verändert haben", und „die Prägungen weithin festgehalten (hat), die aus vergangenen geistigen, wirtschaftlichen und politischen Verfassungen stammen" (312). Restauration, statt Innovation ist das Merkmal des Wiederaufbaus.

Das Gutachten der KMK zur Ordnung des Sonderschulwesens von 1960

Die KMK veröffentlichte nach der 75. Plenarsitzung im Februar 1960 das Gutachten zur Ordnung des Sonderschulwesens als erste länderübergreifende Darstellung des Sonderschulwesens auf der Ebene der Ministerien. Vorausgegangen war eine zweijährige Beratung eines Unterausschusses unter Mitwirkung verschiedener Funktionäre des Verbandes Deutscher Sonderschulen (vgl. ZEITSCHRIFT FÜR HEILPÄDAGOGIK 1961, 483). Durch die Rahmenbestimmungen sollten Angleichungen der in den Ländern entwickelten Formen erfolgen, Unzulänglichkeiten überwunden und Weiterentwicklungen ermöglicht werden.

In der Einführung heißt es mit zurückhaltendem Bezug zu den Verbrechen des Nationalsozialismus: „Das Ansehen der Sonderschulen in der Öffentlichkeit muss gehoben werden. Das deutsche Volk hat gegenüber den Menschen, die durch Leiden oder Gebrechen benachteiligt sind, eine geschichtliche Schuld abzutragen. Sie dürfen nicht als weniger wertvoll betrachtet und behandelt werden. Das deutsche Volk muss die Aufgabe wieder ernst nehmen, allen Kindern und Jugendlichen, die die allgemeinen Schulen nicht mit Erfolg besuchen können, den Weg zu einem sinnerfüllten Leben zu bereiten" (1960, 7).

Das Gutachten enthält Allgemeine Richtlinien (Terminologie; Bezeichnung und Aufzählung der Sonderschulen; Allgemeine Unterrichts- und Erziehungsziele der Sonderschulen; Ausbildung der Sonderschullehrer; Schulaufsicht über Sonderschulen; Einschulung in Sonderschulen; Heilpädagogischer Kindergarten und Schulkindergarten; Sonderschuleinrichtungen für verstreut wohnende Kinder; Weiterführende und berufsbildende Sonderschulen; Überweisung zur allgemeinen Schule; Klassenzahlen für Sonderschulen; Zahl und Dauer der Unterrichtsstunden an Sonderschulen; Pflichtstundenzahl der Lehrer und Leiter an Sonderschulen; Sonderschule, Elternhaus und Öffentlichkeit; Vereinheitlichung der Vordrucke für Sonderschulen und Heilpädagogischer Beratungsdienst) und Richtlinien für die einzelnen Sonderschulen (Blindenschule, Sehbehindertenschule, Gehörlosenschule, Schwerhörigenschule, Sprachheilschule, Körperbehindertenschule, Krankenschule und Hausunterricht, Hilfsschule, Beobachtungsschule, Erziehungsschwierigenschule, Schule im Jugendstrafvollzug, Sonderberufsschule, Heilpädagogischer Lebenskreis).

Die dreizehn aufgezählten Typen gehen weit über die fünf Sonderschultypen der Denkschrift von 1954 hinaus (Hilfsschulen, Sprachheilschulen, Schwerhörigenschulen, Sehbehindertenschulen und Schulen für gemeinschaftsschwierige Kinder) und führen in der Folgezeit zu einer außerordentlichen Differenzierung des Sonderschulwesens.

Sonderschulen sind in dem Gutachten „in ihrer pädagogischen Arbeit eigenständige Unterrichts- und Erziehungseinrichtungen (Schulen, Klassen oder Gruppen) für schulpflichtige Kinder oder Jugendliche, deren Gesamtperson oder deren einzelne Fähigkeiten sich wegen körperlicher, seelischer oder geistiger Behinderung in den allgemeinen Schulen nicht oder nicht mit genügendem Erfolg entfalten können oder die durch ihr vermindertes Leistungsvermögen oder ihr gemeinschaftsstörendes Verhalten die Entwicklung ihrer Mitschüler erheblich hemmen oder gefährden" (1960, 8).

Der Verband Deutscher Sonderschulen begrüßte das Gutachten als geeignete Grundlage zur Neuordnung und Vereinheitlichung des Sonderschulwesens und die deutliche Benennung und Erläuterung der Arten der Sonderschulen. Der Verband bedauerte neben anderen Kritikpunkten, dass die ursprünglichen Richtlinien nur als Gutachten an die Kultusministerien der Länder weiter geleitet wurden. Statt der Einrichtung von Kleinklassen an Volksschulen für Kinder, „die durch ihr Verhalten die Klassengemeinschaft nachhaltig stören", forderte er Sonderschulen für gemeinschaftsschwierige und verhaltensgestörte Kinder als selbstständige Sonderschulen.

In einer Zeit wichtiger Gesetzgebungen (Novelle zum Jugendwohlfahrtsgesetz, Bundessozialhilfegesetz) forderte der Verband die Gemeinden, Parlamente und Behörden auf, „in verstärktem Maße den Ausbau des Sonderschulwesens zu fördern" (hpk, Kiel 1961, Blatt 2).

Der Verband ließ seinen Forderungen im Jahr 1964 eine weitere „Denkschrift zum Ausbau des ländlichen Sonderschulwesens" folgen.

In dem Gutachten findet sich auch eine erste Auseinandersetzung mit der Kritik am „überzogenen Prinzip der schulischen Besonderung" (SPECK) in Form der Aufnahme des Rehabilitationsprinzips: „Beständig ist darauf zu achten, dass die Kinder und Jugendlichen nicht zu einer ungesunden Absonderung kommen, die sie hindern oder unfähig machen würde, später den Anschluss an das Leben zu finden. Sofern es für die Erziehung zur Gemeinschaft als dienlich erscheint, ist daher die Gemeinsamkeit zwischen Schülern der Sonderschulen und der allgemeinen Schule zu pflegen" (GUTACHTEN 1960, 10). MUTH (1980, 24) hat darauf hingewiesen, dass die Gemeinsamkeit zwar mitgedacht war, aber das dies nur randständig geschah und nicht wirksam wurde.

Der Ausbau des Sonderschulwesens nach 1960

Kennzeichnend für die Phase nach dem Wieder-Aufbau des Sonderschulwesens war der institutionelle Ausbau vor allem in den 60er Jahren. Dem folgte in den 70er und 80er Jahren vor allem der Ausbau der curricularen Voraussetzungen für die Arbeit in den Sonderschulen (vgl. WENZ 1989, 840), deren Bestand nicht in Frage gestellt wurde. „Am Höhepunkt des enorm expandierenden Sonderschulwesens finden wir dieses in einem damals gesellschaftlich allgemein legitimierten Funktionszustand" (SPECK 1987, 17).

Die seit 1966 bestehende Große Koalition von CDU/CSU und SPD wurde 1969 von einer sozialliberalen Regierung abgelöst. Die Bildungspolitik wurde unter dem Bundeskanzler Willy BRANDT zum wesentlichen Reformbereich der neuen Regierung. In rascher Folge erschienen bedeutsame bildungs- und schulpolitische Veröffentlichungen: der Strukturplan für das deutsche Bildungswesen (1970), der Bildungsbericht '70, der Bildungsgesamtplan der Bund-Länder-Kommission für Bildungsplanung (15.6.1973) und die Empfehlungen der Bildungskommission des Deutschen Bildungsrates „Zur sonderpädagogischen Förderung behinderter und von Behinderung bedrohter Kinder und Jugendlicher" (13.10.1973).

Die Empfehlung der KMK zur Ordnung des Sonderschulwesens von 1972

Am 16.3.1972 beschloss die KMK die ‚Empfehlung zur Ordnung des Sonderschulwesens'. In der Einleitung (1972, 5) heißt es: „Die Empfehlung zielt auf die Vereinheitlichung und den Ausbau der bestehenden Einrichtungen sowie auf die Schaffung notwendiger neuer Einrichtungen im Sonderschulwesen. Sie geht dabei vom gegenwärtigen Stand aus und weist die in der augenblicklichen Situation gegebenen Möglichkeiten einer Weiterentwicklung auf."

Die Empfehlung gliedert sich in Allgemeine Richtlinien und in Richtlinien für die einzelnen Sonderschulen. Die Allgemeinen Richtlinien spannen einen weiten Bogen von sechzehn Bereichen bis zu den Richtlinien für die zehn einzelnen Sonderschularten.

Die Allgemeinen Richtlinien beziehen sich auf: Aufgabe der Sonderschule; Sonderschultypen; Prozentuale Anteile der Sonderschulbedürftigen; Aufbau der Sonderschulen; Klassenfrequenzen in Sonderschulen; Schulpflicht, Zahl und Dauer der Unterrichtsstunden an Sonderschulen; Regelstundenmaß der Lehrer und Leiter an Sonderschulen; Raumbedarf und Raumgröße der Sonderschulen; Sonderpädagogischer Beratungsdienst; Sonderschule, Elternhaus und Öffentlichkeit; Aufnahme und Überweisung; Sonderpädagogische Einrichtungen im Elementarbereich; Sekundarstufen; Weiterbildung; Schulaufsicht über Sonderschulen; Sonderschule und Gesamtschule.

Zur Aufgabe der Sonderschulen bemerken die Empfehlungen (1972, 7): „In die Sonderschule werden Kinder und Jugendliche aufgenommen, die infolge einer Schädigung in ihrer Entwicklung und in ihrem Lernen so beeinträchtigt sind, dass sie in den Allgemeinen Schulen nicht oder nicht ausreichend gefördert werden können." Als Sonderschulen werden aufgeführt: Schulen für Blinde, Gehörlose, Geistigbehinderte, Körperbehinderte, Kranke und Hausunterricht, Lernbehinderte, Schwerhörige, Sehbehinderte, Sprachbehinderte und Verhaltensgestörte.

Diese Vorstellungen entsprachen der bildungspolitischen Zielsetzung der Bundesregierung, wie sie im Bildungsbericht '70 (1970, 44) festgelegt war: „Gleiche Chancen in Bildung und Ausbildung müssen auch behinderten und geschädigten Kindern geboten werden. Sie sind in einer leistungsorientierten Industriegesellschaft besonders benachteiligt. Es ist deshalb Aufgabe der Gesellschaft, das Sonderschulwesen zu verbessern und auszubauen, um das Recht auf Bildung auch für benachteiligte Kinder zu verwirklichen und ihnen die Möglichkeit zu geben, am gesellschaftlichen und politischen Leben teilzunehmen."

Nach der Betonung der Eigenständigkeit der Sonderschule mit ihren verschiedenen Typen findet sich auch ein Hinweis auf künftige Organisationsformen: „Die Durchlässigkeit zwischen den einzelnen Sonderschultypen und zu den Allgemeinen Schulen ist in besonderem Maße zu sichern. Bei Grenzfällen zwischen Sonderschulbedürftigkeit und Normalschulfähigkeit ergibt sich für die Allgemeinen Schulen die Aufgabe, nicht eindeutig sonderschulbedürftige Kinder durch Differenzierung bestmöglich zu fördern" (1972, 9). Eine Entsprechung findet sich im Strukturplan von 1970 (128): „Es muss gerade für solche „schwierigen" Kinder, die bisher häufig in die Sonderschulen überwiesen wurden, nach Formen der Integration gesucht werden. Zum Beispiel bedürfen Kinder mit Schreib- und Leseschwächen ebenso wie mit Verhaltensstörungen besonderer Hilfe; sie können, wenn diese gezielt geleistet wird, durchaus im allgemeinen Schulwesen gefördert werden."

In der Frage der Integration der Sonderschulen und der Kinder in die Gesamtschulen verweisen die Empfehlungen darauf, dass es noch an praktischen Erfahrungen fehlt, um allgemeingültige Empfehlungen aussprechen zu können (vgl. 1972, 20). „Für die Beibehaltung eigenständiger Sonderschulen spricht die Notwendigkeit, eine umfassende angepasste Hilfe für behinderte Schüler zu geben und gleichzeitig die Allgemeine Schule von Schülern zu entlasten, denen sie nicht gerecht werden kann" (1972,21). Abschließend heißt es dazu: „Da die Gesamtschule zu ihrer inneren Verwirklichung noch vor manchen Problemen steht und ihre endgültige Gestalt noch nicht gefunden hat, wäre es unrealistisch, bereits jetzt Empfehlungen für die Eingliederung behinderter Schüler in die Gesamtschule zu geben" (1972, 21).

Im Anschluss an die Empfehlung von 1972 regte der Verband Deutscher Sonderschulen die Erstellung von Rahmenrichtlinien an (vgl. BLEIDICK 1998, 123). Die KMK richtete für jede der neun Sonderschultypen Kommissionen ein und veröffentlichte von 1977 bis 1981 Empfehlungen für den Unterricht sämtlicher Sonderschultypen. Deren Bedeutung für die innere Veränderung der Sonderschulen wird hoch eingeschätzt: „Immerhin gelang es – erstmalig in der Nachkriegszeit und seitdem nicht wieder – eine fruchtbare erziehungswissenschaftliche Curriculumdiskussion für den Bereich der Behindertenpädagogik zu installieren, die demokratische Mitwirkung auf eine breite Basis zu stellen (Lehrer, Erziehungswissenschaftler, Fachwissenschaftler, Schulaufsicht) sowie eine überregionale Abstimmung zwischen den Bundesländern zu erzielen" (122).

Die Empfehlung führte insgesamt die bestehenden Konzepte und Strukturen der sonderpädagogischen Förderung fort und deutete Veränderungen nur zurückhaltend an. „Die Empfehlung leitete nicht, wie es anfangs der siebziger Jahre zu erwarten gewesen wäre, eine neue Phase der sonderpädagogischen Bildungspolitik ein. Schon die mehrjährige Erarbeitungszeit bedingte eher eine Fortschreibung des Gutachtens von 1960" (BLEIDICK 1998, 115). Auch MUTH (1980, 26) stellte wie beim Gutachten von 1960 fest, dass die Ansätze zur Integration „mehr randständige als substantielle Aussagen" waren. ELLGER-RÜTTGARDT (1998, 370) hat die Empfehlung zutreffend „als ein Zeugnis des Übergangs und der Widersprüchlichkeit in dieser Phase der Neuorientierung in der Sonderpädagogik" charakterisiert.

Die Empfehlungen der Bildungskommission von 1973

Bereits ein Jahr nach der Empfehlung der KMK erschienen die Empfehlungen der Bildungskommission des Deutschen Bildungsrates „Zur pädagogischen Förderung behinderter und von Behinderung bedrohter Kinder und Jugendlicher" quasi in Fortsetzung des Strukturplans von 1970. Insbesondere durch das Mitwirken Jakob MUTHs in der zweiten Arbeitsperiode des Bildungsrates fand eine Hinwendung zu sonderpädagogischen Fragestellungen statt, die sich in einer richtungsweisenden Publikation niederschlugen. Die Empfehlungen stehen in engem Zusammenhang mit der Gesamtschuldiskussion seit Ende der 60er Jahre. Dem in der Bundesrepublik vorherrschenden schulischen Segregationsprinzip wurde das Integrationsprinzip entgegen gestellt. Die ein Jahr zuvor von der KMK veröffentlichte Empfehlung sah die Bildungskommission des Deutschen Bildungsrates „als kurzfristige Perspektive für die Weiterentwicklung und den weiteren Ausbau bestehender Sonderschulen" (MUTH 1980, 27), der sie ihre eigenen langfristigen Perspektiven entgegen setzte: „Für diese neue Empfehlung musste die Bildungskommission davon ausgehen, dass behinderte Kinder und Jugendliche bisher in eigens für sie eingerichteten Schulen unterrichtet wurden, weil die Auffassung vorherrschte, dass ihnen mit besonderen Maßnahmen in abgeschirmten Einrichtungen am besten geholfen werden könne. Die Bildungskommission folgt dieser Auffassung nicht. Sie legt in der vorliegenden Empfehlung eine neue Konzeption zur pädagogischen Förderung behinderter und von Behinderung bedrohter Kinder und Jugendlicher vor, die eine weitmögliche gemeinsame Unterrichtung von Behinderten und Nichtbehinderten vorsieht und selbst für behinderte Kinder, für die eine gemeinsame Unterrichtung mit Nichtbehinderten nicht sinnvoll erscheint, soziale Kontakte mit

Nichtbehinderten ermöglicht. Damit stellt sie der bisher vorherrschenden schulischen Isolation Behinderter ihre schulische Integration entgegen (1973, 15f)."

Die Empfehlungen umfassen vier wesentliche Bereiche: Ausbau der Früherkennung von behinderten Kindern durch Zentren für frühe Förderung, Individualisierung des Unterrichts in Allgemeinen Schulen durch Binnendifferenzierung, Einrichtung kooperativer Schulzentren als Verbindung der Allgemeinen Schule mit einer sonderpädagogischen Einheit und Aussagen über Studium, Ausbildung und Information für sonderpädagogische Tätigkeiten.

Die Empfehlungen standen in deutlichem Gegensatz zu der Empfehlung zur Ordnung des Sonderschulwesens, die erst ein Jahr zuvor verabschiedet worden war. Sie waren ihrer Zeit voraus und haben die Auseinandersetzung um die sonderpädagogische Förderung und die Aktivitäten Jahrzehnte lang beeinflusst. „Die Gegenüberstellung von Isolation, Aussonderung und Separation hat in den nachfolgenden Jahrzehnten Bildungspolitik genügend Nahrung für Konfrontation und Polemik geliefert (BLEIDICK 1998, 116). Der vds und der Arbeitskreis Grundschule bildeten 1975 die Arbeitsgruppe ‚Schulschwache Kinder in der Grundschule', die zwei Jahre später „Thesen für pädagogische Maßnahmen zur Verminderung von Schulschwäche in der Grundschule vorlegte, „wodurch wesentliche Inhalte der Bildungsratsempfehlung für den Bereich der Primarstufe konkretisiert und unter den bestehenden schulischen Rahmenbedingungen anwendbar gemacht werden sollten" (VALTIN/SANDER 1991, 11).

Auch die Bund-Länder-Kommission für Bildungsplanung schloss sich 1973 (35f) der Kritik am Sonderschulwesen an. Sie forderte Maßnahmen „zur Förderung behinderter Schüler auch innerhalb des allgemeinen Bildungswesens" und eine allmähliche „Verlagerung der Funktion von Sonderschulen auf das allgemeine Schulwesen." „Bei der Einrichtung des Sonderschulwesens ist eine möglichst enge Verzahnung mit dem allgemeinen Schulwesen anzustreben. Art und Grad der Behinderung entscheiden über das Ausmaß der möglichen Integration und der notwendigen Differenzierung in pädagogischer und institutioneller Hinsicht. Insgesamt wird die Sonderpädagogik nicht mehr auf das Sonderschulwesen begrenzt sein" (1973, 35).

Aufgrund der politischen Verhältnisse und ihrer weitgehenden Beschränkung auf die äußere Schulreform wurden die Empfehlungen nur in Ansätzen und nur begrenzt in einzelnen Ländern umgesetzt. „Einer der Gründe für die schulorganisatorische (nicht die ideologische) Wirkungslosigkeit der Bildungsratempfehlung dürfte darin liegen, dass die curriculare Absicherung des zieldifferenten Unterrichts heterogener Leistungsgruppen nicht in ein überzeugendes unterrichtliches Differenzierungskonzept gefasst wurde (BLEIDICK 1998, 10). MÖCKELs Analyse, dass es Widerstände gegen die Empfehlung und ihr Leitziel „Integration" von Seiten der Schulverwaltung, des vds, der Grundschullehrer und der Eltern gegeben habe, wurde von BLEIDICK in Teilen relativiert (1983, 543f).

Zehn Jahre nach der Veröffentlichung der 73er Empfehlungen erstellte die Arbeitsgruppe Sonderschulwesen des Schulausschusses der KMK den „Bericht über Bedingungen und Grenzen des gemeinsamen Unterrichts von lernbehinderten und nichtbehinderten Schülern in allgemeinbildenden Schulen". Sie nahm darin erstmals Stellung zu den Veränderungen, die sich in den Sonderschulen und in den Allgemeinen Schulen vollzogen hatten. „Auf der

Grundlage des „Gutachtens zur Ordnung des Sonderschulwesens" von 1960 und der „Empfehlung zur Ordnung des Sonderschulwesens" von 1972 hat sich in den Ländern in der Bundesrepublik Deutschland ein differenziertes Sonderschulwesen entwickelt. Dabei hat sich mehr und mehr die Erkenntnis durchgesetzt, dass dieser Weg den Bildungsbedürfnissen behinderter Kinder und Jugendlicher in besonders angemessener Weise Rechnung trägt, die Behinderten zu dem heute feststellbaren hohen Ausbildungsstand führt und damit ihre Rehabilitationschancen deutlich erhöht" (1983, 6). Aus der Sicht von BLEIDICK/RATH/SCHUCK (1995, 250) ist der Bericht über die Bedingungen und Grenzen des Gemeinsamen Unterrichts „der einzige, zaghafte Versuch der KMK geblieben, zur sogenannten Integrationsbewegung länderübergreifend Stellung zu beziehen."

Eine Hinwendung zu einer integrativen Ausrichtung der sonderpädagogischen Förderung setzte erst nach langwierigen bildungspolitischen Auseinandersetzungen und nach entscheidenden politischen Veränderungen ein.

Der Umbau des Systems der sonderpädagogischen Förderung

In den Jahrzehnten vor den KMK-Empfehlungen von 1994 hatte es mehrfach Ansätze zur Entwicklung einer erneuten gemeinsamen Grundlage innerhalb der KMK gegeben. Die bildungspolitische Konfrontation zwischen den verschiedenen Ländern führte jedoch zu einer Auflösung des Arbeitskreises Sonderschulwesen (die Mitglieder waren die für Sonderschulen zuständigen Referenten der einzelnen Bundesländer). Erst auf der 103. Amtschefkonferenz am 20.2.1987 wurde zum Ausdruck gebracht, „baldmöglichst zu einer gemeinsamen Länderorientierung in aktuellen Fragen des Sonderschulwesens zu kommen". Auf der 110. Amtschefkonferenz am 9.9.1988 stand dann erstmals das Thema „Zum Unterricht für Schülerinnen und Schüler mit sonderpädagogischem Förderbedarf" auf der Tagesordnung. Die überraschende Wiedervereinigung 1990 verstärkte die Notwendigkeit und beschleunigte den Prozess der Neuorientierung. Im Mai 1991 wurde die Arbeitsgruppe „Sonderschulwesen" (ab März 1992: Arbeitsgruppe „Sonderpädagogische Förderung") mit dem Auftrag wieder eingesetzt, die 1972er Empfehlungen fortzuschreiben. Am 20. September 1991 wurde von der Kultusministerkonferenz der Bericht der Arbeitsgruppe „Zum Unterricht für Schüler und Schülerinnen mit sonderpädagogischem Förderbedarf" zustimmend zur Kenntnis genommen. Darin wurde noch einmal der Bezug zu der Empfehlung von 1972 hergestellt und zugleich eine Öffnung zum Ausdruck gebracht: „Die KMK hat mit ihrer ‚Empfehlung zur Ordnung des Sonderschulwesens' (Beschluss vom 16.3.1972) eine bewusste Weichenstellung zur Verselbständigung und Verstärkung des Sonderschulwesens vorgenommen. Sie hat freilich damit nicht beabsichtigt, sonderpädagogische Fragestellungen und Aufgaben der Förderung von behinderten Kindern und Jugendlichen grundsätzlich auf den Bereich der Sonderschulen zu beschränken." Hier zeigte sich die Grundhaltung der kommenden Empfehlungen.

Am 6. Mai 1994 wurden die Empfehlungen zur sonderpädagogischen Förderung in den Schulen in der Bundesrepublik Deutschland veröffentlicht. Ausgehend von einem veränderten Verständnis von Behinderung markieren sie die Wende zur Integration aus der Sicht der KMK. In weiten Teilen greifen die Empfehlungen der KMK die Empfehlungen der Bildungskommission von 1973 auf.

Die Empfehlungen berücksichtigen einerseits die pädagogischen Folgen der enormen gesellschaftlichen Umbrüche und Wandlungen und andererseits die veränderten Lebensbedingungen und Lernvoraussetzungen der Kinder und Jugendlichen. Sie tragen einem Wandel des pädagogischen Selbstverständnisses Rechnung und fördern diesen zugleich. Es werden Erfahrungen mit gemeinsamem Unterricht, veränderte erziehungswissenschaftliche Positionen und schulpolitische Schwerpunktsetzungen in einem wieder vereinigten Deutschland mit dem Versuch einer vorsichtigen Harmonisierung und behutsamen Weiterentwicklung aufgegriffen. Dabei werden vielfältige Neuansätze in der sonderpädagogischen Förderung aufgenommen, die in den letzten Jahrzehnten in den verschiedenen Bundesländern entwickelt wurden. Gelungene Praxiskonzepte werden berücksichtigt und weitergeführt. Ein möglichst hohes Maß an schulischer und beruflicher Eingliederung, gesellschaftlicher Teilhabe und selbstständiger Lebensgestaltung sind die Ziele der sonderpädagogischen Förderung in Unterricht und Erziehung, die stets als Einheit gesehen werden.

Die wesentlichen Aspekte der Empfehlungen von 1994 sind:

- der Ausgang von einem individuellen sonderpädagogischen Förderbedarf anstelle einer Sonderschulbedürftigkeit
- die Feststellung des Förderbedarfs durch eine Kind-Umfeld-Analyse, bei der die elementaren Bereiche der Entwicklung (Motorik, Sensorik, Kognition, Motivation, sprachliche Kommunikation, Interaktion und Emotionalität) einbezogen sind
- der Ausgang von Förderschwerpunkten der Schülerinnen und Schüler und nicht mehr die Zuordnung von Behinderungsarten zu Sonderschultypen
- die Grundlegung von Erziehung und Unterricht durch eine den Lernprozess begleitende Diagnostik
- die Pluralisierung der Förderorte: sonderpädagogische Hilfen können im Prinzip an jeder Schulform angeboten werden, die Priorität liegt bei der Allgemeinen Schule. Ein sonderpädagogischer Förderbedarf führt nicht automatisch zu einer Einweisung in die Sonderschule
- die Profilierung der Sonderschule als Sonderpädagogisches Förderzentrum, das die Integration der Schülerinnen und Schüler mit sonderpädagogischem Förderbedarf in Allgemeinen Schulen unterstützt.

Die KMK-Empfehlungen haben bei aller Kritik an einzelnen Aspekten eine breite öffentliche Zustimmung erfahren. BLEIDICK/RATH/SCHUCK (1995, 248) sprechen in Bezug auf die Veränderungen in der sonderpädagogischen Bildungspolitik, die in den Empfehlungen zum Ausdruck kommt, von „einer geradezu kopernikanischen Wende". Der von manchen angenommene Paradigmenwechsel (TOMIAK 1998) ist für andere Konsequenz langjähriger pädagogischer Praxis und eher erinnernder Hinweis: „Was sich dem heutigen Betrachter als ausdifferenziertes schulisches System darstellt, hat seine Wurzeln in eben dem Bemühen und Ansatz, personenbezogene und individuelle pädagogische Hilfen zu leisten und zu sichern, wo diese fehlten oder unzureichend zur Verfügung gestellt sind" (WENZ 1998, 38). Diese Auffassung wird durch die Ausführungen in den Empfehlungen gestützt:

Sie greifen „die wachsende Vielfalt der Organisationsformen und der Vorgehensweisen in der pädagogischen Förderung, die Erfahrungen mit Gemeinsamem Unterricht behinderter und nichtbehinderter Kinder, erziehungswissenschaftliche Denkanstöße und schulpolitische Schwerpunktsetzungen" auf.

Empfehlungen der KMK haben keinen verbindlichen Anspruch hinsichtlich der schulischen Arbeit des einzelnen Landes, sie bieten aber Orientierungshilfen und Handlungsanregungen, die auf einer gemeinsamen Absprache der Länder beruhen. Ideologische Verhärtungen in der Diskussion um die angemessene sonderpädagogische Förderung sind weitgehend aufgelöst worden, statt eines „Entweder-Oder" ist ein „Sowohl-als-auch" durchgesetzt worden. Es kommt in der Zukunft darauf an, dass im Bereich des Lernens einschließlich des Lernens unter erschwerten Bedingungen die Möglichkeiten für das Kooperieren der Allgemeinen Schulen mit der sonderpädagogischen Förderung genutzt und gestaltet werden. Es sollte mehr das Gemeinsame gesucht werden – das setzt Offenheit und Bereitschaft, Neues zu erproben, voraus.

Die Empfehlungen sind alsbald konsequent fortgeführt worden: In den Jahren von 1995 bis 2000 wurden Empfehlungen zu den einzelnen Förderschwerpunkten vorgelegt.

Alle Veröffentlichungen der KMK ab 1994 zur sonderpädagogischen Förderung unterstützen die vielfältigen Veränderungsprozesse in den sechzehn Ländern. Wenn auch eine intensive Ausweitung des gemeinsamen Unterrichts durch die eingeschränkten Ressourcen erschwert ist, so können die Empfehlungen doch als wesentliche Grundlagen für Umgestaltungsprozesse genutzt werden. Die Empfehlungen haben in erheblicher Weise dazu beigetragen, neue Sichtweisen in den Systemen der sonderpädagogischen Förderung in den sechzehn Ländern anzuregen, zu unterstützen und durchzusetzen.

In den zurück liegenden fünf Jahrzehnten haben die Kultusministerkonferenz und der Verband Deutscher Sonderschulen – oftmals im Zusammenwirken und in Personalunion – auf den Aufbau, den Ausbau und den Umbau des Systems der sonderpädagogischen Hilfen eingewirkt. Die Konzepte und Modelle der KMK und des Verbandes waren oft identisch oder stimmten weitgehend überein. Die Sicherung der qualitativen Standards als besonderes Anliegen aus der Sicht des Fachverbandes und das auf Bewahren ausgerichtete Verwaltungshandeln der Kultusbürokratie führten insgesamt eher zu konservativen Vorstellungen und zu einem Beharren auf vorhandenen Strukturen und Organisationen. Seit Beginn der 90er Jahre sind aber sowohl für die KMK als auch für den Verband grundlegende Erweiterungen und Flexibilisierungen hinsichtlich verschiedener Aspekte der sonderpädagogischen Förderung festzustellen. Das hat zu Öffnungen und zu größeren Beweglichkeiten bei der Sicherstellung eines zeitgemäßen und qualitativ angemessenen Förderangebots beigetragen.

Das Sonderschulwesen in der Bundesrepublik Deutschland

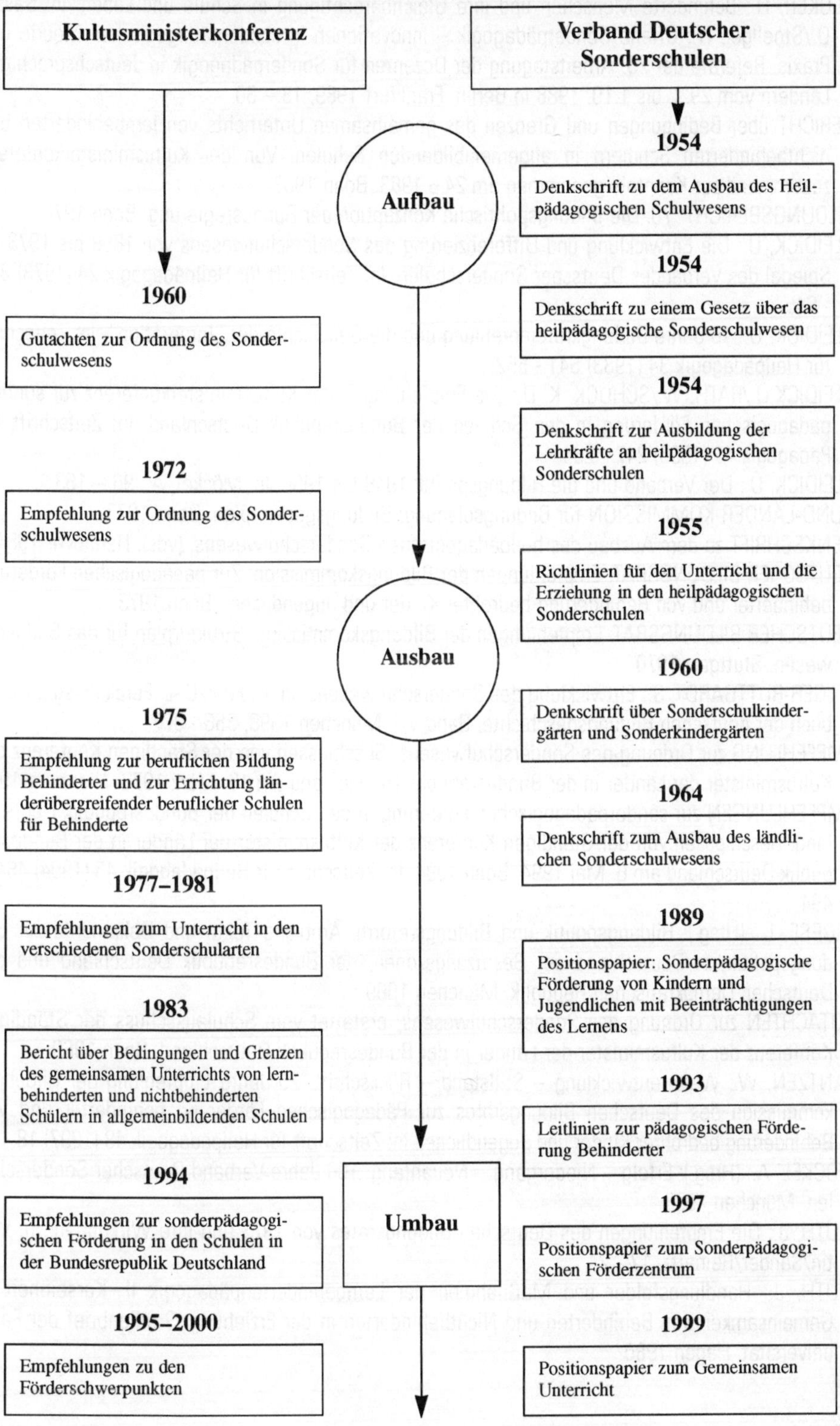

Literatur:

BECKER, H.: Behinderte Menschen und ihre Gleichberechtigung in Schule und Leben. In: Sasse, O./Stoellger, N.: Offene Sonderpädagogik – Innovationen in sonderpädagogischer Theorie und Praxis. Referate der 25. Arbeitstagung der Dozenten für Sonderpädagogik in deutschsprachigen Ländern vom 29.9. bis 1.10. 1988 in Berlin. Frankfurt 1989, 13 – 30

BERICHT über Bedingungen und Grenzen des gemeinsamen Unterrichts von lernbehinderten und nichtbehinderten Schülern in allgemeinbildenden Schulen. Von der Kultusministerkonferenz zustimmend zur Kenntnis genommen am 24.6.1983. Bonn 1983

BILDUNGSBERICHT '70. Die bildungspolitische Konzeption der Bundesregierung. Bonn 1970

BLEIDICK, U.: Die Entwicklung und Differenzierung des Sonderschulwesens von 1898 bis 1973 im Spiegel des Verbandes Deutscher Sonderschulen. In: Zeitschrift für Heilpädagogik 24 (1973) 824 - 845

BLEIDICK, U.: 10 Jahre Bildungsratempfehlung und die Geschichte der „Integration". In: Zeitschrift für Heilpädagogik 34 (1983) 541 - 552

BLEIDICK,U./RATH, W./SCHUCK, K. D.: Die Empfehlungen der Kultusministerkonferenz zur sonderpädagogischen Förderung in den Schulen der Bundesrepublik Deutschland. In: Zeitschrift für Pädagogik 41 (1995) 247 - 264

BLEIDICK, U.: Der Verband und die Bildungspolitik 1948 bis 1998. In: Möckel, A., 96 – 163

BUND-LÄNDER-KOMMISSION für Bildungsplanung: Bildungsgesamtplan. Bonn 1973

DENKSCHRIFT zu dem Ausbau des heilpädagogischen Sonderschulwesens. (vds). Hannover 1954

DEUTSCHER BILDUNGSRAT: Empfehlungen der Bildungskommission: Zur pädagogischen Förderung behinderter und von Behinderung bedrohter Kinder und Jugendlicher. Bonn 1973

DEUTSCHER BILDUNGSRAT: Empfehlungen der Bildungskommission. Strukturplan für das Bildungswesen. Stuttgart 1970

ELLGER-RÜTTGARDT, S.: Entwicklung des Sonderschulwesens. In: C. Führ/C.-L. Furck (Hrsg.): Handbuch der deutschen Bildungsgeschichte. Band V/I. München 1998, 356 - 377

EMPFEHLUNG zur Ordnung des Sonderschulwesens. Beschlossen von der Ständigen Konferenz der Kultusminister der Länder in der Bundesrepublik Deutschland am 16. März 1972. Nienburg 1972

EMPFEHLUNGEN zur sonderpädagogischen Förderung in den Schulen der Bundesrepublik Deutschland. Beschlossen von der Ständigen Konferenz der Kultusminister der Länder in der Bundesrepublik Deutschland am 6. Mai 1994. Bonn 1994. In: Zeitschrift für Heilpädagogik 45 (1994) 484 – 494

FROESE, L.: (Hrsg.): Bildungspolitik und Bildungsreform. Amtliche Texte und Dokumente zur Bildungspolitik im Deutschland der Besatzungszonen, der Bundesrepublik Deutschland und der Deutschen Demokratischen Republik. München 1969

GUTACHTEN zur Ordnung des Sonderschulwesens, erstattet vom Schulausschuss der Ständigen Konferenz der Kultusminister der Länder in der Bundesrepublik Deutschland. Bonn 1960

JANTZEN, W.: Weiterentwicklung – Stillstand – Rückschritt. 25 Jahre Empfehlung der Bildungskommission des Deutschen Bildungsrates zur Pädagogischen Förderung behinderter und von Behinderung bedrohter Kinder und Jugendlicher. In: Zeitschrift für Heilpädagogik 48 (1997) 18 - 25

MÖCKEL, A.: (Hrsg.): Erfolg – Niedergang – Neuanfang. 100 Jahre Verband Deutscher Sonderschulen. München 1998

MUTH, J.: Die Empfehlungen des Deutschen Bildungsrates von 1973 und ihre Wirkungen. In: Valtin/Sander/Reinartz, 17 - 24

MUTH, J.: Handlungsfelder und Maßnahmen der Lernbehindertenpädagogik II. Kurseinheit 2: Gemeinsamkeit von Behinderten und Nichtbehinderten in der Erziehung. Studienbrief der Fernuniversität. Hagen 1980

ROTH, H.-G.: 25 Jahre Bildungsreform in der Bundesrepublik. Bilanz und Perspektiven. Bad Heilbrunn 1975

SANDER, A.: Kritische Anmerkungen zum KMK-Bericht über gemeinsamen Unterricht von lernbehinderten und nichtbehinderten Schülern. In: Valtin/Sander/Reinartz, 33 - 45

SPECK, O.: Konzepte und Organisationsformen sonderpädagogischer Hilfe im Bildungssystem – Rückblick und zukünftige Entwicklung. In: Sonderpädagogik heute – Bewährtes und Neues. Referate des Sonderpädagogischen Forums Berlin. Fachtagung vom 23. bis 25. November 1987. Berlin 1987, 11 – 30

TOMIAK, W.: Strukturwandel sonderpädagogischer Förderung. In: Schulverwaltung Nordrhein - Westfalen (1998) 331 –332

VALTIN, R./SANDER, A./REINARTZ, A. (Hrsg.): Gemeinsam leben – gemeinsam lernen. Behinderte Kinder in der Grundschule. Konzepte und Erfahrungen. (Beiträge zur Reform der Grundschule 58/59). Frankfurt ²1991

vds: Richtlinien für den Unterricht und die Erziehung in den heilpädagogischen Sonderschulen. In: Zeitschrift für Heilpädagogik 6 (1955) 599 – 638

WENZ, K.: Die Verbandsarbeit des Verbandes Deutscher Sonderschulen von 1971 bis 1987. Eine persönliche Bilanz. In: Zeitschrift für Heilpädagogik 40 (1989) 838 - 848

WENZ, K.: Pädagogische Förderung von Kindern und Jugendlichen mit Behinderungen und sonderpädagogischem Förderbedarf in Sonderschulen und in allgemeinen Schulen. In: Schulverwaltung Baden – Württemberg (1998) 36 –40

WERNER, B.: Sonderpädagogik im Spannungsfeld zwischen Ideologie und Tradition. Zur Geschichte der Sonderpädagogik, speziell der Hilfsschulpädagogik in der SBZ/DDR. In: Sonderpädagogik 30 (2000) 16 - 29

Empfehlungen der Kultusministerkonferenz zur Sonderpädagogischen Förderung in den Schulen in der Bundesrepublik Deutschland

Beschluss der Kultusministerkonferenz vom 5./6. Mai 1994

Nachstehend werden die von der Ständigen Konferenz der Kultusminister der Länder in der Bundesrepublik Deutschland beschlossenen Empfehlungen zur sonderpädagogischen Förderung in den Schulen in der Bundesrepublik Deutschland bekanntgemacht:

I. Vorwort

Im Zuge des Zusammenwachsens der alten und der neuen Länder in der Bundesrepublik Deutschland gilt es, auch für die sonderpädagogische Förderung eine gemeinsame Orientierung für die künftige Entwicklung zu finden und den Veränderungen pädagogischen Arbeitens Rechnung zu tragen.

Für die Länder in der Bundesrepublik Deutschland hat die KMK mit ihrer „Empfehlung zur Ordnung des Sonderschulwesens" vom 16. März 1972 zur Verwirklichung des Rechts auf Bildung für behinderte Kinder beigetragen, der schulischen Bildung und Erziehung behinderter junger Menschen wesentliche Impulse verliehen und den Ausbau eines differenzierten Sonderschulwesens unterstützt.

Für die Deutsche Demokratische Republik wurde mit dem „Gesetz über das einheitliche sozialistische Bildungssystem" vom 25. Februar 1965 und mit der „Fünften Durchführungsbestimmung zum Gesetz über das einheitliche sozialistische Bildungssystem – Sonderschulwesen –" vom 23. März 1984 die Erziehung und Unterrichtung behinderter Kinder und Jugendlicher (mit Ausnahme eines Teils der Geistigbehinderten) geregelt.

Die hiermit vorgelegten Empfehlungen zur sonderpädagogischen Förderung in den Schulen in der Bundesrepublik Deutschland berücksichtigen zum einen die pädagogischen Folgen der gesellschaftlichen Umbrüche und die in den vergangenen Jahren veränderten Lebensbedingungen und Lernvoraussetzungen der Kinder und Jugendlichen; sie tragen zum anderen einem gewandelten pädagogischen Selbstverständnis Rechnung.

Die wachsende Vielfalt der Organisationsformen und der Vorgehensweisen in der pädagogischen Förderung, die Erfahrungen mit gemeinsamem Unterricht behinderter und nichtbehinderter Kinder, erziehungswissenschaftliche Denkanstöße und schulpolitische Schwerpunktsetzungen in den einzelnen Ländern lassen heute vielfältige Übereinstimmungen erkennen; sie sind Zeichen für eine eher personenbezogene, individualisierende und nicht mehr vorrangig institutionenbezogene Sichtweise sonderpädagogischer Förderung. In diesem Prozess ist neben den Begriff der *Sonderschulbedürftigkeiten* in zunehmendem Maße der Begriff des *Sonderpädagogischen Förderbedarfs* getreten. Die Erfüllung Sonderpädagogischen Förderbedarfs ist nicht an Sonderschulen[1] gebunden; ihm kann auch in allgemeinen Schulen[2], zu denen auch berufliche Schulen zählen, vermehrt entsprochen werden.

Die Bildung behinderter junger Menschen ist verstärkt als gemeinsame Aufgabe für grundsätzlich alle Schulen anzustreben. Die Sonderpädagogik versteht sich dabei immer mehr als eine notwendige Ergänzung und Schwerpunktsetzung der allgemeinen Pädagogik.

Dieser Prozess ist vor allem gekennzeichnet durch

– die Erfahrungen sonderpädagogischer Förderung in Sonderschulen und in allgemeinen Schulen,

[1] Für Sonderschulen gibt es unterschiedliche Bezeichnungen in den einzelnen Ländern.

[2] Allgemeine Schulen im Sinne dieser Empfehlungen sind in bezug auf die Sonderschulen und Sonderpädagogischen Förderzentren alle übrigen Schulen.

– ein verändertes Verständnis im Umgang mit behinderten Menschen,
– die Ausweitung der Früherkennung und Frühförderung,
– die Weiterentwicklung von pädagogischen Konzepten in Kindergärten, Kindertagesstätten und allgemeinen Schulen sowie von erweiterten Fördermöglichkeiten vor allem in der Grundschule,
– den Einsatz weiter entwickelter und neuer technischer Hilfen,
– die Verbesserung der förderdiagnostischen Möglichkeiten,
– eine Höherbewertung der wohnortnahen Schule für das Kind.

Die Empfehlungen haben zum Ziel, ausgehend vom heute erreichten Standard in der Behindertenförderung die Weiterentwicklung der schulischen Förderung aller behinderten und von Behinderung bedrohten Kinder und Jugendlichen abzusichern und die Bemühungen um gemeinsame Erziehung und gemeinsamen Unterricht für Behinderte und Nichtbehinderte zu unterstützen. Es gilt, Bewährtes zu erhalten, Verbesserungen zu erreichen und Ziele zu beschreiben und zu verfolgen. Diese Bestrebungen stehen in Verbindung mit der Weiterentwicklung der allgemeinen Schulen.

Bei allen geplanten Veränderungen ist darauf zu achten,
– dass die notwendige Qualität und der erforderliche Umfang der Fördermaßnahmen gesichert werden,
– dass die Flexibilität der Förderangebote in einem System gestufter und miteinander verbundener Hilfen gewährleistet ist,
– dass Kinder und Jugendliche mit Sonderpädagogischem Förderbedarf unabhängig von Ort und Form der Förderung möglichst gleiche Bildungschancen erhalten,
– dass Behinderte und Nichtbehinderte im gemeinsamen Unterricht ihren Bedürfnissen entsprechend gefördert und gefordert werden,
– dass die Zusammenarbeit aller an der Förderung des jeweiligen Kindes bzw. Jugendlichen beteiligten Personen und Institutionen gewährleistet ist.

II. Grundlegung sonderpädagogischer Förderung

1. Ziele und Aufgaben

Sonderpädagogische Förderung soll das Recht der behinderten und von Behinderung bedrohten Kinder und Jugendlichen auf eine ihren persönlichen Möglichkeiten entsprechende schulische Bildung und Erziehung verwirklichen. Sie unterstützt und begleitet diese Kinder und Jugendlichen durch individuelle Hilfen, um für diese ein möglichst hohes Maß an schulischer und beruflicher Eingliederung, gesellschaftlicher Teilhabe und selbstständiger Lebensgestaltung zu erlangen.

Dabei ist es vordringliche Aufgabe,

- das Bedingungsgefüge einer Behinderung – ihre Ausgangspunkte und Entwicklungsdynamik – zu erkennen,
- die Bedeutung der jeweiligen Behinderung für den Bildungs- und Lebensweg des Kindes bzw. Jugendlichen einzuschätzen, um dann
- die pädagogischen Notwendigkeiten hinsichtlich Erziehung, Unterricht und Förderung so zu verwirklichen, dass die Betroffenen fähig werden, ein Leben mit einer Behinderung in sozialer Begegnung sinnerfüllt zu gestalten und – wann immer möglich – eine Minderung oder Kompensation der Behinderung und ihrer Auswirkungen zu erreichen.

Sonderpädagogische Förderung orientiert sich daher an der individuellen und sozialen Situation des behinderten oder von Behinderung bedrohten Kindes bzw. Jugendlichen und schließt die persönlichkeits- und entwicklungsorientierte Vorbereitung auf zukünftige Lebenssituationen ein:

- Es werden Möglichkeiten eröffnet, in denen soziale Beziehungen und Bindungen Behinderter untereinander und zwischen Behinderten und Nichtbehinderten entstehen und aufgebaut werden können.
- Es werden Lernsituationen geschaffen, die geeignet sind, das Selbstvertrauen und Selbstwertgefühl der Kinder und Jugendlichen unter Anerkennung individueller Leistungsmöglichkeiten und -grenzen zu stärken und ihre Handlungsmöglichkeiten auszuschöpfen und zu erweitern.
- Den Kindern und Jugendlichen werden Gelegenheiten gegeben, gemeinsam mit für sie wichtigen Partnern Lebens- und Zukunftsfragen aufzugreifen.

Sonderpädagogische Förderung schließt begleitende spezifische Hilfen ein mit dem Ziel, für den einzelnen bestehende Abhängigkeiten und Hemmnisse so weit wie möglich zu überwinden. Dies bedeutet:

- Bei der Gestaltung des Unterrichts werden – wenn pädagogisch erforderlich – Freiräume und Entscheidungskompetenzen der Lehrkräfte ausgeschöpft. Entsprechend individueller Fördernotwendigkeiten werden die Zielsetzungen und Bildungsinhalte der Lehrpläne verändert.
- Technische und behinderungsspezifische apparative Hilfen sowie Medien sollen bereit gestellt und individuell angepasst werden; ihr Gebrauch ist einzuüben; Kenntnisse über die Beschaffung der Hilfsmittel, über Einbau, Nutzung und Wartung sind zu vermitteln.
- Für eine fachgerechte Pflege, auch zur Vermeidung gesundheitlicher Risiken, ist Sorge zu tragen. Dabei kann Eingliederungshilfe anderer Maßnahmeträger notwendig werden.
- Baulich-räumliche Voraussetzungen für ein bedürfnis- und behinderungsgerechtes Leben und Lernen sollen gewährleistet werden.

2. Sonderpädagogischer Förderbedarf

Sonderpädagogischer Förderbedarf ist bei Kindern und Jugendlichen anzunehmen, die in ihren Bildungs-, Entwicklungs- und Lernmöglichkeiten so beeinträchtigt sind, dass sie im

Unterricht der allgemeinen Schule ohne sonderpädagogische Unterstützung nicht hinreichend gefördert werden können. Dabei können auch therapeutische und soziale Hilfen weiterer außerschulischer Maßnahmeträger notwendig sein.

Sonderpädagogischer Förderbedarf ist immer auch in Abhängigkeit von den Aufgaben, den Anforderungen und den Fördermöglichkeiten der jeweiligen Schule zu definieren. Er hat Konsequenzen für die Erziehung und für die didaktisch-methodischen Entscheidungen und die Gestaltung der Lernsituationen im Unterricht. Er ist damit eine didaktisch-methodische Bedingung der Erziehung und Unterrichtung, die nur individuell bestimmt werden kann und die in jedem neuen Lernzusammenhang eigens bedacht werden muss. Sonderpädagogischer Förderbedarf lässt sich nicht allein von schulfachbezogenen Anforderungen her bestimmen; seine Klärung und Beschreibung müssen das Umfeld des Kindes bzw. Jugendlichen einschließlich der Schule und die persönlichen Fähigkeiten, Interessen und Zukunftserwartungen gleichermaßen berücksichtigen. Daher sind Voraussetzungen und Perspektiven der elementaren Bereiche der Entwicklung wie Motorik, Wahrnehmung, Kognition, Motivation, sprachliche Kommunikation, Interaktion, Emotionalität und Kreativität in eine Kind-Umfeld-Analyse einzubeziehen.

Da die Entwicklung dieser Bereiche sich in stetiger Wechselwirkung untereinander wie auch in Abhängigkeit von den äußeren Lebens- und Lernbedingungen vollzieht, sind Behinderungen oft gekoppelt mit Beeinträchtigungen in anderen Bereichen. Gleichwohl kann der Sonderpädagogische Förderbedarf beim einzelnen Kind bzw. Jugendlichen seine spezifische Ausformung in bestimmten Bereichen haben, wodurch die inhaltliche Ausrichtung der Förderung Schwerpunkte erhält:

- das Lern- und Leistungsverhalten, insbesondere das schulische Lernen, das Umgehen-Können mit Beeinträchtigungen beim Lernen
- die Sprache, das Sprechen, das kommunikative Handeln, das Umgehen-Können mit sprachlichen Beeinträchtigungen
- die emotionale und soziale Entwicklung, das Erleben und die Selbststeuerung, das Umgehen-Können mit Störungen in Erleben und Verhalten
- die geistige Entwicklung, das Umgehen-Können mit geistiger Behinderung
- die körperliche und motorische Entwicklung, das Umgehen-Können mit erheblichen Beeinträchtigungen im Bereich der Bewegung und mit körperlicher Behinderung
- das Hören, die auditive Wahrnehmung, das Umgehen-Können mit einer Hörschädigung
- das Sehen, die visuelle Wahrnehmung, das Umgehen-Können mit einer Sehschädigung
- die körperliche und seelische Verfassung, das Umgehen-Können mit einer lang andauernden Krankheit

Mit der Beschreibung Sonderpädagogischen Förderbedarfs ist ein Verständnis von Behinderung verbunden, das die Bedeutung für den Bildungs- und Lebensweg der Betroffenen, die Folgen für die Aneignungsweisen, für das Lern- und Sozialverhalten, die Auswirkungen auf das psychische Gleichgewicht vor dem Hintergrund schulischer Anforderungen in den Vordergrund rückt. Das behinderte Kind und der behinderte Jugendliche dürfen dabei nicht nur unter dem Blickwinkel ihrer Behinderung gesehen werden; eine Behinderung stellt immer nur einen Aspekt der Gesamtpersönlichkeit des Kindes bzw. des Jugendlichen dar; Anknüpfungspunkte für die Förderung sind ihre jeweils bereits entwickelten Fähigkeiten.

Besondere Anforderungen stellen zunehmend Kinder und Jugèndliche mit schweren Mehrfachbehinderungen.

3. Feststellung von Sonderpädagogischem Förderbedarf

Die Feststellung Sonderpädagogischen Förderbedarfs umfasst die Ermittlung des individuellen Förderbedarfs sowie die Entscheidung über den Bildungsgang und den Förderort. Sie findet statt in Verantwortung der Schulaufsicht, die entweder selbst über eine sonderpädagogische Kompetenz und ausreichende Erfahrungen in der schulischen Förderung Behinderter verfügt oder fachkundige Beratung hinzuzieht.

3.1 Ermittlung Sonderpädagogischen Förderbedarfs

Bei der Ermittlung Sonderpädagogischen Förderbedarfs sind die diagnostischen Fragestellungen auf ein qualitatives und ein quantitatives Profil der Fördermaßnahmen gerichtet, das Grundlage sein soll für die angestrebte Entscheidungsempfehlung. Es sind Art und Umfang, ggf. auch die Dauer des behinderungsbedingten und problembezogenen Förderbedarfs zu erheben; darüber hinaus sind die im konkreten Einzelfall gegebenen und organisierbaren Formen der Förderung in der Schule abzuklären, die das Kind bzw. der Jugendliche besucht oder besuchen soll.

Für die Ermittlung Sonderpädagogischen Förderbedarfs sind daher Informationen aus folgenden Bereichen wichtig:

- Erleben und Verhalten, Handlungskompetenzen und Aneignungsweisen
- Wahrnehmung und Wahrnehmungsverarbeitung
- Entwicklungs- und Leistungsstand
- soziale Einbindung
- Kommunikations- und Interaktionsfähigkeit
- individuelle Erziehungs- und Lebensumstände
- das schulische Umfeld und die Möglichkeiten seiner Veränderung
- das berufliche Umfeld und die erforderlichen Fördermöglichkeiten.

Das Verfahren zur Feststellung Sonderpädagogischen Förderbedarfs kann von den Erziehungsberechtigten, den volljährigen Schülerinnen und Schülern selbst, der Schule und ggf. von anderen zuständigen Diensten beantragt werden und sollte die Kompetenz der an der Förderung und Unterrichtung beteiligten bzw. zu beteiligenden Personen auf geeignete Weise einbeziehen. Die Erkenntnisse und Daten zum sonderpädagogischen Förderbedarf sollten interdisziplinär gewichtet und abgestimmt sowie unter Berücksichtigung der Stellungnahme der Erziehungsberechtigten zu einer Empfehlung zusammengefasst werden, die in eine Förderplanung einmündet.

3.2 Entscheidung über den Bildungsgang und den Förderort

Auf der Grundlage der Empfehlung unter Beteiligung der Erziehungsberechtigten sowie unter Beachtung der jeweils gegebenen bzw. bereitstellbaren Rahmenbedingungen entscheidet die Schulaufsicht, ob die Schülerin oder der Schüler in die allgemeine Schule aufgenommen wird, dort verbleibt, Unterricht und Förderung in einer Sonderschule oder in kooperativen Förderformen erhält. In diese Entscheidung kann auch die Inanspruchnahme von Einrichtungen mit ergänzenden Betreuungs- oder Ganztagsangeboten einbezogen werden. Dabei sind bei jeder einzelnen Entscheidung zu berücksichtigen:

- Art und Umfang des Förderbedarfs
- Stellungnahme der Erziehungsberechtigten, ggf. beratender Gremien
- Fördermöglichkeiten der allgemeinen Schule
- Verfügbarkeit des erforderlichen sonderpädagogischen Personals
- Verfügbarkeit technischer, apparativer Hilfsmittel sowie spezieller Lehr- und Lernmittel, ggf. baulich-räumlicher Voraussetzungen

Vor diesem Hintergrund ist dann derjenige Lernort zu wählen, der auf bestmögliche Weise den Förderbedürfnissen des Kindes bzw. Jugendlichen, seiner Selbstfindung und Persönlichkeitsentwicklung gerecht werden und auf die gesellschaftliche Eingliederung sowie auf berufliche Anforderungen vorbereiten kann. Die Entscheidung über den individuellen Förderbedarf erfordert in geeigneten Abständen eine Überprüfung.

III. Realisierung sonderpädagogischer Förderung

1. Erziehung und Unterricht

Sonderpädagogisch orientierte Erziehung und Unterrichtsgestaltung beruhen auf einer den Lernprozess begleitenden Diagnostik und lassen sich von den übergeordneten Prinzipien Entwicklungsnähe, Ganzheitlichkeit Kommunikations- und Handlungsorientierung leiten. Ziele, Methoden, Lernorganisation und Medien werden dem Förderbedarf entsprechend ausgewählt. Damit unterscheiden sich eine sonderpädagogisch ausgerichtete Erziehung und Unterrichtsgestaltung nicht prinzipiell von allgemein pädagogischer Arbeit. Sonderpädagogik hat subsidiäre Aufgaben.

Wichtig ist, dass Lernzusammenhänge hergestellt werden, in denen sich die Schülerinnen und Schüler mit ihren Fähigkeiten und Neigungen, mit ihren Motiven, Fragen und Zielvorstellungen als handelnde Personen erleben und begegnen können. Ein offenes und anregungsreiches Lernumfeld soll es den Kindern und Jugendlichen ermöglichen, sich auf für die Übernahme bisher nicht vertrauter sozialer Rollen, für die eigenaktive Erprobung an neuen Aufgaben und für ein möglichst selbstverantwortliches Leben und Lernen zu entscheiden. Die Bildungsziele und -inhalte sollen auch die voraussichtlich zu erwartenden Anforderungen im späteren persönlichen und beruflichen Lebenszusammenhang einbeziehen.

2. Sonderpädagogische Förderschwerpunkte

Eine zentrale Aufgabe sonderpädagogischer Förderung besteht darin, behinderungsspezifische Förderschwerpunkte aus einem oder aus mehreren Entwicklungsbereichen mit erzieherischen und unterrichtlichen Aufgaben zu verknüpfen. Dies gilt vor allem bei den häufig anzutreffenden Verbindungen mit Beeinträchtigungen im Lernen, in der Motorik, in der Sprache sowie in emotionalen und sozialen Entwicklungsbereichen, die eine individuelle und umfassende Förderung notwendig machen. Bei Kindern und Jugendlichen mit schweren Mehrfachbehinderungen sind verschiedene Förderschwerpunkte zur Sicherstellung einer basalen Förderung zu beachten.

Nachfolgend sind sonderpädagogische Förderschwerpunkte aufgeführt:

Förderschwerpunkte im Bereich des Lern- und Leistungsverhaltens, insbesondere des schulischen Lernens, des Umgehen-Könnens mit Beeinträchtigungen beim Lernen

Eine Förderung von Schülerinnen und Schülern mit Beeinträchtigungen im schulischen Lernen, in der Leistung sowie im Lernverhalten setzt die Bereitstellung von anregenden Erfahrungsräumen voraus. Sie schafft strukturierte Lernsituationen, in denen vor allem elementare Bereiche der Lernentwicklung wie Motorik, Wahrnehmung, Kognition, sprachliche Kommunikation, Emotionalität und Interaktion beachtet werden. Diese müssen geeignet sein, Interesse zu wecken, individuelle Lernwege zu erschließen, Aneignungsweisen aufzubauen, um die Aufnahme, Verarbeitung und handelnde Durchdringung von Bildungsinhalten zu ermöglichen und über die Vermittlung von Lernerfolgen das Selbstvertrauen der Kinder und Jugendlichen zu stärken.

Förderschwerpunkte im Bereich der Sprache, des Sprechens, des kommunikativen Handelns, des Umgehen-Könnens mit sprachlichen Beeinträchtigungen

Zur Förderung von Schülerinnen und Schülern mit Sprachbeeinträchtigungen sind für das Sprachverstehen und die Sprachverwendung besonders ergiebige Sprachlernsituationen auszuwählen, methodenbewusst zu planen und aufzubereiten. Damit soll erreicht werden, dass die betroffenen Kinder und Jugendlichen über einen dialoggerichteten Gebrauch Sprache auf- und ausbauen, sprachliches Handeln in Bewährungssituationen bewältigen und sich als kommunikationsfähig erleben können.

Die Komplexität der Entstehungsbedingungen von Sprach- und Kommunikationsstörungen samt ihrer Verbindungen und Rückwirkungen auf das Lernen und das Erleben erfordern einen mehrdimensional angelegten sonderpädagogisch gestalteten Unterricht. Hierbei ist kommunikatives Handeln in natürlichen Situationen besonders wertvoll.

Die spezifischen Maßnahmen müssen frühzeitig einsetzen zur Sicherung einer erfolgreichen Mitwirkung des Kindes an der im wesentlichen sprachlich vermittelten schulischen

Bildungsarbeit und Kulturaneignung; in diesem Zusammenhang ist auch auf voraussehbare und anzugehende Schwierigkeiten beim Schriftspracherwerb zu achten.

Förderschwerpunkte im Bereich der emotionalen und sozialen Entwicklung, des Erlebens und der Selbststeuerung, des Umgehen-Könnens mit Störungen des Erlebens und Verhaltens

Eine Förderung von Schülerinnen und Schülern mit Beeinträchtigungen im Bereich der emotionalen und sozialen Entwicklung sowie des Erlebens und des Verhaltens zielt auf Erziehungshilfe und strebt bei einem hohen Maß an Verständnis, besonderer persönlicher Zuwendung und pädagogisch-psychologischer Unterstützung einen Aufbau von Grundverhaltensweisen an. Hilfen zur Orientierung im sozialen Umfeld und zur Selbststeuerung dienen auch der Verarbeitung von belastenden Lebenseindrücken und sollen so zu einer individuell und sozial befriedigenden Lebensführung beitragen. Wenn verschiedene Dienste beteiligt sind, ist eine Koordinierung der Maßnahmen erforderlich.

Bei allen Bemühungen sind Wege zu suchen, bei den Betroffenen Lernbereitschaft anzuregen, Leistungsfähigkeit zu entwickeln und sie gleichzeitig aufzuschließen für die Lerninhalte der Schule. Musische, sportliche und technische Unterrichtsangebote, Projekte und gruppenpädagogische Verfahren eignen sich in besonderer Weise für die Förderung dieser Schülerinnen und Schüler und sollten daher den entsprechenden Stellenwert im Rahmen der schulischen Arbeit erhalten.

Förderschwerpunkte im Bereich der geistigen Entwicklung, des Umgehen-Könnens mit geistiger Behinderung

Eine Förderung von Schülerinnen und Schülern mit geistiger Behinderung beinhaltet eine alle Entwicklungsbereiche umfassende Erziehung und Unterrichtung mit lebenspraktischem Bezug. Um ein Leben in größtmöglicher Selbständigkeit und in Würde führen zu können, sind lebensbegleitende Förderung und spezielle Lern- und Strukturierungshilfen für eine aktive Lebensbewältigung in sozialer Integration erforderlich.

Die Förderung umfasst Maßnahmen zur kognitiven, sprachlichen, senso- und psychomotorischen, emotionalen und sozialen Entwicklung. Für Schülerinnen und Schüler mit geistiger Behinderung soll über den Vormittagsunterricht hinaus ein Nachmittagsangebot vorgehalten werden.

Förderschwerpunkte im Bereich der körperlichen und motorischen Entwicklung, des Umgehen-Könnens mit erheblichen Beeinträchtigungen im Bereich der Bewegung und mit körperlicher Behinderung

Eine Förderung von Schülerinnen und Schülern mit Beeinträchtigungen der motorischen und körperlichen Entwicklung richtet sich auf Hilfen zur Ausweitung der Wahrnehmungs- und Erlebnisfähigkeit, zur Erweiterung eigener Handlungsmöglichkeiten, zur Nutzung von spezifischen Hilfsmitteln, zum möglichst selbstständigen Bewältigen alltäglicher Verrichtungen. Psychomotorische Maßnahmen sind in die alltägliche Unterrichtsarbeit einzubeziehen. Wichtig ist der Aufbau sozialer Beziehungen, die Hinführung zu einer realistischen Selbsteinschätzung der eigenen Leistungsmöglichkeiten und die Akzeptanz der eigenen, oft bleibenden Behinderung.

Förderschwerpunkte im Bereich des Hörens, der auditiven Wahrnehmung und des Umgehen-Könnens mit einer Hörschädigung

Eine Förderung von Schülerinnen und Schülern mit Hörschädigungen soll zur Begegnung mit der Welt der Hörenden befähigen. Sie führt – soweit möglich – zu einer verständlichen Lautsprache unter Einbeziehung der Schulung des Resthörvermögens. Für die Identitätsfindung Hörgeschädigter bezieht die Schule gebärdensprachliche Kommunikationsformen ein.

Besondere Förderschwerpunkte sind der systematische Sprachaufbau, Artikulationsunterricht, Absehschulung, die Förderung der optischen Orientierung und des Vibrationssinnes, Hörtraining sowie die optimale Nutzung von technischen Hörhilfen. Die Bildungsinhalte sind immer auf die besondere psychische Situation von Kindern und Jugendlichen mit Hörschädigungen, auf ihren großen Informationsbedarf und auf ihre Kommunikationsbehinderung abzustimmen; der Schriftsprache kommt bei der Bildungsarbeit ein hoher Stellenwert zu.

Förderschwerpunkte im Bereich des Sehens, der visuellen Wahrnehmung, des Umgehen-Könnens mit einer Sehschädigung

Eine Förderung von Schülerinnen und Schülern mit Sehschädigungen richtet sich auf die Erschließung der Umwelt, auf die Entwicklung von Orientierungsstrategien und Verhaltensweisen zur Bewältigung der Anforderungen des Alltags in bekannter und unbekannter Umgebung. Förderung der Mobilität und Unterricht zum Erwerb lebenspraktischer Fertigkeiten sind erforderlich. Entscheidende Bedeutung für die Informationsaufnahme kommt der Aktivierung des Restsehvermögens sowie der Ausbildung der taktilkinästhetischen und auditiven Wahrnehmung der Sprache zu; zudem sind alle geeigneten technischen Hilfsmittel zur Kompensation der Behinderung und zum Umgang mit ihr auszunutzen. Die Schülerinnen und Schüler erhalten vor allem durch Rhythmik, Sport und Tanz Sicherheit in der Bewegung, eine gute Körperbeherrschung und Körperhaltung. Auch das bildnerische Gestalten mit spezifischen Materialien und der Musik haben für Sehgeschädigte hohen Bildungswert.

Förderschwerpunkte bei langandauernder Erkrankung und beim Umgehen-Können mit einer lang andauernden Erkrankung

Eine Förderung von Schülerinnen und Schülern, die auf Grund einer Erkrankung für längere Zeit oder in regelmäßigen Abständen im Krankenhaus untergebracht sind oder zu Hause bleiben müssen, kann im Einzel- oder Gruppenunterricht erfolgen, der auch zum Schulabschluss führen kann.

Die sonderpädagogische Aufgabe besteht darin, der sich aus einer längeren Erkrankung und Abwesenheit von der Schule ergebenden Belastung für das seelische Gleichgewicht, einer Gefährdung der Schullaufbahn und einer möglichen Isolierung der Betroffenen pädagogisch entgegenzuwirken. Über leistbare Anforderungen, Erfolgserlebnisse und persönliche Zuwendung sollen Selbstvertrauen, Lern- und Lebensfreude und Genesung gestärkt und gestützt werden.

3. Formen und Orte sonderpädagogischer Förderung

Die schulische Förderung von Kindern und Jugendlichen mit Sonderpädagogischem Förderbedarf bezieht alle Schulstufen und Schularten ein; sie hat in den vergangenen Jahren zu einer Vielfalt von Förderformen und Förderorten geführt. Es entwickeln sich Formen der gemeinsamen Erziehung und Unterrichtung von Kindern und Jugendlichen mit und ohne Behinderungen an unterschiedlichen Lernorten. Vorbeugende Maßnahmen erfahren zunehmend eine höhere Bewertung.

3.1 Sonderpädagogische Förderung durch vorbeugende Maßnahmen

Je früher vorbeugende Maßnahmen einsetzen, desto größer ist ihre Wirksamkeit. Vorbeugende Maßnahmen (Prävention) zielen darauf, weiter gehende Auswirkungen einer bestehenden Behinderung zu vermeiden. Bei Kindern und Jugendlichen, die von einer Behinderung bedroht sind, wirken vorbeugende Hilfen dem Entstehen einer Behinderung entgegen. Der interdisziplinären Zusammenarbeit in der Frühförderung kommt eine herausragende Bedeutung zu.

Vorbeugende sonderpädagogische Maßnahmen in der Schule können neben der Förderung der Kinder und Jugendlichen auch die gemeinsame Beratung der Sonderschullehrkräfte mit Lehrkräften der anderen Schulen, mit den betroffenen Eltern sowie besondere Förderung einer Schülerin bzw. eines Schülers umfassen. Je nach Notwendigkeit im Einzelfall gehört auch die Zusammenarbeit mit bestimmten Institutionen, Fachleuten und Beratungsdiensten dazu.

3.2 Sonderpädagogische Förderung im gemeinsamen Unterricht

Kinder und Jugendliche mit Sonderpädagogischem Förderbedarf können allgemeine Schulen besuchen, wenn dort die notwendige sonderpädagogische und auch sächliche Unterstützung sowie die räumlichen Voraussetzungen gewährleistet sind; die Förderung aller Schülerinnen und Schüler muss sichergestellt sein.

Zu den notwendigen Voraussetzungen gehören neben den äußeren Rahmenbedingungen sonderpädagogisch qualifizierte Lehrkräfte, individualisierende Formen der Planung, Durchführung und Kontrolle der Unterrichtsprozesse und eine abgestimmte Zusammenarbeit der beteiligten Lehr- und Fachkräfte. Dabei ist eine inhaltliche, methodische und organisatorische Einbeziehung pädagogischer Maßnahmen, auch individueller Unterrichtsziele und -inhalte, in die Unterrichtsvorhaben für die gesamte Schulklasse vorzunehmen. Sonderpädagogische Förderung findet dabei im und, wenn notwendig, auch neben dem Klassenunterricht statt.

3.3 Sonderpädagogische Förderung in Sonderschulen

Kinder und Jugendliche mit Sonderpädagogischem Förderbedarf, deren Förderung in einer allgemeinen Schule nicht ausreichend gewährleistet werden kann, werden in Sonderschulen, Sonderberufsschulen und Berufsschulen mit sonderpädagogischen Förderschwerpunkten sowie vergleichbaren Einrichtungen unterrichtet.

Die Sonderschulen haben dafür Sorge zu tragen, eine auf die individuelle Problemlage und Behinderung von Schülerinnen und Schülern ausgerichtete Erziehung und Unterrichtung anzubieten; sie müssen in die Lage versetzt werden, die erforderlichen technischen Medien sowie spezielle Lehr- und Lernmittel bereitzustellen. Es können auch therapeutische, pflegerische und soziale Hilfen anderer außerschulischer Maßnahmeträger einbezogen werden. Sonderschulen unterscheiden sich nach der Art ihrer sonderpädagogischen Förderschwerpunkte und nach ihrem Angebot an Bildungsgängen. Sie unterstützen bei ihren Schülerinnen und Schülern alle Entwicklungen, die zu einem möglichen Wechsel in eine allgemeine Schule und in die Ausbildung führen können.

Mehrfach behinderte Schülerinnen und Schüler besuchen die Sonderschule, in der sie am besten gefördert werden können.

3.4 Sonderpädagogische Förderung in kooperativen Formen

Viele Sonderschulen und allgemeine Schulen sind dabei, eine enge pädagogische Zusammenarbeit aufzubauen. Kooperative Formen der Förderung und Unterrichtung erschließen allen Beteiligten Möglichkeiten zur wechselseitigen Annäherung und zur Erfahrung von mehr Selbstverständlichkeit im Umgang miteinander. Kooperative Formen können den Unterricht und das Schulleben bereichern. Die Durchlässigkeit der Schularten und ihrer Bildungsgänge, die Erhöhung gemeinsamer Unterrichtsanteile und der Wechsel von Schülerinnen und Schülern aus den Sonderschulen in allgemeine Schulen werden hierdurch begünstigt. Die räumliche Zusammenführung von Klassen der Sonderschulen mit Klassen der allgemeinen Schulen kann geeignete Rahmenbedingungen für die angestrebte Kooperation schaffen.

3.5 Sonderpädagogische Förderung im Rahmen von Sonderpädagogischen Förderzentren

Die Angebotsvielfalt sonderpädagogischer Förderung führt immer häufiger zur Herausbildung Sonderpädagogischer Förderzentren. Es lassen sich dabei verschiedene Richtungen ausmachen, die einer fachlichen und organisatorischen Weiterentwicklung der sonderpädagogischen Förderung Rechnung tragen. Dabei sollen Sonderpädagogische Förderzentren als regionale oder überregionale Einrichtungen einzelnen oder mehreren Förderschwerpunkten entsprechen und sonderpädagogische Förderung in präventiven, integrativen, stationären und kooperativen Formen möglichst wohnortnah und fachgerecht sicherstellen.

3.6 Sonderpädagogische Förderung im berufsbildenden Bereich und beim Übergang in die Arbeitswelt

Jungen Menschen mit Sonderpädagogischem Förderbedarf sind Wege zu einer qualifizierten Berufsbildung in einem anerkannten Ausbildungsberuf oder, wo dies nicht durchführbar erscheint, in einem für Behinderte vorgesehenen Ausbildungsberuf zu öffnen, um damit die Voraussetzungen für eine dauerhafte Eingliederung in die Arbeitswelt zu schaffen.

Soweit dies nicht durchführbar ist, muss eine an die individuellen Möglichkeiten und Fähigkeiten des Jugendlichen angepasste Vorbereitung auf eine Berufstätigkeit mit selbstständiger Lebensführung oder auf eine Beschäftigung in der Werkstatt für Behinderte angeboten werden.

Aufgabe der sonderpädagogischen Förderung im berufsbildenden Bereich ist es auch, Voraussetzungen für erfolgreiches berufliches Lernen zu schaffen, Berufswahlvorbereitungen und Berufsvorbereitung zu unterstützen.

Um die bestmögliche berufliche Eingliederung zu erreichen, bedarf es der vertrauensvollen Zusammenarbeit der beruflichen Schulen mit den Jugendlichen und jungen Erwachsenen sowie den Rehabilitationspartnern, den Kammern, der Arbeitsverwaltung, den Fachdiensten, den Erziehungsberechtigten und den Ausbildern.

Der Unterricht ist grundsätzlich von Lehrkräften zu erteilen, die Befähigung zum Lehramt an beruflichen Schulen besitzen; diese sollten durch entsprechende Aus- oder Fortbildung eine sonderpädagogische Qualifikation erworben haben. Bestimmte sonderpädagogische Aufgaben sind von Sonderschullehrkräften wahrzunehmen.

Für den berufsbildenden Bereich gelten im übrigen die sonstigen Inhalte dieser Empfehlungen entsprechend.

4. Zusammenarbeit

Bei Kindern und Jugendlichen mit Sonderpädagogischem Förderbedarf ist eine intensive und vertrauensvolle Zusammenarbeit zwischen Erziehungsberechtigten und Schule erforderlich. Die Lehrkräfte erhalten für ihre Arbeit, z.B. aus den Gesprächen mit Erziehungsberechtigten, Hinweise über Erleben und Verhalten des Kindes oder Jugendlichen außerhalb der Schule. Sie informieren ihrerseits die Erziehungsberechtigten über wichtige Beobachtungen und die Entwicklung des Kindes oder Jugendlichen und beraten sich gemeinsam mit ihnen über Möglichkeiten und Grenzen der Förderangebote und -maßnahmen. Mitunter ist es nötig, Erziehungsberechtigte für spezifische Fördermöglichkeiten ihres Kindes zu gewinnen. Aussprachen dienen dazu, die beiderseitigen Bemühungen aufeinander abzustimmen und auftretende alltägliche Schwierigkeiten gemeinsam zu bewältigen. Solche Gespräche können sowohl zu Hause als auch in der Schule stattfinden.

Die gemeinsame Verantwortung der Schulen für die schulische Bildung und Förderung von Kindern und Jugendlichen mit Sonderpädagogischem Förderbedarf macht eine verbindliche und qualifizierte Zusammenarbeit der Lehrkräfte unverzichtbar. Die Zusammenarbeit der Lehrerinnen und Lehrer und weiterer Fachkräfte verlangt ein gemeinsames Grundverständnis der Aufgaben und eine klare Zuordnung von Kompetenz- und Verantwortungsbereichen für jeden Beteiligten in Unterricht und Schulleben.

Sonderpädagogische Förderung in der Schule bedarf einer Ergänzung durch Maßnahmen unterschiedlicher Dienste und Leistungsträger. Daher müssen Schulen mit den Gesundheits-, Sozial- und Jugendämtern, den schulpsychologischen, schul- und fachärztlichen Diensten, Einrichtungen der Frühförderung, weiteren Fachleuten und Institutionen,

Arbeitsämtern, Kammern, Betrieben und Erziehungsberatungsstellen im Interesse einer abgestimmten ganzheitlichen Förderung zusammenarbeiten. In dieser Hinsicht besteht ein deutlicher Regelungsbedarf. Es sind Verbindungen zwischen verschiedenen Fach- und Dienstleistungsbereichen sowie Maßnahmeträgern herzustellen, unterschiedliche Förder- und Hilfeleistungen zu koordinieren, damit verfügbare Ressourcen und Kompetenzen effektiv eingesetzt und genutzt werden können.

Dies kann unterstützt werden durch die Bildung von Patenschaften zwischen Schulen, zwischen Schulen und Betrieben sowie mit anderen Institutionen, z. B. durch Inanspruchnahme von Bildungs-, Kultur- und Freizeitangeboten.

5. Besondere Regelungen für den Schulbesuch

Für Schülerinnen und Schüler, die für eine angemessene Schulbildung und zur Erfüllung ihres Sonderpädagogischen Förderbedarfs einer längeren Zeit bedürfen, als es die Schulpflichtbestimmungen vorsehen, ist die Schulbesuchszeit entsprechend zu verlängern. Einem von den Schülerinnen und Schülern oder deren Erziehungsberechtigten gestellten Antrag auf Verlängerung der Schulbesuchszeit soll statt gegeben werden, wenn zu erwarten ist, dass das angestrebte Bildungsziel bei einer Verlängerung erreicht werden kann.

Für die Dauer der Bearbeitung mündlicher, schriftlicher und praktischer Aufgaben zum Leistungsstand kann für die einzelne Schülerin bzw. den einzelnen Schüler entsprechend der Beeinträchtigung die allgemein vorgesehene Zeit verlängert werden. Außerdem können andere Unterstützungsformen erforderlich werden, um Nachteile aus Art und Schwere einer Behinderung auszugleichen.

Aus den Zeugnissen von Schülerinnen und Schülern mit Sonderpädagogischem Förderbedarf in allgemein bildenden Schulen muss hervorgehen, nach welchen Lehrplänen diese unterrichtet wurden.

IV. Einsatz und Qualifikation des Personals in der sonderpädagogischen Förderung

Sonderpädagogische Förderung geschieht in vielfältigen Aufgabenfeldern und Handlungsformen. Sie erfordert den Einsatz unterschiedlicher Berufsgruppen mit entsprechenden Fachkompetenzen. Das Personal muss befähigt sein, die Aufgaben in Unterricht und Erziehung, in Sonderschulen und allgemeinen Schulen, in besonderen behinderungsspezifischen Fördermaßnahmen und im Bereich der Versorgung und Pflege unter Berücksichtigung der individuellen Bildungsmöglichkeiten behinderter Kinder und Jugendlicher in einem abgestimmten pädagogischen Gesamtkonzept kompetent wahrzunehmen. Über die Mitarbeit von wissenschaftlich ausgebildeten Lehrkräften und anderem pädagogisch ausgebildeten Personal hinaus ist auch der Einsatz von medizinisch-therapeutischen Fachkräften und Mitarbeitern im Bereich der Versorgung und Pflege erforderlich.

Die Ausbildung des Personals muss Breite und Struktur des jeweiligen Tätigkeitsfeldes und dessen Anforderungen an die einzelne Person berücksichtigen. Sie vermittelt nicht nur die Grundkompetenz für die eigene Aufgabe, sondern auch einen Überblick über den Gesamtbereich der Erziehung und Unterrichtung von Kindern und Jugendlichen mit Sonderpädagogischem Förderbedarf. Aufgabenbezogene und sonderpädagogische Zusatzausbildungen müssen absolviert werden können. Sonderpädagogische Förderangebote werden maßgeblich in der Praxis und an der Praxis ausgestaltet. Die Anwendung und Erprobung wissenschaftlicher und fachlicher Mittel und Wege im praktischen Zusammenhang sind deshalb auch in allen Phasen der Ausbildung unverzichtbare Elemente.

Kennzeichnend für das sonderpädagogische Handeln sind Veränderungen der Schülerschaft und ihres Umfeldes, der Aufgaben sonderpädagogischer Förderung sowie Weiterentwicklungen im Bereich der wissenschaftlichen Erkenntnisse und der praktischen Handlungsmodelle. Zur Sicherung der Qualität der sonderpädagogischen Förderung und des zeitgemäßen Standes in der Kompetenz des Personals ist eine regelmäßig fachliche Fortbildung unabdingbar. In den Fortbildungsangeboten ist jeweils auch der Kooperations- und Abstimmungsbedarf zu berücksichtigen, der sich durch die fachliche Arbeitsteilung ergibt. Unterschiedliche individuelle Voraussetzungen der Schülerinnen und Schüler und die häufig notwendige Abstimmung individueller Fördermaßnahmen mit Instanzen im Umfeld der Schule machen es erforderlich, dass sich die Schule auch im Bereich der Fortbildung für die Zusammenarbeit mit anderen Fachkräften öffnet.

V. Schlussbestimmung

Die „Empfehlung zur Ordnung des Sonderschulwesens" (Beschluss der Kultusministerkonferenz vom 16. März 1972) wird aufgehoben mit Ausnahme des Abschnittes 2. „Richtlinien für die einzelnen Sonderschulen", soweit die hierin getroffenen Aussagen den neuen Empfehlungen nicht widersprechen.

Christian Hannig
Oberschulrat in der Freien Hansestadt Bremen
Mitglied im Schulausschuss der KMK
Vorsitzender der Arbeitsgruppe „Sonderpädagogische Förderung" von 1992-98

Zu den Empfehlungen zur sonderpädagogischen Förderung der Kultusministerkonferenz (KMK)

Die KMK hat auf ihrer Sitzung am 5./6. Mai 1994 die „Empfehlungen zur sonderpädagogischen Förderung in den Ländern in der Bundesrepublik Deutschland" verabschiedet. Diese Empfehlungen ersetzen die „Empfehlungen zur Ordnung des Sonderschulwesens" vom 16. 3. 1972.

Nach einer mehrjährigen Phase sehr unterschiedlicher Entwicklungen in den einzelnen Ländern und nach der Deutschen Wiedervereinigung wird mit diesen neuen Empfehlungen zum aktuellen Stand der Entwicklung sonderpädagogischer Förderung Position bezogen. Darüber hinaus sollen die neuen Empfehlungen zu einer gemeinsamen Orientierung bei der Weiterentwicklung sonderpädagogischer Förderung in der Bundesrepublik Deutschland beitragen.

Die Empfehlungen vom Mai 1994 weisen wesentliche Veränderungen gegenüber den Empfehlungen vom März 1972 auf:

Im Zentrum aller pädagogischer Bemühungen steht die individuelle Problemlage des behinderten Kindes an unterschiedlichen Lernorten. Die einlinige Zuordnung von Behinderungsarten zu Sonderschultypen wird überwunden. Die Gliederung der sonderpädagogischen Förderangebote erfolgt nicht mehr nach Institutionen, sondern nach Förderschwerpunkten. Sonderpädagogische Förderung kann sowohl in Sonderschulen als auch in Allgemeinen Schulen durchgeführt werden. Sonderpädagogische Förderung versteht sich als Ergänzung und Schwerpunktsetzung der Allgemeinen Pädagogik.

Die Feststellung sonderpädagogischen Förderbedarfs beim einzelnen Kind oder Jugendlichen soll unabhängig vom Lernort Sonderschule erfolgen. Sonderpädagogischer Förderbedarf führt damit nicht mehr automatisch zu einer Sonderschulaufnahme („Sonderschulbedürftigkeit"), sondern gegebenenfalls zum Angebot einer sonderpädagogischen Unterstützung in der Allgemeinen Schule.

Der Vielfalt von unterschiedlichen Organisationsformen und Vorgehensweisen in der sonderpädagogischen Förderung, der Prävention und der beruflichen Eingliederung wird ein hoher Stellenwert beigemessen. Erstmals werden sonderpädagogische Förderzentren als Organisationsform zur fachlichen und organisatorischen Weiterentwicklung sonderpädagogischer Förderangebote von der Kultusministerkonferenz genannt.

Bei der Erstellung der neuen Empfehlungen war es Ziel, eine für alle sechzehn Bundesländer gemeinsame, konsensfähige Empfehlung zur sonderpädagogischen Förderung zu erarbeiten. Der Schulausschuss der KMK hatte hierfür eine Arbeitsgruppe, bestehend aus den Länderreferenten, einberufen. Diese Arbeitsgruppe hat sich bemüht, zunächst einen Überblick über die große Palette vorhandener Angebotsformen sonderpädagogischer Förderung und fachlicher Positionen in den einzelnen Bundesländern zu erhalten. Dabei wurde deutlich, wie weit die schulischen Entwicklungen im Bereich der Sonderpädagogik in den Ländern auseinander gedriftet waren und wie notwendig auch eine länderübergreifende begriffliche Klärung des jeweils Gemeinten für eine Verständigung über gemeinsame Ziele war. Nach Fachaustausch, begrifflicher Klärung, Sammlung bildungspolitisch unstrittiger Aspekte und Verständigung über eine gemeinsame Zielrichtung konnte in einer intensiven einjährigen Arbeitsphase dann ein erster Gesamtentwurf erstellt und daran gearbeitet werden. Es wurden die Anregungen aus Stellungnahmen namhafter Fachwissenschaftler aufgenommen und der Text mit den Länderreferenten des Primar- und Sekundar-I-Bereiches (insbesondere auch mit dem Text der zeitgleich entstandenen Empfehlung zur Arbeit in der Grundschule) sowie der beruflichen Bildung abgestimmt. Die im Arbeitsprozess von den im Deutschen Beamtenbund organisierten Verbänden und von der GEW eingegangenen Textvorschläge wurden ebenfalls alle geprüft und weitgehend berücksichtigt. Die Arbeitsgruppe hat sich in diesem Prozess durch die Gespräche mit dem Vorstand des vds-Fachverband für Behindertenpädagogik und seine Anregungen zum Pilottext der Empfehlungen besonders gut begleitet gefühlt.

Die Mitglieder der Arbeitsgruppe hoffen, dass die Entwicklung sonderpädagogischer Förderung in den Ländern mit diesen neuen Empfehlungen die nötige Orientierung und Unterstützung findet.

Mit ihrem Beschluss vom 6. Mai 1994 hat die KMK dem Schulausschuss/der Arbeitsgruppe Sonderpädagogische Förderung zugleich den Auftrag erteilt, die einschlägigen Beschlüsse der Kultusministerkonferenz, insbesondere die für den Unterricht an den verschiedenen Sonderschultypen bestehenden Empfehlungen, im Sinne einer Anpassung an die neuen „Empfehlungen zur sonderpädagogischen Förderung ... zu überarbeiten".

Konsequent hat die Arbeitsgruppe deshalb keine Richtlinien für den Unterricht in bestimmten Sonderschulen entwickelt. Die von der Arbeitsgruppe eingerichteten Fachkommissionen haben Empfehlungen für die im Grundlagenpapier definierten Förderschwerpunkte formuliert.

Die Empfehlungen für den Unterricht kranker Kinder und für die Förderschwerpunkte im Bereich des Hörens, des Sehens, der Sprache, der körperlichen und motorischen Entwicklung, der geistigen Entwicklung, der emotionalen und sozialen Entwicklung sowie des schulischen Lernens sind von der Kultusministerkonferenz inzwischen verabschiedet worden.

Alle Empfehlungen enthalten Ausführungen zu folgenden Punkten:

- Ziele und Aufgaben
- Sonderpädagogischer Förderbedarf
- Feststellung des Sonderpädagogischen Förderbedarfs
- Erziehung und Unterricht
- Formen und Orte sonderpädagogischer Förderung
- Besondere Regelungen für den Schulbesuch
- Zusammenarbeit
- Einsatz und Qualifikation des Personal

Die Empfehlungen haben sowohl für die Förderung in Allgemeinen Schulen als auch für die Förderung in Sonderschulen/Förderschulen Geltung.

Gustav Kanter
Universität Köln

Die KMK-Empfehlungen von 1994 zur sonderpädagogischen Förderung

Ausgangslage

Über zwei Jahrzehnte (1972-1994) waren vergangen, bis es der Kultusministerkonferenz (Ständige Konferenz der Kultusminister der Länder in der Bundesrepublik Deutschland – KMK) gelang, endlich eine Neufassung von Empfehlungen zum Bereich Sonderpädagogik/Sonderschulwesen zu verabschieden. In diesen 20 Jahren hatten sich erhebliche soziale, wirtschaftliche sowie kulturelle Veränderungsprozesse vollzogen; und selbst auch in Schulen hatte sich – mit gebotener Verzögerung, versteht sich – einiges weiter entwickelt, das in pädagogischen Planungen und Umsetzungen berücksichtigt werden musste. Hatte doch schon im Oktober 1973 die Bildungskommission des Deutschen Bildungsrates, jenes öffentlich bestellte, von Politik und Wissenschaft paritätisch besetzte Beratungsgremium in Bildungsfragen, mit ihrer „Empfehlung zur pädagogischen Förderung von behinderten und von Behinderung bedrohten Kindern und Jugendlichen" den Tenor der Veränderungsnotwendigkeiten für die nächsten Jahrzehnte vorgegeben und verschiedene konkrete Vorschläge zur Weiterentwicklung der Bildungsorganisation für die genannte Personengruppe eingebracht.

Umsetzungen dieser Empfehlungen erfolgten in der pädagogischen Praxis zunächst aber nur in sehr geringem Umfange. Am nachhaltigsten wurde noch von Seiten der Sozialpädiatrie der Ausbau medizinischer Dienste eingefordert und durchgesetzt, wie sie von der Bildungskommission im Rahmen der vorgeschlagenen „Zentren für pädagogische Frühförderung" vorgesehen waren. Alles in allem enthielten die damaligen Empfehlungen der Bildungskommission zahlreiche bis heute gültige Überlegungen und Vorschläge zu einer vernünftigen und moderaten Reform der sonderpädagogischen Förderung, stießen aber seitens der zuständigen Länderbehörden auf wenig Gegenliebe, nicht zuletzt auch wegen ihrer finanziellen Implikationen, und dämmerten so, mehr oder weniger von der Bildungsöffentlichkeit beachtet, vor sich hin. Diese Zurückhaltung war allerdings nicht im engeren Kreis der zuständigen Pädagogen gegeben, weder derjenigen der Bildungsverwaltung noch der der Schulpraxis. Insbesondere engagierte Eltern verfolgten in Zusammenarbeit mit interessierten Pädagogen verschiedene Reformideen, und nicht wenige Sonderpädagogen erprobten jenseits offiziell verordneter Maßnahmen auf informeller Ebene neues pädagogisches Denken und Handeln.

Auf diese Ansätze ist an dieser Stelle deshalb zu verweisen, weil hier wesentliche Elemente der 94er Empfehlungen der KMK vorgezeichnet sind. Die neuen Empfehlungen leben gewissermaßen aus der Fortentwicklung der Bildungsratsempfehlungen sowie der genannten schulpraktischen Erfahrungen und sind zu Teilen von dort her zu verstehen.

Ein zweiter wichtiger Aspekt der Entwicklung sei hervorgehoben: Es lässt sich fast als eine Gesetzmäßigkeit formulieren, dass sich pädagogisches Reformgeschehen in der Regel zunächst unterströmig entwickelt, nur langsam der Bildungsöffentlichkeit bewusst wird und der Ertrag des Prozesses dann erst, gewissermaßen am Ende der Entwicklung, auch in amtliche Regelungen als verbindliche Anweisung gegossen wird. Die sich verändernde Erziehungs- und Unterrichtspraxis geht den gesetzlichen und verordnungsmäßigen Festlegungen fast immer voraus. Längst ist pädagogisches Reformhandeln zeitlich/örtlich punktuell Wirklichkeit und hat sich hier auch bewährt, wenn es amtlicherseits als generalisierende Handlungsanweisung verbindlich gemacht wird. Die 94er Empfehlungen sind in diesem Sinne ein geradezu klassisches Beispiel. Sie bilden im Kern eine geordnete Bestandsaufnahme der Reformentwicklungen im Bereich Sonderpädagogik der letzten 25 Jahre und wurden zu einem richtunggebenden Konzept für künftiges pädagogisches Handeln in Fällen erschwerter Erziehungs- und Bildungsprozesse ausformuliert.

Die 94er Empfehlungen als Ganzes

Geht man die 94er Empfehlungen kursorisch durch, dann hat die genannte Bestandsaufnahme in der Tat nichts grundlegend Neues oder Unbekanntes aus dem pädagogischen/sonderpädagogischen Bereich zu Tage gebracht. Jedoch bildeten sich bei der systematischen Aufarbeitung des Materials sowie in der Analyse der Weiterentwicklung der sonderpädagogischen Förderung der letzten Dekaden entscheidende Perspektivverschiebungen konzeptioneller Art gegenüber bisherigen Auffassungen im Fach ab, die auch für das pädagogische Handeln zwingend zu veränderten Akzentsetzungen führten. Insofern – das ergibt die Betrachtung aus der Distanz eines nunmehr halben Jahrzehnts – erscheint es durchaus berechtigt, die 94er Empfehlungen als einen bedeutsamen Schritt der Fortentwicklung sonderpädagogischen Planens und Handelns in der Bundesrepublik Deutschland zu bezeichnen. WITTMANN (1997, 26) meinte sogar, die KMK habe mit ihren Empfehlungen „dem sonderpädagogischen Bildungsbereich in Deutschland wieder eine umfangreiche ... und ... auch wenig widersprochene Grundlage gegeben". Andere Fachleute sind hier etwas zurückhaltender und weisen auf erhebliche Schwächen dieses Reformpapiers hin (z.B. BLEIDICK/RATH/SCHUCK 1995). Bei der Komplexität der Sachgegebenheiten und schwierigen Problemlage kann es aber auch gar nicht anders sein, als dass die Empfehlungen in verschiedenen Punkten und auch als Ganzes hinreichend Anlass zur Kritik bieten. Auf einige Aspekte wird im Weiteren noch einzugehen sein.

Eines sei jedoch vorweg nochmals in Erinnerung gebracht: Empfehlungen der Kultusministerkonferenz stehen unter dem Zwang einstimmiger Verabschiedung. Allein eine solche zustande zu bringen, bedeutet bei 16 Landesregierungen, die bezüglich ihres Bildungswesens unabhängig entscheiden können (und dies auf Grund unterschiedlicher bildungspolitischer Orientierungen auch oft tun), schon eine kaum zu bewältigende Aufgabe. Darüber hinaus sind die Empfehlungen für das Bildungswesen der einzelnen Länder rechtlich auch nicht bindend. Sie tragen lediglich den Charakter von Leitlinien, die zwar mit der guten Absicht entstanden sind, sich im Sinne der Selbstbindung danach zu richten; aber es verwundert nicht, dass unter diesen Bedingungen zum einen alle konkreten Vorschläge sehr weit gefasst und sehr weich formuliert sind, und zum anderen die Umsetzung der Empfehlungen bislang je nach länderspezifischen Vorstellungen ziemlich uneinheitlich erfolgt ist. Eventuelle Schelte sollte sich hier daher nicht an die Verfasser der Empfehlungen richten, sondern an die gesetzgebenden Instanzen. Die zentrale Leistung der Verfasser der 94er Empfehlungen liegt in der recht soliden Bestandsaufnahme der Reformelemte und der trotz aller Hemmnisse relativ gelungenen Erstellung eines Konsenspapiers. Dieses liefert für das pädagogische Handeln zwar keine harten Handlungsanweisungen, bietet aber gleichwohl einige klare und von allen Ländern grundsätzlich akzeptierte Reformvorgaben.

Wichtige Reformpunkte

Schwerpunktverschiebung im Förderansatz: von der institutionenbezogenen zur personenbezogenen Förderung

Soweit es die Bestandsaufnahme anlangt, wird in den Empfehlungen auf die pädagogischen Folgen

– der gesellschaftlichen Umbrüche,

– die veränderten Lebensbedingungen und Lernvoraussetzungen der Kinder und Jugendlichen sowie

– ein gewandeltes pädagogisches Selbstverständnis abgehoben.

Dabei haben in diesem Prozess, so das Analyseergebnis der Empfehlungen, die „wachsende Vielfalt der Organisationsformen und der Vorgehensweisen in der pädagogischen Förderung, die Erfahrungen mit gemeinsamem Unterricht ..., erziehungswissenschaftliche Denkanstöße und schulpolitische Schwerpunktsetzungen in den einzelnen Ländern vielfältige Übereinstimmungen erkennen" lassen. Sie werden – und dies ist eine der zentralen Reformpositionen in den 94er Empfehlungen – als Zeichen „für eine eher personenbezogene, individualisierende und nicht mehr vorrangig institutionenbezogene Sichtweise sonderpädagogischer Förderung" verstanden (Kap. I). Die „individuelle Problemlage des behinderten Kindes ... steht im Zentrum aller pädagogischen Bemühungen" (HANNING 1994, 483).

Nun ist das ja keine grundsätzlich neue sonderpädagogische Zielsetzung. Sie findet sich in ähnlicher Weise schon in frühesten heilpädagogischen Zeugnissen. Auch sind die beiden Intentionen „institutionenbezogen“ und „personenbezogen“ nicht als gegenläufig zu werten, sondern, ganz im Gegenteil, notwendigerweise aufeinander bezogen: Ohne Institution (und sei sie im Extremfall verkörpert durch einen Hauslehrer oder Therapeuten) keine individuelle Förderung; und jede Förderung verlangt immer nach organisatorischen Voraussetzungen. In den Empfehlungen wird das nicht anders gesehen; denn ein Großteil des Empfehlungstextes ist im Weiteren verschiedenen Maßnahmendirektiven gewidmet. Gleichwohl liegt der entscheidende Impuls der Empfehlungen in der ausdrücklichen Schwerpunktverschiebung von der bisher mehr institutionsbezogenen Förderung auf die individualisierende, personenbezogene. Sie wird vorrangig gegenüber allen andern, durchaus auch zu berücksichtigenden Gesichtspunkten gemacht. D.h. konkret: Im Vordergrund aller Entscheidungen müssen immer die Problemsituation und die Bedürfnislage des einzelnen Menschen stehen, und eng auf diese bezogen sind die Hilfemaßnahmen in gebotener Vielfalt bereitzustellen bzw. zu entwickeln. Der Aspekt etwa der Entlastung der allgemeinen Bildungseinrichtungen durch spezielle kategorisierte Angebotseinheiten (traditioneller Kanon der Sonderschulen), denen behinderte und „schwierige“ Kinder und Jugendliche zugewiesen werden, hat dagegen weitestmöglich zurückzutreten. – Im Laufe der Organisationsentwicklung der öffentlichen Bildungseinrichtungen Mitte bis Ende des 20. Jahrhunderts hatte diese Tendenz fraglos ein Übergewicht bekommen. – Mit diesem Positionswechsel ist verständlicherweise eine Reihe von praxisbedeutsamen weiteren Reformvorschlägen verbunden.

Schwerpunktbildungen in der Förderung (tendenzielle Dekategorisierung versus Kategorisierung)

Lineare Zuordnung von „Behindertengruppen“ (Behindertenkategorien) zu definierten Sonderschultypen als Ordnungsprinzip für das Bildungswesen ist, folgt man dem neuen Grundkonzept der 94er Empfehlungen, nicht mehr aufrecht zu erhalten. Andererseits kann individualisiernde Förderung nicht nach dem Gießkannenprinzip erfolgen (jeder bekommt alles), sondern muss sich nach den individuellen Förderbedürfnissen richten. Zugleich kann die individualisierende Förderung organisationsmäßig nicht so weit getrieben werden, dass sich Fördern in punktuellen Funktionsdrill oder bloße therapeutische Sitzungen auflöst. Die Empfehlungen (vgl. Kap. II.2 u. III.2) bringen hier im Sinne eines Mittelwegs den Vorschlag der Bildung von „Förderschwerpunkten“ ein, in deren Rahmen organisationsmäßige und didaktisch-inhaltliche Bündelungen der Maßnahmen erfolgen können. Als inhaltliche Ausrichtungen der Förderschwerpunkte sind in den Empfehlungen genannt: (1) Lern- und Leistungsverhalten, (2) Sprache, Sprechen, kommunikatives Handeln, (3) emotionale und soziale Entwicklung, (4) geistige Entwicklung, (5) körperliche und motorische Entwicklung, (6) Hören, (7) Sehen, (8) körperliche und seelische Verfassung, Krankheit. Es ist in diesem Zusammenhang nicht uninteressant, dass sich hier zu Teilen die früheren Behinderungskategorien wiederfinden, wenngleich nicht als starre kategoriale Systematik, sondern als bloße Schwerpunkte für eine mögliche Organisation und Gestaltung des Förderangebots. – Wer die schulische Praxis allerdings kennt, weiß, daß auch die früheren kategorialen Festlegungen ohnehin nur unscharfe Grenzziehungen zuließen und die Behinderungsformen erhebliche Überschneidungsbereiche aufwiesen. Der Unterschied liegt darin, dass heute die in der Realität stets gegebenen Unschärfen und Überschneidungen (wie sie z.B. bei allen Schädigungen im Sinne des Mehrfach-behindert-Seins auftreten) nicht durch kategoriale Zuordnungen „eingeebnet" werden sollen, sondern dass ihnen durch flexible und differenzierte Maßnahmen entsprochen werden soll.

Vielfalt der Organisationsformen und der didaktisch-methodischen Vorgehensweisen in der Förderung

Nachdem die Förderung behinderter Kinder und Jugendlicher nicht mehr als ausschließlich gebunden an ein gegebenes System von besonderen Schulen erachtet wird, ist es nur folgerichtig, sowohl bezüglich der Organisationsformen, der allgemeinen Verfahrensweisen als auch des didaktisch-methodischen Vorgehens größtmögliche Offenheit zu gewähren. Art und Weise der Förderung ebenso wie die Förderorte stehen in den Empfehlungen daher zur Disposition, allerdings

- zum einen unter der Direktive einer bestmöglich individualisierenden, personenbezogenen Förderung gemäß dem Grundkonzept der Empfehlungen,
- zum anderen unter der bildungspolitischen Option, diese Förderung, soweit möglich, in Form der gemeinsamen Erziehung und des gemeinsamen Unterrichts zu organisieren.

Im Übrigen sind in den Empfehlungen als mögliche Formen und Orte der sonderpädagogischen Förderung aufgelistet (vgl. Kap. III.3):
die Förderung durch vorbeugende Maßnahmen / im gemeinsamen Unterricht / in Sonderschulen / in kooperativen Formen / im Rahmen von sonderpädagogischen Förderzentren / im berufsbildenden Bereich und beim Übergang in die Arbeitswelt.

Tatsächlich sind alle diese Formen nebst einiger Abwandlungen heute in der pädagogischen Praxis anzutreffen und haben sich meist vorzüglich bewährt. Die Vielfalt der Formen und Vorgehensweisen soll nicht zuletzt dazu dienen, die sonderpädagogische Hilfe bedarfsgerecht und nach jeweiliger Individuallage, eingeschlossen der örtlichen Fördermöglichkeiten, zu gewährleisten. Die aktuelle Förderpraxis lässt allerdings deutliche, von Bundesland zu Bundesland wechselnde Präferenzen erkennen. Manche Kritiker haben sich in Voraussicht dieser Entwicklung bei der Erarbeitung der Empfehlungen nicht umsonst eine stärkere Steuerung durch entsprechende Vorgaben gewünscht. Andererseits zeigt hier die pädagogische Praxis jedoch sehr eindrucksvoll, dass sonderpädagogische Förderung in recht unterschiedlicher Weise kindgerecht und effizient gestaltet werden kann. – In der wissenschaftlichen Diskussion wird in diesem Zusammenhang von einer berechtigten „Kontingenz" der Formen gesprochen (es kann so, aber auch ganz anders „richtig" sein). Auch ist es bislang keineswegs so, dass die in manchen Bundesländern forcierten Vereinheitlichungsbestrebungen zu einem vergleichsweise besseren Erfolg geführt hätten.

Strukturell-konzeptionelle Umgewichtungen

Darunter werden hier verschiedene Grundsatzaussagen des KMK-Papiers gefasst, die durchgängig, über die verschiedenen Einzelempfehlungen hinweg, Geltung haben:

Recht und Anspruch auf Förderung

„Sonderpädagogische Förderung soll das Recht der behinderten und von Behinderung bedrohten Kinder und Jugendlichen auf ... schulische Bildung und Erziehung verwirklichen" (Kap. II.1) – wohlgemerkt, nicht nur der „behinderten", sondern auch der „von Behinderung bedrohten". Hier wird das Recht auf sonderpädagogische Förderung für behinderte und von Behinderung bedrohte Kinder und Jugendliche ausdrücklich verbrieft. Darüber hinaus könnten sich in Verbindung mit den in Kap. III.3 der Empfehlungen beschriebenen vorbeugenden Maßnahmen entscheidende Verbesserungen der Erziehungs- und Unterrichtssituation allgemein erreichen lassen, sofern man den Empfehlungen wirklich folgte. Die individuelle Förderung in Fällen erschwerter Erziehungs- und Bildungsprozesse auf jeder Stufe und in allen Formen des Bildungswesens, abgestimmt auf die konkrete Problemlage, könnte endlich Wirklichkeit werden. Das Theoriekonzept der Empfehlungen legt eine derartige grundlegende Reform durchaus nahe. Bei Lage der Dinge werden diese Veränderungen aber wohl noch eine längere Zeit auf ihre Verwirklichung warten müssen – dennoch, erste Schritte sind zu verzeichnen.

Diversifikation sonderpädagogischer Förderung
(Ausweitung und bedarfsgerechte Differenzierung der Angebote)

Sonderpädagogische Förderung ist nach den Empfehlungen nicht beschränkt auf Sonderschulen, sondern wird ausdrücklich auch als Aufgabe der Allgemeinen Schulen einschließlich der Berufsschulen gesehen, wobei der Grundsatz integrierter Förderarbeit ja bekanntlich seit geraumer Zeit in Form des gemeinsamen Unterrichts und in kooperativen Formen vielerorts verwirklicht ist. Die Frage, ob gemeinsamer Unterricht möglich und pädagogisch sinnvoll sei, bedarf heute keiner Diskussion mehr. Die entscheidenden Fragen ergeben sich vielmehr aus der angemessenen Weise, den erforderlichen Voraussetzungen und tragenden didaktischen Konzepten.

Ohne auf andere Bereiche, wie etwa die Frühförderung oder sozialpädagogische Aufgabenfelder, näher einzugehen (die Empfehlungen mussten sich nach üblichem Ressortverständnis im wesentlichen auf Aussagen schulischer Bildung/Unterabteilung Sonderpädagogik beschränken), sind diese gedanklich zweifellos in das Gesamtkonzept einbezogen. „Ergänzende Dienste" im Sinne einer „abgestimmten ganzheitlichen Förderung" ist hier eines der Stichworte der Empfehlungen. Sinnvoll wäre es gewesen, außer auf integrative auch auf „vernetzte" Förderarbeit einzugehen. Hierzu liegen mittlerweile etliche positive Erfahrungen auch in der Bundesrepublik vor. Gar nicht erwähnt sind neueste Bestrebungen, wie sie nach dem Konzept der sogenannten „inklusiven" Erziehung verfolgt werden. „Inklusive", einbeziehende/einschließende Erziehung meint Erziehung und Unterricht ohne jegliche Ausgrenzung irgendwelcher Minoritäten, eine Reform, die das Bildungswesen als Ganzes betrifft und nicht ohne utopische Züge sein dürfte.

Auf einen wichtigen Punkt, der mit der Diversifikation sonderpädagogischer Dienstleistungen in Zusammenhang steht, gehen die Empfehlungen in einem eigenen Abschnitt ein, nämlich den der erforderlichen Kompetenzen des pädagogischen Personals. Hier werden für alle einschlägigen Aufgabenfelder und Handlungsformen, die spezielle Dienstleistungen beinhalten, auch die entsprechenden fachlichen Qualifikationen des Personals gefordert. Bei der in allen Bundesländern dünnen Personaldecke bezüglich pädagogisch wie auch medizinisch-therapeutisch ausgebildeter Fachkräfte tritt hier eine ausgesprochene Schwachstelle in der Umsetzung der guten Absichten zu Tage.

Prinzip „Subsidiarität"

Diversifikation sonderpädagogischer Förderung macht die Auseinandersetzung mit einem weiteren wichtigen Aspekt erforderlich, dem der Einordnung der Förderung in das Gesamtgefüge von Bildung und Erziehung. Wann, wo und unter welchen Bedingungen soll welche Art sonderpädagogischer Förderung erfolgen? Hier wird in den Empfehlungen ein Prinzip in Erinnerung gebracht, das von allem Anfang sonderpädagogischen/heilpädagogischen Handelns an gültig war, das der Subsidiarität. „Sonderpädagogik", so heißt es in den Empfehlungen (Kap. III.1), „hat subsidiäre Aufgaben"; „eine sonderpädagogisch ausgerichtete Erziehungs- und Unterrichtsgestaltung (unterscheidet) sich nicht prinzipiell von allgemeinpädagogischer Arbeit". Sie setzt dann erst und nur dort ein, wo in pädagogischen Problemsituationen angemessene pädagogische Förderung nicht oder mit hoher Wahrscheinlichkeit nicht gelingt. BACH (1999, 48) formulierte lapidar: „Sonderpädagogik ist ... ihrem Wesen nach stets subsidiär." HEIMLICH (1999.13ff.) hat die Bedeutung dieses Aspektes unlängst als Schlüsselfunktion gerade für eine um Integration bemühte Pädagogik/Sonderpädagogik ausführlich dargestellt. Unter dem Aspekt der Subsidiarität wird die Frage nach dem Wie und Wo sonderpädagogischer Förderung nämlich nachrangig. Sie ist immer nur fallbezogen und in Abhängigkeit von der Gesamtkonstellation zu beantworten. Subsidiäre Sonderpädagogik darf allerdings nicht für eine billige und voreilige „Entlastung" des öffentlichen Bildungssystems herhalten und sich selbst dazu auch nicht missbrauchen lassen (schwierige Schüler rasch abschieben, sich als „Nothelfer" für solche Fälle anbieten/-biedern).

Förderbedarf und Feststellung des Förderbedarfs

Sonderpädagogische Förderung meint in Fortführung der eingangs erwähnten Bildungsratsempfehlungen die Erziehung und Unterrichtung behinderter und von Behinderung bedrohter Kinder und Jugendlicher unter Einschluss der erforderlichen speziellen pädagogisch-rehabilitativen Hilfen. Insofern kommt sie nicht umhin, evtl. notwendigen Förderbedarf festzustellen und zu präzisieren. Wie SPECK (1995, 171) schreibt, ist jedoch entscheidend, „dass die Notwendigkeit spezieller pädagogischer Hilfe nicht mehr an einer Behinderung oder Schädigung festgemacht wird, die als pauschales Defizit an einem Kinde als in ihm fixiert zu diagnostizieren und pädagogisch zu behandeln wäre, sondern dass differenziert wird, wessen ein Kind mit bestimmten schulischen Lernhindernissen tatsächlich und im einzelnen, nicht schulpauschal, bedarf, was es an differenzierter Hilfe wirklich braucht". ... „Behindert ist, wer Hilfe braucht." In diese Bedarfsfeststellung gehen Individualfaktoren ebenso ein wie Umweltgegebenheiten und die situative Gesamtlage. Wie das konkret gedacht ist, soll aus den jeweiligen Empfehlungen zu den einzelnen Förderschwerpunkten näher hervorgehen.

Die entsprechenden Feststellungsverfahren, die mittlerweile länderspezifisch ausgearbeitet sind, umfassen entsprechend den Empfehlungen (Kap. II.3) zumindest die drei Punkte:

– Ermittlung des individuellen Förderbedarfs,

– die Entscheidung über den Bildungsgang und

– über den Förderort.

Das entsprechende Diagnoseverfahren soll „ein qualitatives und ein quantitatives Profil der Fördermaßnahmen" liefern, das als Grundlage für die jeweilige individuelle Entscheidungsempfehlung dient. Dabei darf nicht vergessen werden, dass hier von der Erstdiagnose gesprochen wird. Für den weiteren Verlauf gilt: „Sonderpädagogisch orientierte Erziehung und Unterrichtsgestaltung beruhen auf einer den Lernprozess begleitenden Diagnostik ... (Kap. III.1)", also auf einem Prozessgeschehen, das stets auf die Optimierung der subsidiären Hilfe gerichtet ist.

Zur neuen Begrifflichkeit „Fördern" (Förderbedarf) statt „Erziehen/Unterrichten"

Bereits die Bildungskommission (DEUTSCHER BILDUNGSRAT, 1973) spricht von der „pädagogischen Förderung behinderter und von Behinderung bedrohter Kinder und Jugendlicher". Dieser Begriff der pädagogischen Förderung wurde von der Kultusministerkonferenz aufgenommen und präzisierend mit der näheren Bestimmung „sonderpädagogische Förderung" als Oberbegriff für alle speziellen pädagogischen Handlungserfordernisse in Fällen erschwerter Erziehungs- und Bildungsprozesse eingebracht. Der Begriff ist nicht unumstritten und birgt ob seiner Unschärfe nicht weniger Angriffsflächen als die vorausgegangenen Begriffsinstrumentarien.

SPECK (1995, 176ff.) hat einige positive Implikationen herausgestellt, die sich mit dem Begriff der Förderung verbinden. „Förderung ist ein vermutlich allgemein akzeptabler Begriff. Er weist nach vorn und verheißt Weiterentwicklung." „Man geht nicht mehr von Behinderung und Defizitärem aus." „Förderung ist ein institutionenübergreifender" ... ein „individualisierender Begriff". „Sonderpädagogische oder besondere pädagogische Förderung eignet sich als Begriff zur Kennzeichnung des Spezifischen der sonderpädagogisch professionellen Tätigkeit."

Andererseits enthält der Begriff Fördern auch eine ganze Reihe von pädagogisch unerwünschten Implikationen: „Fördern setzt" nach SPECK (177) „von außen an und betrachtet das zu Fördernde als eine abhängige Größe". Der Erziehungs- oder Bildungsprozess jedoch ist mit Sicherheit „nicht auf einlineare Förderung reduzierbar. Das normative und menschlich-qualitative Element kommt darin nicht zum Tragen, ebenso wenig das kindliche Subjekt, sein unüberholbarer Selbstanteil." – Dies sind klare und bedenkenswerte Hinweise, die vor einem allzu unbedachten Umgang mit der neuen Begrifflichkeit warnen.

Unter ganz anderen, mehr pragmatischen Gesichtspunkten hat auch STOELLGER (2000, 5ff.) vor dem unkritischen Umgang mit der neuen Begrifflichkeit, hier der Formel „Förderbedarf", gewarnt. Wie er zutreffend anmerkt, schlagen die begriffliche Unschärfe und ein nachlässiger Sprachgebrauch (pädagogischer Förderbedarf, sonderpädagogischer Förderbedarf, individueller Förderbedarf usw.) auf den gemeinten Sachverhalt durch. Die Feststellung „Sonderpädagogischer Förderbedarf schließt mindestens alle Problemfälle, auch solche im Vorfeld von Behinderung, ein". So sehr dies im Sinne einer präventiven Sonderpädagogik begrüßenswert erscheint, so groß ist die Gefahr (wie z.B. am Beispiel Berlin bei der Förderung von Kindern mit Lernbehinderungen belegbar), dass die Notwendigkeit spezifischer sonderpädagogischer Förderung nicht mehr gesehen wird. „Das Diffuse am Begriff des Sonderpädagogischen Förderbedarfs", so STOELLGER, „verschleiert die Sicht auf die wahre Problemlage. Die Kinder und Jugendlichen, die wegen ihrer erheblich reduzierten Lernbasis wirklich sonderpädagogischer Hilfe und Förderung bedürfen, werden nicht mehr als solche wahrgenommen und ihr Anspruch auf spezielle pädagogische Hilfe, die ja auch ein Stückweit Nachteilsausgleich ist, den unsere Gesellschaft Behinderten gewährt, droht unterzugehen".

Fazit

Ein halbes Jahrzehnt gültig, haben sich die 94er Empfehlungen – bei aller berechtigten Kritik im Einzelnen – zunehmend als ein wichtiges Reformpapier für die Weiterentwicklung sonderpädagogischer Förderung erwiesen; dies weniger im Sinne von konkreten Handlungsempfehlungen als vielmehr einer reflektierten Bestandsaufnahme und Bündelung von vielfältigen, gleichwohl aber auch in einigen Punkten stärker bindenden Anregungen. Die Empfehlungen fordern gerade wegen ihres relativ hohen Grades an Unbestimmtheit zur kritischen Verarbeitung der Analysen und Vorschläge heraus und verlangen vom Anwender (sei es eine sich autonom verstehende Kultusbehörde oder ein betroffener Praktiker) eigenständige Entscheidungen. In „kontingenter Denkweise" kann dabei die eine, aber auch die andere Entscheidung gleicherweise „richtig" sein und sollte nicht – unbeschadet der politischen Letztverantwortung und -entscheidung der Länder in Angelegenheiten des öffentlichen Bildungswesens – mit Ideologieargumenten zur Seite geschoben werden. Sehr zweckmäßig wäre es, die Fortschreibung der 94er Empfehlungen jetzt und heute schon in die Wege zu leiten; denn auch in der Pädagogik werden die „Halbwertzeiten" kürzer. Manches, was Anfang der 90er Jahre noch empfehlenswert schien, sieht Anfang des 3. Jahrtausends schon alt aus.

Literatur

BACH, H.: Grundlagen der Sonderpädagogik. Bern 1999

BLEIDICK, U./RATH, W./SCHUCK, K.D.: Die Empfehlungen der Kultusministerkonferenz zur sonderpädagogischen Förderung in den Schulen der Bundesrepublik Deutschland. In: Zeitschrift für Pädagogik 41 (1995) 247-264

DEUTSCHER BILDUNGSRAT. Empfehlungen der Bildungskommission: Zur pädagogischen Förderung behinderter und von Behinderung bedrohter Kinder und Jugendlicher. Bonn 1973

EMPFEHLUNG zur Ordnung des Sonderschulwesens. Beschlossen von der Ständigen Konferenz der Kultusminister der Länder in der Bundesrepublik Deutschland am 16. März 1972

EMPFEHLUNGEN zur sonderpädagogischen Förderung in Schulen der Bundesrepublik Deutschland. Beschlossen von der Ständigen Konferenz der Kultusminister der Länder in der Bundesrepublik Deutschland am 6. Mai 1994

HANNING, C.: Zu den Empfehlungen zur sonderpädagogischen Förderung der Kultusministerkonferenz. In: Zeitschrift für Heilpädagogik 45 (1994) 483-484

HEIMLICH, U.: Subsidiarität sonderpädagogischer Förderung Organisatorische Innovationsprobleme auf dem Wege zur Integration. In: Heimlich, U. (Hrsg.): Sonderpädagogische Fördersysteme. Stuttgart 2000, 13-32

SPECK, O.: Aktuelle Fragen sonderpädagogischer Förderung. In: Die Sonderschule 40 (1995) 166-181
STOELLGER, N.: Lernbehinderung – Geschmacksfrage oder Ansichtssache? In: Sonderpädagogik in Berlin 2000, Heft 1, 4-13
WITTMANN, B.: Konsequenzen der KMK-Empfehlungen vom 6. Mai 1994 für die sonderpädagogische Förderpraxis. In: Heimlich, U. (Hrsg.): Zwischen Aussonderung und Integration. Schülerorientierte Förderung bei Lern- und Verhaltensschwierigkeiten. Neuwied 1997, 26-47

Empfehlungen zum Förderschwerpunkt Hören

Beschluss der Kultusministerkonferenz vom 10.5.1996
In Ergänzung zu den „Empfehlungen zur sonderpädagogischen Förderung in den Schulen in der Bundesrepublik Deutschland" – Beschluss der Kultusministerkonferenz vom 6.5.1994 – werden zu den Förderschwerpunkten im Bereich des Hörens, der auditiven Wahrnehmung und des Umgehen-Könnens mit einer Hörschädigung (vergl. Ziffer III, 2 der o. a. „Empfehlungen ...") hiermit die „Empfehlungen zum Förderschwerpunkt Hören" vorgelegt.

1. Ziele und Aufgaben

1.1 Allgemeines

Sonderpädagogische Förderung soll das Recht der Kinder und Jugendlichen mit Förderbedarf im Bereich des Hörens, der auditiven Wahrnehmung, des Spracherwerbs, der Kommunikation sowie des Umgehen-Könnens mit einer Hörschädigung auf eine ihren persönlichen Möglichkeiten entsprechende schulische Bildung und Erziehung verwirklichen. Sie soll die Schüler und Schülerinnen mit Hörschädigungen zur Eingliederung in die Welt der Hörenden befähigen und auf die Gemeinschaft mit den Hörgeschädigten vorbereiten. Aus diesem Grunde arbeitet sie an der Entwicklung der Sprache und des Sprechens und unterstützt die Kommunikationsfähigkeit. Sie trägt zur Identitätsfindung und Persönlichkeitsbildung Hörgeschädigter bei, vor allem durch Gestaltung vielfältiger Kontakte zu anderen Menschen, wobei auch manuelle Kommunikationsmittel einbezogen werden. Gebärdensprachliche Kommunikationsformen werden situativ entsprechend und in Abhängigkeit zur Hör- und Kommunikationsfähigkeit berücksichtigt.

Sonderpädagogische Förderung orientiert sich grundsätzlich an den Unterrichts- und Erziehungszielen der allgemeinen Schulen. Darüber hinaus hat sie eigenständige Bildungsaufgaben zu erfüllen, die sich aus der Lebenswirklichkeit Hörgeschädigter ergeben. Sie fördert vor allem den Spracherwerb und führt hin zur Sprachkompetenz. Sie verringert die Auswirkungen einer Hörschädigung und baut kompensatorische Fähigkeiten auf. Die sonderpädagogische Förderung unterstützt und begleitet die Kinder und Jugendlichen mit Hörschädigungen durch individuelle Hilfen, um für sie ein möglichst hohes Maß an schulischer und beruflicher Eingliederung, gesellschaftlicher Teilhabe und selbstständiger Lebensgestaltung zu erlangen.

1.2 Pädagogische Ausgangslage

Eine Hörschädigung oder Beeinträchtigung der auditiven Wahrnehmung bei Kindern und Jugendlichen ist verbunden mit sprachlichen und psycho-sozialen Folge- und Begleiterscheinungen. So sind die Wahrnehmung und Verfügbarkeit von Sprache sowie das Sprechen und die Kommunikation ebenso betroffen wie die Wahrnehmung und das Verstehen der sozialen und sächlichen Umwelt.

Bei Hörgeschädigten bestehen in der Regel vom frühen Lebensalter an Schwierigkeiten, vor allem gesprochene Sprache aufzufassen. Eine von früher Kindheit an beeinträchtigte Sprachaufnahme führt zu Verzögerungen im Spracherwerb, zur Einschränkung des passiven und aktiven Sprachbesitzes. Der unvollständige Erwerb und die lückenhaften Kenntnisse grammatischer Formen und Satzstrukturen wirken sich negativ auf Sprachverständnis und mündlichen und schriftlichen Sprachgebrauch aus. Begriffe sind oft nicht bekannt, auf den konkreten Wortinhalt oder auf einen Teilinhalt eingeengt. Schwierigkeiten gibt es bei der Bildung von Oberbegriffen. Die Sinnentnahme aus Texten und das Sprachverstehen werden durch eingeschränkte Beherrschung der Grammatik und der syntaktischen Strukturen beeinträchtigt.

Die Hörschädigung als eine schwerwiegende Beeinträchtigung der Wahrnehmung hat Auswirkungen auf die Gesamtentwicklung von Kindern und Jugendlichen, wobei vor allem die Bereiche

- der emotionalen und sozialen Entwicklung,
- der körperlichen und motorischen Entwicklung,
- der Entwicklung des sprachlogischen Denkens,
- der geistigen Entwicklung,
- des Lern- und Leistungsverhaltens,

zu nennen sind.

- Es ist daher Aufgabe sonderpädagogischer Förderung, das Bedingungsgefüge der Hörschädigung – ihre Ausgangspunkte und Entwicklungsdynamik – zu erkennen. Das Ausmaß der Folgen einer Hörschädigung wird im Einzelfall durch eine Vielzahl von Faktoren bestimmt:

  - Beginn der Hörschädigung,
  - Art und Grad der Hörschädigung,
  - Beginn und Art der durchgeführten Fördermaßnahmen,
  - Versorgung mit technischen Hilfen,
  - Kommunikation und Spracherfahrung,
  - Lern- und Leistungsverhalten,
  - Einstellung und Verhalten von Bezugspersonen und Umwelt.

- Es ist eine weitere Aufgabe sonderpädagogischer Förderung, die Bedeutung der Schädigung für den Bildungs- und Lebensweg des Kindes oder Jugendlichen einzuschätzen. Die Hörschädigung führt zu einer für die jeweilige Art der Schädigung charakteristischen Informationseinbuße und damit zu Beeinträchtigungen im emotionalen, sozialen und kognitiven Bereich. Die mit der Hörschädigung verbundenen Störungen in den Entwicklungsbereichen erschweren das Erfassen und Herstellen von Beziehungen zwischen wahrgenommenen Ereignissen sowie die Bildung zeitlicher, ursächlicher und bedingungsmäßiger Verknüpfungen. Der Mangel an sozialen Kontakten führt zu einem Mangel an sprachlichen Begegnungen, umgekehrt erschwert der Mangel an Sprachkompetenz die sprachliche Interaktion. Damit werden die Möglichkeiten der Deutung von Wahrgenommenem und die Einordnung von Einzelheiten in einen Sinnzusammenhang sowie das Erkennen von sozialen Bezügen beeinflusst. Aus all dem erwachsen Hemmnisse für Identitätsfindung und Persönlichkeitsbildung.

- Es ist Aufgabe, die sonderpädagogische Förderung in Erziehung und Unterricht so zu verwirklichen, dass die Betroffenen fähig werden, ein Leben mit einer Hörschädigung sowohl in sozialer Begegnung mit Hörenden als auch mit Hörgeschädigten sinnerfüllt zu gestalten und – wann immer möglich – eine weitergehende Kompensation der negativen Auswirkungen der Behinderung anzustreben.

- Es ist Aufgabe, dass sich sonderpädagogische Förderung an der individuellen und sozialen Situation des hörgeschädigten Kindes oder Jugendlichen orientiert. Sie muss die persönlichkeits- und sozialbezogene Vorbereitung auf künftige Lebenssituationen einschließen. Sie muss dazu beitragen, dass Hörgeschädigte zu einem positiven Selbstwertgefühl kommen und selbstbewusste Persönlichkeiten werden. Sonderpädagogische Förderung gibt daher begleitende, auf die Hörschädigung bezogene Hilfen mit dem Ziel, bestehende Abhängigkeiten und Hemmnisse soweit wie möglich zu überwinden. Dies bedeutet, dass bei der Gestaltung des Unterrichts Freiräume und Entscheidungskompetenzen der Lehrkräfte ausgeschöpft werden, damit besondere Aufgabenschwerpunkte gesetzt werden können. Dazu gehören Hörerziehung, Wahrnehmungslernen, Spracherwerb, Artikulation, Absehen, taktiles Empfinden, manuelle Kommunikationsmittel und rhythmisch-musikalische Erziehung. Auch müssen die Unterrichtsinhalte eine vertiefende Behandlung erfahren, die mangelnde Umwelterfahrung der Kinder beachtet sowie deren Interessen berücksichtigt werden, um eine Förderung im gesamten psycho-sozialen Bereich zu gewährleisten.

2. Sonderpädagogischer Förderbedarf

Sonderpädagogischer Förderbedarf ist bei hörgeschädigten Kindern und Jugendlichen in der Regel gegeben. Sie bedürfen in Erziehung und Unterricht der sonderpädagogischen Unterstützung. Dabei sind auch häufig therapeutische und soziale Hilfen weiterer, außerschulischer Maßnahmeträger notwendig. Hörgeschädigte Kinder und Jugendliche bilden jedoch keine einheitliche Gruppe. Art und Grad der Hörbeeinträchtigung, Ergebnisse der bisherigen Förderung, weitere Behinderungen und Gegebenheiten des Umfeldes bestimmen einen unterschiedlichen Förderbedarf.

Sonderpädagogischer Förderbedarf wird im Rahmen einer breit angelegten, interdisziplinären Verlaufsdiagnostik ermittelt. Art und Grad der individuellen Hörbeeinträchtigung, persönliche Fähigkeiten, Lernstärken und Lernschwächen, Entwicklungsverläufe, Interessen und Zukunftserwartungen sowie das erzieherische und sprachliche Umfeld des Kindes oder Jugendlichen müssen bedacht werden

Daher sind für Art und Umfang der sonderpädagogischen Förderung die Voraussetzungen und Möglichkeiten der elementaren Bereiche der Entwicklung wie Wahrnehmung, vor allem auditive Wahrnehmung, Motorik, Motivation, sprachliche Kommunikation in Laut-, Schrift- und Gebärdenformen, Interaktion, Emotionalität und Kreativität in eine Kind-Umfeld-Analyse einzubeziehen.

Besondere Anforderungen an eine individuelle Förderung stellen zunehmend Kinder und Jugendliche mit schweren Mehrfachbehinderungen, wodurch die inhaltliche Ausformung der Förderung weitere Schwerpunkte erfährt. Bei hörgeschädigten Kindern und Jugendlichen mit schweren Mehrfachbehinderungen sind verschiedene Förderschwerpunkte insbesondere zur Sicherstellung einer basalen Förderung zu beachten. Liegen zusätzliche Behinderungen vor, so ist in Teilbereichen mit geringerer Belastbarkeit, herabgesetzter Konzentrationsfähigkeit, verminderter Ausdauer und weiteren Lernerschwerungen zu rechnen. Sonderpädagogische Förderung schließt so z. B. bei Taubblinden spezifische Maßnahmen ein, vor allem bei der Gestaltung des Unterrichts, bei der Bereitstellung von Hilfen und Medien, bei der Sprachentwicklung, bei der Pflege und bei der Gewährleistung räumlicher Voraussetzungen.

Der Sonderpädagogische Förderbedarf wird im Blick auf den Einzelnen festgelegt. Mit der Bestimmung und Beschreibung des Sonderpädagogischen Förderbedarfs ist ein komplexes Verständnis von Hörsprachbehinderung verbunden, das die Bedeutung für den Bildungsweg der Betroffenen über Frühförderung, Schule, Berufsausbildung und Freizeitbereiche, die Folgen für die Aneignungsweisen sowie für das Sprach- und Lernverhalten in den Vordergrund rückt. Der Sonderpädagogische Förderbedarf Hörgeschädigter umfasst daher unterschiedliche Aufgaben der Förderung:

- Eine zentrale Förderaufgabe ist die *Entwicklung des Hörens und der Lautsprache*. Beim hörgeschädigten Kind sind durch frühest mögliche Förderung die Voraussetzungen für das natürliche Hineinwachsen in die Lautsprache zu schaffen. Um ihm die Lautsprache zu erschließen, bedarf es der frühzeitig beginnenden Hör- und Spracherziehung.

  Die Entwicklung der Sprache und die dafür notwendige Auswahl der muttersprachlichen Mittel erfolgen handlungsorientiert, betrachten die Sprachsituation, richten sich nach den Bedürfnissen des Kindes oder des Jugendlichen und berücksichtigen Prinzipien und Gesetzmäßigkeiten der allgemeinen Sprachentwicklung. Die Sprachentwicklung ist umso erfolgreicher, je mehr die außerschulische Wirklichkeit einbezogen wird und je mehr die Erziehungsberechtigten insbesondere während der Phase der Frühförderung mitwirken.

  Die sonderpädagagische Förderung zielt darauf, die sprachliche Kommunikationsfähigkeit zu entwickeln und zu fördern. Hierzu sind die Anwendungsbereiche sprachlicher Inhalte und Formen zu verdeutlichen. Der Wortbestand ist zu erweitern und zu sichern, Wort- und Satzstrukturen sind zu erarbeiten.

- *Der Schriftsprache* kommt bei hörgeschädigten Kindern und Jugendlichen ein besonderer Stellenwert für die Entwicklung und Entfaltung der Lautsprache zu. Sie ist gerade für Kinder und Jugendliche mit hochgradigen Hörgeschädigungen und spezifischen Lernbeeinträchtigungen von besonderer Bedeutung.

- Hörgeschädigte, die nicht über Lautsprache als primäres Kommunikationsmittel verfügen, sind auf den *Gebrauch gebärdensprachlicher Kommunikationsmittel* angewiesen. Dabei ist zu sehen, dass die Lebenswelt auch mit gebärdensprachlichen Mitteln geordnet und bewältigt werden kann. Darüber hinaus ermöglichen Angebot und Verfügbarkeit gebärdensprachlicher Kommunikationsmittel hochgradig Hörgeschädigten eine entspanntere Kommunikation. Individuelle Gegebenheiten z. B. bei Mehrfachbehinderungen machen die Verwendung von Gebärden als lautsprachersetzendes Sprachsystem notwendig. Mimik und Gestik unterstützen das Verstehen von Sprache. Phonem- und graphembestimmte Zeichen sind weitere Mittel zur Verbesserung der Sprachwahrnehmung und des Sprechens.

- *Hörerziehung* findet unter ständiger Überprüfung des Hörvermögens statt und berücksichtigt die verbliebene Hörfähigkeit unter Einbeziehung anderer Sinne. Die pädagogischen Maßnahmen zielen darauf, die Verarbeitung der Höreindrücke zu verbessern. Dazu bedarf es frühester und ständiger Begegnung mit der akustischen Wirklichkeit sowie systematischer Hörübungen. Bei der Hörerziehung ist es wichtig, das durch eine bestmögliche Hörgeräteanpassung vorhandene Hörvermögen oder das durch ein Cochlea-Implantat ermöglichte Hören für die Sprachwahrnehmung zu erschließen. Absehen und Hören sowie taktiles Empfinden können sich dabei gegenseitig unterstützen. Eine bestmögliche Nutzung des Restgehörs ermöglicht Kommunikation mit der Umwelt und vertieft soziale Beziehungen. Es ist auch ein wichtiges Ziel der Hörerziehung, die Fähigkeit zur Selbstkontrolle des eigenen Sprechens zu entwickeln.

Hörgerichtete Erziehung dient im besonderen
- der Verbesserung der auditiven Wahrnehmung,
- der auditiven Erfassung sprachlicher Strukturen,
- dem Auffassen rhythmischer, dynamischer, prosodischer und melodischer Merkmale der Sprache,
- der Erarbeitung antizipierender Schemata für das Erfassen sprachlicher Inhalte,
- der Verbesserung des Sprachgedächtnisses,
- der Sprechgliederung.

Erziehung zur Hörgerichtetheit ist unabdingbarer Bestandteil der Gesamterziehung und des Unterrichts. Sie erweist sich auch bei sehr geringem Hörvermögen als notwendig und nützlich. Voraussetzungen sind die bestmögliche Anpassung und frühestmögliche Gewöhnung an die ständige Nutzung technischer Hörhilfen sowie deren sachgerechter und pfleglicher Einsatz. Eine ständige Überprüfung der Hörhilfen auf Funktionsfähigkeit ist unerlässlich.

- Die Schulung des *Absehens* hat ebenso Bedeutung bei der Wahrnehmung gesprochener Sprache. Absehen erfährt durch technische Hörhilfen wirkungsvolle Unterstützung. Die Kinder und Jugendlichen müssen lernen, dass sichtbar und teilweise sichtbar gebildete Laute und Lautverbindungen mit dazu gehörigen nicht sichtbar gebildeten Lauten verbunden werden. Prägnante und deutlich wahrnehmbare Mundbilder beim Sprechablauf sind Voraussetzung für erfolgreiches Lernen. Auf gute Lichtverhältnisse ist zu achten. Geeignete optische, akustische, akusto-vibratorische und taktile Hilfsmittel sowie manuelle Zeichen verhelfen zum besseren Absehen.

  Aufgaben der Absehererziehung sind vor allem
  - Ausweitung und Durchgliederung der visuellen Wahrnehmung,
  - Schulung gerichteter visueller Wahrnehmung,
  - Hilfestellung bei der Einordnung der Wahrnehmungsinhalte in Zusammenhänge,
  - Koppelung der visuellen Wahrnehmung mit dem auditiven Wahrnehmen sowie dem taktilen Empfinden.

- Schulung der *Artikulation* als individuelle Sprechförderung ist während der gesamten Schulzeit notwendig. Das verständliche Sprechen wird durch Übung und Kontrolle der Sprechbewegung, der Stimme, der Sprechatmung sowie durch Beachtung von Rhythmus, Dynamik, Prosodie und Melodik gefördert.

Fördermaßnahmen der Sprechfertigkeit sind

- Hörerziehung,
- basale Schulung der Motorik,
- Stimm- und Atemübung,
- rhythmisch-melodische Sprecherziehung,
- Artikulation von Einzellauten und Lautgefügen,
- Übung von Sprechbewegungsabläufen,
- therapeutische Maßnahmen bei individuellen Sprechschwierigkeiten,
- Sicherung des Lautbestandes.

- Technische Hilfen sollen auch zur *Förderung des taktilen Empfindens* beitragen. Aufgabe der Schulung des taktilen und akusto-vibratorischen Wahrnehmens sind
  - kompensatorische Nutzung taktiler und akusto-vibratorischer Impulse für die Spracherkennung,
  - Einbeziehung taktiler und akusto-vibratorischer Empfindungen bei der Korrektur des Sprechverhaltens,
  - planmäßige Übungen zur Verfeinerung des taktilen und akusto-vibratorischen Wahrnehmens sowohl isoliert als auch unter Einbeziehung anderer Sinnesgebiete.

- *Rhythmisch-musikalische Erziehung* schafft Freude an Musik und Bewegung. Sie trägt zur Entwicklung der Gesamtpersönlichkeit bei. Sie steigert die Unterscheidungsfähigkeit für die Strukturiertheit von Sprechbewegungs- und Lautgestalten. Das Kind lernt, Eigenschaften der Lautsprache in Tonfall, Dynamik, Rhythmus, Mimik und Gestik darzustellen. Die rhythmisch-musikalische Erziehung hat im gesamten Unterricht die Aufgabe, Sprache zu verdeutlichen und die eingeschränkte Wahrnehmung auszugleichen. Sie verhilft zum Empfinden für Sprachformen, wie z.B. Fragen, Auffordern, Antworten, Aussagen, und sie verdeutlicht Sprachstrukturen. Rhythmisieren des Sprechens gibt der Sprache einen lebendigen Charakter und stützt Sprachauffassung, Sprachverständnis und Empfinden für sprachliche Gliederung.

- Sonderpädagogische Förderung im *psycho-sozialen Bereich* ist von grundsätzlicher Bedeutung für die seelische Entwicklung hörgeschädigter Kinder. Hörschädigungen führen häufig zu Erfahrungsmängeln und Beziehungsstörungen. Das Nachholen von Umwelterfahrungen und das Aufarbeiten gestörter sozialer sowie das Anbahnen neuer Beziehungen sind daher besondere Aufgaben der Förderung.

  Das Erlernen vielfältiger sozialer Normen, Spielregeln und Verhaltensweisen erfordert die wirklichkeitsnahe und damit erlebnisnahe Begegnung und Auseinandersetzung mit Personen, Institutionen, Sachen, Bezügen, die für die Lebensgestaltung des Hörgeschädigten bedeutsam sind. Sozialerziehung muss daher über die Schule hinaus in den Freizeitbereich hineinwirken.

  Kommunikation ist Grundlage sozialer Beziehungen. Sie fördert die Fähigkeit, außersprachliche und sprachliche Informationen in den mannigfachen Formen zwischenmenschlicher Begegnung anzuwenden. Dabei soll den hörgeschädigten Kindern und Jugendlichen bewusst werden, dass soziale Kommunikation mehr ist als korrekter Sprachgebrauch. Es ergeben sich dazu folgende Aufgaben:

- Aufgreifen, Bewusstmachen und Vermitteln der Bedeutung außersprachlicher Informationen sowie deren bewusster Einsatz,
- Vermittlung sozial bestimmter Sprachmittel,
- Einübung von Gesprächsformen.

Die Schüler und Schülerinnen müssen darauf vorbereitet werden, dass soziale Integration eigener Anstrengungen bedarf und dass die Möglichkeiten der beruflichen und gesellschaftlichen Eingliederung auch Grenzen haben.

Rollenspiel, szenische Darstellungen und andere Formen des Sich-Darstellens verhelfen dazu, soziales Verhalten einzuüben, sich selbst besser verstehen zu lernen und soziale Beziehungen zu erhellen und das Gelernte miteinander zu verbinden.

3. Feststellung von Sonderpädagogischem Förderbedarf

Die Feststellung Sonderpädagogischen Förderbedarfs umfasst die Ermittlung des individuellen Förderbedarfs sowie die Entscheidung über den Bildungsgang und den Förderort. Förderung erfolgt in und durch allgemeine Schulen, Schulen für Gehörlose, Schulen für Schwerhörige oder Förderzentren. Die Feststellung des Sonderpädagogischen Förderbedarfs findet statt in der Verantwortung von Schule und Schulaufsicht, die entweder selbst über eine auf den Förderschwerpunkt Hören bezogene sonderpädagogische Kompetenz und ausreichende Erfahrungen in der schulischen Förderung Hörgeschädigter verfügen oder fachkundige Beratung hinzuziehen.

3.1 Ermittlung Sonderpädagogischen Förderbedarfs

Bei der Ermittlung des Sonderpädagogischen Förderbedarfs sind die diagnostischen Fragestellungen auf ein qualitatives und ein quantitatives Profil der Fördermaßnahmen gerichtet, das Grundlage sein soll für die angestrebte Empfehlung. Es sind Art und Umfang des hörbehinderungsbedingten Förderbedarfs zu erheben; darüber hinaus sind die im konkreten Einzelfall gegebenen und organisierbaren Formen der Förderung in der Schule abzuklären, die das Kind oder der Jugendliche besucht oder besuchen soll.

Für die Ermittlung Sonderpädagogischen Förderbedarfs können Informationen aus folgenden Bereichen wichtig sein:

- Beeinträchtigungen des peripheren und zentralen Hörvermögens,
- Beeinträchtigungen durch eine Hörschädigung,
- Beeinträchtigungen durch spätes Erkennen der Hörschädigung,

- Berücksichtigung der besonderen Situation Cochlea-Implantierter,
- neurogene Beeinträchtigungen beim Spracherwerb,
- Erleben und Verhalten, Handlungskompetenzen und Aneignungsweisen,
- Wahrnehmung und Wahrnehmungsverarbeitung, insbesondere im Bereich des Hörens, aber auch anderer Sinnesfunktionen,
- Entwicklungs- und Leistungsstand,
- soziale Einbindung,
- pädoaudiologische Daten,
- Hörgeräte- oder Cochlea-Implantat-Anpassung,
- Kommunikations- und Interaktionsfähigkeit in lautsprachlichen und manuellen Kommunikationsformen, auch in der Schrift,
- individuelle Erziehungs- und Lebensumstände,
- schulisches Umfeld und Möglichkeiten zu einer Veränderung,
- berufliches Umfeld und erforderliche Fördermöglichkeiten.

Das Verfahren zur Feststellung Sonderpädagogischen Förderbedarfs wird von den Erziehungsberechtigten, den volljährigen Schülern und Schülerinnen selbst, der Schule oder von anderen zuständigen Diensten beantragt und bezieht die Kompetenzen der an der Förderung und Unterrichtung beteiligten bzw. zu beteiligenden Personen auf geeignete Weise ein. Die Erkenntnisse und Daten über den Sonderpädagogischen Förderbedarf werden interdisziplinär gewichtet und abgestimmt sowie unter Berücksichtigung der Stellungnahme der Erziehungsberechtigten zu einer Empfehlung zusammengefasst, die in einen Förderplan einmündet. Die diagnostischen Ergebnisse von einschlägigen Fachärzten, gegebenfalls auch Hörgeräteakustikern, Psychologen und anderen Fachpädagogen sind dabei zu berücksichtigen.

3.2 Entscheidung über den Bildungsgang und den Förderort

Auf der Grundlage der Empfehlung und unter Beteiligung der Erziehungsberechtigten sowie unter Beachtung der jeweils gegebenen oder bereitstellbaren Rahmenbedingungen entscheiden Schulen und Schulaufsicht, ob der Schüler oder die Schülerin in die allgemeine Schule aufgenommen wird oder dort verbleibt, erforderlichenfalls mit Unterstützung sonderpädagogischer Dienste, oder Unterricht und Förderung in einer Schule für Gehörlose, in einer Schule für Schwerhörige, durch ein Förderzentrum, in einer Schule für Taubblinde oder in kooperativen Formen erhält. In diese Entscheidung kann auch die Inanspruchnahme von Einrichtungen mit ergänzenden Betreuungs- oder Ganztagsangeboten einbezogen werden.

Hörgeschädigte Schüler und Schülerinnen mit weiteren Behinderungen, die nach dem Lehrplan der Schule für Lernbehinderte[1] oder dem Lehrplan der Schule für Geistigbehinderte[2]

[1,2] In den einzelnen Ländern gibt es unterschiedliche Bezeichnungen.

unterrichtet werden, bedürfen einer erweiterten Förderung. Für sie sind die entsprechenden Förderschwerpunkte zur Sicherstellung grundlegender Fähigkeiten und Fertigkeiten zu beachten.

Bei jeder einzelnen Entscheidung sind zu berücksichtigen:

- Art und Umfang des Förderbedarfs,
- Stellungnahme der Erziehungsberechtigten, ggf. beratender Gremien,
- Fördermöglichkeiten der allgemeinen Schulen,
- Verfügbarkeit des erforderlichen sonderpädagogischen Personals,
- Verfügbarkeit technischer, apparativer Hilfsmittel sowie spezieller Lehr- und Lernmittel, ggf. baulich-räumliche Voraussetzungen,
- Verfügbarkeit hörgeschädigtenspezifischer mobiler Dienste.

Für hörgeschädigte Schüler und Schülerinnen besteht die Notwendigkeit, Sprache vom Munde abzusehen. Sitzordnung und Raumgestaltung sollten es ermöglichen, dass die Sprache antlitzgerichtet und frei von akustischen Störfaktoren wahrgenommen werden kann und dass Benutzer manueller Kommunikationsmittel die sprachlichen Zeichen sehen können.

Vor diesem Hintergrund ist derjenige Förderort zu wählen, der auf bestmögliche Weise den Förderbedürfnissen des Kindes oder Jugendlichen, seiner Selbstfindung und Persönlichkeitsentwicklung gerecht werden und auf die gesellschaftliche Eingliederung sowie auf berufliche Anforderungen vorbereiten kann. Die Entscheidung über den individuellen Förderbedarf erfordert eine sonderpädagogische Überprüfung in geeigneten Abständen.

4. Erziehung und Unterricht

4.1 Erziehung

Es müssen Erziehungssituationen und -zusammenhänge hergestellt werden, in denen sich die Schüler und Schülerinnen mit ihren Fähigkeiten und Neigungen, mit ihren Motiven, Fragen und Zielvorstellungen als handelnde Personen erleben und begegnen können. Ein offenes und anregungsreiches Erziehungsumfeld soll es den Kindern und Jugendlichen ermöglichen, sich für die Übernahme bisher nicht vertrauter sozialer Rollen, für die persönliche Erprobung neuer Aufgaben und für ein möglichst selbstverantwortetes Leben und Lernen zu entscheiden. Die Bildungsziele und -inhalte sollen sich an den voraussichtlich zu erwartenden Anforderungen im späteren persönlichen und beruflichen Lebenszusammenhang ausrichten.

Erziehung soll über die Auseinandersetzung mit der Behinderung und den Reaktionen der Umwelt auf die Behinderung dazu beitragen, die eigene Persönlichkeit zu festigen und diese sicherer zu machen im Umgang mit der Behinderung und anderen Menschen. Grundlage hierzu ist das Wissen um die verschiedenen Grade der Behinderungen und ihre möglichen Auswirkungen.

Erziehung bezieht stets die momentane Lebenssituation der Kinder und Jugendlichen ein und zielt auf das künftige Leben in der hörenden Lebens- und Arbeitswelt sowie auf das Leben in Gemeinschaften von Hörgeschädigten. Erziehung greift die unterschiedlichen Reaktionen der hörenden Umwelt auf die Hörschädigung auf und gibt Einblick, wie Vorurteile zwischen Hörenden und Hörgeschädigten entstehen und abgebaut werden können. Sie stärkt den Hörgeschädigten darin, in Kommunikationssituationen mit Hörenden auf seine Bedürfnisse aufmerksam zu machen.

Durch Kontakte mit Vereinen und Verbänden erleben hörgeschädigte Kinder und Jugendliche, wie sie während und nach der Schulzeit soziale Kontakte mit Hörgeschädigten und Hörenden pflegen können.

Erziehung befähigt dazu, technische Hilfsmittel, die Hörgeschädigten den Alltag erleichtern, anzunehmen und soziale Hilfen und rechtliche Möglichkeiten für Schwerbehinderte zu nutzen.

4.2 Unterricht

Dem Unterricht ist grundsätzlich der Lehrplan zugrunde zu legen, der dem vergleichbaren Bildungsgang der allgemeinen Schule entspricht. Der Sprachunterricht ist qualitativ und quantitativ dem jeweiligen Bildungsgang sowie der bereits erworbenen Sprachkompetenz des Kindes oder Jugendlichen anzupassen. Der Sonderpädagogische Förderbedarf hat Konsequenzen für die didaktisch-methodischen Entscheidungen bei der Gestaltung des Unterrichts. Unterricht ist entsprechend den erschwerten Lernbedingungen der Schüler und Schülerinnen zu modifizieren. Die unterschiedlichen Lernvoraussetzungen erfordern eine Differenzierung des Unterrichts. Für Schüler und Schülerinnen mit Lernschwächen oder Lernrückständen sind ergänzende Fördermaßnahmen anzubieten. Um die gleichen Lernziele und Abschlüsse zu erreichen, können die Bildungsinhalte über mehr Jahrgangsstufen verteilt werden als bei den vergleichbaren allgemeinen Schulen.

Aufgabe des Unterrichts in den unteren Jahrgangsstufen ist es vor allem, die bei den einzelnen Schülern und Schülerinnen unterschiedlich vorhandenen Kenntnisse und Fertigkeiten zu erfassen und durch geeignete Methoden zu vertiefen und zu erweitern. Im Unterricht ist zu berücksichtigen, wie weit das hörgeschädigte Kind schon im Frühförderungsbereich gelernt hat, sich sprachlich zu verständigen und soziale Beziehungen aufzunehmen.

Um jene Bildungsziele zu erreichen, die für weiter führende Qualifikationen festgelegt sind, sollen dem Unterricht an Schulen für Gehörlose und an Schulen für Schwerhörige Lehrpläne anderer weiterführender Schularten zugrundegelegt werden.

Schüler und Schülerinnen mit Hörschädigungen, die weiterführende Schulen besuchen, verfügen häufig nicht über eine altersgemäße Sprachfähigkeit. Darum muss in weiter führenden Bildungsgängen gezielt an der Festigung und Erweiterung der Sprachfähigkeit gearbeitet werden. Der erfolgreiche Besuch weiter führender Bildungsgänge setzt gerade bei Hörgeschädigten ein überwiegend positives Lernverhalten und erhöhte Leistungsfähigkeit und -bereitschaft voraus.

Auch in berufsbezogenen Bildungsgängen kann auf die Förderung der Sprache und des Sprechens nicht verzichtet werden. Es sind darum Lehrgänge in Absehen, Hörtraining, Hörtaktik und in der Nutzung technischer Hilfsmittel anzubieten; manuelle Kommunikationshilfen sind zu berücksichtigen.

Die Lernbedingungen sind insgesamt so zu gestalten, dass die Hörschädigung und ihre Folgen den Erwerb des erforderlichen Wissens und Könnens möglichst wenig behindern:

- Die Lehrkräfte müssen über die pädagogisch bedeutsamen Auswirkungen einer Hörschädigung hinreichend informiert sein, um ihre Erziehungsmaßnahmen und den Unterricht behinderungsgemäß und individuell gestalten zu können. Dazu gehören auch gebärdensprachliche Kommunikationskompetenzen
- Die hörgeschädigten Schüler und Schülerinnen bedürfen solcher Klassen und Gruppen, in denen durch begrenzte Schülerzahl, günstige Lichtverhältnisse, angemessene Raumakustik sowie das kommunikative Verhalten der Lehrkräfte und Mitschüler die Sprachwahrnehmung über Ohr und Auge sicher gestellt ist.

Grundlage für die Lernorganisation bildet nicht nur ein fachgebundenes Vorgehen im Unterricht sondern auch eine fächerübergreifende Planung in Verbindung mit dem Sprachunterricht. Sie verlangt Formen, die einen lebensnahen, altersgemäßen und behinderungsbezogenen Umgang mit den Unterrichtsgegenständen ermöglichen:

- Es ist dafür zu sorgen, dass der Unterrichtsverlauf in einem ausgewogenen Wechsel von Konzentration und Entspannung verläuft, da hör- und antlitzgerichtete Kommunikation und sprachliche Verarbeitung hohe Anforderungen an Hörgeschädigte stellen.
- Der Anschauung kommt in den Schulen für hörgeschädigte Kinder und Jugendliche ein besonderer didaktischer Stellenwert zu. Sie tritt häufig an die Stelle des interpretierend-vermittelnden Wortes und schafft Motivation für die Lernprozesse.
- Wegen der eingeschränkten Möglichkeiten Hörgeschädigter, sich die Zusammenhänge der Welt auditiv und sprachlich zu erschließen, sind handelnde Auseinandersetzung und Begegnung mit der Welt im fächerübergreifenden Unterricht wichtige Aufgaben. Das selbstständige Entdecken führt zu eigenständigem Lösen von Problemen und zu erlebnismäßig vertieften Erfahrungen.
- Das veränderte Wahrnehmungs- und Auffassungsvermögen erfordert eine individuell angemessene Unterstützung der Lernvorgänge. Diese erfolgt z.B. durch Zielangaben, prägnante Zusammenfassungen, Skizzen, Grafiken, Symbole, Verlaufsdiagramme, gegliederte Tafelbilder, Arbeitsblätter, variablen Medieneinsatz.
- Die Schwierigkeit, Beziehungen sprachlich auszudrücken, erfordert Überprüfung des Sinnverständnisses und vielfache Übung. Möglichkeiten bieten unter anderem Beschriftung von Schemazeichnungen, Lückentexte, Fragen mit Mehrfachwahl-Antwort, Kennzeichnung von unbeschrifteten Bildern, Ratetexte, Demonstrationen, Berichte, Kontrollfragen, Rollenspiel, darstellendes Spiel, Pantomime.

- Die Verlangsamung des Lernprozesses aufgrund der kommunikativen Beeinträchtigung erfordert eine häufigere Zusammenfassung des bereits Erarbeiteten und dessen visuelle Veranschaulichung.

Die Hörschädigungen sowie der dazugehörige Wissens- und Erfahrungsmangel erschweren die Wahrnehmung und erfordern deshalb den erhöhten Einsatz von Unterrichtsmedien, die als Informationsträger auf Verstehen und Erleben abgestimmt sind. Erfahrungsgemäß werden Texte der allgemeinen Schulen von Hörgeschädigten vielfach nicht gänzlich erfasst. Sie sind hinsichtlich ihrer sprachlichen Anforderungen häufig zu komplex und schwierig hinsichtlich der Wortwahl und der Satzstrukturen. Die Texte können Hörgeschädigte in der Darstellung der Sachinformation überfordern, weil sie deren fehlende Vorerfahrung nicht berücksichtigen. Daher müssen Medien für den behinderungsspezifischen Gebrauch aufbereitet bzw. hergestellt werden.

Medien werden durch die Schule angeboten. Zur notwendigen Ausstattung gehören neben zweckmäßig beleuchteten und speziell raumakustisch ausgerüsteten Klassenräumen nach heutigem Standard insbesondere

- Modelle, Bilder, Dias, Filme, TV-Aufzeichnungen, Karten, Experimentiergeräte, Bücher, Lernprogramme,
- Klassenverstärkeranlagen oder geeignete elektroakustische Kommunikationssysteme, Computer, Hörtrainer, audio-taktile Hilfen,
- Möglichkeiten zur Aufbereitung und Erstellung von Medien wie Aufnahme-, Kopier-, Schneid- und Titelgeräte, Untertitelgeräte, auch für audio-visuelle Medien,
- auditive, visuelle und motorisch-taktile Strukturierungshilfen.

Die notwendige Ausstattung erfolgt nach in den Ländern geltenden Regelungen.

Beim Einsatz von audiovisuellen und auditiven Medien ist die Informationsverarbeitung durch geeignete pädagogische Maßnahmen abzusichern, weil die Kinder nicht nur unvollständig hören, sondern auch nicht auf ein Absehbild zurückgreifen können.

5. Formen und Orte sonderpädagogischer Förderung

Die schulische Förderung von Kindern und Jugendlichen mit den Förderschwerpunkten im Bereich des Hörens, der auditiven Wahrnehmung, des Spracherwerbs und des Umgehen-Könnens mit einer Hörschädigung bezieht alle Schulstufen und Schularten ein; sie hat zu einer Vielfalt von Förderformen und Förderorten geführt. Es entwickeln sich vermehrt Formen der gemeinsamen Erziehung und Unterrichtung von Kindern und Jugendlichen mit und ohne Behinderungen an unterschiedlichen Lernorten. Vorbeugende Maßnahmen erfahren eine hohe Bewertung.

5.1 Sonderpädagogische Förderung durch vorbeugende Maßnahmen

Frühe Lernprozesse sind für die Entwicklung hörgeschädigter Kinder von grundlegender Bedeutung. Um Entwicklungsverzögerungen und Fehlentwicklungen zu verhindern, zu mindern oder weitergehende Auswirkungen einer Hörschädigung zu vermeiden, muss die Hörschädigung so früh wie möglich erkannt werden. Fördermaßnahmen müssen sofort nach dem Erkennen der Hörschädigung einsetzen.

Der interdisziplinären Zusammenarbeit in der Frühförderung kommt eine herausragende Bedeutung zu. Erfolgreiche Frühförderung beruht auf engem und vertrauensvollem Zusammenwirken von Hausärzten, Kinderärzten, HNO-Ärzten und ihren Diensten, Gesundheitsämtern, Hörgeräteakustikern, Pädoaudiologischen Beratungsstellen, Sozialpädiatrischen Zentren, Erziehungsberatungsstellen, Kindergärten, Sonderkindergärten, Schulvorbereitenden Einrichtungen und vor allem dem Elternhaus.

Die Förderung kommunikativer Fähigkeiten ist eine grundlegende Aufgabe der frühen vorschulischen Erziehung. Sie zielt auf die Entwicklung der Gesamtpersönlichkeit und fördert alle notwendigen Funktionen der Entwicklung. Fördermaßnahmen erfolgen in der gemeinsamen Tätigkeit von Kind und Erzieherpersonen. Dazu sind situative und soziale Voraussetzungen zu schaffen und auf die kindlichen Bedürfnisse abgestimmte Förderangebote zu machen:

- Förderung der Spielfähigkeit und des Sozialverhaltens,
- Hörerziehung,
- sprachentwickelnde und sprachfördernde Maßnahmen,
- Förderung der Sensomotorik,
- Förderung der gerichteten Aufmerksamkeit,
- Umwelt- und Sachbegegnung,
- emotionale Erziehung,
- kognitive Bildung,
- pädoaudiologische Förderung.

Zu den Organisationsformen im Bereich der Frühförderung gehören:

- Pädoaudiologische Beratungsstelle,
- Hausfrüherziehung,
- Beratung und Unterstützung im Kindergarten,
- Sonderkindergarten, Sonderschulkindergarten, Schulvorbereitende Einrichtung,
- Eltern- und Kind-Kurs.

Vorbeugende sonderpädagogische Maßnahmen in der Schule können neben der Förderung der Kinder und Jugendlichen auch die gemeinsame Beratung der Sonderschullehrkräfte mit Lehrkräften der anderen Schulen, mit den betroffenen Eltern sowie besondere Förderung einer Schülerin bzw. eines Schülers umfassen. Je nach Notwendigkeit im Einzelfall gehört auch die Zusammenarbeit mit Fachinstitutionen, Beratungsdiensten und Fachleuten dazu.

5.2 Sonderpädagogische Förderung im gemeinsamen Unterricht

Hörgeschädigte Kinder und Jugendliche mit Sonderpädagogischem Förderbedarf können allgemeine Schulen besuchen, wenn dort die notwendige sonderpädagogische Unterstützung sowie die sächlichen und die räumlichen Voraussetzungen geschaffen werden können. Zu den notwendigen Voraussetzungen gehören vor allem, die Möglichkeit Sprache vom Munde abzusehen durch eine geeignete Sitzordnung, günstige Lichtverhältnisse, angemessene Raumakustik, dazu die Versorgung mit elektroakustischen und anderen technischen Hilfsmitteln und die sonderpädagogische Förderung durch Lehrkräfte mit entsprechender sonderpädagogischer Befähigung. Eine angemessene Schülerzahl muss mitbedacht werden. Es sind individualisierende Formen der Planung, Durchführung und Kontrolle der Unterrichtsprozesse und eine abgestimmte Zusammenarbeit der beteiligten Lehr- und Fachkräfte zwingend erforderlich. Zudem ist eine inhaltliche, methodische und organisatorische Einbeziehung pädagogischer Maßnahmen, sind auch individuelle behinderungsspezifische Inhalte in die Unterrichtsvorhaben für die gesamte Schulklasse vorzusehen, da dies für alle Kinder von Bildungswert ist. Äußere Differenzierungen für spezifische Fördermaßnahmen können aber auch erforderlich sein.

Das Aufgabenfeld der Sonderschullehrkräfte umfasst im wesentlichen die Bereiche

- Förderung des hörgeschädigten Kindes bzw. Jugendlichen bei Entwicklung der Lautsprache, bei Hörerziehung und bei Förderung des Absehens, des Sprechens und des taktilen Empfindens sowie
- Zusammenarbeit mit anderen Diensten.

Zum besonderen Aufgabenfeld aller Lehrkräfte gehören in diesem Zusammenhang

- Bereitschaft zur Kooperation und die Berücksichtigung sonderpädagogischer Belange im Unterricht,
- Förderung des gemeinsamen Lernens,
- Förderung der Kontakte zu Nichtbehinderten,
- Förderung der Zusammenarbeit mit allen Personen der Schule, die für die Bildung der Hörgeschädigten Verantwortung tragen und
- Zusammenarbeit mit den Erziehungsberechtigten.

5.3 Sonderpädagogische Förderung in Sonderschulen

Kinder und Jugendliche mit den Förderschwerpunkten im Bereich des Hörens, der auditiven Wahrnehmung, des Spracherwerbs, der Kommunikation sowie des Umgehen-Könnens mit einer Hörbeeinträchtigung, der Förderung in allgemeinen Schulen nicht ausreichend gewährleistet werden kann, werden in Schulen für hörgeschädigte Kinder und Jugendliche in entsprechenden Bildungsgängen unterrichtet. Schüler und Schülerinnen mit Hörschädigungen und zusätzlichen Behinderungen besuchen die Sonderschulen, in denen sie am besten gefördert werden können. Von besonderer Bedeutung ist im Blick auf die Lernortfrage der förderbedürftigen Schüler und Schülerinnen das verantwortungsvolle Zusammenwirken einer Schule für Gehörlose und einer Schule für Schwerhörige im gleichen Einzugsbereich.

Soweit erforderlich können mit den Schulen verbundene Schülerinternate die Förderung der Schule ergänzen. Dazu sind Kenntnisse über den jeweiligen Sprachstand und die Erziehungsbedürfnisse sowie die Verwendung spezifischer Hilfen für die sprachliche Kommunikation Voraussetzung. Um einen möglichst engen Kontakt zu Familie und Hörenden sicherzustellen, sollen die Internatsschüler jedes Wochenende im Elternhaus verbringen.

5.4 Sonderpädagogische Förderung in kooperativen Formen

Schulen für Gehörlose, Schulen für Schwerhörige und Förderzentren sollen eine enge pädagogische Zusammenarbeit mit allgemeinen Schulen aufbauen. Kooperative Formen der Unterrichtung und Förderung erschließen allen Beteiligten Möglichkeiten zur wechselseitigen Annahme und zur Erfahrung von mehr Selbstverständlichkeit im Umgang miteinander.

Häufig werden die Möglichkeiten der Hörgeschädigten nicht angemessen eingeschätzt, weil die Auswirkungen einer Hörschädigung nicht erfasst werden. Es werden Schwierigkeiten nicht gerecht bewertet, denen sich Hörgeschädigte im sozialen Miteinander gegenüber gestellt sehen, weil sie die Vielzahl der Regeln und Verhaltensnormen bei sozialen Begegnungen nicht hörend erfahren und auch nicht sicher anwenden können. Dies kann bei Hörgeschädigten zu Verunsicherung führen.

In kooperativen Formen sollen die Schüler und Schülerinnen durch gezielte Maßnahmen befähigt werden, Beziehungen zu anderen Menschen aufzunehmen und zu pflegen. Sozialerziehung ist sowohl Bestandteil aller schulisch-kooperativen Lernprozesse als auch eigenständiger Lernbereich.

Hörgeschädigte Schüler und Schülerinnen lernen in Begegnungen mit Hörenden, ihre Behinderung aus der Sicht der Hörenden zu verstehen. Sie können erkennen, dass andere Menschen ihnen mit bestimmten Erwartungen begegnen, die sie nicht immer erfüllen können. Sie müssen zunehmend verstehen, keine überhöhten Erwartungen an ihre hörenden Partner zu stellen. Die Schüler und Schülerinnen sind dabei zu ermutigen, sich zu ihrer Behinderung zu bekennen und ihre Interessen in der Öffentlichkeit zu vertreten.

Kooperative Formen ermöglichen gemeinsames Leben und Lernen Behinderter und Nichtbehinderter, sie fördern das Miteinander und tragen zur Durchlässigkeit der Schularten bei. Sie begünstigen gemeinsame Unterrichtsanteile und den Übergang von Schülern und Schülerinnen aus Schulen für Gehörlose und Schulen für Schwerhörige in allgemeine Schulen. Auch eine räumliche Zusammenführung von Klassen der Schulen für Gehörlose und der Schulen für Schwerhörige mit Klassen der allgemeinen Schulen kann geeignete Rahmenbedingungen für die angestrebte Kooperation schaffen. Bei Schulgründungen soll der Standort der Schulen für Gehörlose oder der Schulen für Schwerhörige so gewählt werden, dass eine Zusammenarbeit der beiden Schulformen sowie mit allgemeinen Schulen bestmöglich sichergestellt wird.

5.5 Sonderpädagogische Förderung im Rahmen von Sonderpädagogischen Förderzentren

Die Angebotsvielfalt sonderpädagogischer Förderung für Hörgeschädigte kann zur Herausbildung Sonderpädagogischer Förderzentren führen. Sonderpädagogische Förderzentren als regionale oder überregionale Einrichtungen können neben dem Förderschwerpunkt Hören andere Förderschwerpunkte einbeziehen. Sie stellen sonderpädagogische Förderung in präventiven, integrativen, stationären und kooperativen Formen möglichst wohnortnah und fachgerecht sicher.

5.6 Sonderpädagogische Förderung im berufsbildenden Bereich und beim Übergang in die Arbeitswelt

Die Berufswahl hörgeschädigter junger Menschen ist von Art und Grad der Hörschädigung, von der sprachlichen Kommunikationsfähigkeit, der sozialen Kompetenz, dem geistigen Leistungsvermögen und den Anforderungsprofilen der einzelnen Berufe abhängig. Eine möglichst erfolgreiche Berufswahlvorbereitung beruht auf einer engen Zusammenarbeit zwischen den hörgeschädigten Jugendlichen, dem Elternhaus, der Schule und der Berufsberatung.

Schulische Maßnahmen fördern berufsbezogene Fähigkeiten wie Geschicklichkeit, Genauigkeit, Phantasie, Kreativität, Sorgfalt und Ausdauer, vor allem eine berufsspezifische Sprache und Kommunikation. Diese Fähigkeiten unterliegen bei Hörgeschädigten Einflussfaktoren wie etwa:

- Umgebungseinflüsse wie Lärm in Verbindung mit Aufnahmestörungen des Hörgerätes; Beleuchtungsverhältnisse in Verbindung mit Absehen vom Munde,
- Arbeitsbedingungen und Bereitschaft der Mitarbeiter zur Lösung kommunikativer Schwierigkeiten,
- Anforderungen an die sprachliche Gewandtheit und den kommunikativen Austausch,
- Erschwernisse bei Aufgabenstellungen mit hohem Sprachanteil.

Betriebserkundungen und Betriebspraktika sind wertvolle Orientierungshilfen. Notwendig sind gründliche Vorbereitung und Nachbereitung sowie die Begleitung durch die Schule. Die Maßnahmen der Berufsberatung müssen frühzeitig einsetzen und in enger Zusammenarbeit zwischen Elternhaus, Schule und Berufsberatung stattfinden, um gemeinsam Wege zur Berufsfindung aufzuzeigen und auf Maßnahmen zur Berufsvorbereitung und auf berufliche Ausbildungsmöglichkeiten hinzuweisen.

Unter Berücksichtigung des Grades der Hörschädigung, ihrer Ausprägung und der individuellen Situation kann die Förderung in einem Berufsbildungswerk mit folgenden Angeboten notwendig sein:

- Berufsfindung und Arbeitserprobung sowie Berufsvorbereitung,
- Berufsausbildung,
- Sozialdienst, ärztlicher und psychologischer Dienst,

- Internat,
- Zusammenarbeit zwischen den Jugendlichen, den Rehabilitationspartnern, den Kammern, der Arbeitsverwaltung, den Fachdiensten, den Erziehungsberechtigten sowie den Ausbildern.

Es werden jungen Menschen mit Hörschädigungen Wege zu einer qualifizierenden Berufsausbildung in einem anerkannten Ausbildungsberuf oder, wo dies nicht durchführbar erscheint, in einem für Behinderte vorgesehenen Ausbildungsberuf eröffnet, um damit die Voraussetzungen für eine dauerhafte Eingliederung in die Arbeitswelt zu schaffen. Soweit dies nicht möglich ist, muss eine an die individuellen Möglichkeiten und Fähigkeiten des Jugendlichen angepasste Vorbereitung auf eine Berufstätigkeit und selbstständige Lebensführung angeboten werden. Die Tätigkeit in einer Werkstatt für Behinderte kommt dann in Betracht, wenn durch Art und Schwere der Hörschädigung, verbunden mit einer zusätzlichen geistigen, seelischen oder körperlichen Behinderung, eine berufliche Ausbildung und eine anschließende Aufnahme einer beruflichen Tätigkeit auf dem allgemeinen Arbeitsmarkt ausgeschlossen sind.

6. Zusammenarbeit

Bei Kindern und Jugendlichen mit Sonderpädagogischem Förderbedarf aufgrund einer Hörschädigung ist sofort nach dem Erkennen der Hörschädigung eine intensive und vertrauensvolle Zusammenarbeit zwischen Erziehungsberechtigten und dem Personal von Frühförderung, Kindergarten, Schule und Internat erforderlich. Die Zusammenarbeit hat zum Ziel, die Ausprägung der Hör-Sprachbehinderung und damit der Kommunikationsstörung zu begrenzen und einer Beeinträchtigung der Persönlichkeitsentwicklung entgegenzuwirken. Im Vordergrund steht das Nutzen wichtiger Phasen der Entwicklung der Sinnesgerichtetheit, der Sprache und des Sprechens sowie des Gebrauchs gebärdensprachlicher Kommunikationsmittel. Ebenso zielt die Zusammenarbeit von Elternhaus und Frühförderstelle oder Schule auf die emotionale und soziale Entwicklung.

Hinweise der Erziehungsberechtigten auf Erleben und Verhalten des Kindes auch außerhalb der Schule werden in die sonderpädagogische Förderung einbezogen. Zudem müssen die Erziehungsberechtigten über wichtige Beobachtungen und die Entwicklung der Kinder und Jugendlichen in der Schule informiert werden. Beide Seiten beraten sich gemeinsam über entsprechende Förderangebote und -maßnahmen. Häusliche und schulische Möglichkeiten ergänzen sich. Gegenseitiger Austausch von Beobachtungen, Erfahrungen und Informationen führt zu einer partnerschaftlichen Abstimmung der Erziehungsziele und Erziehungsstile.

Das schulbegleitende Heim und die schulbegleitende Tagesstätte haben die Aufgabe, durch Betreuung während der unterrichtsfreien Tageszeiten den Besuch schulischer Einrichtungen zu ermöglichen und zu erleichtern. Darüber hinaus gewähren sie sonderpädagogische Förderung, indem sie vor allem in den Bereichen der lebenspraktischen Fähigkeiten, des sozialen Zusammenlebens und einer sinnvollen Freizeitgestaltung wirken. Somit sind Heim und Tagesstätte wichtige Partner bei der Erziehung hörgeschädigter Kinder und Jugendlicher. Eine unverzichtbare Voraussetzung für eine wirkungsvolle Zusammenarbeit zum Wohle der Kinder und Jugendlichen ist die Abstimmung pädagogischer Absichten und Methoden zwischen Elternhaus, Heim oder Tagesstätte und Schule. Schwierigkeiten, die sich aus dem Zusammenwirken der unterschiedlichen Berufsgruppen ergeben können, sollen in regelmäßigen gemeinsamen Dienstkonferenzen bereinigt werden. Damit soll der Erfahrungsaustausch, den ein Team mit Mitarbeitern mit unterschiedlicher Ausbildung bietet, genutzt werden.

7. Einsatz und Qualifikation des Personals

Die Ausbildung des Personals muss Breite und Struktur des jeweiligen Tätigkeitsbereiches und dessen Anforderungen an die einzelnen Personen berücksichtigen. Sie vermittelt nicht nur die Grundkompetenz für die Aufgaben der Hörgeschädigtenpädagogik, sondern auch einen Überblick über den Gesamtbereich der Erziehung und Unterrichtung von Kindern und Jugendlichen mit Sonderpädagogischem Förderbedarf. Ein wesentliches Merkmal der Qualifikation ist pädoaudiologische Kompetenz der Lehrkräfte.

Der verantwortliche Einsatz gebärdensprachlicher Kommunikationsmittel erfordert für die Lehrerschaft Kenntnis manueller Kommunikationsformen und die Fähigkeit, diese schülerangemessen und sprachsituationsbezogen zu gebrauchen. Sowohl der Erwerb der manuellen Kommunikationsmittel als auch der fortwährende Austausch über diese Sprachsysteme muss in der Lehrerausbildung sowie durch Veranstaltungen der Lehrerfortbildung und durch Weiterbildungsmaßnahmen in Kursen erfolgen.

Insgesamt ist zur Sicherung der Qualität der sonderpädagogischen Förderung mit den Schwerpunkten des Hörens, der auditiven Wahrnehmung, des Umgehen-Könnens mit einer Hörschädigung, der Kommunikation und der Sprache eine regelmäßige fachliche, bei Bedarf auch länderübergreifende Fortbildung unabdingbar. Dies trifft in ganz besonderem Maße für das Personal in der Frühförderung zu. In den Fortbildungsangeboten ist jeweils auch der Kooperations- und Abstimmungsbedarf mit anderen Fachgebieten zu berücksichtigen, der sich durch die fachliche Arbeitsteilung ergibt. Die Herstellung und Sicherung eines fachlichen Standards der Arbeit in der Hörgeschädigtenpädagogik verlangen eine ständige Ergänzung, Auffrischung und Erweiterung der fachlichen und auch personalen Kompetenz. Über Ausbildung und Begleitung vor Ort hinaus müssen daher auch berufsbegleitende Fortbildungen ermöglicht werden, um die Berufserfahrung mit neuen Methoden und Kompetenzen zu bereichern. Unterschiedliche individuelle Voraussetzungen der Kinder und Jugendlichen und die häufig notwendige Abstimmung individueller Fördermaßnahmen mit Instanzen im Umfeld von Schule machen es erforderlich, dass sich die Schule auch im Bereich der Fortbildung für die Zusammenarbeit mit anderen Fachkräften öffnet.

8. Schlussbestimmung

Die „Empfehlungen für den Unterricht in der Schule für Gehörlose (Sonderschule)" – Beschluss der Kultusministerkonferenz vom 30.5.1980 – und die „Empfehlungen für den Unterricht in der Schule für Schwerhörige (Sonderschule)" – Beschluss der Kultusministerkonferenz vom 30.8.1981 – werden hiermit aufgehoben.

Elmar Schaar
Bayerisches Staatsministerium für Unterricht und Kultus

Empfehlungen zum Förderschwerpunkt Hören

Die Empfehlungen zum Förderschwerpunkt Hören wurden am 10. Mai 1996 von der Kultusministerkonferenz beschlossen. Sie haben die Empfehlungen für den Unterricht in der Schule für Gehörlose vom 30. Mai 1980 und die Empfehlungen für den Unterricht in der Schule für Schwerhörige vom 30. August 1981 abgelöst.

Der Titel der neuen Empfehlungen spiegelt eine gründlich veränderte Sichtweise. Statt Empfehlungen für zwei Schulformen gibt es Empfehlungen zum Förderschwerpunkt Hören: zum Hören als Aufgabe, das doch nicht so ganz für die gehörlosen Kinder und Jugendlichen zu passen scheint. Hörschädigungen zeigen sich in unterschiedlichen Arten und Graden der Herabsetzung des Hörvermögens bis hin zum Ausfall des Gehörs.

Die Mitglieder der Arbeitsgruppe aus den Kultusverwaltungen, die Empfehlungen zum Förderschwerpunkt zu erstellen hatten, waren anfangs unsicher, den Förderschwerpunkt vom Hören her zu bestimmen. Die Experten und Verbände, die um Stellungnahme zum Entwurf der Empfehlungen zum Förderschwerpunkt Hören gebeten wurden, haben diesen Titel und sein Konzept jedoch bestätigt, weil bei Kindern mit Hörschädigungen meist Hörreste ausgemacht werden und gefördert werden können und weil Hören durch die gegenwärtige Medizin und ihre Technik erwirkt werden kann. Das Wissen um Arten und Grade von Hörschädigungen und um die Förderchancen zur Entwicklung des Hörens und damit verbunden zur Entwicklung der Lautsprache werden durch den Förderschwerpunkt Hören zu einer Wirklichkeit gestempelt. In einer auf akustische Geschehnisse ausgerichteten Welt ist das Nützen des Hörens insbesondere für die Sprachentwicklung von Ausschlag gebender und weit tragender Bedeutung.

Lautsprache versus Gebärdensprache?

Die Empfehlungen zum Förderschwerpunkt Hören sind in einer Zeit entstanden, in der Stimmen und Forderungen aus Wissenschaft und Elternschaft, aus Politik und Verbänden, vor allem aber durch Protestbewegungen der Hörgeschädigten selbst eindringlich und mit

Gewicht aufgelebt sind, die das Recht der Kinder und Jugendlichen mit einer Hörschädigung auf den Gebärdenerwerb einforderten. Kritik richtete sich vor allem gegen die Schulen für Gehörlose, die das Lernen durch und mit Gebärdensprache nicht ausreichend ermöglichen und Erwerb und Gebrauch der Lautsprache präferieren würden.

Der Appell der Hörgeschädigten an die Schulen für Hörgeschädigte, Gebärdensprache zu verwenden, ist ein alter, aber seit Mitte der 90er Jahre mit neu belebter und noch kräftigerer Tonart und, was schwerwiegend und von Rang ist, mit politischer Rückendeckung. Aber nicht diese gesellschaftlichen Aktivitäten über Lautsprache und Gebärdensprache haben die KMK vordringlich zu Empfehlungen getrieben. Die Aufgabe, mehr und mehr hörgeschädigte Kinder und Jugendliche in den Allgemeinen Schulen zu fördern und gleichso auf die Gehörlosengemeinschaft vorzubereiten, hat den Unterricht mit der Lautsprache und mit Gebärden in ein besonderes Licht gerückt: das Verhältnis von Integration in die Welt der Lautsprache Sprechenden und von Integration in die Welt der Gebärdensprache Sprechenden. Nach den Empfehlungen ist „Sonderpädagogische Förderung in Erziehung und Unterricht so zu verwirklichen, dass die Betroffenen fähig werden, ein Leben mit einer Hörschädigung sowohl in sozialer Begegnung mit Hörenden als auch mit Hörgeschädigten sinnerfüllt zu gestalten".

Damit bekommen Lautsprache und Gebärdensprache eine beispiellose Dynamik in der Gesellschaft, die Lautsprache erwartet und Gebärdensprache zugestehen muss. Beide Bedürfnisse hat die Schule zu erfüllen. Es ist Aufgabe der Schulen für Hörgeschädigte, ihren Schülern und Schülerinnen die deutsche Sprache als entscheidendes Fundament der Bildung so weit wie möglich in Laut- und Schriftform verfügbar zu machen. Die gehörlosen Schüler und Schülerinnen sind aber auch Benutzer manueller Kommunikationsmittel, ganz besonders der Gebärdensprache, und werden es ein Leben lang sein. Die Schulen für Hörgeschädigte haben dabei zu beachten, dass manuelle Kommunikationsmittel und die Gebärdensprache bei der Kommunikation Hörgeschädigter einen gebührenden Platz einnehmen. Die Empfehlungen zum Förderschwerpunkt Hören betonen daher mit Nachdruck diese Spannung zwischen Lautsprache und Gebärdensprache hin zur Integration in die zwei Lebenswelten der hörgeschädigten Menschen.

In den Diskussionen der Arbeitsgruppe hat sich eine Zeit lang ein Potential gegen die „integrationshemmende Gebärdensprache" ausgedrückt. Die Verfasser der Empfehlungen haben sich der Rebellion für die Gebärdensprache und gegen die Gebärdensprache gestellt. Die jeweiligen Argumente wurden als Teil eines stattlichen praktischen Diskurses verstanden, in dem es um empirische Befunde beim Hörspracherwerb und um die Neuinterpretation von Bedürfnissen Hörgeschädigter geht. Es war zu antworten auf die beiden Seiten mit ihren hitzigen und schwungvollen, teils gehaltvollen, teils mageren Interpretationen und auf das, was sie wollen und plausibel machen konnten.

Die Arbeitsgruppe hat in dieser Zeit geduldig zugehört, ihr Fachwissen eingebracht und auch dem Schatz ihrer Erfahrungen bei der Bewertung von Engagement und Sachlichkeit Beachtung geschenkt. Im Anblick der Leistungen der Gebärdensprache im Unterricht kam sie zum Fazit, dass die Entwicklung der Gebärdensprache und die frühzeitige, rechtzeitige Entwicklung des Hörens und der Lautsprache sich nicht entgegen stehen brauchen und dürfen, wie die duale Sprachentwicklung von Kindern gehörloser Eltern zeigt. Die Empfehlungen wollen bei dieser Auseinandersetzung Weiterentwicklungsscheu nehmen. Jede Schule für Hörgeschädigte ist gefordert, eine Antwort auf die Aufgabe aller sonderpädagogischen Förderung zu geben: „Selbstentfaltung in sozialer Eingliederung" mit Hörenden durch die Lautsprache und mit Hörgeschädigten durch die Gebärdensprache.

Es gibt keinen auf Empirie gründenden Anlass, der die Aufteilung in Gebärdenspracherwerb und Lautspracherwerb, in Gebärdensprachgebrauch und Lautsprachgebrauch, im Bildungswesen Hörgeschädigter einfordern lässt. Dazu ist das nicht leichte Gespür für Förderung der Sprachen zu entdecken und es sind die nicht einfachen Unterschiede der Sprachentwicklung weiterhin der wissenschaftlichen Arbeit zur Aufgabe zu machen. Es müssen Lautsprachentwicklung und Gebärdensprachentwicklung ein Grundempfinden der Schulen werden.

Im Prozess der Auseinandersetzung und der Wertung von Stellungnahmen sowie der eigenen Kenntnisse und Klärungen der KMK-Referenten wurden Sichtweisen für die Empfehlungen deutlich. Beide sprachlichen Kraftfelder charakterisieren den Förderschwerpunkt Hören und können sich für die sprachliche Kommunikation ohne Konkurrenz eignen, je nach Sprachsituation und Kommunikationsfeld, je nach situativer Leistungsfähigkeit der Sprachsysteme; sie taugen jedoch nicht ideologisch gesetzten Prioritäten. Es bedarf, dabei haben die Länder behilflich zu sein, gründlicher Forschung und Praxis, um aufzuspüren, was primär lautsprachliche Kompetenz und primär gebärdensprachliche Kompetenz im Verhältnis zu einander sind: Praxisanalyse und Wissen für das Wissen sind zu bewerkstelligen und zusammen zu schauen.

Die Ministerpräsidentenkonferenz hat sich in den vier Jahren nach dem Erlass des Förderschwerpunktes Hören wiederholt im Verbund mit den Kultus- und Sozialministerien die sprachliche Förderung Hörgeschädigter zum Thema gemacht. Auch eine Anzahl der Länderparlamente hat dazu ausgiebige Beratungen und Anhörungen durchgeführt. Die Ministerpräsidentenkonferenz hält es für richtig, die unterschiedlichen und häufig extremen Auffassungen bei der lautbezogenen und manuellen Sprachentwicklung Hörgeschädigter zwischen richtig und falsch, gut und weniger gut, primär notwendig und sekundär notwendig, aufzugeben.

Gemeinsamer Unterricht und was noch?

Die sonderpädagogische Förderung wird in den Empfehlungen zum Förderschwerpunkt Hören nicht auf Lautsprache und Gebärdensprache eingegrenzt, als gäbe es nur diese Aufgabenstellungen. Ausgangspunkt aller sonderpädagogischen Förderung ist der Sonderpädagogische Förderbedarf des einzelnen hörgeschädigten Kindes oder Jugendlichen. Diese jungen Menschen bilden keine einheitliche Gruppe. „Art und Grad der Hörbeeinträchtigung, Ergebnisse der bisherigen Förderung, weitere Behinderungen und Gegebenheiten des Umfeldes bestimmen einen unterschiedlichen Förderbedarf". Die KMK hat den personenbezogenen und individualisierenden Begriff des Sonderpädagogischen Förderbedarfs gegenüber einer vorrangig institutionenbezogenen Sichtweise sonderpädagogischer Förderung gesetzt. In diesem Prozess ist neben dem Begriff der Sonderschulbedürftigkeit für die Schule für Gehörlose bzw. für die Schule für Schwerhörige der Begriff des sonderpädagogischen Förderbedarfs getreten. Die Erfüllung des Sonderpädagogischen Förderbedarfs ist nicht an die Schulen für Hörgeschädigte gebunden, ihr kann und soll in Allgemeinen Schulen vermehrt entsprochen werden.

Gegen die Beschränkung von sonderpädagogischer Förderung in der speziellen Schule hat die KMK die Förderung in Allgemeinen Schulen gepflanzt, um somit das Bewusstsein und die Sinnlichkeit der Lehrkräfte in den Schulen für Hörgeschädigte für gemeinsamen Unterricht zu entwickeln und die Wertstrukturen neu zu bestimmen. Das bedeutet eine Verschiebung des schulischen Handelns in nur einem Förderbereich hinüber in Bereiche der Allgemeinen Schulen. Dieser Verschiebungsprozess ist im vollen Gange. Es wird dabei nicht vermeintlich die sonderpädagogische Förderung geschmälert, sondern den Schulen für Hörgeschädigte und ihren Klassen und Gruppen wird Vielfalt zugebracht im gemeinsamen Unterricht der anderen Schularten.

Die Selbstverständlichkeit, dass in Schulen für Hörgeschädigte einzig und eigens hörbehinderte Kinder und Jugendliche gebildet und ausgebildet werden können, ist offenkundig nicht mehr gegeben. Man hat, und dies ist Konsequenz, eine fundierte Feststellung des Sonderpädagogischen Förderbedarfs zu vollbringen, um eine Stimmigkeit und Richtigkeit der Förderung und Lernortentscheidung herbei zuführen. Häufig gilt es auch, den dritten Weg der KMK-Hinweise, den Weg der Kooperation in Unterricht und Schulleben oder den Weg der Öffnung der Sonderschule für Nichtbehinderte zu beschreiten, wenn die Beschulung Hörgeschädigter nicht in Allgemeinen Schulen mit Erfolg erfolgen kann. Diese Horizontverschmelzung ist des öfteren nahe liegend.

Die Einheitsförderung der Schulen für Hörgeschädigte wird durch die Vielheit der Förderorte und der Schularten ersetzt. Manche Schule für Hörgeschädigte fühlt sich durch die Vielheit und den Vorrang des gemeinsamen Unterrichts hörgeschädigter und nicht behinderter Kinder und Jugendlicher jedoch in ihrer Existenz bedroht. Die solide eingerichtete Welt mancher Schulen für Hörgeschädigte steht nicht mehr wie noch vor zehn oder fünfzehn Jahren im Einklang mit den wissenschaftlichen Fortschritten, mit einem Teil der Eltern behinderter Kinder, mit den Hörgeschädigten selbst, mit den politischen Schwerpunktsetzungen. Manche Schule erschrickt vor solchen Entwicklungen, die keine Ruhephase und kein Verdrängen zulassen.

Der KMK-Arbeitsgruppe wurden daher ebenso Beine gemacht. Der Prozess der Übereinstimmung war ein mühsamer. Die Mitglieder der Arbeitsgruppe sind jedoch pragmatische Leute, vorsichtige Modernisierer. Die Abstimmung untereinander führte weiter. Es kam Appetit auf, sonderpädagogische Förderung bei Erhalt aller Qualität durchlässiger, mannigfaltiger, offener zu gestalten, nächst mögliche und erweiterte pädagogische Spielfelder zu betreten und zu gewährleisten. Gemeinsamer Unterricht ist dabei kein Hemmnis, sondern ein Fördernis für die Schulen für Hörgeschädigte, wenn man Gegenwart und Zukunft versteht, Ansporn und Chance.

Die Empfehlungen der KMK zum Förderschwerpunkt Hören nehmen nicht „Abschied vom Prinzipiellen", sie wollen jedoch gesellschaftliche Schwerpunktsetzungen mit Schulentwicklung verknüpfen. Dies bedeutet nicht den Fall in pädagogische Beliebigkeiten der

Schulen für Hörgeschädigte. Der Eindruck eines solchen „Niedergangs" kann nur durch Mangel an Gestaltungskraft und an aufmerksamer Fachkompetenz entstehen. Es gibt verbindliche sonderpädagogische Positionen, die nicht austauschbar sind. Man braucht immer gute Gründe, um andere Positionen einzunehmen. Nur der Lernort darf dominieren, der am besten das einzelne Kind oder den einzelnen Jugendlichen fördern kann.

Die KMK-Empfehlungen haben sich für Alternativen entschieden: Kinder und Jugendliche mit Hörschädigungen können für den gemeinsamen Unterricht befähigt sein und ertüchtigt werden, Allgemeine Schulen sind unterrichtsgerüstet für Behinderte oder können sich dazu wappnen. Maßgebend sind der Sonderpädagogische Förderbedarf und die Einrichtung, die diesen Bedarf erfüllen kann.

Heutige Förderung sucht die Balance der bewährten Förderschule und der Vielheit der Allgemeinen Schulen, die notwendige Strukturen und Inhalte für eine Inklusion erschließen und sich dabei mehr und mehr bewähren. Dazu gehört, dass die Fragen beim Empfehlen dieser Pluralisierung der sonderpädagogischen Förderung in Allgemeinen Schulen durch die Schulen für Hörgeschädigte mit ihren fachlichen Unterstützungsformen beantwortet werden müssen. In den Empfehlungen wird das Gleichgewicht zwischen Unterricht in den Schulen für Hörgeschädigte und gemeinsamem Unterricht in Allgemeinen Schulen durch die Position ergänzt: Die Schulen für Hörgeschädigte müssen die Pluralität durch sonderpädagogische Kompetenz kompensieren und sichern. Notwendig sind technisches Kompensieren, das Kompensieren sozialer Vereinheitlichungen und das Kompensieren didaktischer Vereinheitlichungen.

In den Empfehlungen zum Förderschwerpunkt Hören ist versucht worden, den Sonderpädagogischen Förderbedarf der Betroffenen zu analysieren und zu beschreiben, auch im Blick auf Allgemeine Schulen, denn seine Anteile können und sollen bei bestimmten Rahmenbedingungen in Allgemeinen Schulen erfüllt werden. Die KMK pocht darauf, dass die Fördermaßnahmen, die in Schulen für Hörgeschädigte selbstverständlich sind, auch in Allgemeinen Schulen soweit wie möglich statt finden. Die Aufgaben der sonderpädagogischen Förderung müssen im Unterricht an den Förderschulen und im Unterricht an Allgemeinen Schulen ohne qualitative Sprünge erfolgen, mit dem Fördergehalt der speziellen Schule ein Kontinuum sein.

Sonderpädagogischer Förderbedarf und was dann?

Die zentralen Förderaufgaben lassen sich aus den Bedürfnissen der hörgeschädigten Kinder und Jugendlichen ableiten. Sie erfahren von den Kindern und Jugendlichen her ihre Rechtfertigung und Interpretation, wie sie sein müssen, unabhängig vom Förderort. Die KMK nennt bei der Bestimmung des Sonderpädagogischen Förderbedarfs unabdingbare Förderaufgaben, wie

– die Entwicklung des Hörens und der Lautsprache,

– die Erziehung zur Hörgerichtetheit,

– die Entfaltung der Schriftsprache,

– die Übung des Absehens,

– die Schulung der Sprechfertigkeit,

– die Förderung der taktilen und akustovibratorischen Wahrnehmung und, was oben heraus gestellt wurde,

– den Gebrauch manueller unterstützender Kommunikationsmittel und der Gebärdensprache.

Diese Förderaufgaben formulieren Pädagogen genauso wie die Hörgeschädigten selbst, jedoch manchmal aufgeteilt und auf betont ungleiche Weise.

Die Transparenz der Beschreibung des Sonderpädagogischen Förderbedarfs hörgeschädigter Kinder und Jugendlicher ist nur auf den ersten Blick einfach. Hörbeeinträchtigungen und die damit verbundene Sprachentwicklungsverzögerung haben viele Schichten. Es gibt andere Sorten von besonderem Förderbedarf, die von den Empfehlungen zusätzlich verständlich gemacht werden:

– das Aufholen von Umwelterfahrungen,

– das Aufarbeiten emotionaler und sozialer Bezüge,

– das Training der Konzentrationsfähigkeit sowie der Ausdauer,

– die rhythmisch-musikalische Förderung,

– die Beachtung anderer Förderschwerpunkte bei Mehrfachbehinderung.

Die KMK hat sich die Notwendigkeit einer diagnosegeleiteten Förderung zueigen gemacht. Grundsätzlich ist durch eine Hörschädigung beeinträchtigtes Verhalten schwer diagnostizierbar. Es sind ein Streben und ein Bemühen verlangt, den Sonderpädagogischen Förderbedarf in einer interdisziplinären Diagnostik zu ermitteln. Die Feststellung des Sonderpädagogischen Förderbedarfs beruht auf fachärztlicher Diagnose, dann auf freier und gebundener Verhaltensbeobachtung, auf Analyse und Exploration, bei denen Lehrkräfte, Erzieherpersonen, vor allem die Eltern einbezogen werden müssen. Es gilt dabei, dass für die Beobachtung, die Erfahrung und das informative Gespräch viel Platz geschaffen wird. Das Gespräch vermag zum ursprünglichen Bedarf vorzudringen, Bedürfnissen des Kindes die Sicht zu geben. Den Fachgebildeten und den Laien-Diagnostikern wird zugemutet und zugetraut, den Sonderpädagogischen Förderbedarf festzustellen.

Sonderschullehrer und Sonderschullehrerinnen müssen die hörgeschädigten Kinder und Jugendlichen und ihre Beeinträchtigungen in jeder Alters- und Entwicklungsphase verstehen, sonst können sie ihre Bildungs- und Förderangebote nicht verständlich machen. Sie müssen Experten für Erziehung und Unterricht sein. Sie sind immer auch ein Stück Sprachwissenschaftler, Sprachpsychologe, Logopäde, Phonetiker, um das notwendige Wissen und Können in Erziehungs- und Lernsituationen brauchbar zusammenzuführen. „Grundlage hierfür ist das Wissen für die verschiedenen Grade der Behinderung und ihrer möglichen individuellen Auswirkungen.“

Erziehung und Unterricht

Im Abschnitt Erziehung und Unterricht nennt die KMK wesentliche Erziehungsaufgaben und Erziehungsbedingungen. „Ein offenes und anregungsreiches Erziehungsfeld soll es den Kindern und Jugendlichen ermöglichen, sich für die Übernahme bisher nicht vertrauter sozialer Rollen, für die persönliche Erprobung neuer Aufgaben und für ein möglichst selbstverantwortliches Leben und Lernen zu entscheiden." Erziehung und Unterricht müssen sich in einer unendlichen Fülle von Situationen jedem einzelnen mit unterschiedlichen Höreindrücken und Gesichtern zuwenden. Das Kind, der Jugendliche bedürfen des Wechsels der Sprache, der Reaktion auf die Behinderung, des Beachtens der Lebenssituation, der Gemeinschaft, der technischen Hilfen, die das Lernen und die Alltagsbewältigung erleichtern.

Unter den KMK-Hinweisen zum Unterricht finden sich auch folgende Maßgaben: „Im Unterricht ist zu berücksichtigen, wie weit das hörgeschädigte Kind schon im Förderungsbereich gelernt hat, sich sprachlich zu verständigen und soziale Beziehungen aufzunehmen. Es wird ein Gesamtbildungskonzept betont, das aufbauend in Schule und Unterricht weiter führt. Es sollen im Unterricht Lerninhalte weiterführender Schularten zu Grunde gelegt werden, damit der Besuch weiter führender Bildungsgänge ermöglicht wird." Die Förderung Hörgeschädigter lebt aus den Förderungsursprüngen und den nächsten besten Förderungsschritten. Die KMK sieht in erster Linie entwicklungsbezogene Aufgaben. Sie besteht auf einem frühen sprachlichen, personalen und sozialen Fördern, das altersüblich fortgesetzt werden muss. Ständig ist die vitale Frage zu beantworten: Wie kann sich das hörgeschädigte Kind zu einer Persönlichkeit mit all ihren Merkmalen entfalten? Das Beachten sensibler Entwicklungsphasen ist ausschlaggebend. Sensible Zeiten werden dann beeinträchtigt und unterbrochen, wenn Erziehung und Unterricht die Bedeutung der Hörschädigung für den Bildungs- und Lebensweg nicht richtig zu beachten vermögen.

In den Empfehlungen erfährt man, dass Lernsituationen zu schaffen sind, die sich dafür eignen, das Selbstvertrauen und Selbstwertgefühl der Kinder und Jugendlichen mit Hörschädigungen zu stärken und Handlungsangebote auszuschöpfen. Erziehung und Unterricht gelingen am besten auf der Grundlage einer verlässlichen Beziehung und wechselseitigen Vertrauensbildung.

Die Kinder und Jugendlichen benötigen, und dies ist eine wichtige Botschaft, vor allen für die schulische Förderung eingeweihte Lehrkräfte und andere Bezugspersonen, dazu klare Strukturen in den Lernprozessen, um ihre individuelle Förderung sowie die Förderung in der Umwelt zum Tragen zu bringen. Sie brauchen im Unterricht Bezugspersonen, die sie in ihren personeigenen Ausdrucksformen annehmen und verstehen und ihnen Lernwege für die Umwelt und den Zugang zu anderen Menschen, seien sie hörend oder hörgeschädigt, aufzeigen und erschließen.

Formen sonderpädagogischer Förderung – ein Fortschritt

Sonderpädagogische Förderung muss zu jedem erdenklich geeigneten Bildungsgang und Förderort Ja sagen können. Der Verzicht auf Konformismus wird im Förderschwerpunkt Hören in besonderer Weise betont. Die aufgezeigten Formen sonderpädagogischer Förderung, ob im gemeinsamen Unterricht an Allgemeinen Schulen, in Sonderschulen, im Förderzentrum und in der beruflichen Bildung sowie in Kooperation von Unterricht und Schulleben müssen angestrebt werden und sind Sollforderungen ohne Überbewertung der einzelnen Förderungsformen. Die Vielfalt der sonderpädagogischen Angebotsformen ist ein Fortschritt. Die aufgezeigten Strukturen sonderpädagogischer Förderung haben kompensatorische Gehalte und Funktionen, sie ermöglichen notwendige Spezialschulen und die Vielfalt der Bildungsarten. Aus der Verlässlichkeit der Schulen für Hörgeschädigte konnten nachhaltige Formen gebildet werden, die tragen: Aus gelungener Herkunft läßt sich Zukunft gestalten.

Jede Schulart und Schulform muss geprüft werden, damit die Schwierigkeiten bei der Lernortzuweisung weitest ausgeräumt werden. Sonderpädagogik ist immer die Kunst des Ermöglichens durch schwieriges Suchen nach Förderungsmaßnahmen und durch Mut zur kompensatorischen Unterstützung. Der Diskurs zum Konsens in Mitten bunter Vielfalt der Förderungsformen ist Gebot.

Die KMK-Hinweise zu den Formen sonderpädagogischer Förderung wollen Vielfalt ermöglichen, bewahren und bekräftigen, denn Individualisierung und Differenzierung kennzeichnen sonderpädagogische Förderung, damit einem Kind mit seiner Behinderung, was nur es kann und was die für es gewählte Schule vermag, entsprochen wird. Die Mannigfaltigkeit der Angebote von der frühen bis zur beruflichen Bildung erfordert Kommunikationsentwicklung, dazu Kompensationsentwicklung in den Einrichtungen, Pluralität der Sichtweisen, Methodenreichtum, Diagnose- und Förderprogramme. Soviel einschlägige Fördermaßnahmen zur Sprache gebracht werden können, soviel Förderung kann auch Wirklichkeit werden. Der Austausch der Fachleute und der durch Erfahrung kompetenten Eltern, häufig auch der Kinder und Jugendlichen selbst, reichert die Vielfalt der Fachlichkeit an, weil sie korrigieren, bestärken und kompensieren. Es obliegt wesentlich den Schulen für Hörgeschädigte und den Allgemeinen Schulen, die gemeinsamen Unterricht ermöglichen, sonderpädagogische Förderung alltäglich zu erfinden.

Qualifikation des Personals – unverzichtbar und stetig

Die KMK-Empfehlungen zum Förderschwerpunkt Hören erwarten vom Personal, das erzieht und unterrichtet, dass es Breite und Struktur des jeweiligen Tätigkeitsbereichs berücksichtigen kann. Entscheidend dafür sind Ausbildung und Fortbildung, sicherlich auch Erfahrung. Unabdingbar für die Qualität der sonderpädagogischen Förderung mit den Schwerpunkten des Hörens, der auditiven Wahrnehmung, des Umgehen-Könnens mit einer Hörschädigung, der Kommunikation und der Sprache ist der regelmäßige fachliche Austausch des Personals, also die Teilung des Wissens und Könnens sowie der Erfahrungen. Das fachliche Teilen und Mitteilen von Befähigungen und Erfahrungen vermag nach Auffassung der Schreiberinnen und Schreiber der Empfehlungen Deutungen des Sonderpädagogischen Förderbedarfs, der Individualisierung und Differenzierung sonderpädagogischer Förderung zu erleichtern und aus der Vielfalt der Förderformen das geeignete Bildungsangebot zu bestimmen.

Der Förderschwerpunkt Hören verlangt, dass sich die Zusammenarbeit des schulischen Personals für die Zusammenarbeit mit anderen Fachkräften öffnet. Interdisziplinarität verbreitert die Förderung, trägt der Innovationsbeschleunigung durch die Medizin und die Medizintechnik, dem expandierenden psychologischen Wissen um Spracherwerb Rechnung. Fortbildungsbedarf wächst und wird berufslang erforderlich sein. Der Austausch von Erfahrungswissen ist zwingend, weil Medizin, Apparate, Sprache nicht mehr von jeder Lehrkraft umfassend in eigener Erfahrung erprobt und reflektiert sowie didaktisch verwertet werden können, denn die Innovation im Förderschwerpunkt Hören hat hohe Geschwindigkeit und das Veraltern erfolgt schnell. Erfahrungen Einzelner müssen daher ausgetauscht werden, sie sind, wenn es um didaktische Weiterentwicklungen geht, unverzichtbar geworden. Austausch von Wissen, Können und Erfahrung kompensiert am besten die schneller gewordene Qualifikationsveralterung, um die erfolgreiche Förderung zu sichern, Bewährtes zu retten und zu behalten. Innovationskompetenz soll auf Erfahrungskomzeptenz aufbauen, sonst sehen Lehrkräfte allzu leicht weg, wenn Weiterentwicklungen sie überrennen, und sie verweigern Anstrengungen zum nächsten besten Schritt.

Die Empfehlungen zum Förderschwerpunkt Hören von 1996 sind nach den genutzten Gestaltungschancen der Empfehlungen von 1980 und 1981 mit der Ausdifferenzierung von Schulen für Gehörlose und Schulen für Schwerhörige eine erneute Chance für nächste sonderpädagogische Schritte, für Gestaltung und Kreativität. Diese Chance ist Last und Aufgabe, aber auch ein Geschenk für das Personal der heutigen Schulen für Hörgeschädigte und der Schulen, die schulische Integration möglich machen. Das Ermöglichen und Empfehlen von Weiterentwicklungen bedeuten keine Ruhekissen. Das Überwinden nächster bester Schwellen, Sonderpädagogik bedeutet nie einen geraden Weg gehen sondern ständig Schwellen bewältigen, entspringt auch nicht zuerst einem Vorsatz, einem Programm, einem Erlass oder einem KMK-Gebot sondern einem unmittelbaren Bedürfnis nach Gestaltung von sonderpädagogischer Förderung und Bildung. Probleme entstehen den Förderschulen in der heutigen Bedrängung von allen Seiten zumeist durch zu lange Passivität. Die KMK setzt auf Aktivität des eigenen Wissen-wollens und Wählen-könnens der Schulen und ihres Pesonals, das zukunftsoffen, lebendig, wach, neugierig gegenüber dem ist, was die Schulen bergen und vermögen.

Klaus-B. Günther
Universität Hamburg

Förderschwerpunkt Hören

Förderschwerpunkt Hören: Paradigmenwechsel in der Erziehung und Bildung gehörloser, schwerhöriger und ertaubter Kinder und Jugendlicher

Der mit den allgemeinen Empfehlungen zur sonderpädagogischen Förderung in den Schulen der Bundesrepublik Deutschland vollzogene paradigmatische Wandel im Verständnis von Förderung und Betreuung behinderter und von Behinderung bedrohter Kinder und Jugendlicher sowie den Strukturen und Formen ihrer schulischen Organisation spiegelt sich auch in konkretisierender Weise in den einzelnen Förderschwerpunkten wider. Kennzeichnend für die neuen Empfehlungen im allgemeinen wie für die Förderschwerpunkte im speziellen sind zwei miteinander verwobene Merkmale: Zum einen wird die Bindung an die neun sonderpädagogischen Fachrichtungen und den diesen zugeordneten Schulen aufgegeben zugunsten einer Orientierung auf den Kernbereich der jeweiligen Behinderung/ Störung, den Förderschwerpunkt, auf den sich die pädagogisch-therapeutischen Fördermaßnahmen beziehen, und zum anderen in logischer Konsequenz daraus der Förderort nicht mehr allein in der Sonderschule gesehen wird. Das impliziert nicht nur eine „Stärkung der Philosophie der Integration als Weg und Ziel" (SCHUCK 1998, 12), sondern zugleich auch eine „Stärkung eines sozialwissenschaftlich-systemischen Behindertenbegriffs, der Behinderung nicht als Eigenschaft, sondern als ein Produkt von Sozialisation, Interaktion und Kommunikation in einem gesellschaftlichen Kontext begreift, verknüpft ... mit einer Stärkung der Ideen einer systemischen, diskursiven und lerngegenstandsbezogenen Diagnostik" (14).

Mit den von der KMK am 10. 5. 1996 beschlossenen „Empfehlungen zum Förderschwerpunkt Hören" wurden zugleich die „Empfehlungen für den Unterricht in der Schule für Gehörlose" (1980) und für „Schwerhörige" (1981) aufgehoben. Vergleicht man die 80er mit den neuen Empfehlungen, so wirkt hier der Paradigmenwechsel besonders prägnant und im Fachlichen weitergehend als für andere Förderbereiche. Es ist mehr als ein formaler Akt, wenn die vormals für die Schwerhörigen- und Gehörlosenschule getrennten Empfehlungen zum Förderschwerpunkt Hören zusammengefasst werden. Es wird vielmehr deutlich, dass unabhängig von Ausmaß und spezifischer Ausprägung des Hörverlustes der spezifische Förderbedarf sich eben aus Problemen mit dem Hören und ihren Folgestörungen bei Spracherwerb und Kommunikation aber auch im kognitiven und emotionalen Bereich ergeben. In diesem Kontext nehmen die (ungenannten) Verfasser auch die in den letzten zehn, fünfzehn Jahren mit Bezug auf hochgradig schwerhörige und gehörlose Kinder und Jugendliche sich heraus kristallisierenden neuen Möglichkeiten der Hör-Spracherziehung ebenso wie der Förderung mittels Gebärden bzw. Gebärdensprache in die neuen Empfehlungen als pädagogisch-therapeutische wie für die Lehreraus- und Fortbildung besonders hervorgehobene Bestandteile des Förderschwerpunktes Hören auf und ordnen sie in den hörgeschädigtenpädagogischen Gesamtförderkanon – dazu gehören neben den beiden genannten vor allem Schriftsprache, Ablesen, Artikulation, Kinästhetik und Rhythmik/Musik – ein.

Einleitend heißt bei den allgemeinen Zielen und Aufgaben des Förderschwerpunktes Hören: „Sonderpädagogische Förderung soll das Recht der Kinder und Jugendlichen mit Förderbedarf im Bereich des Hörens, der auditiven Wahrnehmung, des Spracherwerbs, der Kommunikation sowie des Umgehen-Könnens mit einer Hörschädigung auf eine ihren persönlichen Möglichkeiten entsprechende schulische Bildung und Erziehung verwirklichen. Sie soll die Schüler und Schülerinnen mit Hörschädigungen zur Eingliederung in die Welt der Hörenden befähigen und auf die Gemeinschaft mit den Hörgeschädigten vorbereiten. Aus diesem Grund arbeitet sie an der Entwicklung der Sprache und des Sprechens und unterstützt die Kommunikationsfähigkeit. Sie trägt zur Identitätsfindung und Persönlichkeitsbildung Hörgeschädigter bei.... Gebärdensprachliche Kommunikationsformen werden situationsentsprechend und in Abhängigkeit zur Hör- und Kommunikationsfähigkeit berücksichtigt".

Weiter im Text findet sich dann eine Spezifizierung des sonderpädagogischen Förderbedarfs: „Eine zentrale Förderaufgabe ist die **Entwicklung des Hörens und der Lautsprache** ... Um ihm (dem hörgeschädigten Kind – d.A.) die Lautsprache zu erschließen, bedarf es der frühzeitig beginnenden Hör- und Spracherziehung".

„Hörgeschädigte, die nicht über Lautsprache verfügen, sind auf den **Gebrauch gebärdensprachlicher Kommunikationsmittel** angewiesen. Dabei ist zu sehen, daß die Lebenswelt auch mit gebärdensprachlichen Mitteln geordnet und bewältigt werden kann. Darüber hinaus ermöglichen Angebot und Verfügbarkeit gebärdensprachlicher Kommunikationsmittel hochgradig Hörgeschädigten eine entspanntere Kommunikation".

Sowohl die Hör-Spracherziehung als auch der Einsatz von Gebärden bzw. Gebärdensprache wurden in den alten Empfehlungen nur nebensächlich behandelt. Auf Gebärden wurde nur an einer einzigen Stelle – und zwar in den Gehörlosenschul-Empfehlungen – eingegangen, wobei immerhin bemerkenswert ist, dass sie – anders als das ein Jahr vorher vom Bund Deutscher Taubstummenlehrer herausgegebene Curriculum für den „Sprachunterricht an der Schule für Gehörlose" (BRAUN u.a. 1979) – überhaupt genannt wurden:

„Die sprachliche Kommunikation mit Gehörlosen ist in bestimmten Phasen und Situationen auf den Gebrauch der Gebärde angewiesen. Gebärden üben aufbauende, unterstützende und verdeutlichende Funktionen für die Lautsprachentwicklung aus. In dem Maße, in dem die Kommunikation über die Lautsprache gesichert ist, verlieren die Gebärden als Sprachsymbole ihre Bedeutung" (KMK 1980, 7).

Aus den mageren Ausführungen zur Hörerziehung in den Gehörlosenschul-Empfehlungen (KMK 1980) – in den Empfehlungen für die Schwerhörigenschule (KMK 1981) wird auch die Hörerziehung explizit nicht erwähnt (!) – geht deren subsidiäre Funktion gegenüber dem oralen Primat von Artikulation und Absehen deutlich hervor:

„Primäres Anliegen (der Hörerziehung – d.A.) ist die durch das Restgehör unterstützte Sprachwahrnehmung, wobei Absehen und Hören gekoppelt bleiben. Das Restgehör kann die Kommunikation mit der Umwelt und die sozialen Beziehungen bereichern und vertiefen" (KMK 1980, 7).

Schon in der oben zitierten Einleitung wird deutlich, dass die Fördermaßnahmen sich nicht in traditioneller Weise auf Fragen des (Laut-)Spracherwerbs beschränken. Dass eine schwere Hörschädigung vor allem auch eine Kommunikationsstörung mit weiter gehenden psycho-sozialen Folgen ist, die nicht nur bildungsmäßige sondern vor allem auch erzieherische pädagogische Antworten verlangen, blieb in den 80er Empfehlungen weitgehend ausgeblendet. Während für die Schwerhörigenschule unter der Rubrik Sozialerziehung dieser Bereich wenigstens noch formal-normativ Berücksichtigung fand (KMK 1981,11/12), wurde für die Gehörlosenschule die Förderung der sozialen Entwicklung von vorneherein unter den Sprachunterricht subsumiert, indem eine Förderung der sozialen Entwicklung im Unterricht besonders im Sprachunterricht berücksichtigt und mit zunehmenden sprachlichen Fähigkeiten Einsichten in soziale Bezüge, Strukturen und Einrichtungen vermittelt werden (KMK 1980, 8). Demgegenüber markiert die in der oben zitierten Einleitung der neuen Empfehlungen genannte und unter dem Abschnitt Erziehung explizierten Zielvorstellung, die hörgeschädigten Schüler auf ein Leben in zwei Welten – die Welt der Hörenden und die der Hörgeschädigten – vorzubereiten, auch von dieser Seiten den grundlegenden Paradigmenwechsel.

Förderpädagogik statt Methodik, so könnte man in Anlehnung an GÜNTHER (1998) die Grundintentionen der Empfehlungen zum Förderschwerpunkt Hören umreißen: „Die Lernbedingungen sind insgesamt so zu gestalten, daß die Hörschädigung und ihre Folgen den Erwerb des erforderlichen Wissens und Könnens möglichst wenig behindern: Die Lehrkräfte müssen über die pädagogischen Auswirkungen einer Hörschädigung hinreichend informiert sein, um ihre Erziehungsmaßnahmen und den Unterricht behinderungsgemäß und individuell gestalten zu können. Dazu gehören auch gebärdensprachliche Kommunikationskompetenzen".

Solche Empfehlungen sind immer auch Kompromisse, nicht nur aus Gründen der differenzierenden Schulgesetze der Länder sondern im Falle des Förderschwerpunktes Hören auch vor dem Hintergrund der in den letzten Jahren wieder verstärkt aufgeflammten Methodenauseinandersetzung. Gegen die dogmatischen Kritiker von hörgerichteter wie von gebärdensprachlicher Seite muss jedoch gesagt werden, dass die Empfehlungen trotz ihrer weitgehenden Neutralität gegenüber der hörgeschädigtenpädagogischen Methodenauseinandersetzung einen sehr offenen Rahmen setzen, der förderpädagogisch – diagnostisch wie didaktisch – und konzeptionell begründet zu füllen ist. Damit unterscheiden sich die neuen auch diesbezüglich grundlegend von den alten Empfehlungen, denn in letzteren war trotz wenig überzeugender Ergebnisse die orale Methode als systematischer Sprachaufbau ohne jegliche kritische Selbstreflexion festgeschrieben.

Welche Kinder und Jugendlichen haben einen spezifischen hörgeschädigtenpädagogischen Förderbedarf?

Vor Ausführungen zur konzeptionellen und pädagogisch-praktischen Realisierung des durch den Förderschwerpunkt Hören gesetzten allgemeinen Rahmens ist es notwendig, sich quantitativ und qualitativ klarzumachen, um welche Kinder und Jugendliche es überhaupt geht. Dies scheint trivial, ist es aber – wie die folgenden Erläuterungen zeigen – keineswegs. Nach der Bundesstatistik für 1997/98 befanden sich an den allgemein bildenden Schulen für Gehörlose und Schwerhörige insgesamt 10.363, d.s. 2,6% der Schüler an Sonderschulen insgesamt, und d.h., dass die gehörlosen/schwerhörigen nach den blinden/sehbehinderten SonderschülerInnen die kleinste Behindertengruppe bilden mit einem Anteil an den Gleichaltrigen von etwa 0,25%. Dabei verteilen sich die hörgeschädigten SchülerInnen nach unseren Berechnungen und Erfahrungen (vgl. GÜNTHER 1999, 172f) zu etwa ein Drittel auf die Gehörlosen- und zu zwei Drittel auf die Schwerhörigenschulen/-abteilungen.

Die Statistik folgt noch ganz den alten Empfehlungen, erfasst sie doch allein die gehörlosen und schwerhörigen Schüler, die eine Schule für Hörgeschädigte besuchen. Am Beispiel des Bundeslandes Schleswig-Holstein, in dem alle sonderpädagogisch erfassten hörgeschädigten Schüler von der Staatlichen Internatsschule für Hörgeschädigte in Schleswig betreut werden, lassen sich die Verhältnisse verdeutlichen. Im Schuljahr 1998/99 wurden dort neben 127 hörgeschädigten Kindern in der Frühförderung mit 382 mehr als doppelt so viele hörgeschädigte Schülerinnen und Schüler in der Integration als in der Stammschule in Schleswig mit 181 Schülern betreut. Während sich in der Integration nur eine Handvoll Gehörloser befindet, beträgt ihr Anteil in der Zuordnung zur Gehörlosenabteilung knapp ein Viertel der Schülerschülerschaft in der Schule für Hörgeschädigte. Rechnet man in Ermangelung von konkreten Daten die schleswig-holsteinischen Zahlen für die Bundesrepublik Deutschland hoch, so kommt man auf etwa 30.000 Schüler mit spezifischen hörgeschädigtenpädagogischen Förderbedarf, zu denen noch einmal ca. 5000 Kinder in der Frühförderung hinzuzuzählen sind.

Während die postsprachlich ertaubten Kinder und Jugendlichen zahlenmäßig nicht relevant sind und zudem sich bei dieser Gruppe das Cochlea-Implantat (CI) als ganz besonders erfolgreich erwiesen hat, so dass sie heute mehrheitlich integrativ mit hörgeschädigtenpädagogischer Betreuung beschult werden, bedürfen die mehrfachbehinderten Hörgeschädigten, die nach der gängigen Praxis unabhängig vom Ausmaß des Hörverlustes in Gehörlosenschulen/-abteilungen betreut werden und dort zum Teil einen Anteil von 25% und mehr ausmachen, einer gesonderten Erwähnung. Trotz des genannten Umfangs ist die Gruppe der mehrfachbehinderten Hörgeschädigten von der Hörgeschädigtenpädagogik bis heute qualitativ wie quantitativ kaum zufriedenstellend erfasst (vgl. LEONHARDT 1998). Als einzige Subgruppe der mehrfachbehinderten Hörgeschädigten gibt es für die Taubblinden, die häufig noch weitere schwere Behinderungen aufweisen, gesonderte Betreuungsformen und speziell für die doppelte Sinnesbehinderung ausgebildetes pädagogisches Personal.

Zu dem klassischen Klientel der Hörgeschädigtenpädagogik ist in den letzten Jahren die Gruppe der sogenannten zentral-auditiv Wahrnehmungsgestörten hinzugetreten (vgl. AXMANN 1993; LAUER 1999; PTOK et al. 2000). Bei diesen Kindern liegt kein – oder kein nennenswerter – peripherer Hörverlust vor. Die stark neuropsychologisch/-physiologisch argumentierende konzeptionell-theoretischen Annahmen sowie die instrumentell bestimmte und vor allem defizitorientierte Diagnostik und Therapie erscheinen allerdings gegenwärtig ebenso ungesichert wie die Angaben zum Umfang dieser Störung, die bis zu der astronomisch anmutenden Anteil von zehn Prozent eines Jahrganges reichen. Tatsache ist, dass sich Hörgeschädigtenpädagogik und Schulen für Hörgeschädigte – insbesondere das Zentrum für Hörgeschädigte in Würzburg (AXMANN 1993) – seit Jahren um Konzepte für Diagnostik und Therapie sowie die förderpädagogische Betreuung zentral-auditiv gestörter Kinder und Jugendlicher bemüht haben.

Das Kommunikations- und Sprachproblem als Kern des Förderschwerpunktes Hören und die hörgeschädigtenpädagogische Methodendiskussion

Obwohl sich die Hörgeschädigtenpädagogik im deutschsprachigen Raum seit jeher fast ausschließlich auf die Sprachförderung gehörloser und hochgradig schwerhöriger Kinder und Jugendlicher im oralen bzw. auralen Sinne konzentriert hat, fehlen diesbezügliche erfolgskontrollierende Untersuchungen. Wichtige Hinweise lassen sich jedoch einer von der HNO-Universitätsklinik Innsbruck durchgeführten Studie entnehmen, in der zwischen 1980 und 1995 etwa 300 hörgeschädigte Kinder und Jugendliche erfasst und in Hinblick auf ihr lautsprachliches Kompetenzniveau klassifiziert wurden (HERKA et al. 1996, 220f). Nach dieser Untersuchung zeigen zwei Drittel der Gehörlosen und Resthörigen und immerhin ein Viertel der hochgradig Schwerhörigen eine unbefriedigende bis gänzlich fehlende lautsprachliche Kommunikationsfähigkeit. Ähnlich erscheint die Situation bei Kindern mit einem Cochlea-Implanat (CI), wie es heute vermehrt für aural nicht erreichbare Gehörlose vorgeschlagen wird. Angaben des amerikanischen Audiologen BOOTHROYD (1995), nach denen sich das CI bei etwa 20% der Kinder als erfolgreich bis sehr erfolgreich, bei bis zu einem Drittel jedoch als total erfolglos erweist, wurden unlängst durch Richter (2000) weitgehend bestätigt, ohne dass es dafür hinreichende medizinische, linguistische oder pädagogische Erklärungen gibt, auch dann nicht, wenn man den Faktor Zeitpunkt der Implantation parallelisiert, wie es SZAGUN (1997) in ihrer Vergleichsstudie zweier CI-versorgter Vorschulkinder mit völlig divergierendem Sprachentwicklungsverlauf tut.

Eine Bestätigung erfahren diese Angaben durch KAMMERER (1988), der bei ca. 350 gehörlosen und schwerhörigen Schülerinnen deren kommunikative Situation in den Familien untersuchte und zu ihren psycho-sozialen Folgen in Beziehung setzte. Nach KAMMERERs Analysen schätzt die Mehrheit der erfassten hörgeschädigten Jugendlichen im krassen Kontrast zur Auffassung ihrer Eltern ihre familiären (!) Kommunikationschancen als mäßig bis minimal ein. Das Hauptergebnis im kinderpsychiatrischen Untersuchungsteil zeigt im Globalurteil mäßige bis starke Auffälligkeiten bei über der Hälfte der hörgeschädigten

Jugendlichen, ein Anteil, der um das Drei- bis Vierfache über einer vergleichbaren unausgelesenen Feldstichprobe liegt, wobei das Hyperkinetische Syndrom bei fast einem Drittel der Stichprobe zu verzeichnen war. In der Zusammenfassung seiner Ergebnisse sieht KAMMERER (1988, 181) besonders hochgradig schwerhörige Kinder in Gefahr einer „permanenten Identitätskrise": Aus Fehlwahrnehmungen bzw. Akzeptanzproblemen der Eltern können Verleugnungs- und Überforderungshaltungen resultieren, die gerade für schwerhörige Kinder im weiteren Entwicklungsverlauf das Risiko einer sogenannten „sekundären Neurotisierung" mit sich bringen.

Zu erwähnen sind in diesem Zusammenhang schließlich der in seinen förderpädagogischen Konsequenzen weitgehend ignorierte Tatbestand, dass nach umfangreichen Untersuchungen am Würzburger Hörgeschädigtenzentrum fast die Hälfte der zuordbaren schwerhörigen und gehörlosen Schüler neurogene, den Lautspracherwerb über die physiologische Hörschädigung hinaus zusätzlich behindernde Störungen aufweist (AXMANN 1993, 73). Bemerkenswert ist, dass die neurogen lerngestörten Schülerinnen und Schüler ein ausgeprägtes kompensatorisches Potential bei den diagnostischen Funktionsprüfungen im visuellen Bereich zeigen, das sich bei den als dyspraktisch klassifzierten, an Taubheit grenzend schwerhörigen Kindern auch für die Schrift- und gebärdenunterstützte Lautsprachentwicklung expliziert.

Insgesamt verweisen die verschiedenen zuvor angeführten Untersuchungen auf den an sich nicht ganz neuen Tatbestand, dass die Grenzen zwischen hochgradiger Schwerhörigkeit (< 90 dB) und Gehörlosigkeit (≥ 90/100 dB) fließend sind und damit auch die traditionelle Methodendogmatik hörgeschädigtenpädagogischer Konzepte im Sinne des Förderschwerpunktes Hören nachdrücklich in Frage stellen: Während – wie in GÜNTHER (1999, 175ff) ausführlich erläutert – die orale Methode die konzeptionell postulierte totale Ausgrenzung von Gebärden aus dem Bildungsprozess gehörloser Kinder in der Realität ihrer Praxis nur allzu häufig konterkarierte, führten die Entdeckungen des Hörens und der Gebärdensprache zu neuen, sich gegenseitig strikt voneinander abgrenzenden Ansätzen, deren spezifische Annahmen, was die Unvereinbarkeit von paralleler gebärden- und hörsprachlicher Förderung anbetrifft, sich ausschließlich auf Erfahrungen traditioneller oraler und modifiziert oraler Praxis beziehen und damit einer empirisch abgesicherten wie wissenschaftlich legitimierten Basis entbehren. Diese traditionalistisch bestimmte Widersprüchlichkeit kann nicht für ein alle hörgeschädigten Kinder und Jugendlichen mit spezifischen Förderbedarf erfassendes pädagogisches Konzept maßgebend sein. Es sind vielmehr unzweifelhafte Fortschritte von auraler wie bilingualer Seite, die es in neue pädagogisch-therapeutische Wege, Formen und Strukturen der Erziehung und Bildung hochgradig hörgeschädigter Kinder und Jugendlicher einzubringen gilt.

Zur Frage von Beschulungsort und Beschulungsformen schwerhöriger und gehörloser Kinder und Jugendlicher mit hörgeschädigtenpädagogischem Förderbedarf

Bis weit in die achtziger Jahre hinein wurden die Schulen für (Gehörlose und) Schwerhörige als der einzige Förderort für Kinder und Jugendliche gesehen, die in ihrer Hörfähigkeit derart beeinträchtigt sind, dass sie auch mit Hörhilfe im Unterricht der allgemeinen

Schule nicht ihren Fähigkeiten gemäß gefördert werden können (KMK 1981, 4). Aussagen zur Realisierung eines hörgeschädigtenpädagogischen Förderbedarfs außerhalb der Schule für Hörgeschädigte wurden nicht gemacht, sondern mussten vielmehr regelrecht gegen die Beschulungsempfehlungen der Hörgeschädigtenpädagogen erkämpft werden. Demgegenüber wird in den neuen Empfehlungen bei der Frage des Förderortes das gesamte Spektrum der heute möglichen Beschulungsformen von der Integration in die Allgemeine Schule über Förderzentren, kooperative Formen bis hin zu Schulen für Gehörlose und Schwerhörige incl. besonderer Maßnahmen für mehrfachbehinderte Hörgeschädigte aufgeführt (KMK 1996, 12/13) und somit ein sehr offener Rahmen für die Realisierung des sonderpädagogischen Förderbedarfs für den Förderschwerpunkt angeboten, der sich allerdings von einigen Einzelprojekten abgesehen (vgl. GÜNTHER 1999, 173, 179) beschränkt auf eine Entscheidung zwischen Schulen für Schwerhörige/Gehörlose und eine überwiegend nur Schwerhörige berücksichtigende Einzelfallintegration.

Bezogen auf die mit 30.000 geschätzten Kinder und Jugendlichen mit einem spezifischen hörgeschädigtenpädagogischen Förderbedarf, dürfte die Einzelfallintegration, bei der der hörgeschädigte Schüler häufig der einzige solchermaßen Betroffener an einer Schule ist, für etwa die Hälfte – d.h. überwiegend Kinder und Jugendliche mit einem leichten bis mittelgradigen Hörverlust ohne zusätzlich den Lautspracherwerb behindernde neurogene Lernstörungen – die angemessenste Beschulungsformen sein, wobei sich die hörgeschädigtenpädagogische Fördertätigkeit konzentriert auf Beratung – technische Hörhilfen, Raumarrangements u.ä. – der betroffenen Schülern, Pädagogen und Eltern.

Ohne in unangemessener Weise zu übergeneralisieren, kann man dennoch feststellen, dass mit steigenden Hörverlust die traditionelle Form der Einzelfallintegration zunehmend problematischer wird. Für Schweden – einem Land in dem die integrative Beschulung Schwerhöriger seit langem der Regelfall ist, indem 73% aller Hörgeschädigten eine Allgemeine Schule und 27% eine bilingual arbeitende Schule für Gehörlose besuchen – kam TVINGSTEDT (1991, 147) in einer umfangreich angelegten empirischen Studie zur Situation integrativ beschulter schwerhöriger Schüler in Südschweden zu dem Ergebniss, dass hörgeschädigte Schüler in Allgemeinen Schulen sich in einer Situation befinden, die „soziale Gehörlosigkeit" – darunter versteht sie die massiven Kommunikationsprobleme von Schwerhörigen in Gruppensituationen – erzeugt.

Auf diesem Hintergrund sollen nun Vorstellungen diskutiert werden, die von einem Paradigmenwechsel weg von der Methodenorientierung und hin zu einem am Förderbedarf und an Förderpräferenzen der betroffenen hörgeschädigten Kinder und ihren Eltern orientierten Angebot ausgehen und durch Erfahrungen im angelsächsischen Raum (vgl. GÜNTHER 1999, 178) inspiriert worden sind. Grundgedanke ist die Vorstellung, dass die Schule für Hörgeschädigte der Zukunft für alle hörgeschädigten Kinder mit erfassbaren Förderbedarf die Gesamtheit ihres Förderarsenals – aurale Hör-Sprachförderung und demgemäß reflektiert modifizierter Einsatz des klassischen oralen Förderinstrumentariums für Ablesen und Artikulation (vgl. DING 1995) ebenso wie bilingual ausgerichtete Gebärdensprache und lautsprachbegleitende Gebärden einbeziehende Konzepte (GÜNTHER 1999) – anzubieten hat und orientiert an den je individuellen Fähigkeiten und Notwendigkeiten differenziert zum Einsatz kommen lässt.

Es wird bei den konzeptionellen Überlegungen davon ausgegangen, dass sich die Gesamtheit der hörgeschädigten Kinder mit sonderpädagogischem Förderbedarf in drei große Gruppen gliedern lässt, für die jeweils ein methodischer Weg empfohlen wird, ohne dass damit eine pädagogisch festgelegte Zuordnung gemeint ist. Das förderpädagogische Gesamtinstrumentarium ist ein Angebot an die Eltern hörgeschädigter Kinder, und es ist Sache der Pädagogen nicht nur in der Beratung sondern auch in erfahrbarer Praxis, diese von einer bestimmten methodischen Vorgehensweise zu überzeugen. Für ein solches Wahlangebot ist nicht nur eine offene Beratung eine conditio sine qua non, die verschiedenen Förderwege müssen untereinander auch gegenseitig so durchlässig sein, dass diesbezügliche Entscheidungen nicht langfristig irreversibel den Erziehungsweg des hörgeschädigten Kindes festlegen, sondern jederzeit (relativ) problemlose Wechselmöglichkeiten bieten. Im Sinne des integrativen Impetus der neuen Empfehlungen zum Förderschwerpunkt Hören ist das im folgenden Modell ein Gegenentwurf gegen das u.a.v. WISNET (1998) vorgestellte Konzept der Sprachlerngruppen, das mit Ausnahme der Sprachlerngruppe 1 die hörgeschädigten Schüler – incl. einer Subgruppe auditiv Wahrnehmungsgestörter – in extremer Weise segregiert, ohne auch nur in Ansätzen die Möglichkeiten der Einbeziehung von Gebärdensprache zu berücksichtigen.

Für eine deutliche Mehrheit der hörgeschädigten Kindern, nämlich diejenigen, die wir gewöhnlich als schwerhörig bezeichnen, spielt die Methodenfrage überhaupt keine Rolle. Sie können, wenn auch mit durch pädagogisch-therapeutische Hilfen zu überwindenden Schwierigkeiten Lautsprache auditiv erwerben, und befinden sich in Regeleinrichtungen. Förderung bedeutet bei diesen Kindern vor allem auch Beratung der Betroffenen selbst, der Eltern und Pädagogen bspw. bei Fragen der Hörgeräteversorgung, der behindertengerechten Raumgestaltung und Beschäftigungsorganisation.

Unumstritten ist heute auf der anderen Seite auch die Erkenntnis, dass bei mehrfachbehinderten Hörgeschädigten der Zugang zur Lautsprache häufig so massiv eingeschränkt ist, dass ergänzt im individuellen Fall durch schriftsprachliche Mittel eine alternative manuale Erziehung – mittels Gebärdensprache, LBG oder auch lautsprachersetzende Gebärden – der einzige erfolgversprechende Weg zur Entwicklung von Kommunikation ist.

Die kritische Gruppe, um die sich die hörgeschädigtenpädagogischen Auseinandersetzungen ausschließlich drehen, bilden die audiometrisch gehörlosen und resthörigen Kinder und Jugendlichen. Medizinisch-diagnostische und -technische Fortschritte haben dazu geführt, dass heute ein beträchtlicher Teil dieser Gruppe zumindest partiell zu einer funktionellen Hör-Sprachentwicklung in der Lage ist. Allerdings, die wenigen verfügbaren Untersuchungsdaten zeigen, dass das Ziel einer angemessenen lautsprachlichen Kommunikationsfähigkeit vielfach nicht erreicht wird. Für die gehörlosen/resthörigen Kinder und Jugendlichen scheint deshalb ein schulorganisatorisch flexibles und unterrichtlich Gebärdensprache einbeziehendes Konzept dringend angezeigt, das im Gegensatz zur gegenwärtigen Situation, Schülern mit Problemen bei einem Förderweg Orientierungs- und Wechselmöglichkeiten in einen anderen bietet. Vorgeschlagen wird in folgendem das Konzept eines in ein Schulzentrum mit Grundschule und Gesamtschule eingebetteten Förder- und Ressourcenzentrums für Hörgeschädigte.

<table>
<tr><td colspan="4">Förder- und Ressourcenzentrum für Hörgeschädigte</td></tr>
<tr><td colspan="4">Hörgeschädigtenpädagogisch-audiologische Beratungs- und Frühförderstelle</td></tr>
<tr><td>Integrationsabteilung</td><td colspan="2">Schulabteilung für Gehörlose und Schwerhörige</td><td>Schulabteilung für mehrfachbehinderte Hörgeschädigte</td></tr>
<tr><td>Ambulante hörgeschädigtenpädagogische Betreuung und Beratung von hörgeschädigten Kindern und Jugendlichen sowie Eltern und Lehrern in Regeleinrichtungen</td><td colspan="2">Primäre Organisationsform: Kooperative Integration mit Teilen des Unterrichts in der Schule für Hörgeschädigte (Unit) und Teilen in der Grund- bzw. Gesamtschule</td><td>Besondere Organisations-, Gruppierungs- und Kooperationsformen</td></tr>
<tr><td></td><td colspan="2">Methodische Konzepte</td><td></td></tr>
<tr><td>Primat auraler Hör-Sprach-Förderung</td><td>Aural-oral orientierte Units</td><td>Bilingual orientierte Units</td><td>Alternative primär manual u./ oder graphemische Förderung</td></tr>
<tr><td colspan="4">Schulzentrum mit Grund- und Gesamtschule</td></tr>
</table>

Das Zentrum für Hörgeschädigte gliedert sich in vier Abteilungen, deren größte die Integrationsabteilung sein wird (vgl. die Entwicklung an der Internatsschule für Hörgeschädigte Schleswig). Die Klassen (Units) in den Abteilungen für gehörlose und hochgradig schwerhörige sowie für mehrfachbehinderte hörgeschädigte Schüler machen das schulische Angebot der Stammschule aus. Von der klassischen Organisation in den beiden vormaligen Schulen unterscheiden sich die Klassen für gehörlose und schwerhörige Schüler durch ihre an dem angelsächsischen Unit-Modell orientierte kooperativ-integrative Konzeption, nach der ein – nicht auf Kunst und Sport beschränkter (!) – Teil des Unterrichtes in der Schule für Hörgeschädigte in einer Teilklasse (Unit), der andere Teil mit einer Partnerklasse der Grund- bzw. Gesamtschule stattfindet. Methodisch-konzeptionell werden primär aural-oral und bilingual ausgerichtet Units angeboten, die nicht nur untereinander sondern auch bezüglich der anderen beiden Schulabteilungen flexible, für intra- wie interstrukturelle Wechsel- und Variationsbedürfnisse bzw. -notwendigkeiten offen sein sollten. Mit einem solchen differenzierten und durchlässigen Angebot wird man auch dem Tatbestand förderpädagogisch besser gerecht, dass die Mehrheit der Schwerhörigeneinrichtungen in der Bundesrepublik für einen Teil ihrer Schüler Gebärden einsetzen muss, dies aber aus methodisch-ideologischen Gründen schulprogrammatisch nicht expliziert.

Auf der Folie der Empfehlungen zum Förderschwerpunkt Hören lassen sich abschließend die Argumente für ein in ein allgemeines Schulzentrum eingebettetes Förder- und Ressourcenzentrum für Hörgeschädigte so skizzieren:

- Das Ziel jedes hörgeschädigtenpädagogischen Ansatzes, eine angemessene Lautsprachentwicklung bei gehörlosen und schwerhörigen Kindern und Jugendlichen zu erreichen, erfordert eine natürliche lautsprachliche Lernumgebung im Schulalltag, wie sie in der klassischen segregierten Gehörlosen- und Schwerhörigenschule allenfalls inszeniert werden kann.

- Andererseits erweist sich in der für Hörgeschädigte klassischen Einzelkindintegration die Kommunikationsproblematik hochgradig Schwerhöriger und Gehörloser häufig als lern- und entwicklungsgefährendender Faktor (Stichwort soziale Gehörlosigkeit).
- Das Unit-Modell nimmt diese beiden Punkte auf, indem es ein Lernen in kooperativer Integration ebenso ermöglicht wie in der hörgeschädigtenpädagogischen Lernumgebung.
- Da gehörlose und hochgradig schwerhörige Kinder und Jugendliche trotz aller diagnostischen und medizinisch-technischen Fortschritte in sehr unterschiedlicher Weise von einer auralen Förderung profitieren, ist ein paralleles bilinguales Angebot pädagogisch zwingend.
- Ganz wesentlich ist die Durchlässigkeit der verschiedenen angebotenen Bildungswege.
- Das ohnehin nicht belegte Argument, dass die gebärdensprachlichen Lernerfahrungen eines Teils der hörgeschädigten Schüler die lautsprachliche Entwicklung der aural geförderten Schüler gefährdet, entfällt bei einer dominanten hörenden Schulumgebung,
- und die traditionelle Auffassung, dass nur aural-oral geförderte hörgeschädigte zum gemeinsamen Unterricht mit hörenden Schülern in der Lage seien, ist durch vor allem angelsächsische Erfahrungen hinlänglich widerlegt. Sie zeigen darüber hinaus, dass auch nicht behinderte Schüler von gebärdensprachlichen Erfahrungen für sich profitieren können: In den Vereinigten Staaten bspw. ist die Amerikanische Gebärdensprache die häufigst gewählte erste Fremdsprache an den weiterführenden Schulen, ein Tatbestand, der sich nicht aus der Verfügbarkeit des Englischen erklären lässt.

Hierzulande mag es heutzutage noch als weitgehend utopisch erscheinen, dass sich beide methodischen Wege unter dem gleichen weitgespannten integrativen Dach eines in ein allgemeines Schulzentrum eingebettet Förder- und Ressourcenzentrums für Hörgeschädigte realisieren lassen, doch die nachgewiesenen Leistungen und Möglichkeiten beider Ansätze, deren Kernvorstellungen nicht von ungefähr in den Empfehlungen zum Förderschwerpunkt Hören (KMK 1996) besonders herausgehoben werden, sind in ihren Förderpotential für hochgradig hörgeschädigte Kinder und Jugendliche zu bedeutend, als dass man sie wechselseitig auf pädagogische Residualkategorien reduzieren darf.

Literatur

AXMANN, D. (Hg.): Erkennen – Verstehen – Fördern. Neurogene Lernstörungen beim Spracherwerb hörgeschädigter Kinder – Kinder mit zentralen Störungen der auditiven Wahrnehmung. Tagungsbericht zur Fachtagung. Würzburg Hörgeschädigtenzentrum 1993, 85-94

BRAUN, A./KLINGL, A./MOOSER, B. / TIGGES, J. (BDT, Hrsg.): Sprachunterricht an Schulen für Gehörlose. Villingen-Schwenningen 1979

BOOTHROYD, A.: Production and Perception of Phonologically Significant Speech Pattern Contrasts in Aided and Implanted Deaf Children. Lesson to the International Congress on Education of the Deaf. Tel Aviv 1995

DING, H.: Aurale Rehabilitation Hörgeschädigter. Berlin 1995

GÜNTHER, K-B. (Hrsg.): Cochlea-Implantat (CI) bei gehörlosen und ertaubten Kindern – Informationen – Erfahrungen – Meinungen. Der Elternratgeber 1. Hamburg 1997

GÜNTHER, K.-B.: Pädagogik statt Methodik – Perspektiven für die Hörgeschädigtenschulen. In: forum 6 (1998) 24–34

GÜNTHER, K.-B.: Förderschwerpunkt Hören. In: Zeitschrift für Heilpädagogik.50 (1999) 171–181

GÜNTHER, K.-B. in Zs. m. STAAB, A./THIEL-HOLTZ, V./TOLLGREEF, S./WUDTKE, H.: Bilingualer Unterricht mit gehörlosen Grundschülern. Zwischenbericht zum Hamburger Bilingualen Schulversuch. Theorie und Praxis 3. Hamburg 1999

HERKA, H./STADELMANN, A./STEPHAN, K./ NEKAHM, D. & WELZL-MÜLLER, K.: Aspekte der Förderung bei frühkindlichen Hörschäden. In: Gross, M. (Hg.): Aktuelle phoniatrisch-pädaudiologische Aspekte 1995. Berlin 1996, 220-221

KAMMERER, E.: Kinderpsychiatrische Aspekte der schweren Hörschädigung. Stuttgart 1988

KULTUSMINISTERKONFERENZ (KMK): Empfehlungen für den Unterricht in der Schule für Gehörlose (Sonderschule). Beschlüsse der Kultusministerkonferenz. Neuwied 1980

KMK: Empfehlungen für den Unterricht an der Schule für Schwerhörige (Sonderschule). Beschlüsse der Kultusministerkonferenz. Neuwied 1981

KMK: Empfehlungen zur sonderpädagogischen Förderung in den Schulen in der Bundesrepublik Deutschland 1994

KMK: Empfehlungen zum Förderschwerpunkt Hören 1996

LAUER, N.: Zentral-auditive Verarbeitungsstörungen im Kindesalter. Stuttgart 1999

LEONHARDT, A. (Hrsg.): Mehrfachbehinderte mit Hörschäden. Neuwied 1998

PTOK, M. u. a.: Zentral-Auditive Wahrnehmungsstörungen (ZAW) im Spiegel der Meinungen. In: Hörgeschädigtenpädagogik 54, 2000, 3–13

RICHTER, B.: Verlaufs- und Ergebnisevaluation bei Kindern – zwei Jahre nach CI-Versorgung. Vortrag auf der Bundesdirektorenkonferenz der Hörgeschädigtenschulen. Freiburg 30.5.2000

SCHUCK, K.D.: Sonderpädagogischer Förderbedarf – Profilbildung sonderpädagogischer Einrichtungen in einer sich verändernden Schullandschaft. In: forum 6, (1998) 12-23

SZAGUN, G.: Spracherwerb bei zwei Kindern mit einem Cochlear Implant. In: Günther, K.-B. (Hrsg.), 1997, 218-227

TVINGSTEDT, A.-L.: Unterrichtliche Integration – ein Weg in die soziale Integration? In: Jussen, H. / Claussen, W.H. (Hg.): Chancen für Hörgeschädigte. Hilfen aus internationaler Perspektive. München 1991, 147-153

WISNET, M.: Ein Schulkonzept. In: Diller, G. (Hrsg.): Hörgerichtetheit in der Praxis. Heidelberg 1998, 29-34

Empfehlungen zum Förderschwerpunkt körperliche und motorische Entwicklung

Beschluss der Kultusministerkonferenz vom 20.3.1998

In Ergänzung zu den „Empfehlungen zur sonderpädagogischen Förderung in den Schulen in der Bundesrepublik Deutschland" – Beschluss der Kultusministerkonferenz vom 6.5.1994 – werden zu den Förderschwerpunkten im Bereich der körperlichen und motorischen Entwicklung, des Umgehen-Könnens mit erheblichen Beeinträchtigungen im Bereich der Bewegung und mit körperlicher Behinderung (vgl. Ziffer III, 2 der o.a. „Empfehlungen ...") hiermit die „Empfehlungen zum Förderschwerpunkt körperliche und motorische Entwicklung" vorgelegt.

1. Ziele und Aufgaben

1.1 Allgemeines

Alle Kinder und Jugendlichen haben – unabhängig von Art und Schweregrad ihrer Behinderung – das Recht auf eine ihren persönlichen Möglichkeiten entsprechende schulische Bildung und Erziehung.

Sonderpädagogische Förderung verwirklicht dieses Recht der Kinder und Jugendlichen mit Förderbedarf im Bereich der körperlichen und motorischen Entwicklung, des Umgehen-Könnens mit erheblichen Beeinträchtigungen im Bereich der Bewegung und mit körperlicher Behinderung auf eine ihren individuellen Möglichkeiten entsprechende schulische Bildung. Sie orientiert sich an den Bildungs- und Erziehungszielen der allgemeinen Schulen. Soweit erforderlich, bilden die Bildungspläne anderer Sonderschulen die Arbeitsgrundlage für die Förderung der Schülerinnen und Schüler. Darüber hinaus hat sie eigenständige Bildungsaufgaben zu erfüllen, die sich aus der Lebenswirklichkeit und dem künftigen Leben der Kinder und Jugendlichen mit körperlichen und motorischen Beeinträchtigungen ergeben.

Sonderpädagogische Förderung unterstützt und begleitet Schülerinnen und Schüler – auch die mit einer schweren Mehrfachbehinderung – durch individuelle Hilfen beim Erkennen eigener Handlungsmöglichkeiten und bei der Erweiterung der Fähigkeiten zum Handeln. Die eingeschränkten Ausdrucks-, Bewegungs- und Kommunikationsmöglichkeiten haben Auswirkungen auf die Selbstentfaltung und das soziale Umfeld; die Schülerinnen und Schüler sollen jedoch Kompensationsformen und Hilfen zur Bewältigung eines erschwerten Lebens erlernen. Sonderpädagogische Förderung trägt dazu bei, trotz behinderungsbedingter Abhängigkeiten zur größtmöglichen Eigenständigkeit zu finden und die individuellen Entwicklungspotentiale zu nutzen, um Fähigkeiten, Können, Wissen zu erwerben.

Sonderpädagogische Förderung hat zudem die Aufgabe, diesen Schülerinnen und Schülern die unmittelbare Begegnung und Auseinandersetzung mit ihren Wünschen und Vorstellungen in Gesellschaft, Schule, Freizeit, Beschäftigung und Arbeitsleben zu ermöglichen. Sie sollen erfahren, dass sowohl in der menschlichen Begegnung als auch im Eingebettetsein in Natur, Kultur und Weltanschauung wertstiftende Elemente für ein sinnerfülltes Leben zu finden sind.

Sonderpädagogische Förderung soll somit auch zu einer verantwortlichen Gestaltung des erschwerten Lebens und zur Wahrnehmung von Rechten und Pflichten in der Gesellschaft befähigen.

1.2 Pädagogische Ausgangslage

Im Zusammenhang mit den für Erziehung und Unterricht bedeutsamen, in Art und Grad unterschiedlich beeinträchtigten Bewegungsmöglichkeiten kann es zu veränderten Ausgangslagen in anderen Entwicklungsbereichen kommen, die bis zur vollständigen Pflegebedürftigkeit führen können.

Eine körperliche und motorische Beeinträchtigung kann unmittelbare Auswirkungen auf grundlegende Entwicklungsbereiche haben und zwar auf

- die Reflexauslösung und ihre Verknüpfung,
- die Anregung des Bewegungs- und Lagesinnes sowie den Aufbau von Stell- und Gleichgewichtsreaktionen,
- die Veränderung von Muskelkraft und Gelenkstellungen,
- die Integration der Sinne Riechen, Schmecken, Fühlen, Tasten, Hören, Sehen sowie die Verarbeitung von Wahrnehmungsprozessen,
- die Entwicklung des Körperschemas, z.B. die Sicherheit in der Körperkontrolle und Körperwahrnehmung, bewusste Körperkenntnis und Steuerung des Körpergefühls, die Körperorientierung, die Raumvorstellung und -orientierung sowie Rechts-Links-Unterscheidungen,
- die Ausbildung der Bewegungswahrnehmung, die Bewegungsplanung, die Koordination von Bewegungen,
- den Aufbau von Bewegungsmustern, so z.B. die Abstimmung der Bewegungen beim Kriechen, Gehen, Hüpfen, Springen, Laufen, Greifen, Werfen, Sitzen, Liegen, Festhalten.

Die verschiedenen Arten und Formen der körperlichen und motorischen Beeinträchtigungen können verbunden sein mit vielfältigen Folgen und Begleiterscheinungen:

- Einschränkung der Mobilität, der Möglichkeit, Entfernungen selbst zu überwinden und Handlungen selbstständig auszuführen,
- bewegungsbedingte Einengungen bei der Bewältigung der unterrichtlichen und lebenspraktischen Aufgaben,
- im Vergleich mit altersorientierten Erwartungen veränderte kognitive Fähigkeiten, verändertes Lernvermögen und verändert ablaufende Wahrnehmungsprozesse,
- erschwerte Entwicklung eines Körperbildes und Körperbewusstseins,
- eingeschränkte körperliche Belastbarkeit und Konzentration,
- Hemmnisse bei alltäglichen Verrichtungen,
- erschwerter Aufbau des Selbstwertgefühls, der Motivation und einer realistischen Selbsteinschätzung,
- schwer interpretierbare Ausdrucks- und Kommunikationsformen,
- Erschwerung der emotionalen Entwicklung,
- Erschwerung der sozialen Integration und der Begegnung mit anderen Menschen,
- Ablehnung in der Gesellschaft wegen des durch die physiologischen Umstände geprägten anderen Aussehens und Verhaltens,
- eingeschränkte Teilnahme an Freizeitangeboten,
- eingegrenzte Berufs-, Arbeits- und Beschäftigungsmöglichkeiten,
- Verzögerung der geschlechtlichen Entwicklung und Erschwerungen bei der Verwirklichung eines befriedigenden Sexuallebens.

Sonderpädagogische Förderung hat im Rahmen von Erziehung und Unterricht daher die Aufgabe, in lebensbedeutsamen Handlungsfeldern vielfältige Wahrnehmungs- und Bewegungsmöglichkeiten zu schaffen und auszugestalten. Hierbei ist die Herausbildung von kognitiven Strukturen zu unterstützen, wie Körperschema, räumliche und zeitliche Strukturen, Formen und Gestalten. Sie trägt zu Konzentrations- und Anstrengungsbereitschaft bei und schafft Gelegenheiten, Dinge und Personen mit der nötigen inneren Sammlung und Ruhe betrachten zu können und dabei die Aufmerksamkeit auch auf einzelne Sinnesfunktionen zu richten.

Darüber hinaus hat die sonderpädagogische Förderung Situationen zu schaffen, die auf neurophysiologischer Basis Handlungs- und Bewegungsabläufe erleichtern und so Muskelspannung bzw. -entspannung und die Bewegungskoordination verbessern. Sie soll die Belastbarkeit und Ausdauer steigern, die Phantasie und Kreativität entfalten, die notwendig sind zur Ausschöpfung der persönlichen Bewegungs- und Handlungsmöglichkeiten. Sonderpädagogische Förderung hat Anregungen zum Aufbau von kommunikativ-sprachlichem Handeln zu geben, soll unterschiedliche soziale und emotionale Erfahrungen vermitteln und die Auseinandersetzung mit verschiedenen Rollen unterstützen.

Es ist Aufgabe sonderpädagogischer Förderung, die charakteristische Beeinträchtigung in der Bewegungs-, Handlungs- und Kommunikationsfähigkeit mit ihren Auswirkungen auf andere Entwicklungsbereiche zu analysieren und die Bedeutung der Behinderung für den Bildungsgang und den Lebensweg des Kindes und Jugendlichen einzuschätzen.

Weiterhin ist es Aufgabe sonderpädagogischer Förderung, Erziehung und Unterricht so zu verwirklichen, dass die Schülerinnen und Schüler im Rahmen ihrer Möglichkeiten fähig werden, ein Leben mit einer körperlichen und motorischen Beeinträchtigung sinnerfüllt und weitestgehend selbstverantwortlich zu führen und zu gestalten.

Sonderpädagogische Förderung trägt dazu bei, dass Kinder und Jugendliche mit einer körperlichen und motorischen Beeinträchtigung zu einem positiven Selbstwertgefühl gelangen und selbstbewusste Persönlichkeiten werden. Dies bedeutet, dass Hilfen zu geben sind mit dem Ziel, bestehende Abhängigkeiten und Hemmnisse so weit wie möglich zu überwinden und bei der Gestaltung des Unterrichts und des Schullebens Freiräume und Entscheidungsmöglichkeiten auszuschöpfen, damit die zielentsprechenden Aufgabenschwerpunkte gesetzt werden können.

Bei einer schweren Mehrfachbehinderung ist von besonders umfänglichen körperlichen, motorischen und zusätzlichen Beeinträchtigungen auszugehen. In solchen Fällen kann das Entwicklungsalter weit unter dem Lebensalter liegen, so dass schwerpunktmäßig die Entwicklung der individuellen basalen Fähigkeiten, deren Ausdifferenzierung sowie die Anbahnung von Bewegungs- und Handlungsmöglichkeiten im Mittelpunkt stehen.

Dabei ist auch zu beachten, dass diese Kinder und Jugendlichen in besonderer Weise auf menschliche Zuwendung bei der Förderung angewiesen sind, um sich entwickeln zu können. Dazu gehört auch die körperliche Annahme. Sie brauchen Bezugspersonen, die sie in ihren individuellen Ausdrucksformen verstehen und annehmen, die sie in die Umwelt begleiten und ihnen durch körperliche Nähe Wahrnehmung und Beziehung zu Dingen und Menschen vermitteln und die sie zuverlässig versorgen und pflegen.

2. Sonderpädagogischer Förderbedarf

Sonderpädagogischer Förderbedarf ist bei Kindern und Jugendlichen anzunehmen, die aufgrund ihrer körperlichen und motorischen Ausgangslage in ihren Bildungs-, Entwicklungs- und Lernmöglichkeiten so beeinträchtigt sind, dass sie im Unterricht der Allgemeinen Schule ohne sonderpädagogische Unterstützung nicht hinreichend gefördert werden können. Dazu können medizinisch-therapeutische, pflegerische, technische, psychologische, soziale Kompetenzen und auch entsprechende Hilfen außerschulischer Maßnahmenträger notwendig sein. Hierbei ist eine Abstimmung der verschiedenen Maßnahmen und Hilfen anzustreben, deren Ergebnis in ein pädagogisches Förderkonzept eingearbeitet werden soll. Sonderpädagogischer Förderbedarf ist auch in Abhängigkeit von den Aufgaben und den Anforderungen sowie im Zusammenhang mit den Fördermöglichkeiten der jeweiligen Schule unter den konkreten schulischen Rahmenbedingungen und Möglichkeiten zu sehen.

Ausprägung und Grad der körperlichen und motorischen Beeinträchtigungen sowie deren weitere Auswirkungen, die Ergebnisse der bisherigen Förderung, weitere Beeinträchtigungen und nicht zuletzt die Gegebenheiten des Umfeldes bestimmen den individuellen Förderbedarf. Der Sonderpädagogische Förderbedarf wird im Rahmen einer breit angelegten interdisziplinären Verlaufsdiagnostik erhoben. Dabei sind die Voraussetzungen und Möglichkeiten der elementaren Entwicklungsbereiche der Motorik, Sensorik, Emotionalität, Kognition, kommunikativ-sprachlichen und sozialen Kompetenz in die Kind-Umfeld-Analyse einzubeziehen.

Je nach körperlicher und motorischer Beeinträchtigung ist es nötig, technische Hilfen, wie Schreib- und Zeichenhilfen, Computer und prothetische Hilfen, einzusetzen. Die Schule muss in baulich-räumlicher Hinsicht so ausgestattet sein, dass die behinderten Schülerinnen und Schüler die Unterrichtsräume, wie auch die Gemeinschaftsräume und die sanitären Einrichtungen, möglichst selbstständig erreichen und sich darin bewegen können.

Die sonderpädagogische Förderung der Schülerinnen und Schüler mit Förderbedarf im Bereich der körperlichen und motorischen Entwicklung ist zu ergänzen durch andere Fachkompetenzen, z.B. aus der Physio- und Ergotherapie, Logopädie, Sozialpädagogik und aus der Pflege, die das Konzept der Erziehung und des Unterrichts interdisziplinär erweitern und deren Tätigkeiten auch unterschiedlichen Maßnahmeträgern zugeordnet sein können. Auch wenn unterschiedlich ausgebildete Fachkräfte eingesetzt sind, müssen sich für die Schülerinnen und Schüler die unterschiedlichen fachlichen Sichtweisen in einem einheitlichen Erziehungs- und Unterrichtskonzept darstellen.

In wachsendem Maße stellen Kinder und Jugendliche mit schweren Mehrfachbehinderungen besondere Anforderungen an eine individuelle Förderung. Sie sind in mehreren Entwicklungsbereichen beeinträchtigt und brauchen in der Regel körperliche Nähe, um andere Menschen und Dinge wahrnehmen und mit ihnen in Beziehung treten zu können. Sie benötigen Menschen, die ihnen die Umwelt auf eine elementare Weise vermitteln, die ihnen Lageveränderung und Fortbewegung ermöglichen. Sie brauchen Bezugspersonen, die sie in ihren individuellen Ausdrucksformen auch ohne Lautsprache verstehen. Deshalb müssen verschiedene Förderschwerpunkte berücksichtigt und aufeinander abgestimmt werden. Durch basale Förderung werden alle Sinne, wie die Tiefensinne, die Sinne der Haut, des Geruchs, des Geschmacks, des Gesichts, des Gehörs und des Tastens angesprochen. Sie ermöglicht Entwicklung und eröffnet ihnen in einem dialogischen Prozess Zugang zu Bildungsinhalten. Die Gestaltung des Tagesablaufs mit Unterricht, Therapie-, Pflege- und Ruhephasen ist den besonderen Entwicklungs- und Lernbedürfnissen sowie dem Lebensrhythmus anzupassen.

Die besondere Lebenssituation von Schülerinnen und Schülern mit fortschreitenden Erkrankungen und mit begrenzter Lebenserwartung erfordert eine intensive pädagogische Begleitung auf der Suche nach Möglichkeiten einer sinnvollen Lebensgestaltung und der Befriedigung der aktuellen Bedürfnisse. Einige können aufgrund der speziellen Beeinträchtigung nicht regelmäßig die Schule besuchen und erhalten ggf. Hausunterricht. Das Unterrichtsangebot muss der jeweiligen Bedürfnislage der Schülerin bzw. des Schülers angepasst werden.

3. Feststellung des Sonderpädagogischen Förderbedarfs

Die Feststellung des Sonderpädagogischen Förderbedarfs umfasst die Erhebung des individuellen Förderbedarfs sowie die Entscheidung über den Förderort. Ggf. umfasst die Entscheidung auch die Festlegung des Bildungsgangs.

Bei Kindern und Jugendlichen mit schweren Mehrfachbehinderungen sind im Rahmen des diagnostischen Prozesses häufig die Erfahrungen der Eltern von besonderer Bedeutung für die Erhebung und Bewertung der Ausgangslage. Begutachtende Fachleute sind hier in vielfältiger Weise auf die Zusammenarbeit mit den Eltern angewiesen. Die Feststellung des Sonderpädagogischen Förderbedarfs findet in der Verantwortung von Schule und Schulaufsicht statt, die entweder selbst über sonderpädagogische Kompetenz verfügen oder fachkundige Beratung hinzuziehen.

3.1 Ermittlung des Sonderpädagogischen Förderbedarfs

Bei der Erhebung des Sonderpädagogischen Förderbedarfs sind die diagnostischen Fragestellungen auf ein qualitatives und quantitatives Profil der Fördermaßnahmen gerichtet, das Grundlage sein soll für die angestrebte Empfehlung. Es sind Art und Umfang des behinderungsbedingten Förderbedarfs zu erheben. Darüber hinaus sind die im konkreten Einzelfall gegebenen und organisierbaren Formen der Förderung und ihrer Rahmenbedingungen in der Schule abzuklären, die das Kind oder der Jugendliche besucht oder besuchen soll. Die Ermittlung des Sonderpädagogischen Förderbedarfs geschieht interdisziplinär unter

Mitwirkung all derjenigen, die an der Förderung des betroffenen Kindes oder Jugendlichen beteiligt sind und bezieht die medizinische Diagnose mit ein.

Das Verfahren zur Erhebung des Sonderpädagogischen Förderbedarfs umfasst:

- das Auswerten der medizinischen Anamnese und Diagnose,
- das Darstellen des Entwicklungsverlaufs,
- das Erfassen des Entwicklungsstandes in bezug auf Motorik, Sensorik, Kognition, Sprache und Kommunikation, Emotionalität und Sozialkompetenz sowie Lern- und Leistungsverhalten,
- die Kind-Umfeld-Analyse, einschließlich des schulischen Umfeldes und dessen Veränderungsmöglichkeiten,
- den räumlichen Bedarf und die technisch-materielle Ausstattung,
- das Prüfen des physio-, ergo- und sprachtherapeutischen und sozialpädagogischen Bedarfs sowie des Bedarfs im Bereich der allgemeinen Pflege und der Behandlungspflege,
- die Aussage zur Bewältigung des Schulweges.

Hierbei werden Informationen, sofern sie für die schulische Förderung bedeutsam sind, zu folgenden Bereichen erhoben:

- zur Bewegungsfähigkeit beim Liegen, Sitzen, Stehen, Gehen,
- zur Bewegungsfähigkeit beim Greifen, Halten, Loslassen,
- zu Gelenk- und Muskelspannung, Bewegungswahrnehmung, Bewegungsplanung und Bewegungskoordination,
- zu Art und Grad der selbstständigen Fortbewegungsmöglichkeit,
- zu Wahrnehmung und Wahrnehmungsverarbeitung, zur sensorischen Verknüpfung,
- zu Tiefen- und Oberflächensensibilität, zur Orientierungsfähigkeit hinsichtlich des eigenen Körpers, der Raumvorstellung und zeitlicher Strukturen,
- zu Besonderheiten der körperlichen Organe, des Stoffwechsels, der Haut und der Blutsysteme,
- zu Erkrankungen und deren Folgeschäden,
- zum Seh-, Hör- und Sprachvermögen,
- zu Hilfsmittelversorgung und Medikation,
- zu sozialer Einbindung und Interaktion,
- zur emotionalen Grundbefindlichkeit,
- zu Aneignungsweisen und Handlungskompetenzen,
- zur Selbstständigkeit bei Verrichtungen des Alltags wie Körperpflege, Nahrungsaufnahme und -ausscheidung, An- und Auskleiden,
- zu Entwicklungsverlauf und aktuellem schulischen Leistungsstand,
- zum schulischen Umfeld und zu Möglichkeiten seiner Veränderung,
- zur beruflichen Perspektive.

Bei der Erhebung des Förderbedarfs sind die individuelle Ausgangslage des Kindes und Jugendlichen, sein Lern- und Sozialverhalten, seine emotionale Befindlichkeit sowie das schulische und außerschulische Umfeld zu betrachten. Das Kind oder der Jugendliche ist dabei nicht nur unter dem Blickwinkel seiner Beeinträchtigung zu sehen, sondern als ganzheitlich Handelnder und Gestalter der eigenen Entwicklung.

Die gewonnenen Erkenntnisse und Befunde gehen in die Beratungen mit den Eltern, ggf. der volljährigen Schülerin bzw. dem Schüler, zur Entscheidungsfindung ein. Von einer im Förderschwerpunkt ausgebildeten Lehrkraft werden die Ergebnisse in einem Gutachten zusammengefasst und bewertet. Dieses Gutachten berücksichtigt die Stellungnahmen aller an der Förderung der Schülerin bzw. des Schülers beteiligten Personen und wird der Schulaufsicht mit einer Empfehlung zur Entscheidung über notwendige sonderpädagogische Fördermaßnahmen vorgelegt.

Bei der Entscheidung werden berücksichtigt:

- Art und Umfang des Förderbedarfs,
- Ergebnisse der Beratung mit den Eltern, ggf. auch mit der Schülerin bzw. dem Schüler und beratenden Gremien,
- Fördermöglichkeiten der allgemeinen Schule und der Sonderschule,
- Verfügbarkeit des erforderlichen Personals,
- Verfügbarkeit technischer und apparativer Hilfsmittel sowie spezieller Lehr- und Lernmittel,
- Berücksichtigung baulich-räumlicher Voraussetzungen.

3.2 Entscheidung über den Bildungsgang und den Förderort

Auf der Grundlage der Empfehlung und unter Einbeziehung des Elternwunsches – bei Volljährigkeit des Wunsches der Schülerin bzw. des Schülers – entscheiden Schule und Schulaufsicht, in welcher Schule und ggf. auch in welchem Bildungsgang das Kind oder der Jugendliche gefördert werden kann.

Die sonderpädagogische Förderung kann in Sonderschulen oder in allgemeinen Schulen erfolgen. Einige Landesgesetze geben dem gemeinsamen Unterricht den Vorzug. In jedem Fall müssen die notwendigen sächlichen, räumlichen und personellen Voraussetzungen gegeben sein.

Schülerinnen und Schüler mit fortschreitenden Erkrankungen und mit begrenzter Lebenserwartung bedürfen bei der Entscheidung über den Förderort besonderer Aufmerksamkeit. Für sie können im Rahmen der geltenden Lehrpläne veränderte inhaltliche Schwerpunkte gesetzt werden.

Alle Entscheidungen über den individuellen sonderpädagogischen Förderbedarf erfordern eine Überprüfung in geeigneten Abständen.

4. Erziehung und Unterricht

Ziele und Inhalte der Erziehung und des Unterrichts richten sich – über die allgemeinen Lernziele hinaus – an den voraussichtlich zu erwartenden Anforderungen im späteren persönlichen und beruflichen Lebenszusammenhang aus.

Dabei sind Erziehung und Unterricht mit den Themenbereichen anzubahnen, in denen sich die Schülerinnen und Schüler mit ihren Fähigkeiten und Neigungen, mit ihren Motiven, Fragen und Zielvorstellungen als handelnde Personen erleben und begegnen können und die ihnen Erkenntnisse, Formen der Selbstfindung und Mitwirkungsmöglichkeiten eröffnen.

4.1 Erziehung

Ein offenes und anregungsreiches Erziehungs- und Lernumfeld soll den Kindern und Jugendlichen ermöglichen, sich für ein weitestgehend selbstverantwortetes Leben und Lernen, für die persönliche Erprobung neuer Aufgaben und für die Übernahme bisher nicht vertrauter sozialer Rollen zu entscheiden.

Erziehung soll die Schülerinnen und Schüler über die Auseinandersetzung mit ihren Beeinträchtigungen und deren Wirkungen im sozialen und kommunikativen Umfeld stärken und ihnen Sicherheit im Umgang mit ihren Beeinträchtigungen geben. Hierzu gehört auch die Gelegenheit, Kontakte knüpfen zu können mit Menschen, die ähnlich beeinträchtigt sind. Im Miteinander von Betroffenen werden Erfahrungen über die seelische Verarbeitung einer Beeinträchtigung und ihrer Auswirkungen, über Formen des Umgangs mit einer Beeinträchtigung, über Möglichkeiten zum Aufbau eines tragfähigen Selbstkonzepts ausgetauscht.

Erziehung bezieht stets die momentane Lebenssituation der Kinder und Jugendlichen ein und zielt auf das künftige Leben. Sie greift die unterschiedlichen Reaktionen der Umwelt auf und gibt Einblick, wie Vorurteile über Behinderungen und behinderte Menschen entstehen und auch abgebaut werden können. Sie stärkt das Kind und den Jugendlichen mit einer körperlichen und motorischen Beeinträchtigung darin, einerseits auf eigene Bedürfnisse aufmerksam zu machen, andererseits aber auch die Rechte anderer gelten zu lassen.

Erziehung befähigt dazu, technische und soziale Hilfen sowie rechtliche Möglichkeiten zu nutzen. Durch Kontakte mit Vereinen und Verbänden erleben diese Kinder und Jugendlichen, wie sie während und nach der Schulzeit das soziale Miteinander pflegen können.

Kinder und Jugendliche mit einer körperlichen und motorischen Beeinträchtigung sollen ermutigt und angeleitet werden, eigene Bedürfnisse zu formulieren, Ansprüche zu vertreten und sich für die Wahrung bzw. die Verbesserung der eigenen Situation einzusetzen.

4.2 Unterricht

Der Unterricht für Schülerinnen und Schüler mit körperlichen und motorischen Beeinträchtigungen geht von den Bildungszielen und -inhalten der verschiedenen Schularten aus. Die

Ziele und Inhalte des Unterrichts werden im Hinblick auf die Lernvoraussetzungen und den Sonderpädagogischen Förderbedarf der Schülerinnen und Schüler verändert.

Die Lernbedingungen sind insgesamt so zu gestalten, dass die Förderung im Bereich der körperlichen und motorischen Entwicklung sachgerecht durchgeführt werden kann:

- Die Lehrkräfte müssen über die pädagogisch bedeutsamen Auswirkungen einer Körperbehinderung, über Möglichkeiten pädagogischer Einflussnahme und über technische Hilfen hinreichend informiert sein und die Kompetenz besitzen, ihre Erziehungsmaßnahmen und den Unterricht behinderungsgemäß und individuell gestalten zu können.
- Die Schülerinnen und Schüler mit körperlichen und motorischen Beeinträchtigungen bedürfen solcher Klassen und Lerngruppen, in denen die Anzahl der Schülerinnen und Schüler, die Raumverhältnisse, die Bewegungshilfen sowie das kommunikative und interaktive Verhalten der Lehrkräfte für ihre Gesamtentwicklung förderlich sind.

Unterricht orientiert sich an folgenden Grundsätzen:

Bewegungsförderung und Bewegungserleichterung sind durchgängiges und fächerübergreifendes Prinzip. Sie sind eingebettet in für das Kind und den Jugendlichen sinnvolle Sinn- und Sachzusammenhänge und schließen alle relevanten Dimensionen der Motorik und der Zusammenhänge von Motorik und psychischen Funktionen ein. Darüber hinaus werden bewegungstherapeutische Aspekte berücksichtigt, die die Lernfähigkeit erschließen und erweitern.

Bewegungsförderung wirkt sich auch auf die Feinmotorik positiv aus. Sie unterstützt durch Übung und die Anwendung von technischen Hilfsmitteln Tätigkeiten wie Schreiben, Werken und Malen.

Bewegungsförderung und Sportunterricht führen bei den Schülerinnen und Schülern zu Erfahrungen in Raum und Zeit. Sie tragen zum Erkennen von räumlichen und zeitlichen Beziehungen bei und helfen ihnen, die natürliche und gesellschaftliche Umwelt kennen zu lernen. Durch Unterricht werden Dinge, Sachverhalte und Geschehnisse zur eigenen Person in Beziehung gesetzt. Sie werden vom Körper ausgehend erlebt und empfunden. Bewegungsförderung und Sportunterricht ermöglichen, auf Dinge und Bezüge verändernd einzugehen, das Erfahrene einzuordnen und in Lern- und Lebenssituationen anzuwenden. Sie sollen zu Körpererleben und Freude an der Bewegung führen, die Wahrnehmung fördern und Freude am Gemeinschaftserleben vermitteln.

Die individuellen Förderpläne zur Bewegungsförderung und im Sportunterricht müssen sich an den Bewegungsmöglichkeiten der Schülerinnen und Schüler orientieren. Sie beziehen Wissen um die Behinderung (z.B. cerebrale Bewegungsstörung, Muskelerkrankung, Querschnittslähmung) und ihrer Besonderheiten ein. Nur so wird es möglich, dass die Bewegungsförderung und der Sportunterricht die Bewegungsabläufe der Schülerinnen und Schüler erleichtern sowie neue Bewegungs- und Ausdrucksmöglichkeiten erschlossen und eingesetzt werden können. Die individuellen Förderpläne umfassen neben der Vermittlung sportiver Techniken auch Übungen zur Anregung und Kräftigung vitaler Körperfunktionen, wie die Herz-Kreislauf-Funktionen oder die der Verdauung, sowie die Förderung der körpernahen und körperfernen Sinne.

Eine besondere Aufgabe des Sportunterrichts ist es u.a., die Zusammenarbeit mit Sportvereinen – vor allem mit integrativen Spiel- und Sportgruppen – zu suchen. Freizeit-, Natur- und Erlebnissportarten, die lebenslang betrieben werden, können die Eingliederung in die Gesellschaft erleichtern und erweitern helfen.

Die *ästhetische Förderung* begleitet den Unterricht. Sie beeinflusst, differenziert und erweitert individuelle Erlebnis- und Ausdrucksmöglichkeiten. Diese Förderung unterstützt die Herausbildung von kognitiven Strukturen, die Konzentrations- und Anstrengungsbereitschaft, die Belastbarkeit und Ausdauer, vor allem auch die Phantasie und Kreativität, die Wahrnehmungsverarbeitung und die Bewegungsfähigkeiten. Dabei sind Pantomime, Spiel, Theater, Rhythmik, Musik, Malerei besonders geeignete Lernfelder, die in Unterricht und Schulleben zu gemeinsamem Erleben beitragen, die Lernen unterstützen sowie über die Schulzeit hinaus betrieben werden und zur Selbstentfaltung und zu sozialer Eingliederung beitragen können.

Die Förderung sprachlichen Handelns ist ein wesentlicher Bereich der Gesamtförderung. Neben der im Einzelfall notwendigen sprachheilpädagogischen Unterstützung muss diese Förderung als allgemeines Unterrichtsprinzip fächerübergreifend angeboten werden. Schwerpunkte bilden Aufbau, Erweiterung und Anwendung einer altersgerechten, aktiven und passiven Sprache. Hierzu gehören besonders die Befähigung der Schülerinnen und Schüler zur motorischen Umsetzung von Sprechen und Schreiben sowie die Verbindung von Sprachverständnis mit konkreter Handlung.

Bei Schülerinnen und Schülern ohne Sprache sind als Kompensationsmöglichkeiten sprachfördernde Hilfen z.B. Fingerzeichen, gebärdensprachliche Kommunikationsformen und Tastsysteme, Mimik, Gestik und Verständigung durch elektronische Hilfen unumgänglich.

Die Förderung der sozialen Kompetenz ist ein zentrales Unterrichtsanliegen. Unterricht ist so zu gestalten, dass soziale Beziehungen innerhalb und außerhalb der Schule entstehen können. Im Unterricht muss Gelegenheit gegeben sein, dass soziale Bindungen angebahnt und differenziert werden können. Gemeinsame Aktivitäten und Handlungsmöglichkeiten können die eingeschränkten Ausdrucksmöglichkeiten beeinflussen und ausgleichen helfen.

Der Anschauung kommt im Unterricht für körperbehinderte Schülerinnen und Schüler ein besonderer Stellenwert zu. Sie kann das erschwerte *Begreifen* teilweise kompensieren und wird durch den vielfältigen *Einsatz von Medien* unterstützt. Bewegungsbeeinträchtigungen und die dazugehörigen Wissens- und Erfahrungsmängel erschweren die Wahrnehmung und erfordern deshalb den besonderen Einsatz von Unterrichtsmedien, die als Informationsträger auf das Begreifen abgestimmt sind. Die Medien müssen für den behinderungsspezifischen Gebrauch aufbereitet bzw. hergestellt werden. Beim Einsatz von Medien ist die Informationsverarbeitung durch geeignete pädagogische Maßnahmen abzusichern. Die notwendigen Ausstattungen erfolgen nach in den Ländern geltenden Regelungen.

Der Unterricht für Schülerinnen und Schüler mit einer schweren Mehrfachbehinderung und mit besonders schweren körperlichen und motorischen Beeinträchtigungen erfordert besondere organisatorische Maßnahmen. Hierbei ist die Vermittlung lebenspraktischer Fertigkeiten, z.B. in den Bereichen Körperpflege, Kleiderpflege, Essenszubereitung und -einnahme, zu berücksichtigen. Die Gestaltung des Tagesablaufs mit Unterricht, Therapie-, Pflege- und Ruhephasen soll den besonderen Bedürfnissen und dem Lebensrhythmus dieser Schülerinnen und Schüler angepasst sein. Eine spezielle didaktische Aufbereitung, die in einem dialogischen Prozess entwickelt wird, und eine flexible Organisation des Unterrichts sind unumgänglich.

Bei Schülerinnen und Schülern mit fortschreitenden Erkrankungen und mit begrenzter Lebenserwartung rücken die Befriedigung aktueller Bedürfnisse und Möglichkeiten einer sinnerfüllenden Lebensgestaltung, die Stabilisierung der Persönlichkeit und ggf. Hilfen bei der Auseinandersetzung mit der sich verändernden Lebenssituation, der verkürzten Lebenserwartung und dem nahenden Tod in den Vordergrund. Dem meist außergewöhnlichen Pflegebedarf ist personell durch den zuständigen Kostenträger Rechnung zu tragen.

Für mündliche, schriftliche und praktische Aufgaben können Schülerinnen und Schüler mit körperlichen und motorischen Beeinträchtigungen in allen Lernbereichen eine zeitliche Verlängerung zur Bearbeitung der gestellten Aufgaben erhalten. Außerdem können andere Unterstützungsformen und Hilfen erforderlich werden, um Nachteile aus Art und Schwere der Beeinträchtigungen auszugleichen.

Für Schülerinnen und Schüler mit körperlichen und motorischen Beeinträchtigungen, die für eine angemessene Schulbildung und zur Erfüllung ihres Sonderpädagogischen Förderbedarfs einer längeren Zeit bedürfen als es die Schulpflichtbestimmungen vorsehen, kann die Schulbesuchszeit auf Antrag der Erziehungsberechtigten oder der Schülerin bzw. des Schülers durch die Schulbehörde im Rahmen landesrechtlicher Regelungen verlängert werden, wenn zu erwarten ist, dass das angestrebte Bildungsziel bei einer Verlängerung erreicht wird.

Aus den Zeugnissen der Schülerinnen und Schüler muss hervorgehen, nach welchen Bildungsgängen sie unterrichtet werden.

5. Formen und Orte sonderpädagogischer Förderung

Die schulische Förderung von Kindern und Jugendlichen mit Förderbedarf im Bereich der körperlichen und motorischen Entwicklung bezieht alle Schulstufen und Schularten ein. Sie hat zu einer Vielfalt von Förderformen und Förderorten geführt. Es entwickeln sich vermehrt Formen der gemeinsamen Erziehung und Unterrichtung an unterschiedlichen Lernorten.

Frühförderung, aber auch berufsorientierende Maßnahmen und lebensbegleitende Hilfen haben einen hohen Stellenwert.

5.1 Sonderpädagogische Förderung durch vorbeugende Maßnahmen

Frühe Hilfen sind für die Entwicklung der Kinder mit körperlichen und motorischen Beeinträchtigungen von wesentlicher Bedeutung. Um Entwicklungsverzögerungen und Fehlentwicklungen zu verhindern, zu mindern und weiter gehende Auswirkungen der Behinderung zu vermeiden, müssen Fördermaßnahmen rechtzeitig einsetzen.

Der interdisziplinären Zusammenarbeit in der Frühförderung kommt eine herausragende Bedeutung zu. Ihr Erfolg beruht auf engem und vertrauensvollem Zusammenwirken unterschiedlicher Fachkompetenzen, z.B. in medizinischen, therapeutischen, sozialen, psychologischen Diensten, Beratungsstellen, Frühfördereinrichtungen, Kindergärten, Sonderkindergärten und Sonderschulen und vor allem den Elternhäusern. Hierbei ist dem Grundsatz ganzheitlicher, familienorientierter Förderung zu entsprechen.

Die Entwicklung von Wahrnehmung, Motorik, Kommunikation, Kognition und Emotionalität sowie der Selbstständigkeit ist grundlegende Aufgabe der sonderpädagogischen Förderung durch vorbeugende Maßnahmen. Sie zielt immer auf die Gesamtpersönlichkeit und erfolgt in der gemeinsamen Tätigkeit von Kind und Pädagoge nach dem Prinzip Lernen durch Handeln.

Hierzu gehört das Schaffen situativer und sozialer Voraussetzungen, die nachfolgende Angebote in einem für das jeweilige Kind sinnvoll-ganzheitlichen Zusammenhang zusammenführen können:

- basale Stimulation,
- sensorische Integration
- Muskeltonus,
- Bewegungswahrnehmung, -planung, -koordination und -handlung,
- Körperorientierung, Raumvorstellung und Zeitstrukturen,
- selbstständige Fortbewegungsmöglichkeiten und selbstständiges Handeln,
- Spiel- und Sozialverhalten,
- Kommunikation, Sprache, Sprechen und Verstehen,
- nichtlautsprachliche Ausdrucksmöglichkeiten,
- emotionale Entwicklung, Aufbau des Selbstbewusstseins,
- kognitive Entwicklung.

Alle diese Angebote sind einzupassen in kindgerechte Spiel-, Erlebnis- und Bewegungsaktivitäten. Dabei hängt die Wirksamkeit früher Förderung von der Art der Vermittlung ab. Frühe Förderung muss sich daher im Wesentlichen auf die Interaktion konzentrieren. Es ist auch Aufgabe der frühen Förderung, den Umgang mit orthopädischen u.a. Hilfsmitteln anzubahnen und einzuüben. Wesentliche Aufgaben der Frühförderung sind auch die Elternberatung und -begleitung.

Zu den Organisationsformen im Bereich der Frühförderung können gehören:

- Frühförder- und Beratungsstellen,
- Sozialpädiatrische Zentren, Kliniken,

- Beratung und Unterstützung in Kindergärten,
- Sonderkindergärten, Sonderschulkindergärten und schulvorbereitende Einrichtungen,
- Beratungsstellen für Frühförderung an Schulen für Körperbehinderte bzw. an Sonderpädagogischen Förderzentren.

In den Ländern in der Bundesrepublik Deutschland sind Frühfördereinrichtungen unterschiedlichen Trägern zugeordnet.

Vorbeugende sonderpädagogische Maßnahmen in der Schule sollen das Entstehen von Folgebehinderungen verhindern helfen. Sie können neben der Förderung der Kinder und Jugendlichen auch die gemeinsame Beratung der sonderpädagogischen Lehrkräfte mit Lehrkräften der allgemeinen Schulen, mit den betroffenen Eltern umfassen. Je nach Notwendigkeit im Einzelfall gehört auch die Zusammenarbeit mit medizinischen und psychologischen Diensten, Beratungsdiensten, Therapeuten und weiteren Fachleuten dazu.

5.2 Sonderpädagogische Förderung im gemeinsamen Unterricht

Schülerinnen und Schüler mit Förderbedarf im Bereich der körperlichen und motorischen Entwicklung können allgemeine Schulen besuchen und dort unterrichtet werden, wenn die notwendigen inhaltlichen, personellen, baulich-räumlichen und sächlichen Voraussetzungen sichergestellt werden.

Alle im Einzelfall jeweils notwendigen sonderpädagogischen Fördermaßnahmen sind – so weit möglich und sinnvoll – einzubeziehen in die Planung und Durchführung des Unterrichts für die gesamte Schulklasse oder Lerngruppe. Die inhaltliche, methodische und organisatorische Ausgestaltung auch behinderungsspezifischer Angebote in die Unterrichtsvorhaben für die gesamte Schulklasse hat für alle beteiligten Kinder Bildungswert. Äußere Differenzierung für spezielle Erfordernisse kann darüber hinaus notwendig und sinnvoll sein.

Differenzierung und Individualisierung kennzeichnen die Unterrichtsgestaltung für alle teilnehmenden Schülerinnen und Schüler. Die Kinder und Jugendlichen mit körperlichen und motorischen Beeinträchtigungen bedürfen im gemeinsamen Unterricht im Einzelfall situationsgerechter unterrichtsbegleitender therapeutischer und pflegerischer Hilfen. Die schulischen Anforderungen müssen für diese Kinder und Jugendlichen das mögliche Arbeitstempo, die körperliche und seelische Belastbarkeit und das Versorgungsbedürfnis beachten. Hierzu gehören Entspannungs- und Ruhephasen und ein ausreichendes Angebot an Bewegungsmöglichkeiten.

Das Aufgabenfeld der sonderpädagogischen Lehrkräfte umfasst im Wesentlichen die Bereiche

- Förderung der Kinder bzw. Jugendlichen bei der Entwicklung ihrer Bewegungs-, Handlungs- und Wahrnehmungsfähigkeit,
- Förderung der kognitiven, der sprachlichen sowie der sozialen und emotionalen Entwicklung,

- Zusammenarbeit mit anderen Diensten,
- gemeinsamer Unterricht,
- Fortschreibung der Förderpläne.

Zum besonderen Aufgabenfeld der Lehrkräfte gehören in diesem Zusammenhang

- die Bereitschaft zur Kooperation und die Berücksichtigung sonderpädagogischer, therapeutischer und pflegerischer Belange im Unterricht bzw. in der Unterrichtszeit,
- die Förderung des gemeinsamen Lebens und Lernens in der Schule,
- die Förderung der Kontakte zu Nichtbehinderten und auch zu anderen Kindern und Jugendlichen mit Beeinträchtigungen,
- die Förderung der Zusammenarbeit mit allen Personen der Schule, die für die Bildung der Kinder und Jugendlichen mit körperlichen und motorischen Beeinträchtigungen Verantwortung tragen und
- die Zusammenarbeit mit den Eltern.

5.3 Sonderpädagogische Förderung in Sonderschulen

Schülerinnen und Schüler mit Förderbedarf im Bereich der körperlichen und motorischen Entwicklung, deren Förderung in allgemeinen Schulen nicht ausreichend gewährleistet werden kann, werden in Schulen für Körperbehinderte unterrichtet. Die Schule für Körperbehinderte verfügt über die konzeptionellen, personellen, baulich-räumlichen und sächlichen Voraussetzungen für eine körperbehindertenpädagogisch qualifizierte ganzheitliche Lernförderung. Dabei werden Angebote der Lehrkräfte sowie der Erzieherinnen und Erzieher mit denen der therapeutischen Fachkräfte und der Pflegekräfte auf die jeweiligen Bedürfnisse des einzelnen Kindes abgestimmt und im pädagogischen Gesamtangebot für die ganze Klasse realisiert.

Die im Förderschwerpunkt ausgebildete Lehrkraft trägt in Zusammenarbeit mit dem Klassenteam die Gesamtverantwortung für die von ihr geleitete Klasse und koordiniert die verschiedenen Angebote, so dass ein ausgewogenes Verhältnis zwischen den schulischen Anforderungen und den medizinisch-therapeutischen, pflegerischen, psychologischen und sozialen Anliegen gesichert werden kann. Seitens der Lehrkräfte sind klassenübergreifende Angebote wie gestaltete Schulfreizeit, Mobilitäts- und Rollstuhltraining, Schwimmen und Sportaktivitäten mit nichtbehinderten Schülerinnen und Schülern anzustreben.

Schulen für Körperbehinderte, die in einigen Ländern als Ganztagsschulen konzipiert sind, können den Bedürfnissen ihrer Schülerinnen und Schülern in besonderer Weise entsprechen, indem sie den Tagesablauf rhythmisieren, die Angebote an Erziehung, Unterricht, Pflege und Therapie miteinander verbinden und die Schülerinnen und Schüler bei der Entwicklung eines selbstbestimmten Freizeitangebotes unterstützen. Ist die Schule mit einem Internat verbunden, ist auf eine enge Zusammenarbeit der beiden Institutionen zu achten.

Für einige Kinder und Jugendliche bietet die Schule für Körperbehinderte im Sinne einer Durchgangsschule bei einer zeitlich begrenzten Aufnahme die Möglichkeit, konzentriert die notwendige sonderpädagogische Unterstützung zu erhalten und eine persönliche Stabilisierung zu erreichen, die eine baldige Rück- bzw. Umschulung in die allgemeine Schule vorbereitet.

5.4 Sonderpädagogische Förderung in kooperativen Formen

Schulen für Körperbehinderte und allgemeine Schulen sollen eine enge pädagogische Zusammenarbeit aufbauen. Kooperative Formen der Erziehung und Unterrichtung ermöglichen behinderten und nichtbehinderten Schülerinnen und Schülern die wechselseitige Annahme und fördern einen selbstverständlichen Umgang miteinander.

Schülerinnen und Schüler sollen in kooperativen Formen durch gezielte Maßnahmen befähigt werden, Beziehungen auch zu Menschen ohne Behinderungen aufzubauen und zu pflegen. Der Aufbau und die Stärkung sozialer Kompetenzen kann in eigenständigen Lernbereichen erfolgen, ist aber wesentliches Arbeitsprinzip aller schulisch-kooperativen Lernprozesse.

Schülerinnen und Schüler mit körperlichen und motorischen Beeinträchtigungen lernen, in Begegnungen mit anderen Kindern und Jugendlichen ihre Beeinträchtigung im Spiegel der Nichtbehinderten zu sehen. Sie erfahren, wie andere Menschen mit Interesse, Ablehnung und Verhaltensunsicherheit reagieren können. Sie können lernen, auf Neugier zu reagieren, sich von Ablehnung nicht entmutigen zu lassen und bei Unsicherheiten in der Begegnung verhaltenssteuernd zu agieren. Die Schülerinnen und Schüler sollen lernen, die Beeinträchtigung als Teil ihrer Persönlichkeit anzunehmen und ihre Interessen in der Öffentlichkeit zu vertreten.

Kooperative Formen ermöglichen eine große Bandbreite an Fördermöglichkeiten.

Zu diesen Formen können gehören:

- gegenseitige Besuche von Klassen der Sonderschule und Klassen der allgemeinen Schule,
- die Bildung von Partnerschaften zwischen einzelnen Kindern bzw. Jugendlichen und Klassen,
- gemeinsame Schullandheimaufenthalte,
- gemeinsame Schulveranstaltungen und Feste,
- gemeinsame Unterrichtsprojekte,
- zeitweise gemeinsamer Unterricht.

Die Intensität kooperativer Förderformen wird entscheidend verstärkt durch die räumliche Zusammenführung von Klassen der Sonderschule mit Klassen der allgemeinen Schule. Sie fördert das alltägliche Miteinander, begünstigt den Übergang von Schülerinnen und Schülern aus der Sonderschule in die allgemeine Schule und trägt somit zur Durchlässigkeit der Schularten bei. Bei Schulgründungen sollten die Standorte so gewählt werden, dass die äußeren Voraussetzungen für die Kooperation von Sonderschule und allgemeiner Schule bestmöglich sichergestellt werden.

Kooperative Formen über Unterricht und Schule hinaus sollen Kinder und Jugendliche auch in außerschulischen Bereichen wie Freizeitheimen, Vereinen, Jugendverbänden zusammenführen. Die Schulen suchen daher Verbindung zu diesen außerschulischen Partnern und helfen bei der Überwindung bestehender Hürden.

5.5 Sonderpädagogische Förderung im Rahmen von Sonderpädagogischen Förderzentren

Die Angebotsvielfalt bei der sonderpädagogischen Förderung und der Beratungsbedarf von Schülerinnen und Schülern mit Förderbedarf im Bereich der körperlichen und motorischen Entwicklung kann zur Einrichtung Sonderpädagogischer Förderzentren führen. Sonderpädagogische Förderzentren als regionale und überregionale Einrichtungen können andere Förderschwerpunkte einbeziehen. Sie stellen sonderpädagogische Förderung in präventiven, integrativen und kooperativen Formen in Zusammenarbeit mit allgemeinen Schulen fachgerecht und möglichst wohnortnah sicher. Darüber hinaus können dort je nach Konzeption auch Klassen oder Abteilungen gebildet werden.

5.6 Sonderpädagogische Förderung im berufsorientierenden und berufsbildenden Bereich und beim Übergang in die Berufs- und Arbeitswelt

Die Berufswahl junger Menschen mit körperlichen und motorischen Beeinträchtigungen ist von der Bewegungs- und Belastungsfähigkeit, der Wahrnehmungs- und Kommunikationsfähigkeit, dem geistigen Leistungsvermögen, der sozialen Kompetenz und den Anforderungsprofilen der einzelnen Berufe und den strukturellen Bedingungen der Angebote auf dem Arbeitsmarkt abhängig.

Eine möglichst erfolgreiche Berufswahlvorbereitung beruht auf einer engen Zusammenarbeit zwischen den körperbehinderten Jugendlichen, den Eltern, der Schule und der Berufsberatung. Orientierungshilfe für Berufswahlvorbereitung und Berufsfindung sind Betriebserkundungen und -praktika. Dabei sind gründliche Vor- und Nachbereitung sowie die Begleitung durch die Schule notwendig. Als didaktische Verfahren bieten sich besonders an: arbeitsplatzbezogene Projekte, Werk-, Hauswirtschafts-, Handarbeits- und Arbeitslehreunterricht, Seminare, selbstentdeckende Lernphasen, strukturierende Lernhilfen und Erprobungen bestimmter Berufsanforderungen, insbesondere im Bereich der Multimediatechnik. Maßnahmen der Berufsberatung müssen frühzeitg einsetzen und im Zusammenwirken aller Beteiligten stattfinden, um gemeinsame Wege zur Berufsfindung aufzuzeigen und auf Maßnahmen zur Berufswahlvorbereitung und auf berufliche Ausbildungsmöglichkeiten hinzuweisen.

Erziehung und Unterricht fördern berufsbezogene Fähigkeiten wie Geschicklichkeit, Genauigkeit, Phantasie, Kreativität, Sorgfalt und Ausdauer sowie eine berufsspezifische Sprache und Kommunikation. Diese Fähigkeiten werden bei Personen mit körperlichen und motorischen Beeinträchtigungen von verschiedenen Faktoren beeinflusst:

– von der räumlichen Umgebung und Arbeitsplatzgestaltung,
– den Arbeitsbedingungen und der Bereitschaft der Mitarbeiterinnen und Mitarbeiter zur Lösung bewegungsbedingter Schwierigkeiten,
– den Anforderungen an die Motorik und den kommunikativen Austausch,
– der Bereitstellung von unterstützendem Personal,
– dem Einsatz von prothetischen, technischen und elektronischen Hilfen.

Für die Mehrzahl der Schülerinnen und Schüler wird der Berufswahlprozess in der Schule nicht abgeschlossen, sondern durch andere Institutionen wie Förderlehrgänge und Berufsvorbereitungsjahre fortgesetzt. Die Heranführung an derartige Vorbereitungsformen hinsichtlich Berufswahl und Eingliederung in die Arbeitswelt ist ein gemeinsames Aufgabenfeld der beteiligten unterschiedlichen Fachkräfte.

Wesentliche Aufgabe bei der Vorbereitung Jugendlicher mit körperlichen und motorischen Beeinträchtigungen auf Berufswahl und Arbeitswelt ist es auch, Berufswünsche und deren praktische Umsetzung miteinander in Einklang zu bringen. Informationen, Beobachtungen und Erfahrungen zur Berufspraxis sollen den Schülerinnen und Schülern die Möglichkeit geben, ein realistisches Bild der eigenen Leistungsfähigkeit und der eigenen beruflichen Perspektive zu entwickeln. Bei der Auseinandersetzung mit persönlichen Möglichkeiten und Grenzen brauchen die Schülerinnen und Schüler Beratung und Unterstützung. In diesem Zusammenhang ist eine Verzahnung zwischen Schule, Arbeitsverwaltung, Kammern, Betrieben und Eltern dringend geboten.

Diesen Jugendlichen werden Wege zu einer qualifizierten Berufsausbildung in einem anerkannten Ausbildungsberuf oder – wo dies nicht durchführbar erscheint – in einem für Behinderte vorgesehenen Ausbildungsberuf eröffnet. Unter Berücksichtigung der Art und des Grades der körperlichen und motorischen Beeinträchtigung, ihrer Ausprägung und der individuellen Situation kann die Förderung in einem Berufsbildungswerk mit folgenden Angeboten notwendig sein:

– Berufsfindung und Arbeitserprobung sowie Berufsvorbereitung,
– Berufsausbildung,
– Sozialdienst, ärztlicher und psychologischer Dienst,
– Internat, Wohnheim, Wohngemeinschaft, betreutes gemeinsames und individuelles Wohnen
– Zusammenarbeit zwischen den Jugendlichen, den Rehabilitationspartnern, den Kammern, der Arbeitsverwaltung, den Fachdiensten, den Eltern sowie den Ausbildern.

Schülerinnen und Schüler mit schwersten körperlichen und motorischen Beeinträchtigungen wird in den Abschlussklassen der allgemeinen Schule bzw. der Schule für Körperbehinderte eine an die individuellen Möglichkeiten und Fähigkeiten der Jugendlichen angepasste Vorbereitung auf eine Beschäftigung und möglichst selbstständige Lebensführung angeboten. Die Schulen arbeiten zur Lösung dieser Aufgaben mit sozialen Diensten, Einrichtungen der Behindertenhilfe, Institutionen der Erwachsenenbildung, Freizeiteinrichtungen, Vereinen und anderen geeigneten privaten und öffentlichen Organisationen zusammen.

Schülerinnen und Schüler mit schweren Mehrfachbehinderungen, die ohne ständige Begleitung und Pflege kein eigenbestimmtes Leben führen und nicht in die Berufs- und Arbeitswelt eingegliedert werden können, werden durch Erziehung, Unterricht und Förderung auf eine sinnvolle Lebensperspektive in Werkstätten für Behinderte, in selbstständigen Wohnformen und auf ein Leben ohne Beruf vorbereitet. Für solche Schülerinnen und Schüler werden durch die Schule und die Arbeitsverwaltung Hilfen zur Eingliederung in spezielle Institutionen geschaffen.

6. Zusammenarbeit

Bei Kindern und Jugendlichen mit körperlichen und motorischen Beeinträchtigungen ist eine intensive und vertrauensvolle Zusammenarbeit zwischen den Eltern und den an der Erziehung, Unterrichtung, Therapie, Pflege und Hilfe beteiligten Personen erforderlich. Die Zusammenarbeit hat zum Ziel, die alltägliche Lebenssituation und Befindlichkeit des Kindes oder Jugendlichen und schulische Anforderungen sowie erzieherische, therapeutische und pflegerische Bedürfnisse aufeinander abzustimmen und Beeinträchtigungen in der Persönlichkeitsentwicklung entgegenzuwirken. Hierzu sind gegenseitige Information, Beratung, Transparenz der Maßnahmen und eine verlässliche Arbeitsteilung notwendig.

Hinweise der Eltern auf Erleben und Verhalten des Kindes oder des Jugendlichen auch außerhalb der Schule werden in die Förderung einbezogen. Umgekehrt werden die Eltern informiert über wichtige Beobachtungen sowie die Entwicklung und den Leistungsstand des Kindes oder Jugendlichen in der Schule. Beide Seiten beraten über mögliche Fördermaßnahmen; häusliche und schulische Angebote ergänzen und verstärken sich gegenseitig. Der wechselseitige Austausch von Beobachtungen und Erfahrungen insbesondere im Bereich der emotionalen Entwicklung führt zu einer partnerschaftlichen Abstimmung der Erziehungsziele und Erziehungsstile.

Die Kompetenzen und Angebote aller innerhalb einer Schule arbeitenden Mitarbeiterinnen und Mitarbeiter sind zu einem auf die Bedürfnisse der Schülerinnen und Schüler zugeschnittenen gemeinsamen Förderkonzept zusammenzuführen.

Es sind Verbindungen herzustellen zwischen Elternhaus, Schule, schulpsychologischen und schulärztlichen Diensten, Gesundheits-, Jugend- und Sozialämtern, Fachärzten, Beratungsstellen, Frühfördereinrichtungen, Arbeitsämtern, Kammern und Betrieben, zu Selbsthilfeorganisationen, Vereinen und Jugendverbänden sowie Leistungsträgern verschiedener Dienste, so dass die Hilfe- und Förderleistungen koordiniert und verfügbare Ressourcen und Kompetenzen effektiv eingesetzt und genutzt werden können.

7. Einsatz und Qualifikation des Personals

Die Ausbildung der sonderpädagogischen Lehrkräfte muss die Breite und Struktur des jeweiligen Tätigkeitsbereiches und dessen Anforderungen an die einzelnen Personen gewährleisten. Sie vermittelt die Grundkompetenz für die Ziele und Aufgaben der Körperbehindertenpädagogik unter Einbeziehung der schweren Mehrfachbehinderung. Die Ausbildung erfolgt auf der Grundlage ganzheitlicher Betrachtungen der Menschen und gibt darüber hinaus einen Überblick über die Erziehung und die Unterrichtung von Kindern und Jugendlichen mit Sonderpädagogischem Förderbedarf.

Besondere Fach- und Handlungskompetenzen benötigen die körperbehindertenpädagogisch qualifizierten Lehrkräfte für alle Gebiete, die im Zusammenhang stehen mit der Förderung von Kindern und Jugendlichen mit körperlichen und motorischen Entwicklungsproblemen. Dies sind insbesondere die Auseinandersetzung mit den Auswirkungen der Bewegungsbeeinträchtigung und der Förderung der kognitiven, emotionalen, sozialen und kommunikativen Entwicklung. Besondere Befähigungen werden auch erforderlich im Hinblick auf die Aufgaben der Zusammenarbeit mit Eltern und Vertretern anderer Fachdisziplinen sowie für die begleitende Unterstützung der Prozesse der sozialen Integration. Die Lehrkräfte müssen fähig sein, spezielle Förderpläne zu erstellen, umzusetzen und zu evaluieren. Diesem Qualifizierungsanspruch müssen auch Erzieher, Ausbilder und Sozialpädagogen in den berufsvorbereitenden Lehrgängen entsprechen.

Unabdingbare Qualifikationsmerkmale sind Kenntnisse über Formen der Körperbehinderung und über chronische Erkrankungen, deren Begleiterscheinungen und mögliche psychosoziale Zusammenhänge und Auswirkungen.

Die Lehrkräfte müssen befähigt sein, auf der einen Seite, Nähe auszuhalten und andererseits Distanz herzustellen sowie Erwartungen und Erfahrungen mit anderen zu erörtern und abzustimmen. Kenntnisse über die basalen Wahrnehmungsprozesse, über die Bewegungsentwicklung, die Kommunikationsförderung und die Entwicklung des Denkens müssen situationsbezogen und flexibel umgesetzt werden.

Die im Förderschwerpunkt ausgebildeten Lehrkräfte sollen über Fähigkeiten in allen Aufgabenbereichen der sonderpädagogischen Förderung von Schülerinnen und Schülern mit körperlichen und motorischen Beeinträchtigungen verfügen. Dazu gehören auch die Vermittlung der Kulturtechniken unter erschwerten Bedingungen und die Anbahnung lebenspraktischer Fertigkeiten. Sie sind zu befähigen, an verschiedenen Lernorten wirksam zu werden.

Das breite Spektrum der Behinderungsarten und -formen in der Körperbehindertenpädagogik erfordert einen intensiven Austausch der im Förderschwerpunkt qualifizierten Lehrkräfte mit den an der sonderpädagogischen Förderung beteiligten Fachkräften sowie Medizinern, Therapeuten, Pflegepersonal und Rehabilitationstechnikern.

Die in der Ausbildung erworbenen Kenntnisse und Fähigkeiten und Fertigkeiten sollen durch Teamsitzungen, Supervision, Fortbildungsveranstaltungen und Weiterbildungsmaßnahmen regelmäßig aktualisiert und erweitert werden.

8. Schlussbestimmung

Die „Empfehlungen für den Unterricht in der Schule für Körperbehinderte (Sonderschule)" – Beschluss der Kultusministerkonferenz vom 6.9.1983 – werden aufgehoben.

Martin Rudnick
Ministerium für Bildung, Jugend und Sport des Landes Brandenburg

Peter Schulz
Schule an der Strauchwiese, Berlin

Anmerkungen zur Entwicklung der Empfehlungen zum Förderschwerpunkt motorische Entwicklung

Einleitung

Gegenüber den Empfehlungen für den Unterricht in der Schule für Körperbehinderte (Sonderschule) vom 6. 9. 1983 sind in den vorliegenden Empfehlungen zu den Förderschwerpunkten im Bereich der körperlichen und motorischen Entwicklung, des Umgehen-Könnens mit erheblichen Beeinträchtigungen im Bereich der Bewegung und mit körperlichen Behinderung wesentliche Änderungen vorgenommen worden.

Diese Veränderungen berücksichtigen die Weiterentwicklung der Behindertenpädagogik in den Fragen der Populationsbeschreibung, der Feststellung des sonderpädagogischen Förderbedarfs, der Förderorte für den Personenkreis und die Organisation des Unterrichts und der Erziehung an den verschiedenen Förderorten.

Dabei gilt als oberstes Prinzip, dass alle Kinder und Jugendlichen unabhängig von Art und Schweregrad ihrer Behinderung ein Recht auf eine ihren persönlichen Möglichkeiten entsprechende schulische Bildung und Erziehung erhalten sollen.

Somit wurden auch Förderangebote für Schüler und Schülerinnen mit schweren Mehrfachbehinderungen oder mit einer begrenzten Lebenserwartung in dieser Empfehlung beschrieben.

Die an der Erstellung der Empfehlungen zum Förderschwerpunkt körperliche und motorische Entwicklung Beteiligten waren bemüht, die Schülerinnen und Schüler mit dem Förderschwerpunkt motorische Entwicklung in der Abgrenzung zu anderen nicht defizitorientiert zu beschreiben.

Es musste auch die Frage bearbeitet werden, ob und wie man eine Abgrenzung zum Förderschwerpunkt geistige Entwicklung vornimmt.

Einige Absolventen der Schule für Körperbehinderte oder der anderen Förderorte werden sich nicht in die Berufs- und Arbeitswelt integrieren können. Für diese Personengruppe ist es erforderlich – im Zusammenhang mit Berufsorientierung und Berufsbildung – alternative Lebensformen zu diskutieren, Lebensformen, die nicht durch die Berufs- und Arbeitswelt bestimmt werden.

Es geht um das Aufzeigen sinnvoller Lebensperspektiven in Werkstätten für Behinderte, in selbstständigen Wohnformen und bei einem Leben ohne Beruf.

Es war auch zu entscheiden, ob die besondere Situation der Schülerinnen und Schüler mit fortschreitender Erkrankung und mit begrenzter Lebenserwartung thematisch aufgenommen werden muss.

Die kurz aufgezeigten Problembereiche verdeutlichen die wesentlich umfassenderen Aussagen der neuen Empfehlungen gegenüber denen von 1983. Sie machen deutlich, dass nur im Rahmen einer interdisziplinären Zusammenarbeit die Förderung körperlich und motorisch behinderter Kinder und Jugendlicher erfolgreich sein kann. Damit stellen diese Schülerinnen und Schüler an die sonderpädagogischen Lehrkräfte im Unterricht, in der Ausbildung, und der Erziehung sowie im lebenslangen Weiterbildungsprozess höchste Anforderungen.

Pädagogische Ausgangslage

In dem Bemühen, für die Personengruppe mit dem Förderschwerpunkt körperliche und motorische Entwicklung eine möglichst optimale Förderung zu sichern und dafür diesen Personenkreis mit all seinen Problemen genauer zu beschreiben, wurden die Beeinträchtigungen und Behinderungen dieser Menschen zunächst defizitorientiert aufgelistet.

Dieser positiv gemeinte Versuch der genauen Beschreibung wurde zu Recht kritisiert und es ist nicht von der Hand zu weisen, dass zunächst der Eindruck entstand – hier werden Menschen lediglich mit ihrem Nichtkönnen beschrieben.

Auf Grund dieser berechtigten Kritik von Fachgutachtern hat die Arbeitsgruppe die pädagogische Ausgangslage in einer weiteren Entwurfsfassung neu formuliert. Es musste deutlich gemacht werden, dass eine körperliche Behinderung nicht nur unter dem Aspekt eines Defizits gesehen werden kann.

Der Versuch in „Pädagogische Ausgangslage", die besondere Situation der Schülerinnen und Schüler mit körperlicher und motorischer Beeinträchtigung zu beschreiben wurde so gelöst, dass man darauf hinwies, dass diese Schülerinnen und Schüler körperliche und motorische Beeinträchtigungen aufzeigen, die Auswirkungen auf grundlegende Entwicklungsbereiche haben.

Im Folgenden werden dann die verschiedenen Entwicklungsbereiche benannt, die auf Grund der körperlichen und motorischen Beeinträchtigung in den Blick genommen werden müssen.

Unter Berücksichtigung dieser Prämissen wurde formuliert: Eine körperliche und motorische Beeinträchtigung kann unmittelbare Auswirkungen auf grundlegende Entwicklungsbereiche wie z.B. die Reflexauslösung und Verknüpfung, die Anregung des Bewegungs- und Lagesinnes sowie den Aufbau von Stell- und Gleichgewichtsreaktionen, die Veränderung von Körper- und Gelenkstellungen, die Integration von Sinnesleistungen sowie die Verarbeitung von Wahrnehmungsprozessen, die Entwicklung des Körperschemas, die Ausbildung der Bewegungswahrnehmung, die Koordination von Bewegungen und die Bewegungsplanung oder den Aufbau von Bewegungsmustern nehmen bzw. haben.

Die verschiedenen Arten und Formen der körperlichen und motorischen Beeinträchtigungen können verbunden sein mit vielfältigen Folgen und unterschiedlichen Begleiterscheinungen wie z.B. Einschränkung der Mobilität, erschwerter Entwicklung eines Körperbildes und Körperbewusstseins, eingeschränkter körperlicher Belastbarkeit und Konzentration, Erschwerung bis Unmöglichkeit alltäglicher Verrichtungen, eingeschränkter bis nicht ausführbarer Berufs-, Arbeits- und Beschäftigungsmöglichkeiten.

„Maßnahmen der medizinischen, schulischen, beruflichen und sozialen Rehabilitation zeigen vielfach nur dann die erwartete Entwicklung, wenn der Betroffene mitwirkt, aktiv wird, sich die Angebote und die bereitgestellten Hilfsmittel nutzbar macht." (STADLER 1999, 156).

Die Sonderpädagogische Förderung der körperlich und motorisch beeinträchtigten Kinder und Jugendlichen hat daher das Ziel, lebensbedeutsame Handlungsfelder für vielfältige Wahrnehmungs- und Bewegungsmöglichkeiten zu schaffen und unterschiedliche soziale und emotionale Erfahrungen zu vermitteln. Somit sollen die charakteristischen Beeinträchtigungen in der Bewegungs-, Handlungs- und Kommunikationsfähigkeit mit ihren Auswirkungen auf andere Entwicklungsbereiche überwunden bzw. kompensiert werden.

Das Kind und der Jugendliche sollen zu Akteuren ihrer Entwicklung werden. Als Ziel der Förderung wird also – so die Empfehlung – ein sinnerfülltes und weitgehend selbstverantwortliches Leben angestrebt.

Gemeinsamkeiten und Abgrenzung

Die Arbeitsgruppe war sich einig, dass die Gruppe der Schülerinnen und Schüler mit einer schweren Mehrfachbehinderung nicht in einer gesonderten Empfehlung beschrieben werden soll. Diese Schülerinnen und Schüler gehören zur Gruppe der Schülerinnen und Schüler mit dem Förderschwerpunkt körperliche und motorische Entwicklung oder geistige Entwicklung.

Die besondere Problematik der Schülerinnen und Schülern mit einer schweren Mehrfachbehinderung wurde integriert in den verschiedenen Kapiteln des Textes mit bearbeitet.

Unter „Pädagogische Ausgangslage", heißt es z.B.: „Bei einer schweren Mehrfachbehinderung ist von besonders umfänglicher körperlicher motorischer und zusätzlicher Beeinträchtigung auszugehen." In „Sonderpädagogischer Förderbedarf" wird diese Thematik wieder aufgegriffen. Dort wird beschrieben, dass diese Personengruppe besondere Zuwendung der betreuenden Menschen erfahren müssen und eine basale Förderung erhalten sollen. Im Bereich Diagnostik wird auch auf die besondere Situation dieser Personengruppe hingewiesen.

Es ist von den Fachgutachtern positiv herausgestellt worden, dass diese Empfehlung bewusst darauf verzichtet, bestimmte Schülerinnen und Schüler von dem ganzheitlichen pädagogischem Anliegen der Förderung und Forderung auszuschließen. Diese Personengruppe ist ein integrierter Teil der Gesamtschülerschaft. Es wurde begrüßt, dass die schulischen Bildungsangebote keinen Schweregrad körperlicher Beeinträchtigung ausschließen.

Schülerinnen und Schüler mit dem Förderschwerpunkt körperliche und motorische Entwicklung können auch unter fortschreitenden Erkrankungen leiden und haben u.U. eine begrenzte Lebenserwartung. Es ist Auftrag der Fachkräfte, die mit dieser Personengruppe arbeiten, auch diesen besonderen Aspekt zu berücksichtigen. Aus diesem Grunde hat sich die Arbeitsgruppe auch darauf verständigt, diesen Aspekt in die Empfehlung aufzunehmen. Im Kapitel 2 wird dieser Sachverhalt wie folgt beschrieben: „Die besondere Lebenssituation von Schülerinnen und Schülern mit fortschreitender Erkrankung, mit begrenzter Lebenserwartung erfordert eine intensive pädagogische Begleitung auf der Suche nach Möglichkeiten einer sinnvollen Lebensgestaltung und der Befriedigung der aktuellen Bedürfnisse. Einige können auf Grund der speziellen Beeinträchtigung nicht regelmäßig die Schule besuchen und erhalten ggf. Hausunterricht. Das Unterrichtsangebot muss der jeweiligen Bedürfnisslage der Schülerinnen und Schüler angepasst werden."

Auch im Zusammenhang mit der Festlegung des Förderortes wird auf diese Personengruppe eingegangen. Es heißt, dass Schülerinnen und Schüler mit fortschreitenden Erkrankungen und mit begrenzter Lebenserwartung bei der Entscheidung über den Förderort besonderer Aufmerksamkeit bedürfen.

Ziel und Aufgaben der Förderung

„Die eignen Ressourcen nutzen und sich am ‚Markt der Förderangebote' so gut zurechtfinden, dass durch Lern- und Übungsprogramme sowie technische Hilfsmittel alle individuellen Fähigkeiten und Fertigkeiten entwickelt werden. Im Rahmen seiner Potentiale ist das Kind oder der Jugendliche ‚Akteur' seiner Entwicklung zur selbsbestimmten und unabhängigen Persönlichkeit" (STADLER 1999, 156).

Grundsätzlich orientiert sich die Förderung der Kinder und Jugendlichen mit körperlichen und motorischen Beeinträchtigungen an den Erziehungs- und Bildungszielen der allgemein bildenden bzw. berufsbildenden Schulen. Nur beim Vorliegen weitergehender Beeinträchtigungen in anderen Förderschwerpunkten können auch die Rahmenpläne der Schulen für Lern- bzw. geistig Behinderte zur Anwendung kommen.

Neben dieser Grundorientierung ist unbedingt ein eigenständiger Erziehungs- und Bildungsauftrag zu erfüllen. Dieser ergibt sich aus der jeweiligen individuellen Lebensrealität und Lebensperspektive der Kinder und Jugendlichen mit körperlichen und motorischen Beeinträchtigungen.

Das Ziel der Förderung wird in einem sinnerfüllten und weit gehenden selbstverantwortlichen Leben mit einer körperlichen und motorischen Beeinträchtigung unter realen gesellschaftlichen und natürlichen Bedingungen gesehen.

Zu den Aufgaben der sonderpädagogischen Förderung gehören neben dem grundsätzlichen Erziehungs- und Bildungsanliegen vor allem, für die Kinder und Jugendlichen mit körperlichen und motorischen Beeinträchtigungen lebensbedeutsame Handlungsfelder zu schaffen, in denen ihre Wahrnehmungs-, Erlebnis- und Bewegungsfähigkeit sowie ihr sprachliches Handeln angeregt und ausgebildet werden. Sie sollen ihre eigenen Handlungsmöglichkeiten erweitern lernen, spezifische Hilfsmittel nutzen und alltägliche Verrichtungen selbstständig bewältigen können. Besonders hervorgehoben wurden bei den Aufgaben der Förderung auch der Aufbau sozialer Kompetenzen, die Hinführung zu einer realistischen Selbsteinschätzung der eigenen Leistungsmöglichkeiten und die Akzeptanz der häufig bleibenden Behinderung.

Generell soll die Förderung zu einer verantwortlichen Gestaltung des erschwerten Lebens und zur Wahrnehmung von Rechten und Pflichten in der Gesellschaft führen.

Bei schweren Mehrfachbehinderungen sind diese Zielstellungen auch in stark modifizierter Form kaum erreichbar, da diese Kinder und Jugendlichen im Förderprozess stets auf viel menschliche Zuwendung, Hilfe und Pflege durch feste Bezugspersonen angewiesen sein werden.

Bei Kindern und Jugendlichen mit begrenzter Lebenserwartung besteht die Sonderpädagogische Aufgabe darin, der Isolierung der Betroffenen entgegenzuwirken. Durch tiefe persönliche Zuwendungen sollen diesen Kindern und Jugendlichen Förderangebote unterbreitet werden, die leistbare Anforderungen darstellen und damit Erfolgserlebnisse vermitteln, um Selbstvertrauen sowie Lern- und Lebensfreude zu erhalten, zu stärken und zu stützen.

Förderorte

Analog zu den anderen Empfehlungen sieht die Empfehlung für die Schülergruppe mit dem Förderschwerpunkt körperliche und motorische Entwicklung die schulische Förderung an unterschiedlichen Förderorten vor.

Neu in einer Empfehlung der KMK ist die Aussage, dass Schülerinnen und Schüler mit Förderbedarf im Bereich der körperlichen und motorischen Entwicklung an Allgemeinen Schulen unterrichtet werden können, wenn dort die notwendigen personellen, räumlichen und sächlichen Voraussetzungen sichergestellt werden.

Es wird darauf verwiesen, dass im gemeinsamen Unterricht besonders eine gute Zusammenarbeit zwischen Pädagogen und therapeutisch-pflegerisches Fachpersonal gesichert sein muss. Damit wird unterstrichen, dass Lehrkräfte alleine nicht ausreichen, um den gemeinsamen Unterricht für diese Schülerinnen und Schüler sachgerecht zu realisieren.

Um dem Anliegen der gesellschaftlichen Integration von Schülerinnen und Schülern mit dem Förderschwerpunkt körperliche und motorische Entwicklung zu genügen, bedarf es auch in der sonderpädagogischen Förderung in Sonderschulen bzw. Förderschulen besonderer pädagogischer Maßnahmen. Auch mit den Schülerinnen und Schülern, die in einer Sonder- bzw. Förderschule unterrichtet werden, sind Aktivitäten mit nicht behinderten Schülerinnen und Schülern anzustreben.

Dieser Aspekt der gemeinsamen Arbeit, der gemeinsamen Freizeitgestaltung mit nicht behinderten Kindern und Jugendlichen war der Arbeitsgruppe besonders wichtig.

Für einige Kinder und Jugendliche soll der Besuch einer Sonder- bzw. Förderschule für Körperbehinderte – im Sinne einer Durchgangsschule – zeitlich begrenzt sein. Der zeitlich befristete Besuch einer Sonder- bzw. Förderschule für Körperbehinderte soll diesen die notwendige sonderpädagogische Hilfe und Unterstützung anbieten, um bald wieder in die Allgemeine Schule rückkehren zu können.

Die sonderpädagogische Förderung in kooperativer Form (Sonder- bzw. Förderschulen für Körperbehinderte und Allgemeine Schulen in enger pädagogischer Zusammenarbeit) ist ein wichtiges sonderpädagogisches Angebot, da sich hier die Aspekte Integration und Förderarbeit in Sonderschulklassen in idealer Form verbinden können. Die Beispiele aus dem Bundesland Brandenburg, wo an den Standorten Birkenwerder und Cottbus integrativ kooperative Schulangebote für Körperbehinderte und nicht behinderte Kinder realisiert wurden, zeigen durch die dort erzielten positiven Ergebnisse, dass der Ansatz tragfähig ist und ausgebaut werden sollte.

Unter den körperlich und motorisch beeinträchtigten Jugendlichen gibt es eine Gruppe, die aufgrund der Art und des Schweregrades ihrer Behinderung ohne ständige Begleitung, Hilfe und Pflege kein eigenbestimmtes Leben führen kann.

Ihnen bleibt die Berufs- und Arbeitswelt weitgehend verschlossen. Für sie muss durch spezielle Förderung eine sinnvolle Lebensperspektive in Werkstätten für Behinderte und in selbstständigen Wohnformen gefunden werden. Sie sind auf ein Leben ohne Arbeit langfristig und gezielt vorzubereiten. Dabei muss angestrebt werden, dass jede Art der gesellschaftlichen Isolation dieser Personen z.B. schon durch die Standortauswahl der Werkstätten oder der Wohnanlagen vermieden wird.

Bei schwersten Mehrfachbehinderungen können auch diese genannten Formen nicht mehr in Betracht gezogen werden. Durch ständige individuelle, personenbezogene Lebensbegleitung erfährt dieses behinderte Kind und dieser behinderte Jugendliche Formen und Inhalte von Lebensqualität.

Interdisziplinarität

Die veränderte Population und die neuen Herausforderungen an die Aufgaben der sonderpädagogischen Förderung für körperlich und motorisch beeinträchtigte Kinder und Jugendliche bedingen eine qualifizierte Zusammenarbeit verschiedener Fachkompetenzen. Es ist notwendig, dass die sonderpädagogischen Lehrkräfte die Zusammenarbeit mit Vertretern unterschiedlichster Institutionen suchen und ausgestalten. Dazu gehören Mitarbeiter von Schulpsychologischen und Schulärztlichen Diensten, Gesundheits-, Jugend- und Sozialämtern, Beratungsstellen für Behinderte, Frühfördereinrichtungen, Arbeitsämtern, Kammern,

Betrieben, Selbsthilfeorganisationen, Vereinen und Jugendverbänden, Leistungsträgern verschiedener Dienste sowie vor allem Fachmediziner. Nur durch eine systematische und koordinierte Zusammenarbeit im jeweiligen Einzelfall können die Hilfe- und Förderleistungen sowie die verfügbaren Ressourcen und Kompetenzen effektiv eingesetzt und genutzt werden. Gerade die heutigen Möglichkeiten der Interdisziplinarität garantieren bei sinnvoller Ausnutzung einen hohen Grad an Effektivität im Förderprozess für das einzelne körperlich und motorisch beeinträchtigte Kind bzw. den Jugendlichen.

Die Zusammenarbeit der sonderpädagogisch qualifizierten Fachkräfte mit anderen Fachvertretern verlangt ein gemeinsames Grundverständnis von den Zielen und Aufgaben der Förderung von Kindern und Jugendlichen mit körperlichen und motorischen Beeinträchtigungen sowie eine eindeutige Zuordnung von Kompetenz- und Verantwortungsbereichen für jeden Beteiligten. In dieser Hinsicht besteht in Deutschland noch immer ein deutlicher Regelungsbedarf.

Es ist erforderlich, dass Verbindungen zwischen verschiedenen Fach- und Dienstleistungsbereichen sowie Maßnahmeträgern hergestellt und unterschiedliche Förder- und Hilfekonzepte koordiniert werden, um verfügbare Ressourcen auch effektiv einzusetzen bzw. zu nutzen.

Den Autoren schien ebenfalls äußerst bedeutsam, auf den sinnvollen Einsatz und die entsprechende Qualifikation des Personals in der sonderpädagogischen Förderung zu verweisen. Auf Grund der sehr unterschiedlichen Aufgabenfelder und Handlungsformen, der auch stark von der medizinischen Begutachtung abhängigen Förderung der Kinder und Jugendlichen mit körperlichen und motorischen Beeinträchtigungen, sind besondere Anforderungen an das sonderpädagogische Personal zu stellen. Es muss befähigt sein, seine Aufgaben in einem abgestimmten Gesamtkonzept der Förderung durch unterschiedliche Fachkompetenz wahrnehmen zu können. Deshalb ist schon in der Ausbildung des Personals der Interdisziplinarität in der Förderarbeit breite Aufmerksamkeit zu widmen.

Der Arbeitsprozess selbst verlangt eine ständige, lebenslange Fortbildung, auch um den sich ständig erweiterten Fortschritt im medizinisch-therapeutischen Bereich handelnd gerecht werden zu können.

Literatur

STADLER, H.: Förderschwerpunkt körperliche und motorische Entwicklung. In: Zeitschrift für Heilpädagogik 50 (1999) 156-164

Hans Stadler
Universität Dortmund

Förderschwerpunkt körperliche und motorische Entwicklung

Vorbemerkung

Die Empfehlungen der Kultusministerkonferenz (KMK 1994) zur sonderpädagogischen Förderung in den Schulen der Bundesrepublik Deutschland kennzeichnen einen „Förderschwerpunkt im Bereich der körperlichen und motorischen Entwicklung, des Umgehen-Könnens mit erheblichen Beeinträchtigungen im Bereich der Bewegung und mit körperlicher Behinderung". Bisher wurde der damit gemeinte Personenkreis als „Körperbehinderte und chronisch Kranke" umschrieben. Um die Person ins Zentrum zu rücken, wird neuerdings auch von „Menschen mit Körperbehinderung und chronischer Erkrankung" gesprochen. Inzwischen liegen von der KMK (1998) „Empfehlungen zum Förderschwerpunkt körperliche und motorische Entwicklung" vor. Neben der Bezugnahme auf einschlägige Fachliteratur bilden sie die Grundlage für die folgenden Ausführungen.

Zum Personenkreis

Bei Kindern und Jugendlichen mit Förderbedarf im Bereich körperlicher und motorischer Entwicklung, des Umgehen-Könnens mit erheblichen Beeinträchtigungen im Bereich der Bewegung und mit körperlicher Behinderung handelt es sich um eine sehr heterogene Gruppe. Während die Leistungsfähigkeit der Körpermotorik in der Regel beeinträchtigt ist, entsprechen die individuellen Ausprägungen der Kognition und der Emotion der Vielfalt menschlicher Leistungs- und Verhaltensweisen. Innerhalb dieses Personenkreises gibt es deshalb die ganze Bandbreite der individuellen Möglichkeiten schulischer und beruflicher Rehabilitation (siehe dazu STADLER 1998 b, 11-18). Hinzu kommen noch die Kinder und

Jugendlichen, die eine schwere Mehrfachbehinderung aufweisen; verkürzt wird auch von Schwerstbehinderung gesprochen, die zu eingeschränkten Möglichkeiten im Ausdruck, in der Kommunikation und in der Bewegung führt, was sich auf die Selbstentfaltung und ihr soziales Umfeld auswirkt (siehe dazu FRÖHLICH 1991; FORNEFELD 1998). Auch lebensbedrohlich und progredient Erkrankte mit herab gesetzter Lebenserwartung rechnen zum Personenkreis (siehe dazu ORTMANN 1995; KALLENBACH 1998).

Da die Betroffenen alle medizinisch untersucht und behandelt werden, erfolgt immer eine Einordnung in medizinische Schädigungs- und Krankheitsbilder. Problematisch wird das, wenn die Person hinter eine Kategorie zurücktritt und verkürzt nur noch vom Querschnittsgelähmten, Spastiker oder Diabetiker gesprochen wird. Das Umgehen-Können mit Beeinträchtigungen der Bewegungsfähigkeit oder weiteren körperlichen Behinderungen ist deshalb nicht nur ein Lernprozess für die Betroffenen, sondern auch für die Fachkräfte der Rehabilitation, die sie fördern. Inwieweit ein Mensch Erschwerungen durch eine Schädigung oder chronische Erkrankung erfährt, ist nämlich auch davon abhängig, ob er gelernt hat, trotz der Behinderungsauswirkungen seine Verhaltens- und Leistungspotentiale optimal zu nutzen. Maßnahmen der medizinischen, schulischen, beruflichen und sozialen Rehabilitation zeigen vielfach nur dann die erwartete Wirkung, wenn der Betroffene mitwirkt, aktiv wird, sich die Angebote und die bereit gestellten Hilfsmittel nutzbar macht. Modern gesprochen, ist ein „individuelles Management" gefordert: Die eigenen Ressourcen nutzen und sich am „Markt der Förderangebote" so gut zurechtfinden, dass durch Lern- und Übungsprogramme sowie technische Hilfsmittel alle individuellen Fähigkeiten und Fertigkeiten entwickelt werden. Im Rahmen seiner Potentiale ist das Kind oder der Jugendliche selbst „Akteur" seiner Entwicklung zur selbstbestimmten und unabhängigen Persönlichkeit. Pflege, Förderung, Erziehung und Unterricht bilden dazu aber eine notwendige Grundlage.

Neben den Bewegungs- und Sinnesschädigungen werden heute zunehmend Schädigungen medizinisch behandelt, die ihren Sitz im Innern des Körpers haben. Dazu gehören insbesondere die angeborenen Erkrankungen des Nervensystems in Form cerebraler, also vom Gehirn und Rückenmark ausgehender Lähmungen, die Erkrankungen an Körperorganen und Organsystemen z.B. die Niereninsuffizienz, die Fehlbildungen z.B. Herzklappenfehler sowie die vielfältigen Formen der Allergien und Hauterkrankungen. Unterscheiden lassen sich folgende Schädigungen und Erkrankungen:

1. Angeborene, frühkindliche und im Leben erworbene cerebrale Bewegungsschädigungen.

2. Angeborene und erworbene Schädigungen des Rückenmarks mit der Folge einer teilweisen oder vollständigen Querschnittlähmung.

3. Angeborene und erworbene Schädigungen des Skelettsystems (Knochen und Gelenke).

4. Angeborene Schädigungen des Muskelsystems.

5. Chronische Erkrankungen durch Schädigungen der inneren Organe und der Haut.

Bei vielen Betroffenen liegen zusätzlich Schädigungen im Bereich des Hörens und Sehens sowie Anfallsleiden vor. Mehrfachbehinderungen können als schicksalhafte Kumulierung im Sinne einer Sekundärschädigung auftreten (Beispiel: Ein an Gehörlosigkeit leidendes Kind wird durch einen Unfall auch noch körperbehindert). Sie können aber auch Folge eines Schädigungssyndroms sein (Beispiel: Eine cerebrale Bewegungsstörung zeigt sich nicht nur als Körperbehinderung, sondern auch als Beeinträchtigung der Sprache und des Lernens).

Körperbehinderung kann nach wie vor als Sammelbegriff für die vielfältigen Erscheinungsformen und Schweregrade der angesprochenen Beeinträchtigungen gelten. Ausgehend von Erschwerungen in der motorischen Umwelterfahrung des Kindes kann die Bewältigung der Lebensanforderungen subjektiv beeinträchtigt werden. Durch pädagogisch-therapeutische Maßnahmen ist aber eine optimale Entwicklung der Persönlichkeit erreichbar. Insoweit ist Körperbehinderung ein relativer Begriff; was aus einem jungen Menschen mit einer körperlichen Schädigung wird, ist abhängig von einer intensiven Frühförderung und adäquaten Maßnahmen der schulischen und beruflichen Rehabilitation. Weil mit Körperbehinderung ein längerfristiger oder lebenslang andauernder Zustand zu verstehen, der aber nicht mit Krankheit gleichzusetzen ist, gibt es fließende Übergänge zu den sogenannten chronischen Erkrankungen. Sie beginnen oft schleichend, sind schwer oder gar nicht behandelbar, erfordern aber therapeutische und pädagogische Maßnahmen (siehe dazu STADLER 1998 b, 33-34). Auch können sie Aktivitäten und Bewegungsmöglichkeiten einschränkt.

Als zentrales Merkmal einer Körperbehinderung gilt die Störung der Körpermotorik; eine daraus folgende Bewegungseinschränkung kann unter psychomotorischem, entwicklungs-, neuro- und sozialpsychologischem Aspekt betrachtet werden (vgl. LEYENDECKER 1994, 154-161). Beispiel 1: Psychomotorik (Zusammenhang zwischen Körperbewegung, seelischem Erleben und Verhalten): Es kann zu primären oder zu sekundären Einschränkungen der Bewegungsfunktionen kommen. Der Bau oder die Funktion des Bewegungsapparats kann gestört sein. Der Körper kann vollständig oder nur teilweise betroffen sein. Die Auswirkungen körperlicher Schädigungen auf die Psychomotorik hängen davon ab, inwieweit Aussehen, Aktivitäten und Leistungen beeinträchtigt sind: von der Möglichkeit selbstständiger Fortbewegung, von der Fähigkeit sensomotorischer Koordination, vom äußeren Erscheinungsbild, von der Möglichkeit zur Kommunikation durch die Laut- und Körpersprache und von Ausgleichsmöglichkeiten durch Gehhilfen, Fahrzeuge und sonstige Hilfen bei der Kommunikation. Hinzu kommen Beeinträchtigungen, die sich aus Störungen der Urogenitalfunktionen oder durch zusätzliche Schädigungen sensorischer Funktionen in den Bereichen Sehen, Hören und Empfinden ergeben. Beispiel 2 : Neuropsychologie (Beziehung zwischen Nervenprozessen und psychischen Strukturen): Durch eine Schädigung des Gehirns können „höhere" Hirnleistungen, wie Wahrnehmen, Denken und Lernen, gestört sein. Solche Störungen können auch in Verbindung mit einer Schädigung der Psychomotorik auftreten; so etwa bei frühkindlichen Hirnschädigungen in Form cerebraler Bewegungsstörungen. Bei traumatischen Hirnschädigungen treten neben motorischen und psychischen vor allem auch kognitive Störungen auf.

Unabhängig von der Art oder Schwere der Körperbehinderung lassen sich allgemein drei Arten von Auswirkungen körperlicher und geistiger Schädigungen unterscheiden (vgl. STADLER 1998 b, 13): Die primären Funktionsausfälle und Funktionsstörungen, z. B. Gehunfähigkeit durch Querschnittslähmung. Die sekundären Folgewirkungen, z. B. Retardierungen in der geistigen Entwicklung als Folge mangelnder Umwelterfahrung oder Beeinträchtigung des Spracherwerbs infolge cerebral bedingter Störungen im Sprechapparat. Die tertiären Verhaltens- und Leistungsstörungen als Folge (pädagogisch) unangemessener Reaktionen der sozialen Umwelt, zum Beispiel störendes Verhalten im Schulunterricht. Bestimmenden Einfluß auf die Persönlichkeitsentwicklung haben die biographischen Gegebenheiten und die psychosoziale Gesamtsituation, in der die Betroffenen aufwachsen und leben. Aufgabe der Pädagogik ist es, die Eltern in der Erziehung zu unterstützen und möglichst günstige Bedingungen für die Entwicklung der Kinder und Jugendlichen zu schaffen.

Zu beachten ist auch die Struktur von Behinderung im Verständnis der Weltgesundheitsorganisation (World Health Organisation – WHO). Sie unterscheidet nach ihrer Internationalen Klassifikation der Behinderungen (International Classification of Impairments, Disabilities and Handicaps – ICIDH) von 1993 in Schädigung, Fähigkeitsstörung und Beeinträchtigung (siehe zur Anwendung auf Körperbehinderung STADLER 1998 b, 27- 29).

Eine Übersicht über die medizinische Klassifikation, die Erscheinungsformen, Ursachen, möglichen Auswirkungen und die Einrichtungen sowie die pädagogisch-therapeutischen Maßnahmen in bezug auf Körperbehinderungen und chronische Erkrankungen gibt Tab. 1 (entnommen aus STADLER 1998 b, 14-16). Dabei wird unterschieden zwischen Schädigungen des Zentralnervensystems (Gehirn und Rückenmark), der Muskulatur und des Skelettsystems sowie chronischen Krankheiten und Fehlfunktionen von Organen.

Festzuhalten bleibt, dass die medizinischen Klassifizierungen zunächst nichts über Auswirkungen auf die intellektuelle Leistungsfähigkeit, die Persönlichkeitsentwicklung, die subjektiven Lebenserschwerungen und über Chancen und Risiken der schulischen und beruflichen Rehabilitation aussagen. Die individuelle Persönlichkeit entwickelt sich als Ergebnis von Anlage- und Umweltfaktoren; der medizinischen Behandlung nachgehende und begleitende Therapie (Krankengymnastik, Ergotherapie, Logopädie) und Pädagogik (Erziehung, Schulunterricht, Berufsausbildung, Hochschulstudium) bestimmen letztlich das erreichbare Entwicklungsniveau. Nach Feststellung des sonderpädagogischen Förderbedarfs können je nach Umfang und Auswirkungen der Behinderung durch Frühförderung sowie durch sonder- und berufspädagogische Maßnahmen die angemessenen Schul-, Ausbildungs- und Studienabschlüsse erreicht werden.

Ziele und Aufgaben der sonderpädagogischen Förderung

Nach den Empfehlungen der KMK (1998) zum Förderschwerpunkt körperliche und motorische Entwicklung soll grundsätzlich eine Orientierung an den Erziehungs- und Bildungszielen der Allgemeinen Schulen erfolgen. Können diese nicht angestrebt werden, so ist auf die Bildungspläne der Schulen für Lernbehinderte und für Geistigbehinderte zurückzugreifen. Bei einer schweren Mehrfachbehinderung (im Grad einer Schwerstbehinderung) gibt es in den einzelnen Bundesländern auch gesonderte Richtlinien für Förderung, Erziehung und Unterricht. Unabhängig von den jeweiligen Bezugslehrplänen ist aber ein eigenständiger Bildungsauftrag zu erfüllen, der sich aus der Lebenswirklichkeit und den Lebensperspektiven der Kinder und Jugendlichen mit körperlichen und motorischen Beeinträchtigungen ergibt (siehe dazu HAUPT und JANSEN 1983; WELLMITZ und VON PAWEL 1993; OSKAMP 1993; STADLER 1998a und b).

Zur pädagogischen Ausgangslage

Art und Grad der eingeschränkten Bewegungsmöglichkeiten bestimmen die Ausgangslage, die so stark reduziert sein kann, dass eine hohe Pflegebedürftigkeit besteht. Die unmittelbaren Auswirkungen zeigen sich in grundlegenden Entwicklungsbereichen; dazu rechnen: die Reflexauslösung und ihre Verknüpfung, die Anregung des Bewegungs- und Lagesinnes sowie der Aufbau von Stell- und Gleichgewichtsreaktionen, die Veränderung von Muskelkraft und Gelenkstellungen, die Integration der Sinne Riechen, Schmecken, Fühlen, Tasten, Hören, Sehen sowie die Verarbeitung von Wahrnehmungsprozessen, die Entwicklung des Körperschemas (z.B. Sicherheit in der Körperkontrolle und Körperwahrnehmung, bewusste Körperkenntnis und Steuerung des Körpergefühls, die Körperorientierung, die Raumvorstellung und die Orientierung im Raum sowie die Rechts-Links-Unterscheidungen), die Ausbildung der Bewegungswahrnehmung, die Bewegungsplanung und die Koordination der Bewegungen, der Aufbau von Bewegungsmustern (z.B. die Abstimmung der Bewegungen beim Kriechen, Gehen, Hüpfen, Springen, Laufen, Greifen, Werfen, Sitzen, Liegen, Festhalten).

Aus den Arten und Formen der körperlichen und motorischen Beeinträchtigungen können sich Begleiterscheinungen ergeben wie: Einschränkung der Mobilität, der Möglichkeit, Entfernungen selbst zu überwinden und Handlungen selbstständig auszuführen; bewegungsbedingte Einengungen bei der Bewältigung der unterrichtlichen und lebenspraktischen Aufgaben; im Vergleich mit altersorientierten Erwartungen veränderte kognitive Fähigkeiten, verändertes Lernvermögen und verändert ablaufende Wahrnehmungsprozesse; erschwerte Entwicklung eines Körperbildes und Körperbewusstseins; eingeschränkte körperliche Belastbarkeit und Konzentration; Hemmnisse bei alltäglichen Verrichtungen; erschwerter Aufbau des Selbstwertgefühls, der Motivation und einer realistischen Selbsteinschätzung; schwer interpretierbare Ausdrucks- und Kommunikationsformen; Erschwerung der emotionalen Entwicklung; Erschwerung der sozialen Integration und der Begegnung mit anderen Menschen; Ablehnung in der Gesellschaft wegen des durch die physiologischen Umstände geprägten anderen Aussehens und Verhaltens; eingeschränkte Teilnahme an Freizeitangeboten; eingegrenzte Berufs-, Arbeits- und Beschäftigungsmöglichkeiten; Verzögerung der geschlechtlichen Entwicklung und Erschwerungen bei der Verwirklichung eines befriedigenden Sexuallebens.

In Förderung, Erziehung und Unterricht sind deshalb lebensbedeutsame Handlungsfelder zu schaffen, in denen Wahrnehmung und Bewegung angeregt werden. Die Herausbildung von kognitiven Strukturen wie Körperschema, räumliche und zeitliche Vorstellungen ist zu unterstützen. Konzentrations- und Anstrengungsbereitschaft sollen gefördert werden, damit Dinge und Personen mit innerer Sammlung und Ruhe betrachtet und die Aufmerksamkeit auf einzelne Sinnesfunktionen gelenkt werden können. Auch sind Situationen zu schaffen, die auf neurophysiologischer Basis Handlungs- und Bewegungsabläufe erleichtern und so die Muskelspannung bzw. -entspannung sowie die Bewegungskoordination verbessern. Ziel ist ein sinnerfülltes und weitestgehend selbstverantwortliches Leben mit einer körperlichen Beeinträchtigung.

Bei schweren Mehrfachbehinderungen ist von besonders umfänglichen körperlichen, motorischen und zusätzlichen Beeinträchtigungen auszugehen. Das Entwicklungsalter kann dabei weit unter dem Lebensalter liegen, so dass vor allem basale Fähigkeiten, deren Ausdifferenzierung und die Anbahnung von eigenständiger Bewegung und Handlung zu fördern sind. Diese Kinder und Jugendlichen benötigen bei ihrer Förderung viel menschliche Zuwendung und Bezugspersonen, die sie in ihren Ausdrucksformen verstehen und annehmen. Eine zuverlässige Versorgung und Pflege wird hier zur Grundlage pädagogischer Arbeit.

Sonderpädagogischer Förderbedarf

Nach wie vor gilt als Bezugsrahmen der Unterricht mit nicht behinderten Kindern in Allgemeinen Schulen. Wer ihm nicht ohne spezifische Unterstützung zu folgen vermag, weil seine körperliche und motorische Ausgangslage bezüglich der Entwicklungs- und Lernmöglichkeiten beeinträchtigt ist, hat einen sonderpädagogischen Förderbedarf. Der Förderbedarf ist dann sowohl hinsichtlich der individuellen Bedingungen auf Seiten des Kindes oder Jugendlichen als auch hinsichtlich der Fördermöglichkeiten unter konkreten schulischen Rahmenbedingungen festzustellen. Er soll durch eine breit angelegte interdisziplinäre Verlaufsdiagnostik erhoben und in ein pädagogisches Förderkonzept eingearbeitet werden. In eine Kind-Umfeld-Analyse gehen die Voraussetzungen in elementaren Entwicklungsbereichen wie Motorik, Sensorik, Emotionalität, Kognition, kommunikativ-sprachliche und soziale Kompetenz ein.

Je nach Art der Beeinträchtigung sind prothetische und technische Hilfen (Schreib- und Zeichenhilfen, Computer) einzusetzen (siehe dazu STADLER 1998 b, Kapitel 6: Hilfsmittel bei gestörter Motorik und Kommunikation, 142-152). Die Schule muss in baulich-räumlicher Hinsicht so ausgestattet sein, dass sie den Bedürfnissen der körperbehinderten Schülerinnen und Schüler gerecht wird (Bewegungsflächen für Rollstühle in Unterrichts-, Gemeinschafts- und Sanitärräumen, Zugänglichkeit und selbstständige Erreichbarkeit ggf. durch Aufzüge). Auch die ergänzenden Förderangebote wie Physio- und Ergotherapie, Logopädie, Sozialpädagogik und Pflege müssen sichergestellt werden können. Die beteiligten Fachkräfte müssen sich um ein gemeinsames Förder-, Erziehungs- und Unterrichtskonzept bemühen (siehe dazu SOWA und RISCHMÜLLER 1996).

Kinder und Jugendliche mit schweren Mehrfachbehinderungen benötigen infolge ihrer sich auf mehrere Entwicklungsbereiche erstreckenden Beeinträchtigungen Menschen, die ihnen auch körperlich nahe kommen und eine Beziehung zu ihnen aufnehmen, um ihnen die Umwelt elementar zu vermitteln. Sie müssen durch eine basale Förderung alle Sinne ansprechen (Tiefensinne, Sinne der Haut, des Geruchs, des Geschmacks, des Gesichts, des Gehörs und Tastsinn). Konzepte und Erfahrungen dazu liegen vor (siehe dazu DANK 1990; FRÖHLICH 1991; FORNEFELD 1998; STADLER 1998 b, Kapitel 5: Förderung bei Mehrfach- und Schwerstbehinderung, 121-141).

Bei jungen Menschen mit fortschreitender Erkrankung und herabgesetzter Lebenserwartung ist eine intensive pädagogische Begleitung angezeigt. Gemeinsam sind die Möglichkeiten einer sinnvollen Lebensgestaltung und die Befriedigung aktueller Bedürfnisse anzustreben. Der Unterricht ist der jeweiligen Bedürfnislage anzupassen und kann auch am Krankenbett oder als Hausunterricht stattfinden (siehe dazu ORTMANN 1995; KALLENBACH 1998).

Feststellung des sonderpädagogischen Förderbedarfs

Die diagnostischen Fragestellungen der Erhebung richten sich auf ein qualitatives und quantitatives Profil der Fördermaßnahmen und sollen in eine Empfehlung zu Art und Umfang des Bedarfs und zum Förderort münden. Im einzelnen umfasst die Erhebung: das Auswerten der Befunde der medizinischen Anamnese und Diagnose; das Darstellen des bisherigen Entwicklungsverlaufs; das Erfassen des Entwicklungsstandes in Bezug auf Motorik, Sensorik, Kognition, Sprache und Kommunikation, Emotionalität und Sozialkompetenz sowie Lern- und Leistungsverhalten; die Kind-Umwelt-Analyse einschließlich des schulischen Umfeldes und dessen Veränderungsmöglichkeiten; den räumlichen Bedarf und die technisch-materielle Ausstattung; das Prüfen des physio-, ergo- und sprachtherapeutischen sowie des sozialpädagogischen Bedarfs und ergänzend des Bedarfs im Bereich der allgemeinen Pflege und der Behandlungspflege; eine Aussage zur Bewältigung des Schulwegs.

In bezug auf die individuelle Situation werden Feststellungen zu folgenden Bereichen getroffen: Bewegungsfähigkeit beim Liegen, Sitzen, Stehen, Gehen, Greifen, Halten, Loslassen; Gelenk- und Muskelspannung, Bewegungswahrnehmung, Bewegungsplanung und -koordination; Art und Grad der selbstständigen Fortbewegungsmöglichkeit; Wahrnehmung und Wahrnehmungsverarbeitung sowie die sensorische Verknüpfung; Tiefen- und Oberflächensensibilität, Orientierungsfähigkeit hinsichtlich des eigenen Körpers, der Raumvorstellung und der zeitlichen Strukturen; Besonderheiten der körperlichen Organe, des Stoffwechsels, der Haut und der Blutsysteme; Erkrankungen und deren Folgeschäden; Seh-, Hör- und Sprachvermögen; Hilfsmittelversorgung und Medikation; soziale Einbindung und Interaktion; emotionale Grundbefindlichkeit; Aneignungsweisen und Handlungskompetenzen; Selbstständigkeit bei Verrichtungen des Alltags wie Körperpflege, Nahrungsaufnahme und -ausscheidung, An- und Auskleiden; Entwicklungsverlauf und aktueller schulischer Leistungsstand; schulisches Umfeld und Möglichkeiten seiner Veränderung; berufliche Perspektive.

Die individuelle Ausgangslage, das Lern- und Sozialverhalten, die emotionale Befindlichkeit sowie das schulische und außerschulische Umfeld sollen bei der Erhebung des Förderbedarfs betrachtet werden. Dabei ist vom Kind oder Jugendlichen als Handelnder und Gestalter seiner eigenen Entwicklung auszugehen und nicht nur auf seine Beeinträchtigungen abzuheben. Mit den Betroffenen – wobei das Lebensalter und der Entwicklungsstand zu berücksichtigen sind – und ihren Eltern sind die Erkenntnisse und Befunde zu besprechen. Von einer Lehrkraft mit einer Ausbildung im Förderschwerpunkt „Körperliche und motorische Entwicklung" sind sie zu einem Gutachten zusammenzufassen, zu bewerten und der Schulaufsicht mit einer Empfehlung zur Entscheidung über notwendige sonderpädagogische Fördermaßnahmen vorzulegen.

Entscheidung über den Förderort

Die Schulaufsicht hat dann bei ihrer Entscheidung über Art, Umfang und Ort der Förderung Folgendes zu berücksichtigen: die Ergebnisse der Beratung mit den Betroffenen, ihren Eltern und allen beteiligten Gremien; die Fördermöglichkeiten der Allgemeinen Schule und der Sonderschule; die Verfügbarkeit des erforderlichen Personals, der technischen und apparativen Hilfsmittel sowie spezieller Lehr- und Lernmittel; die Berücksichtigung baulich-räumlicher Voraussetzungen.

Der Elternwunsch bzw. bei Volljährigkeit der Wunsch des Schülers in Bezug auf den Förderort Sonderschule oder Allgemeine Schule soll bei der Entscheidung beachtet werden. Die Schulgesetze einiger Bundesländer geben dem gemeinsamen Unterricht den Vorzug. Aber auch in der Allgemeinen Schule müssen die sächlichen, räumlichen und personellen Voraussetzungen gegeben sein. Alle Entscheidungen über den individuellen Förderbedarf erfordern in geeigneten Abständen eine Überprüfung. Besondere Bedingungen liegen bei Schülerinnen und Schülern mit fortschreitender Erkrankung und herabgesetzter Lebenserwartung vor. Für sie können die inhaltlichen Schwerpunkte der Lehrpläne, nach denen sie unterrichtet werden, entsprechend verändert werden.

Erziehung und Unterricht

Über die allgemeinen Lernziele hinaus sollen sich die Ziele und Inhalte der Erziehung und des Unterrichts an die im späteren persönlichen und beruflichen Lebenszusammenhang voraussichtlich zu erwartenden Anforderungen richten. Wenn dies auch schwer einzuschätzen ist, so dürfen die Lebensperspektiven infolge der Auswirkungen der Behinderung keineswegs unbeachtet bleiben. Die Schülerinnen und Schüler sollen sich mit Themenbereichen beschäftigen, die ihren Fähigkeiten und Neigungen, ihren Motiven, Fragen und Zielvorstellungen entsprechen. Es sollen ihnen Erkenntnisse und Formen der Selbstfindung und Mitwirkung erschlossen werden, damit sie sich als handelnde Personen erleben können (siehe dazu STADLER 1998 b, Kapitel 9: Übergang von der Schule in das Erwachsenenleben, 189-213).

Über die Auseinandersetzung mit ihren Beeinträchtigungen und deren Wirkungen im sozialen und kommunikativen Umfeld sollen sie gestärkt werden; durch Umgang und Kontakte mit Menschen, die ähnlich beeinträchtigt sind, soll ein tragfähiges Selbstkonzept entwickeln werden. Die Erziehung bezieht sich zwar stets auf die aktuelle Lebenssituation der Kinder und Jugendlichen, zielt aber letztlich immer auf das künftige Leben. Deshalb sollen auch die Reaktionen der Umwelt auf die Behinderung und die Vorurteile, die gegenüber Betroffenen bestehen, thematisiert werden.

Der Unterricht für Schülerinnen und Schüler mit körperlichen und motorischen Beeinträchtigungen geht von Bildungszielen und Inhalten aus, die aufgrund der Lernvoraussetzungen und aufgrund des sonderpädagogischen Förderbedarfs angemessen sind. Das bedeutet, dass die jeweiligen „Bezugslehrpläne" (etwa für die Grund-, Haupt- und Realschule, das Gymnasium, die Schule für Lernbehinderte oder für Geistigbehinderte) so anzuwenden sind, dass sie den individuellen Bedürfnissen gerecht werden. Die Lernbedingungen sind so zu gestalten, dass die Förderung sachgerecht durchgeführt werden kann. Im einzelnen kann dies bedeuten: In Klassen und Lerngruppen müssen die Anzahl der Schülerinnen und Schüler, die Raumverhältnisse, die Bewegungshilfen sowie das kommunikative und interaktive Verhalten der Lehrkräfte der Gesamtwicklung bei körperlicher und motorischer Beeinträchtigung förderlich sein (siehe dazu STADLER 1998 b, Kapitel 4: Schulpädagogik für Körperbehinderte, 91-120).

Nach der KMK-Empfehlung (1998) sind dabei folgende Grundsätze zu beachten: Bewegungsförderung und Bewegungserleichterung sind durchgängiges und fächerübergreifendes Prinzip. Sie sind in Sinn- und Sachzusammenhänge eingebettet und beachten die Wechselwirkung von Motorik und psychischen Funktionen. Die Feinmotorik soll ebenfalls gefördert werden, damit Tätigkeiten des Schreibens, Werkens und Malens ausgeführt werden können. Dies kann auch unter Nutzung technischer Hilfsmittel geschehen. Bewegungsförderung und Sportunterricht führen zu Erfahrungen in Raum und Zeit. Räumliche und zeitliche Gegebenheiten sollen erkannt und Dinge, Sachverhalte und Geschehnisse zur eigenen Person in Beziehung gesetzt werden. Die individuellen Förderpläne zur Bewegungsförderung und zum Sportunterricht müssen sich an den tatsächlichen Möglichkeiten zur Bewegung orientieren. Neben der Vermittlung sportiver Techniken sollen sie auch Übungen zur Anregung und Kräftigung vitaler Körperfunktionen, wie Herz-Kreislauf-Funktionen oder die der Verdauung, sowie die Förderung der körpernahen und körperfernen Sinne enthalten. Aufgabe des Sportunterrichts ist es, den Kontakt und die Zusammenarbeit zu Sportvereinen herzustellen, wobei integrative Spiel- und Sportgruppen besonders wertvoll sein können. Die Eingliederung in die Gesellschaft kann nicht zuletzt durch Freizeit-, Natur- und Erlebnissportarten erleichtert werden, die lebenslang ausgeübt werden können. Ästhetische Förderung soll den Unterricht begleiten und kann die individuellen Erlebnis- und Ausdrucksmöglichkeiten erweitern. Sie trägt zur Herausbildung kognitiver Strukturen, zur Verbesserung der Konzentrations- und Anstrengungsbereitschaft, zur Belastbarkeit und Ausdauer, zur Phantasie und Kreativität sowie zur Wahrnehmungsverarbeitung bei. Als geeignete Lernfelder kommen in Frage: Pantomime, Spiel, Theater, Rhythmik, Musik und Malerei. Die Förderung sprachlichen Handelns ist neben einer individuellen sprachheilpädagogischen Förderung allgemeines Unterrichtsprinzip und soll fächerübergreifend angeboten werden. Im Zentrum stehen dabei der Aufbau, die Erweiterung und die Anwendung einer altersgerechten, aktiven und passiven Sprache. Die Befähigung zur motorischen Umsetzung von Sprechen und Schreiben sowie die Verbindung von Sprachverständnis und konkreter Handlung sind anzustreben. Bei Schülerinnen und Schülern, die nicht sprechen, sind Möglichkeiten der Kompensation zu vermitteln, so z.B. Mimik und Gestik, Fingerzeichen, gebärdensprachliche Kommunikationsformen und Tastsysteme. Auch die Verwendung elektronischer Kommunikationshilfen ist einzuüben. Die Förderung sozialer Kompetenz gilt als zentrales Unterrichtsanliegen. Sie soll dadurch gewährleistet werden, dass der Unterricht Gelegenheit bietet, soziale Bindungen anzubahnen und zu differenzieren und durch gemeinsame Aktivitäten bestehende Einschränkungen in den Handlungsmöglichkeiten auszugleichen. Der Anschauung kommt gerade auch im Unterricht für Schülerinnen und Schüler mit Auswirkungen einer Körperbehinderung ein hoher Stellenwert zu. Durch den Einsatz von Medien kann ein erschwertes Begreifen teilweise kompensiert werden. Mängel in der Erfahrung und damit im Wissenserwerb können als Folge von Beeinträchtigungen der Bewegung auftreten. Sie machen spezifische Lern- und

Arbeitsmittel und geeignete pädagogische Maßnahmen notwendig. Die Vermittlung lebenspraktischer Fertigkeiten ist für junge Menschen mit einer schweren Mehrfachbehinderung und mit besonders schweren motorischen Beeinträchtigungen eine eigenständige Aufgabenstellung. Zu denken ist an Fertigkeiten in folgenden Bereichen: Körperpflege, Zubereitung und Einnahme des Essens. Der Tagesablauf mit Unterricht, Phasen der Pflege, Therapie und des Ausruhens ist den Bedürfnissen und dem Lebensrhythmus dieser Schülerinnen und Schüler anzupassen.

Formen der sonderpädagogischen Förderung

Die KMK unterscheidet in ihrer Empfehlung (1998) folgende Formen sonderpädagogischer Förderung:

- durch vorbeugende Maßnahmen
- im gemeinsamen Unterricht
- in Sonderschulen
- in kooperativen Formen
- im Rahmen von Sonderpädagogischen Förderzentren
- im berufsorientierenden und berufsbildenden Bereich und beim Übergang in die Berufs- und Arbeitswelt.

Vorbeugende Maßnahmen werden in Frühförder- und Beratungsstellen, Sozialpädiatrischen Zentren und Kliniken durchgeführt. Beratung und Unterstützung erfolgten aber auch in Kindergärten, Sonderkindergärten, Sonderschulkindergärten und schulvorbereitenden Einrichtungen. Auch an Schulen für Körperbehinderte und an Sonderpädagogischen Förderzentren gibt es Beratungsstellen für Frühförderung. Neu in der Empfehlung sind die Aussagen zur sonderpädagogischen Förderung im gemeinsamen Unterricht. Bedingung dafür ist, dass die notwendigen inhaltlichen, personellen, baulich-räumlichen und sächlichen Voraussetzungen sichergestellt werden. Differenzierung und Individualisierung kennzeichnen die Unterrichtsgestaltung für alle teilnehmenden Schülerinnen und Schüler. Für die körperlich und motorisch Beeinträchtigten müssen die im Einzelfall situationsgerechten unterrichtsbegleitenden therapeutischen und pflegerischen Hilfen gewährleistet werden. Die schulischen Anforderungen sind auf das Arbeitstempo sowie die körperliche und seelische Belastbarkeit abzustimmen, was Entspannungs- und Ruhephasen sowie ein ausreichendes Angebot an Bewegungsmöglichkeiten notwendig macht.

Der Auftrag der Schule für Körperbehinderte wird festgeschrieben: Sie verfügt über die konzeptionellen, personellen, baulich-räumlichen und sächlichen Voraussetzungen für eine körperbehindertenpädagogisch qualifizierte ganzheitliche Lernförderung. Als Ganztagsschule kann sie den Bedürfnissen der Schülerinnen und Schüler in besonderer Weise entsprechen. Sofern auch ein Internat angeschlossen ist, ist auf eine enge Zusammenarbeit zu achten. Angesprochen wird aber auch, dass sie sich für einzelne Kinder und Jugendliche als Durchgangsschule verstehen sollte; nach einer zeitlich begrenzten sonderpädagogischen Unterstützung und persönlicher Stabilisierung ist auf eine Rück- oder Umschulung in die Allgemeine Schule vorzubereiten. Schulen für Körperbehinderte und Allgemeine Schulen sollen überdies Formen der Kooperation entwickeln. Sie reichen über gegenseitige Besuche, gemeinsame Schullandheimaufenthalte, Feste und Unterrichtsprojekte bis hin zu einem zeitweise gemeinsamen Unterricht. Ziel ist dabei eine vermehrte Durchlässigkeit. Sonderpädagogische Förderzentren sollen auch dem sonderpädagogischen Beratungs- und Förderbedarf im Bereich der körperlichen und motorischen Entwicklung Rechnung tragen.

Große Beachtung finden der berufsorientierende und berufsbildende Bereich sowie der Übergang in die Berufs- und Arbeitswelt. Hierzu wird differenziert auf einzelne Bereiche der Didaktik und Methodik der Arbeits- und Soziallehre für Körperbehinderte eingegangen (siehe dazu auch WELLMITZ und VON PAWEL 1993; STADLER 1998 b).

Die Empfehlung der KMK zur Förderung Körperbehinderter schließt mit Aussagen zur Zusammenarbeit der beteiligten Fachkräfte und Institutionen sowie zum Einsatz und zur Qualifikation des Personals. Sie hat wesentliche Entwicklungen, Erfahrungen und Erkenntnisse aus der Praxis und der Fachdiskussion aufgegriffen. Mit ihr liegt eine gute Grundlage für die schulpraktische Arbeit und für die Weiterentwicklung der Rehabilitation bei Körperbehinderung und chronischer Erkrankung vor. Die Praxis „sonderschulpädagogischer Professionalität" für diesen Personenkreis wird in Zukunft vermehrt durch Fragen nach der „Qualitätsentwicklung" gekennzeichnet sein (SPECK 2000). Die Fachdiskussion bezüglich der Theoriebildung zur Entwicklung und Förderung von Kindern und Jugendlichen mit dem Förderschwerpunkt körperliche und motorische Entwicklung ist im Fluss (siehe dazu BERGEEST und HANSEN 1999, HAUPT 2000). Sie wird sich verstärkt mit dem angemessenen schulischen Förderort zwischen Segregation und Integration (Stadler 2000) zu beschäftigen haben.

Zur Schulbesuchsquote der Körperbehinderten

Nach den Angaben der KMK (2000) in ihrer jährlichen Schulstatistik für Sonderschulen gab es 1998 in Deutschland 170 Schulen für Körperbehinderte mit 20.919 Schülern. Die Schulbesuchsquote als Prozentsatz der Schülerinnen und Schüler im Alter der Vollzeitschulpflicht (Klassenstufen 1 bis 10 und Sonderschulen) lag in den alten Bundesländern 1989 bei 0,228 %. Für Deutschland insgesamt lag sie 1998 bei 0,226 %, was eine geringfügige Abnahme anzeigt. Zwischen den Bundesländern ist bezüglich des Förderschwerpunkts körperliche und motorische Entwicklung nach wie vor eine erhebliche Streuung zu beobachten: Sachsen hat mit 0,094 % die niedrigste, Hamburg mit 0,377 % die höchste Schulbesuchsquote für diesen Personenkreis. Nicht erfasst sind damit aber diejenigen Körperbehinderten und chronisch Kranken mit sonderpädagogischem Förderbedarf, die in Allgemeinen Schulen mit oder ohne Unterstützung durch Sonderpädagogen unterrichtet werden.

Erscheinungsformen und Rehabilitationsmaßnahmen bei Körperbehinderungen

Schädigungen des Zentralnervensystems (Gehirn und Rückenmark)

Einteilung	Erscheinungsformen	Ursachen	Auswirkungen	Maßnahmen und Einrichtungen der Rehabilitation
1. Frühkindliche Hirnschädigung (Infantile Cerebralparese = ICP)	Abnorme Muskelspannungen, die zu Störungen der Bewegungsfunktion führen. Die Art der abweichenden Muskelspannung kennzeichnet die Form: ■ Spastik - erhöhter Muskeltonus - veränderte Bewegungsmuster ■ Athetose - Muskeltonus stark schwankend - asymmetrische Bewegungen - Haltungsanomalien - fehlende Kontrolle der Mimik ■ Ataxie und Hypotonie - verminderter Muskeltonus - fehlende Zielgerichtetheit - mangelnde Dosierung der Bewegungen - Gleichgewichtsstörungen Folgende Lähmungen werden unterschieden: ■ Tetraplegie: alle Extremitäten einschließlich Rumpf, Hals und Kopf betroffen ■ Diplegie: alle Extremitäten, aber Beine und Beckengürtel stärker betroffen ■ Paraplegie: nur die Beine betroffen ■ Hemiplegie: eine Körperhälfte betroffen Oftmals treten Sprach- und Wahrnehmungsstörungen sowie Anfallsleiden auf.	- prä-, peri- oder postnatale Schädigung des unreifen Gehirns: - während der Schwangerschaft durch Infektionen - bei schwieriger Geburt durch Sauerstoffmangel und Gehirnblutungen - im Säuglingsalter durch Entzündungen im Gehirn und seinen Häuten	- spastische Tetraplegie: starke, fast vollständige Bewegungseinschränkung (Rollstuhlabhängigkeit) - spastische Diplegie: Gleichgewichtsprobleme und balancierende Bewegungen (Abhängigkeit von Gehhilfen) - spastische Hemiplegie: betroffene Seite weniger entwickelt, Bevorzugung der nicht betroffenen Seite - Athetose: Asymmetrisch tonischer Nacken-Reflex (ATNR) erschwert gezieltes Greifen, Essen, Spielen; Nahrungsaufnahme erschwert; Mimik vermittelt unberechtigterweise den Eindruck einer geistigen Behinderung - Ataxie/Hypotonie: Betroffene wirken unsicher, schlaff, bewegungsarm	Frühförderung, durch - Krankengymnastik - Beschäftigungs- / Ergotherapie - Sprachtherapie / Logopädie Früherziehung durch - Spieltherapie - Bewegungstherapie Sonderpädagogische Förderung - im Kindergarten - in der Regel- oder Sonderschule Versorgung mit mechanischen und elektronischen Hilfsmitteln Maßnahmen der beruflichen Qualifizierung: - Berufsfindung und Arbeitserprobung - Berufsausbildung - im Betrieb oder bei einer Behörde - im Berufsbildungswerk Spezifische Ausstattung und Anpassung des Ausbildungs- und Arbeitsplatzes - abgestimmt auf die Auswirkungen der körperlichen Beeinträchtigungen und Funktionsstörungen
2. Cerebrale Bewegungsstörung infolge - Verletzung - Erkrankung	- klinische Bilder entsprechen weitgehend der Infantilen Cerebralparese - altersentsprechende Entwicklung bis zum Zeitpunkt des Unfalls oder der Erkrankung	- Hirnverletzungen durch Unfall, Schlag, Schuß oder Sturz (Schädel-Hirn-Trauma) - Sauerstoffmangel durch Vergiftungen oder nach Ertrinken (Schwimmunfall) - Entzündungen des ausgereiften Gehirns oder seiner Häute - Hirntumoren und Folgen von chirurgischen Eingriffen beim Entfernen	- Hirnleistungsschwäche: Verlangsamung, Ablenkbarkeit, Störung des Denkens und Handelns - Teilleistungsschwächen: Gedächtnis, Sprache, Lesen, Schreiben, Rechnen - Durchgangssyndrome und emotionale Veränderungen - psychosoziale Probleme	- Frührehabilitation: Maßnahmen zur Erhaltung verbliebener Funktionen - neuropsychologische Diagnostik und Therapie - Physio- und Ergotherapie - Schule für Kranke und für Körperbehinderte - Ausbildung / Umschulung im Berufsbildungswerk / Berufsförderungswerk - Beschäftigung in der Werkstatt für Behinderte
3. Querschnitts-lähmung infolge - angeborener Schädigung (Spina bifida) - Verletzung - Erkrankung	- bei Spina bifida häufig Ausbildung eines Hydrozephalus (Wasserkopf) - Lähmungen von Körperfunktionen je nach Höhe der Schädigung im Rückenmark (z.B. Beine) - Beeinträchtigung von Motorik und Sensibilität sowie mangelnde Kontrolle der Ausscheidungsorgane	- bei Spina bifida (gespaltene Wirbelsäule): angeborene Fehlbildung des Rückenmarks, mangelnder Verschluß des Wirbelkanals, gestörter Abfluß des Gehirnwassers - Folge von Verletzungen und Erkrankungen (Tumorbildung)	- erschwerte Umwelterfahrung durch eingeschränkte Mobilität - Hilfebedürftigkeit bei der Körperpflege und Hygiene - psychosoziale Probleme - bei Hydrozephalus Beeinträchtigungen des Lernens	- Krankengymnastik - Mobilitätshilfen (Rollstuhl) - pflegerische Versorgung - schulische Förderung in Allgemeinen und Sonderschulen - Ausbildung / Umschulung im Betrieb oder im Berufsbildungswerk / Berufsförderungswerk

Einteilung	Erscheinungsformen	Ursachen	Auswirkungen	Maßnahmen und Einrichtungen der Rehabilitation
4. Spinale Kinderlähmung (Poliomyelitis)	schlaffe Lähmungen mit Skelett- und Gelenkveränderungen	Infektion: Poliovirus befällt motorische Anteile der Rückenmarksnerven	- motorische Beeinträchtigungen - Bewegungsstörungen - in schweren Fällen können die Lähmungen auf die Atemmuskulatur und das Kreislaufzentrum übergreifen	- Hilfsmittelversorgung (Rollstuhl) - schulische Förderung in Regel- und Sonderschulen - Ausbildung im Betrieb oder im Berufsbildungswerk
5. Anfallsleiden (Epilepsien)	Nicht nur isoliert, sondern auch in Verbindung mit cerebralen Bewegungsstörungen können auftreten: ■ Kleine Anfälle (Petit mal): Absencen, Blitzkrämpfe, Dämmerattacken ■ Große Anfälle (Grand mal): Sturz infolge Bewußtlosigkeit ■ Krämpfe bedingen u.a. Atemstillstand, Zungenbiß, Einnässen	- Hirnfunktionsstörungen infolge elektrischer Entladungen der Hirnzellen - ausgehend von - Störungen der Hirnentwicklung - Geburtskomplikationen - Gehirn- und Hirnhautentzündungen - Stoffwechselstörungen - Verletzungen durch Unfälle - Hirntumoren	Auftreten können, müssen aber nicht: - Störungen der Wahrnehmung, Konzentration, Motorik /Feinmotorik und Sprache - psychische Störungen und Verhaltensprobleme - Schwierigkeiten beim Erlernen der Kulturtechniken (Lesen, Schreiben, Rechnen) - Führerschein kann nur nach längerer Anfallsfreiheit erworben werden	- regelmäßige Einnahme von Medikamenten - ärztliche und psychosoziale Betreuung - Schutz- und Vorsichtsmaßnahmen wegen der Krampfanfälle im Straßenverkehr, beim Geräteturnen und Schwimmen - schulische Förderung in Allgemeinen und Sonderschulen - Ausbildung / Umschulung im Betrieb oder im Berufsbildungswerk / Berufsförderungswerk

Schädigungen der Muskulatur und des Skelettsystems

Einteilung	Erscheinungsformen	Ursachen	Auswirkungen	Maßnahmen und Einrichtungen der Rehabilitation
6. Muskelkrankheiten - Progressive Muskeldystrophien - Typ Duchenne	Es gibt zahlreiche Formen der Muskelatrophien und -dystrophien. In der Schule für Körperbehinderte sind häufig Schüler mit Muskeldystrophie Typ Duchenne: - Abbau des Muskelgewebes bis zum Zerfall der Muskulatur - Lebenserwartung stark herabgesetzt	- beim Typ Duchenne vererbte Erkrankung der Skelettmuskulatur mit Abnahme des Muskelgewebes und Zunahme von Fett- und Bindegewebe - bei anderen Formen unklare Verursachung, aber auch stoffwechselbedingt	- Herz-Kreislauf-Probleme - eingeschränkte Lungenfunktion - erhöhte Infektionsgefahr - zunehmende Abhängigkeit - geändertes Gesamtverhalten, z.B. durch die Fragen nach dem Lebenssinn	- Krankengymnastik - im fortgeschrittenen Stadium zunehmender Pflegeaufwand und Rollstuhlabhängigkeit - schulische Förderung meist in Sonderschulen, Ausbildung im Berufsbildungswerk - pädagogisch-therapeutische Maßnahmen: Auseinandersetzung mit dem Lebenssinn und frühen Tod
7. Wachstumsstörungen - Kleinwuchs	- Störungen des Längenwachstums: bis unter 140 cm für weibliche und bis unter 150 cm für männliche Erwachsene - primäre (angeborene) und sekundäre (Erkrankungen, Stoffwechselstörungen) Formen	- multifaktorielle Verursachung: erblich und hormonell bedingt, Stoffwechselstörungen, toxische (durch Gifte verursachte) Entwicklungsverzögerungen (z.B. auch Alkoholembryopathien)	- Entwicklungsverzögerungen - Gefahr der sozialen Diskriminierung - Beeinträchtigungen in der privaten Lebensführung und in der Berufsausübung	- medizinische Behandlung und Hilfen bei psychosozialen Problemen - geeignete technische Hilfsmittel und Arbeitsplatzanpassung - bei schwerer Beeinträchtigung Förderung in Sonderschulen und im Berufsbildungswerk
8. Glasknochenkrankheit (Osteogenesis imperfecta)	- erhebliche Knochenbrüchigkeit - Störungen der Zahnentwicklung - Auswirkungen auf Skelettsystem, Gelenke, Sinnesorgane, Haut und innere Organe	- Chromosomenveränderung - erblich bedingt	- eingeschränkte Bewegungsmöglichkeit infolge erhöhter Verletzungsgefahr	- Krankengymnastik und Ergotherapie - orthopädische Hilfsmittel - Allgemeiner- und Sonderkindergarten - Allgemeinschule und Schule für Körperbehinderte - Ausbildung im Berufsbildungswerk
9. Fehlstellungen der Wirbelsäule	- Kyphose: Rundrücken - Lordose: Hohlrücken - Skoliose: seitliche Verbiegung der Wirbelsäule (z.B. Haltungsskoliose)	- angeboren - Folge eines abnormen Muskeltonus und sich ergebender Haltungsfehler	- körperliche Belastbarkeit reduziert - Folgeschäden z.B. Herz-Kreislauf-Störungen, Atmung	- Krankengymnastik - orthopädische Hilfsmittel - je nach Schwere der Auswirkungen rehabilitative Maßnahmen in der Schul- und Berufsausbildung

10. Gliedmaßenfehlbildungen (Dysmelien)	- Störung der Extremitätenentwicklung: Veränderung und Fehlen von Gliedmaßen - Klumphand und Klumpfuß	- genetische Störung - Strahleneinwirkung - medikamentös-toxische Einwirkung (z.B. Thalidomid-Embryopathie durch Schlafmittel Contergan)	- je nach Schädigung motorische Beeinträchtigungen - Fehlbildung von inneren Organen (z.B. Herzfehler, Nierenfehlbildungen)	- Hilfsmittelversorgung (Prothesen) - Beschäftigungs- und Sporttherapie - je nach Schwere rehabilitative Maßnahmen in der Schul- und Berufsausbildung
11. Gliedmaßenverlust (Amputation)	- Verluste von Körperteilen /Gliedmaßen - Ausfall von motorischen Funktionen	- Erkrankungen, Unfälle, Tumorbildung	- je nach Schädigung motorische Beeinträchtigungen bei der Fortbewegung, beim Schreiben und Ausführen von Arbeiten	- prothetisches Versorgung - Beschäftigungs- und Sporttherapie - je nach Schwere rehabilitative Maßnahmen in der Schul- und Berufsausbildung

Chronische Krankheiten und Fehlfunktionen von Organen

Einteilung	Erscheinungsformen	Ursachen	Auswirkungen	Maßnahmen und Einrichtungen der Rehabilitation
12. Rheumatismus	- im Kindes- und Jugendalter insbesondere fortschreitende Entzündungen der Gelenke, Gelenkknorpel und der Knochen - im Erwachsenenalter insbesondere Polyarthritis (Entzündung vieler Gelenke)	- wenig geklärt - Infektionen - Stoffwechselstörungen - Störungen des Immunsystems	- Bewegungseinschränkungen - Fehlstellungen - Schädigung innerer Organe	- Medikamente, Operationen - Krankengymnastik - Überbeanspruchung vermeiden - rehabilitative Maßnahmen in der Schul- und Berufsausbildung
13. Asthma bronchiale	- Verkrampfung der Bronchialmuskeln mit hochgradiger Atemnot (anfallsartiges Auftreten) - Anstrengungsasthma etwa beim Schulsport	- inhalativer Reiz - allergische Reaktion	- verringerte Belastbarkeit, Ausdauer und Konzentration	- medizinisch-therapeutische Behandlung - Therapie und Förderung in Asthmazentren mit Schulen für Kranke - Ausbildung im Berufsbildungswerk
14. Zuckerkrankheit (Diabetes mellitus)	- Stoffwechselkrankheit, die zu Insulinmangel führt	- erblich bedingt - toxische und infektiöse Einflüsse	in schweren Fällen: - Schädigungen von Herz und Gefäßen - Sehstörungen - Bewußtseinstrübungen	- Überwachung der Nahrungsaufnahme - regelmäßige Medikation - Therapie und Förderung in Rehazentren - Ausbildung im Berufsbildungswerk
15. Erkrankungen von Herz, Kreislauf und Gefäßsystem	- verminderte Belastungsfähigkeit	- erblich bedingt - Folge von Krankheitsprozessen	- verringerte Belastbarkeit - eingeschränkte Mobilität - psychosoziale Probleme	- sonderpädagogische und weitere rehabilitative Maßnahmen je nach Schwere der Auswirkungen
16. Nierenerkrankungen - chronische Formen	- harnpflichtige Substanzen können nicht ausgeschieden werden	- angeboren - Folge von Krankheitsprozessen	- rasche Ermüdung und verringerte Belastungsfähigkeit - im fortgeschrittenen Zustand Blutwäsche (Dialyse)	- sonderpädagogische Hilfen zur Kompensation von Fehlzeiten in Schule und Ausbildung infolge der Dialyse
17. Bluterkrankheit (Hämophilie)	- Gerinnungsstörung des Blutplasmas	- genetisch bedingt und vererbbar	- Blutungen nur schwer zu stillen - Einschränkungen durch entsprechende Vorsichtsmaßnahmen	- Maßnahmen zum Schutz gegen Verletzung - Besuch einer Sonderschule und Ausbildung im Berufsbildungswerk
18. Hauterkrankungen	- Ekzeme, Neurodermitis, Schuppenflechte	- allergische Reaktionen - psycho- und neurovegetative Störungen	- Juckreiz, Schuppung und Rötung der Haut - Gefahr der sozialen Diskriminierung	- in schweren Fällen Besuch einer Sonderschule und Ausbildung in einem Berufsbildungswerk - bei Erwachsenen Umschulung im Berufsförderungswerk

Literatur

BERGEEST, H. und HANSEN, G. (Hrsg.): Theorien der Körperbehindertenpädagogik. Bad Heilbrunn 1999

DANK, S.: Individuelle Förderung Schwerstbehinderter. Konkrete Beispiele, Programme, Übertragungsmöglichkeiten. Dortmund 1987, [3]1990

FORNEFELD, B.: Das schwerstbehinderte Kind und seine Erziehung. Heidelberg 1994, [2]1998

FRÖHLICH, A. (Hrsg.): Pädagogik bei schwerster Behinderung. Handbuch der Sonderpädagogik Band 12. Berlin 1991

HAUPT, U.: Enwickeln kann man sich nur selbst. In: Das Band 29 (2000) 2-5

HAUPT, U. und JANSEN, G. W. (Hrsg.): Pädagogik der Körperbehinderten. Handbuch der Sonderpädagogik 8. Berlin 1983

KALLENBACH, K. (Hrsg.): Kinder mit besonderen Bedürfnissen. Ausgewählte Krankheitsbilder und Behinderungsformen. Berlin 1998

KULTUSMINISTERKONFERENZ – KMK: Empfehlungen zur sonderpädagogischen Förderung in den Schulen der Bundesrepublik Deutschland. Beschluß vom 6. 5. 1994, veröffentlicht vom Sekretariat der KMK in Bonn 1994

KULTUSMINISTERKONFERENZ – KMK: Empfehlungen zum Förderschwerpunkt körperliche und motorische Entwicklung. Beschluß vom 20. 3. 1998, veröffentlicht vom Sekretariat der KMK in Bonn 1998

KULTUSMINISTERKONFERENZ – KMK: Die Sonderschulen in der bundeseinheitlichen Schulstatistik 1989 bis 1998. Statistische Veröffentlichungen der KMK, Dokumentation Nr. 149. Bonn 2000

LEYENDECKER, Ch.: Psychologie der Körperbehinderten. In: FENGLER, J. und JANSEN G. (Hrsg.): Handbuch der Heilpädagogischen Psychologie. Stuttgart 1987, [2]1994, 153-188

ORTMANN, M.: Progredient erkrankte Schüler als schulpädagogische Herausforderung für die Körperbehindertenpädagogik. In: Zeitschrift für Heilpädagogik 47 (1995) 160-167

OSKAMP, U.: Wie geht es weiter mit der Schule für Körperbehinderte? In: Das Band 24 (1993) 29-32

SOWA, M. und RISCHMÜLLER, A. (Hrsg.): Schule in Bewegung. Zusammenarbeit von Therapie (KG/BT) und Pädagogik an Schulen für Körper- und Geistigbehinderte. Dortmund 1996

SPECK, O.: Sonderschulpädagogische Professionalität durch Qualitätsentwicklung – Begriffe, Modelle, Probleme. In: Heilpädagogische Forschung, Band XXVI, H. 1, 2000, 2-15

STADLER, H.: Körperbehindertenpädagogik. In: Bleidick, U. u.a. Einführung in die Behindertenpädagogik Band II. Stuttgart, [5]1998 a, 84-104

STADLER, H.: Rehabilitation bei Körperbehinderung. Eine Einführung in schul-, berufs- und sozialpädagogische Aufgaben. Stuttgart 1998 b

STADLER, H.: Die schulische Förderung junger Menschen mit Körperbehinderung und chronischer Erkrankung zwischen Segregation und Integration. In: Sonderpädagogik 30 (2000) 88–101

WELLMITZ, B. und VON PAWEL, B: (Hrsg.): Körperbehinderung. Berlin 1933

Empfehlungen zum Förderschwerpunkt Unterricht kranker Schülerinnen und Schüler

Beschluss der Kultusministerkonferenz vom 20.3.1998

In Ergänzung zu den „Empfehlungen zur sonderpädagogischen Förderung in den Schulen in der Bundesrepublik Deutschland" – Beschluss der Kultusministerkonferenz vom 6.5.1994 – werden zu den Förderschwerpunkten bei lang andauernder Erkrankung und beim Umgehen-Können mit einer lang andauernden Erkrankung (vgl. Ziffer III, 2 der o. a. „Empfehlungen ...") hiermit die Empfehlungen zum Förderschwerpunkt Unterricht kranker Schülerinnen und Schüler vorgelegt.

1. Ziele und Aufgaben

1.1 Allgemeines

Schülerinnen und Schüler, die aufgrund einer Erkrankung für längere Zeit oder in regelmäßigen Abständen im Krankenhaus bzw. in ähnlichen Einrichtungen stationär behandelt werden oder die Schule nicht besuchen können, erhalten nach den jeweiligen landesrechlichen Bestimmungen während dieser Zeit Unterricht.

Erziehung und Unterricht sind für kranke Kinder und Jugendliche von besonderer Bedeutung. Der Unterricht bietet den Schülerinnen und Schülern die Möglichkeit, trotz ihrer Krankheit mit Erfolg zu lernen; Befürchtungen, in den schulischen Leistungen in Rückstand zu geraten, werden vermindert. Unterricht kann auch die physische und psychische Situation der kranken Kinder bzw. Jugendlichen erleichtern. Sie können lernen, mit der Krankheit besser umzugehen sowie den Willen zur Genesung zu stärken.

Das Hinausschieben notwendiger Krankenhausaufenthalte in die Ferien soll durch das Unterrichtsangebot vermieden und damit der günstigste Zeitpunkt für die medizinische Behandlung genutzt werden. Außerdem besteht die Möglichkeit, durch Beobachtung während des Unterrichts und durch eine pädagogisch ausgerichtete Diagnostik die medizinischen und psychologischen Befunde zu ergänzen und zu erweitern.

Für Kinder und Jugendliche, die lange krank sind, ist Unterricht eine wichtige Voraussetzung für die Teilnahme am Leben der Gemeinschaft.

1.2 Pädagogische Ausgangslage

Kranke Kinder und Jugendliche erleben und verarbeiten Krankheit je nach Art, Schwere und Verlauf individuell verschieden. Dabei können physische, psychische, soziale, kognitive, willentliche und affektive Lebensfunktionen beeinträchtigt werden.
Erkrankungen sind meist mit Begleiterscheinungen verbunden:

- Einschränkung der Mobilität,
- schnelle Ermüdbarkeit und Konzentrationsmangel,
- Störungen des Selbstwertgefühls und der Motivation,
- emotionale Veränderungen,
- Erschwerung der sozialen Integration und
- Einschränkungen bei der Kontaktaufnahme und der
- Erledigung schulischer Aufgaben.

Kranke Schülerinnen und Schüler mit begrenzter Lebenserwartung bedürfen besonderer Unterstützung, die Lebens- und Zukunftsfragen aufgreift. Sie fordern meist aufgrund der fortschreitenden Erkrankung eine intensive pädagogische Begleitung ein. Das Lernangebot muss die individuelle Situation des Kranken besonders beachten.

Aufgabe sonderpädagogischer Förderung ist es, dem Aspekt der Ganzheitlichkeit von Krankheit und schulischem Lernen zu entsprechen. In jedem Unterricht ist die kranke Schülerin bzw. der kranke Schüler in der Ganzheit der Person zu berücksichtigen, auch wenn fächerorientierte Lernziele anzustreben sind.

Der Grundsatz der Ganzheitlichkeit gilt demnach für die unmittelbar von der Krankheit bestimmte Lebenssituation, für die Auswahl der Lernziele und Lerninhalte, für die Themen des Unterrichts sowie auch für die Wahl der methodischen Formen.

Aufgabe sonderpädagogischer Förderung ist schließlich auch die Beratung. Krankheiten können häufig Schullaufbahnänderungen und andere Lernorte notwendig machen. Erziehungsberechtigte sowie Schülerinnen und Schüler müssen beraten und meist über längere Zeit begleitet werden. Die Zusammenarbeit zwischen den Lehrkräften, die Unterricht für Kranke erteilen, und den Lehrkräften der Stammschule ist bei Aufnahme, Verweildauer und Rückführung bedeutsam.

2. Förderbedarf

2.1 Besonderer pädagogischer Förderbedarf

Grundsätzlich ist bei Schülerinnen und Schülern besonderer pädagogischer Förderbedarf anzunehmen, wenn sie lang andauernd oder wiederkehrend erkrankt sind. Sie haben veränderte Lerngegebenheiten, so dass sie im Unterricht ohne besondere pädagogische Hilfen nicht hinreichend gefördert werden können. Ziele, Inhalte, Methoden, Lernorganisation und Medien werden dem besonderen Förderbedarf entsprechend ausgewählt. Dabei werden die sich aus der Krankheit und der besonderen Unterrichtssituation ergebenden Belastungen einbezogen. Ärztliche Behandlungsmaßnahmen sind zu beachten.

2.2 Sonderpädagogischer Förderbedarf

Sonderpädagogischer Förderbedarf ist bei Schülerinnen und Schülern anzunehmen, die lang andauernd und wiederkehrend erkrankt sind, mit der Erkrankung leben lernen müssen und im Unterricht ohne sonderpädagogische Hilfen nicht hinreichend gefördert werden können. Kranke Schülerinnen und Schüler bedürfen dabei über allgemeine pädagogische Maßnahmen hinaus sonderpädagogischer Unterstützung. Ärztliche Behandlungsmaßnahmen sind in einem Förderplan zu berücksichtigen, der auf diagnostischen Aussagen beruht.

Sonderpädagogischer Förderbedarf hat Konsequenzen für die Erziehung und für die didaktisch-methodischen Entscheidungen sowie die Gestaltung der Lernsituation im Unterricht. Sonderpädagogischer Förderbedarf lässt sich nicht allein von schulfachbezogenen Anforderungen her bestimmen; seine Klärung und Beschreibung müssen Art und Grad der Krankheit der Schülerin bzw. des Schülers und die persönlichen Fähigkeiten, Interessen, Zukunftserwartungen gleichermaßen beachten. Sonderpädagogischer Förderbedarf berücksichtigt die Bedeutung einer Erkrankung für den Bildungs- und Lebensweg der Betroffenen, die Folgen für die Aneignungsweisen, die Auswirkungen auf das psychische Gleichgewicht vor dem Hintergrund schulischer Anforderungen. Über leistbare Anforderungen, Erfolgserlebnisse und persönliche Zuwendungen sollen Selbstvertrauen, Lern- und Lebensfreude gestützt werden. Anknüpfungspunkte für die sonderpädagogische Förderung sind die vorhandenen und bereits entwickelten individuellen Fähigkeiten.

3. Feststellung des Sonderpädagogischen Förderbedarfs

Die Feststellung Sonderpädagogischen Förderbedarfs umfasst die Ermittlung des individuellen Förderbedarfs sowie die Entscheidung über Formen und Organisation des Unterrichts. Sie findet statt auf der Grundlage landesrechtlicher Regelungen.

4. Formen und Organisation des Unterrichts

Der Unterricht für kranke Schülerinnen und Schüler kann

- als Krankenhausunterricht,
- in der Schule für Kranke oder
- als Hausunterricht

erfolgen.

Die Formen und die Organisation des Unterrichts richten sich nach den Regelungen der Länder. Die Schulaufsichtsbehörde wirkt mit den Trägern der Krankenhäuser zusammen, um die wirkungsvolle und kontinuierliche Durchführung der schulischen Förderung für kranke Schülerinnen und Schüler zu gewährleisten. Sie informiert die zuständigen Stellen und Schulen ihres Bereiches über die bestehenden Möglichkeiten des Unterrichts. Die Schulen beraten die Erziehungsberechtigten sowie die Schülerinnen und Schüler.

4.1 Krankenhausunterricht

Die Organisation des Krankenhausunterrichts obliegt der Schulaufsichtsbehörde; aufgrund landesrechtlicher Bestimmungen kann sie auch von einer Schule durchgeführt werden. Der Krankenhausunterricht wird durch Zuweisung von Lehrkräften oder durch Beauftragung benachbarter Schulen sichergestellt.

Voraussetzung für die Erteilung des Unterrichts ist eine lang andauernde Erkrankung oder ein innerhalb eines Schuljahres wiederholter Aufenthalt im Krankenhaus während der regelmäßigen Unterrichtszeit der Schulen. Ist Krankenhausunterricht bereits eingerichtet, können auch Schülerinnen und Schüler mit voraussichtlich kürzerer Aufenthaltsdauer teilnehmen.

Der Krankenhausunterricht kann bei Bedarf als Hausunterricht fortgesetzt werden.

4.2 Schule für Kranke[1]

An Krankenhäusern können Schulen errichtet werden und die Bezeichnung Schule für Kranke führen. Eine Schule für Kranke kann auch für alle in Betracht kommenden Krankenhäuser eines bestimmten regionalen Bereichs geschaffen werden.

Die Teilnahme des einzelnen Schülers bzw. der einzelnen Schülerin am Unterricht soll von der Dauer des Aufenthaltes im Krankenhaus unabhängig sein. Die Gruppenbildung für den Unterricht soll die individuellen Förderbedürfnisse berücksichtigen.

Der Unterricht in der Schule für Kranke kann bei Bedarf als Hausunterricht fortgesetzt werden.

4.3 Zusammenarbeit zwischen Schule und Krankenhaus

Der Unterricht von kranken Schülerinnen und Schülern im Krankenhaus erfordert die organisatorische Abstimmung des Unterrichts und des Krankenhausbetriebes unter Berücksichtigung der Aufgaben und der Erfordernisse der beiden Einrichtungen.

Um die bestmögliche Wirksamkeit von Unterricht und Krankenhausbehandlung zu erreichen, bedarf es der Zusammenarbeit von Lehrkräften und behandelnden wie betreuenden Fachkräften. Dabei sind Informationen über die Besonderheiten des Krankheitsbildes, der geistig-seelischen Situation der Patientin bzw. des Patienten und ihrer bzw. seiner Umfeldprobleme notwendig. Durch gegenseitige Information und entsprechende Koordination zu treffender Maßnahmen werden die notwendigen Voraussetzungen für einen Behandlungs- und Förderplan geschaffen, der der Situation der Schülerin bzw. des Schülers entspricht.

4.4 Hausunterricht

Kinder und Jugendliche erhalten auf Antrag nach Maßgabe landesrechtlicher Regelungen Hausunterricht, wenn sie wegen oder infolge einer längeren Erkrankung die Schule nicht besuchen können.

Vorbereitung und Organisation des Hausunterrichts regelt grundsätzlich die Schulaufsichtsbehörde; aufgrund landesrechtlicher Bestimmungen können sie auch von einer Schule durchgeführt werden. Sie stimmt sich mit der behandelnden Ärztin bzw. dem behan-

[1] In den Ländern gibt es unterschiedliche Bezeichnungen.

delnden Arzt ab. Vor Aufnahme des Hausunterrichts muss das schriftliche Einverständnis der Erziehungsberechtigten vorliegen.

In regelmäßigen Abständen ist die Notwendigkeit der Weiterführung des Hausunterrichts zu überprüfen.

5. Unterrichtsgestaltung

5.1 Die Teilnahme am Unterricht und dessen Umfang erfolgen in Abstimmung mit der behandelnden Ärztin bzw. mit dem behandelnden Arzt, die bzw. der aus medizinischer Sicht Entscheidungen trifft.

5.2 Der Unterricht wird in der Regel als Einzelunterricht erteilt. In den Schulen für Kranke sowie im Krankenhausunterricht ist die Zusammenfassung in Lerngruppen in geeigneten Räumlichkeiten anzustreben.
Die notwendige Ausstattung erfolgt nach in den Ländern geltenden Regelungen.

5.3 Bei Organisation und Gestaltung des Unterrichts sind die Behandlungspläne sowie die Krankenhaussituation bzw. die häuslichen Gegebenheiten zu berücksichtigen.

5.4 Dem Unterricht sind die geltenden Rahmenpläne[2] zugrunde zu legen. Bei der Auswahl der Lernziele und Unterrichtsinhalte sowie bei der methodischen Vorbereitung ist die krankheitsbedingte individuelle Lernsituation zu berücksichtigen.
Die bisher besuchte Schule stellt alle erforderlichen Unterlagen zur Verfügung. Hierzu gehören insbesondere die Informationen über die bereits erreichten sowie die geplanten Lernziele und Unterrichtsinhalte.

Die Prinzipien der Individualisierung, der Differenzierung, der Selbsttätigkeit und der Ganzheitlichkeit sowie der Einsatz von entsprechenden Lehr-, Lern-, Arbeitsmitteln und Medien haben bei der Unterrichtung kranker Schülerinnen und Schüler besondere Bedeutung. Bei der Gestaltung des Unterrichts sollen – soweit pädagogisch erforderlich Freiräume und Entscheidungskompetenzen der Lehrkräfte genutzt werden.

Es werden Lernsituationen geschaffen, die geeignet sind, das Selbstvertrauen und Selbstwertgefühl der kranken Kinder und Jugendlichen unter Anerkennung individueller Leistungsmöglichkeiten und -grenzen zu stärken und ihre Handlungsmöglichkeiten auszuschöpfen und zu erweitern. Den Kindern und Jugendlichen werden Gelegenheiten gegeben, gemeinsam mit für sie wichtigen Partnern Fragen zur Krankheit und zur Zukunft aufzugreifen.

Unterrichtsinhalte und in geeigneter Weise festgestellte Lernergebnisse sind schriftlich festzuhalten. Sie bilden die Grundlage für einen Nachweis.

[2] In den einzelnen Ländern gibt es unterschiedliche Bezeichnungen.

5.5 Der Umfang des Unterrichts soll individuell so festgelegt werden, dass ein Fortschreiten im gewählten Bildungsgang ermöglicht wird.

6. Leistungsbewertung

6.1 Die Leistungsbewertung erfolgt nach den geltenden Regelungen in den Ländern. Über Art, zeitlichen Umfang und Anzahl der schriftlichen Arbeiten entscheidet die unterrichtende Lehrkraft in Abstimmung mit der behandelnden Ärztin bzw. dem behandelnden Arzt. Dabei ist die individuelle Situation der kranken Schülerin oder des kranken Schülers besonders zu beachten.

6.2 Sofern die Dauer der Teilnahme am Unterricht eine Beurteilung zulässt, erhält die Schülerin oder der Schüler zu den für die Ausgabe von Zeugnissen festgelegten Terminen einen Nachweis; dieser enthält:

- Angaben über Inhalte, Dauer und Umfang des Unterrichts,
- Bewertungen der Leistungen in den erteilten Unterrichtsfächern durch verbale Beurteilungen oder durch Noten,
- allgemeine Aussagen über die erbrachten Leistungen und das Lernverhalten unter Berücksichtigung der Erkrankung.

Unter Beachtung landesrechtlicher Regelungen können im Einzelfall auch Zeugnisse erstellt werden.

6.3 Bei Beendigung des Besuchs des Krankenhausunterrichts, einer Schule für Kranke oder des Hausunterrichts erhält die Schülerin oder der Schüler einen Nachweis, der die in Nr. 6.2 genannten Angaben sowie eine Feststellung darüber enthält, welcher Leistungsstand erreicht wurde.

6.4 Die Feststellung kann eine Versetzung einschließen, sie ist für die aufnehmende Schule verbindlich. Die Schülerin oder der Schüler ist in die Klasse bzw. die Jahrgangsstufe aufzunehmen, die sich aus der Feststellung ergibt, sofern nicht die Erziehungsberechtigten oder die volljährige Schülerin oder der volljährige Schüler aus besonderen Gründen die Aufnahme in eine vorhergehende Klasse bzw. Jahrgangsstufe beantragen.

7. Schulabschlüsse

7.1 Schulabschluss an der Schule für Kranke

Die Schule für Kranke ist berechtigt, Schulabschlüsse zu erteilen. Dazu sind die landesrechtlichen Regelungen zu beachten.

Das Abschlusszeugnis wird für die Schulart ausgestellt, nach deren Rahmenplänen[3] die Schülerin oder der Schüler unterrichtet wurde. Die Zeugniserteilung erfolgt nach den geltenden Bestimmungen des jeweiligen Landes. Sofern in besonderen Ausnahmefällen weitere Abschlüsse und Berechtigungen in Betracht kommen, trifft die Schulaufsichtsbehörde die Entscheidung; erforderlichenfalls werden besondere Prüfungen durchgeführt.

7.2 Schulabschluss bei Krankenhaus- und Hausunterricht

Im Krankenhausunterricht und Hausunterricht können ebenso unter Beachtung landesrechtlicher Regelungen Schulabschlüsse erteilt werden.

Die Überprüfung erfolgt im Auftrag der Schulaufsicht durch die Schulleitung der zuständigen Schule sowie durch Lehrkräfte; die Lehrerinnen und Lehrer, die die Schülerin bzw. den Schüler während der Krankheit unterrichtet haben, sind an der Überprüfung zu beteiligen.

Sofern die Überprüfung ergibt, dass die Schülerin bzw. der Schüler den Abschluss erreicht hat, ist ein Abschlusszeugnis der entsprechenden Schule zu erteilen.

Das Nähere über das Überprüfungsverfahren sowie die Entscheidung darüber, welche Schule das Abschlusszeugnis zu erteilen hat, richtet sich nach den landesrechtlichen Regelungen. In dem Abschlusszeugnis ist zu vermerken, dass es aufgrund einer Überprüfung erteilt wurde.

8. Einsatz und Qualifikation des Personals

8.1 Der Unterricht in der Schule für Kranke, im Krankenhaus- oder Hausunterricht wird von Lehrkräften aller Lehrämter erteilt. Sie unterrichten nach Möglichkeit im Rahmen ihrer Lehrbefähigungen.

8.2 In der Schule für Kranke sollen nur solche Lehrkräfte unterrichten, die für die Besonderheiten dieses Unterrichts aufgeschlossen und bereit sind, sich dieser Aufgabe zu stellen, sowie über Berufserfahrungen verfügen.

8.3 Aufgaben und Besonderheiten dieses Unterrichts erfordern insbesondere von den Lehrkräften

- die Fähigkeit, in pädagogisch-psychologischer und didaktisch-methodischer Hinsicht den Belangen kranker Schülerinnen und Schüler Rechnung zu tragen,
- eine flexible, auf Persönlichkeit und Krankheit der Schülerin oder des Schülers sowie auf die Notwendigkeiten des Krankenhausbetriebes und die häusliche Situation eingehende Unterrichtsgestaltung,

[3] In den einzelnen Ländern gibt es unterschiedliche Bezeichnungen.

- Bereitschaft und Fähigkeit zur Zusammenarbeit mit den Erziehungsberechtigten, mit der vorher besuchten Schule und allen am Heil- und Pflegeprozess Beteiligten.

8.4 Für die Lehrkräfte sind daher regelmäßige fachliche, bei Bedarf auch länderübergreifende Fort- und Weiterbildungsveranstaltungen erforderlich.

Es ist vor allem Folgendes zu berücksichtigen:
- Anwendung didaktischer Grundsätze und methodischer Maßnahmen unter dem besonderen Aspekt der Unterrichtung kranker Schülerinnen und Schüler,
- Befähigung zu einer pädagogisch ausgerichteten Diagnostik,
- Gesprächsführung,
- Befähigung zur Beratung und zur Zusammenarbeit,
- Erfahrungsaustausch und Informationen über spezielle Lehr-, Lern- und Arbeitsmittel sowie Medien,
- Informationen über Krankheitsbilder und deren mögliche Auswirkungen auf die physisch-psychische Entwicklung,
- Informationen über die Belastbarkeit kranker Schülerinnen und Schüler,
- Aufarbeitung psychischer Belastungen der Lehrkräfte,
- Informationen über Absichten und Wirkungen relevanter Behandlungsformen,
- Informationen über Organisation und Betrieb des Krankenhauses,
- Informationen über besondere Gegebenheiten beim Hausunterricht.

8.5 Im Rahmen der 2. Ausbildungsphase sind Lehrkräfte über Erziehung und Unterricht mit kranken Schülerinnen und Schülern zu informieren.

9. Schlussbestimmung

Die „Empfehlungen für den Unterricht kranker Schüler" – Beschluss der Kultusministerkonferenz vom 24.5.1982 – werden hiermit aufgehoben.

Ernst Heide
Hessisches Kultusministerium

Empfehlungen zum Förderschwerpunkt Unterricht kranker Schülerinnen und Schüler

Bisherige Empfehlungen der KMK und des Bildungsrates

Bei der Betrachtung und Analyse der am 20. März 1998 beschlossenen „Empfehlungen zum Förderschwerpunkt Unterricht kranker Schülerinnen und Schüler" muss die bisherige Entwicklung mit gesehen werden, um bestimmte Grundpositionen besser zu verstehen. Letztlich sollen aus der geschichtlichen Entwicklung Erkenntnisse gewonnen und Schlüsse für die Zukunft gezogen werden.

Gutachten zur Ordnung des Sonderschulwesens

Das vom Schulausschuss der Ständigen Konferenz der Länder in der Bundesrepublik Deutschland im März 1960 erstattete Gutachten nennt u.a. auch den Bereich „Krankenschule und Hausunterricht". Bereits damals – vor 40 Jahren – wurde der Stellenwert folgendermaßen beschrieben:

„Die Krankenschule unterrichtet Kinder und Jugendliche, die aus gesundheitlichen Gründen in Krankenhäusern, Kliniken oder Heilstätten untergebracht und so am Besuch ihrer zuständigen Schule verhindert sind. ...

Die Krankenschule erfasst auch solche Schüler, die zwar ambulant behandelt werden, für die aber der Besuch ihrer zuständigen Schule zeitlich nicht möglich ist oder eine nicht tragbare Belastung bedeuten würde.

Schüler, die auf Grund eines amtsärztlichen Gutachtens die Schule für längere Zeit oder dauernd nicht besuchen können, aber unterrichtsfähig sind, sollen Hausunterricht erhalten, soweit ihnen oder den Familien nicht zugemutet werden kann, die entstehenden Bildungslücken durch Selbsthilfe zu schließen."

Schulische Betreuung von Kindern in Krankenhaussonderschulen (1968)

Wenig bekannt ist der Beschluss der KMK vom 05. Dezember 1968:

- Schulpflichtige Kinder und Jugendliche, die sich für längere Zeit in stationärer ärztlicher Behandlung in einem Krankenhaus befinden, haben grundsätzlich ein Anrecht auf Unterricht. Die Ständige Konferenz der Kultusminister sieht daher im Ausbau der Krankenhaussonderschulen eine wichtige Aufgabe.
- Der Unterricht für Kinder bei Krankenhausaufenthalt fällt im Allgemeinen in den Bereich des Sonderschulwesens und untersteht der Staatlichen Schulaufsicht.
- Der Unterricht an Krankenhaussonderschulen soll dem Schüler helfen, den Anschluss an den Unterrichtsgang seiner Schule zu erhalten oder wiederzugewinnen und der mit einem längeren Krankenhausaufenthalt vorhandenen psychischen Gefährdung begegnen.
- Für den Fachunterricht sind Lehrer der entsprechenden Schulgattungen heranzuziehen.
- Die Teilahme am Unterricht bedarf in jedem Einzelfall der Zustimmung des behandelnden Arztes.

Empfehlung zur Ordnung des Sonderschulwesens (1972)

Auch in der Empfehlung vom 16. März 1972 wird unter den Sonderschultypen die „Schule für Kranke (Sonderschule) und Hausunterricht" genannt. Insbesondere für den Hausunterricht werden folgende Varianten hervorgehoben:

„Nach abgeschlossener Krankenhausbehandlung wird ggf. für noch nicht wieder schulbesuchsfähige Kinder Hausunterricht zu erteilen sein.

Es empfiehlt sich, für den Hausunterricht Lehrer der Schulform heranzuziehen, die der Schüler nach vollständiger Genesung besuchen wird. Auf diese Weise wird die Wiedereingliederung wirksam vorbereitet. Die Schule hat Schüler, die infolge längerer Krankheit Lücken in einzelnen Fächern aufweisen, in geeigneter Weise zu fördern.

Schüler, die nach amtsärztlichem Gutachten wegen Krankheit die Schule für längere Zeit oder auf Dauer nicht besuchen können, ohne einer klinischen Behandlung zu bedürfen, sollen ebenfalls Hausunterricht erhalten. Voraussetzung ist ihre Unterrichtsfähigkeit. Diese und das Maß der Belastbarkeit ist durch schulärztliche Stellungnahme zu bescheinigen."

Empfehlungen der Bildungskommission des Deutschen Bildungsrates: Zur pädagogischen Förderung behinderter und von Behinderung bedrohter Kinder und Jugendlicher (1973)

In den am 12. / 13. Oktober 1973 in Bonn verabschiedeten Empfehlungen wird als Organisationsform für die Förderung behinderter Kinder außerhalb allgemeiner Schulen – im engen Kontakt mit kooperativen Schulzentren – der „Haus- und Krankenhausunterricht für Kinder (beschrieben), die für längere Zeit in Kliniken sein müssen oder die einer längeren Rekonvaleszenz in den Elternhäusen bedürfen oder die wegen extremer Pflegebedürftigkeit in den Elternhäusern bleiben müssen."

Empfehlungen für den Unterricht kranker Schüler (1982)

Zwar wurden in den Beschlüssen der KMK vom 5. Dezember 1968 und vom 16. März 1972 bereits grundlegende Hinweise gegeben, dennoch wurden für alle Förderbereiche länderübergreifende Empfehlungen vorbereitet und beschlossen. Zu diesen gehören auch die o.g. Empfehlungen, die am 24. Mai 1982 von der KMK beschlossen worden sind.

Unter „Ziele und Aufgaben" heißt es u.a.:

„Erziehung und Bildung sind für Kinder und Jugendliche, die infolge von körperlichen, geistigen oder seelischen Erkrankungen oder von Unfällen vorübergehend oder auf Dauer nicht schulbesuchsfähig sind, häufig beeinträchtigt. Der Unterricht bietet die Möglichkeit, trotz Krankheit mit Erfolg zu lernen, Befürchtungen, in den schulischen Leistungen in Rückstand zu geraten, werden vermindert." In den Empfehlungen werden außerdem Aussagen zur Durchführung des Unterrichts, zu Organisationsformen (Krankenhausunterricht, Schule für Kranke, Hausunterricht) sowie zur Lehrerfortbildung gemacht. Einige dieser Aspekte befinden sich auch in den Empfehlungen von 1998.

Empfehlungen zur sonderpädagogischen Förderung in den Schulen in der Bundesrepublik Deutschland (1994)

Für die Überarbeitung der „Empfehlung zur Ordnung des Sonderschulwesens" vom 16. März 1972 gab es vor allem zwei Begründungen:

Zum einen sind seit 1990 fünf neue Bundesländer hinzugekommen, so dass das Zusammenwachsen der neuen und der alten Bundesländer eine zu fördernde Aufgabe darstellte. Auch im Bereich der sonderpädagogischen Förderung waren daher Impulse und Orientierungshilfen erforderlich.

Zum anderen hat sich die Sonderpädagogik seit 1972 weiterentwickelt und neue Organisationsformen geschaffen. Anstelle einer institutionenbezogenen Sichtweise setzt sich mehr und mehr eine personenbezogene, individualisierende Sichtweise durch. Der Begriff „Sonderschulbedürfigkeit" verschwand, an seine Stelle trat der Begriff „Sonderpädagogischer Förderbedarf". Anstelle von Sonderschultypen wurden zunehmend mehr „Sonderpädagogische Förderschwerpunkte" entwickelt.

Unter diesen wurden u.a. auch „Förderschwerpunkte bei lang andauernder Erkrankung und beim Umgehen-Können mit einer lang andauernden Erkrankung" aufgenommen.

In den Empfehlungen heißt es daher:

„Eine Förderung von Schülerinnen und Schülern, die aufgrund einer Erkrankung für längere Zeit oder in regelmäßigen Abständen im Krankenhaus untergebracht sind oder zuhause bleiben müssen, kann im Einzel- oder Gruppenunterricht erfolgen, der auch zum Schulabschluss führen kann.

Die sonderpädagogische Aufgabe besteht darin, der sich aus einer längeren Erkrankung und Abwesenheit von der Schule ergebenden Belastung für das seelische Gleichgewicht, einer Gefährdung der Schullaufbahn und einer möglichen Isolierung der Betroffenen pädagogisch entgegenzuwirken. Über leistbare Anforderungen, Erfolgserlebnisse und persönliche Zuwendung sollen Selbstvertrauen, Lern- und Lebensfreude und Genesung gestärkt und gestützt werden."

Die „Empfehlungen zum Förderschwerpunkt Unterricht kranker Schülerinnen und Schüler" – Sachanalyse

Zum Verfahren

Die KMK hat mit Beschluss vom 5. / 6. Mai 1994 den Schulausschuss und seine Arbeitsgruppe „Sonderpädagogischer Förderbedarf" beauftragt, die bisherigen Empfehlungen zum Unterricht an den verschiedenen Sonderschultypen zu überarbeiten und sie inhaltlich an die Empfehlungen von 1994 anzupassen.

Die Arbeitsgruppe „Sonderpädagogischer Förderbedarf" hat daraufhin fünf länderoffene Arbeitsgruppen gebildet, die einen oder mehrere Förderschwerpunkte bearbeiten sollten. Eine Arbeitsgruppe beschäftigte sich mit dem Förderschwerpunkt Kranke und legte der Gesamtarbeitsgruppe einen Roh-Entwurf vor. Dieser wurde 1996 in mehreren Sitzungen eingehend beraten. Danach wurde dieser Entwurf wissenschaftlichen Experten und bundesweit organisierten Fach- und Interessenverbänden zur Stellungnahme sowie den einzelnen Kultus- und Senatsverwaltungen zur Prüfung und fachlich-bildungspolitischen Abstimmung zugeleitet.

Die in den Stellungnahmen erfolgten Anregungen und Ergänzungen wurden beraten und – soweit möglich – in den Entwurf eingearbeitet. Dieser überarbeitete Entwurf wurde dann dem Schulausschuss zugeleitet, der am 19. / 20. März 1998 dem Entwurf zustimmte.

Zu den Inhalten

Die „Empfehlungen" bestehen aus acht Abschnitten und den Schlussbestimmungen. In dieser Sachanalyse sollen einige wichtige Aussagen hervorgehoben werden, insbesondere die, die für die Weiterentwicklung des Unterrichts für kranke Schülerinnen und Schüler in den einzelnen Bundesländern bedeutsam sind bzw. werden könnten.

Ziele und Aufgaben

Zu Beginn des ersten Abschnittes „Ziele und Aufgaben" steht folgende zentrale Aussage: „Schülerinnen und Schüler, die aufgrund einer Erkrankung für längere Zeit oder in regelmäßigen Abständen im Krankenhaus bzw. in ähnlichen Einrichtungen stationär behandelt werden oder die Schule nicht besuchen können, erhalten nach den jeweiligen landesrechtlichen Bestimmungen während dieser Zeit Unterricht."

Diese Aussage verdeutlicht, dass die Kultus- und Senatsverwaltungen sich grundsätzlich dafür einsetzen, dass kranke Schulpflichtige Unterricht erhalten.

Förderbedarf

Da es Schülerinnen und Schüler mit unterschiedlichen Begabungen in verschiedenen Bildungsgängen gibt, die für eine bestimmte Zeit oder an regelmäßig wiederkehrenden Tagen krank sind, wurde grundsätzlich zwischen einem „Besonderen Förderbedarf" und „Sonderpädagogischem Förderbedarf" unterschieden. Zwar benötigen auch Schulpflichtige mit besonderem Förderbedarf pädagogische Hilfen im Unterricht, aber sobald sie ohne sonderpädagogische Hilfen im Unterricht nicht hinreichend gefördert und erzogen werden können, sollte der sonderpädagogische Förderbedarf festgestellt und die entsprechenden personellen, räumlichen und sächlichen Notwendigkeiten zur Verfügung gestellt werden.

„Sonderpädagogischer Förderbedarf hat Konsequenzen für die Erziehung und für die didaktisch-methodischen Entscheidungen sowie die Gestaltung der Lernsituation im Unterricht."

Feststellung des Sonderpädagogischen Förderbedarfs

Auf der Grundlage landesrechtlicher Regelungen erfolgt die Feststellung Sonderpädagogischen Förderbedarfs, soweit diese tatsächlich erforderlich ist.

Besteht eine Schule für Kranke – die Bezeichnung kann in den Ländern anders lauten – oder gibt es den Krankenhausunterricht, dann kann im Einzelfall auch die Feststellung Sonderpädagogischen Förderbedarfs entfallen.

Formen und Organisation des Unterrichts

Für die Durchführung der schulischen Förderung ist grundsätzlich die Schulaufsicht zuständig. Sie wirkt dabei mit den Krankenhausträgern zusammen.

Auf der Grundlage landesrechtlicher Regelungen können Schulen für Kranke, Krankenhausunterricht und Hausunterricht eingerichtet werden. Sowohl der Unterricht in der Schule für Kranke als auch der Krankenhausunterricht kann bei Bedarf und jeweils nach Möglichkeit als Hausunterricht fortgesetzt werden.

Grundsätzlich besteht die Notwendigkeit, dass die Lehrkräfte eng mit behandelnden Ärzten und den betreuenden Fachkräften zusammenarbeiten.

Unterrichtsgestaltung

Es wird deutlich darauf hingewiesen, dass „die Teilnahme am Unterricht und dessen Umfang ... in Abstimmung mit der behandelnden Ärztin bzw. mit dem behandelnden Arzt (erfolgen), die bzw. der aus medizinischer Sicht Entscheidungen trifft." Diese Aussage ist deshalb bedeutsam, da es sich um kranke Kinder und Jugendliche handelt, die insbesondere der medizinischen Hilfe und Pflege bedürfen. Die schulische Erziehung und der Unterricht sind pädagogische Hilfen, damit der Entwicklungsprozess und der Bildungsgang auch weiterhin nach Möglichkeit positiv verlaufen können.

Leistungsbewertung

Leistungsbewertungen erfolgen grundsätzlich nach landesrechtlichen Regelungen. Jedoch entscheidet „die unterrichtende Lehrkraft in Abstimmung mit der behandelnden Ärztin bzw. dem behandelnden Arzt ... über Art, zeitlichen Umfang und Anzahl der schriftlichen Arbeiten".

Ist die Vergabe eines Zeugnisses nicht möglich, dann wird ein Nachweis von der Lehrkraft erstellt, der über Inhalte, Dauer und Umfang des Unterrichts, über Leistungsbewertungen und Leistungsstand Auskunft gibt. Wird eine Versetzung ausgesprochen, so ist diese für die aufnehmende Schule bindend, sofern nicht die Eltern, die volljährige Schülerin oder der volljährige Schüler eine andere Entscheidung wünschen.

Schulabschlüsse

Grundsätzlich ist die Schule für Kranke berechtigt, unter Beachtung landesrechtlicher Regelungen Schulabschlüsse zu erteilen. Dies gilt ebenso für die Bereiche Krankenhaus- und Hausunterricht. Sollten dabei bestimmte Überprüfungen erforderlich sein, dann werden diese im Auftrag der Schulaufsicht federführend von der Leitung der zuständigen Schule durchgeführt. Lehrkräfte, die „die Schülerin bzw. den Schüler während der Krankheit unterrichtet haben, sind an der Überprüfung zu beteiligen."

Einsatz und Qualifikation des Personals

Einen breiten Raum nehmen die Aussagen zum Einsatz und zur Qualifikation des Personals ein. Bedeutsam ist dabei, dass Lehrkräfte aller Lehrämter für die Unterrichtserteilung zur Verfügung stehen sollten. Außerdem wird gefordert, dass Lehrkräfte unterrichten sollen, „die für die Besonderheiten dieses Unterrichts aufgeschlossen und bereit sind, sich dieser Aufgabe zu stellen, sowie über Berufserfahrungen verfügen." Da es zur Zeit keine spezielle Ausbildung zum Sonderschullehrer bzw. zur Sonderschullehrerin mit dem Schwerpunkt Krankenpädagogik gibt, sind Fort- und Weiterbildungsmaßnahmen – auch länderübergreifend – notwendig. Bedeutsam wird vor allem die Zusammenarbeit mit den Eltern, „mit der vorher besuchten Schule und allen am Heil- und Pflegeprozess Beteiligten." Nur in Abstimmung zwischen den beteiligten Menschen wird eine optimale Hilfe erreichbar.

Die „Empfehlungen zum Förderschwerpunkt Unterricht kranker Schülerinnen und Schüler" – Diskussion und Kritik

Zwar hat die KMK den Stellenwert der unterrichtlichen und erzieherischen Maßnahmen für kranke Schülerinnen und Schüler durch die Empfehlungen hervorgehoben, dennoch gibt es eine Reihe von Fragen und Problemen, von denen einige hier diskutiert werden sollen. Bedacht werden muss dabei auch die Tatsache, dass solche Beschlüsse nicht zuletzt auch Kompromisse beinhalten.

Dennoch haben sich in den Bundesländern Erziehung und Unterricht kranker Schülerinnen und Schüler positiv entwickelt. Dazu hat auch die Praxis beigetragen, dass erfahrene, qualitativ gute Lehrerpersönlichkeiten im Unterricht eingesetzt werden.

In den Empfehlungen gibt es u.a. Aussagen und Hinweise zu folgenden Themen: Qualifikation des Personals, Zusammenarbeit sowie Weiterführung des Unterrichts als Hausunterricht.

Qualifikation des Personals

Damit die Qualität des Unterrichts den Ansprüchen kranker Schülerinnen und Schüler gerecht wird, nennen die Empfehlungen folgende Fähigkeiten für die Lehrkräfte:

- „die Fähigkeit, in pädagogisch-psychologischer und didaktisch-methodischer Hinsicht den Belangen kranker Schülerinnen und Schüler Rechnung zu tragen,

- eine flexible, auf Persönlichkeit und Krankheit der Schülerin oder des Schülers sowie auf die Notwendigkeiten des Krankenhausbetriebes und die häusliche Situation eingehende Unterrichtsgestaltung,
- Bereitschaft und Fähigkeit zur Zusammenarbeit mit den Erziehungsberechtigten, mit der vorher besuchten Schule und allen am Heil- und Pflegeprozess Beteiligten."

Teile dieser Fähigkeiten sind zur Zeit nur durch Fort- und Weiterbildungsangebote – auch länderübergreifend – erreichbar. Die Lehrkräfte benötigen darüber hinaus Angebote in Supervision, da u. a. auch Themen wie Sterben und Tod – d. h. bestimmte Grenzsituationen – thematisiert werden müssen. Hausunterricht ist Einzelunterricht für die Schülerin oder den Schüler, aber auch für die Lehrkraft.

Da Anregungen von Mitschülerinnen und Mitschülern fehlen, gilt es zu überlegen, wie man soziale Kontakte herstellt und die Mitschüler in das Geschehen einbezieht.

Weiterführung des Unterrichts

Als positive Aussage muss bewertet werden, dass sowohl der Krankenhausunterricht als auch der Unterricht in der Schule für Kranke „bei Bedarf als Hausunterricht fortgesetzt werden" kann. Dies ist nicht unerheblich für die Weiterentwicklung des Unterrichts für kranke Schulpflichtige, denn es bietet sich die Chance, die Angebote der unterschiedlichen Formen zu kombinieren.

Zusammenarbeit

Die Zusammenarbeit von Schulen, von Kollegien, von Kolleginnen und Kollegen untereinander sowie mit Eltern und außerschulischen Institutionen ist dringend erforderlich, um den gemeinsamen Auftrag zu erfüllen. Zusammenarbeit kann nicht durch Erlass oder Verordnung geregelt werden, sondern muss von der Basis her aufgebaut werden. Sie muss als notwendig erkannt werden, so dass man leichter aufeinander zugehen kann. Schulaufsicht sollte dies erkennen und entsprechend fördern.

Dabei ist es bedeutsam, dass und wie die Schule auf sich aufmerksam macht.

An der Schule für Kranke in Wiesbaden beispielsweise erhalten die Eltern aller Schulpflichtigen, die in ein Wiesbadener Krankenhaus aufgenommen werden, ein Informationsblatt mit folgendem Inhalt:

> „Unterricht im Krankenhaus
>
> Liebe Eltern,
>
> sicher ist es für Sie jetzt am wichtigsten, dass Ihr Kind möglichst bald wieder gesund wird. Vielleicht machen Sie sich aber auch darüber Gedanken, dass es durch den Krankenhausaufenthalt zu viel Unterricht in der Schule versäumen könnte. Die Schule für Kranke kann Ihnen hier einen Teil dieser Sorgen abnehmen.
>
> Wenn der behandelnde Arzt und der Gesundheitszustand Ihres Kindes es erlauben, erhält Ihr Kind von uns Unterricht vor allem in den Fächern Deutsch, Mathematik, Englisch und Französisch und z. T. auch in anderen Fächern.

Wir bieten diese Möglichkeiten allen Schülern aller Schulformen von der 1. bis zur 13. Klasse.

Vielleicht ist dieser Unterricht nicht immer dem einer „normalen" Schule vergleichbar, zumal Ihr Kind keinesfalls überlastet werden soll. Wir wollen jedoch erreichen, dass keine allzu großen Wissenslücken entstehen und dass Ihr Kind durch seinen Klinikaufenthalt den Anschluss an seine Heimatklasse erhalten kann.

Eine Verschiebung von stationären Behandlungen und Operationen auf Ferienzeiten ist somit aus schulischer Sicht nicht nötig.

Dabei bitten wir Sie um Ihre Mithilfe:

- Bitte geben Sie daher Ihrem Kind bei seiner Aufnahme in die Klinik seine gewohnten Deutsch-, Mathematik- und Fremdsprachenbücher und –schulhefte mit.
- Falls Sie weitere Fragen haben, können Sie sich gerne an uns wenden.

Dies gilt auch für den Fall, dass Sie mit der Unterrichtung Ihres Kindes nicht einverstanden sein sollten."

In den Empfehlungen gibt es u.a. keine Hinweise und Aussagen zu folgenden Themen:

- auf die erforderliche sächliche Ausstattung,
- auf die spezifischen Lehr- und Lernmittel, insbesondere auf Hard- und Software,
- auf Schreibkräfte und andere Verwaltungsnotwendigkeiten.

Dies ist letztlich Sache der Länder und insbesondere der Schulträger. Näher eingegangen werden soll hier auf die Ausbildung der Lehrkräfte, auf die Frage der Lehrerzuweisung sowie auf die Verweildauer.

Ausbildung von Sonderschullehrkräften für Krankenpädagogik

Eine spezielle Lehrerausbildung mit dem Schwerpunkt Krankenpädagogik gibt es bisher an keiner Hochschule. Dies ist ein Versäumnis, das u.a. dazu beigetragen hat, das ein Theoriedefizit in diesem Bereich festzustellen ist. Zwar gab und gibt es Ansätze – so z.B. bei WIENHUES und ERTLE –, jedoch reichen sie bisher nicht aus, um einen eigenen Studiengang aufzubauen und Forschung zu betreiben.

Die Theorien aus der Praxis, von Praktikern, können die bestehende Problematik nicht ausgleichen.

Lehrerzuweisung

Bei der Lehrerzuweisung muss grundsätzlich bedacht werden, welche Organisationsform gewählt wurde. Am einfachsten ist das Verfahren, wenn eine Schule für Kranke eingerichtet worden ist. Zwar muss sich die Schulaufsicht Gedanken machen, wie die Schülerzahlen für die Lehrerzuweisung ermittelt und gewichtet werden, denkbar sind Lösungen wie die Stichtagsregelung oder der gewichtete Mittelwert eines Jahres. Je nach Größe der Schule können Lehrkräfte mit unterschiedlichen Lehrämtern und Fächerkombinationen das Lehrerkollegium bilden.

Bei bestimmten Krankenhäusern mit Kinderabteilungen wird oft der Weg gewählt, dass benachbarte Schulen – von Sonderschulen bis hin zu Gymnasien – eine erhöhte Lehrerzuweisung erhalten, die dann je nach Bedarf für den Krankenhausunterricht verwendet werden kann.

Verweildauer

Es ist bekannt, dass es sehr unterschiedliche Arten von Krankenhäusern gibt und dass sich auch dadurch bedingt sehr unterschiedliche Schulen für Kranke entwickelt haben. Zudem muss festgehalten werden, dass die Verweildauer von Kindern und Jugendlichen in den Krankenhäusern auf das tatsächlich notwendige Maß minimiert wird. Das hat zur Folge, dass die Fluktuation sich verstärkt und damit die pädagogische Einflussmöglichkeit der Lehrkräfte abnimmt.

In den Empfehlungen wurde darauf verzichtet, eine Mindestanwesenheitsdauer im Krankenhaus festzulegen, ab wann letztlich Unterricht angeboten werden sollte. Es heißt dort: „einer Erkrankung für längere Zeit"; wobei es sicherlich von Bedeutung sein wird, welchen Zeitraum die einzelnen Bundesländer tatsächlich vorsehen.

Grundsätzlich sollte die Verweildauer im Krankenhaus kein Kriterium für pädagogisch notwendige Entscheidungen sein. Bei einer bestimmten Krankheit ergibt sich in der Regel eine bestimmte Rekonvaleszenz-Zeit. Wenn der kranke Schulpflichtige schneller aus dem Krankenhaus entlassen wird, dann ergibt sich die Frage, ob er danach länger zu Hause bleibt, bis er wieder die Schule besucht. Daher sollte die Schule für Kranke grundsätzlich auch für den Hausunterricht verantwortlich sein, damit nicht neue Entscheidungen getroffen werden müssen.

Ein Blick in die Zukunft: Wie geht es weiter?

Empfehlungen sind Empfehlungen – nicht mehr, aber auch nicht weniger. Sie in den Amtsblättern als KMK-Empfehlungen bekannt zu machen, ist sicher als Information für die Schulen und Kollegien wichtig. Bedeutsamer ist jedoch für die Weiterentwicklung, was die einzelnen Länder mit den Empfehlungen machen. Gestalten sie Richtlinien, Erlasse oder Verordnungen, in denen der Rahmen für die landeseinheitlichen Regelungen gesteckt wird, oder belassen sie es bei Empfehlungen, bei Hinweisen, bei Orientierungshilfen?

Auf zwei Bundesländer wird an dieser Stelle näher eingegangen:

So hat Bayern bereits die Konsequenzen gezogen und „Die Verordnung über die Errichtung und den Betrieb sowie Schulordnung der Schulen für Kranke in Bayern" (Krankenhausschulordnung vom 1. Juli 1999; GVBl. S. 288) herausgegeben. Dies hatte der Gesetzgeber grundsätzlich durch Änderungsgesetz in 1994 als Art. 23 Abs. 1 geregelt. „Die Schule für Kranke wurde zuständig für alle die Kinder und Jugendlichen im schulpflichtigen Alter, die sich im Krankenhaus befinden, und sollte entsprechend ihrer Aufgabe nicht nur den Stoff der Grund- und Hauptschule und der Berufsschule, sondern im Einzelfall auch den der Schulen für Behinderte, aber auch den der Realschule und des Gymnasiums vermitteln. Die Entscheidungen der Ärzte über die Belastbarkeit der Schulpflichtigen und die Erfordernisse des Klinikbetriebes bestimmten den Umfang des Unterrichts."

Diese und weitere Erläuterungen hat DIRNAICHNER zusammengestellt in „Neu: Die Schulordnung für die Schulen für Kranke (KraSo), in: Schul Verwaltung Bayern, Nr. 11/99, S. 391 ff.

Neben den „Orientierungshilfen zur Erteilung des Hausunterrichts" (KMBek. vom 5. Oktober 1989) hat Bayern auch diesmal „Orientierungshilfen für die Erteilung von Unterricht in den Schulen für Kranke" (KMBek. vom 18. Februar 1999, KWMBl. I, S. 62 ff.) veröffentlicht.

Auch in Hessen wurde auf der Grundlage des Hessischen Schulgesetzes in der „Verordnung über die sonderpädagogische Förderung vom 22. Dezember 1998" (ABl. 1999, S. 47) über die Schule für Kranke Folgendes ausgesagt: „Die Schule für Kranke... wird mit Zustimmung der behandelnden Ärztinnen und Ärzte in der Regel von Schülerinnen und Schülern besucht, die voraussichtlich länger als sechs Wochen in ein Krankenhaus oder eine ähnliche Einrichtung aufgenommen werden und daher am Besuch ihrer allgemeinen Schule gehindert sind."

Außerdem wird im Abschnitt VI „Sonderunterricht" der genannten Verordnung gesagt, dass „Sonderunterricht im Umfang bis zu acht Wochenstunden erteilt werden (kann)" für Schülerinnen und Schüler, „die voraussichtlich länger als sechs Wochen

- aus gesundheitlichen Gründen nicht schulbesuchsfähig sind

  oder

- sich in Heilstätten, Kliniken oder Krankenhäusern befinden, an denen eine Schule oder Klasse für Kranke nicht eingerichtet werden kann,

sowie den Schülerinnen und Schülern, die auch in einer Sonderschule nicht gefördert werden können,..." Ebenfalls können die Schülerinnen und Schüler, „die durch chronische Erkrankungen oder erforderliche regelmäßige Behandlungen in einem Schuljahr den Unterricht ganz oder in mehreren Unterrichtsfächern im Umfang von sechs Wochen versäumen,... Sonderunterricht erhalten." (§ 25)

Auf der Grundlage der KMK-Empfehlungen vom 20. März 1998 sowie der hessischen „Richtlinien für den Unterricht kranker Schüler" vom 1. Dezember 1983 (ABl. S. 1035) hat eine Arbeitsgruppe einen ersten Richtlinien-Entwurf „für Unterricht und Erziehung kranker Schülerinnen und Schüler" erarbeitet, der nach hausinterner Diskussion den Beteiligungsgremien übersandt werden soll.

Es bleibt abzuwarten, ob andere Bundesländer diesen Beispielen folgen werden, um entweder bestehende Regelungen den KMK-Empfehlungen anzupassen oder Rahmenbedingungen rechtlich festzulegen.

Der ehemalige Bundespräsident Roman Herzog hat bei seiner Rede in Berlin 1997 gesagt: „Wir brauchen wieder eine Vision. Visionen sind nichts anderes als Strategien des Handelns. Das ist es, was sie von Utopien unterscheidet."

Dies gilt nicht zuletzt auch für den Bereich Umgang, Umgehen-Können mit kranken Schulpflichtigen, mit kranken Menschen.

Literatur

EMPFEHLUNGEN der Bildungskommission des Deutschen Bildungsrates: Zur pädagogischen Förderung behinderter und von Behinderung bedrohter Kinder und Jugendlicher. Verabschiedet am 12./13. Oktober 1973 in Bonn

ERTLE, Ch.: Forschungsprojekt „Schüler im Klinikum". In: Sonderpädagogik 24 (1994) 238 – 242

ERTLE, Ch. / VOLK-MOSER, A.: SCHÜLER im Klinikum. Überlegungen zur Entwicklung eines Forschungsprojekts im vereinten Deutschland. In: Zeitschrift für Heilpädagogik 47 (1996) 134 – 140

KULTUSMINISTERKONFERENZ KMK: Gutachten zur Ordnung des Sonderschulwesens. Erstattet vom Schulausschuss im März 1960

KMK: Schulische Betreuung von Kindern in Krankenhaussonderschulen. Beschluss vom 5. Dezember 1968

KMK: Empfehlung zur Ordnung des Sonderschulwesens. Beschluss vom 16. März 1972

KMK: Empfehlungen für den Unterricht kranker Schüler. Beschluss vom 24. Mai 1982

KMK: Empfehlungen zur sonderpädagogischen Förderung in den Schulen der Bundesrepublik Deutschland. Beschluss vom 6. Mai 1994

SCHAAR, E.: Erziehung und Unterricht im Krankheitsfall. Eine Herausforderung für unsere Schulen. In: Schulverwaltung Bayern, (1992). 42 – 46

SCHMITT, F.: Förderschwerpunkt kranker Schüler. In: Zeitschrift für Heilpädagogik 50 (1999) 182 – 186

WACKER, A.: Unterricht mit Kindern in Not. Die Schule für Kranke als Ort und Konzept sonderpädagogischer Förderung. In: Probst, H. (Hrsg.): Mit Behinderungen muss gerechnet werden. Solms-Oberbiel 1999

Frieder Schmitt
Klinikschule Freiburg

Förderschwerpunkt Unterricht kranker Schülerinnen und Schüler

Pädagogische Denk- und Handlungsorientierungen

In allen Bundesländern sind gesetzliche Regelungen getroffen, die dem Rechtsanspruch kranker Kinder und Jugendlicher auf Unterricht Rechnung tragen. Wo keine eigenständigen Schulen für Kranke errrichtet sind, wird durch die Organisation von Haus- und Krankenhausunterricht das erforderliche Unterrichtsangebot bereit gestellt.

Bereits 1972 hatte die Kultusministerkonferenz den Schulen für Kranke und für den Bereich Hausunterricht mit der ‚Empfehlung zur Ordnung des Sonderschulwesens' einen inhaltlichen Rahmen gesetzt, dem sich Verwaltungsvorschriften der einzelnen Bundesländer anschlossen. Auffallendes Merkmal sowohl der KMK-Empfehlung von 1972 als auch einzelner Verwaltungsvorschriften ist die zurückhaltende Formulierung der sonderpädagogischen Aufgaben des Unterrichts kranker Kinder und Jugendlicher. Ausgehend von damals in aller Regel mehrwöchigen stationären Krankenhausaufenthalten konzentrierte sich das Interesse der Schulverwaltungen auf den Aspekt, ‚erkrankte Schüler nur in den Hauptfächern oder in den Fächern, in denen sie besondere Lücken aufweisen, zu unterrichten'. Der lapidare Auftrag lautete: „Der Unterricht an Schulen für Kranke soll den Schülern helfen, den Anschluss an den Unterrichtsgang ihrer Schule zu erhalten oder wiederzugewinnen" (KULTUSMINISTERKONFERENZ 1972). Angesichts tatsächlich langer Krankenhausaufenthalte schien Unterricht im Krankenhaus durch die Zielvorgabe einer erfolgreichen leistungsmäßigen Wiedereingliederung ausreichend gut begründet. In diesem Sinne konsequent waren die in einigen Bundesländern verfügte Namensgebung ‚Schule für Kranke in längerer Krankenhausbehandlung' und die Präzisierung, ab welcher Dauer des Krankenhausaufenthalts Anspruch auf Unterricht besteht.

Da schulische Krankenpädagogik, von einzelnen Forschungsprojekten abgesehen, an den wissenschaftlichen Hochschulen nicht vertreten ist und keine Studiengänge zur Aus- und

Weiterbildung eingerichtet sind, waren die in der Krankenpädagogik tätigen Lehrer auf sich allein gestellt und sahen sich in der Pflicht, über die tägliche Schulpraxis hinaus Intentionen und Konzepte für ihren Tätigkeitsbereich zu erarbeiten. Die Etablierung eines wissenschaftlichen Paradigmas Krankenpädagogik ist unter diesen Bedingungen schwierig, wenn nicht unmöglich. Gemessen an der defizitären intellektuellen Ausgangslage haben die einzelnen, meist sehr kleinen Kollegien Hervorragendes geleistet: Sie haben mit Empathie und Realitätssinn die fortschreitende Veränderung der Medizin – kürzere Belegungszeiten, Verlagerung auf ambulante Diagnostik und Behandlung – aufgegriffen und eine bedarfsorientierte pädagogische Antwort formuliert.

Während auf der wissenschaftlichen und politischen Ebene die sonderpädagogischen Vorstellungen von Krankenpädagogik diffus blieben, wurde von der Basis her immer deutlicher eine sonderpädagogische Profilierung schulischer Krankenpädagogik erkennbar.

Das verhängnisvolle (Selbst-)Verständnis der Schule für Kranke als einer gehobenen Nachhilfeorganisation wurde sukzessive in Fortbildungsveranstaltungen und Arbeitskreisen – nicht zuletzt innerhalb des vds, Fachverband für Behindertenpädagogik – aufgegeben und durch eine inhaltlich kohärente Beschreibung sonderpädagogischer Aufgaben und Ziele ersetzt.

Die Ständige Konferenz der Kultusminister hat 1998 ‚Empfehlungen zum Förderschwerpunkt Unterricht kranker Schülerinnen und Schüler' verabschiedet. Als Ergänzung und Präzisierung der 1994 veröffentlichten ‚Empfehlungen zur sonderpädagogischen Förderung in den Schulen in der Bundesrepublik Deutschland' wird darin ein besonderer und sonderpädagogischer Förderbedarf bei Krankheit, Krankenhausaufenthalt und bei lang andauernden und chronischen Erkrankungen formuliert und beschrieben.

Als Leitlinie gilt: Die Notwendigkeit von Unterricht im Krankenhaus und die Existenzberechtigung der Schulen für Kranke entscheiden sich nicht an zeitlichen Vorgaben der Dauer von Krankenhausaufenthalten, sondern an dem Nachweis und der Gewichtung ihrer sonderpädagogischen Aufgaben.

Mit den neuen KMK-Empfehlungen wird den einzelnen Schulen und Kollegien die Last genommen, zu begründen, weshalb sie ihre Arbeit für wichtig und unverzichtbar halten. Die entlastende Wirkung kann in ihrer Bedeutung nicht hoch genug eingeschätzt werden, setzt sie doch Ressourcen frei, die den erkrankten Schülern in Form eines präziseren Unterrichtsauftrags zugute kommen. Vor allem in Akutkrankenhäusern und Kinderkliniken schienen die wesentlich verkürzten Liegezeiten den Bedarf schulischer Krankenpädagogik in Frage zu stellen. In Zeiten äußerster Sparmaßnahmen ist die Versuchung groß, Schulen für Kranke einfach zu schließen (wie z.B. ab 1998 in den Niederlanden), kontinuierlichen Krankenhausunterricht zu reduzieren und nur noch in Einzelfällen bei nachweisbar langem stationären Aufenthalt bestehen zu lassen. Schulen in psychiatrischen Einrichtungen und in Kur- und Rehabilitationskliniken sind diesem Legitimationsdruck nicht in der Weise ausgesetzt, da hier das Kriterium ‚längerer Krankenhausaufenthalt' (ca. vier Wochen und mehr) weiterhin gilt. Durch die neuen KMK-Empfehlungen wurde die einseitig an Fristen orientierte Begründung des Unterrichts obsolet; Krankenpädagogik wurde in das allgemeine sonderpädagogische Paradigma integriert und kann nun auf dieser Basis diskutiert und weiterentwickelt werden.

Rahmenbedingungen und Organisationsformen

Krankenpädagogik ist durch die Heterogenität der kranken Kinder und Jugendlichen und der Rahmenbedingungen geprägt, unter denen sich ihre Krankheit manifestiert bzw. behandelt wird. Bildung und Erziehung kranker Schüler muss der Verschiedenheit nach Alters- und Klassenstufen, Schularten und Bildungsgängen Rechnung tragen, individuelle Beeinträchtigungen durch Krankheit und Krankenhausaufenthalt berücksichtigen und auf unterschiedlichste Förderbedürfnisse eingehen. Zugleich erfordert die Verschiedenheit der klinischen Institutionen (Akutkrankenhäuser, Kur- und Rehabilitationskliniken, Einrichtungen der Kinder- und Jugendpsychiatrie) unterschiedliche Unterrichtsorganisationen und – schwerpunkte.

Während am Krankenbett in aller Regel Einzelunterricht von relativ kurzer Dauer – abhängig von der eingeschränkten Belastbarkeit der Schüler und von strukturellen Bedingungen des Krankenhausbetriebes – stattfindet, ist an psychiatrischen Einrichtungen und in vielen Kurkliniken Gruppenunterricht nach Stundenplan mit einem breiten Fächerkanon eingerichtet. Die Unterrichtszeit pro Tag und Woche ist hier nicht selten der an regulären Schulen weitgehend angeglichen, in pädiatrischen Abteilungen hingegen können eine Unterrichtsstunde pro Tag, im Extremfall sogar nur einige Minuten ausreichend oder möglich sein.

Die KMK-Empfehlungen stellen es den einzelnen Bundesländern anheim, ob sie Krankenpädagogik als Haus- und Krankenhausunterricht organisieren oder an die Organisationsform von Schulen für Kranke binden wollen. Sie tragen damit der unterschiedlichen Praxis in den Bundesländern Rechnung. Damit wird jedoch auch in Kauf genommen, dass das Recht kranker Kinder und Jugendlicher auf Unterricht durch regional ungleichmäßige Verteilung von Krankenhausunterricht und durch Ressourcenvorbehalt (vor allem bei der Organisation von Hausunterricht) eingeschränkt wird.

Aufgaben und Ort schulischer Krankenpädagogik verweisen in besonderem Maße auf die Notwendigkeit, mit Berufsvertretern pflegerischer, therapeutischer und psychosozialer Hilfen zusammenzuarbeiten. Selbst relativ große Klinikschulen sind nur ein pädagogisches ‚Minisystem' in einem ganz auf Medizin ausgerichteten ‚Maxisystem'. Die Verankerung in dem verlässlichen Team einer eigenständigen Schule trägt zur Psychohygiene der Lehrer bei, so dass sie selbstbewusst und offensiv auf unterschiedliche Menschen und Berufsvertreter zugehen können und nicht in Gefahr geraten, sich als paramedizinische Hilfskraft vereinnahmen zu lassen. Wo Schulen für Kranke eingerichtet sind, bestehen besonders geeignete Voraussetzungen für Teamentwicklung und schulinterne Profilierung des sonderpädagogischen Auftrags. Die Präsenz einer eigenständigen Schule ermöglicht ferner, dass Krankenpädagogik sich als integrierter Teil eines ganzheitlichen Rehabilitationskonzepts, das Diagnose, Förderung und Beratung in sich vereint, entwickeln kann. Gerade weil Klinikaufenthalte durchschnittlich immer kürzer werden, bedarf es einer kontinuierlich präsenten Schule für Kranke, welche die Bedürfnisse und den Anspruch jedes kranken Kindes sorgfältig prüft und ein flexibles und individuelles pädagogisches Angebot bereit hält.

Wenn der Besuch der regulären Schule krankheitsbedingt über längere Zeit nicht möglich ist, können Schüler Hausunterricht erhalten. Hausunterricht ist in allen Bundesländern an einen Antrag der Erziehungsberechtigten mit ärztlicher Bescheinigung und eine Genehmigung durch die Schulaufsichtsbehörden gebunden. In vielen Fällen muss der Unterricht in klinischen Einrichtungen durch Hausunterricht ergänzt werden, wenn kranke Kinder und Jugendliche nach der Entlassung ihre Stammschule noch nicht besuchen können. Die Anbahnung und Koordination des Hausunterrichts ist bei den Schulen für Kranke gut aufgehoben, da sie aus ihrer Zusammenarbeit mit den Stammschulen deren Möglichkeiten und Bereitschaft kennen, sich vorübergehend durch Mehrarbeitsunterricht um ihre kranken Schüler zu kümmern.

Im Nahbereich der Schule für Kranke spricht – bei entsprechenden Ressourcen in der Deputatszuteilung – auch vieles dafür, dass Krankenhauslehrer den Hausunterricht selbst übernehmen, damit der im Krankenhaus begonnene Unterricht zu Hause problemlos fortgesetzt werden kann.

Das eingeschränkte Stundenkontingent im Verbund mit einem reduzierten Fächerangebot signalisiert, dass Hausunterricht als Wissensvermittlung akzentuiert ist; dennoch verweisen ein patientenorientiertes Unterrichts- und Förderkonzept und die angestrebte schulische und soziale Integration auf einen sonderpädagogischen Arbeitsbereich.

Aufgaben und Ziele des Unterrichts

Die Schule für Kranke erfüllt – wie alle Schulen – primär den aus der Verfassung abgeleiteten Auftrag, dem Erziehungs- und Bildungsanspruch jedes Kindes gerecht zu werden. Dieser Legitimationsansatz zielt auf die Sicherstellung von Unterricht, auch bei erheblicher Beeinträchtigung des Lern- und Leistungsvermögens durch Krankheit und unter den Bedingungen eines Krankenhausaufenthalts. Indem die KMK-Empfehlungen bereits im Titel den Förderschwerpunkt ‚Unterricht' hervorheben, nehmen sie auf den Verfassungsauftrag Bezug und grenzen ihn gegenüber therapeutischen Interventionen und Zielsetzungen ab. Sie verhindern damit auch eine Aufgabenzuschreibung von therapeutischer Seite und schützen die Lehrer in ihrem originären Rollenverständnis. Auf der Basis des Bildungs- und Erziehungsanspruchs hat Schulpädagogik im Krankenhaus ihr eigenes Recht und ihren eigenen Wert, die keiner zusätzlichen Legitimation als Hilfssystem der Therapie bedürfen. Dass sich die Schule für Kranke durch das sonderpädagogische Verständnis ihres Tuns als therapeutisch, d.h. heilsam erweisen kann oder soll, ist keine Frage ihrer Legitimität, sondern ihrer Qualität.

In der täglichen Begegnung mit kranken Kindern und Jugendlichen erfahren Lehrkräfte intuitiv, dass Unterricht im Krankenhaus nicht nur Vermittlung von Wissen und Kenntnissen entsprechend den Bildungsplänen bedeutet. Kranksein und Krankenhausaufenthalt stellen für jedes Kind Variablen dar, die den Erziehungs- und Bildungsprozess erheblich beeinträchtigen. Ob und unter welchen Bedingungen Unterricht überhaupt stattfinden kann, ist bereits eine besondere schulpädagogische Fragestellung, welche die objektiven und subjektiven Bedingungen und Merkmale der Krankheit berücksichtigen muss. Die Schule für Kranke ist eine Angebotsschule: Der Krankheitszustand lässt keine Berufung auf die Pflicht zum Schulbesuch zu; er verhindert andererseits eine unreflektierte Einlösung des verfassungsmäßig garantierten Rechts auf Bildung und Erziehung. Wo Unterricht in jedem einzelnen Falle eine individuelle Entscheidung über Beginn, Umfang und Inhalte voraussetzt und durchgehend patientenzentrierte Bedingungen des Unterrichts zu beachten sind, ist das Kriterium Sonderpädagogik a priori erfüllt. Sonderpädagogische Aufgaben schulischer Krankenpädagogik sind

- nachweisbar aus der Wahrnehmung der physischen und psychischen Verfassung kranker Kinder und Jugendlicher,
- begründbar durch den Auftrag der Integration und
- beschreibbar als interdisziplinär vernetzte Hilfe.

Durch die Beeinträchtigung der körperlichen Befindlichkeit, des psychischen Gleichgewichts und der sozialen Beziehungen entstehen für kranke Kinder und Jugendliche auch besondere Erschwernisse der Entwicklungs- und Lernprozesse. Als psychische Belastungen, die mit Krankheit und Krankenhausaufenthalt einhergehen, sind zu beobachten: Schmerzen, Erwartungsangst, Todesangst, Trennungsangst, Verlassenheitsgefühle, Heimweh, Wehrlosigkeit gegen Fremdbestimmung, Langeweile, Reizarmut, Bewegungseinschränkung, Schuldgefühle und quälende Phantasien über Ursachen und Folgen der Krankheit, Sorgen wegen der Schulversäumnisse. Regression, Resignation und Motivationsverlust sind Kennzeichen der desolaten Gesamtsituation.

Die schulpädagogische Begleitung kann Kindern und Jugendlichen helfen, auch unter krankheitsbedingten Einschränkungen Zuversicht, Selbstvertrauen und Lebensfreude zu erhalten oder wiederzugewinnen. Wichtiger als die konkreten Unterrichtsinhalte nach Leistungsstufen und Fächern ist in vielen Fällen die Tatsache, dass es überhaupt Schule im Krankenhaus gibt. Die Weiterführung der Schülerrolle schützt das kranke Kind davor, auf seine eigene subjektive Zeitperspektive von Aufnahme bis Entlassung aus der Klinik reduziert zu sein; die Schülerrolle zeigt ihm, dass seine Vorgeschichte aufgegriffen und seine Sorgen, die sich auf die Zukunft beziehen, ernst genommen werden. Auf diese Weise wird die Ganzheitlichkeit der Person bewahrt, der Aspektverengung auf Krankheitssymptome wird gegengesteuert. Die Weiterführung der Schülerrolle sichert auch die gewohnte altersgemäße Ansprechebene, die sich von den ungewohnten Kommunikationsschemata der Patientenrolle unterscheidet. Und schließlich garantiert die Schule dem Kind oder Jugendlichen ein Stück Normalität und Alltagsroutine angesichts der durch die Krankheit ausgelösten Krise: Schule – so unbeliebt und problematisch sie sonst auch sein mag – ist ein Zeichen dafür, dass noch nicht alles in Unordnung geraten oder zusammengebrochen ist.

Wertschätzung, Geduld, Hoffnung, Gelassenheit, Humor und Güte der Pädagogen können dazu beitragen, dass Kinder und Jugendliche auch unter den Bedingungen von Krankheit und Krankenhausaufenthalt mit Freude und Erfolg lernen können.

Personenorientierung, angstfreies und von guter Beziehung geprägtes Lernen und Stärkung gesunder Anteile sind Kennzeichen einer ganzheitlichen sonderpädagogischen Förderung kranker Kinder und Jugendlicher. In diesem Sinne kann sich die Schule für Kranke ohne jeden angemaßten therapeutischen Anspruch als heilsam erweisen. Neben den allgemeinen schulart- und fächerspezifischen Bildungszielen können im Unterricht sonderpädagogische Förderbedürfnisse Berücksichtigung finden, die sich auf die Krankheit und ihre Bedeutung für den Bildungs- und Lebensweg der Patienten beziehen. Fragen zur Krankheit und ihrer Bewältigung im Alltag können aufgegriffen werden; besonders bei chronischen Erkrankungen stellen sich die sonderpädagogischen Aufgaben:

- Verhinderung von Sekundärsymptomatiken
- Lernen mit der eigenen Krankheit umzugehen
- Einübung eines auf die Krankheit bezogenen Repertoires von Verhaltensmöglichkeiten.

Die KMK-Empfehlungen fassen den Unterrichtsauftrag wie folgt zusammen: „Es werden Lernsituationen geschaffen, die geeignet sind, das Selbstvertrauen und Selbstwertgefühl der kranken Kinder und Jugendlichen unter Anerkennung individueller Leistungsmöglichkeiten und -grenzen zu stärken und ihre Handlungsmöglichkeiten auszuschöpfen und zu erweitern."

Auch wenn fächerorientierte Lernziele anzustreben sind, muss stets von einem ganzheitlichen pädagogischen Ansatz ausgegangen werden. Wie realitätsnah andererseits die Leistungsanforderungen nach Fächern, Schularten und Klassenstufen gesehen werden, wird deutlich durch Aussagen der KMK-Empfehlungen über schriftliche Leistungsnachweise, Erstellung von Zeugnissen, Durchführung von Prüfungen und Erteilung von Schulabschlüssen im Rahmen von Krankenhaus- und Hausunterricht.

Die Gewichtung eines fächerspezifisch und sonderpädagogisch gleichermaßen anspruchsvollen Unterrichts ist für die meisten Kinder und Jugendlichen sinnvoll, da der integrative Auftrag auf die Zeit nach der Entlassung aus der Klinik verweist. Die KMK-Empfehlungen berücksichtigen aber auch unterrichtliche Situationen mit Kindern und Jugendlichen, die lebensbedrohlich erkrankt sind und wegen der absehbar begrenzten Lebenserwartung dem Bild einer zukunftsorientierten Pädagogik nicht entsprechen.

Personenorientierung des Unterrichts kann angesichts des bevorstehenden Todes bedeuten, dass alle Maßstäbe gesellschaftlicher Erwartungen und Anforderungen, wie sie dem Schulsystem legitimerweise zustehen, zugunsten eines selbstbestimmten Lernens in der Gegenwart aufgegeben werden müssen. Auch letzte Lebenszeit bleibt Lebenszeit, in der zwar kein Lernen auf Zukunft hin stattfindet, aber um so mehr das Lernen als Bestandteil des Lebens erfahren werden kann. Die Begleitung sterbender Kinder und Jugendlicher kann nicht als Aufgabe der Institution Krankenhausschule verstanden werden, sie bleibt an die Person des einzelnen Lehrers gebunden.

Didaktik und Diagnostik

Die Schulen für Kranke müssen sich der professionellen Herausforderung stellen, ein integriertes Verständnis von regulärem Unterricht nach allen Regeln der Kunst und sonderpädagogischen Zielsetzungen und Aufgabenbereichen zu entwickeln. Dies erfordert intensives Nachdenken über Didaktik und Methodik des Unterrichts im Krankenhaus. Hierzu gehören gleichermaßen Fragen zur didaktischen Relevanz der auszuwählenden Unterrichtsinhalte (unter angemessener Berücksichtigung von Arbeitsplänen der Stammschulen) wie zur methodischen Aneignung in einem Unterrichtssetting, das durch Heterogenität, Fluktuation und grundsätzlich störbare Rahmenbedingungen gekennzeichnet ist.

In welcher Weise Schule nach ihrem allgemeinen Verständnis als Ort organisierten und geplanten Lernens in Gruppen auch in klinischen Einrichtungen verwirklicht werden kann, zwingt zunächst zur Reflexion über vorgegebene Bedingungen des Krankenhausbetriebs und der räumlichen Ausstattung; von größerer Bedeutung ist jedoch die Frage, in welcher Weise Lerntheorien des eigenständigen und selbstverantworteten Lernens das tradierte Konzept des vom Lehrer gesteuerten und beaufsichtigten Lernprozesses ablösen können.

Viele Schulen für Kranke – besonders solche in Kurkliniken und psychiatrischen Einrichtungen – haben es sich zur Aufgabe gemacht, eine zu enge Auslegung des Unterrichtsbegriffs zu überwinden und die Schule im Krankenhaus systematisch als Selbstlernzentrum zu entwickeln, in dem eine ‚Didaktik der Lerngelegenheiten' möglich ist. Teamteaching, Unterrichtsprojekte und freies Arbeiten nach Wochenplan erlauben an Krankenhausschulen ein Unterrichtskonzept, das Erlebnisse des gemeinsamen Arbeitens in Gruppen mit einem Höchstmaß individueller Leistungsdifferenzierung verbindet. In diesem Zusammenhang gewinnt auch der Einsatz elektronischer Medien immer mehr Bedeutung. Warum sollte die Schule für Kranke durch ihre Nähe zu klinischen Labors nicht herausgefordert sein, ihrerseits im Bereich der Pädagogik im Sinne einer Laborschule zu experimentieren? – Eine kreative Antwort auf die Anregung der KMK-Empfehlungen, „Freiräume und Entscheidungskompetenzen der Lehrkräfte" zu nutzen!

Sonderpädagogisch orientierte Unterrichtsgestaltung beruht auf einer den Unterrichtsprozess begleitenden Diagnostik. Die KMK-Empfehlungen reklamieren als Ergänzung und Erweiterung der medizinischen Diagnostik einen diagnostischen Beitrag der Schule, der als ‚Beobachtung während des Unterrichts' und ‚pädagogisch ausgerichtete Diagnostik' beschrieben wird. Dass ‚pädagogisch ausgerichtete Diagnostik' sich von medizinischer, einschließlich psychiatrischer Diagnostik unterscheidet, macht die Bedeutung der scheinbar selbstverständlichen Forderung aus. Nachdem die Sonderpädagogik insgesamt Abschied von Separations- und Platzierungsdiagnostik genommen hat, kann es nicht die Aufgabe der Lehrer im Krankenhaus sein, dem erkennbaren Wunsch der medizinischen Seite zu entsprechen, sich an deren ausschließlich quantitativen Testverfahren zu beteiligen. Der Eigencharakter pädagogischer Diagnostik muss gewahrt bleiben. Die Aufmerksamkeit von Lehrern gilt der Entfaltung der Kreativität und Potentialität jedes Kindes und jeder Beziehung mit ihm im Rahmen schulischen Lernens. Lernen und Entwicklung lassen sich nur in Situationen diagnostizieren, in denen Lernen und Entwicklung stattfinden. Je umfassender die Schule für Kranke durch eine ‚Didaktik der Lernmöglichkeiten' im oben beschriebenen Sinne geprägt ist, desto geeigneter erscheint sie für Beobachtungen des Lernens unter diagnostischen Aspekten.

Grundsätzlich sollten sich Lehrer psychiatrischer Terminologien und Diagnosen enthalten und – abstinent gegenüber Biologismen und Psychologismen – ihr Interesse auf konkrete Entwicklungsmöglichkeiten jedes Kindes lenken. Mit den Erlebnissen im Unterricht, den Planungen, Ergebnissen, Beobachtungen, Fragestellungen und Überprüfungen, mit den erfreulichen und enttäuschenden Erfahrungen der Beziehungen haben Lehrer genügend Wichtiges in den Teambesprechungen beizutragen. Ergänzt wird ihr Beitrag über schulinterne und unterrichtsbezogene Abläufe durch Wissen, das sie im Kontakt zu den Stammschulen beziehen, durch Gespräche mit den Eltern, durch Erkundungen nachstationärer Möglichkeiten schulischer Betreuung, durch Hilfen bei der Berufsorientierung und durch sonstige Kontakte und Tätigkeiten, die der Schule zustehen oder von ihr zu Recht erwartet werden können.

Mit diesem Repertoire diagnostischer Beiträge und orientierender Verknüpfungen im Umfeld kranker Kinder und Jugendlicher ist die Schule für Kranke bestens geeignet zu erfüllen, was Sonderpädagogik originär leisten muss:

- die konkrete schulische und soziale Integration jedes Kindes
- die Integration sonderpädagogischer Problemstellungen in die allgemeine Schulwissenschaft und Schulrealität.

Neuorientierung und Sonderaufgaben

Der verfassungsmäßige Anspruch jedes Kindes auf Bildung und Erziehung ist für kranke Kinder und Jugendliche als Anspruch auf Integration zu ergänzen und zu präzisieren. Dass Integration mehr bedeutet als nur Lernrückstände zu vermeiden oder aufzuarbeiten, wird durch die Betrachtung der insgesamt schwierigen Lebensperspektiven schwerkranker, chronisch kranker oder im psychiatrischen Sinne erkrankter Kinder und Jugendlicher deutlich. Trotz oder gerade wegen relativ kurzer Krankenhausaufenthalte benötigen die meisten Kinder nach der Entlassung besondere pädagogische Aufmerksamkeit. Je nach Krankheitsbild sind langfristige und intensive integrative Bemühungen notwendig. Vor allem neurologische und psychiatrische Erkrankungen erfordern eine abgestimmte individuelle Begleitung zurück in das reguläre Schulsystem. Der Übergang ist vielfach nur denkbar, wenn die Schule für Kranke vorübergehend als Stammschule fungiert, die auch ambulant besucht wird, und die nach und nach ihre Zuständigkeit wieder an eine reguläre Schule abgibt. Bei anderen schweren Erkrankungen gehören Unterricht im Krankenhaus, Hausunterricht während der Therapiepausen und vielfältige beratende Kontakte zur Stammschule zum professionellen Standard. Hier fällt den Schulen für Kranke die Aufgabe zu, als zentrale pädagogische Agentur zu fungieren, um stationäre und ambulante Maßnahmen zu koordinieren und die bestmögliche Förderung zu arrangieren.

Die Verlagerung der medizinischen Diagnostik auf die Ambulanz und auf Sozialpädiatrische Zentren erfordert auch eine Beteiligung der Schule für Kranke in diesem diagnostischen Bereich. Einige Schulen haben – gemäß der sonderpädagogischen Leitlinie der Prävention und Frühförderung – die Genehmigung zur Einrichtung einer Beratungsstelle erhalten. Das Paradigma des besonderen Förderbedarfs (KULTUSMINISTERKONFERENZ 1994) verlangt bei kranken Kindern und Jugendlichen keineswegs die ausschließliche Verknüpfung mit dem besonderen Förderort Schule für Kranke. Vielmehr kommt es darauf an, Diagnostik, Beratung und Förderung als ein Paket vernetzter interdisziplinärer Hilfen zusammenzufassen, um dem primären Auftrag der bestmöglichen Integration kranker Kinder und Jugendlicher gerecht zu werden.

Als Standardrepertoire der Schulen für Kranke sollte daher gelten: Unterricht und pädagogisch orientierte Diagnostik in klinischen Einrichtungen, interdisziplinäre Zusammenarbeit im klinischen Team, Beratung der Eltern und Stammschulen, Koordination von Hilfesystemen (z.B. Jugendhilfe und rehabilitative Einrichtungen), in beschränktem Umfang Übernahme von Hausunterricht. Damit entsprächen die Schulen für Kranke den Leitlinien und Aufgabenbeschreibungen, die für sonderpädagogische Förderzentren entwickelt wurden. Dies bedeutet, dass die Schule für Kranke in weit größerem Umfang als bisher ambulante Funktionen auch vor Ort in der Allgemeinen Schule und in Zusammenarbeit mit ihr wahrnehmen muss. Ob die innere Schulentwicklung der Schulen für Kranke in diese Richtung gehen kann, ist weniger eine Frage der Bereitschaft der Kollegien als der Genehmigung durch die Schulbehörden der einzelnen Bundesländer.

Mit Erlaubnis der Schulbehörden haben viele Schulen für Kranke pädagogische Aufgaben übernommen, die als ‚Sonderunterricht' ein regional-strukturelles Versorgungsproblem lösen sollen. Ohne dem Kriterium Krankheit oder stationäre Behandlungsbedürftigkeit besondere Aufmerksamkeit zu schenken, wird den Krankenhausschulen die Aufgabe zugewiesen, ad hoc Hilfen für Kinder zu organisieren, die zwischen allen Stühlen sonstiger Schulangebote sitzen. Eine alleinige Zuständigkeit für diese meist sehr auffälligen und hilfebedürftigen Kinder würde die Schule für Kranke überfordern. Als Lösung des bequemen Weges (ohne definierten Arbeitsauftrag und ohne Entlastung durch andere Hilfesysteme) würde sie schnell zu einer ‚Restschule' werden. Daher bedarf es auch für diesen Bereich einer sorgfältigen, nicht zuletzt durch Deputatsressourcen abgestützten Organisationsentwicklung, um stationäre und ambulante Hilfen im Sinne eines Diagnose- und Förderzentrums koordinieren zu können.

Qualifikationen der Lehrkräfte

Die Verbindung von sonderpädagogischem Auftrag und fächerspezifischen Anforderungen im Spektrum aller Schularten und Leistungsstufen erfordert den Einsatz von Lehrern aller Schularten. Nicht nur aus Gründen der nach Schulart unterschiedlichen Schülerschaft ist eine ausschließliche oder einseitige Zusammensetzung der Kollegien aus Sonderschullehrern nicht wünschenswert. Schulen für Kranke benötigen den lebendigen Austausch unterschiedlicher professioneller Ansätze, die sich im Rahmen der inneren Schulentwicklung zu einem gemeinsamen sonderpädagogischen Verständnis ihrer Arbeit verständigen sollten.

Die KMK-Empfehlungen gehen zu Recht davon aus, dass im Bereich Krankenpädagogik Berufserfahrung aus dem regulären Schulbereich notwendig ist und Aufgeschlossenheit und Bereitschaft vorhanden sein müssen, sich den Besonderheiten des Unterrichts kranker Kinder und Jugendlicher zu stellen. Diese Bereitschaft erfordert auch Interesse an kontinuierlicher Praxisreflexion und Fortbildung, um die fehlende Aus- und Weiterbildung zumindest teilweise zu kompensieren.

Dem Thema spezifischer Qualifikationen gilt seit Jahren – nicht nur im nationalen Raum – eine hohe Aufmerksamkeit. Persönliche Eignungsmerkmale und Grundeinstellungen sowie professionelle Qualifikationen für den Bereich Krankenpädagogik dürften zwar identisch mit Erwartungen sein, die an Lehrer im allgemeinen gestellt werden. Allerdings sind qualitative Ausprägungen und arbeitsplatzspezifische Schwerpunkte und Belastungsmomente von Bedeutung. Wenn Qualifikationsmerkmale nicht als abstrakte Banalität diskutiert werden sollen, muss anhand kasuistischer Beispiele im konkreten geklärt werden, warum und in welcher Weise ein Eignungskriterium gerade in Bezug auf den Unterricht kranker Kinder und Jugendlicher und im Rahmen einer klinischen Einrichtung wichtig ist. Eine so geführte Diskussion kann auch einen Beitrag leisten, das verhängnisvolle Missverständnis und Vorurteil auszuräumen, Krankenpädagogik sei ein Arbeitsbereich der leichteren Art. Es erscheint legitim und notwendig, ohne Larmoyanz auf Belastungsfaktoren hinzuweisen, die von außen nicht leicht zu erkennen sind und auf die Lehrer aufgrund ihrer Ausbildung und Berufserfahrung an regulären Schulen nicht vorbereitet sind.

Wenige Beispiele sollen verdeutlichen, weshalb viele Kollegien sich auf eigene Rechnung Supervisionsveranstaltungen oder die Teilnahme an Balintgruppen leisten, um Berufsprobleme angemessen aufzuarbeiten:

- Jedem einzelnen Kind mit angemessener Nähe und Distanz zu begegnen und ein individuelles pädagogisches und didaktisches Angebot bereitzuhalten, ist eine im menschlichen und beruflichen Sinne anspruchsvolle und oft belastende Aufgabe.
- Die permanente Konfrontation der Lehrer mit existentiellen Grenzsituationen von schweren physischen und psychischen Erkrankungen, Trauer und Tod führt zu Grenzerfahrungen der Belastbarkeit.
- Die hohe Fluktuation der Patienten bringt einerseits die enttäuschende Erfahrung von Beziehungsabbrüchen mit sich, andererseits werden in immer schnellerer Folge diagnostische Stellungnahmen und beraterische Kompetenzen abverlangt.
- Die Herausforderung und Beanspruchung durch die Arbeit im multiprofessionellen Team – zumal unter den Bedingungen eines hierarchischen Gefüges in der Klinik und vielfacher Pressionen, z. B. fehlender Räume – sind dem Berufsbild eines weitgehend autonom arbeitenden Lehrers an einer regulären Schule nicht vergleichbar.

Über Qualifikationen und Belastungssituationen zu sprechen, ist vor allem bei Einstellungsgesprächen sinnvoll, um zu vermeiden, dass Versetzungen an eine Schule für Kranke für alle Beteiligten zu enttäuschenden Erfahrungen führen.

Praxisreflexion und innere Schulentwicklung müssen den individuellen Förderbedarf kranker Kinder und Jugendlicher in das Zentrum ihrer Überlegungen stellen und mit den sich ändernden Rahmenbedingungen der Medizin (kürzere stationäre Aufenthalte, Verlagerung auf ambulante Diagnostik und Behandlung) in Übereinstimmung bringen. Die daraus abgeleiteten pädagogischen Angebote sind auf den primären Auftrag der Hilfe zur Integration auszurichten. In diesem Zusammenhang gewinnen die Qualifikationsmerkmale von Lehrern ‚Befähigung zu einer pädagogisch ausgerichteten Diagnostik' und ‚Befähigung zur Beratung und zur Zusammenarbeit' besondere Bedeutung.

Wenn die KMK-Empfehlungen für diese und andere Aufgaben regelmäßige fachliche Fortbildungsveranstaltungen für erforderlich halten, ist dem nichts hinzuzufügen, es sei denn der Hinweis, dass das aus der Vergangenheit gewohnte Fortbildungsangebot extrem unzureichend war und das derzeitige Fortbildungsangebot extrem unzureichend ist. Das Fortbildungsdefizit kann nicht allein durch schulinterne Reflexion und Weiterentwicklung aufgefangen werden, zumal Kriterien für die Erstellung von Schulprogrammen und für wissenschaftliche Evaluation fehlen. Hier besteht dringender Handlungsbedarf.

Handlungsbedarf besteht ebenfalls, die Anregung umzusetzen, im Rahmen der zweiten Ausbildungsphase Informationen über Krankenpädagogik zu vermitteln. Dem Anliegen der Integration kranker Kinder und Jugendlicher würde damit in einem ersten wichtigen Schritt der Lehrerausbildung entsprochen.

Der Förderschwerpunkt ‚Unterricht kranker Schüler' kann nicht alleinige Aufgabe der Lehrer sein, die – gezielt oder zufällig – im Bereich Krankenhaus- oder Hausunterricht eingesetzt sind. Von Krankheit und Krankenhausaufenthalt sind Schüler jeden Alters und aller Schularten betroffen. Damit ist Krankenpädagogik als Verpflichtung und Aufgabe der gesamten Schulpädagogik ausgewiesen.

Empfehlungen zum Förderschwerpunkt Sehen

Beschluss der Kultusministerkonferenz vom 20.3.1998

In Ergänzung zu den „Empfehlungen zur sonderpädagogischen Förderung in den Schulen in der Bundesrepublik Deutschland" – Beschluss der Kultusministerkonferenz vom 6.5.1994 – werden zu den Förderschwerpunkten im Bereich des Sehens, der visuellen Wahrnehmung, des Umgehen-Könnens mit einer Sehschädigung (vgl. Ziffer III, 2 der o. a. „Empfehlungen ...") hiermit die „Empfehlungen zum Förderschwerpunkt Sehen" vorgelegt.

1. Ziele und Aufgaben

1.1 Allgemeines

Sonderpädagogische Förderung soll das Recht der Kinder und Jugendlichen mit Förderbedarf im Schwerpunkt Sehen, visuelle Wahrnehmung und Umgehen-Können mit einer Sehschädigung auf eine ihren persönlichen Möglichkeiten entsprechende schulische Bildung und Erziehung verwirklichen. Sie soll dazu beitragen, Schülerinnen und Schülern mit Sehschädigungen aller Arten und Grade die Umwelt zu erschließen und die Entwicklung von Orientierung und Verhalten bei Anforderungen des Alltags in bekannter und unbekannter Umgebung zu fördern. Aus diesem Grunde werden Sehfähigkeiten entwickelt und gefördert, die Ausbildung der Mobilität und der Erwerb Lebenspraktischer Fertigkeiten sowie Begriffsnichtsbildung und Kommunikationstechniken besonders unterstützt. Die sonderpädagogische Förderung ist darauf angelegt, die Identitätsfindung der sehgeschädigten und wahrnehmungsgestörten jungen Menschen zu unterstützen. Ziel ist dabei, ein möglichst hohes Maß an schulischer und beruflicher Eingliederung, gesellschaftlicher Teilhabe und selbstständiger Lebensgestaltung zu gewährleisten.

Unter pädagogischem Aspekt sind Sehen und visuelle Wahrnehmung Bezeichnungen für die Vorgänge und die Ergebnisse von Aufnahme, Weiterleitung und Verarbeitung visueller Eindrücke, die mit Hilfe des Sehorgans in der Verknüpfung mit zentralen Funktionen stattfinden. Zum Sehorgan gehören Augen, Sehbahnen und die Sehzentren im Gehirn.

Sehschädigungen zeigen sich in unterschiedlichen Arten und Graden der Herabsetzung des Sehvermögens bis hin zum Ausfall des Sehens bei Vollblindheit. In einer stark auf Visualität ausgerichteten Umwelt ist das Umgehen-Können mit einer Sehschädigung von besonderer Bedeutung. Die Betroffenen sollen befähigt werden, ein Leben mit einer Sehschädigung sowohl in sozialer Begegnung mit nichtbehinderten als auch mit sehgeschädigten Menschen sinnerfüllt zu gestalten und – wann immer möglich – sich aktiv mit den Auswirkungen der Schädigung auseinander zu setzen und Kompensationsmöglichkeiten auszuschöpfen.

Sonderpädagogische Förderung orientiert sich an der individuellen und sozialen Situation des sehgeschädigten Kindes bzw. Jugendlichen. Sie muss die persönlichkeits- und sozialbezogene Vorbereitung auf künftige Lebenssituationen einschließen und dazu beitragen, dass sehgeschädigte junge Menschen Selbstbewusstsein und Vertrauen in die eigenen Fähigkeiten gewinnen. Sonderpädagogische Förderung gibt daher begleitende, auf die Schädigung bezogene Hilfen mit dem Ziel, bestehende Abhängigkeiten und Hemmnisse so weit wie möglich zu überwinden.

Sonderpädagogische Förderung bezieht sich auf sehgeschädigte Kinder und Jugendliche aller Altersstufen, von der Frühförderung bis zum Übergang in das Erwachsenenleben; sehgeschädigte junge Menschen mit weiteren Behinderungen sind grundsätzlich einbezogen.

1.2 Pädagogische Ausgangslage

Sehschädigungen können sich in unterschiedlichen Ausprägungen zeigen:

Blinde Kinder und Jugendliche können nicht oder nur in sehr geringem Maße auf der Grundlage visueller Eindrücke lernen. Sie nehmen Informationen aus der Umwelt insbesondere über das Gehör und den Tastsinn sowie über die Sinne der Haut, des Geruchs und des Geschmacks auf. Die kompensierenden Funktionen dieser Sinne können durch geeignete Lernangebote entwickelt und gefördert werden.

Kinder und Jugendliche mit einer Sehbehinderung können ihr eingeschränktes Sehvermögen nutzen. Sie sind in vielen Situationen auf spezielle Hilfen angewiesen. Sie bedürfen besonderer Anleitung, sonderpädagogischer Förderung und technischer Hilfen. Dies kann auch bei Sehbehinderungen geringeren Grades notwendig sein wie bei Beeinträchtigungen des Sehvermögens beider Augen oder bei Einäugigkeit.

In Verbindung mit Sehschädigungen können Beeinträchtigungen und Behinderungen in anderen Bereichen auftreten:

- Lern- und Leistungsverhalten,
- Sprache und kommunikatives Handeln,
- emotionale und soziale Entwicklung,
- geistige Entwicklung,
- körperliche und motorische Entwicklung.

Hier kann das jeweils individuell geprägte Bedingungsgefüge einer Mehrfachbehinderung gegeben sein.

Sonderpädagogische Förderung hat daher die Aufgabe, Art und Grad der Sehschädigung sowie deren Ausgangslage und Entwicklungsdynamik zu erkennen. Das Ausmaß der Schädigung wird im Einzelfall durch eine Vielzahl von Faktoren bestimmt, wie z.B. vom Alter beim Eintritt der Sehschädigung, von der Dauer ihres Bestehens, von der verbliebenen Sehfähigkeit und vom Selbstkonzept des Kindes oder Jugendlichen, von eventuellen zusätzlichen Beeinträchtigungen sowie vom Lern- und Leistungsverhalten, von bereits durchgeführten Fördermaßnahmen, von der Versorgung mit technischen Hilfsmitteln und vom Verhalten der Umwelt.

Besondere Anforderungen an eine individuelle Förderung stellen sehgeschädigte Kinder und Jugendliche mit schwerer Mehrfachbehinderung. Sie können über den Bereich des Sehens und der Wahrnehmung hinaus in allen Entwicklungsbereichen beeinträchtigt sein, so dass mehrere Förderschwerpunkte einzubeziehen sind. Diese Kinder und Jugendlichen bedürfen zusätzlicher individueller Pflegemaßnahmen und therapeutischer Hilfen; ihrer Lebensweise ist die Gestaltung des Tagesablaufes mit Unterricht, Therapie, Pflege und Ruhepausen anzupassen.

Sehgeschädigte Schülerinnen und Schüler mit begrenzter Lebenserwartung benötigen eine umfassende sonderpädagogische Förderung. Sie können häufig aufgrund der speziellen Beeinträchtigungen nicht regelmäßig die Schule besuchen. Die besondere Lebenssituation dieser Schülerinnen und Schüler erfordert eine intensive pädagogische Begleitung auf der

Suche nach Möglichkeiten einer sinnvollen Lebensgestaltung und der Befriedigung aktueller Bedürfnisse. Das Lernangebot muss der jeweiligen Lebenslage der Schülerin oder des Schülers entsprechen.

2. Sonderpädagogischer Förderbedarf

Sonderpädagogischer Förderbedarf ist bei Kindern und Jugendlichen anzunehmen, die aufgrund einer Sehschädigung in ihren Entwicklungs-, Lern- und Bildungsmöglichkeiten so eingeschränkt sind, dass sie im Unterricht der allgemeinen Schule ohne sonderpädagogische Unterstützung nicht hinreichend gefördert werden können. Dabei können medizinisch-therapeutische, pflegerische, technische, psychologische, soziale Maßnahmen in oder außerhalb der Schule notwendig sein. Hierbei ist eine Abstimmung der verschiedenen Maßnahmen und Hilfen anzustreben, deren Ergebnis in ein pädagogisches Förderkonzept eingearbeitet werden soll. Sonderpädagogischer Förderbedarf ist auch in Abhängigkeit von den Aufgaben und den Anforderungen sowie im Zusammenhang mit den Fördermöglichkeiten der jeweiligen Schule unter den konkreten schulischen Rahmenbedingungen und Möglichkeiten zu sehen.

Entwicklung und Lernen werden in vielen Fällen maßgeblich erschwert, wenn neben der Sehschädigung andere Behinderungen auftreten, wie z.B. eine geistige Behinderung, eine Körperbehinderung, eine Sprachbehinderung oder eine Hörbehinderung (Taubblindheit). Bei Schülerinnen und Schülern mit Problemen im Verhalten ist eine besonders enge Zusammenarbeit zwischen Eltern, Schule und anderen Fachdiensten erforderlich.

Dem Sonderpädagogischen Förderbedarf Sehgeschädigter wird in unterschiedlichen Aufgabenfeldern der Förderung entsprochen:

Begriffsbildung und kognitives Lernen

Sehschädigungen beeinflussen die Entwickung des kognitiven Lernens, insbesondere die Begriffsbildung. Hier werden besondere Methoden benötigt, wie z.B. Zuhörtechniken und Wahrnehmungsstrategien, die das Nutzen taktiler, akustischer, kinästhetischer, gustatorischer oder olfaktorischer Informationen erleichtern.

Die Entwicklung der Begriffsbildung kann umfassen:
- Wahrnehmung von Dingen,
- Erkennen und Wiedererkennen von wichtigen Merkmalen der Dinge,
- sprachliche Etikettierung von Dingen und ihren Merkmalen,
- Erkennen der Relationen von Dingen und Personen,
- Erfassen von Situationen,
- gedankliche Repräsentation von Situationen.

Kognitives Lernen bei sehgeschädigten Kindern und Jugendlichen wird erleichtert durch spezielle Arbeitstechniken und Hilfsmittel wie Notizenmachen von Tonbandaufzeichnungen oder Vorgelesenem, Ertasten und Interpretieren von taktilen Karten, Schaubildern, Diagrammen und Modellen, vor allem aber durch ein strukturiertes, der Sehschädigung angemessenes Unterrichtsangebot.

Vermittlung von Schrift und Kommunikationstechniken

Blinde und sehbehinderte Schülerinnen und Schüler benötigen im Umgang mit der Schriftsprache spezifische Unterrichtsmethoden. Dazu gehören besondere Verfahrensweisen und spezielle Schriftsysteme sowie entsprechende Hilfsmittel und Materialien, die individuell auszuwählen und aufzubereiten sind. Die Entscheidung über die Auswahl blindenspezifischer oder sehbehindertenspezifischer Modifikationen ist besonders in der Phase des Schriftspracherwerbs von zentraler Bedeutung. Hierbei ist auf den Einzelfall bezogen abzuwägen, ob eine Kombination aus den beiden unterschiedlichen Zugangsweisen angezeigt ist.

Blindenschriftsysteme wie Vollschrift, Computerbraille, Eurobraille, Kurzschrift, Stenographie, Mathematik-, Chemie- und Musikschrift sind Beispiele für Varianten der Punktschrift; sie können für den jeweiligen Verwendungszweck ausgewählt und genutzt werden.

Der Einsatz moderner Elektronik, z.B. Scanner, Personal Computer, Braille-Zeile oder Sprachausgabe sowie computergestützte Schnelldrucker für Punktschrift, ermöglicht es sehgeschädigten Menschen, einen schnellen, zuverlässigen und umfassenden Zugang zu gedruckten Veröffentlichungen für Sehende zu erlangen. Die Einführung in den Umgang mit diesen Systemen muss auf die individuelle Sehschädigung abgestimmt sein. Die Hinführung zum Einsatz elektronischer Hilfsmittel ist für sehgeschädigte Schülerinnen und Schüler von zukunftsweisender Bedeutung.

Sehbehinderte Schülerinnen und Schüler arbeiten in der Regel mit den bei Sehenden üblichen Schriftsystemen. Dies erfordert in vielen Fällen eine Modifikation von Schriftgröße, Kontrast und ggf. den Einsatz von speziellen Leuchten, optischen und elektronischen Hilfsmitteln wie Brillen, Lupen, Fernrohrlupenbrillen, Bildschirmlesegeräten, Computern mit speziellen Peripheriegeräten und eigener Software.

Bei blinden und sehbehinderten Schülerinnen und Schülern mit mehreren Behinderungen ist der Erwerb von Schrift- und Kommunikationstechniken in besonderer Weise erschwert. Für blinde Leserinnen und Leser mit herabgesetzter Tastsensibilität der Fingerspitzen, etwa als Folge einer Diabetes, ergeben sich besondere Probleme beim Ertasten der Punktschrift. Für blinde Menschen ohne Hände sind Modifikationen notwendig, vor allem Techniken, mit den Lippen oder mit den Zehen Punktschrift zu lesen. Treten Sehschädigungen und eine Hörschädigung gemeinsam auf, werden nach Maßgabe des vorhandenen Seh- und Hörvermögens seh- und hörgeschädigtenspezifische Techniken kombiniert oder neue Medien und Methoden entwickelt.

Bei Taubblindheit muss die Kommunikation ohne Hilfe des Hör- und Sehvermögens angebahnt werden; auch hier finden taubblindengemäße Methoden und Techniken wie Hand- bzw. Fingeralphabete ihre Anwendung.

Bei von Geburt an taubblinden Kindern und Jugendlichen ist Sprachanbahnung durch individuell abgestimmte spezielle Methoden von Lehrkräften zu vermitteln, die dafür entsprechende Befähigungen erworben haben. Modifikationen dieser speziellen Techniken sind erforderlich, wenn im Einzelfall zusammen mit der Hör- und Sehschädigung eine geistige Behinderung besteht oder wenn entweder eine Hörschädigung oder eine Sehschädigung mit geistiger Behinderung vorliegt. Bei Kindern und Jugendlichen mit schwerer Mehrfachbehinderung treten basale Stimulations- und Kommunikationsformen in den Vordergrund.

Förderung Lebenspraktischer Fertigkeiten

Der Bereich Lebenspraktische Fertigkeiten umfasst eine Vielzahl von speziellen Hilfen und Trainingsangeboten, die es blinden und sehbehinderten Menschen ermöglichen, den Alltag sicher und selbstständig zu bewältigen. Bei der Förderplanung wird die aktuelle Lern- und Lebenssituation des Einzelnen, etwa in Bezug auf die Auswahl von Inhalten und Techniken aus dem breiten Spektrum der Möglichkeiten, berücksichtigt.

Nicht allem Lernbedarf im Bereich Lebenspraktische Fertigkeiten kann die Schule entsprechen. In Kooperation aller Beteiligter wird versucht, spezielle Bedürfnisse durch schulische und außerschulische Kursangebote zu erfüllen. Der Schule fällt eine beratende Funktion bei der individuellen Auswahl der Lerninhalte oder bei der Kontaktaufnahme zu anderen Maßnahmeträgern zu. Beispiele für Bereiche und alltägliche Verrichtungen sind:

Kochen, Essensfertigkeiten, Haushaltspflege, Nähen, Kleiderpflege, Körperpflege, häusliche Reparaturen, Kommunikationsfertigkeiten.

Bei jüngeren sehgeschädigten Kindern wird mit einfachen, altersentsprechenden Grundfertigkeiten aus verschiedenen Bereichen wie Bewegungserziehung oder mit sensorischen Übungen begonnen.

Bei einer Sehschädigung, die mit einer Hörschädigung auftritt, sind modifizierte Arbeitstechniken und Medien erforderlich, ebenso ist die Auswahl der Hilfsmittel und Methoden zu berücksichtigen. Bei Taubblindheit werden spezielle Hilfsmittel eingesetzt, die weder Sehen noch Hören erfordern. Beispiele sind: Weck- und Rufvibratoren anstelle akustischer oder optischer Signalgeber sowie Windschellen, die eine Türglocke ersetzen. Das Taubblinden-Telefon ermöglicht die Übermittlung von Nachrichten in Punktschrift über Telefonleitung. Für die Kommunikation mit sehenden Partnern steht ein Bildschirmgerät zur Verfügung, auf dem die Mitteilung des taubblinden Gesprächspartners erscheint. Mit Hilfe einer eigenen Tastatur werden taubblinden Menschen Informationen übermittelt.

Ist die Sehschädigung bei einem Kind oder Jugendlichen mit einer geistigen Behinderung verbunden, stehen motorische und sensorische Grundfertigkeiten im Mittelpunkt der Förderung. Bei der Auswahl der Übungsfolgen wird beachtet, an Situationen anzuknüpfen, die eine elementare Bedürfnisbefriedigung ermöglichen.

Die bei der Förderplanung ausgewählten Methoden und Techniken werden nach sorgfältiger Abstimmung im familiären und im schulischen Umfeld, ggf. im Internat, vermittelt. In der Schule ist die Förderung im Bereich Lebenspraktische Fertigkeiten fächerübergreifendes Prinzip, besonders in Unterrichtsfächern wie Sachkunde, Hauswirtschaft, Textiles Gestalten, Technisches Werken sowie in einer ganzheitlich konzipierten Ästhetischen Erziehung. Das Erlernen der notwendigen blinden- bzw. sehbehindertenspezifischen oder taubblindengemäßen Modifikationen der einzelnen Techniken sowie das Erlernen des Gebrauchs entsprechender spezieller Hilfsmittel gehören zum Sonderpädagogischen Förderbedarf blinder, sehbehinderter oder taubblinder Kinder und Jugendlicher.

Förderung der Orientierung und Mobilität

Orientierung und Mobilität sind zentrale Bereiche der speziellen Förderung blinder und sehbehinderter Kinder und Jugendlicher. Orientierung ist die Fähigkeit, mit Hilfe aller Sinne die Position im Raum sowie die Beziehung zu den Objekten und Personen in der Umgebung zu bestimmen. Mobilität hat die geistige Orientierung zur Voraussetzung und ist Fähigkeit und Fertigkeit, sich im Raum zielgerecht zu bewegen. Orientierungs- und Mobilitätstechniken sind eng aufeinander bezogen; ein erfolgreiches, wirksames Fortbewegen setzt Training in beiden Bereichen voraus. Die Entwicklung von blinden- oder sehbehindertengemäßen Zeit- und Raumvorstellungen ist für eine selbstständige Fortbewegung notwendig.

Förderung der Orientierung und Mobilität geschieht hauptsächlich auf vier Gebieten:

- Gehen mit einem sehenden Begleiter,
- Gehen mit dem Langstock,
- Gehen mit dem Führhund,
- Benutzung elektronischer Führhilfen.

Wchtige Förderaspekte im Orientierungs- und Mobilitätsbereich sind:

- Nutzung eines noch vorhandenen Sehvermögens,
- Sensibilisierung der übrigen Sinne,
- Entwicklung von Konzepten zur Orientierung in der Umwelt,
- Schutz des eigenen Körpers,
- Aufbau von Mut und Selbstvertrauen.

Für blinde und sehbehinderte Kinder und Jugendliche mit zusätzlichen Behinderungen gibt es modifizierte Konzepte der Förderung von Orientierung und Mobilität. Sehgeschädigte Menschen ohne Hände müssen z.B. auf die Grundtechnik des Gehens mit dem Langstock verzichten. Dafür werden sie ggf. im Gebrauch elektronischer Führhilfen oder im Umgang mit einem Führhund geschult. Für blinde Rollstuhlbenutzer gibt es Programme für ein Orientierungs- und Mobilitätstraining in typischen Alltagssituationen. Die kombinierte Seh- und Hörschädigung einer Schülerin oder eines Schülers engt die Möglichkeiten der selbstständigen Fortbewegung ein, da die üblichen, für sehgeschädigte Menschen entwickelten Lernprogramme ganz wesentlich auf die Ausnutzung akustischer Wahrnehmungen ausgerichtet sind. Bei geistiger Behinderung müssen die Lernmöglichkeiten des Kindes oder Jugendlichen und die Motivation in besonderer Weise berücksichtigt werden.

Orientierung und Mobilität als Aufgaben der Schule sind einerseits fächerübergreifendes Prinzip; Bewegungserziehung, Sinnesschulung, Begriffsbildung oder Sport liefern wichtige Beiträge. Andererseits gibt es Teilbereiche der Orientierung und Mobilität, die als Kurs in Form eines individuellen Orientierungs- und Mobilitätstrainings angeboten werden.

Ästhetische Erziehung

Für sehgeschädigte Schülerinnen und Schüler sind Körperwahrnehmung und das Ansprechen aller Sinne besonders entwicklungsfördernd. Rhythmik, Bewegungserziehung, Sport, Rollenspiel, Tanz und Theater sind insgesamt bedeutsam für die persönliche und soziale Entwicklung. Darüber hinaus können sie Sicherheit in der Bewegung, der Körperbeherrschung und der Körperhaltung fördern.

Musik und Tanz haben für sehgeschädigte Schülerinnen und Schüler einen hohen Stellenwert. Zunehmend wird auch die Bedeutung des bildnerischen Gestaltens mit spezifischen Materialien für blinde und sehbehinderte Kinder und Jugendliche erkannt.

Ästhetische Befriedigung und emotionales Wohlbefinden sind Grundanliegen der Ästhetischen Erziehung. Sie erweisen sich auch als wesentliche Faktoren einer länger andauernden Seh- und Arbeitsleistung. Für sehgeschädigte Kinder und Jugendliche ist es wichtig, dass kreative Impulse in den künstlerisch-musischen Unterrichtsfächern geweckt und dass die einzelnen Inhalte nicht isoliert voneinander angeboten werden. Es gilt, einen ganzheitlichen Ansatz zu finden, in dem die verschiedenen Angebote wie Töpfern, Malen, Tanzen, Basteln, Gestalten aufeinander bezogen sind. Auf diese Weise können die ästhetischen Bedürfnisse beachtet, das emotionale Wohlbefinden gefördert und damit die kreative Selbstentfaltung gestärkt werden.

Seherziehung

Seherziehung ist Unterrichtsprinzip. Sie weckt die noch nicht entwickelte Sehfähigkeit und berücksichtigt das vorhandene Sehvermögen. Sie geschieht durch die Einbeziehung anderer Sinne. Seherziehung fasst auf diagnostischer Grundlage die pädagogischen Bemühungen zusammen, um sehgeschädigte Kinder und Jugendliche zu befähigen, mit ihrem Sehvermögen umzugehen. Dies gilt für alle Grade der Sehschädigung. Dabei sind die räumlichen und medialen Bedingungen so zu gestalten, dass Seherziehung in entspannter Atmosphäre zur bestmöglichen Nutzung des Sehvermögens führen kann.

Eine ganzheitliche, individuelle Seherziehung dient der Steigerung der visuellen Leistungsfähigkeit. In den pädagogischen Bereich der Seherziehung fallen überwiegend Übungen, die eine Beeinflussung der psychischen Komponente des Sehvorgangs erstreben: Übungen zur visuellen Aufmerksamkeit und Konzentration, zur Stärkung des visuellen Gedächtnisses, zum schnellen und präzisen Erfassen von Objekten und Situationen, zur Farbdifferenzierung, zum Entfernungs- und Größenschätzen sowie zur Wahrnehmung der sprachbegleitenden Kommunikation, z.B. Körpersprache, Mimik, Gestik.

Zur Seherziehung gehört auch die Anleitung zum Umgang mit Belastungen, die bei sehgeschädigten Menschen dadurch entstehen, dass die Personen des Umfelds in der Regel nicht auf Sehprobleme eines Kommunikationspartners eingestellt sind.

Für das Aufgabenfeld der schulischen Förderung schwer mehrfachbehinderter Schülerinnen und Schüler ist eine weitere Ausdifferenzierung und Intensivierung der sonderpädagogischen Maßnahmen erforderlich. Diese Kinder und Jugendlichen benötigen zur Sicherung ihrer existenziellen Grundbedürfnisse basale Erfahrungen als Voraussetzung für Lernen und Entwicklung. Bei der Förderung der basalen Funktionen wird in einem dialogischen Prozess Zugang zu den Bildungsinhalten ermöglicht. Kinder und Jugendliche mit schwerer Mehrfachbehinderung sind in verschiedenen Entwicklungsbereichen beeinträchtigt. Sie brauchen in der Regel körperliche Nähe, um andere Menschen und Dinge wahrnehmen und mit ihnen in Beziehung treten zu können. Dafür müssen alle möglichen Sinne angesprochen werden, vor allem die Sinne der Tiefensinne, der Haut, des Geruchs, des Geschmacks, Gesichts, des Gehörs und des Tastens. Die Kinder und Jugendlichen sollen für Sinneswahrnehmung aufgeschlossen werden, sie sollen Sinnesreize bemerken und beantworten, Handlungen wiederholen, dabei Gewohnheiten ausbilden und selbst durch Sinneswahrnehmung aktiv werden. Schülerinnen und Schüler mit schwerer Mehrfachbehinderung benötigen Menschen, die ihnen die Umwelt auf elementare Weise vermitteln und ihnen Lageveränderung und Fortbewegung ermöglichen, insbesondere durch die Förderung des Körpererlebens, der Körperhaltung, der Kopf- und Rumpfkontrolle, des Sitzens, Stehens und Gehens. Sie brauchen Bezugspersonen, die sie in ihren individuellen Ausdrucksformen auch ohne Lautsprache verstehen und die durch grundlegende Kommunikationsmittel wie Symbole, Geräusche, Zeichen und Gebärden eine sprachliche Beziehung aufbauen.

3. Feststellung von Sonderpädagogischem Förderbedarf

Die Feststellung Sonderpädagogischen Förderbedarfs umfasst die Ermittlung des individuellen Förderbedarfs; sie bereitet die Entscheidung über den Bildungsgang und den Förderort vor. Sie findet statt in der Verantwortung der Schulaufsicht – hierzu gibt es in einigen Ländern unterschiedliche Regelungen –, die entweder selbst über sonderpädagogische Kompetenz verfügt oder fachkundige Beratung hinzuzieht.

3.1 Ermittlung Sonderpädagogischen Förderbedarfs

Bei der Ermittlung des Sonderpädagogischen Förderbedarfs sind die diagnostischen Fragestellungen auf ein qualitatives und quantitatives Profil der Fördermaßnahmen gerichtet, das Grundlage für eine Empfehlung sein soll. Es sind Art und Umfang des individuellen, auf die Sehschädigung bezogenen Förderbedarfs zu erheben; darüber hinaus sind die gegebenen bzw. die zu organisierenden Formen der Förderung in der Schule abzuklären, die das Kind oder der Jugendliche besucht oder besuchen soll.

Die Feststellung, ob eine Sehschädigung vorliegt, geschieht immer durch eine augenärztliche Untersuchung. Ein Gutachten gibt Auskunft über Art und Umfang der Sehschädigung, insbesondere über

- das Sehen in der Ferne,
- das Sehen in der Nähe,
- das Gesichtsfeld,

– den Farbensinn,
– den Lichtsinn und die Blendungsempfindlichkeit,
– das beidäugige Sehen.

Das Gutachten enthält außerdem Angaben über die notwendigen Korrekturen der Brechungsfehler durch Brillen, Kontaktlinsen oder andere Hilfsmittel und ggf. über Einschränkungen der physischen Belastbarkeit.

Aufgabe der sehgeschädigtenpädagogischen Überprüfung bei der Ermittlung des Sonderpädagogischen Förderbedarfs ist zunächst die Erfassung des funktionalen Sehens. Sie zielt darauf ab festzustellen, wie sehgeschädigte Kinder und Jugendliche mit ihrem verbliebenen Sehvermögen umgehen und welche Erschwerungen der visuellen und interaktiven Bewältigung von unterschiedlichen Alltagssituationen bei ihnen auftreten. Diese pädagogische Überprüfung führt über die augenärztlich ermittelten Ergebnisse hinaus und berücksichtigt Persönlichkeitsmerkmale, wie z.B. Erfahrung, Wissen, kognitive Verarbeitungsstrategien, emotionale Befindlichkeit, Motivation und Einstellungen sowie psychomotorische Fertigkeiten. Beachtet werden auch die nichtvisuellen Sinne.

Beobachtungen im Schulalltag dienen der Diagnostik des funktionalen Sehens einer Schülerin oder eines Schülers. Überprüft werden z.B. die Lichtverhältnisse im Klassenraum, eventuelle Blendungseffekte zu verschiedenen Unterrichtszeiten, der Abstand des Sitzplatzes zur Wandtafel, die Größe der Tafelanschrift und die Farbe der verwendeten Kreiden, dazu der Umgang mit Overhead- und Dia-Projektoren, die Notwendigkeit der Verwendung spezieller Stifte und Lineaturen in Heften, auch Schriftgrößen und Kontraste in Büchern und auf Arbeitsbögen sowie die optischen und elektronischen Sehhilfen. Von Wichtigkeit sind eigene Aussagen des sehgeschädigten Kindes oder Jugendlichen über seine visuellen Wahrnehmungsmöglichkeiten, ebenso aufschlussreich können Beobachtungen von Mitschülerinnen und Mitschülern sein.

Für den Unterricht in den verschiedenen Fächern wird ermittelt, welche Inhalte unverändert bearbeitet werden können, welche Modifikationen von Inhalten, Methoden und Techniken erforderlich sind. Außerdem ist festzulegen, welche spezifischen Inhalte und Verfahrensweisen, die nicht in den üblichen Bildungsplänen vorgesehen sind, zusätzlich vermittelt werden sollen. Beispiele sind der Erwerb lebenspraktischer Fertigkeiten sowie ein spezielles Orientierungs- und Mobilitätstraining.

Es ist zu klären und zu begründen, welche Hilfsmittel unentbehrlich sind und wer die Einübung in ihren Gebrauch sicherstellt. Im Einzelfall ist festzustellen, ob besondere bauliche Maßnahmen vorgenommen werden müssen, z.B. bei einer zusätzlich zur Sehschädigung bestehenden Körperbehinderung. Geht eine Hörschädigung einher, ist zu prüfen, welche sehgeschädigten- und welche hörgeschädigtenspezifischen Hilfsmittel notwendig sind und ob Hilfen in Frage kommen, deren Einsatz keine visuelle und keine auditive Wahrnehmungsfähigkeit voraussetzt. Aussagen über Umfang und Art spezifischer personeller Unterstützung sind erforderlich.

Bei der Bearbeitung mündlicher, schriftlicher und praktischer Aufgaben in Unterricht, Ausbildung und Prüfungssituationen kann für die einzelne Schülerin bzw. den einzelnen Schüler ein der Beeinträchtigung entsprechender Nachteilsausgleich gewährt werden. Dazu gehören z.B. Zeitzugabe, Verwendung optischer und elektronischer Hilfsmittel sowie speziell angepasster Medien. Leistungsnachweise können ggf. in anderer Form erbracht werden, z.B. kann anstatt einer schriftlichen Prüfung eine mündliche abgelegt werden. Außerdem können andere Unterstützungsformen, wie Vorlesedienste, Gewährung eines Sondertermins oder eines besonderen Raumes erforderlich sein, um Nachteile, die aus Art und Schwere einer Behinderung entstehen, auszugleichen.

Das Verfahren zur Feststellung Sonderpädagogischen Förderbedarfs wird von den Eltern, den volljährigen Schülerinnen und Schülern selbst, der Schule oder von anderen zuständigen Diensten beantragt und bezieht die Befähigungen und Erkenntnisse der an der Förderung und Unterrichtung beteiligten bzw. zu beteiligenden Personen ein. Die Erkenntnisse und Daten über den Sonderpädagogischen Förderbedarf werden interdisziplinär gewichtet und abgestimmt sowie unter Berücksichtigung der Stellungnahme der Eltern zu einer Empfehlung an die zuständige Schulaufsicht zusammengefasst. Sie enthält Aussagen darüber, nach welchem Bildungsgang die Schülerin oder der Schüler zu unterrichten ist. Die Empfehlung mündet in einen individuellen Förderplan.

3.2 Entscheidung über den Bildungsgang und den Förderort

Auf der Grundlage der Empfehlung, unter Beteiligung der Eltern und ggf. der Schülerin bzw. des Schülers sowie unter Beachtung der Rahmenbedingungen entscheidet die Schulaufsicht, ob die Schülerin oder der Schüler in die allgemeine Schule aufgenommen wird, dort verbleibt oder Unterricht und Förderung in einer Schule für Blinde bzw. für Sehbehinderte oder in einer Sonderschule anderer Art erhält. In die Entscheidung kann auch die Inanspruchnahme von Einrichtungen mit ergänzenden Betreuungs- oder Ganztagsangeboten einbezogen werden.

Dabei sind bei jeder einzelnen Entscheidung zu berücksichtigen:

- Art und Umfang des Förderbedarfs,
- Stellungnahme der Eltern, ggf. beratender Gremien,
- Fördermöglichkeiten der allgemeinen Schule,
- Verfügbarkeit des erforderlichen sehgeschädigtenpädagogischen Personals,
- Verfügbarkeit von Hilfsmitteln, speziellen Lehr- und Lernmitteln, ggf. räumlich-baulicher Gegebenheiten.

Bei Schülerinnen und Schülern mit zusätzlichem Förderbedarf in den Bereichen Lern- und Leistungsverhalten wie auch geistige Entwicklung trifft die Schulaufsicht auf der Grundlage des sonderpädagogischen Gutachtens eine Entscheidung über den entsprechenden Bildungsgang. Prinzipiell ist derjenige Lernort zu wählen, an dem den Förderbedürfnissen und der Persönlichkeitsentwicklung des Kindes bzw. Jugendlichen auf bestmögliche Weise Rechnung getragen wird und an dem die soziale Eingliederung, die Vorbereitung auf berufliche Anforderungen und die Berufsausbildung gewährleistet sind. Die Entscheidung über den individuellen Förderbedarf erfordert in geeigneten Abständen eine Überprüfung.

4. Erziehung und Unterricht

4.1 Erziehung

Eine auf die Sehschädigung bezogene besondere Erziehung besteht aus Hilfen zur Lebensbewältigung, zur psychischen Entwicklung und zur sozialen Kompetenz. Besonders wichtig für die Lebensbewältigung unter den Bedingungen der Sehschädigung kann sein: Sicherheit und Vertrauen anderen und sich selbst gegenüber aufbringen zu können; die Fähigkeit, eigene Interessen zu verwirklichen und anderen gegenüber zu vertreten; Konkurrenzfähigkeit zu entwickeln, sei es beruflich oder privat; Aussehen und Attraktivität. Erzieherische Hilfen sind auch bei der Bewältigung der Verletzungen des Selbstwertgefühls angebracht, die mit einer Sehschädigung verbunden sein können.

Gestik und Mimik werden in kommunikativen Situationen von blinden und sehbehinderten Menschen eingeschränkt oder gar nicht visuell wahrgenommen. Erziehung trägt dazu bei, die Einschätzung der jeweiligen Situation den sehgeschädigten Kindern und Jugendlichen bewusst zu machen, damit sie Kompensationsstrategien entwickeln und sehende Gesprächspartner in angemessener Weise darüber informieren können. Dazu soll gelernt werden, bekannte Gesten zu interpretieren und nachzuahmen, zu verbalisieren sowie sprachliche und nichtsprachliche Mittel sinnvoll, ungehemmt und phantasievoll zu nutzen.

Das grundsätzliche Angewiesensein blinder Menschen auf den Tastsinn kann in Situationen, die üblicherweise visuell gestaltet werden, zu Irritationen führen wie bei Kontaktaufnahme mit unbekannten Menschen, insbesondere bei Begrüßungsritualen oder bei Museumsbesuchen. Blinde junge Menschen müssen lernen, in welchen Situationen Tasten bzw. körperlicher Kontakt sozial akzeptiert wird und, falls dies unüblich ist, wie sie sich notwendige Informationen anders erschließen können.

Sehbehinderte Kinder und Jugendliche brauchen Hilfen, um ihre visuellen Wahrnehmungsmöglichkeiten im Vergleich zu vollem Sehen realistisch einschätzen und darstellen zu können. Diese Kenntnisse erleichtern die Kommunikation mit Menschen, die solche Beeinträchtigungen nicht kennen und deshalb unsicher und ablehnend reagieren. Es ist hilfreich, wenn die Kinder und Jugendlichen verschiedene Strategien erlernt haben, um in unterschiedlichen Alltagssituationen die Grenzen und Möglichkeiten ihres Sehvermögens vermitteln zu können. Für eine sinnhafte Freizeitgestaltung sind die individuellen Wünsche und Bedürfnisse einzubeziehen.

4.2 Unterricht

Dem Unterricht bei blinden und sehbehinderten Kindern und Jugendlichen sind grundsätzlich die Bildungspläne der allgemeinen Schule zugrunde zu legen. Für den Sonderpädagogischen Förderbedarf wird ein individueller Förderplan erstellt. Der Sonderpädagogische Förderbedarf hat Konsequenzen für die didaktisch-methodischen Entscheidungen bei der Gestaltung des Unterrichts. Der Unterricht ist entsprechend den erschwerten Lernbedingungen zu modifizieren, zu differenzieren und ggf. zu erweitern. Für die Erweiterung eines Bildungsplanes wird zusätzliche Zeit benötigt. Die für ein Schuljahr vorgesehenen Bildungsinhalte können über mehrere Jahrgangsstufen verteilt werden, um die Möglichkeit einzuräumen, die Ziele und Abschlüsse der jeweiligen Bildungsgänge zu erreichen. Für sehgeschädigte Schülerinnen und Schüler mit Lernrückständen oder geistiger Behinderung ist ein spezielles, individuell abgestimmtes Lernangebot mit eigenem Zeitrahmen erforderlich.

Damit sehgeschädigte Schülerinnen und Schüler am Unterricht erfolgreich teilnehmen können, sind Grundvoraussetzungen in Bezug auf Klassenraumgestaltung, Lehr- und Lernmittel, Medien und Unterrichtsorganisation zu gewährleisten.

Bei der Klassenraumgestaltung ist darauf zu achten, dass der Arbeitsplatz ergonomisch ausgerüstet wird. Beispiele können sein: höhen- und neigungsvariable Arbeitstische und Konzepthalter bei hochgradiger Kurzsichtigkeit, blendungsarme Gesamtausleuchtung des Raumes, stufenlos zu schaltende Einzelplatzbeleuchtung bei erhöhtem Lichtbedarf, Fenstervorhänge bei Blendungsempfindlichkeit, klar strukturierte Anordnung des Mobiliars als Orientierungshilfe für blinde Kinder und Jugendliche.

Die gebräuchlichen Lehr- und Lernmittel sind auf ihre Eignung zu überprüfen und ggf. zu adaptieren, z.B. Vergrößerungskopien und tastbare Landkarten, oder auch umzurüsten, z.B. mit Braillezeichen versehene Spielkarten oder Schutzvorrichtungen bei Werkzeugen und Maschinen. Es kann notwendig sein, Lehr- und Lernmittel gänzlich umzugestalten. Beispiele sind die elektronische Braillezeile am Computer, die Relieffolie für Blinde oder die Punktschriftbücher. Darüber hinaus kann eine individuelle Ausstattung mit optischen und elektronischen Sehhilfen erforderlich werden, z.B. Lupen und Fernrohrlupenbrillen, Monokulare, Bildschirmlesegeräte, Vergrößerungssoftware für den Computer.

Die notwendige Ausstattung erfolgt nach in den Ländern geltenden Regelungen.

Der Unterricht mit sehgeschädigten Schülerinnen und Schülern erfordert eine auf deren speziellen Bedarf hin abgestimmte Organisation. Dazu können gehören: Anleitung zum Ordnunghalten im Unterrichtsraum, damit ein blindes Kind seine Sachen wiederfindet, Regelungen für die Unterbringung und den Schutz der individuell genutzten Medien im Klassenraum, Sicherheitsvorkehrungen zur Vermeidung von Verletzungen, z.B. durch offen stehende Türen oder Fensterflügel, klare Strukturierungshilfen, insbesondere bei individualisierenden und offenen Unterrichtsformen und bei häufigem Methodenwechsel. Vielfach gilt es auch einfache Hilfen als Kompensationsmaßnahmen zu entwickeln und erfolgreich anzuwenden, z.B. Notieren auf der Punktschrift-Schreibtafel, Vorlesen des Tafelanschriebs durch die Lehrkraft, Vorlesen von Arbeitsbögen durch eine Mitschülerin oder einen Mitschüler.

5. Formen und Orte sonderpädagogischer Förderung

Die schulische Förderung von Kindern und Jugendlichen mit Sonderpädagogischem Förderbedarf im Förderschwerpunkt Sehen, visuelle Wahrnehmung und Umgehen-Können mit einer Sehschädigung bezieht alle Schulstufen und Schularten ein; sie hat in den vergangenen Jahren zu einer Vielfalt von Förderformen und Förderorten geführt. Neben den Schulen für Blinde und für Sehbehinderte entwickelten sich Formen gemeinsamer Erziehung und Unterrichtung von Kindern und Jugendlichen mit und ohne Behinderungen an unterschiedlichen Lernorten. Vorbeugende Maßnahmen erfahren zunehmend eine höhere Bewertung.

5.1 Sonderpädagogische Förderung durch vorbeugende Maßnahmen

Frühe Hilfen sind für die Entwicklung der Kinder mit einer Sehschädigung von wesentlicher Bedeutung. Um Entwicklungsverzögerungen zu verhindern bzw. zu mindern und weiter gehende Auswirkungen der Behinderung zu vermeiden, müssen Fördermaßnahmen rechtzeitig einsetzen.

Frühförderung beginnt bei sehgeschädigten Kindern, sobald sie den Frühförderstellen, die in den meisten Ländern an den Schulen für Sehgeschädigte angesiedelt sind, bekannt werden. In anderen Ländern ist es Aufgabe der Schulen für Sehgeschädigte, mit den örtlichen Frühförderstellen zusammenzuarbeiten. Die enge Kooperation mit den Augenkliniken sichert eine möglichst frühzeitige, abgestimmte Förderung. Das gelingt bei blinden Kindern eher als bei sehbehinderten, deren Sehschädigung häufig erst bei der Einschulungsuntersuchung bekannt wird.

Eine wichtige Aufgabe der Frühförderung ist es, den möglichen Folgen der Sehschädigung im kognitiven, sozial-emotionalen, kommunikativen und psychomotorischen Bereich vorzubeugen und ggf. dem Nichtgebrauch eines verbliebenen Sehvermögens durch geeignete Seherziehungsmaßnahmen entgegenzuwirken. Um dieser Aufgabe gerecht zu werden, folgt die Frühförderung einem ganzheitlichen, familienorientierten und umfeldbezogenen Ansatz; sie arbeitet interdisziplinär.

Voraussetzungen für das Lernen im schulischen Bereich sind für alle Kinder und Jugendlichen eine angemessene Beleuchtung, kontrastreiche Lernmaterialien, ergonomisch angepasstes, die Flexibilität des Sehabstandes gewährleistendes Schulmobiliar, regelmäßige Überprüfung der individuell verordneten optischen Sehhilfen und flimmerfreie, strahlungsarme Bildschirme. Entsprechende Regelungen und Maßnahmen wirken präventiv, insbesondere bei Schülerinnen und Schülern, bei denen die Gefahr besteht, dass sich das Sehvermögen oder das Allgemeinbefinden verschlechtern. Die Wichtigkeit der genannten präventiven Maßnahmen zeigt sich, z.B. bei asthenopischen Beschwerden, wie sie bei Überbeanspruchung der Augen, etwa bei langem Lesen, bei mangelnden Kontrasten, bei Sehen in zu hellem Licht oder in lang andauernden Stresssituationen entstehen können. Im Zusammenhang mit den präventiven Aufgaben haben Symptome wie Kopfschmerzen, Brennen der Augen, Müdigkeitsgefühl, gerötete Bindehaut, Verschwommensehen, Tränen der Augen, Blendempfindlichkeit besondere Bedeutung.

Die Nutzung einer Brille kann unter präventivem Aspekt ein weiteres Problem darstellen. Es ist erforderlich, dass eine regelmäßige Überprüfung der Sehschärfe durch speziell geschultes Personal nicht nur bei Vorschulkindern, sondern auch bei Schülerinnen und Schülern durchgeführt wird und dass Lehrkräfte und Eltern informiert werden. Initiativen zu präventivem Handeln in diesem Sinne sind vom schulärztlichen Dienst, von Fachärzten für Augenheilkunde und von den Landesärzten für Blinde und für Sehbehinderte zu erwarten.

5.2 Sonderpädagogische Förderung im gemeinsamen Unterricht

Kinder und Jugendliche mit Sonderpädagogischem Förderbedarf im Förderschwerpunkt Sehen besuchen allgemeine Schulen, wenn dort die notwendige sonderpädagogische Unterstützung sowie die sächlichen und die räumlichen Voraussetzungen geschaffen werden können. Die sonderpädagogische Förderung muss durch Lehrkräfte mit entsprechender sonderpädagogischer Befähigung gewährleistet sein. Im gemeinsamen Unterricht können die blinden oder sehbehinderten Kinder und Jugendlichen von ihren sehenden Mitschülerinnen und Mitschülern lernen und diese von ihnen, und alle gemeinsam können durch die modifizierten Unterrichtsmethoden und Medien profitieren. So können, z. B. speziell für sehgeschädigte Kinder hergestellte Tastbilderbücher, farblich kontrastreich gestaltete Brettspiele oder Großdrucktexte sowie auch die konsequente Veranschaulichung auch für nicht sehgeschädigte Kinder nützlich sein.

Zu den erforderlichen Voraussetzungen gehören neben äußeren Rahmenbedingungen individualisierende Formen der Planung, Durchführung und Evaluierung der Unterrichtsprozesse und eine koordinierte Zusammenarbeit der Lehr- und Fachkräfte. Eine inhaltliche, methodische und organisatorische Abstimmung der Maßnahmen ist notwendig, damit die Berücksichtigung des Sonderpädagogischen Förderbedarfs nicht zu einer Sonderstellung des sehgeschädigten Kindes oder Jugendlichen in der integrativ konzipierten Situation wird. Dies schließt nicht aus, dass äußere Differenzierungen für spezifische Fördermaßnahmen erforderlich sein können. Es ist sicherzustellen, dass behinderungsspezifische Maßnahmen ihren angemessenen Platz im Unterricht finden und nur ausnahmsweise als zusätzliche Förderung in die Freizeit verschoben werden.

Die vielfältigen Möglichkeiten des Ausgleichs behinderungsbedingter Nachteile während des Unterrichts und in Prüfungssituationen sind bei der Abstimmung besonders zu berücksichtigen. Das Gelingen der Koordinierung der pädagogischen Maßnahmen aller Beteiligten im individuellen Fall erweist sich als ein wesentliches Kriterium für die Beurteilung der Eignung eines bestimmten Lernortes. Die beteiligten Lehr- und Fachkräfte benötigen dafür spezifische Befähigungen, die sie in Aus- bzw. Fortbildung und durch ihre beruflichen Erfahrungen erwerben.

Das Aufgabenfeld der Sonderschullehrkräfte umfasst sonderpädagogische Förderung im Unterricht sowie weitere Aufgaben, die sich auf den speziellen Sonderpädagogischen Förderbedarf beziehen; dazu gehören insbesondere

- Beratung und Unterstützung des sehgeschädigten Kindes oder Jugendlichen,
- Beratung der Lehrerinnen und Lehrer der allgemein bildenden Schule sowie der beruflichen Schule,
- Beratung und Unterstützung der Eltern.

Inhalte von Beratung und Unterstützung sind z.B.

- Analyse des funktionalen Sehens,
- Sehhilfenberatung und -beschaffung, Punktschriftübertragung,
- Durchführung oder Organisation spezifischer Fördermaßnahmen, z.B. im Bereich Lebenspraktische Fertigkeiten,
- Orientierung und Mobilität, psychomotorische Förderung.

Die Erfüllung dieser Aufgaben erfordert eine enge Zusammenarbeit der Sonderschullehrkräfte mit den Lehrkräften der allgemeinen Schule. Zum besonderen Aufgabenfeld der Lehrkräfte der allgemeinen Schulen gehören die Kooperation mit der sonderpädagogischen Lehrkraft und die Berücksichtigung sonderpädagogischer Belange im Unterricht.

5.3 Sonderpädagogische Förderung in Schulen für Sehgeschädigte[1]

Die besonderen schulischen Einrichtungen für Blinde und für Sehbehinderte mit ihren speziellen pädagogischen Angeboten sind Lernorte für diejenigen, die einen umfänglichen und spezifischen Sonderpädagogischen Förderbedarf haben. Sie bieten sehgeschädigtengemäße Förderung in unterschiedlicher Form an und sind technisch, medial und personell entsprechend ausgestattet. Häufig sind Schulen für Sehgeschädigte eingegliedert in Bildungszentren, in denen sehgeschädigte Menschen vom frühen Kindesalter bis ins Erwachsenenalter geeignete Förderangebote allgemein- oder berufsbildender Art auf verschiedenen Anforderungsstufen erhalten. Die Dauer der Förderung in diesen Schulen ist individuell unterschiedlich; grundsätzlich wird auf Durchlässigkeit zu anderen Schulen geachtet. Sehgeschädigte Kinder und Jugendliche mit schwerer Mehrfachbehinderung bekommen eine eigens auf ihre Behinderungen abgestimmte pädagogische Förderung. Einige dieser speziellen Einrichtungen haben länderübergreifende Einzugsbereiche bzw. ein bundesweites Einzugsgebiet. Die Mehrzahl der Schulen für Sehgeschädigte bietet Beratung und Unterstützung für sehgeschädigte Schülerinnen und Schüler in allgemeinen Schulen und in Sonderschulen anderer Art an.

Daneben gibt es Schulen, die sich auf einen Bereich oder auf wenige Bereiche spezieller schulischer Angebote konzentrieren. Es gibt eine Spezialisierung auf bestimmte Altersstufen, auf unterschiedliche Lernanforderungen, auf den allgemein- oder den berufsbildenden Bereich, auf besondere Angebote für mehrfachbehinderte Sehgeschädigte, z.B. für Taubblinde.

Viele dieser Schulen haben ein Internat oder Wohngruppen, deren Konzepte mit den Bemühungen um die besondere pädagogische Förderung der sehgeschädigten Schülerinnen und Schüler abgestimmt sind. Internate und Wohngruppen sind u.a. eine Alternative der Erziehung und der Lebensgestaltung für Kinder und Jugendliche, die nicht in ihren Familien leben können.

5.4 Sonderpädagogische Förderung in kooperativen Formen

Viele Schulen für Sehgeschädigte und allgemeine Schulen sind dabei, eine enge pädagogische Zusammenarbeit aufzubauen. Kooperative Formen der Förderung und Unterrichtung erschließen allen Beteiligten Möglichkeiten zur wechselseitigen Annäherung und zur Erfahrung von mehr Selbstverständlichkeit im Umgang miteinander. Kooperative Formen können den Unterricht und das Schulleben bereichern, z.B. durch

- gegenseitige Besuche von Klassen,
- die Bildung von Partnerschaften,

---

[1] Die Bezeichnungen der Schulen für Sehgeschädigte sind in den Ländern unterschiedlich.

- gemeinsame Schulwanderfahrten,
- gemeinsame Schulveranstaltungen und Feste,
- zeitweiligen bis zunehmend durchgängigen gemeinsamen Unterricht.

Die Erhöhung gemeinsamer Unterrichtsanteile und der Wechsel von Schülerinnen und Schülern aus den Schulen für Sehgeschädigte in allgemeine Schulen werden hierdurch begünstigt. Damit tragen kooperative Formen zur Durchlässigkeit der Schularten bei. Die räumliche Zusammenführung von Klassen für Sehgeschädigte mit Klassen der allgemeinen Schule kann geeignete Rahmenbedingungen für die angestrebte Kooperation schaffen.

5.5 Sonderpädagogische Förderung im Rahmen von Förderzentren

Es ist Aufgabe der in den meisten Ländern bestehenden überregionalen Förderzentren, blinde und sehbehinderte Kinder und Jugendliche und deren Eltern in der Frühförderung, in Schulen anderer Schularten und beim Übergang von der Schule ins Arbeitsleben zu beraten und zu unterstützen. Die Förderzentren können individuelle sonderpädagogische Förderung in der eigenen Schule anbieten und ggf. mit einem Internat bzw. einer Wohngruppe zusammen arbeiten. Sie können sehgeschädigte Kinder und Jugendliche aus allgemeinen Schulen und anderen Sonderschulen zu ein- oder mehrtägigen Seminaren und Kursen einladen, deren Inhalte der sonderpädagogischen Förderung dienen.

Die Förderzentren verfügen über diagnostische Kompetenzen im Überschneidungsbereich von Medizin und Pädagogik, machen Angebote zu Auswahl und Erprobung von speziellen, vor allem optischen und elektronischen Hilfsmitteln, bieten Gelegenheit zum Training von Lebenspraktischen Fertigkeiten, zur Orientierungs- und Mobilitätserziehung, und sie eröffnen den Zugang zu weiteren Bereichen sonderpädagogischer Förderung. Sie informieren Eltern und ggf. Kostenträger über Finanzierungsmöglichkeiten notwendiger sonderpädagogischer Maßnahmen und Medien.

Die Förderzentren beraten Lehrkräfte der allgemeinen Schule und anderer Sonderschulen in Bezug auf alle die Sehschädigung betreffenden Fragen. Sie geben Informationen und bieten Gelegenheit zur Auseinandersetzung mit den Folgen der fehlenden oder eingeschränkten visuellen Wahrnehmung. Sie besprechen mit den Lehrkräften, die ein blindes oder sehbehindertes Kind unterrichten, dessen individuelle Situation und stimmen gemeinsam den Förderplan ab. Darüber hinaus sollen die Förderzentren beteiligt werden im Rahmen von Fortbildung zu spezifischen Aspekten des Förderschwerpunktes Sehen.

Förderzentren können notwendige Hilfsmittel und Unterrichtsmaterialien entwickeln und diese zur Verfügung stellen oder bei deren Beschaffung helfen. Dabei sind die Förderzentren für Sehgeschädigte der Länder auf Kooperation untereinander angewiesen.

5.6 Sonderpädagogische Förderung im berufsorientierenden und im berufsbildenden Bereich

Jungen Menschen mit Sonderpädagogischem Förderbedarf sind Wege zu einer beruflichen Qualifikation durch ein Studium bzw. eine Berufsausbildung oder, wo dies nicht durchführbar erscheint, durch eine für Sehgeschädigte vorgesehene spezielle Berufsqualifikation zu eröffnen, um damit die Voraussetzungen für eine dauerhafte Eingliederung in die Arbeitswelt zu schaffen. Falls das nicht durchführbar ist, muss eine an die individuellen Fähigkeiten und Möglichkeiten des Jugendlichen angepasste Vorbereitung auf eine Berufstätigkeit mit selbstständiger Lebensführung wie in einer Blindenwerkstatt, einer Werkstatt für Taubblinde oder in einer Werkstatt für Behinderte angeboten werden.

Aufgabe der sonderpädagogischen Förderung ist es auch, Voraussetzungen für erfolgreiches berufliches Lernen zu schaffen, Berufsorientierung und Berufsvorbereitung zu unterstützen. Fächerübergreifendes und projektbezogenes Vorgehen bietet sich dabei an. Leitfunktion hat ein Verbund der Unterrichtsfächer, die in den einzelnen Ländern in der Bundesrepublik unterschiedlich benannt werden: Arbeit, Wirtschaft, Technik, Hauswirtschaft, Textiles Werken, Wirtschaftslehre, Sozialkunde, Gemeinschaftskunde.

Einsichten in die Arbeitswelt werden durch das Aufzeigen wechselseitiger Zusammenhänge zwischen den Bereichen Technik, Wirtschaft und Hauswirtschaft vermittelt. Im Bereich Technik sammeln Schülerinnen und Schüler Erfahrungen im Umgang mit Werkstoffen, Geräten und Hilfsmitteln. Sie gewinnen Einblick in Verfahrensweisen und Techniken und können Anforderungen verschiedener Berufsfelder einschätzen lernen. Die behinderungsbedingten Möglichkeiten und Grenzen sehgeschädigter Jugendlicher finden dabei angemessene Berücksichtigung. Im Bereich Hauswirtschaft/Textiles Werken werden die Jugendlichen auf das selbstständige Ausführen von Arbeiten im Haushalt vorbereitet. Sie lernen grundlegende Arbeits- und Kennzeichnungstechniken, Orientierungs- und Ordnungsschemata kennen und werden sicherer im Umgang mit speziellen Hilfsmitteln.

Betriebs- und Arbeitsplatzerkundungen sowie Betriebspraktika vor Ort sind auch für blinde und für sehbehinderte Jugendliche verbindlich. Erkundungen sowie Betriebs-, Sozial- und Werkstattpraktika können in unterschiedlichen Formen und an verschiedenen Orten durchgeführt werden. Die Berufsbildungswerke für Blinde und für Sehbehinderte bieten auch in ihren Einrichtungen entsprechende Erkundungen und Praktika an.

Schwerpunkte des berufsvorbereitenden Unterrichts sind berufskundliche Themen. Für Schülerinnen und Schüler mit Sehschädigungen werden auch blinden- und sehbehindertenkundliche Inhalte und Kenntnisse vermittelt über psychologische und soziologische Aspekte der Sehschädigung, Arbeits- und Sozialhilferecht, Selbsthilfeorganisationen, spezifische Informationsmedien und Hilfsmittel. Diese Inhalte beziehen sich direkt auf die Lebenssituation Sehgeschädigter. Die sehgeschädigtenspezifischen berufskundlichen Themen des berufsvorbereitenden Unterrichts gehören zur sonderpädagogischen Förderung sehgeschädigter Jugendlicher, sie müssen unabhängig vom Lernort des Einzelnen berücksichtigt werden.

Berufsbezogene Ziele sind:

- Wissen um die Behinderung und deren Auswirkungen auf Beruf und Leben,
- realistische Einschätzung der beruflichen Leistungsfähigkeit,
- Beherrschung blinden- bzw. sehbehindertengerechter Techniken und Fertigkeiten, die im Hinblick auf das berufliche Tätigkeitsfeld erforderlich sind,
- Sicherheit im Umgang mit Hilfsmitteln,

– Kenntnis der beruflichen Eingliederungsmöglichkeiten,
– Kenntnis gesetzlicher Bestimmungen und Regelungen für Behinderte,
– Kenntnis über institutionelle und finanzielle Förderung für Behinderte.

Um die bestmögliche berufliche Eingliederung zu erreichen, ist eine enge Zusammenarbeit der oder des Jugendlichen und ggf. der Eltern mit der Schule für Sehgeschädigte oder dem Förderzentrum, der Arbeitsverwaltung, der beruflichen Schule und dem Arbeitgeber, dem Berufsbildungswerk oder der Werkstatt für Behinderte, den Fachdiensten und ggf. weiteren Kostenträgern und Institutionen des Netzwerkes notwendig.

Der Unterricht für sehgeschädigte Jugendliche und junge Erwachsene in der beruflichen Schule ist grundsätzlich von Lehrkräften zu erteilen, die eine Befähigung zum Lehramt an Beruflichen Schulen besitzen; diese sollten durch entsprechende Aus- oder Fortbildung auch sonderpädagogische Befähigungen erworben haben. Für sonderpädagogische Aufgaben, die vertiefte sehgeschädigtenspezifische Kenntnisse und spezielle Erfahrung verlangen, sind Beratung und Unterstützung durch entsprechend qualifizierte Lehrkräfte sicherzustellen. Dies gilt z.B. bei der Bestimmung des funktionalen Sehens und der Sehhilfenberatung oder bei der Arbeitsplatzanalyse und -ausstattung unter besonderer Berücksichtigung des sehgeschädigtengemäßen Einsatzes von elektronischen Hilfsmitteln.

Sehbehinderte und blinde Jugendliche können in länderübergreifenden beruflichen Schulen für Sehgeschädigte unterrichtet werden (siehe hierzu auch den Beschluss der KMK vom 20.6.1997).

6. Zusammenarbeit

Bei Kindern und Jugendlichen mit Sonderpädagogischem Förderbedarf im Schwerpunkt Sehen, visuelle Wahrnehmung und Umgehen-Können mit einer Sehschädigung ist eine intensive und vertrauensvolle Zusammenarbeit zwischen Elternhaus und Schule erforderlich.

Die Förderung Lebenspraktischer Fertigkeiten, das Orientierungs- und Mobilitätstraining, die Schulung des verbliebenen Sehvermögens und die Einübung in den Umgang mit elektronischen Hilfsmitteln finden sowohl im schulischen als auch im häuslichen Bereich statt. Die Förderung gelingt nur in enger Abstimmung zwischen Elternhaus und Kind bzw. Jugendlichem einerseits und – je nach Lebensalter – Frühförderstelle, Kindergarten, Schule, Förderzentren, ggf. Internat und den an der beruflichen Ausbildung Beteiligten andererseits.

Die Kooperation der Lehrerinnen und Lehrer sowie weiterer Fachdienste verlangt ein gemeinsames Grundverständnis der Aufgaben und eine klare Zuordnung von Kompetenz- und Verantwortungsbereichen für jeden Beteiligten in Unterricht und Schulleben. Die gemeinsame Verantwortung für die schulische Bildung und Förderung von Kindern und

Jugendlichen mit Sonderpädagogischem Förderbedarf macht eine verbindliche und kontinuierliche Zusammenarbeit aller beteiligten Lehrkräfte unverzichtbar. Weitere am Bildungsprozess sehgeschädigter Kinder und Jugendlicher Beteiligte sind ärztliche, ggf. psychologische und soziale Dienste, die jeweils zuständigen Kostenträger wie Krankenkassen, Sozialhilfeträger, Arbeitsämter, Betriebe sowie die Träger von Bildungs-, Kultur- und Freizeitangeboten und Selbsthilfeorganisationen.

Eine weit gehende Normalisierung der Bedingungen für die Entwicklung sehgeschädigter Kinder und Jugendlicher ist zu erwarten, wenn es gelingt, tragfähige Verbindungen zwischen den genannten Fach- und Dienstleistungsbereichen sowie den Maßnahmeträgern herzustellen und unterschiedliche Förder- und Hilfeleistungen zu koordinieren.

7. Einsatz und Qualifikation des Personals

Die Ausbildung des Personals muss Breite und Struktur des jeweiligen Tätigkeitsbereiches und dessen Anforderungen an die einzelnen Personen berücksichtigen. Sie vermittelt nicht nur die Grundfähigkeit für die Aufgaben der Sehgeschädigtenpädagogik, sondern gibt auch einen Überblick über den Gesamtbereich der Erziehung und Unterrichtung von Kindern und Jugendlichen. Ein wesentliches Merkmal der Qualifikation ist blinden- und sehbehindertenpädagogische Kompetenz.

Die Förderung sehgeschädigter Kinder und Jugendlicher in vielfältigen Aufgabenfeldern obliegt – je nach den in den Ländern in der Bundesrepublik geltenden Regelungen – unterschiedlich qualifizierten Fachkräften.

An der Förderung blinder und sehbehinderter Kinder und Jugendlicher wirken in enger Kooperation Fachleute mit unterschiedlicher Ausbildung mit, z.B.

- Sonderschullehrkräfte und Lehrkräfte mit der Befähigung für andere Lehrämter mit der Qualifikation in den Fachrichtungen Blinden- bzw. Sehbehindertenpädagogik, ggf. weiteren sonderpädagogischen Fachrichtungen,
- Erzieherinnen und Erzieher bzw. Sozialpädagoginnen und -pädagogen, ggf. mit Zusatzausbildung in
  - Orientierung und Mobilität,
  - Lebenspraktischen Fertigkeiten,
  - Frühförderung Sehgeschädigter,
  - Förderung des noch vorhandenen Sehvermögens
- sozial- und heilpädagogische Pflegekräfte,
- Orthoptistinnen und Orthoptisten, Optikerinnen und Optiker, Augenärztinnen und Augenärzte in beratender Funktion,
- Psychologinnen und Psychologen,

- therapeutische Fachdienste,
- Fachleute für Punktschrift-, Fingerzeichen-, Gebärden- und Tastsysteme bei Taubblinden,
- Hersteller von Medien,
- Fachkräfte für elektronische Hilfsmittel und Punktschriftübertragung.

Zur Sicherung der Qualität der sonderpädagogischen Förderung im Schwerpunkt Sehen, visuelle Wahrnehmung und Umgehen-Können mit einer Sehschädigung ist ein differenziertes Aus- und Fortbildungsangebot unabdingbar. Eine enge Kooperation zwischen den Ausbildungsstätten für Blinden- und Sehbehindertenpädagogik und den schulischen Einrichtungen für Sehgeschädigte sichert Entwicklung, Anwendung und Erprobung wissenschaftlicher Methoden im praktischen Zusammenhang. Da es nur wenige Schulen für Sehgeschädigte in den Ländern in der Bundesrepublik gibt, ist die ständige länderübergreifende Aus- und Fortbildung und die Zusammenarbeit zwischen den Einrichtungen notwendig, um Weiterentwicklungen zu koordinieren, kostengünstig Medien herzustellen und elektronische Hilfsmittel auf dem jeweils neuesten Stand nutzbar zu machen.

8. Schlussbestimmung

Die „Empfehlungen für den Unterricht in der Schule für Blinde (Sonderschule)" – Beschluss der Kultusministerkonferenz vom 1.6.1979 – und die „Empfehlungen für den Unterricht in der Schule für Sehbehinderte (Sonderschule)" – Beschluss der Kultusministerkonferenz vom 16.3.1979 – werden hiermit aufgehoben.

Christine Pluhar
Ministerium für Bildung, Wissenschaft, Forschung und Kultur des Landes Schleswig-Holstein

Bemerkungen zu den KMK-Empfehlungen zum Förderschwerpunkt Sehen

Meine Bemerkungen zum Förderschwerpunkt Sehen habe ich in die Betrachtung von vier Ebenen gegliedert:

Erste Ebene: Das Grundlagenpapier vom 6. 5. 1994

Die „Empfehlungen zur Sonderpädagogischen Förderung in den Schulen der Länder der Bundesrepublik Deutschland" aus dem Jahr 1994 (Grundlagenpapier) wurden von der Arbeitsgemeinschaft „Sonderpädagogischer Förderbedarf" erarbeitet, zu der jeweils eine Vertreterin oder ein Vertreter des Bildungsministeriums jedes Bundeslandes gehörte. Sie wurden von allen gemeinsam in sechs Sitzungen erarbeitet, wobei i. d. R. zwei Sitzungen, zuweilen auch drei pro Jahr stattfanden. Die so entstandene erste Fassung wurde jeweils in den Bildungsministerien geprüft, Änderungsvorschläge wurden für die nächste Sitzung mitgegeben. In der siebten Sitzung wurde die Anhörungsfassung erstellt, die an Verbände, Hochschulen und erneut an die Bildungsministerien zur Anhörung ging. In der achten Sitzung wurden die synoptisch zusammengestellten Änderungsvorschläge von der Gruppe bearbeitet, ohne das bereits durch die Häuser nach juristischer Prüfung gebilligte Gerüst zu ändern. Die so entstandene Fassung wurde dem Schulausschuss der KMK mit der Bitte um Zustimmung vorgelegt. In diesem Ausschuss sitzen die Vertreter der Länder, meist die Leiter der Gestaltungsabteilung des jeweiligen Bildungsministeriums. Christian HANNIG aus Bremen leitete als Mitglied des Schulausschusses die Arbeitsgemeinschaft „Sonderpädagogischer Förderbedarf". Aufgabe des Schulausschusses ist es, zu prüfen, ob den Empfehlungen nicht nur in pädagogischer sondern z.B. auch in finanzieller Hinsicht einstimmig zugestimmt werden kann, oder ob noch in einem Land Bedenken bestehen. Auch die Mitglieder des Schulausschusses können noch Änderungen einbringen, die dann allerdings nicht mehr an die Arbeitsgemeinschaft zurück verwiesen werden, sondern die durch das Sekretariat der KMK in den Text eingefügt werden.

Die vorletzte Stufe ist die Amtschefkonferenz, die Staatssekretärsrunde. Auch hier sind noch Änderungen möglich, und es kamen auch noch einige redaktionelle Änderungen vor der einstimmigen Beschlussfassung. Die letzte ebenfalls einstimmige Abstimmung erfolgt in der Runde der Kultusministerinnen und Kultusminister, das geschah am 6.5.1994, nach fast vierjähriger Vorarbeit. Der bayerische Kultusminister, der zu der Zeit Vorsitzender der KMK war, stellte der Öffentlichkeit die neuen Empfehlungen vor.

Die KMK-„Empfehlung zur Ordnung des Sonderschulwesens" von 1972 bildete die Ausgangslage des Grundlagenpapiers. Seinerzeit war es eine wichtige Neuerung, dass allen behinderten Kindern ein Recht auf eine ihren Fähigkeiten entsprechende schulische Bildung garantiert wurde. Mit einem ausgebauten, differenzierten Sonderschulwesen sollte diesen Anforderungen in den verschiedenen Fachrichtungen entsprochen werden. Die Schulen für Geistigbehinderte waren gerade im Entstehen, und im Bereich der Sehgeschädigtenbildung wurde aufgrund der 72er Empfehlungen eine Reihe von Schulen für Sehbehinderte gegründet.

Die 94er „Empfehlungen zur Sonderpädagogischen Förderung in den Schulen der Länder der Bundesrepublik Deutschland" nahmen die Weiterentwicklung der Behindertenpädagogik auf, die eine über 20 Jahre sich verändernde pädagogische Praxis begleitend reflektiert. Vergleicht man die beiden Empfehlungen, so lässt sich die Weiterentwicklung durch folgende Aspekte kennzeichnen:

- Von der Defizitfeststellung zur Beschreibung der (sonder)pädagogischen Bedürfnisse
- Die Sichtweise auf die Kinder hat sich in den 20 Jahren erheblich verändert. Es geht nicht mehr darum, was das Kind nicht kann (Defizitbeschreibung) und wie dieses Unvermögen zustande gekommen ist, sondern es geht darum, was dieses Kind kann und wozu es in seiner Situation welche Hilfe und Unterstützung braucht. Es geht also primär um eine pädagogische Definition von Behinderung.
- Von der Sonderschulbedürftigkeit zum Sonderpädagogischen Förderbedarf. Generell gilt nicht mehr die Formel: Du bist behindert, also kommst du auf die Sonderschule. Deshalb hat die KMK das Wort „Sonderschulbedürftigkeit" abgelöst durch den Begriff „Sonderpädagogischer Förderbedarf" in Anlehnung an das englische „Special Educational Needs". Wir verstehen darunter das Recht auf Sonderpädagogische Förderung, unabhängig vom Förderort. Denn es gibt viele Förderorte (alle Allgemeinen Schulen und Sonderschulen) und in jedem Einzelfall muss geprüft werden, wo der beste Förderort ist. (Und der beste Förderort ist m.E. der, der die Entwicklungsmöglichkeiten des Kindes am wenigsten einschränkt).
- Von der Sonderschule zum Sonderpädagogischen Förderzentrum
  Die Organisationsstruktur, die sonderpädagogische Förderung an verschiedenen Förderorten ermöglicht, heißt in vielen Ländern inzwischen Förderzentrum. Gemeint ist damit die Organisationsstruktur (z.B. eine Schule für Sehgeschädigte), die die sonderpädagogische Förderung an den verschiedenen Förderorten gewährleistet, nämlich in der

  – Prävention im vorschulischen und schulischen Bereich,

  – Integration in allgemein bildenden Schulen,

– Sonderschule, auch in kooperativen Formen, sowie in der

– beruflichen Bildung.

- Inhalt des 94er Grundlagenpapiers war es auch, Mehrfachbehinderung als integralen Bestandteil der Empfehlungen und nicht als gesondertes Kapitel in den Text aufzunehmen.
- Neu war ebenfalls, wie die Ermittlung und Feststellung des sonderpädagogischen Förderbedarfs erfolgt, einschließlich der Frage nach den sonderpädagogischen Förderschwerpunkten.
- Die Entwicklung von der Sonderschulpädagogik zu den Sonderpädagogischen Förderschwerpunkten akzentuiert eine neue, eher ganzheitliche Sichtweise der KMK. Die strikte Aufteilung nach zehn Sonderschularten mit je eigener Praxis und Theorie, die sich in Deutschland im Gegensatz zu anderen europäischen Ländern herausgebildet haben, soll allmählich überwunden werden. Dafür steht der Begriff „Sonderpädagogischer Förderschwerpunkt". Er soll zum Ausdruck bringen, dass die Förderschwerpunkte miteinander verbunden sind. Nach einem jahrzehntelangen Ausdifferenzierungsprozess wird heute mehr auf Gemeinsamkeiten geachtet, ohne die jeweils spezifischen Errungenschaften aufzugeben.

Nach Verabschiedung des Grundlagenpapiers (1994) lautete der nächste Auftrag der Bildungsministerinnen und Bildungsminister an die Arbeitsgemeinschaft „Sonderpädagogischer Förderbedarf", die Empfehlungen zum Unterricht in den verschiedenen Sonderschularten aus den 70er Jahren abzulösen und Empfehlungen zu den einzelnen Förderschwerpunkten zu erarbeiten.

Zweite Ebene: Empfehlungen zum Förderschwerpunkt Sehen

Aufgabe für Klaus SIML (für Mecklenburg-Vorpommern) und mich (für Schleswig-Holstein) war es, den Entwurf für den Förderschwerpunkt Sehen zu erstellen. Die Arbeit daran hat etwa zwei Jahre gedauert, wobei wir uns in Abständen auf halber Strecke zwischen Kiel und Schwerin in Lübeck trafen. Den ersten Entwurf legten wir im Mai 1996 vor. Prof. Dr. Waldtraut RATH (Universität Hamburg) hat uns in allen Phasen der Arbeit am Text beraten und begleitet, wofür wir ihr sehr herzlich danken.

Bei der Anhörung

- der Hochschullehrerinnen und -lehrer der vier Studienstätten (Berlin, Dortmund, Hamburg und Heidelberg),
- der Fachverbände „Verband der Blinden- und Sehbehindertenpädagogen und -pädagoginnen" (VBS), „Verband Deutscher Sonderschulen" (vds), „Verband Bildung und Erziehung" (VBE) sowie der „Gewerkschaft Erziehung und Wissenschaft" (GEW)
- und teilweise auch der Schulen für Blinde und Sehbehinderte

gab es viel Zustimmung, aber auch deutliche Kritik: In einigen Punkten widersprach sich die Kritik aus unterschiedlicher Sichtweise diametral. Nach den o.a. Vorgaben und den

Ergebnissen der Anhörung entstand die mittlerweile sechste Fassung, die dann durch die KMK im Juni 1998 im verkürzten Verfahren einstimmig beschlossen wurde.

Inhaltlich hatten wir (wie für alle Förderschwerpunkte) folgende Auflagen:

- Die Gliederung ist durch die 94er Empfehlungen vorgegeben
- Keine medizinische Definition, keine Defizitbeschreibung der Behinderung
- Neuere pädagogische Trends im Förderschwerpunkt aufgreifen, sofern sie von allen Ländern mit getragen werden
- Mehrfachbehinderung im laufenden Text bearbeiten, immer dann, wenn es sinnvoll ist.

Die Auflage, die Gliederung des Grundlagenpapiers einzuhalten, passte zunächst nicht zu unseren Vorstellungen, wir hätten gern andere Schwerpunkte gesetzt – aber sie war Vorgabe der KMK und damit nicht zu ändern. Im Nachhinein halte ich diese Auflage für gut, dadurch erhalten alle Förderschwerpunkte einen einheitlichen Charakter, der die Orientierung erleichtert.

Die Frage der Bezeichnung des Förderschwerpunktes „Sehen, visuelle Wahrnehmung und Umgehen-Können mit einer Sehschädigung" war ebenfalls nicht zu vermeiden, denn sie war durch die 94er Empfehlung vorgegeben. In ähnlicher Weise wurden auch die anderen Förderschwerpunkte benannt. Im übrigen halte ich den (zugegeben nicht gerade elegant formulierten) Titel des Förderschwerpunktes durchaus für brauchbar und sogar für zukunftsweisend, da alle drei angesprochenen Aspekte wichtige Aufgabenbereiche des Förderschwerpunktes akzentuieren und in Zukunft eine bedeutende Rolle spielen werden. Schon während des Entstehungsprozesses der Empfehlungen stellte sich heraus, dass die ausführliche Bezeichnung des Förderschwerpunktes zu umständlich zu handhaben war, deshalb wurde die Kurzform „Förderschwerpunkt Sehen" gewählt. Diese wiederum rief Kritik bei Fachleuten hervor, die die Blindheit darunter nicht repräsentiert fanden.

Sehschädigung sollte nicht medizinisch, sondern pädagogisch definiert werden. Das gab uns die Gelegenheit, Sehschädigung unter pädagogischen Gesichtspunkten zu beschreiben: Blindheit, Sehbehinderung sowie mäßige Sehschädigung und Störungen der visuellen Wahrnehmung.

Leider zeigte sich in der Anhörung, dass diese differenzierte fachliche Sichtweise nicht konsensfähig war. Ich hätte ihre Berücksichtigung für einen Fortschritt gehalten! Immerhin haben wir aber noch einen Satz zur mäßigen Sehschädigung retten können.

Wir haben uns sehr darum bemüht, keine Defizitbeschreibung von Sehschädigung vorzunehmen. Den Stil des Textes insgesamt haben wir absichtlich allgemein verständlich gehalten und immer wieder Beispiele eingefügt. Die Frage war nämlich, wer soll den Text lesen? Er ist nicht nur für die Fachleute in den Kultusverwaltungen und Lehrkräfte an Schulen für Blinde und Sehbehinderte gedacht, sondern auch für Lehrkräfte der anderen Schularten, Eltern, vielleicht auch für Schülerinnen und Schüler, Bildungspolitikerinnen und -politiker, Schulträger und sonstige Interessierte.

Was hat sich nun inhaltlich seit den letzten „Empfehlungen für den Unterricht in der Schule für Blinde (Sonderschule)" sowie den „Empfehlungen für den Unterricht in der Schule für

Sehbehinderte (Sonderschule)", beide 1979, verändert? Was wurde stärker akzentuiert oder was ist neu im „Förderschwerpunkt Sehen"?

- Orientierung und Mobilität, Lebenspraktische Fertigkeiten und Low-Vision-Training haben inzwischen Einzug in die Arbeit der meisten Schulen für Sehgeschädigte gehalten. Im „Förderschwerpunkt Sehen" nehmen diese einen breiten Raum ein.
- Durch den Gebrauch elektronischer Medien verändert sich auch die Arbeit mit Kindern und Jugendlichen mit Sehschädigung – bis hin zur Entwicklung neuer Schriftsysteme. Auch hierzu sind Aussagen im „Förderschwerpunkt Sehen" getroffen worden.
- Mehrfachbehinderung hat in der schulischen Förderung sehgeschädigter Kinder und Jugendlicher heute einen hohen Stellenwert. An vielen Stellen wurden im „Förderschwerpunkt Sehen" Bezüge zu diesem Thema anhand von Beispielen hergestellt.
- Integration von Kindern und Jugendlichen mit Blindheit oder Sehbehinderung ist inzwischen normal. Seit 1978 gibt es die Arbeitsgemeinschaft Integration im Verband der Blinden- und Sehbehindertenpädagogen und -pädagoginnen (VBS). In allen Ländern werden inzwischen Kinder mit und ohne Sehschädigungen gemeinsam in Allgemeinen Schulen unterrichtet. Im „Förderschwerpunkt Sehen" wird auch beschrieben, welchen Nutzen die nicht behinderten Schülerinnen und Schüler davon haben.
- Fast alle Schulen für Sehgeschädigte arbeiten als überregionale Förderzentren in den Bereichen Frühförderung, Integration, Unterricht in der eigenen Schule und Übergang Schule/Beruf. Diese Aufgabenfelder, die sich seit den 79er Empfehlungen ausdifferenziert haben, werden im „Förderschwerpunkt Sehen" unter dem Punkt Formen und Orte Sonderpädagogischer Förderung ausführlich beschrieben.
- Entsprechend der Vielfalt der Aufgabenfelder werden Aussagen zu „Einsatz und Qualifikation des Personals" getroffen. Die in den 79er Empfehlungen formulierte vorrangige Zuständigkeit der Sonderschullehrkräfte wird im Sinne einer gleich berechtigten Kooperation unterschiedlich qualifizierter Fachkräfte deutlich relativiert.
- Sonderpädagogische Förderung in der im „Förderschwerpunkt Sehen" dargestellten Form beschränkt sich viel weniger auf die Einrichtung Schule als vergleichbare Formulierungen der 79er-Empfehlungen. Unter dem Punkt „Zusammenarbeit" wird auf die Kooperation zwischen verschiedenen Institutionen bei der Förderung von Kindern und Jugendlichen mit Sehschädigung ausdrücklich hingewiesen.

Erst bei der nochmaligen Lektüre der 79er „Empfehlungen für den Unterricht in der Schule für Blinde (Sonderschule)" wird mir deutlich, welche beträchtlichen Weiterentwicklungen im Bereich der Blinden- und Sehbehindertenpädagogik sich in den letzten 20 Jahren ereignet haben.

Dritte Ebene „Prognose": Was könnten die nächsten Entwicklungsschritte sein?

„Nach der Wahl ist vor der Wahl" heißt es, für uns übersetzt müsste es lauten: „Nach den Empfehlungen ist vor den Empfehlungen". Wie wird sich die Förderung von Kindern und Jugendlichen mit Sehschädigung in den nächsten – sagen wir – 30 Jahren weiter entwickeln? Welche Entwicklungslinien deuten sich an? Welche Brüche wird es geben? Was hat sich bewährt, was gilt es zu bewahren? Was muss sich ändern?

Unter den Prämissen, dass es keinen Krieg, keine Katastrophen, geben wird, dass die wissenschaftlichen, die wirtschaftlichen und die politischen Entwicklungen in Europa und der Welt in etwa ähnlich weiter verlaufen wie bisher, könnte sich nach 30 Jahren Folgendes ereignet haben:

Die Medizin hat auch im Bereich der Ophthalmologie erstaunliche Fortschritte gemacht: Die Zahl der Kinder und Jugendlichen mit Blindheit oder Sehbehinderung hat sich deutlich verringert. Auch die Zahl der jungen Menschen mit schweren Mehrfachbehinderungen ist zurück gegangen. Die Kenntnisse über Genetik und Gentechnologie haben sich erheblich ausgeweitet, Blindheit entsteht fast nur noch nach Unfällen, die Microchirurgie kann in diesen Fällen häufig gut helfen.

Elektronische Hilfsmittel für Menschen, die blind oder sehbehindert sind, wurden immer mehr miniaturisiert, so dass sie heute erheblich besser einsetzbar sind.

In den deutschen und anderen Bundesländern der Europa-Union herrscht ein Mangel an Arbeitskräften, denn die Bevölkerungspyramide weist eine große Überzahl von älteren Menschen aus. Insbesondere im Dienstleistungsbereich werden heute gerne Menschen mit Behinderungen ausgebildet.

Die Zahl der aller Schülerinnen und Schüler sowie die damit verbundene Zahl der allgemeinen Schulen ist etwa seit der Jahrhundertwende stetig zurück gegangen. Das dreigliedrige Schulsystem wurde insbesondere in den ländlichen Gebieten der deutschen Länder in der Zwischenzeit weitgehend aufgegeben, da die einzelnen Einheiten (Hauptschule, Realschule und Gymnasien) nebeneinander wegen der zu geringen Schülerzahl nicht mehr zu halten waren. Dort werden in der Regel die Schülerinnen und Schüler der Wohnumgebung gemeinsam unterrichtet, wenn sie nicht zu Hause am Bildschirm arbeiten. Selbstverständlich erhalten Kinder, die besondere Bedürfnisse haben, die notwendige Unterstützung. Dazu gibt es Unterstützungssysteme, z.B. die traditionsreichen Schulen für Blinde und Sehbehinderte, die als Kompetenzzentren über das nötige Know-how verfügen, diese Unterstützung in den Allgemeinen Schulen anzubieten. Werden zeitlich begrenzte Intensivkurse oder längerfristige Förderung in keinen Gruppen benötigt, so werden diese in den allgemeinen Schulen oder in den Kompetenzzentren selbst angeboten.

Ein individueller Förderplan wird für jedes Kind mit besonderen Bedürfnissen, auch für ein hochbegabtes, angelegt, mit allen an der Förderung Beteiligten erarbeitet und in Abständen evaluiert. Das erfordert große Sorgfalt, denn die Eltern, die ein einklagbares Recht auf diese Förderung haben, können für nicht erfolgte oder nicht erfolgreiche Förderung Regressansprüche geltend machen.

Alle Lehrerinnen und Lehrer erhalten eine Basisqualifikation, danach nutzen sie Module von Weiterqualifizierungsmöglichkeiten an den Hochschulen z.B. für Spezialpädagogik in den Förderschwerpunkten Sehen oder Hochbegabung, die jeweils mit Praxisphasen gekoppelt sind. Die so erworbenen speziellen Kompetenzen und Qualifikationen werden seit der grundlegenden Änderung im Besoldungssystem vor einigen Jahren auch finanziell berücksichtigt.

Eine gute Schule, die von den Eltern für ihr Kind gern gewählt wird, ist eine „allumfassende Schule" (Inclusiv School), die sich in ihrem Schulprogramm zum Ziel gesetzt hat, alle Kinder in ihrem Einzugsbereich willkommen zu heißen und jedem Kind die bestmögliche Förderung zu bieten.

Diejenigen, die ihr grundständiges Sonderpädagogik-Studium im „Förderschwerpunkt Sehen" jetzt absolvieren, werden in 30 Jahren, also 2030, noch im Dienst sein!

Vierte Ebene: Was hat das mit mir zu tun?

Als ich die „Empfehlungen zum Unterricht in der Schule für Blinde (Sonderschule)" 1979 während meines Aufbaustudiums der Blinden- und Sehbehindertenpädagogik in Hamburg sozusagen druckfrisch in die Hand bekam, waren die „Bildungspolitischen Vorgaben der Kultusminister" ungefähr so etwas Ähnliches wie die Bibel für uns Sonderpädagogen.

Das Thema Integration kam darin praktisch nicht vor, obwohl es doch bereits seit mehreren Jahren an der Fläming-Grundschule in Berlin, meinem damaligen Wohnort, Integrationsklassen gab und wir von der Berliner Johann-August-Zeune-Schule für Blinde aus ein blindes Mädchen im Nachbargymnasium unterstützten, das dort (gegen den Widerstand des Leiters der Blindenschule) integrativ unterrichtet wurde. In Hamburg gab es schon längere Zeit Integration in der Heinrich-Hertz-Schule.

Die Bildungsratsempfehlungen, die von einer Expertengruppe aus Wissenschaftlern und einzelnen Vertreterinnen und Vertretern der Bildungsverwaltungen unter der Leitung von Jacob MUTH erarbeitet und 1973 herausgegeben worden waren, hatten das Thema „Gemeinsamer Unterricht" ausführlich aufgegriffen und Vorschläge unterbreitet, die heute ganz aktuell anmuten.

Diese Schrift war damals für mich revolutionär und als unbedingte Richtschnur für weitere Entwicklungen anzusehen, während ich die 79er KMK-„Empfehlungen für den Unterricht in der Schule für Blinde (Sonderschule)" als reaktionär empfand. Dieses hielt ich gar nicht für verwunderlich, weil für mich feststand, dass Kultusverwaltungen schließlich immer reaktionär sind.

Erst heute, mit der Kenntnis um das Zustandekommen solcher KMK-Empfehlungen weiß ich, dass die Kolleginnen und Kollegen in der damaligen KMK-Arbeitsgemeinschaft Sonderschulen gar kein anderes Papier hätten vorlegen können, selbst, wenn es einige von ihnen gewollt hätten. Das Einstimmigkeitsprinzip der KMK-Entscheidungen stand dem entgegen, denn die Zeiten waren noch nicht reif und Revolutionen im Schulbereich gibt es eben nicht in Deutschland. Aber Evolutionen gibt es: Die Weiterentwicklungen in Richtung Integration, so etwa, wie der Bildungsrat es empfohlen hatte, haben stattgefunden.

Und was mich unerhört freut, ich durfte dabei sein und daran mitarbeiten.

Renate Walthes
Universität Dortmund

Förderschwerpunkt Sehen, visuelle Wahrnehmung und Umgehen-Können mit einer Sehschädigung

Vorbemerkung

Sonderpädagogische Förderung im Bereich von Blindheit, Anders Sehen und Visueller Wahrnehmung muß auf die Spezifika dieser Bedingungen gerichtet sein. Mit ihren Vorstellungen von Schädigungen und deren Konsequenzen für die Aneignung von Umwelt stellt sie allgemeine Erkenntnisse über den Zusammenhang von Nicht- oder Anders-Sehen und Möglichkeiten und Grenzen des Umgangs mit einer Umwelt dar, die auf diese Spezifika nicht oder unzureichend eingerichtet ist. Sie beschreibt damit keine Personen, keine Schülerinnen und Schüler.

Schülerinnen und Schüler sind komplexe Persönlichkeiten, die sich und ihre Möglichkeiten in das System Schule einbringen. Diese beziehen sich auf diejenigen Bereiche ihrer Persönlichkeit, die sie dem System Schule zur Verfügung stellen. Der Focus der sonderpädagogischen Förderung richtet sich auf solche Fähigkeiten und Kompetenzen, die in einem engeren oder weiteren Zusammenhang mit der Sehschädigung stehen, d.h. auf einen sehr kleinen Bereich der Persönlichkeit des Kindes oder Jugendlichen.

Um jedoch Individuum-Umwelt-Interaktionen unter der Bedingung Blindheit – Sehbehinderung verstehen, analysieren und verändern zu können, ist ein großes Maß an fachspezifischem wie an handlungsorientiertem Wissen erforderlich. Dem Förderbedarf eines blinden oder sehbehinderten Kindes kann daher nicht nur mit der Anwendung spezieller Techniken und Hilfsmittel entsprochen werden. Es bedarf einer grundlegenden Auseinandersetzung mit der Differenz von Wahrnehmungsprozessen und der Intransparenz der Wahrnehmung blindgeborener oder cerebral sehgeschädigter, mehrfachbehinderter oder sehbehinderter Kinder.

Mit den Empfehlungen zur sonderpädagogischen Förderung in den Schulen der Bundesrepublik Deutschland und den Empfehlungen zu einzelnen Förderschwerpunkten reflektiert die Kultusministerkonferenz sowohl den Wandel sonderpädagogischer Theoriediskussion wie auch Veränderungen in der schulischen Situation. Die vorgelegten Empfehlungen lassen bei aller konsensbedingten Allgemeinheit und Vagheit doch Interpretationen bezüglich eines veränderten Verständnisses von Behinderung und daraus resultierend für sonderpädagogische Förderung zu. In dem folgenden Beitrag zum „Förderschwerpunkt Sehen" wird der Interpretationsspielraum der KMK-Empfehlungen genutzt.

Zum Verständnis von Behinderung

Sehschädigung kann als Sammelbegriff für vielfältige Erscheinungsformen des Nicht- oder Anders Sehens gelten. Wie der Begriff Behinderung, so unterliegen auch die Begriffe Blindheit und Sehbehinderung einem Bedeutungswandel und es ist davon auszugehen, dass unterschiedliche Bedeutungen auch im pädagogischen Sprachgebrauch nebeneinander existieren[1].

Die neuen Klassifikationsversionen der Weltgesundheitsorganisation beziehen sich nicht mehr nur auf die Ebenen der Körperstrukturen, der Aktivitäten und der Partizipation, sondern beziehen Umweltfaktoren als konstitutive Elemente mit ein. Sie legen nahe, nicht mehr von einem „handicap" zu sprechen, sondern von einer „handicap-Situation". Diese besteht oder entsteht durch das Zusammenwirken von individuellen sowie sozialen Bedingungen und Umweltfaktoren. Unter Umweltfaktoren sind sozio-ökonomische Organisationsformen (z.B. Bildungseinrichtungen), soziale Regeln (Gesetze, Verordnungen aber auch Werte, Einstellungen und Normen), Natur (Geographie, Klima, Zeit) und Entwicklungsstand (Architektur, Technologie etc.) zu verstehen. Sie legen damit ein relationales Verständnis von Behinderung nahe, das wie folgt lauten könnte:

Jeder Mensch bringt seine Bedingungen in den Prozess der Auseinandersetzung mit der Umwelt ein. Diese Bedingungen mögen z.B. darin bestehen, aus einer fremden Kultur zu kommen oder eine Schädigung zu haben. Wird diese Bedingung als Behinderung beschrieben und damit zur „Eigenschaft" einer Person erklärt, so wird in der Konsequenz eines solchen Verständnisses die Person im Zentrum der Bemühungen stehen: sie wird gefördert, behandelt, therapiert. Steht jedoch ein Verständnis im Vordergrund, das den Umgang mit den jeweiligen Bedingungen mit in den Blick nimmt, dann entsteht ein anderer Begriff von Behinderung. Denn der Stellenwert, den die Bedingung Schädigung im sozialen Prozess erhält, ist abhängig von allen Beteiligten, von Personen, Situationen, Rahmenbedingungen und gesellschaftlichen Meinungen und Vorurteilen. Aus dieser Perspektive entsteht Behinderung nicht mit dem Vorliegen einer Schädigung, sondern dann, wenn der Kommunikations- und Interaktionsprozess nicht gelingt. Behinderung ist Konsequenz des nicht gelungenen Umgang mit Verschiedenheit (vgl. KLAES, WALTHES 1994). Die praktische Folge eines solchen Verständnisses besteht darin, dass nicht mehr die Person mit ihren Bedingungen allein, sondern alle Bedingungen der beteiligten Personen sowie die jeweilige Situation Gegenstand der Veränderungsbemühungen werden.

---

[1] Zum reformulierten Behinderungsbegriff der WHO vgl. International Classification of Functioning and Disability July 1999

Ein solches Verständnis mag im Kern in den KMK-Empfehlungen gemeint sein, eine Ausdifferenzierung dieses Zusammenhangs findet sich im Förderschwerpunkt Sehen nur andeutungsweise.

Gegenstandsbestimmung: Förderschwerpunkt Sehen, visuelle Wahrnehmung und Umgehen-Können mit einer Sehschädigung

Visuelle Wahrnehmung und die Folgen verschiedenster okularer, cerebraler und cortikaler Schädigungen stehen im Zentrum der Überlegungen zum Förderschwerpunkt Sehen.

Wahrnehmung wird hier als ein aktiver, konstruktiver Prozess der Erzeugung von Bedeutungen verstanden. Wahrnehmen bedeutet Unterscheidungen treffen und Sinneinheiten bilden. Dieser Prozess ist subjektabhängig, selbstorganisierend und auf Erfahrung bezogen; d.h. in ihn kann nicht direkt von außen eingegriffen werden (vgl. ROTH 1995, WALTHES 1999).

Gleichwohl können bestimmte Umweltbedingungen geschaffen werden, die den Wahrnehmungsprozess initiieren, fördern und gestalten. Mit der Gestaltung anregender Wahrnehmungs- und Lernumwelten beschäftigt sich der Förderschwerpunkt Sehen, visuelle Wahrnehmung und Umgehen-Können mit einer Sehschädigung.

Es wird davon ausgegangen, dass die Welt, in der wir leben, dem Auge, der visuellen Wahrnehmung einen großen Stellenwert zuschreibt und sehr stark auf Visualität bezogen ist. Wenn es zutrifft, dass Menschen heute in einem Monat so viele visuelle Eindrücke zu verarbeiten haben, wie in der Generation zu Beginn des Jahrhunderts in einem ganzen Leben anfielen (vgl. KAMPER 1995, 204), dann ist das Auftreten verschiedenster Formen von „visueller Wahrnehmungsstörung" als Schattenseite dieses Prozesses zu sehen.

Förderung des Sehens, des Umgehen-Könnens mit einer Sehschädigung soll hier als Bereitstellung von Umwelten, von Kontexten verstanden werden, in denen und mit denen Kinder und Jugendliche das Spektrum ihrer Wahrnehmungs-, Lern- und Handlungsmöglichkeiten eigenaktiv erweitern können. Das Recht von Schülerinnen und Schülern auf eine ihren persönlichen Möglichkeiten entsprechende Bildung und Erziehung und auf ein Höchstmaß konsensueller Realität (vgl. MATURANA 1994), an schulischer und gesellschaftlicher Teilhabe sowie Selbstbestimmung und selbständiger Lebensgestaltung soll durch den Förderschwerpunkt unterstützt und realisiert werden.

Erziehung und Unterricht haben zu berücksichtigen, dass jegliche Form der Intervention bei den Adressaten nicht direkte Wirkung erzeugt, sondern gemäß der inneren Struktur, die sich wiederum als Folge lebensgeschichtlicher Auseinandersetzung darstellt, verarbeitet und beantwortet wird. Anerkennung dieser Erfahrungen und der erworbenen individuell sinnmachenden Strategien ist eine wichtige Voraussetzung zur Vermittlung von Wissen und Anregung von Lernprozessen. Im Sinne eines Verständnisses vom Kind als Akteur seiner Entwicklung haben Erziehung und Unterricht für Selbstorganisations-, Lern- und Selbstsozialisationsprozesse vorbereitete Umwelten zur Verfügung zu stellen (vgl. LUHMANN 1987, SPECK 1995).

Pädagogische Ausgangslage

Gemäß des oben verwendeten relationalen Begriffs von Behinderung sind bei der Beschreibung der pädagogischen Ausgangssituation die Bedingungen von Kindern und Jugendlichen und die Bedingungen des Umfeldes, d.h. die familialen (Eltern, Bezugspersonen, Lebensort) und die institutionellen (Kindergarten, Schule) Bedingungen mit zu berücksichtigen.

Eine medizinische oder sozialrechtliche Definition von Blindheit (Visus < 0,02), hochgradiger Sehbehinderung (Visus < 0,05) oder Sehbehinderung (Visus < 0,3)[2] ist formal ein wichtiges Kriterium, jedoch für die pädagogische Situation und für die Beschreibung der individuellen Ausgangslage nicht hinreichend (vgl. RATH 1995,13). Kinder mit gleichen Visuswerten und identischer Schädigungsbeschreibung können aufgrund der unterschiedlichen Erfahrungswelten, in denen sie aufgewachsen sind, völlig unterschiedliche Wahrnehmungsleistungen zeigen ohne dass dies eindimensional auf unterschiedliche Intelligenz zurückzuführen wäre.

Da jede Form von Wahrnehmung und somit auch die visuelle Wahrnehmung ein für andere Personen prinzipiell intransparenter Prozess ist, ja der Prozess der Wahrnehmung auch für das Subjekt selbst nicht beobachtbar ist (ich kann nur wahrnehmen, was ich wahrnehme, aber nicht wie ich wahrnehme), und da Wahrnehmung in hohem Maße erfahrungsabhängig ist, kann die Ausgangssituation von Kindern nur durch eine umfassende ökologische Handlungsanalyse ermittelt werden (vgl. KAMINSKI 1995). Zu berücksichtigen ist hierbei, dass für jedes Kind seine Art wahrzunehmen und sich mit der Umwelt auseinanderzusetzen in sich vollständig ist. So nehmen z.B. Kinder mit Maculadegeneration, d.h. einem weitgehend inaktiven Zentrum des schärfsten Sehens die Welt nicht als löchrig wahr. Sie haben aufgrund ihrer okularen Bedingung vermutlich eine andere Sehstrategie entwickelt, um ihre Umwelt wahrzunehmen, d.h. Figur und Grund zu unterscheiden, Einheiten wahrzunehmen, Dinge zu erkennen und wiederzuerkennen. Für Kinder ohne Lichtscheinwahrnehmung (Amaurose) ist die Welt nicht schwarz oder grau, sondern vermutlich in sich komplett als gehörte, gefühlte, geschmeckte; und ihre Form der Wahrnehmung beruht auf anderen als visuellen Unterscheidungen.

Innerhalb der Blinden- und Sehbehindertenpädagogik haben sich spezifische Fachbegriffe zur Kategorisierung bestimmter Merkmalsgruppen ausdifferenziert. Sehschädigung wird als Obergriff für die folgenden Differenzierungen verwendet:

Blindheit bedeutet für die betroffene Person Aneignung von Wirklichkeit und Wirklichkeitsgestaltung ohne oder weitgehend ohne visuelle Wahrnehmung. Blinde Kinder und Jugendliche sind in der Lage, Bedeutungen über akustische, taktile, haptische, kinästhetische, gustatorische und olfaktorische Sinnessysteme zu bilden und haben Strategien entwickelt, sich in einer überwiegend auf Visualität ausgerichteten Umwelt zu orientieren und mit dieser zu kommunizieren.

Diese Strategien und Konzepte können durch günstige Lern- und Kommunikationsbedingungen unterstützt, erweitert und gegebenenfalls modifiziert werden.

---

[2] Die jeweiligen Angaben bezüglich der Sehschärfe werden durch zusätzliche Störungen z.B. Gesichstfeldeinschränkungen oder Farbsinnstörungen, Blendempfindlichkeit etc. relativiert.

Sehbehinderung bedeutet für die betroffene Person Aneignung und Gestaltung von Wirklichkeit unter spezifischen Sehbedingungen (different vision). Sehbehinderte Kinder und Jugendliche können neben dem visuellen auch andere Sinnessysteme wie auch verschiedene optische Hilfen nutzen, um sich in Lern- und Handlungssituationen zu orientieren. Sie haben Strategien entwickelt, mit Hilfe ihres Sehvermögens Umwelt zu gestalten und mit dieser zu kommunizieren. Ihre Strategien und Lernkonzepte können durch günstige Lern- und Kommunikationsbedingungen unterstützt, erweitert und gegebenenfalls modifiziert werden.

Hochgradige Sehbehinderung bezeichnet den Grenzbereich zwischen Sehen und Nicht-Sehen. Die betroffenen Personen benötigen, individuell abgestimmt sowohl blinden- als auch sehbehindertenpädagogische Unterstützung.

Von einer Sehbeeinträchtigung kann gesprochen werden, wenn entweder kurzfristiger Unterstützungsbedarf auftritt, keine dauerhafte Beeinträchtigung vorliegt oder diese durch spezielle Hilfsmittel behoben werden kann.

Sehschädigungen okularer, insbesondere jedoch cerebraler Lokalisation können mit anderen Schädigungen und Beeinträchtigungen einher gehen. Das Bedingungsgefüge, das mit dem Terminus „Mehrfachbehinderung" bezeichnet wird, erfordert oftmals spezifische, die verschiedenen Sinnes-, Handlungs- und Lernsysteme integrierende Unterstützungsmaßnahmen. Kinder und Jugendliche mit einer Mehrfachbehinderung bedürfen weniger einer additiven als vielmehr einer individuell abgestimmten integrierten Unterstützung.

Bei degenerativen Prozessen in Verbindung mit begrenzter Lebenserwartung sind Formen pädagogischer Begleitung, Sicherung und Unterstützung gefragt, die eines erweiterten Begriffs von Förderung bedürfen. Das Recht der Kinder und Jugendlichen auf Bildung, Lernen und produktive Gestaltung des Augenblicks erfordert eine intensive, dialogisch orientierte Pädagogik.

Im Zuge der familialen Sozialisation haben Kinder und Eltern konsensuelle Realitäten gebildet. Diese gilt es zur Bestimmung der pädagogischen Ausgangssituation ebenso zu nutzen wie die Erfahrungen des privaten und des institutionellen Umfeldes (z.B. Kindergarten, Frühförderung, Musikschule, Verein). Da Menschen ihre Wahrnehmungen und ihr Verhalten kontextuell organisieren, werden sich Kinder in unterschiedlichen Umwelten verschieden verhalten. Eine Analyse von Kind und Umfeld sollte daher die verschiedenen Lebenswelten des Kindes mit einbeziehen.

Sonderpädagogische Förderung kann in diesem Sinne nur als terminus technicus für die Ermittlung und Bereitstellung von geeigneten und anregenden Lern- und Handlungsumwelten verstanden werden. Sie findet in der Regel durch spezifische Gestaltung des Unterrichts und lediglich ergänzend durch Einzelmaßnahmen statt.

Je handlungsbezogener, auf die Spezifik verschiedenster Sinne und Strategien eingehend und die Eigenaktivität betonend ein Unterrichtskonzept ist, desto eher können sich Schülerinnen und Schüler mit einer Sehschädigung aktiv einbringen und ihren Lernprozess organisieren.

Da in der alltäglichen Umwelt spezifische auf die Bedürfnisse von Kindern und Jugendlichen mit einer Sehschädigung ausgerichtete Bedingungen weitgehend fehlen, sind individuell abgestimmte Maßnahmen, Technologien und Hilfen notwendig, um den Kindern, Jugendlichen und Erwachsenen ein Leben und Lernen so selbständig und eigenaktiv wie möglich zu gewährleisten. Sonderpädagogischer Förderbedarf entsteht dort, wo zwischen den individuellen Voraussetzungen und Bedingungen und den Ansprüchen und Möglichkeiten der allgemeinen Schule lang andauernde, umfassende und erhebliche Diskrepanzen bestehen.

Der Förderschwerpunkt Sehen, Visuelle Wahrnehmung und Umgehen-Können mit einer Sehschädigung bezieht sich im Wesentlichen auf folgende Bereiche:

Bewegungserziehung

Bei Blindheit und bei Sehbehinderung kann Bewegung als das primäre Medium der Auseinandersetzung mit der Umwelt begriffen werden. Bewegung als Tastbewegung, wie auch als klein- und großräumige Bewegung vermittelt vielfältige Informationen über Gegenstände, Relationen, Dimensionen und Qualitäten. Sie stellt Individuum- und Umweltbezüge her, steuert akustische wie visuelle Wahrnehmung (Hand – Auge-; Hand – Ohr-Koordination) und ist Kommunikationsmedium (Mitbewegung). Die Bewegungshandlungen von Kindern und Jugendlichen können als Wegweiser für ihr Verständnis von Zusammenhängen und Umweltaneignung verstanden werden. Dies gilt insbesondere bei blinden Kindern, denen für die Spezifik ihrer Wahrnehmung in unserer Sprachkultur keine Begrifflichkeit zur Verfügung steht. Vielfältige Bewegungs-, Wahrnehmungs- und Handlungserfahrungen sind notwendige Voraussetzungen für Umweltverständnis und Begriffsbildung. Bewegungserziehung und Handlungsorientierung im Sinne des praktischen Lernens sind daher wichtige und unabdingbare Unterrichtsprinzipien.

Seherziehung

Seherziehung muß im Sinne einer ganzheitlichen Förderung ebenfalls als Unterrichtsprinzip verstanden werden. Sie bezieht sich auf das Bereitstellen attraktiver und gut strukturierter Sehumwelten (Beleuchtung, Kontrast, Bedeutungshaltigkeit, Sehhilfen etc.) ebenso wie auf eine die Eigenaktivität unterstützende Nutzung des Sehvermögens. Seherziehung wird notwendigerweise begleitet von einer Diagnose des individuellen, funktionalen Sehvermögens. Diese sollte von Low-Vision-Spezialisten durchgeführt werden.

Identität und Soziale Kompetenz

Kinder und Jugendliche mit einer Sehschädigung haben ihre Wahrnehmungen, ihr Verständnis von sich und der Welt mit allem, was sie zur Verfügung haben, aufgebaut. Dieses Verständnis ist für sie so wie es ist, weder vollständig noch unvollständig. Es ist ihre Art der Wahrnehmung und damit ihr verlässlichstes Kriterium für Identität. In der Kommunikation mit ihrer Umwelt erfahren viele Kinder und Jugendliche mit einer Sehschädigung immer wieder, dass ihre Art wahrzunehmen, ihr Verständnis von Zusammenhängen, ihre Perspektive unvollständig, falsch, korrekturbedürftig sei und es wird von ihnen erwartet, dass sie im Sinne der „Verarbeitung ihrer Behinderung" diese Sicht auf sich selbst anwenden. Sich selbst jedoch in seiner Wahrnehmung für gestört zu halten, rüttelt elementar an der eigenen Identität. Sonderpädagogische Förderung muss daher in erster Linie darauf bezogen sein, das Vertrauen in die Handlungs- und Wahrnehmungsstrategien der Kinder und Jugendlichen zu stärken. Neben der Stärkung des Selbstkonzeptes und des Selbstwertgefühls bedürfen kommunikative Kompetenzen, wie auch das Wissen um soziale Normen und gesellschaftliche Vorurteile und die Entwicklung individueller Lebensentwürfe im Spannungsfeld von persönlicher Unabhängigkeit und sozialer Verantwortung besonderer Aufmerksamkeit.

Alltagspraktische Fertigkeiten (Lebenspraktische Fertigkeiten)

Der Terminus „Lebenspraktische Fertigkeiten (LPF)" kennzeichnet einen Bereich spezieller Hilfen für sehgeschädigte Menschen zur selbstständigen Bewältigung des Alltags und sollte daher präziser mit „alltagspraktische Fertigkeiten" umschrieben werden.

Auf der Grundlage einer umfassenden Bewegungs- und Wahrnehmungserziehung werden spezifische, auf die individuellen Möglichkeiten und Bedingungen abgestimmte Techniken und Fertigkeiten vermittelt, um den Alltag, d.h. Wohn- und Essenssituationen, Haushaltsgestaltung und Reinigung, Kleidung und Körperpflege, Kommunikation mit Behörden, Nutzung von Zahlungsmitteln etc. selbstständig oder unter Nutzung von Assistenz gestalten zu können.

Grundlagen dieser alltagspraktischen Fertigkeiten können als fächerübergreifendes Prinzip in verschiedenen Unterrichtsfächern vermittelt werden. Der spezifische Förderbedarf benötigt besondere Berücksichtigung und individuelle Maßnahmen, die in der Regel durch speziell ausgebildete LPF-Lehrerinnen und -Lehrer eingelöst werden können.

Orientierung und Mobilität

Aufbauend auf einer Bewegungs- und Wahrnehmungserziehung geht es im Orientierungs- und Mobilitätstraining um die Entwicklung von Konzepten zur Orientierung und selbstständiger Fortbewegung in der gestalteten Umwelt (Orientierung im Raum, Orientierung im Straßenverkehr). Grundlagen von Orientierung und Mobilität können im Rahmen eines handlungs- und bewegungsbezogenen Unterrichts fächerübergreifend und im Sportunterricht vermittelt werden (Erkennen und Ausdifferenzieren der eigenen Orientierungsstrategie, vielfältige Raum-Lage-Erfahrungen, eigenständiges Lösen von Bewegungsaufgaben, Formen der Körpererfahrung in und mit unterschiedlichen Medien und Materialien etc.). Spezifische Fertigkeiten des Orientierungs- und Mobilitätstrainings wie z.B. Techniken zum Schutz des eigenen Körpers, systematische Erkundung von Räumen, Gehen mit sehendem Begleiter, Gehen mit dem Langstock, Verhalten im Straßenverkehr, Nutzung elektronischer Hilfsmittel zur Orientierung usw. bedürfen einer spezifischen Schulung durch ausgebildete Orientierungs- und Mobilitätslehrerinnen und -lehrer.

Kulturtechniken und ihre Aneignung

Punktschriftsysteme (Braille Basisschrift, Vollschrift, Kurzschrift, Eurobraille, Computerbraille, Mathematikschrift etc.) (vgl. Brailleschriftkommission 1998) sind Manifestationen nicht nur einer auf Taktilität ausgerichteten Wahrnehmungsweise, sondern auch einer anderen Systematik der Aneignung. Die Spezifik der Aneignung ist insgesamt noch wenig untersucht (vgl. MILLAR 1996 für das Lesenlernen und AHLBERG; CSOCSÁN 1998 für die

Entwicklung des Zahlbegriffs), es zeigt sich jedoch, dass die Bildung von Bedeutungseinheiten nicht überwiegend additiv (im zeitlichen Nacheinander des Tastens) verläuft, sondern andere Synthetisierungen stattfinden. Durch einen alle Sinne ansprechenden und auf den Lösungsprozess stärker ausgerichteten Unterricht kann die Spezifik des Lernprozesses von blinden und sehbehinderten Kindern unterstützt werden. Blinde und sehbehinderte Kinder und Jugendliche benötigen spezifische Methoden und spezielle Schriftsysteme. Es gilt jeweils individuell zu prüfen, welches Schriftsystem (Punktschrift oder Schwarzschrift oder auch eine Kombination beider Systeme) für den Lernprozess sinnvoll ist. Durch den Einsatz elektronischer Medien (PC mit Braille-Zeile oder Vergrößerungs-Software, Sprachausgabe, Scanner, Braille-Drucker) wird blinden und sehbehinderten Schülerinnen und Schülern der Zugang zu Informationen und ein schnelleres, eigenständigeres Arbeiten ermöglicht.

Sonderpädagogische Förderung soll die Auswahl geeigneter Medien wie auch die Hinführung zur effektiven Nutzung gewährleisten. Für sehbehinderte Schülerinnen und Schüler ist oftmals eine Modifikation der Schrift- und Zeichengröße, des Kontrastes, der Farbgebung, der Beleuchtung etc. sowie die individuelle Anpassung und Nutzung optischer Hilfsmittel erforderlich.

Feststellung des sonderpädagogischen Förderbedarfs

Die Feststellung des sonderpädagogischen Förderbedarfs bildet die Grundlage für einen individuellen Förderplan. Sie bewegt sich im Spannungsfeld von individuellem Bedarf, vorgegebenen Rahmenbedingungen und Handlungsspielräumen. Da es bei der aktuellen Schul- und Finanzsituation eine optimale Passung nur selten geben wird, können Entscheidungen bezüglich der Gewichtung der Bedarfe erforderlich sein. Notwendig scheint hier eine große Flexibilität aller Beteiligten und die Einsicht in den Prozesscharakter einer solchen Ermittlung.

Ermittlung des sonderpädagogischen Förderbedarfs als Lernprozessbegleitung

Schülerinnen und Schüler sind komplexe Persönlichkeiten mit unterschiedlichen Stärken, Fähigkeiten, spezifischen Bedingungen und Schwächen. Der Prozess der Ermittlung des sonderpädagogischen Förderbedarfs hat diesen bei jedem Kind in den elementaren Bereichen der Entwicklung (Bewegung, Emotionalität, Interaktion, Kommunikation, Kognition, Kreativität, Motivation, Sprache und Wahrnehmung) festzustellen. Auch wenn im Zentrum der Diagnose das Sehen / Nicht-Sehen steht, so sind immer wieder alle anderen Entwicklungsbereiche in den Blick zu nehmen. Das bedeutet, es sind die Ressourcen aller anderen Förderschwerpunkte zu nutzen.

Bei der Ermittlung des sonderpädagogischen Förderbedarfs im Förderschwerpunkt Sehen bezieht sich eine lernprozessbegleitende Diagnostik überwiegend auf

a) die Analyse des funktionalen Sehvermögens;
b) die vorhandenen Strategien der Umweltaneignung und
c) die sozialen und kommunikativen Kompetenzen.

Ziel dieser Diagnose ist es, das Wahrnehmungs-, Lern- und Umgangsverhalten der betroffenen Person zu verstehen und Kriterien für die Entwicklung adäquater Unterstützung zu finden.

Das je spezifische Verhalten der Kinder und Jugendlichen in unterschiedlichen Kontexten ist ebenso in den Prozess der Diagnostik mit einzubeziehen wie die Kompetenzen der primären Bezugspersonen und die vorhandenen Problembewältigungskapazitäten.

Analyse des funktionalen Sehvermögens

Die Analyse des funktionalen Sehvermögens bedarf der Integration verschiedener Fackompetenzen. Als Basis für die Diagnose des funktionalen Aspekts dient der augenärztliche Befund und die darin enthaltenen Aussagen über die Sehschädigung, medizinische Maßnahmen (z. B. Medikamentierungen oder Therapien) und meßbare Sehfunktionen. In Kooperation mit den ophthalmologischen Fachkräften (Ärztinnen und Ärzten, Orthoptistinnen und Orthoptisten, Optikerinnen und Optikern) ist es Aufgabe der Blinden- und Sehbehindertenpädagoginnen und -pädagogen, das Sehverhalten und Sehvermögen bei sehbehinderten und hochgradig sehbehinderten Kindern und Jugendlichen in unterschiedlichen Alltagssituationen zu ermitteln. Dies kann aufgrund der individuell erworbenen Sehstrategie nicht standardisiert geschehen, sondern bedarf jeweils spezifischer Ermittlungs-, Beobachtungs- und Beschreibungsverfahren. Es ist wichtig, alle lernrelevanten Umwelten (z. B. für die Schule: Klassenräume, Fachräume, Sporthalle, Sportplatz, Pausenräume und -plätze) mit einzubeziehen. Die Aussagen der Kinder und Jugendlichen wie auch ihrer Eltern über förderliche und hinderliche Bedingungen für ihr Sehvermögen sind von entscheidender Bedeutung. Folgende Funktionen bedürfen einer besonderen Berücksichtigung: Sehschärfe (Nähe, Ferne, Übergänge bei Fremd- und Eigenbewegung); Binokular-, Monokularsehen; Stellung der Augen; Gesichtsfeld, Kontrast, Fixation, Farbensehen, Blendungsempfindlichkeit, Lichtbedarf, Trennschärfe, Vergrößerungsbedarf, aber auch psychische Faktoren wie Ermüdungs- und Belastungsfaktoren, Erfahrungen im Umgang mit Hilfsmitteln, Akzeptanz optischer Hilfsmittel in Interaktionssituationen, Variabilität der Sehstrategien.

Den vorhandenen Strategien der Umweltaneignung ist bei blinden, sehbehinderten und mehrfachbehinderten Kindern und Jugendlichen erstens aus der Perspektive der Intransparenz der Wahrnehmung, zweitens aus Gründen der Anerkennung der individuellen Strategie und drittens als Hinweis auf die Spezifik des Umweltverständnisses besondere Aufmerksamkeit zu widmen. Wie alle Kinder und Jugendlichen haben auch Kinder und Jugendliche mit einer Sehschädigung unterschiedliche Lern- und Aneignungspräferenzen (akustisch oder takil-haptisch orientiert oder problemlösebezogen oder visuell). Diese sind in ihrem Umfang und ihrer Variabilität in unterschiedlichen Situation zu ermitteln.

Bei Kleinkindern und Kindern und Jugendlichen mit einer Mehrfachbehinderung sind sensible Beobachtungen erforderlich, die auf kleinste Bewegungen und Äußerungen gerichtet sind und längere Zeiträume berücksichtigen, um die individuelle Wahrnehmungs- und Handlungsstrategie kennenzulernen und Kriterien für Unterstützung und Anregung zu gewinnen. Da viele Kinder kein ophthalmologisch ermittelbares Sehvermögen zeigen, ist im Einzelfall zu prüfen, ob und unter welchen Bedingungen Kinder und Jugendliche ein optisches Angebot akzeptieren und integrieren. Die Wechselwirkung von Sehen und Bewegung bzw. Haltung ist dabei zu beachten (Einerseits kann eine Tonus aufbauende Haltung oder Lagerung günstige Bedingungen für Sehen und Fixation schaffen, andererseits kann ein visuelles Angebot haltungs- und tonusaufbauend wirken).

Soziale und kommunikative Kompetenzen der Kinder und Jugendlichen können insbesondere bei Schulbeginn häufig bestimmt sein durch therapieorientierte Kommunikationen mit Erwachsenen. Sie sind unter der Perspektive zu ermitteln, dass zwischenmenschliche Kommunikation wesentlich durch nonverbale Verhaltensweisen bestimmt wird, die sich überwiegend der Wahrnehmung von Kindern mit einer Sehschädigung entzieht.

Bei der Entscheidung über den Förderort sollte über die in den KMK-Empfehlungen genannten Kriterien Art und Umfang des Förderbedarfs, Stellungnahme der Eltern, Fördermöglichkeiten der allgemeinen Schule, Verfügbarkeit des sehgeschädigtenpädagogischen Personals und der erforderlichen Lehr-, Lern- und Hilfsmittel die Erfahrung berücksichtigt werden, dass Kindern mit einer Sehschädigung die im Unterschied zum Kindergarten deutlich strukturierten Situationen des Unterrichts sehr entgegenkommen und sie daher mit schulischen Anforderungen wesentlich besser zurecht kommen. Die in den Empfehlungen genannte subsidiäre Funktion der Sonderpädagogik (1994, 3) müsste konsequenterweise die Sonderschulen betreffen, d.h. dem sonderpädagogischen Förderbedarf sollte in allgemeinen Schulen entsprochen werden. Gleichwohl bedarf es flexibler, den Lebens- und Lernbedingungen von Kind und Familie und den Gestaltungsspielräumen von allgemeiner und blinden- und sehbehindertenpädagogischer Einrichtung entsprechender Lösungen, die ohne Einschränkungen reversibel sind.

Formen und Orte sonderpädagogischer Förderung

Sonderpädagogische Förderung im Förderschwerpunkt Sehen realisiert sich in verschiedenen Formen und an unterschiedlichen Förderorten. Da die Zahl der Kinder und Jugendlichen mit einer Sehschädigung mit einem Anteil von ca. 0,2% relativ gering ist (vgl. HUDELMAYER 1985), wird es sich bei den sonderpädagogischen Maßnahmen mit Ausnahme des Förderortes Schule für Sehgeschädigte vor allem um Einzelmaßnahmen handeln. Folgende Formen und Orte sehgeschädigtenspezifischer Förderung werden unterschieden: Frühe Hilfen, Präventive Maßnahmen, Gemeinsamer Unterricht, Schule für Sehgeschädigte, Förderzentren, Berufliche Bildung.

Frühe Hilfen

Die Frühförderung von Kindern mit einer Sehschädigung wird in den meisten Bundesländern von den Schulen für Sehgeschädigte organisiert und durchgeführt. Sie integriert Elemente der allgemeinen mit Formen der sehgeschädigtenspezifischen Frühförderung und arbeitet familienorientiert. Ihre wesentliche Aufgabe besteht darin, blinden, mehrfachbehinderten und sehbehinderten Kindern die ihren Bedingungen gemäßen förderlichen Entwicklungsumwelten zur Verfügung zu stellen. Dies geschieht in erster Linie durch intensive Kooperation und Zusammenarbeit mit den Eltern, dem sozialen Umfeld und mit anderen Fachleuten der Frühförderung.

Präventive Maßnahmen

Präventive Maßnahmen im Bereich des Sehens sind für alle Kinder von Bedeutung und durch ausreichende Beleuchtung, ergonomische Arbeitsplatzausstattung, kontrastreiche Lernmaterialien sowie durch eine regelmäßige Überprüfung optischer Sehhilfen zu gewährleisten. Symptome wie Kopfschmerzen, Augenzusammenkneifen, Blendempfindlichkeit, Schwierigkeiten beim Lesen des Tafelanschriebs sollten Anlaß zur Überprüfung des Sehvermögens sein.

Gemeinsamer Unterricht

Ein Unterricht, der auf die notwendigerweise unterschiedlichen Lern- und Aneignungsstrategien von sehenden und sehgeschädigten Kindern eingeht, kann bereichernd für alle Kinder sein und unterstützt das Voneinander-Lernen. Der individuell festgestellte sonderpädagogische Förderbedarf der Schülerin und des Schülers mit Sehschädigung kann bei entsprechender Einarbeitung und Unterstützung durch Blinden- und Sehbehindertenpädagoginnen und -pädagogen zum großen Teil im Unterricht realisiert werden. Eine enge Zusammenarbeit zwischen Lehrkräften der allgemeinen Schulen, Sonderschullehrkräften und Eltern im und außerhalb des Unterrichts trägt wesentlich zum Gelingen integrativer Maßnahmen bei.

Schulen für Sehgeschädigte

Schulen für Sehgeschädigte bieten eine blinden- und sehbehindertengemäße Förderung und Unterrichtung in unterschiedlichen Formen an und sind inhaltlich, technisch, medial und personell auf die spezifischen Lern- und Aneignungsbedingungen von Kindern, Jugendlichen und jungen Erwachsenen eingestellt. Häufig sind sie integriert in Bildungszentren, in denen von der Frühförderung bis zur beruflichen Bildung oder Rehabilitation und der spezifischen Förderung mehrfachbehinderter Kinder und Jugendlicher unterschiedliche Unterstützungs- und Ausbildungsangebote vorgehalten werden. Die Mehrzahl der Einrichtungen bieten Beratung und Unterstützung für sehgeschädigte Schülerinnen und Schüler in allgemeinen Schulen sowie in anderen Sonderschulen an. Einige Einrichtungen haben länderübergreifende Einzugsgebiete (insbesondere Einrichtungen zur Förderung mehrfachbehinderter Schülerinnen und Schüler und solche der beruflichen Bildung und Rehabilitation), andere sind bundesweit orientiert (z.B. Schule für Taubblinde oder Gymnasien für sehgeschädigte Schülerinnen und Schüler). Sie verfügen meist über ein Internat oder Wohngruppenkonzepte mit integriertem Freizeitangebot sowie der Förderung in den Bereichen Orientierung, Mobilität und Lebenspraktische Fertigkeiten. Viele Schulen für Sehgeschädigte kooperieren mit allgemeinen Schulen und einige öffnen sich für sehende, interessierte Schülerinnen und Schüler des Einzugsbereichs.

Förderzentren

Die Aufgabe von Förderzentren besteht in der Beratung und Unterstützung von blinden, sehbehinderten und mehrfachbehinderten Kindern, Jugendlichen und ihren Eltern und Geschwistern im Alltag und in Institutionen von der frühen Kindheit bis zum Übergang in die Berufstätigkeit. Diagnostische und sozialrechtliche Kompetenz kann hier ebenso abgefragt werden wie Angebote zur Erprobung spezifischer optischer und elektronischer Hilfsmittel, Sehhilfenberatung, Training in Lebenspraktischen Fertigkeiten und Orientierung und Mobilität. Sie bieten Fortbildungen für Lehrerinnen und Lehrer der allgemeinen Schulen oder anderer Sonderschulen an, koordinieren verschiedene zur Lösung anstehender Probleme erforderliche Berufsgruppen und stellen den allgemeinen Schulen adaptierte Materialien und Hilfsmittel zur Verfügung.

Berufliche Qualifikationen und Berufsausbildung

Sonderpädagogische Förderung hat die Aufgabe, junge Menschen mit einer Sehschädigung in Hinblick auf berufliche Qualifikationen und Berufsausbildung vorzubereiten und sie in diesem Prozess zu unterstützen. Neben länderübergreifend zuständigen beruflichen Schulen für Sehgeschädigte gewinnen Maßnahmen der „Unterstützten Beschäftigung" und des „Trainings on the job" Bedeutung. Wesentlich ist auch hier, eine den individuellen Bedingungen der Jugendlichen angepasste Lern- und Arbeitsumgebung herzustellen und neben der Unterstützung von Autonomie und Selbstständigkeit die Fähigkeit zur Gestaltung von Assistenzverhältnissen zu vermitteln.

Schulprogrammarbeit

Im Zuge der zunehmenden Autonomie von Schule und der Entwicklung spezifischer Schulprofile wird es für jede allgemeine wie für jede Sonderschule bereichernd sein, Aussagen zur sonderpädagogischen Förderung und zum gemeinsamen Unterricht in ihr Schulprogramm zu integrieren.

Zusammenarbeit, Kooperation und Beratung

Zusammenarbeit, Kooperation und Beratung kennzeichnen einen wesentlichen Bereich sonderpädagogischer Tätigkeit. So muss die alltägliche Kooperation von Unterricht, Therapien, die im Kontext der Schule angeboten werden, Pflege als Teil einer pädagogisch gestalteten Beziehung und anderen Fördermaßnahmen gewährleistet werden. Es gilt die Zusammenarbeit mit therapeutischen Maßnahmen und mit Fachleuten außerhalb der Schule zur Sicherung eines möglichst widerspruchsfreien Vorgehens zu koordinieren. Im gemeinsamen Unterricht sind Freiräume zu schaffen, damit Kooperationsformen zwischen Blinden- und Sehbehindertenpädagogin, -pädagoge und Lehrerin, Lehrer der allgemeinen Schule erarbeitet und gestaltet werden können. Von der Frühförderung bis zum Übergang in den Beruf gilt der Gestaltung einer vertrauensvollen, die Kompetenzen und Ressourcen nutzenden Zusammenarbeit mit den Eltern eine hohe Aufmerksamkeit. Sie kann nur gelingen, wenn die notwendigerweise unterschiedlichen Sichtweisen auf das Kind anerkannt und gewürdigt werden. Supervision und angeleitete Formen der Intervision im Team sind in diesem Zusammenhang unverzichtbar.

Multiprofessionalität an den Schulen / Interdisziplinarität

Eine umfassende sonderpädagogische Förderung von blinden, mehrfachbehinderten und sehbehinderten Kindern und Jugendlichen ist aufgrund der Ausdifferenzierung der Aufgaben und des Berufsfeldes nicht ausschließlich von Lehrerinnen und Lehrern zu leisten. Qualifikationen in der Frühförderung, Orientierung und Mobilität, in Lebenspraktischen Fertigkeiten und in der Low-Vision-Förderung gehen über die Ausbildungsmöglichkeiten von Blinden- und Sehbehindertenpädagoginnen und -pädagogen hinaus. Zu wünschen wäre ein multiprofessionelles Team an Schulen wie an Förderzentren zur Gewährleistung einer optimalen Unterstützung. In jedem Fall ist es jedoch die Aufgabe sonderpädagogischer Förderung, die für das Kind notwendige interdisziplinäre Fachlichkeit herzustellen und diese zu koordinieren.

Literatur

AHLBERG, A; CSOCSÁN, E.: Blind children experiencing numbers, 1998 Adapted for publication in: Journal of Visually Impaired and Blindness.

KAMPER, D.: Das Auge, der Schwachsinn der Zukunft. Über Bildstörung und das Versagen des Blickes. In: Kunst- und Ausstellungshalle der Bundesrepublik Deutschland (Hrsg.): SESUCHT. Schriftenreihe Forum Bd. 4 Göttingen 1995,204-209

HELLER, M. A.; SCHIFF, W. (Hrsg.): The Psychology of Touch. Hillsdale 1991

HUDELMAYER, D.: Demographische Angaben zur Sehschädigung im Kindes- und Jugendalter. In: Rath, W.; Hudelmayer, D.: Pädagogik der Blinden und Sehbehinderten. Handbuch der Sonderpädagogik Bd. 2 1985, 8-17

KAMINSKI, G.: Behinderung in ökologisch-psychologischer Perspektive. In: Neumann, J. (Hrsg.): Behinderung. Von der Vielfalt eines Begriffs und dem Umgang damit. Tübingen, 1995, 44-74

KLAES, R.; WALTHES, R.: Zur Gegenstandskonstruktion der Untersuchung. In: Walthes, R.: Gehen, Gehen Schritt für Schritt. Zur Situation von Familien mit blinden, mehrfachbehinderten oder sehbehinderten Kindern. Frankfurt 1994,39-64

LUHMANN, N.: Sozialisation und Erziehung. In: Rotthaus, W. (Hrsg.): Erziehung und Therapie in systemischer Sicht. Dortmund 1987, 77-86

MATURANA, H.: Was ist Erkennen? München 1994

MILLAR, S.: Reading by Touch. Oxford 1996

RATH, W.: Blindheit; Sehbehinderung. In: vds (Hrsg.): Sonderpädagogische Förderung in der Bundesrepublik Deutschland ²1995, 11-16

RATH, W.: Sehbehindertenpädagogik. Stuttgart 1987

ROTH, G.: Das Gehirn und seine Wirklichkeit. Kognitive Neurobiologie und ihre philosophischen Konsequenzen Frankfurt 1995

SPECK, O.: Aktuelle Fragen sonderpädagogischer Förderung. In: Die Sonderschule 40, 1995, 166-180

SIEBERT, H.: Über die Nutzlosigkeit von Belehrungen und Bekehrungen. ISW Soest 1997

WALTHES, R.: Ich sehe dich – ich bin hier. Überlegungen zu Blindheit und Sicht. In: Schmetz, D.; Wachtel, P.: Entwicklungen, Standorte, Perspektiven. Sonderpädagogischer Kongreß 1998, Würzburg 1999, 69-79 [www.vds-bundesverband.de/Material/kongress98/walthes.htm]

WORLD HEALTH ORGANIZATION: International Classification of Functioning and Disability. Beta-2 Draft Full Version 1999 [www.who.int/msa/mnh/ems/icidh/]

Der Verband der Blinden- und Sehbehindertenpädagogen und -pädagoginnen e.V. (VBS) ist Fachverband für alle Berufsgruppen, die im Blinden- und Sehbehindertenbildungswesen tätig sind, insbesondere an Schulen, Internaten, therapeutischen Einrichtungen, Berufsbildungs- und -förderungswerken, Hochschulen u.a.

Interessierte Personen außerhalb dieses Berufsfeldes können im VBS Fördernde Mitglieder werden.

Für Fragen, Anregungen oder Kritik kontaktieren Sie uns doch einfach via E-Mail an VBS-GS@t-online.de oder schreiben an:

Eberhard Fuchs (1. Vorsitzender)
Blindeninstitutsstiftung
Ohmstr. 7 · 97076 Würzburg
Tel. (09 31) 20 92-1 17 · Fax. (09 31) 20 92-12 33 · www.vbs-gs.de

VERBAND DER BLINDEN- UND SEHBEHINDERTENPÄDAGOGEN

Die Aufgaben unseres Verbandes:

- Vertretung blinden- und sehbehindertenpädagogischer Belange bei parlamentarischen Gremien, Ministerien und staatlichen Institutionen
- Vertretung der besonderen blinden- und sehbehinderten-pädagogischer Belange in Schule und Internat
- Durchführung von Fortbildungstagungen in Arbeitsgemeinschaften und Arbeitskreisen des VBS
- Herausgabe der Verbandszeitschrift: „blind-sehbehindert", Zeitschrift für das Sehgeschädigten-Bildungswesen
- Durchführung der Kongresse für Blinden- und Sehbehindertenpädagogik
- Öffentlichkeitsarbeit, Beratung von Eltern, Pädagogen und Institutionen, Auskünfte an Interessierte
- Mitwirkung in überregionalen Gremien und Mitgliedschaft in nationalen und internationalen Vereinigungen
- Zusammenarbeit mit anderen Vereinen und Verbänden im Bereich der Behindertenpädagogik

Der VBS ist politisch, konfessionell und weltanschaulich neutral.

UND -PÄDAGOGINNEN e. V.

VBS

Empfehlungen zum Förderschwerpunkt Sprache

Beschluss der Kultusministerkonferenz vom 26.6.1998

In Ergänzung zu den „Empfehlungen zur sonderpädagogischen Förderung in den Schulen in der Bundesrepublik Deutschland" – Beschluss der Kultusministerkonferenz vom 6.5.1994 – werden zu den Förderschwerpunkten im Bereich der Sprache, des Sprechens, des kommunikativen Handelns, des Umgehen-Könnens mit sprachlichen Beeinträchtigungen (vergl. Ziffer III, 2 der o.a. „Empfehlungen ...") hiermit die „Empfehlungen zum Förderschwerpunkt Sprache" vorgelegt.

1. Ziele und Aufgaben

1.1 Allgemeines

Sonderpädagogische Förderung soll das Recht der Kinder und Jugendlichen mit Förderbedarf im Bereich der Sprache auf eine ihren persönlichen Möglichkeiten entsprechende schulische Bildung und Erziehung verwirklichen. Es soll erreicht werden, dass die Kinder und Jugendlichen über einen dialoggerichteten Gebrauch Sprache aufbauen und ausgestalten, diese in Bewährungssituationen anwenden, sich als kommunikationsfähig erleben und lernen, mit sprachlichen Beeinträchtigungen und deren Auswirkungen umzugehen.

Sprache und Sprechen haben in ihrer sinn- und identitätsstiftenden Wirksamkeit wie auch in ihren kulturtradierenden Funktionen sowie durch ihre wechselseitigen Bezüge zu den verschiedenen Persönlichkeitsbereichen eine herausragende Bedeutung für die Entwicklung des einzelnen Menschen. Beeinträchtigungen im Bereich der Sprache wirken sich auf die Person in ihren vielfältigen Beziehungen zur Außenwelt und auf den Entwicklungs- und Lernprozess aus.

Sonderpädagogische Förderung hat das Ziel, Kinder und Jugendliche mit Förderbedarf im Bereich der Sprache dabei zu unterstützen, eine möglichst allseitig entfaltete sprachliche Handlungskompetenz und eine selbstbestimmte Verständigungsfähigkeit zu erwerben. Sprachliches Handeln hat als Ausgangspunkt die alltägliche Lebenspraxis der Menschen, in der Sprachgebrauch und Sprechtätigkeit sich zu bewähren haben und in der Sprachfunktionen und Sprachformen erst ihren Sinn erlangen. Sprachliches Handeln umfasst somit Spracherwerb, sinnhaften Sprachgebrauch und Sprechtätigkeit.

1.2 Pädagogische Ausgangslage

Die pädagogische Ausgangslage von Schülerinnen und Schülern mit Förderbedarf im Bereich sprachlichen Handelns ist wesentlich geprägt durch kulturell-gesellschaftliche Hintergründe des Sprachgebrauchs, dessen kommunikative Bedingungen und kognitive Voraussetzungen. Sie wird mitbestimmt durch die Art und Weise, in der das Kind seine Sprache in Laut und Schrift aufbaut. Dabei spielen die Ausbildung und das Zusammenwirken von Sensorik, Motorik, Kognition, Emotion, Soziabilität und Kommunikation eine große Rolle. Schließlich wird jede Sprachhandlung realisiert in Bezug zum Kommunikationspartner, mit Bezug zum Inhalt und im Rahmen der mehr oder weniger adäquaten eigenen sprachlichen und nichtsprachlichen Mittel. Nicht gelingende Sprachhandlungen können also verschieden und unterschiedlich komplex begründet und ausgeprägt sein und in Wechselwirkung treten mit allen Bereichen der Persönlichkeitsentwicklung, der Interaktion, dem Erleben und dem Lernen. Die Art der sprachlichen Beeinträchtigung, ihre Entstehungsbedingungen und ihre Bedeutung für das Erleben und das Erkennen sowie die Folgen für die Kommunikation können für das Kind oder den Jugendlichen mit Blick auf dessen soziale Wirklichkeit und seine persönliche Selbstbestimmung zu einer Behinderung werden.

Schülerinnen und Schüler können somit in den kommunikativen und in den repräsentationalen Funktionen der Sprache wie auch in der Vergegenständlichung von Sprache eingeschränkt und deshalb in ihrer Persönlichkeits- und Sozialentwicklung und in ihrem Schulerfolg gefährdet sein. Einschränkungen in ihren sprachlichen Handlungsfähigkeiten ergeben sich für Schülerinnen und Schüler, die aufgrund ihrer Entwicklungs- und Lernbedingungen Sprache in Laut und Schrift als Mittel der Erkenntnis, der Darstellung, des Ausdrucks und der Kommunikation nicht erwartungsgemäß und altersüblich gebrauchen können. Solche Beeinträchtigungen können von unzureichenden sozialen, emotionalen und sprachlichen Erfahrungen und Vorbildern sowie Gelegenheiten des Sprachgebrauchs und von bestimmten Lebens- und Lernbedingungen herrühren. Die pädagogische Bedeutung dieser Bedingungen, ihrer Verflechtungen und ihrer Entwicklungsdynamik prägt das individuelle sonderpädagogische Förderbedürfnis des einzelnen Kindes.

Für die sonderpädagogische Förderung ist es notwendig, Ausprägungsformen, mögliche Bedingungshintergründe, Entwicklungsverläufe und Wechselwirkungen von Beeinträchtigungen sprachlichen Handelns zu erkennen. Dabei werden Wissensbestände aus Bezugsdisziplinen wie Kognitionswissenschaften, Kommunikationswissenschaften, Bereiche der Linguistik, der Psychologie, der Medizin unter pädagogischem Leitgedanken in die Förderplanung einbezogen. Vor diesem Hintergrund werden in der sonderpädagogischen Förderung die Bildungs- und Erziehungsziele sowie die Unterrichtsinhalte pädagogisch aufbereitet.

Eine der zentralen Bezugsdisziplinen für die sprachliche Förderung ist die Sprachwissenschaft. Sie betrachtet Sprache u.a. als ein eigenständiges Regelsystem. Die hier unterschiedenen, sich wechselseitig beeinflussenden sprachlichen Gestaltungsebenen können für die Analyse der sprachlichen Handlungsmittel und des sprachlichen Handelns der Schülerinnen und Schüler und für die pädagogische Arbeit mit ihnen aufschlussreich sein, auch wenn das gesamte Spektrum sprachlicher Beeinträchtigungen mit dieser aus der Sicht der Sprachwissenschaft hergeleiteten Betrachtung nicht zu erfassen ist:

- Atmung, Stimmgebung, Artikulation (phonetische Ebene),
- parasprachliche Gestaltungsmittel (prosodisch-suprasegmentale Ebene),
- Sprachlaute und Sprachlautgruppen unter dem Gesichtspunkt ihrer bedeutungsdifferenzierenden Funktion (phonologische Ebene),
- Begriffsbildung, begriffsgebundene Wortbedeutung, Wortschatz (lexikalisch-semantische Ebene),
- Wortbildung, Satzbildung (morphologisch-syntaktische Ebene),
- kommunikativer Sprachgebrauch (pragmatisch-kommunikative Ebene).

Sonderpädagogische Förderung im Bereich sprachlichen Handelns ist durch ein hohes Maß an Komplexität in der Aufgabenstellung gekennzeichnet. Individuelle Förderbedürfnisse und kindliche Erfahrungen sind mit schulischen Anforderungen in Übereinstimmung zu bringen. Dabei hat sonderpädagogische Förderung zum einen die Aufgabe, der Entstehung und Verfestigung sprachlicher Beeinträchtigungen in Laut und Schrift vorzubeugen und frühzeitig Auswirkungen auf andere Entwicklungs- und Lernbereiche zu verhindern.

Zum anderen erschließt sie mit den Schülerinnen und Schülern Wege, ihre sprachlichen und nichtsprachlichen Handlungsmöglichkeiten zu erkennen, zu erweitern und auszugestalten, Sprache und Sprechen als Mittel und als Gegenstand sprachlichen Handelns zu nutzen.

Sonderpädagogische Förderung verhilft auch dazu, trotz einer sprachlichen Beeinträchtigung zu eigenständigem Handeln in kommunikativen Bezügen zu finden sowie Begrenzungen sprachlichen Handelns zu überwinden, zu mindern oder anzuerkennen.

Sonderpädagogische Förderung berücksichtigt die allgemeinen und die besonderen Bedingungen, Ausgangslagen und Vorgänge, unter denen Kinder und Jugendliche Sprache in ihren Funktionen, Formen und Bedeutungen aufnehmen, verarbeiten, gebrauchen und wie sie Fähigkeiten, Fertigkeiten und Kenntnisse auf allen Sprachgestaltungsebenen in Laut und Schrift einschließlich der Fähigkeit, über die Sprache zu reflektieren, erwerben[1].

Aufgabe sonderpädagogischer Förderung ist es,

- einer Entstehung oder Verfestigung von Beeinträchtigungen im sprachlichen Handeln entgegenzuwirken und damit Auswirkungen auf die personale und soziale Entwicklung zu verhindern,
- die jeweilige sprachliche Beeinträchtigung und deren Auswirkungen in ihren Ausprägungen und ihrer Regelhaftigkeit, in ihrem Bedingungsgefüge und ihrer Entwicklungsdynamik zu erkennen,
- die Bedeutung einer sprachlichen Beeinträchtigung für das individuelle Erleben und schulische Lernen der Schülerinnen und Schüler, für ihre personale und soziale Entwicklung und insbesondere für ihre sprachlich-kommunikativen Möglichkeiten zu erschließen und
- individuelle pädagogische Förderbotwendigkeiten in Erziehung und Unterricht zu begründen, Wege einer entsprechenden Förderung aufzuzeigen und mit den Schülerinnen und Schülern zu verwirklichen und Beeinträchtigungen sprachlichen Handelns – wo immer möglich – aufzuheben, um
- eine bestmögliche schulische und berufliche Eingliederung oder Wiedereingliederung und gesellschaftliche Teilhabe zu erlangen.

Sonderpädagogische Förderung im Förderschwerpunkt Sprache bleibt dabei immer eingebunden in ein allgemeines pädagogisches Rahmenkonzept.

2. Sonderpädagogischer Förderbedarf

Sonderpädagogischer Förderbedarf im sprachlichen Handeln ist bei Schülerinnen und Schülern anzunehmen, die in ihren Bildungs-, Lern- und Entwicklungsmöglichkeiten hin-

[1] Für Ausprägungen und Erscheinungsformen sprachlicher Beeinträchtigungen gibt es in der Fachwissenschaft unterschiedliche Bezeichnungen.

sichtlich des Spracherwerbs, des sinnhaften Sprachgebrauchs und der Sprechtätigkeit so beeinträchtigt sind, dass sie im Unterricht der allgemeinen Schule ohne sonderpädagogische Unterstützung nicht hinreichend gefördert werden können. Sonderpädagogische Förderung muss rechtzeitig einsetzen, denn in der Schule ist Sprache nicht nur ein herausragender Lerngegenstand, sondern schulisches Lernen ist vor allem sprachlich vermitteltes Lernen. Sprache ist ein zentrales Medium schulischen Lernens.

Sonderpädagogischer Förderbedarf kann in jeder Phase des Spracherwerbs und in jedem Lebensalter, überwiegend bei Kindern im Elementarbereich und im Primarbereich auftreten. Der Schwerpunkt sonderpädagogischer Förderung in der Schule liegt daher in den ersten Schuljahren. Bei spezifischer Förderung können sprachliche Beeinträchtigungen und ihre Auswirkungen oft bereits in dieser Zeit überwunden werden.

Unterschiede im Förderbedarf ergeben sich bei Schülerinnen und Schülern aus Art und Umfang der jeweiligen sprachlichen Beeinträchtigung, ihren jeweiligen spezifischen Bedingungshintergründen und Entwicklungsverläufen und ihrer jeweiligen Bedeutung für den Einzelnen. Zudem können individuelle Lernmöglichkeiten, Gegebenheiten und Anforderungen des erzieherischen und sprachlichen Umfeldes, Erfolge und Misserfolge bisheriger Förderung bedeutsam sein. Aus dem Sonderpädagogischen Förderbedarf der Schülerinnen und Schüler erwächst also ein komplexes Aufgabenfeld der schulischen Förderung. In jedem neuen Lernzusammenhang werden die jeweils bestehenden und die anzustrebenden Fähigkeiten und Fertigkeiten im sprachlichen Handeln entfaltet und mit schulischen Anforderungen zusammengeführt. Darüber hinaus kann der Förderbedarf im Bereich sprachlichen Handelns sich überschneiden mit Förderbedarf in anderen Entwicklungs- und Lernbereichen. Für die pädagogisch-didaktische Konzeptbildung und die Förder- und Unterrichtspraxis sind daher neben der speziellen sonderpädagogischen Kompetenz im Förderschwerpunkt Sprache ein den einzelnen Förderschwerpunkt übergreifendes Denken und kooperatives Handeln unverzichtbar.

Der Sonderpädagogische Förderbedarf von Schülerinnen und Schülern mit Beeinträchtigungen im sprachlichen Handeln umfasst vielfältige Aufgaben bei der Entwicklung eines Selbstkonzeptes und der Überwindung, Minderung oder Kompensation der Beeinträchtigung und ihrer Auswirkungen sowie die Unterstützung der Kinder und Jugendlichen bei der Ausweitung ihrer sozialen und kommunikativen Handlungsfähigkeiten. Dabei geht es um die Sensibilisierung für eigene, aber auch durch Gesprächspartner verursachte, aufrechterhaltende oder verstärkende Anteile an einer erschwerten Kommunikation und die Entwicklung unterstützender Handlungsformen.

Alle Förderangebote, die sich auf Teilbereiche wie Sensorik, Motorik, Kognition, Emotion, Soziabilität und Kommunikation richten, sind Bestandteile eines umfassenden zielgerichteten Förderplans zum sprachlichen Handeln, der in das pädagogische Gesamtkonzept für die Lerngruppe einzupassen ist. Bei den Angeboten werden die persönliche Erlebniswelt der Schülerinnen und Schüler sowie ihre schulischen und außerschulischen Erfahrungsbereiche beachtet. Die Stärkung der Eigenaktivität der Schülerinnen und Schüler dient der Sprechfreude und regt zur selbsttätigen Anwendung und Erprobung entwickelter und erlernter sprachlicher Fähigkeiten und Fertigkeiten an.

Sonderpädagogische Förderung unterstützt bestimmte Schülerinnen und Schüler auch dabei, Begrenzungen in den sprachlichen Handlungskompetenzen zu akzeptieren und zu lernen, mit diesen Begrenzungen umzugehen. Zudem sind Angebote erforderlich, die sich an die Dialogpartner von Kindern und Jugendlichen mit Förderbedarf im Bereich sprachlichen Handelns richten: Informationen und Hinweise bezüglich Ausprägung, Bedingungsgefüge und Folgen von sprachlichen Beeinträchtigungen und Behinderungen, Handlungsvorschläge für Eltern. Darüber hinaus kann eine Einbeziehung weiterer therapeutischer und sozialer Hilfen außerschulischer Maßnahmeträger notwendig sein.

3. Feststellung von Sonderpädagogischem Förderbedarf

Die Feststellung von Sonderpädagogischem Förderbedarf[2] umfasst die Ermittlung des individuellen Förderbedarfs sowie die Entscheidung über den Bildungsgang und den Förderort. Das Verfahren zur Feststellung des Sonderpädagogischen Förderbedarfs kann von den Eltern, der Schule oder ggf. von anderen zuständigen Diensten beantragt werden.
Die Förderung kann in allgemeinen Schulen, in Sonderschulen oder durch Förderzentren erfolgen. Sie findet statt in der Verantwortung von Schule und Schulaufsicht, die entweder selbst über eine sonderpädagogische Kompetenz verfügen oder fachkundige Beratung hinzuziehen.

3.1 Ermittlung Sonderpädagogischen Förderbedarfs

Bei der Ermittlung des Sonderpädagogischen Förderbedarfs sind die diagnostischen Fragestellungen auf ein qualitatives und quantitatives Profil notwendiger Fördervorhaben zu richten, die Grundlage sein sollen für eine Empfehlung zur Förderung.
Es sind Art und Umfang des Sonderpädagogischen Förderbedarfs auf der Basis einer Kind-Umfeld-Analyse zu erheben. Dabei werden insbesondere die sprachlichen Handlungskompetenzen des Kindes vor dem Hintergrund seiner persönlichen Lebenssituation und der schulischen Anforderungen beschrieben, pädagogisch interpretiert und als spezifisches Förderbedürfnis ausgewiesen.
Darüber hinaus sind die im konkreten Einzelfall jeweils gegebenen und organisierbaren Formen der Förderung in der Schule abzuklären, die die Schülerin oder der Schüler besucht oder besuchen soll.

Für die Erhebung des Sonderpädagogischen Förderbedarfs können Informationen aus folgenden Bereichen wichtig sein:

- Beeinträchtigungen im sprachlichen Handeln: Spracherwerb, Sprachgebrauch, Sprechtätigkeit; Bedeutung für Erleben und Lernen sowie Folgen für die Kommunikation,
- Verlauf der Entwicklung und Aneignung von Sprache und Sprechen sowie Maßnahmen und Ergebnisse bisheriger Förderung,

[2] Das Verfahren zur Feststellung von Sonderpädagogischem Förderbedarf ist in den Ländern unterschiedlich geregelt.

– individuelle Lebens- und Erziehungsumstände sowie soziale Einbindung und schulisches Umfeld,

– ggf. weitere Beeinträchtigungen, insbesondere des Hörvermögens, der auditiven und visuellen Wahrnehmung und der Motorik,

– ggf. medizinische und psychologische Untersuchungsergebnisse,

– allgemeiner Entwicklungs- und Leistungsstand.

Im Einzelfall ist eine interdisziplinäre Diagnostik zum Verständnis der sprachlichen Beeinträchtigung und zur Planung von abgestimmten Förderintentionen hilfreich; dabei können neben den sonderpädagogischen Lehrkräften z.B. auch Ärztinnen und Ärzte aus verschiedenen Fachgebieten wie Hals-Nasen-Ohren-Heilkunde, Phoniatrie, Neurologie, Kieferorthopädie, Pädiatrie, Psychologinnen und Psychologen sowie Vertreterinnen und Vertreter medizinisch-therapeutischer und sozialer Dienste beteiligt sein. Darüber hinaus ist zu prüfen, ob durch eine vorausgehende oder die Förderung begleitende medizinische oder psychologisch-psychotherapeutische Behandlung oder durch den Einsatz technischer und apparativer Hilfsmittel die Lernvoraussetzungen verbessert werden können.
Alle Informationen sind unter Berücksichtigung der Stellungnahmen der Eltern pädagogisch zu gewichten und zu einer Empfehlung zur Förderung zusammenzuführen.

3.2 Entscheidung über den Bildungsgang und den Förderort

Auf der Grundlage der Empfehlung und unter Beteiligung der Eltern[3] sowie unter Beachtung der jeweils gegebenen oder bereitstellbaren Rahmenbedingungen entscheiden Schule und Schulaufsicht, ob die Schülerin oder der Schüler in die allgemeine Schule aufgenommen wird oder dort verbleibt, erforderlichenfalls mit Unterstützung durch eine sonderpädagogische Lehrkraft, oder Unterricht und Förderung in einer Sonderschule, in besonderen Klassen, in kooperativen Formen oder durch Förderzentren erhält. In diese Entscheidung können auch medizinisch-therapeutische, psychologische und soziale Dienste anderer Maßnahmeträger sowie Einrichtungen mit ergänzenden Ganztags- oder Betreuungsangeboten einbezogen werden. Darüber hinaus entscheiden Schule und Schulaufsicht auch darüber, in welchem Bildungsgang die Schülerin oder der Schüler unterrichtet werden soll.

Bei der Entscheidung sind einzubeziehen:
– Art und Umfang des Förderbedarfs,

– Stellungnahmen der Eltern, ggf. beratender Gremien und Dienste,

– Fördermöglichkeiten der allgemeinen Schulen,

– Verfügbarkeit des erforderlichen sonderpädagogischen Personals einschließlich ambulanter sonderpädagogischer Dienste,

– Verfügbarkeit technischer und apparativer Hilfsmittel sowie spezieller Lehr- und Lernmittel.

[3] Die Beteiligung der Eltern ist in den Ländern unterschiedlich geregelt.

Grundsätzlich ist derjenige Förderort zu wählen, der auf bestmögliche Weise dem Förderbedarf dieser Kinder und Jugendlichen, ihrer Selbstfindung und Persönlichkeitsentwicklung gerecht wird und die schulische und gesellschaftliche Eingliederung sowie die Vorbereitung auf Beruf und Leben leisten kann.
Alle Entscheidungen über den individuellen Förderbedarf und den Förderort erfordern in geeigneten Abständen eine Überprüfung.

4. Erziehung und Unterricht

Erziehung und Unterricht zielen auf den Erwerb von Wissen, die Entwicklung von Fähigkeiten und Fertigkeiten unter erschwerten sprachlichen Bedingungen sowie den Aufbau von Einstellungen und Haltungen. Die Förderbedürfnisse der Schülerinnen und Schüler machen eine spezifische Gestaltung der Erziehungs- und Unterrichtsangebote notwendig. Es müssen insbesondere kommunikationsförderliche Erziehungs- und Unterrichtssituationen und -zusammenhänge hergestellt werden, in denen sich die Schülerinnen und Schüler mit ihren Fähigkeiten und Neigungen, mit ihren Motiven, Fragen und Zielvorstellungen als handelnde Personen erleben und begegnen sowie Interesse an der Weiterentwicklung ihrer sprachlichen Handlungskompetenzen aufbauen können. Sonderpädagogische Förderung soll in angemessener Zeit zu Ergebnissen führen, damit die Schülerinnen und Schüler den nötigen Zugang zu weiter führendem – in der Schule vorrangig sprachlich vermitteltem – Lernen gewinnen.

Dabei können sprachtherapeutische Maßnahmen erforderlich werden, die Einsicht in erwartungsüblichen Sprachgebrauch vermitteln und in spezifisch strukturierten Lernsituationen Erprobung und Übung sprachlichen Handelns sichern. Sie unterstützen die Schülerinnen und Schüler bei ihrer Selbstkonzeptbildung und sind darauf gerichtet, dass diese den ihren Fähigkeiten entsprechenden Schulerfolg erreichen können. Sprachtherapeutische Maßnahmen der Schule tragen dazu bei, die nötige Intensität und Spezifik der individuellen Förderung zu gewährleisten. Schulische Sprachtherapie, Erziehung und Unterricht stehen in Wechselwirkung miteinander

4.1 Erziehung

Erziehung ist in der Auseinandersetzung mit Möglichkeiten und Begrenzungen sprachlicher Handlungsfähigkeit vor allem darauf gerichtet, die Persönlichkeit der Schülerinnen und Schüler zu festigen und diese dabei zu unterstützen, Sicherheit in sozialen und kommunikativen Zusammenhängen zu erwerben. Ausgehend von der konkreten Lebenssituation hilft Erziehung, die persönlichen Erfahrungen der Kinder und Jugendlichen mit ihrem Sprachgebrauch, dessen Möglichkeiten und Grenzen, aufzuarbeiten und Veränderungsmöglichkeiten zu finden.

Erziehung unterstützt die Erweiterung der sprachlichen Handlungskompetenzen insbesondere durch den Aufbau einer persönlichen sprachlichen Identität, einer realistischen

Selbsteinschätzung sowie eines positiven Selbstwertgefühls. Sie soll dazu verhelfen, sich in der Gemeinschaft zu orientieren, sich einzuordnen und sich zu behaupten, Kontakte anzunehmen, anzubahnen und auszugestalten. Sie ermuntert die Schülerinnen und Schüler, in Kommunikationssituationen auf ihre Bedürfnisse aufmerksam zu machen.

Erziehung greift die unterschiedlichen Reaktionen der Umwelt auf und gibt Einblick, wie Vorurteile über Beeinträchtigungen, Behinderungen und behinderte Menschen entstehen und auch abgebaut werden können.

4.2 Unterricht

Der Unterricht geht von den Bildungszielen und -inhalten der allgemeinen Schulen aus. Es gilt, von einer Vielfalt einzelner Aspekte zu einem didaktischen Konzept zu finden, das Ziele und Inhalte des Unterrichts mit den Förderbedürfnissen der Schülerinnen und Schüler zu individuellen Anforderungsprofilen zusammenführt. Bei der Themenwahl sind die Interessen und die durch die sprachliche Beeinträchtigung entstandene persönliche Situation der Schülerinnen und Schüler zu berücksichtigen.

Dies heißt für den Unterricht,

- dass die sprachlichen und weiteren Kompetenzen und deren Bedeutung für das Lernen und Erleben der Schülerin oder des Schülers im Rahmen einer Verlaufsdiagnostik erfasst und Sprachförderziele bestimmt werden,
- dass der Unterrichtsgegenstand auf immanente sprachliche Anforderungen und auf sprachliche Fördermöglichkeiten für die Schülerin oder den Schüler überprüft wird,

um dann die Inhalte und Ziele von Unterricht und sonderpädagogischer Förderung aufeinander beziehen und miteinander verbinden zu können.

Ein ausgewogenes Verhältnis zwischen den individuellen sprachlichen Fähigkeiten und Fertigkeiten der Schülerin oder des Schülers und den immanenten sprachlichen Anforderungen des Unterrichtsgegenstandes ist Voraussetzung dafür, dass die jeweiligen Lernsituationen und Lerninhalte durch die Schülerinnen und Schüler auch sprachlich bewältigt werden können. Die Auswahl und Aufbereitung der Unterrichtsthemen sollten deshalb an den Erfahrungen der Kinder anknüpfen, so dass der inhaltliche Zugang gesichert und die Lerninhalte für sie trotz der erschwerten sprachlichen Bedingungen erschließbar, nachvollziehbar und verständlich sind.

Darüber hinaus muss der Unterricht einen hohen Aufforderungscharakter für die Schülerinnen und Schüler haben, sprachhandelnd tätig zu werden. Verstehen und Sprachgebrauch werden durch das Bedürfnis nach Entdeckung, Eigentätigkeit und Sinnfindung angestoßen und bestimmt. Für die didaktisch-methodische Gestaltung bieten sich daher der handlungs- und projektorientierte Unterricht, die Gestaltung lebensnaher Unterrichtssituationen, auch das Aufsuchen von außerschulischen Lernorten an. Die aus der Sache begründeten Anlässe und Notwendigkeiten zur Versprachlichung, zur spontanen Mitteilung von Entdecktem, zur gegenseitigen Abstimmung und Zusammenarbeit können für die Schülerinnen und Schüler eine Herausforderung darstellen, Sprache handlungsbegleitend und zugleich handlungsleitend zu verwenden. Der Unterricht soll dazu ermutigen, Sprache unter fachlicher Begleitung nach Inhalt und Form eigentätig zu gebrauchen und zu verinnerlichen. Die dabei neu erworbenen sprachlichen Kompetenzen sowie Lern- und Handlungsstrategien müssen in neuen Sachzusammenhängen und Lernsituationen erprobt, variiert, gesichert und erweitert werden.

Die inhaltliche und strukturelle Vielschichtigkeit der kindlichen Förderbedürfnisse und die Heterogenität in den Lerngruppen machen eine Differenzierung der Anforderungen in Erziehung und Unterricht erforderlich. Die Lernangebote im Unterricht müssen sich deshalb über eine Lerngruppenorientierung hinaus auch auf die Förderpläne der einzelnen Schülerinnen und Schüler beziehen. Eine Differenzierung kann erfolgen hinsichtlich der Lernhilfen, der sprachlichen Anforderungen, durch die Anteile von sprachlich stärker strukturierten und offeneren Unterrichtsphasen und nicht zuletzt durch den Einsatz sonderpädagogischer Methoden und Medien. Lernwege und Lernstrategien der Schülerinnen und Schüler variieren hinsichtlich der Arbeits- und Sozialformen, der Inhalte und Anzahl der Lernschritte, der Lernzeit, der Phasen von Übung und Wiederholung.

Sonderpädagogische Förderung darf nicht zu einer überfordernden Fülle von nebeneinander stehenden Förder- und Therapieangeboten führen. Alle Fördervorhaben sollen in einem für die Schülerinnen und Schüler erkennbaren Zusammenhang mit unterrichtlichen Themen stehen, auch dann, wenn eine notwendige Einzel- oder Kleingruppenförderung neben dem oder zusätzlich zum Klassenunterricht durchgeführt wird.

Bei der Verwirklichung der individuellen Förderpläne in Erziehung und Unterricht sind vorrangig folgende allgemeine methodische Grundsätze und inhaltliche Angebotsformen zu beachten:

- In Schule und Unterricht sind für Kinder und Jugendliche mit Förderbedarf im Bereich der Sprache *Rahmenbedingungen* zu schaffen, die eine erfolgreiche Kommunikation für alle Beteiligten ermöglichen und sprachliches Lernen begünstigen. Hierzu gehören u.a. ein sprachliches Vorbild, ein kindgemäßes sprachliches Umfeld, die Gestaltung einer anregenden kommunikativen Atmosphäre, sprachliche und nichtsprachliche Impulse zur Sprachanregung, das gegenseitige Zuhören und Verstehen und die inhaltliche Absicherung des Unterrichtsgegenstandes. Es sind Sprechanlässe zu schaffen und zu gestalten z.B. durch Beobachtungshinweise, durch Anregungen zu Vermutungsäußerungen, durch Angebote von Aufgaben und Problemstellungen, die unter Einsatz sprachlicher Mittel gelöst werden können, durch die Partnerarbeit, durch das Unterrichtsgespräch, durch Erzählen, durch Berichten und durch das Rollenspiel. Das handlungsbegleitende Sprechen, Chorsprechen und Chorsingen und insbesondere Elemente aus der rhythmisch-musikalischen Erziehung können das Empfinden für Sprachformen wecken, sprachliche Strukturen verdeutlichen helfen und damit sprachliches Lernen unterstützen. Auch ist darauf zu achten, dass die Zeitanteile, in denen die Schülerinnen und Schüler sprachlich tätig sind, wachsen können. Im pädagogischen Dialog stehen hierbei das vertrauensvolle Miteinandersprechen und das aktive Mitgestalten im Vordergrund.
- Es gilt, die besonderen Fördermöglichkeiten zu nutzen, die durch die Unterrichtssprache der Lehrkraft gegeben sind. Hierzu gehören der Modellcharakter der Sprache, ihr formender Einfluss auf die Sprache der Kinder und auf die pädagogische Atmosphäre, der Einsatz von Sprache als sinnerschließende Verständnishilfe und zur Vermittlung von

Denkanstößen, zur Handlungssteuerung, zur Initiierung von Lernprozessen und zur Sicherung von Lernergebnissen. Die Gestaltung der *Unterrichtssprache als spezielles Medium* zur sonderpädagogischen Förderung umfasst direkte und indirekte sprachliche Interventionen, wie Techniken des Modellierens, der Erweiterung und Korrektur des sprachlichen Angebotes der Kinder, die Vermittlung von Sprechtechniken, die Wort- und Satzwahl, prägnantes und redundantes Sprechen sowie parasprachliche und nichtsprachliche Gestaltungsmittel.

- Es werden Gelegenheiten geschaffen und Hilfen angeboten zur *Ausdifferenzierung und Verknüpfung grundlegender Entwicklungsbereiche* der Sensorik, Motorik, Kognition, Emotion, Soziabilität, Kommunikation. Dabei sind Angebote zur Förderung dieser Entwicklungsbereiche in Handlungszusammenhänge einzubetten, die es den Schülerinnen und Schülern ermöglichen, sich als erfolgreich handelnd zu erleben. Der Unterricht soll daher mehrdimensional angelegt, erfahrungsbezogen und handlungsorientiert ausgerichtet sein, so dass die Beteiligten Erlebnisse, Wahrnehmungen, Haltungen, Gefühle, Wissen, Phantasien miteinander austauschen und in Sprache fassen können; sprachliche und nichtsprachliche Handlungsanteile greifen dabei ineinander, inneres Mitsprechen wird gefördert; die Verarbeitung von Erlebnissen zu Erfahrungen ist an Sprache gebunden. Ein solcher Unterricht ermöglicht eine Loslösung vom engen Situationsbezug sowie Antizipation, Erfahrungsverarbeitung, kognitive Verfügbarkeit und Gedankenklarheit, Bildung abstrakter Begriffe, bewusstes Erleben, Selbststeuerung und metasprachliche Reflexion.

- Dem Erwerb der *Schriftsprache* ist wegen des engen wechselseitigen Bezugs zu den lautsprachlichen Fähigkeiten eines Kindes oder Jugendlichen erhöhte Aufmerksamkeit zu widmen. Durch die bewusste Auseinandersetzung der Schülerinnen und Schüler mit Schriftsprache sind meist positive Rückwirkungen auf die Entwicklung der Lautsprache zu beobachten. Bei Schülerinnen und Schülern mit Sonderpädagogischem Förderbedarf im Bereich sprachlichen Handelns sind häufiger besondere Schwierigkeiten beim Schriftspracherwerb festzustellen. Deshalb ist es wichtig, systematisch die Entwicklung aller Fähigkeiten und Fertigkeiten zu fördern, die Voraussetzung sind für das Erlernen des Lesens und Schreibens. Hierzu gehören insbesondere das Symbolverständnis, das Symbol- und Regelbewusstsein als Grundlage für die Ausbildung von Fähigkeiten der auditiven und visuellen Wahrnehmung, die metasprachliche Reflexion, die phonematische Differenzierung, die rhythmische Gliederung von Sprache und auch feinmotorische Fähigkeiten der Schreibhand. Für den Fördererfolg ist es entscheidend, die spezifischen Aneignungsschwierigkeiten des einzelnen Kindes oder Jugendlichen zu erkennen und bei der Förderung die individuellen lautsprachlichen Fähigkeiten und Fertigkeiten in Beziehung zu setzen zu den jeweiligen schriftsprachlichen Anforderungen. Den Kindern und Jugendlichen sind hier vielfältige und motivierende Möglichkeiten aktiven Strukturierens, Rekonstruierens und Übens einzuräumen.

- Mehrsprachig aufwachsende Kinder und Jugendliche mit Sonderpädagogischem Förderbedarf stellen differenzierte Anforderungen an die Diagnostik und an den Unterricht. Die Wertschätzung der *Mehrsprachigkeit* stellt eine wesentliche Voraussetzung für einen ungestörten Sprachenerwerb dieser Schülerinnen und Schüler dar. Pädagogische

Angebote sind so zu gestalten, dass die Kinder und Jugendlichen in für sie bedeutsamen Vermittlungssituationen durch den Gebrauch ihrer Sprachen erleben, dass sie in wachsendem Maße handlungsfähig werden. Sonderpädagogische Förderung ist dann erforderlich, wenn das Kind oder der Jugendliche aufgrund problematischer Entwicklungs- und Lernbedingungen dabei behindert wird, sprachliche Handlungskompetenzen zu erwerben. Sonderpädagogische Förderung soll dann dabei helfen, das Kind oder den Jugendlichen bei der Ausbildung von Sprachhandlungskompetenz und einer mehrsprachigen Identität zu unterstützen.

- Dem *Spiel* kommt wegen seiner hohen Bedeutung für die kindliche Welterfassung und die Sprachentwicklung und wegen seiner pädagogisch-therapeutischen Möglichkeiten und Wirkungen ein hoher Stellenwert zu. Es bietet kindgerechte Anreize und Gelegenheiten, sensorische, motorische, kognitive, soziale, kommunikative und sprachliche Fähigkeiten und Fertigkeiten in sinnhaften und durch die Kinder steuerbaren Handlungszusammenhängen auszubilden, zu integrieren, zu erproben, zu üben und dabei auf neue Situationen und Zusammenhänge zu übertragen. Organisch in den Unterricht und das Schulleben eingefügte Phasen freier und gebundener Spielformen dienen der Vorbereitung, Ergänzung und Vertiefung des unterrichtlichen Geschehens.

Angebahnte sprachliche Fähigkeiten und Fertigkeiten werden im Unterricht durch wiederholtes, variationsreiches, individuell angepasstes *Üben* gefestigt und für neue Sprachsituationen verfügbar gemacht. Abwechslungsreiche Übungsformen bieten Gelegenheit, sprachliche Sicherheit und Erfolgserlebnisse zu erreichen.

Die Aneignung von Unterrichtsinhalten unter erschwerten sprachlichen Bedingungen und die gleichzeitige Weiterentwicklung der individuellen sprachlichen Handlungskompetenzen stellen hohe Anforderungen an die Schülerinnen und Schüler. Es ist daher auf einen ausgewogenen *Wechsel von Konzentration und Entspannung* im Unterricht zu achten.

- Die Förderung der sprachlichen Fähigkeiten und Fertigkeiten wird durch geeignete unterrichtliche *Medien, Arbeits- und Kommunikationshilfen* unterstützt. Technische Medien können z.B. das Festhalten und die Wiedergabe von Schüler- und von Lehrersprache ermöglichen. Sie dienen der Speicherung, der Rückmeldung und der Selbstkorrektur und helfen z.B. bei der phonematischen Differenzierung, der Übung einer korrekten Lautbildung, der Erweiterung des Wortschatzes usw. Apparative Hilfsmittel können z.B. der Erhöhung der Lautstärke und der Kontrolle des Sprechtempos dienen. Speziell aufbereitete Lehr- und Lernmittel und auch Spielmaterial sollen dazu beitragen, die Arbeit am Aufbau und an der Ausdifferenzierung, insbesondere die Übung einzelner sprachlicher Fähigkeiten und Fertigkeiten, zu unterstützen. Der Einsatz von Medien ist stets neu auf seine Wirksamkeit und Notwendigkeit zu prüfen. Die notwendigen Ausstattungen in den Schulen erfolgen nach in den Ländern geltenden Regelungen.

- Bei mündlichen und schriftlichen Leistungsanforderungen und -kontrollen sowie bei Prüfungen darf den Betroffenen kein Nachteil aufgrund einer sprachlichen Beeinträchtigung oder Behinderung entstehen. Erforderlichenfalls ist ein Ausgleich zu schaffen. Das Zulassen oder Bereitstellen von Kommunikationshilfen, die Gewährung einer Zeitzugabe und das Ersetzen von mündlichen Aufgaben durch schriftliche können ein *Nachteilsausgleich* sein.

- Die Qualität der Förderung ist grundsätzlich durch eine begleitende *Dokumentation* der Förderziele, der Förderangebote und -verläufe sowie der erreichten Lernfortschritte abzusichern. Dies heißt auch, dass Inhalte und Methoden hinsichtlich Effizienz und individueller Angemessenheit ständiger Reflexion und Revision unterliegen müssen.

Die Angebote zur Förderung im Bereich sprachlichen Handelns sind abzustimmen mit den Angeboten aller Lehrkräfte, die mit denselben Schülerinnen und Schülern unterrichtlich arbeiten. Hierzu gehört auch die Einbindung individueller sprachtherapeutischer Maßnahmen in das jeweilige pädagogische Handlungsfeld. Sie haben die Aufgabe, individuelle sprachliche Beeinträchtigungen zu bewältigen und zur Entwicklung der sprachlichen Fähigkeiten und Lernvoraussetzungen mit Hilfe individueller Förderpläne und spezieller Methoden beizutragen, so dass sprachliche Verständigung und unterrichtliches Lernen wirksam werden können. Die individuelle Förderung wird ergänzt und erweitert durch ein von der Schule entwickeltes Gesamtkonzept der pädagogischen Förderung.

5. Formen und Orte sonderpädagogischer Förderung

Die schulische Förderung von Schülerinnen und Schülern mit Sonderpädagogischem Förderbedarf im Bereich sprachlichen Handelns hat ihren Schwerpunkt im Primarbereich. Sie hat zu einer Vielfalt von Förderformen und Förderorten geführt. Es entwickeln sich vermehrt Formen der gemeinsamen Erziehung und Unterrichtung. Vorbeugende Maßnahmen erfahren eine hohe Bewertung.

5.1 Vorbeugende Maßnahmen[4]

Frühe Hilfen, insbesondere in den für den Spracherwerbsprozess sensiblen Phasen vor Schuleintritt, sind von ausschlaggebender Bedeutung für die Sprachentwicklung. Rechtzeitige Förderung kann sprachliche Beeinträchtigungen und Behinderungen verhindern, mindern und weiter gehende Auswirkungen vermeiden helfen. Sie zielt auf die Entwicklung der Gesamtpersönlichkeit des Kindes und erfolgt in gemeinsamer Tätigkeit von Kindern und deren Eltern, Pädagoginnen oder Pädagogen. Die Spieltätigkeit der Kinder eignet sich in besonderer Weise zur Entfaltung und Erprobung sprachlichen Handelns; innerhalb eines für die Kinder sinnvollen und kommunikationsförderlichen Handlungs- und Lernzusammenhanges werden die für den Sprachgebrauch und die Sprechtätigkeit relevanten Aspekte wie Sensorik, Kognition, Motorik, Emotionalität, Kommunikativität und Soziabilität zielbezogen gefördert.

Förderung im Rahmen der Vorbeugung umfasst in der Grundschule die allgemeine Sprachförderung und pädagogische Angebote, die das Erlernen des Lesens und Schreibens unterstützen und mögliche Gefährdungen bei der Aneignung der Schriftsprache berücksichtigen.

[4] Maßnahmen im Rahmen der Frühförderung sind in den Ländern unterschiedlichen Trägern zugeordnet und unterschielich organisiert.

Sonderpädagogische Hilfestellung ist darauf gerichtet, dass sprachliche Auffälligkeiten sich nicht verfestigen. Sie kann z. B. erfolgen in Form von Beratung mit Lehrkräften und Eltern, in der Möglichkeiten und Wege miteinander besprochen werden, sprachanregende Erziehungs- und Lernsituationen in Schule und häuslichem Umfeld herzustellen und zu gestalten und damit zu einer erfolgreichen Schullaufbahn beizutragen.
Der interdisziplinären Zusammenarbeit kommt in der Frühförderung und bei vorbeugenden Maßnahmen in Kindergarten und Schule eine hohe Bedeutung zu. Ihr Erfolg beruht auf dem engen und vertrauensvollen Zusammenwirken von Eltern, Kindergärten, Sonderkindergärten, schulvorbereitenden Einrichtungen und Schulen, sonderpädagogischen Beratungsstellen, medizinischen Diensten, Gesundheitsämtern, Sozialpädiatrischen Zentren, Erziehungsberatungsstellen sowie weiteren, auch außerschulischen Maßnahmeträgern die jeweils unterschiedliche Fachkompetenzen einbringen.

5.2 Sonderpädagogische Förderung im gemeinsamen Unterricht[5]

Schülerinnen und Schüler mit Sonderpädagogischem Förderbedarf im Bereich sprachlichen Handelns können allgemeine Schulen besuchen, wenn dort die notwendigen personellen und sächlichen Voraussetzungen gegeben sind oder geschaffen werden können.

Schülerinnen und Schüler mit Förderbedarf im Bereich sprachlichen Handelns sind in der allgemeinen Schule in ein altersangemessenes sprachliches Umfeld eingebunden, das ihnen die Gelegenheit gibt, auch über das Sprachvorbild anderer Kinder die eigene (Kinder-)Sprache zu kontrollieren, ihre neu erworbenen sprachlichen und anderen Fähigkeiten und Fertigkeiten in natürlicher Weise zu erproben. Sie können in der Begegnung mit nicht behinderten Kindern u.a. lernen, die kommunikativen Auswirkungen ihres sprachlichen Handelns aus anderer Sicht zu verstehen. Sie sind dabei zu ermuntern, sich in der Begegnung nicht von Vorbehalten ihnen gegenüber entmutigen zu lassen. Die nichtbehinderten Kinder erhalten Gelegenheit, ihre Mitschülerinnen und Mitschüler mit sprachlichen Beeinträchtigungen als Personen wertzuschätzen, Verständnis für ihre Probleme aufzubringen und ihnen in Schule und Unterricht kooperativ und kommunikativ zu begegnen.

Der gemeinsame Unterricht erfordert eine Verständigung der jeweilig beteiligten Lehrkräfte auf ein pädagogisch-didaktisches Rahmenkonzept. Sonderpädagogische Förderangebote sind inhaltlich und organisatorisch in die Unterrichtsvorhaben der allgemeinen Schule einzugliedern. Ein das sprachliche Lernen fördernder gemeinsamer Unterricht ist für alle Schülerinnen und Schüler von Bildungswert.

Das Aufgabenfeld der im Förderschwerpunkt Sprache qualifizierten sonderpädagogischen Lehrkräfte umfasst vor allem

- die diagnostische Arbeit,
- die Planung und die Durchführung sonderpädagogischer Förderung und sprachtherapeutischer Maßnahmen,
- den gemeinsamen Unterricht,

[5] In den Ländern gibt es unterschiedliche rechtliche Bestimmungen zum gemeinsamen Unterricht.

- die Zusammenarbeit mit den Eltern und mit Fachdiensten,
- die Fortschreibung der Förderpläne.

Zu den Aufgaben aller Lehrkräfte gehören in diesem Zusammenhang

- die Kooperation miteinander und die gemeinsame Gestaltung sprachförderlicher Angebote in Unterricht und Schule,
- die Berücksichtigung sonderpädagogischer Belange im Unterricht,
- die Förderung des gemeinsamen Lebens und Lernens der Schülerinnen und Schüler durch die Unterstützung der Kontakte untereinander in Unterricht und Schulleben,
- die Zusammenarbeit mit den Eltern,
- die Förderung der Zusammenarbeit mit den Personen der Schule, die für die Bildung der Kinder und Jugendlichen mit sonderpädagogischem Förderbedarf Verantwortung tragen.

5.3 Sonderpädagogische Förderung in Sonderschulen[6]

Schülerinnen und Schüler mit Sonderpädagogischem Förderbedarf im Bereich sprachlichen Handelns, für die die notwendigen Förderbedingungen in allgemeinen Schulen nicht geschaffen werden können, werden in Sonderschulen unterrichtet.

Die Schule für Sprachbehinderte ist als Durchgangsschule konzipiert. Sie führt ihre Schülerinnen und Schüler in die allgemeine Schule zurück, sobald aufgrund der erworbenen sprachlichen Kompetenzen eine erfolgreiche Teilnahme am Unterricht der allgemeinen Schule zu erwarten ist. Die Aufnahme in die Sonderschule sollte daher möglichst früh, z.B. bei Schuleintritt, erfolgen. Übergänge in die allgemeine Schule sind während der gesamten Schulzeit möglich. Eine enge Zusammenarbeit der Sonderschule mit den allgemeinen Schulen in ihrem Einzugsgebiet ist notwendig, um ihre Schülerinnen und Schüler beim Übergang begleiten und diesen absichern zu können. In der Schule für Sprachbehinderte wird grundsätzlich nach den Lehrplänen der allgemeinen Schule unterrichtet.

5.4 Sonderpädagogische Förderung in Kooperation mit allgemeinen Schulen

Schulen und Klassen für Sprachbehinderte arbeiten eng mit allgemeinen Schulen zusammen. Kooperative Formen der Erziehung und Unterrichtung ermöglichen allen Beteiligten Erfahrungen im unvoreingenommenen Umgang miteinander; vielfach können die durch den gemeinsamen Unterricht förderlichen Aspekte auch in kooperativen Formen der Erziehung und Unterrichtung zur Geltung kommen.

Die Durchlässigkeit der Schulen, die gemeinsamen Unterrichtsanteile und der Wechsel von Schülerinnen und Schülern aus der Schule oder Klasse für Sprachbehinderte in allgemeine Schulen werden durch kooperative Formen begünstigt. Darüber hinaus leisten beispielsweise Begegnungsveranstaltungen wichtige Beiträge für die Anliegen und Möglichkeiten der Sprachförderung.

[6] Die Schulen und Klassen für Sprachbehinderte haben in den Ländern unterschiedliche Bezeichnungen.

Die Einrichtung von Klassen der Schule für Sprachbehinderte in räumlicher Nähe zu Klassen der allgemeinen Schulen schafft günstige Rahmenbedingungen für angestrebte Kooperationen. Bei Schulgründungen soll der Standort der Schulen für Sprachbehinderte so gewählt werden, dass eine enge Zusammenarbeit mit allgemeinen Schulen möglich wird.

5.5 Sonderpädagogische Förderung im Rahmen von Sonderpädagogischen Förderzentren

Sonderpädagogische Förderzentren haben als regionale oder überregionale Einrichtungen die Aufgabe, sonderpädagogische Förderung in einzelnen oder mehreren Förderschwerpunkten an unterschiedlichen Förderorten, nach Möglichkeit in der allgemeinen Schule, fachgerecht und möglichst wohnortnah durchzuführen. Vorbeugende Maßnahmen sind ein wesentliches Aufgabenfeld von Förderzentren. Bei der Herausbildung von Förderzentren lassen sich verschiedene Richtungen ausmachen, die einer fachlichen und organisatorischen Weiterentwicklung der sonderpädagogischen Förderung in der allgemeinen Schule im gemeinsamen Unterricht Rechnung tragen. Dabei gibt es unterschiedliche Organisationsformen: Förderzentren mit Sonderschulangebot und zusätzlicher sonderpädagogischer Förderung in allgemeinen Schulen sowie Förderzentren als Koordinations- und Kompetenzstellen für sonderpädagogische Lehrkräfte, die sonderpädagogische Förderung ausschließlich in allgemeinen Schulen durchführen.

Förderzentren mit mehreren Förderschwerpunkten müssen über sonderpädagogische Lehrkräfte aus den angebotenen Fachrichtungen verfügen. Für Kinder und Jugendliche, die neben ihrer sprachlichen Beeinträchtigung weitere Auffälligkeiten oder Behinderungen zeigen, ist eine auf die Gesamtheit ihrer Förderbedürfnisse ausgerichtete sonderpädagogische Förderung vorzuhalten und damit eine enge fachliche Zusammenarbeit der sonderpädagogischen Lehrkräfte der verschiedenen Fachrichtungen unverzichtbar.

5.6 Sonderpädagogische Förderung im berufsorientierenden und berufsbildenden Bereich und beim Übergang in die Arbeitswelt

Berufsorientierung und -vorbereitung sind grundsätzlich Aufgaben der allgemeinen Schulen, aber auch der Sonderschulen in den Fällen, in denen Schülerinnen und Schüler bis zum Ende ihrer Schulzeit die Schule für Sprachbehinderte besuchen. Die Schule arbeitet eng mit Einrichtungen der Berufsberatung, den beruflichen Schulen, den Betrieben zusammen. Besuche in Betrieben und Betriebspraktika sind von großer Bedeutung für die Berufswahl. Sonderpädagogische Lehrkräfte aus Sonderschulen, Förderzentren oder auch den Beratungsstellen für Sprachbehinderte unterstützen Schülerinnen und Schüler mit Sonderpädagogischem Förderbedarf beim Übergang in die Berufswelt durch individuelle Beratung und ggf. spezielle Kursangebote.

Sonderpädagogische Förderung im Bereich sprachlichen Handelns kann hier umfassen:

- individuelle Beratung,
- Förderung im Bereich des Umgehen-Könnens mit verbliebenen sprachlichen Beeinträchtigungen,
- Übungen zum Bestehenkönnen in kommunikativen Bewährungssituationen.

6. Zusammenarbeit

Bei Kindern und Jugendlichen mit Förderbedarf im Bereich sprachlichen Handelns ist eine intensive und vertrauensvolle Zusammenarbeit zwischen den Eltern und den an der Förderung beteiligten Personen erforderlich. Es sind Verbindungen herzustellen und zu nutzen zwischen Elternhaus, Schule, Beratungsstellen, Frühförderstellen, schulpsychologischen, schulärztlichen und sozialen Diensten, Kliniken, Fachpraxen, so dass die Hilfeleistungen koordiniert und verfügbare Ressourcen und Kompetenzen effektiv eingesetzt und ausgeschöpft werden können.

Die Zusammenarbeit hat zum Ziel, das Verständnis für die Förderbedürfnisse der Kinder und Jugendlichen zu verbessern sowie die schulischen Anforderungen und die Lebenssituation der Schülerin oder des Schülers aufeinander abzustimmen und Überforderungen zu vermeiden. Hierzu sind z.B. gegenseitige Information, Beratung, Hausbesuche, Hospitation, Transparenz der Fördervorhaben hilfreich. Eltern und Lehrkräfte informieren sich gegenseitig über wichtige Beobachtungen hinsichtlich des Erlebens und Verhaltens der Kinder oder Jugendlichen innerhalb und außerhalb der Schule, über Lernfortschritte und Lernschwierigkeiten. Beide Seiten beraten sich über mögliche Förderangebote. Häusliche und schulische Angebote sollen sich gegenseitig ergänzen und verstärken. Vielfach ist es notwendig, Eltern für die Förderung ihrer Kinder zu gewinnen und sie in diese einzubeziehen.

Die Kompetenzen und pädagogischen Angebote aller innerhalb einer Schule arbeitenden Lehrkräfte sind zu einem auf die Förderbedürfnisse der Schülerinnen und Schüler zugeschnittenen schuleigenen Förderkonzept zusammenzuführen.

7. Einsatz und Qualifikation der Lehrkräfte

Die schulische Förderung von Kindern und Jugendlichen mit Sonderpädagogischem Förderbedarf im Bereich sprachlichen Handelns erfordert den Einsatz von fachspezifisch ausgebildeten sonderpädagogischen Lehrkräften.

Die Ausbildung der sonderpädagogischen Lehrkräfte muss die Breite und Struktur des gesamten Tätigkeitsfeldes berücksichtigen. Sie muss Fach- und Beratungskompetenz im Förderschwerpunkt Sprache vermitteln, die notwendige Wissensanteile aus den wesentlichen Bezugswissenschaften sowie Kenntnisse und Handlungswissen hinsichtlich gestörten Schriftspracherwerbs einschließt. Auch muss sie einen Überblick über den Gesamtbereich der Erziehung und Unterrichtung von Schülerinnen und Schülern mit Sonderpädagogischem Förderbedarf, insbesondere in den Förderschwerpunkten Lernen und emotionale und soziale Entwicklung, enthalten.

Die Lehrkräfte müssen befähigt werden, sonderpädagogische Förderung in Erziehung und Unterricht für Schülerinnen und Schüler mit Sonderpädagogischem Förderbedarf an verschiedenen Förderorten und damit in unterschiedlichen pädagogischen Zusammenhängen zu verwirklichen.

Zur Sicherung und Weiterentwicklung der Qualität sonderpädagogischer Förderung ist eine regelmäßige fachliche Fortbildung erforderlich. In den Fortbildungsangeboten ist der Kooperations-, Beratungs- und Abstimmungsbedarf mit anderen Fachkräften wie Lehrkräfte der allgemeinen Schulen, sonderpädagogische Lehrkräfte mit anderen Förderschwerpunkten sowie Vertreterinnen und Vertreter aus Medizin, Psychologie, Sozialpädagogik, Logopädie zu berücksichtigen.

8. Schlussbestimmung

Die Empfehlungen für den Unterricht in der Schule für Sprachbehinderte – Beschluss der Kultusministerkonferenz vom 10.11.1978 – werden hiermit aufgehoben.

Elmar Schaar
Bayerisches Staatsministerium für Unterricht und Kultus

Empfehlungen zum Förderschwerpunkt Sprache

Die Empfehlungen zum Förderschwerpunkt Sprache wurden am 26. Juni 1998 von der Kultusministerkonferenz beschlossen. Sie haben die Empfehlungen für den Unterricht in der Schule für Sprachbehinderte vom 10. November 1978 abgelöst.

Die KMK gibt mit neuen und neu belebten Hinweisen Anstoß zur sprachlichen Förderung, die für Kinder und Jugendliche heutig und zukunftsnah wirksam sein sollen. Immer ist Sprachentwicklung mitbestimmt „durch kulturelle-gesellschaftliche Hintergründe des Sprachgebrauchs und dessen kommunikative Bedingungen". Nichtgelingen der Sprachentwicklung kann unterschiedlich begründet und ausgeprägt sein, in Wechselwirkung mit Bereichen der Gesamtentwicklung, dem Erleben, dem Lernen und der Interaktion treten. „Solche Beeinträchtigungen können von unzureichenden sozialen, emotionalen und sprachlichen Erfahrungen und Vorbildern sowie Gegebenheiten des Sprachgebrauchs und von bestimmten Lebens- und Lernbedingungen herrühren."

Der Text der Empfehlungen zum Förderschwerpunkt Sprache geht von den in den Kultusministerien für die Sonderpädagogische Förderung tätigen Fachreferentinnen und Fachreferenten aus, die zum Teil in Theorie, zum Teil in Praxis oder unter beiden Gegebenheiten Förderung von Sprache selbst zur Geltung gebracht haben. Die Fachleute der Kultusverwaltungen haben zudem Experten zur Stellungnahme ihres Empfehlungsentwurfs gebeten, um hohe fachliche Übereinstimmung herbeizuführen.

Als ein Mitglied der Arbeitsgruppe dieser Fachreferentinnen und Fachreferenten kann ich Grundanliegen dieses Gremiums darstellen, von denen her sich sonderpädagogische Förderung aktuell verstehen und verwirklichen lassen soll. Heutige und künftige sonderpädagogische Förderung muss an gültige Sichtweisen anschließen, geeignete Methoden fortsetzen und an tragfähige Formen von sprachlicher Förderung anknüpfen. Wer mit Vorgegebenem Verbindung hat, erleichtert die Wandlung. Dafür, dass dies geschieht, werden die Leistungen der Schule für Sprachbehinderte und der beteiligten wissenschaftlichen

Disziplinen als Tränken verstanden und zudem neue Quellen der Förderung zu erschließen versucht, damit Kinder und Jugendliche bestmöglich Sprache entwickeln und gebrauchen, aber auch mit sprachlichen Beeinträchtigungen und deren Auswirkungen umzugehen vermögen.

Die gegenwärtige Dynamik, Möglichkeiten der Förderung zu entwickeln, macht Begrenzungen und Verkürzungen vorausgegangener Wege, wie sie die Empfehlungen von 1978 erkannten, deutlich. Je mehr über Sprachentwicklung gewusst wird, desto unvermeidlicher werden Aufgabenstellungen für die nächsten besten Förderungsmaßnahmen. Beschreibung und Vermessung gegenwärtiger und weiterer Gehalte und Wege im Förderschwerpunkt Sprache hatte sich die Arbeitsgruppe der KMK zum Anspruch gemacht und zur Aufgabe gestellt. Es wurden in heftiger Argumentation und durch intensive Beratung eine Zusammenschau und Vielfalt förderlicher Maßnahmen im Förderschwerpunkt Sprache entwickelt und dargestellt.

Die Wandelbarkeit des Bildungswesens im Förderschwerpunkt Sprache wurde als Faktum von Wirklichkeit betrachtet und zugleich auch als Chance und Gewinn für das Erwirken neuer Förderqualitäten aufgefasst und genützt. Wo alles fließt, mussten tragfähige Förderqualitäten erhalten bleiben und auch Maßstab bei Veränderlichkeiten sein. Aus der „Not" des Wandels und der Beschleunigung von der Schule für Sprachbehinderte auch zu anderen Förderungsformen wurde die „Tugend" der Vielfältigkeit und Weiterung gepflegt.

In der sonderpädagogischen Förderung zeigte sich in den vergangenen zwei Jahrzehnten eine Wandlungsgeschwindigkeit, weil wissenschaftliche Zuarbeit, z.B. aus der Neurologie, der Sprachpsychologie und Entwicklungspsychologie, der Medizin das Innovationstempo anwachsen ließen, das Vertrautes in Aktualisierungsschüben auffällig veränderte und somit verstärkt zu neuen Taten veranlasst. Sonderpädagogische Förderung ist in Bewegung und zwar immer schneller.

Die folgenden Betrachtungen zum Förderschwerpunkt Sprache sind der Versuch, vor allem die Prozesse der sprachlichen Förderung, wie sie die Gespräche in der Arbeitsgruppe bestimmt haben, darzustellen.

Dies soll an vier ausgewählten Abschnitten der Empfehlungen gezeigt werden:

– Sonderpädagogischer Förderbedarf,

– Sonderpädagogische Förderung,

– Formen sonderpädagogischer Förderung und

– Qualifikation des Personals.

Sonderpädagogischer Förderbedarf

Kern der neuen Empfehlungen ist der Sonderpädagogische Förderbedarf von Kindern und Jugendlichen mit Beeinträchtigungen im sprachlichen Handeln. Statt Empfehlungen für eine Schulform für Sprachbehinderte wurden deshalb Empfehlungen zum Förderschwerpunkt Sprache erarbeitet. Der Förderschwerpunkt Sprache nimmt unmittelbar Bezug auf die

Förderbedürfnisse des einzelnen Kindes oder Jugendlichen. Der Begriff Förderschwerpunkt Sprache will zwei Bedingungen erfüllen: Er schließt ein, welches Kind welcher Förderung bedarf und er verdeutlicht den Förderort, an dem Sprache schwerpunktmäßig entwickelt und gebildet werden kann.

Der Begriff Sonderpädagogischer Förderbedarf soll die sonderpädagogische Förderung bestimmen helfen und sich auf eine Empfehlung des bestmöglichen Förderortes zentrieren, an dem der Förderbedarf in präventiven, integrativen, (teil)stationären und kooperativen Formen erfüllt werden kann. Mit seinem Sonderpädagogischen Förderbedarf wird ein Kind, wird ein Jugendlicher in Beziehung zu mehreren möglichen Förderorten angeschaut, nicht mehr zuerst oder allein auf den Unterricht der Schule für Sprachbehinderte hin.

Aus der Setzung des Sonderpädagogischen Förderbedarfs kann eine Abfolge von Implikationen hergeleitet werden:

- Der Sonderpädagogische Förderbedarf wird individuell bestimmt.
- Der Sonderpädagogische Förderbedarf schließt die notwendige Fülle von Fördermaßnahmen in Unterricht und Erziehung ein.
- Die Fördermaßnahmen stehen im engen Zusammenhang mit dem Förderort sowie der Qualifikation und dem Zusammenwirken des Personals, das sonderpädagogische Förderung veranlasst und durchführt.

Von dem in den Blick gebrachten Sonderpädagogischen Förderbedarf eines Kindes oder Jugendlichen erfahren Fördermaßnahmen, Förderort und Personal ihre Sinngebung. Je vielfältiger die Förderorte und ihre Angebote sind, desto wichtiger wird Fachpersonal, das für diagnosegeleitete Förderung befähigt sein muss. Je komplexer der Förderbedarf, desto wichtiger werden Deutungsfähigkeit und Kenntnis über vorhandene Fördermaßnahmen. Urteilen und Förderung empfehlen kann man nur, wenn Wissen besteht. Die Gefahr des Hangs zu nur einem Lernort, zu nur einer Förderungsform muss gesehen werden. Diagnostik erzählt von der Herkunft der sprachlichen Beeinträchtigung, sie lässt Interpretationen für den Förderbedarf zu und gibt Orientierungen für sonderpädagogische Förderung.

Die KMK folgert aus diesen Tatsachen, dass Gehalt und Sinn des Förderbedarfs möglichst treffsicher zu beschreiben sind: als ein Wissen von den Beeinträchtigungen des sprachlichen Handelns hinsichtlich

- des entwicklungsgerechten Spracherwerbs,
- des sinnhaften Sprachgebrauchs,
- der sprachlichen Erfahrungs- und Erlebniswelt,
- der normgerechten Sprechtätigkeit und Sprechflüssigkeit,
- der emotional und sozial bedeutsamen Kommunikation.

Die KMK folgert zudem, dass Sonderpädagogischer Förderbedarf zu betrachten ist als ein Wissen, das förderliches Handeln begründet im

- rechtzeitigen Beginn der sonderpädagogischen Förderung,

- Unterricht der Allgemeinen Schulen mit sonderpädagogischer Unterstützung,
- methodisch-didaktischen Bildungskonzept,
- Beachten außerschulischer sprachlicher Erfahrungsbereiche,
- Einbeziehen der engsten Kommunikationspartner und gegebenenfalls therapeutischer Hilfen anderer Maßnahmeträger.

Die Empfehlungen wollen verdeutlichen, dass ein Viel-Wissen-Müssen zum Sonderpädagogischen Förderbedarf erforderlich ist und dass dazu Wechselbeziehungen zwischen Erziehung und Unterricht und Person-Umfeld-Belangen begründet sind.

Der Sonderpädagogische Förderbedarf erfährt im Blick auf das sprachliche Handeln nach dem KMK-Votum vor allem zwei Zugänge, um die in der Arbeitsgruppe lange gerungen wurde:

- Seine Anteile werden vor allem auf unterschiedlichen sprachlichen Ebenen betrachtet, der
  - phonetisch-phonologischen,
  - lexikalisch-semantischen,
  - morphologisch-syntaktischen und
  - pragmatisch-kommunikativen.
- Die komplexen sprachlichen Abhängigkeiten von Gehalt zu Gehalt werden mitbestimmt von
  - kindlichen Erfahrungen,
  - schulischen Anforderungen, insbesondere der Schriftsprache,
  - Auswirkungen anderer Entwicklungsbereiche, z.B. der Motorik, der Wahrnehmung,
  - nichtsprachlichen Handlungsbezügen,
  - Verfestigungen von Beeinträchtigungen im sprachlichen Handeln,
  - sprachlichen Beeinträchtigungen für das individuelle Erleben, für die personale und soziale Entwicklung und für das schulische Lernen,
  - Beeinträchtigungen gesellschaftlicher Teilhabe und Eingliederung.

Sonderpädagogische Förderung

Die KMK hält eine umfassende Feststellung des Sonderpädagogischen Förderbedarfs im Bereich der Sprache für notwendig, um bei der Lösung der Aufgaben vielfältiger sonderpädagogischer Förderung die erforderlichen Entscheidungen treffen und Hilfen bieten zu können. Dieser Ansatz steht im Zentrum der Empfehlungen und daran schließen sich die anderen durchgängigen Hinweise auf Bildung und Erziehung an.

Die KMK lenkt die Aufmerksamkeit auf drei Grundsachverhalte der Förderung, die in den vorausgegangenen 78er Empfehlungen nicht so pointiert dargestellt wurden, weil Sachverhalte und Erkenntnisbestände erst in den letzten Jahren zu einem ausdrücklicheren Verstehen und Handeln geführt haben. Der Förderbedarf im Bereich sprachlichen Handelns kann „sich überschneiden mit Förderbedarf in anderen Entwicklungs- und Lernbereichen."

Sprachentwicklung gibt es nicht außerhalb von Lernentwicklung sowie emotionaler und sozialer Entwicklung. Indem die Förderschwerpunkte Lernen, Sprache und emotionale und soziale Entwicklung verstärkt zueinander gehörig gesehen werden, wurde der Förderschwerpunkt Sprache im Kontext der KMK-Vorschläge neu „geerdet". Sprachliches Handeln ist überall dort, wo Lernen sowie Erleben und soziales Handeln statt finden. Sprache ist all enthalten.

Die Trias sprachliches Handeln, soziales Handeln und Lernen gehört unstrittig zum lebenswichtigen Tun des Menschen. Dabei zeigen sich Überschneidungsbereiche unterschiedlich, je nach kindlichem Einzelfall. Dieser Verständnishorizont der KMK-Anzeigen verweist auf schulische Förderung für Kinder, die so eigens und speziell wie nur möglich gefördert sein wollen. Sonderpädagogik erkennt man an der Umsicht und Bedachtsamkeit für das Individuelle und die Einlässlichkeit für den Spracherwerb und den Sprachgebrauch durch Lernen und soziales Handeln. Die Empfehlungen leiten die sprachlichen Beeinträchtigungen auch von unzureichenden sozialen und emotionalen Erfahrungen sowie bestimmten Lebens- und Lernbedingungen ab. In der Schule ist Sprache Lerngegenstand, Lernen wird primär sprachlich vermittelt, Sprache ist wichtiges Medium für soziales Handeln.

Im Förderschwerpunkt Sprache handelt es sich nicht um eine hinzu gefügte Lernwirklichkeit und ein hinzu gegebenes soziales Handlungsumfeld. Die Sprache erschließt vielmehr weitgehend die vorhandenen Wirklichkeiten des Lernens und des sozialen Handelns. Die KMK-Empfehlungen zum Förderschwerpunkt Sprache bestimmen deshalb nicht eine Addition dreier Förderschwerpunkte, sondern eine Verifikation des Lernens sowie des sozialen Handelns als sprachliches Handeln und Kommunikation. Sprache stellt sich in den Kontext von Lernen und sozialem Handeln. Kinder und Jugendliche mit Sonderpädagogischem Förderbedarf in ihrer Sprachentwicklung begreifen das Bildungsgut über die Zugriffe von Sprachmitteln.

Mit dem Beziehungszusammenhang der Trias sprachliches Handeln, soziales Handeln und Lernen will die KMK-Kommission die Aufmerksamkeit der Förderung obendrein auf Grundtatsachen sprachlichen Lernens richten:

Förderung der sprachlichen Entwicklung erfolgt über die ‚sunk needs'. Sprache ist ‚von unten' zu fördern. Ursachen von Sprachbeeinträchtigungen reichen meist tief. Der kindliche Entwicklungsweg zur Sprache führt primar entlang der psychomotorischen Entwicklung. Die Ausbildung und das Zusammenwirken von Wahrnehmung, Motorik, Kognition, Emotion und Soziabilität spielen gemäß der KMK-Offerte 1998 eine bedeutende Rolle. Es heißt dort: „Alle Förderangebote, die sich auf Teilbereiche wie Sensorik, Motorik, Kognition, Emotion, Soziabilität und Kommunikation richten, sind Bestandteil eines umfassenden, zielgerichteten Förderplans zum sprachlichen Handeln." Die Förderung dieser Entwicklungsbereiche, in Handeln gebettet, ermöglicht den Kindern, sich als erfolgreich handelnd zu erleben und sich in der Lebenswirklichkeit zu erfahren. Psychomotorische Erziehung wird in die Fördermaßnahmen, ob Spiel, ob Unterricht, ob Dialog, ob Schriftsprache, ob andere Maßnahmen eingefügt. Sprachförderung bedarf der hellen Wachsamkeit der Lehrkräfte, die das Darunterliegende aufzusuchen und zu beeinflussen haben.

Diagnose soll diese Zusammenhänge verstehen und bewerten helfen. Es bedarf geschärfter Sinne, Lernentwicklung, Sprachentwicklung und psychosoziale Entwicklung zu erfassen, zu interpretieren und Förderung in diesen Zusammenhang zu bringen. Diagnostik hat sich vom einzelnen Kind aus bei der Förderung in der Klasse oder in der Gruppe, ob an Allgemeinen Schulen oder Sonderschulen oder Sonderpädagogischen Förderzentren zu legitimieren und wird von der sonderpädagogischen Auslegung bestimmt. Diagnostik wird zu einem Prozess. Prozessdiagnostik zielt auf fortlaufende Betrachtung des Handelns. Sie geht mit Förderung einher.

Der Aspekt der elementaren, ausgeweiteten schulischen Förderung erfährt besondere Bedeutung. Annahme ist:

- Es kann ein unzulänglicher Sprach- und Schulentwicklungsverlauf beeinflusst werden.
- Frühe schulische Förderung in den Bereichen Sensorik, Motorik, Kognition, Emotion und Soziabilität kann kompensieren helfen.
- Es können störende Auswirkungen auf die Schullaufbahn gemildert werden, z.B. Lernangst, Beeinträchtigung der Schriftsprache, Verhaltensprobleme.

Die Empfehlungen wollen verstehen machen, was Zielsetzungen und Inhalte sonderpädagogischer Förderung sind: Sprachliches Handeln, so die Überzeugung in der Arbeitsgruppe, geschieht aus einer funktionierenden Einheit von Erleben und Verhalten. Im Förderschwerpunkt Sprache soll zur Ermöglichung von Praxis aufgerufen werden in Verbindung mit dem Wissen um die elementaren, grundbildenden und weiterführenden Fähigkeiten menschlichen Lernens.

Formen sonderpädagogischer Förderung

Die KMK-Arbeitsgruppe hat, von ihrer fachlichen Herkunft geprägt und ihren administrativen Aufgaben bestimmt, die wachsende Vielfalt der Organisationsformen und Vorgehensweisen in der sonderpädagogischen Förderung, die Erfahrungen mit gemeinsamem Unterricht behinderter und nicht behinderter Kinder, erziehungswissenschaftliche Denkanstöße und schulpolitische Schwerpunktsetzungen mit den Empfehlungen zur Geltung gebracht. Die Bildung von Kindern und Jugendlichen, die besonderer Sprachförderung bedürfen, wird verstärkt als gemeinsame Aufgabe für grundsätzlich alle Schulen angestrebt. Die Sprachbehindertenpädagogik hat sich immer mehr als eine notwendige Ergänzung und Schwerpunktsetzung der allgemeinen Pädagogik zu verstehen. Die Formen sonderpädagogischer Förderung, in den Empfehlungen als vorbeugende Maßnahmen, gemeinsamer Unterricht, Sonderschule, Kooperation, Sonderpädagogisches Förderzentrum, berufsbildender Bereich bezeichnet, sollen die Vielfalt der Fördermaßnahmen repräsentieren.

Je vielfältiger und vieldeutiger der Sonderpädagogische Förderbedarf angesehen werden muss, desto unvermeidlicher wird ein Angebot der Vielfalt der Förderungsformen. Die Mannigfaltigkeit der Formen sonderpädagogischer Förderung ist die Sicherung der Individualisierung und Differenzierung im Förderschwerpunkt Sprache. Weil sonderpädagogische Förderung nicht nur eine Deutung haben kann, kann es nicht nur eine Förderungsform geben, z.B. die Schule für Sprachbehinderte, die unangetastet ist. Die KMK antwortet im Förderschwerpunkt Sprache auf Einseitigkeit mit dem Angebot verschiedener Förderungsformen, die eine auf Vieldeutigkeit beruhende differenzierte Förderung ermöglichen sollen und auch ein Einheitsangebot zu kompensieren vermögen.

Der Primarbereich erfährt auf dem Gebiet des sprachlichen Handelns die höchste Bewertung, denn sensible Phasen der Sprachentwicklung lassen nicht Zeiten des Abwartens zu, sie sind unwiederbringliche Entwicklungsabschnitte. Daraus hervorgehend bedarf es in begründeten Fällen der integrativen oder (teil)stationären oder kooperativen Angebote und Lernorte, weil Sonderpädagogischer Förderbedarf ganz verschieden ist und Nachhaltigkeit impliziert sowie in Entwicklungszusammenhängen steht. Die unterschiedlichen Formen sonderpädagogischer Förderung bringen auch die Teilung von Förderung zur Geltung, weil die Wirklichkeiten von Förderung nicht uniform sind. Die Teilung der Hilfen und ihrer Bereiche sind die beste Garantie individueller Förderung.

Die empfohlenen Formen sonderpädagogischer Förderung bestehen als eigene Angebote, die aber nicht beziehungslos zueinander existieren. Sie gibt es explizit wechselseitig und durchgängig innerhalb eines Bezugssystems, vor allen in den Sonderpädagogischen Förderzentren.

In den Sonderpädagogischen Förderzentren sind vielfältige Förderungsformen nicht angesammelt sondern in durchlässig geregelter Angebotsbeziehung mit Cofunktionen je nach kindlichem Förderbedarf. Die Sonderpädagogischen Förderzentren „haben als regionale oder überregionale Einrichtungen die Aufgabe, sonderpädagogische Förderung in einzelnen oder mehreren Förderschwerpunkten an unterschiedlichen Förderorten, nach Möglichkeit in der allgemeinen Schule, fachgerecht und möglichst wohnortnah durchzuführen. Vorbeugende Maßnahmen sind ein wesentliches Aufgabenfeld von Förderzentren." Es gibt somit „unterschiedliche Organisationsformen: Förderzentren mit Sonderschulangebot und zusätzlicher sonderpädagogischer Förderung in allgemeinen Schulen sowie Förderzentren als Koordinierungs- und Kompetenzstellen für sonderpädagogische Lehrkräfte, die sonderpädagogische Förderung ausschließlich in allgemeinen Schulen durchführen."

Die Sonderpädagogischen Förderzentren sind vom KMK-Gremium eigens herausgehoben worden. Sie liegen begründet im Sonderpädagogischen Förderbedarf und werden aus der Analyse des Sonderpädagogischen Förderbedarfs und wegen der Prinzipien von Individualisierung und Differenzierung verständlich gemacht. Weil man Unzulänglichkeiten der einen, üblichen Förderungsform Unterricht an der Schule für Sprachbehinderte erfahren hat, werden weitere Geschwisterformen im Förderzentrum entworfen, dorthin mit einer sich ausdehnenden strukturellen Maßgeblichkeit verlagert, die zur Förderung von Kindern und Jugendlichen mit sprachlichen Beeinträchtigungen weiter gehend geeignet sind.

Im Sonderpädagogischen Förderzentrum wird frühe, präventive Hilfe, insbesondere in der für den Spracherwerbsprozess sensiblen Weile gepflegt. Das Sonderpädagogische Förderzentrum unterstützt den gemeinsamen Unterricht und gliedert in die Allgemeinen Schulen sonderpädagogische Förderangebote ein. Wenn die notwendigen Förderbedingungen in Allgemeinen Schulen nicht geschaffen werden können, wird am Sonderpädagogischen Förderzentrum Klassenunterricht angeboten, um intensive Sprachförderung mit Kontinuität zu bewahren, zu pflegen und sicherzustellen. Je schwerer die Beeinträchtigung, um so größer ist der Routinebedarf, dem die Schule für Sprachbehinderte oder die zentrale Einrichtung entsprechen. Das Sonderpädagogische Förderzentrum ist eine pragmatische Form für den Förderschwerpunkt Sprache, eine übersingularisierte Form, die individuell und differenziert zu fördern vermag, weil sie viele mögliche Formen und Hilfen in ein Fördersystem wendet.

Qualifikation des Personals

Sonderpädagogische Förderung lebt von der Qualifikation des fördernden und bildenden Personals. In der Mannigfaltigkeit der Qualifikationen liegt die Chance der individuellen und differenzierten Förderung. „Die Kompetenzen und pädagogischen Angebote aller innerhalb einer Schulart arbeitenden Lehrkräfte sind zu einem auf die Förderbedürfnisse der Schülerinnen und Schüler zugeschnittenen schuleigenen Förderkonzept zusammen zu führen." Sonderpädagogischer Förderbedarf ist nicht Uniform, er bedarf des Plurals der Förderschwerpunkte. In das sonderpädagogische Handeln sind verschiedene Maßnahmen notwendig einbezogen: Diagnostik und ihre Deutung, Förderplanung, sonderpädagogisch ausgerichteter Unterricht, gemeinsamer Unterricht, Zusammenarbeit mit Eltern und therapeutischem Personal.

Die Qualifikation des Personals hat gerade im Förderschwerpunkt Sprache die Vielfalt und Vieldeutigkeit der Entwicklungs- und Lernbereiche zu beachten. Kinder und Jugendliche mit sprachlichen Beeinträchtigungen verlangen Förderungsvielfalt durch fachliche Interdisziplinarität; der Alleinzugriff, Sprache zu fördern, ist nicht genügend. Medizinische Erkenntnisse, pädagogisches und psychologisches Wissen, technische Leistungsangebote wachsen. Die Qualifizierung des Personals muss Schritt halten, deshalb wird ein hohes Pensum an Orientierung, Ausbildung und Fortbildung unvermeidlich.

„Die Zusammenarbeit hat zum Ziel, das Verständnis für die Förderbedürfnisse der Kinder und Jugendlichen zu verbessern sowie die schulischen Anforderungen und die Lebenssituation der Schülerinnen oder der Schüler aufeinander abzustimmen und Überforderung zu vermeiden." Der kommunikative Austausch mit anderen Fachleuten, das interdisziplinäre Gespräch sind unverzichtbare Zugänge, die notwendige Vielfalt an Förderung in den Konsens zu bringen. Das Gespräch über Diagnose und Förderung will unterschiedliche Sichtweisen und Kompetenzen nützen. Der Förderschwerpunkt Sprache kann nicht nur einer Kompetenz anvertraut und überlassen werden.

Das förderschwerpunktübergreifende Gespräch, mit Offenheit und Konsensfreundlichkeit geführt, wird von der KMK als nützlich angesehen. Die Vielfältigkeit sprachlicher Probleme oder sprachbedingter Beeinträchtigungen führt zur Vieldeutigkeit. Für die Praxis der Förderung wird eine möglichst eindeutige Bestimmung des Sonderpädagogischen Förderbedarfs notwendig. Nur der Lernort darf dominieren, der am besten fördern kann. Es gilt: Je komplexer der Sonderpädagogische Förderbedarf, desto unvermeidlicher wird die Zusammenarbeit der fördernden Personen und Stellen wie „Elternhaus, Schule, Beratungsstellen, Frühförderstellen, schulpsychologische und soziale Dienste, Kliniken, Fachpraxen." Es ist ständige Aufgabe, die Handlungswissenschaften und ihre Teilbereiche wie Psychologie, Pädagogik, Linguistik, Medizin aus ihren pragmatischen speziellen Bereichen heraus und über den Diskurs zum Zusammenwirken zu führen, damit das ganze Kind, der ganze Jugendliche in der Verschiedenheit der Lebenswirklichkeit und der sprachlichen Bedürfnisse gefördert werden können. Diskussionsgehalte, die liegen bleiben, sind häufig Hemmnisse auf der Suche nach Konsens und den bestmöglichen Entwicklungsschritten.

Diese Betrachtung des Förderschwerpunktes Sprache aus der Teilnehmerschaft am Arbeitskreis heraus kann nicht abgeschlossen werden ohne die inzwischen verstorbenen Expertinnen zu erwähnen, Frau Kleinert-Molitor aus Bremen und Frau Urland aus Erfurt, die sich dem Förderschwerpunkt Sprache aus ihrer einschlägigen Profession heraus in besonderer Weise gewidmet haben. Ihre Verdienste sind in Geist und Text des Schwerpunktes belegt. Die Bewunderung der Arbeitsgruppe gilt ihnen, da sie den Förderschwerpunkt Sprache mit Herzensfreude vertreten und mitgestaltet haben.

Der Verfasser dieses Beitrages war gerne Mitarbeiter der KMK-Kommission, weil um Begründungen für Sprachförderung gerungen wurde, weil Auffassungen aller Teilnehmer respektiert wurden und stets Zeit gegeben war innezuhalten, wenn Verstehensprozesse und Diskussion notwendig wurden, bevor Entwurfstexte formuliert werden konnten. Und weil am Ende einer solchen Arbeit gerne nach Bekenntnis und dankbarer Rückschau zumute ist, sei auf ein vielleicht von der Sache her Überflüssiges, vielleicht aber Entscheidendes verwiesen: Stets waren das Kind und der Jugendliche mit ihren Bedürfnissen Mittelpunkt.

Alfons Welling
Universität Hamburg

Förderschwerpunkt Sprache – eine kopernikanische Wende im Kleinen

Einleitung

Neue Empfehlungen, Gesetze, Verordnungen und Erlasse auf Bundes- bzw. Länderebene haben die schulischen Spielräume sonderpädagogischer Praxis in den vergangenen Jahren stark verändert. So stützt die Konferenz der Kultusminister der Länder (KMK) in ihren „Empfehlungen zur sonderpädagogischen Förderung in den Schulen in der Bundesrepublik Deutschland" (KMK 1994) eine Linie, die auf eine vorrangig institutionsbezogene Sichtweise sonderpädagogischer Förderung verzichtet („Sonderschulbedürftigkeit") und stattdessen eine stärker personbezogene, individualisierende Aufgabenzuweisung an die Sonderpädagogik favorisiert. Diese bildungspolitische Leitlinie beschreiben BLEIDICK, RATH und SCHUCK (1995, 253), trotz ihrer Kritik im Detail, als „kopernikanische Wende" im sonderpädagogischen Förderansatz, WITTMANN (1994, 5) gar als „kleine Revolution". Ob „Wende" oder „Revolution" – die Schulbildung der behinderten und von Behinderung bedrohten Kinder und Jugendlichen besitzt seit 1994 Geltungsanspruch auf der Grundlage veränderter bildungspolitischer Perspektiven im Sinne einer „gemeinsame(n) Aufgabe für grundsätzlich alle Schulen" (KMK 1994, 2). In welcher Weise nehmen die „Empfehlungen zum Förderschwerpunkt Sprache" (KMK 1998) diesen Anspruch auf? Inwieweit eröffnen auch sie Spielräume inhaltlicher Neuorientierung von Schule und damit eine Perspektive, für die die sprachlichen Förderbedürfnisse der Kinder und Jugendlichen mit Sonderpädagogischem Förderbedarf moralisch verpflichtend sind. Kurz: Worin liegen im Sinne der „kopernikanischen Wende" – dieser Ausdruck sei der oben genannten Quelle entliehen – die qualitativen Veränderungen dieser „Empfehlungen" begründet?

Tatsächlich werden in diesem seit 1998 amtlichen Dokument zum „Förderschwerpunkt Sprache" zentrale pädagogische Praxisfelder in Erziehung und Unterricht, in schulischer Sprachtherapie und Beratung thematisiert. Es enthält neben grundlegenden Aussagen zu

Prinzipien und inhaltlichen Voraussetzungen der Sprachförderung im sonderpädagogischen Bezugsrahmen auch Ausführungen zu organisatorischen, diagnostischen, therapeutischen und vor allem unterrichtlichen Aspekten. In Abkehr vom individuumzentrierten, funktions- und defizitorientierten Modelldenken früherer Jahrzehnte (KMK 1960, KMK 1972, KMK 1978) gründen diese „Empfehlungen" auf einer inhaltlich völlig andersartigen Orientierungsbasis, so dass hier die besagte Wende tatsächlich konstatiert werden kann.

Für diese Diagnose können aus sprachbehindertenpädagogischer Perspektive drei programmatische Prüfkriterien, die mit fachpädagogischem Erkenntnisinteresse bereits an anderer Stelle herangezogen wurden (WELLING 2000a), genutzt werden (siehe auch AHRBECK/SCHUCK/WELLING 1990; 1992; von KNEBEL 2000; KRACHT 2000; WELLING 1990, 1996, 2000a, 2000b). Erstens eröffnet eine dezidiert anthropologisch ausgearbeitete Auffassung von Sprache der Förderpraxis in diesem Schwerpunkt eine lebensweltliche Perspektive. Zweitens orientiert die von einem professionellem Pädagogikverständnis getragene Auffassung von Unterricht und Erziehung, von schulischer Sprachtherapie und Beratung ihre Förderpraxis an Bildungszielen. Und drittens kann nur eine gegenstandsgebundene (sprachbezogene) Auslegung von Qualitätsentwicklung einer sich selbst erneuernden Schule im Sinne der ersten beiden Kriterien empirische Geltung erlangen. In den drei folgenden Kapiteln dienen diese drei Thesen als Prüfkriterien der „Empfehlungen zum Förderschwerpunkt Sprache".

Handlungstheoretischer Grundansatz

Wer Handlungsfähigkeit sagt, reflektiert die Frage der Qualität der Beziehung des Menschen zu seiner von ihm selbst geordneten und mitgestalteten kulturellen Lebenswelt. Dieser allgemeine Begriff von Handlungsfähigkeit fungiert in den vorliegenden „Empfehlungen" als zentrale anthropologische Grundannahme, mit der die Mannigfaltigkeit der didaktischen und organisatorischen Aspekte im „Förderschwerpunkt Sprache" in Gänze verwoben ist.

Jahrzehntelang war zuvor in den bildungspolitischen Dokumenten zur Sprachbehindertenpädagogik (vor allem KMK 1960; 1972; 1978) die gestörte Funktion (der Motorik, der Wahrnehmung etc.) zentral ins Feld geführt worden. Auffälligkeiten galten durchgängig als Zeichen funktioneller Störungen, die ‚im Individuum' angelegt schienen, als ob dieses Individuum vereinzelt und ohne Handlungsbezüge lebte. In den „Empfehlungen" von 1998 dagegen bewegen sich das Kind und der Jugendliche als aktive Mitgestalter ihrer eigenen Entwicklung und ihres mitverantwortlichen Lernens auf der Bühne ihrer Lebenswelt. Gemessen daran hat die Funktion bzw. die funktionelle Störung lediglich den Status eines hypothetischen Konstrukts.

Derselbe Ansatz beherrscht auch das begriffliche Verständnis von Beeinträchtigung und Behinderung. Logischerweise werden diese Begriffe hier nicht wie vordem als Ensemble starrer, pathologischer Merkmalsmuster von ‚Individuen mit Sprachproblemen' gefasst, denen die Auseinandersetzung des Umgangs mit behindernden Bedingungen allein aufzubürden wäre. Nein, in den „Empfehlungen" von 1998 werden Behinderung und Beinträchtigung durchgängig im Sinne veränderbarer Handlungsqualität heranwachsender Subjekte thematisiert. Diesen ist nach Möglichkeit zuzutrauen, dass sie ihr Leben selbst in die Hand zu nehmen in der Lage sind, ihre Lebenswelt aktiv mit zu gestalten und in Verantwortung mit anderen mit zu ordnen; auch dann, wenn dies nicht immer in angepasster Abstimmung mit den anderen erfolgt. Offensichtlich ist damit ein sozialwissenschaftlicher Begriff von Sprachbehinderung nahe gelegt.

Der hier mit diesen wenigen Anmerkungen beschriebene handlungstheoretische Grundansatz durchzieht in allgemeiner Form den gesamten Text, auch in seinen Detailaussagen zu Erziehung und Unterricht. Dies gilt also insbesondere auch für den speziellen Bereich des sprachlichen Handelns, für den als Begriff übergreifend drei zusammenhängende Schwerpunkte erkennbar sind, erstens die Subjektorientierung, zweitens die Lebensweltorientierung und drittens die Entwicklungs- und Lernorientierung. Bevor auf diese Aspekte des Sprachhandlungsbegriffs im einzelnen eingegangen wird, werden einige Textstellen zur Veranschaulichung herangezogen.

- Sprachliches Handeln von Kindern und Jugendlichen hat „als Ausgangspunkt die alltägliche Lebenspraxis der Menschen (...)"; deren Sprachgebrauch und Sprechtätigkeit „bewähren" sich in dieser Praxis (1).
- Sprachgebrauch hat sich subjektiv im sozialen Kontext zu bewähren und erlangt erst in seinem Bezug zur „alltäglichen Lebenspraxis" seinen Sinn und seine Bedeutung für den Einzelnen (1, 4).
- Die „konkrete Lebenssituation" der Kinder und Jugendlichen und deren „persönliche Erfahrungen" mit ihrem Sprachgebrauch bilden den Anknüpfungs- und Zielpunkt von Erziehung und Unterricht im Bereich sprachlichen Handelns (8f.).
- Sprachlichkeit, auch Mehrsprachigkeit von Kindern und Jugendlichen, existiert in der Regel in ihrer lebensweltlichen Form; „problematische Entwicklungs- und Lernbedingungen" können das Kind oder den Jugendlichen in der Ausbildung einer „mehrsprachigen Identität" gefährden (12).
- Dort wo die „Sprachhandlungskompetenzen" nicht in erwartungsüblicher Form entwickelt sind, ist dies auf die „Entwicklungs- und Lernbedingungen" zurückzuführen (2).
- „Kompetenzen" im Bereich sprachlichen Handelns werden besonders dort offenbar, wo Sprache in gesprochener und geschriebener Form möglichst kontext- und situationsentbunden gelernt werden konnte (11); hierzu gehört auch die metasprachliche Reflexionsfähigkeit.

Sprachgebrauch wird in jedem der hier ausgewählten Beispiele in seiner Ausprägungsform aufgrund sozialer Kontextgegebenheiten und spezifischer Aufgabenstellungen beschrieben. In dieser anthropologischen Deutung von Sprachgebrauch als sprachliches Handeln ist die „Person" des Kindes und Jugendlichen eingeführt. Diese ist in ihrer konkreten Existenz lebensweltlich gebunden und deshalb in pädagogischer Förderung und Diagnostik auch stets lebensweltlich zu verstehen. In diesem Sinne enthalten die „Empfehlungen" mit den drei Schwerpunkten der Subjekt-, Lebenswelt- sowie Entwicklungs- und Lernorientierung eine anthropologische Einheit sowie eine passable Orientierungsgrundlage für die Zielstellung, die sprachliche Handlungsfähigkeit im „Förderschwerpunkt Sprache" zu erreichen. Hierzu folgen einige vertiefende Ausführungen.

Subjektorientierung

Das Kind oder der Jugendliche, der eine sprachliche Äußerung wahrnimmt oder hervorbringt, erkennt oder deutet diese Äußerung als sprachliches Muster, das durch die Interaktionen zwischen ihm und seinen Bezugspersonen geformt ist. Als Mittel der zwischenmenschlichen Kommunikation sind diese Muster in vielfältiger Weise mit kontextuellen Bedingungen verknüpft. Dazu gehören bestimmte kognitive Einschätzungen (z.B. von Situationen, Personen, Gegenständen, sei es als Gefahren, sei es als erkannte zielführende Möglichkeiten) oder emotionale Färbungen (sei es Ängstlichkeit, sei es Nützlichkeit für das eigene Handeln). Solcherart subjektiv bedeutsame sprachliche Muster sind aber nicht nur auf das frühe Lebensalter oder auf das Jugendalter beschränkt, sie beeinflussen Spracherleben und sprachliche Identität noch im Erwachsenenalter. Darin, in der persongebundenen, biographisch verbesonderten Deutung und Verwendung kontextueller Gegebenheiten, gründet der Aufbau von sprachlichen Bedeutungen (Wie bedeutsam und wichtig ist mir die jeweilige sprachliche Äußerung?). Darin gründet auch die Konstituierung des Sinns, die mit einer zielgerichteten Äußerung verbunden ist (Welchen Sinn lege ich diesem Sprachgebrauch zugrunde?).

Lebensweltorientierung

Wenn eine Person Sprache gebraucht, das heißt versucht, per Sprache zu kommunizieren, erlebt sie dabei Erfolg und Misserfolg, Macht und Ohnmacht des Wortes. Sie erlebt die ganze Spannung zwischen dem persönlichen Bedürfnis nach Mitteilung einer Nachricht, und den sprachlichen Mitteln, die ihr hierfür zur Verfügung stehen. Jede sprachliche Äußerung ist also Teil einer sozialen Umgebung, die die Charakteristik des persönlichen Sprachgebrauchs erklärt, eng verbunden mit der Gegenwart anderer Menschen in dieser Umgebung, mit spezifischen Verkehrsformen und speziellen Wertorientierungen. Dieser auf die Lebenswelt rekurrierende Begriff von Sprache fordert zu fragen heraus, wie es dem Kind oder dem Jugendlichen ergeht, der vielleicht über einen langen Zeitraum eher den Misserfolg als den Erfolg, eher die Ohnmacht als die Macht des eigenen Wortes erlebt, weil sein Sprachgebrauch jene Merkmale aufweist, welche den normativen Vorstellungen über ‚richtiges Sprechen' nicht genügt.

Entwicklungs- und Lernorientierung

Es ist menschliches Erfahrungswissen, dass Sprachkompetenz nicht unversehens auftaucht. Sie entwickelt sich in einem langen Prozess der Sprachentwicklung mit der Vorbereitung auf das erste Wort und der Verarbeitung von Erfahrungen, zunächst vorsprachlicher, dann zunehmend sprachlicher Natur, so dass schließlich sprachliches Lernen im eigentlichen Sinne differenziert vonstatten gehen kann. Dieser Prozess beginnt bereits beim Kleinkind, das noch in besonderer Weise auf die Deutung kontextueller Bedingungen angewiesen ist. Anfangs helfen die Kontextbedingungen, Sprache zu verstehen, dann sie aktiv zu gebrauchen. Zunehmend wird Sprachgebrauch außerhalb solcher Bedingungen möglich, bis schließlich auch das Verstehen sprachlicher Äußerungen nicht mehr unbedingt auf einen konkreten Kontext angewiesen ist. Zunächst also noch ganz mit der konkreten Handlungssituation verwoben, gehen die Möglichkeiten des Kindes und die Fähigkeiten zum Sprachgebrauch und Sprachlernen zunehmend mit der sich entwickelnden abstrahierenden

Denkform einher, die im Schulalter allmählich eine metasprachliche Reflexionstätigkeit erlaubt, beispielsweise in der Ausdrucksform einer phonologischen oder grammatischen Bewusstheit des Kindes. In diesem Praxisrahmen sich entwickelnder sprachlicher Wissensbildung kann dann auch das Lesen- und Schreibenlernen als eine besondere Form sprachlichen Handelns erfolgen – alles eingebunden in ein bildungszielorientiertes Pädagogikverständnis.

Pädagogischer Anspruch

In den „Empfehlungen" ist ein pädagogischer Anspruch formuliert, der allen weiteren schulisch-institutionellen Aufgabenformulierungen und Zweckbestimmungen im „Förderschwerpunkt Sprache" logisch vorgeordnet ist. Hatte in den historischen Vorläufern zur sonderpädagogischen Förderung seit 1960 vornehmlich der institutionelle Ort der Förderung im Blickpunkt gestanden und hatte man sich damit begnügt, das „Sonderschulwesen" lediglich organisatorisch zu ordnen, wird nun eindeutig eine „pädagogische Ausgangslage" (KMK 1998, Paragraph 1) der gesamten Sprachförderpraxis mit entwicklungsgefährdeten Kindern und Jugendlichen formuliert. Wie ist diese „Ausgangslage" konstruiert? Im Folgenden wird anhand zweier ausgewählter Prüfkriterien – Bildungszielorientierung, interdisziplinäres Verständnis – der pädagogische Gehalt dieser Ausgangslage dargelegt. Anhand von Belegstellen in Bezug auf die fünf zentralen Praxisbereiche – Erziehung, Unterricht und Diagnostik, schulische Sprachtherapie sowie die Schule als institutionelles Handlungsfeld der Lehrkräfte – soll das Übergreifende dieses pädagogischen Gesamtentwurfes skizziert werden.

- Das Sprachförderkonzept und seine handlungstheoretische Grundlegung sind „eingebunden in ein allgemeines pädagogisches Rahmenkonzept" (4).
- Die diagnostische Tätigkeit legitimiert sich über das sprachliche „Fördervorhaben" und unterliegt der pädagogischen Interpretation (6).
- Die individuelle sprachtherapeutische Förderung findet ihre Berechtigung und Begründung auf dem Hintergrund des jeweiligen „pädagogischen Handlungsfeldes" (13)
- Die Schule profiliert sich über ein „entwickeltes Gesamtkonzept der pädagogischen Förderung" (13)
- Kollegien obliegt die Verpflichtung zur „Verständigung (...) auf ein pädagogisch-didaktisches Rahmenkonzept" (15).

Bereits diese wenigen Aussagen deuten einen hohen Anspruch an. Dieser fordert dazu heraus, die unterrichtliche und therapeutische Sprachförderung als pädagogische Sprachförderung zu verstehen und das Bildungsziel dieser Förderung – die sprachliche Handlungsfähigkeit – in Verbindung mit Erziehungszielen zu definieren. Diesen Zielen ist auch eine pädagogische Diagnostik untergeordnet.

Sprachpädagogik

Als Erziehungsziele werden in den „Empfehlungen" unter anderem genannt: die „allseitig entfaltete sprachliche Handlungskompetenz" des Kindes und Jugendlichen und die „Festigung der Persönlichkeit" (1 und 8) – und nicht etwa die 'Beseitigung von Störungen'. Im Sinne dieser Zielsetzung ist die „Sonderpädagogische Förderung im Bereich sprachlichen Handelns", wie im fünften Paragraphen der „Empfehlungen" ausgeführt wird (13ff.), als besonderer Aspekt allgemeiner sprachpädagogischer Förderung qualifiziert. Besonderer Aspekt meint hier, dass sich die besondere Sensibilität des Fachpädagogen für behindernde Sprachhandlungsbedingungen, für behindernde Sprachentwicklungsbedingungen und gefährdete Sprachentwicklungsprozesse, als wichtiges Kriterium pädagogischer Professionalität erweist (weitere Erläuterungen WELLING 2000a, 2000b). Hinzugefügt sei, dass dies in gleicher Weise bei Ein- und bei Mehrsprachigkeit des Kindes oder Jugendlichen gilt (KRACHT 2000).

Interdisziplinarität

Bei der Entwicklung eines sprachpädagogischen Förderkonzeptes geht es in erster Linie, wie in den „Empfehlungen" durchgängig angelegt ist, um einen bildungszielorientierten pädagogischen Gesamtentwurf. Was die Frage des Ziels der Bildung betrifft, ist diese Sprachpädagogik als Pädagogik autonom; denn sie kann aus sich heraus einen Beitrag zur Zielfrage leisten. Aber es bedarf überdies einer stetigen bezugswissenschaftlichen Orientierung im sprachlichen Sektor. Diese dient der qualifizierenden Vergewisserung auf der Grundlage einschlägiger Forschungsergebnisse aus Phonetik, Sprachwissenschaft, Entwicklungspsycholinguistik, Sprachpsychologie, Medizin u.a.m. Allein kann die wissenschaftliche Pädagogik und Didaktik in diesem Schwerpunkt den sprachlichen Gegenstandsbereich der Förderung nur bedingt erfassen.

Wie berücksichtigen die kultusministeriellen „Empfehlungen" dieses wissenschaftstheoretische Anliegen? Bei dieser Frage geht es darum herauszustellen, welches Verhältnis zwischen den Einzelwissenschaften und Fachdisziplinen auf der einen und dem entwickelten oder zu entwickelnden pädagogischen Förderkonzept im Bereich sprachlichen Handelns auf der anderen Seite angenommen wird. Als Antwort wird in den „Empfehlungen" logischerweise vorgeschlagen, dass auch die Prüfung und Bewertung der Nachbardisziplinen „unter pädagogischem Leitgedanken" (2) zu erfolgen hat. So wird unmissverständlich argumentiert, dass das pädagogische Rahmenkonzept, in welches die sonderpädagogische Förderung im Bereich sprachlichen Handelns eingebunden ist, die Kriterien liefert, anhand derer die notwendigen bezugswissenschaftlichen und einzeldisziplinären Vergewisserungen erfolgen sollen, beispielsweise auch im Rahmen einer interdisziplinären pädagogischen Diagnostik (6f.).

Qualitative Alltagsevaluation

Evaluieren heißt soviel wie auswerten, bewerten; es bedeutet in seiner Wirkung etwa empfehlen, beraten, unterstützen – alles Tätigkeiten, die erfahrungsgemäß die tagtägliche Förderarbeit in den Feldern Bildung und Erziehung, Unterricht und schulische Sprachtherapie durchziehen. In dieser „Alltagsevaluation" (SCHWARZ 1998, 33) der schulischen Praxis wird das eigene Handeln der Lehrperson kontinuierlich reflektiert. Ihre bisherigen Arbeitsergebnisse werden nach Maßgabe ihrer fachspezifischen Professionalität bewertet, Erfolge und Misserfolge beurteilt; und die zielorientierte Interpretation der jeweiligen Bedingungen bildet wiederum die Grundlage für den nächsten, qualitativ verbesserten pädagogischen Schritt – ein anderer Ausdruck für eine qualitative Alltagsevaluation. Über eine solche Evaluationspraxis möchten die „Empfehlungen" die fachpädagogische und mithin fachdidaktische Qualität alltäglicher Schularbeit im „Förderschwerpunkt Sprache" sichern und weiter entwickeln.

Haben bereits die beiden bisher behandelten Prüfkriterien im „Förderschwerpunkt Sprache" gegenüber früheren Auffassungen der Kultusministerkonferenz einen deutlichen Umschwung erkennbar werden lassen (siehe Kap. 2 und 3), ist mit dem Erfordernis der qualitativen Alltagsevaluation ein völlig neuartiger Vorschlag ins Spiel gebracht. Die Verlautbarungen der Konferenz der Kultusminister aus den sechziger und siebziger Jahren waren auf die schulische Entwicklung nur organisatorisch eingegangen („Aufbau des Sonderschulwesens", KMK 1960; 1972). Die „Empfehlungen" aus dem Jahr 1998 beziehen sich inhaltlich – aufbauend auf der handlungstheoretischen Grundauffassung von Sprache und dem Rahmen bildenden Ansatz der Fachpädagogik als Sprachpädagogik – auf die Zukunft der sich weiter entwickelnden Schule. Ja, im Sinne der „Empfehlungen zum Förderschwerpunkt Sprache" verändert sich die Schule tatsächlich erst dann, wenn derartige Grundideen zum Denkansatz einer sich selbst erneuernden Schule und damit zum Schwerpunkt schulischer Selbstgestaltung werden.

Selbstgestaltung und stetige Selbsterneuerung sind anspruchsvoll. Die Mitglieder einer Schulorganisation (Elternschaft, Schülerschaft, Kollegschaft) können zwar tagtäglich in einer Schule zusammen arbeiten, müssen aber tatsächlich nicht in Einheit sein, also nicht wirklich zusammen arbeiten, wie von den „Empfehlungen" gefordert. Für dieses „Zusammen" an einer Schule gilt zumindest die Verständigung auf eine gemeinsame Zielstruktur der konzeptionell ausdifferenzierten pädagogischen Arbeit als wesentliche Voraussetzung. Diesbezüglich stellen sich einige Fragen, von denen hier nur eine angesprochen werden soll, die Evaluation alltäglicher Arbeit im „Förderschwerpunkt Sprache". Die folgenden Belegstellen führen aus:

- „Die Qualität der Förderung ist grundsätzlich durch eine begleitende Dokumentation der Förderziele, der Förderangebote und -verläufe sowie der erreichten Lernfortschritte abzusichern. Dies heißt auch, dass Inhalte und Methoden hinsichtlich Effizienz und individueller Angemessenheit ständiger Reflexion und Revision unterliegen müssen" (13).
- Die Tätigkeiten der Lehrperson im „Förderschwerpunkt Sprache" sind vielfältiger Art: Unterricht und Erziehung, schulische Sprachtherapie und Beratung. „Die Angebote", so heißt es weiter, „sind abzustimmen mit den Angeboten aller Lehrkräfte (...)" (13). Zu den „Aufgaben aller Lehrkräfte" gehören u.a. „die Kooperation miteinander und die gemeinsame Gestaltung sprachförderlicher Angebote in Unterricht und Schule" (15).
- Ein „schuleigenes Förderkonzept", das auf die „Förderbedürfnisse der Schülerinnen und Schüler zugeschnitten" ist, bildet die zentrale Orientierungsgrundlage für die „Zusammenarbeit" (18).
- Flexibilität der Lehrkräfte ist gefordert in Bezug auf die Arbeit „an verschiedenen Förderorten und damit in unterschiedlichen pädagogischen Zusammenhängen" (19).

– „Zur Sicherung und Weiterentwicklung der Qualität sonderpädagogischer Förderung ist eine regelmäßige fachliche Fortbildung erforderlich" (19).

Die „Empfehlungen" sehen den Grundansatz der qualitativen Evaluation der Arbeit im „Förderschwerpunkt Sprache" nicht nur als Aufgabenfeld der Lehrperson als einzelner. Auch im schulkonzeptionellen Rahmen als Ganzem steht das Qualitätserfordernis an sehr prominenter Stelle, im didaktischen wie im organisatorischen Komplex der Schularbeit. Schulentwicklung, Schulprogrammarbeit und Schulprofilierung, ständige Evaluationsarbeit mit Rechenschaftslegung (Dokumentation) – dies sind einige Schlaglichter auch in der gegenwärtigen Reformdiskussion der „Neuen Schule" (HAARMANN 1998, 32), die die „Empfehlungen zum Förderschwerpunkt Sprache" aufnehmen und die sich ebenfalls auf diesen Schwerpunkt erstrecken.

Schulentwicklung meint dabei die alle Bereiche umfassende Gestaltungsaufgabe der Schule in der Perspektive der Qualitätsentwicklung der Förderung. Eine besondere Herausforderung ergibt sich bereits aus der Vielfalt der Förderorte, die ein Kollegium zu bedienen hat, wenn in Förderzentren verschiedenen Zuschnitts, in Grund-, Haupt- und Sonderschule, in schul- ebenso wie in berufsvorbereitenden Einrichtungen der „Förderschwerpunkt Sprache" zu realisieren ist.

Besonderes Augenmerk verdienen dabei die zu erstellenden Schulprogramme. Deren Qualitätsmerkmal bemisst sich nach der Lesart der „Empfehlungen" danach, ob und inwieweit sie tatsächlich Ausdruck eines pädagogischen Förderkonzeptes mit dem Ziel der sprachlichen Handlungsfähigkeit der Kinder und Jugendlichen sind. Erst wenn sowohl didaktische Zielbestimmungen und Methodenwissen als auch so genannte Stärken und Schwächen der eigenen konzeptuellen schulischen Arbeit dokumentiert werden, kann ein Schulprogramm zur Leitlinie und zum Hilfsmittel einer konkreten schulischen Weiterentwicklung werden, auch unter Einbezug der Verschiedenheit der Förderorte.

Konkretisieren sollte sich dann eine spezielle Schwerpunktsetzung im Schulprofil. Je nach geographischer Lage und sozialen Strukturbedingungen der jeweiligen Schule (vgl. z.B. „Dorfschule" oder „Stadtteilschule im sozialen Brennpunkt") hat sich das Bild einer Schule zunächst inhaltlich zu profilieren und in Folge auch bildungspolitisch zu bewähren: sei es beispielsweise als Integrative Regelschule, wie in Hamburg, mit dem (proklamierten) Profil, im Sinne eines ausgewiesenen integrationspädagogischen Konzeptes der Idee der Integration sprachbehinderter und von Sprachbehinderung bedrohter Kinder und Jugendlicher zuträglich zu sein; oder sei es als Sprachheilschule mit dem (proklamierten) Anspruch, unterrichtlich und sprachtherapeutisch im Sinne eines sprachdidaktischen Konzeptes sprachförderliche Bedingungen herstellen zu können, ein Konzept, das schließlich auch die schriftsprachliche Kompetenz umfasst.

Mittel- und langfristig angelegte Evaluationsarbeit im Sinne der „Empfehlungen" vollzieht sich also in erster Linie auf der Ebene einer auf das Schulleben und Schullernen bezogenen Alltagsevaluation in Schulklassen und Lehrerteams, dann aber auch auf der Ebene der systematischen Evaluation des bevorzugten didaktischen Handelns im „Förderschwerpunkt Sprache".

Zusammenfassung

In diesem Beitrag wurden die seit 1998 amtlichen „Empfehlungen zum Förderschwerpunkt Sprache" anhand dreier Prüfkriterien einer Würdigung unterzogen. Herausgestellt wurde erstens eine handlungstheoretische Grundauffassung von Sprache, von Sprachgebrauch und Sprachbehinderung, zweitens eine pädagogische Grundorientierung, die auf der Hauptkategorie sprachlichen Handelns fußt, und drittens ein perspektivisches Merkmal der gegenstandsbezogenen Qualitätsentwicklung einer sich selbst erneuernden Schule. In allen drei Prüfvorgängen kann gegenüber den früheren Verlautbarungen der Kultusministerkonferenz tatsächlich so etwas wie eine „kopernikanische Wende" (BLEIDICK et al. 1995) konstatiert werden.

Inhaltlich ist diese Wende vor allem in drei zentralen Bereichen feststellbar. Erstens gilt nicht mehr die defizitär betrachtete Funktion als hauptsächliches Bezugskriterium der Praxis, sondern die lebensweltliche Bedeutsamkeit von alltäglichem Sprachgebrauch und deren Folgen für ein verändertes Verständnis von sprachlicher Beeinträchtigung und Behinderung. Zweitens dient nicht mehr der separierend funktionierende Förderort als bevorzugtes Zweckkriterium der Praxis, sondern die sprachpädagogische Qualität dieser Praxis. Und drittens erweist sich die zielsichernde Qualitätsentwicklung von Schule im Sinne einer stetigen, wertorientierten, schulkollegialen Forschungsaufgabe als wirkungsvolles Veränderungskriterium.

Diesen allgemeinen inhaltlichen Festlegungen sind alle weiteren erfreulich detailliert ausgeführten Einzelhinweise und Erläuterungen logisch nachgeordnet, so zur pädagogischen Diagnostik (5ff.) und vor allem zum Unterricht in diesem Förderschwerpunkt. Jedes Einzelne muss Träger des Allgemeinen werden! In einem wissenschaftlichen Forschungsschwerpunkt „Sprachliches Handeln" von Kindern und Jugendlichen mit Sonderpädagogischem Förderbedarf ist der bildungpolitische Ansatz dieser „Empfehlungen im Förderschwerpunkt Sprache" durchaus anschlussfähig und auch in diesem Sinne fachlich höchst ermutigend.

Literatur

AHRBECK, B./SCHUCK, K.D./WELLING, A.: Integrative Pädagogik und Therapie. Zum Problem der Enttherapeutisierung in der Sprachbehindertenpädagogik. In: Die Sprachheilarbeit 35 (1990) 165–172

AHRBECK, B./SCHUCK, K.D./WELLING, A.: Aspekte einer sprachbehindertenpädagogischen Professionalisierung integrativer Praxis. In: Die Sprachheilarbeit 37 (1992) 287–302

BLEIDICK, U./RATH, W./SCHUCK, K.D.: Die Empfehlungen der Kultusministerkonferenz zur sonderpädagogischen Förderung in den Schulen der Bundesrepublik Deutschland. In: Zeitschrift für Pädagogik 41 (1995) 247–264.

KNEBEL, U. von: Kindliche Aussprachestörung als Konstruktion – eine Analyse mit pädagogischer Perspektive. Münster 2000

KONFERENZ DER KULTUSMINISTER (KMK): Gutachten zur Ordnung des Sonderschulwesens (erstellt vom Schulausschuss der Ständigen Konferenz der Kultusminister der Länder in der Bundesrepublik Deutschland). Bonn 1960

KONFERENZ DER KULTUSMINISTER (KMK): Empfehlung zur Ordnung des Sonderschulwesens (beschlossen von der Ständigen Konferenz der Kultusminister der Länder in der Bundesrepublik Deutschland am 16. März 1972). Nienburg 1972

KONFERENZ DER KULTUSMINISTER (KMK) (Hrsg.): Empfehlungen für den Unterricht in der Schule für Sprachbehinderte (Sonderschule). Beschluss der Kultusministerkonferenz vom 10.11.1978. Neuwied 1978

KONFERENZ DER KULTUSMINISTER (KMK): Empfehlungen zur sonderpädagogischen Förderung in den Schulen in der Bundesrepublik Deutschland (beschlossen von der Ständigen Konferenz der Kultusminister der Länder in der Bundesrepublik Deutschland am 6. Mai 1994. Abdruck in: Zeitschrift für Heilpädagogik 27 (1994) 484–494. Bonn 1994

KONFERENZ DER KULTUSMINISTER (KMK): Empfehlungen zum Förderschwerpunkt Sprache. Beschluss der Kultusministerkonferenz vom 26.6.1998. Bonn 1998

KRACHT, A.: Migration und kindliche Zweisprachigkeit: Interdisziplinarität und Professionalität sprachpädagogischer und sprachbehindertenpädagogischer Praxis. Münster 2000

SCHWARZ, H.: Autonomie. In: Haarmann, D. (Hrsg.): Wörterbuch Neue Schule. Weinheim 1998, 28–35

WELLING, A.: Zeitliche Orientierung und sprachliches Handeln. Handlungstheoretische Grundlegungen für ein pädagogisches Förderkonzept. Frankfurt/Main 1990

WELLING, A.: Sprachtherapie in freiberuflicher und schulischer Praxis – ein schmaler Pfad zwischen Politik, Medizin und Pädagogik. In: Deutsche Gesellschaft für Sprachheilpädagogik (dgs) e.V. – LG WESTFALEN-LIPPE (Hrsg.): Interdisziplinäre Zusammenarbeit: Illusion oder Vision? dgs-Kongreß vom 26. - 28.9.1996 in Münster. Münster 1996, 983–1001

WELLING, A.: Sprachbehinderungen. In: Borchert, J. (Hrsg.): Handbuch der Sonderpädagogischen Psychologie. Göttingen 2000b, 463–474

WITTMANN, B.: KMK-Empfehlungen zur sonderpädagogischen Förderung: Sonderpädagogik Aufgabe aller Schulen. In: VDS (Landesverband NRW) Mitteilungen (1994) 12–18

DEUTSCHE GESELLSCHAFT FÜR SPRACHHEILPÄDAGOGIK E.V.

Deutsche Gesellschaft für Sprachheilpädagogik e.V.

dgs

Ziele und Aufgaben der dgs

Die dgs setzt sich ein:

- für die Wahrung der Interessen der von Sprachbehinderung bedrohten oder betroffenen Kinder, Jugendlichen und Erwachsenen durch Frühförderung, ambulante, schulische oder stationäre Rehabilitation und Nachsorge
- für die ständige Fort- und Weiterbildung der Mitglieder in Theorie und Praxis der Sprachheilpädagogik sowie den fachlichen Austausch mit anderen Verbänden
- durch Veranstaltung von Fortbildungstagungen und internationalen Kongressen, Herausgabe der Fachzeitschrift „Die Sprachheilarbeit" sowie Informationsschriften und Fachliteratur
- durch die Aufklärung der Öffentlichkeit über Sprachbehinderungen, auch im präventiven Sinne
- durch die Vertretung der Interessen der Sprachheilpädagogen, z. B. in Verhandlungen mit Krankenkassen, Ministerien und anderen Gremien.
- Zur Sicherung des internationalen Standards und zur Aufrechterhaltung der Ausbildungs- und Tätigkeitsqualität ist die dgs Mitglied in internationalen Verbänden, wie z. B. in der IALP (International Association of Logopedics and Phoniatrics), im BIAP (Interational Office for Audiophonology).

Historische Entwicklung der Deutschen Gesellschaft für Sprachheilpädagogik e. V. (dgs)

Die Entstehung der Sprachbehindertenpädagogik hat ihre Wurzeln sowohl in der Taubstummenpädagogik als auch in der Medizin.

Taubstummenlehrer waren um 1830 die einzigen Berufsgruppen, die sich im Rahmen ihres Auftrages professionell mit Sprache und Sprachförderung beschäftigten. Diese gaben die entscheidenden Anregungen für die Gründung der ersten Sprachheilkurse. Um die Jahrhundertwende wurden die ersten Sprachheilklassen und -schulen eingerichtet (1902–1912 in Königsberg, Halle und Hamburg). 1927 wurde die dgs gegründet.

Bis in die 60er Jahre waren die Sprachheilpädagogen die einzige Behandlergruppe in ganz Deutschland. Danach wurden mehrere nichtakademische Ausbildungsgänge für weitere Behandlergruppen geschaffen.

Trotz dieser Ausweitung stellen die Sprechheilpädagogen bis heute den größten Teil der Therapie sicher.

Es gibt zur Zeit über 8.500 Sprachheilpädagogen, von denen ca. 6.500 in der dgs organisiert sind. Sie sind in allen Bereichen der schulischen, der ambulanten, teilstationären und stationären Therapie und Förderung tätig.

Um die Interessenvertretung der außerschulisch tätigen Sprachheilpädagogen sicher zu stellen, wurde 1993 der Deutsche Bundesverband der Sprachheilpädagogen e. V. (dgs) als selbstständige Untergliederung der dgs gegründet.

Ausbildung

Die Ausbildung umfasst zwei verwandte Berufsgruppen, die gewisse Abweichungen in den Studiengängen und in den späteren Tätigkeitsbereichen aufweisen:

- Lehramt für Sonderpädagogik mit Studienschwerpunkt Sprachbehindertenpädagogik
- Diplompädagogik mit Studienschwerpunkt Sprachbehindertenpädagogik

Beide Berufszweige setzen ein mindestens achtsemestriges Hochschulstudium (4 Jahre) voraus.

Berufsfelder der Sprachheilpädagogen

Die Sonderpädagogen mit 1. und 2. Staatsexamen unterrichten in schulischen Einrichtungen und sind in Ambulanzen, Beratungsstellen oder in anderen Sondereinrichtungen tätig.

Die diplomierten Sprachheilpädagogen sind im klinisch/therapeutischen Bereich tätig, z. B. in klinischen Einrichtungen, bei öffentlich-rechtlichen Trägern, freien Verbänden und in freien Praxen.

Die Aufgaben und Tätigkeiten beider Berufszweige umfassen Diagnostik, Beratung und Sprachtherapie. Die interdisziplinäre Zusammenarbeit mit Pädagogen, Ärzten, Psychologen und verschiedenen Diensten und Institutionen sind wichtige Bestandteile ihrer Arbeit.

Deutsche Gesellschaft für Sprachheilpädagogik e. V. (dgs)
1. Bundesvorsitzender: Kurt Bielfeld, Berlin
2. Bundesvorsitzender: Theo Borbonus

Bundesgeschäftsstelle der dgs:
Goldammerstraße 34
12351 Berlin
Tel. 0 30 / 6 61 60 04
Fax 0 30 / 6 61 60 24 oder 6 01 01 77
E-mail: dgs-bgs@t-online.de

dgs

Empfehlungen zum Förderschwerpunkt geistige Entwicklung

Beschluss der Kultusministerkonferenz vom 26.6.1998

In Ergänzung zu den „Empfehlungen zur sonderpädagogischen Förderung in den Schulen in der Bundesrepublik Deutschland" – Beschluss der Kultusministerkonferenz vom 6.5.1994 – werden zu den Förderschwerpunkten im Bereich der geistigen Entwicklung, des Umgehen-Könnens mit geistiger Behinderung (vergl. Ziffer III, 2 der o. a. „Empfehlungen ...") hiermit die „Empfehlungen zum Förderschwerpunkt geistige Entwicklung" vorgelegt.

1. Ziele und Aufgabe

1.1 Allgemeines

Sonderpädagogische Förderung von Schülerinnen und Schülern mit Beeinträchtigungen im Bereich der geistigen Entwicklung verwirklicht als Bestandteil der umfassenden Eingliederungsmaßnahmen das Recht auf Bildung für diese Kinder und Jugendlichen.[1]

Sonderpädagogische Förderung von Schülerinnen und Schülern mit geistiger Behinderung beinhaltet eine alle Entwicklungsbereiche umfassende Erziehung und Unterrichtung unter besonderer Berücksichtigung der praktischen Bewältigung ihres Lebens. Für eine aktive Lebensbewältigung in sozialer Integration und für ein Leben in größtmöglicher Selbstständigkeit und Selbstbestimmung sind Förderung und spezielle Lern- und Eingliederungsangebote erforderlich.

Sonderpädagogische Förderung unterstützt und begleitet die Schülerinnen und Schüler, unabhängig von Schweregrad und Umfang der Beeinträchtigungen, durch individuelle Hilfen beim Erkennen eigener Handlungsmöglichkeiten und bei der Erweiterung der Fähigkeiten zum Handeln. Die eingeengten Möglichkeiten der psychisch-geistigen Entwicklung, die veränderten Ausdrucks-, Kommunikations- und Handlungsformen haben Auswirkungen auf die Persönlichkeitsentfaltung und das soziale Umfeld. Im Rahmen ihrer individuellen Möglichkeiten können die Schülerinnen und Schüler Fähigkeiten und Fertigkeiten zur Bewältigung ihres Lebens mit einer Behinderung erlernen.

Zudem hat sonderpädagogische Förderung die Aufgabe, diesen Schülerinnen und Schülern zu unmittelbarer Begegnung und Auseinandersetzung mit sich selbst, mit eigenen Wünschen und Vorstellungen in Familie, Schule, Freizeit, Beschäftigung und Arbeit sowie in der Gesellschaft zu verhelfen. Die Schülerinnen und Schüler mit einer Beeinträchtigung im Bereich der geistigen Entwicklung sollen erfahren, daß sowohl in der menschlichen Begegnung als auch im Eingebettetsein in Natur, Kultur und Weltanschauung Werte für ein sinnerfülltes Leben zu finden sind. Die Förderung soll je nach den individuellen Voraussetzungen zu einer selbstbestimmten Gestaltung des Lebens und zur Wahrnehmung von Rechten und Pflichten in der Gesellschaft beitragen

1.2 Pädagogische Ausgangslage

Kinder und Jugendliche mit einer geistigen Behinderung zeigen unterschiedliche Erscheinungsbilder in den verschiedenen Entwicklungsbereichen. Sie benötigen besondere Hilfen bei der Entwicklung von Wahrnehmung, Sprache, Denken und Handeln sowie Unterstützung zur selbstständigen Lebensführung und bei der Findung und Entfaltung der Persönlichkeit. Vielfach wird die Lern- und Lebenssituation dieser Kinder und Jugendlichen durch körperliche, psychische und soziale Beeinträchtigungen zusätzlich erschwert.

---

[1] Sonderpädagogische Förderung richtet sich auch an Schülerinnen und Schüler, die volljährig und somit junge Erwachsene sind. Diese Gruppe wird im weiteren Text nicht mehr besonders erwähnt.

Eine geistige Behinderung, als deren Ursache vielfach hirnorganische Schädigungen angenommen werden, ist in ihrem jeweiligen aktuellen Erscheinungsbild nicht statisch, ihre Auswirkungen sind durch Erziehung und Unterricht beeinflussbar. Die Anregung von Lernprozessen geschieht unter Berücksichtigung der individuellen Persönlichkeitsentwicklung und der Förderbedürfnisse jedes einzelnen Kindes und Jugendlichen. Die Entwicklung verläuft durch die verschiedenartig ausgeprägte Beeinträchtigung bei den einzelnen Kindern und Jugendlichen innerhalb eines allgemeinen Rahmens uneinheitlich. Sonderpädagogische Förderung muss deshalb an der individuellen Ausgangslage des einzelnen Kindes und Jugendlichen anknüpfen und den persönlichen Entwicklungsgegebenheiten entsprechen.

Beeinträchtigungen in der geistigen Entwicklung haben insbesondere Auswirkungen auf

- das situations-, sach- und sinnbezogene Lernen,
- die selbstständige Aufgabengliederung, die Planungsfähigkeit und den Handlungsvollzug,
- das persönliche Lerntempo sowie die Durchhaltefähigkeit im Lernprozess,
- die individuelle Gedächtnisleistung,
- die kommunikative Aufnahme-, Verarbeitungs- und Darstellungsfähigkeit,
- die Fähigkeit, sich auf wechselnde Anforderungen einzustellen,
- die Übernahme von Handlungsmustern,
- die Selbstbehauptung und die Selbstkontrolle,
- die Selbsteinschätzung und das Zutrauen.

Sonderpädagogische Förderung hat daher die Aufgabe, jeder Schülerin und jedem Schüler Hilfen zur Entwicklung der individuell erreichbaren Fähigkeiten und Fertigkeiten zu geben. Hierbei müssen Körpererfahrungen gemacht und erweitert werden, Körperfunktionen beherrscht und senso- und psychomotorische Fähigkeiten und Fertigkeiten ausgebildet werden. Die Förderung schafft Gelegenheit, Wahrnehmung, Konzentration und Merkfähigkeit aufzubauen, Begriffe und Vorstellungen zu erwerben sowie Kreativität, Denken und Kommunikation zu entwickeln.

Sonderpädagogische Förderung erschließt hierfür konkrete Handlungsfelder in entwicklungs-, situations-, sach- und sinnbezogenen sowie lebensorientierten Lernbereichen. Sie berücksichtigt dabei die weit gehende Gebundenheit des Gelernten an die ursprüngliche Lernsituation, das Bedürfnis nach überschaubaren Aufgabengliederungen, das stark variierende, individuelle Lerntempo sowie die begrenzte und schwankende Durchhaltefähigkeit im Lernprozess.

Sonderpädagogische Förderung in Erziehung und Unterricht ist so zu verwirklichen, dass die Kinder und Jugendlichen befähigt werden, die Verrichtungen des alltäglichen Lebens nach Möglichkeit ohne fremde Hilfe bewältigen zu können, ihre Selbstständigkeit in Bereichen der Selbstversorgung gewinnen zu lernen und Orientierung im Lebensumfeld zu finden.

Dabei kann sonderpädagogische Förderung dazu verhelfen, dass die Schülerinnen und Schüler trotz ihrer bestehenden sozialen Abhängigkeiten und behinderungsbedingten Einschränkungen zu einem positiven Selbstwerterleben gelangen und ihre eigene Persönlichkeit entfalten. Es ist zu beachten, dass diese Kinder und Jugendlichen in besonderer Weise auf Zuwendung bei der Förderung angewiesen sind. Sie brauchen Bezugspersonen, die sie in ihren individuellen Ausdrucksformen verstehen und annehmen und in die Umwelt und beim Aufbau von Beziehungen zu Menschen und Dingen begleiten.

Besondere Anforderungen an eine individuelle Förderung stellen Kinder und Jugendliche mit einer schweren Mehrfachbehinderung. Sie können in allen Entwicklungsbereichen beeinträchtigt sein, so dass verschiedene Förderschwerpunkte – insbesondere zur Sicherstellung der Förderung basaler Funktionen – zu beachten sind. Erziehung und Unterricht beinhalten auch Aspekte von Pflege und Therapie. Diese müssen in ein pädagogisches Gesamtkonzept eingebettet sein.

Schülerinnen und Schüler mit begrenzter Lebenserwartung benötigen eine auf ihre persönliche Situation zugeschnittene spezifische sonderpädagogische Förderung. Sie können häufig aufgrund spezieller gesundheitlicher Beeinträchtigung nicht regelmäßig die Schule besuchen. Die besondere Lebenssituation dieser Schülerinnen und Schüler erfordert eine intensive pädagogische Begleitung auf der Suche nach Möglichkeiten einer sinnvollen Lebensgestaltung und der Befriedigung aktueller Bedürfnisse. Das Lernangebot muss der jeweiligen Lebenslage der Schülerin oder des Schülers entsprechen.

2. Sonderpädagogischer Förderbedarf

Bei allen Kindern und Jugendlichen mit einer geistigen Behinderung besteht Sonderpädagogischer Förderbedarf. Dieser kann für das einzelne Kind oder den einzelnen Jugendlichen physiologisch, organisch, psychisch, erzieherisch, familiär-sozial oder durch das Zusammenspiel dieser Faktoren bedingt sein. Es sind deshalb medizinisch-therapeutische, psychologische, pädagogische, soziale sowie pflegerische und technische Unterstützung und auch entsprechende Hilfen außerschulischer Maßnahmeträger notwendig. Hierbei ist eine Abstimmung der verschiedenen Maßnahmen und Hilfen anzustreben, deren Ergebnis in ein pädagogisches Förderkonzept eingearbeitet wird. Der individuelle Entwicklungsstand, Ergebnisse der bisherigen Förderung, weitere Funktionsbeeinträchtigungen und nicht zuletzt Gegebenheiten des Umfeldes bestimmen dabei den individuellen Förderbedarf. Aus dem Sonderpädagogischen Förderbedarf von Kindern und Jugendlichen mit einer geistigen Behinderung erwächst ein komplexes Aufgabenfeld der schulischen Förderung, das die Entwicklung der geistigen Fähigkeiten in allen Teilbereichen einschließt. Dazu gehören:

- Förderung in den Bereichen der Motorik und der Wahrnehmung, der Kommunikation, der Emotionalität und des Sozialverhaltens,
- Entwicklung von Merkfähigkeit, Aufbau von Transferkompetenz, vorausschauendem Denken und Problemlöseverhalten,

- Entwicklung der Kommunikationsfähigkeit durch Lautsprache, Gebärden, Bildsymbole und andere Formen,
- Aufbau und Gestaltung des Sprachverständnisses, des sprachlichen Ausdrucksvermögens und des Sprechvermögens,
- Begriffsbildung und Anwenden von Begriffen,
- Ermöglichung von Erfahrungen zur alters- und geschlechtsspezifischen Entwicklung, zu Ich-Identität und Sinnfindung,
- Entwicklung einer selbstbestimmten Handlungsfähigkeit,
- Orientierung im Umfeld, Erarbeiten von Kenntnissen in den Bereichen Gesundheit Umwelt, Natur und Technik,
- Vermittlung grundlegender Fähigkeiten und Handlungsmöglichkeiten in den Bereichen des Lesens, Schreibens und Rechnens,
- Begegnung mit Musik, Rhythmik, bildnerischen und bewegungsbetonten Möglichkeiten sowie Religion, Sport und Hauswirtschaft,
- Aufbau von Selbstständigkeit in Bereichen von Selbstversorgung, von Spiel und Freizeit, von sozialen Beziehungen und sozialem Umfeld sowie von Arbeit und Beschäftigung,
- Gebrauch von Hilfsmitteln sowie Annehmen und Beachten von Lernhilfen, Pflege und Beratung,
- Unterstützung des familiären und sozialen Lebensfeldes.

Für das Aufgabenfeld der schulischen Förderung schwer mehrfachbehinderter Schülerinnen und Schüler ist eine weitere Differenzierung und Intensivierung der schulischen Maßnahmen erforderlich. Diese Kinder und Jugendlichen benötigen zur Sicherung ihrer existentiellen Grundbedürfnisse basale Erfahrungen als Voraussetzung für Lernen und Entwicklung. Bei der Förderung der basalen Funktionen wird in einem dialogischen Prozess Zugang zu Bildungseinrichtungen ermöglicht. Kinder und Jugendliche mit schwerer Mehrfachbehinderung brauchen in der Regel körperliche Nähe, um andere Menschen und Dinge wahrnehmen und mit ihnen in Beziehung treten zu können. Dafür müssen alle Sinne angesprochen werden. Durch sonderpädagogische Hilfe werden alle Sinne wie die Tiefensinne, die Sinne der Haut, des Geruchs, des Geschmacks, des Gesichts, des Gehörs und des Tastens angesprochen. Die Kinder und Jugendlichen sollen Sinnesreize bemerken und beantworten, Handlungen wiederholen, dabei Gewohnheiten ausbilden und selbst durch Sinneswahrnehmung aktiv werden.

Schülerinnen und Schüler mit schwerer Mehrfachbehinderung benötigen Menschen, die ihnen die Umwelt auf elementare Weise vermitteln und ihnen Lageveränderung und Fortbewegung ermöglichen, insbesondere durch die Förderung des Körpererlebens, der Körperhaltung, der Kopf- und Rumpfkontrolle, des Sitzens, des Stehens und des Gehens. Sie brauchen Bezugspersonen, die ihre individuellen Ausdrucksformen auch ohne Lautsprache verstehen und die durch die Vermittlung der Kommunikationsformen wie Mimik, Gestik, Gebärden, Symbole und Bilder eine kommunikative Beziehung aufbauen können.

3. Feststellung von Sonderpädagogischem Förderbedarf

Sonderpädagogischer Förderbedarf wird im Rahmen einer interdisziplinären Verlaufsdiagnostik ermittelt, die an förder- und entwicklungsdiagnostischen Kriterien orientiert ist. Dabei werden verschiedene Förderschwerpunkte berücksichtigt und aufeinander abgestimmt.

Die Feststellung Sonderpädagogischen Förderbedarfs umfasst die Erhebung des individuellen Förderbedarfs sowie die Entscheidung über den Bildungsgang und den Förderort. Bei Kindern und Jugendlichen mit schwerer Mehrfachbehinderung ist im Rahmen des diagnostischen Prozesses die weit reichende Erfahrungs- und Interpretationskompetenz der Eltern von besonderer Bedeutung für die Erhebung und Bewertung der Ausgangslage. Die Feststellung des Sonderpädagogischen Förderbedarfs findet in der Verantwortung von Schule und Schulaufsicht statt, die entweder selbst über sonderpädagogische Kompetenz verfügen oder fachkundige Beratung hinzuziehen. Lernausgangslage und Lernentwicklung bei Kindern und Jugendlichen mit einer geistigen Behinderung werden durch eine begleitende Diagnostik geklärt. Der auf den sonderpädagogischen Förderbedarf bezogene individuelle Förderplan wird in interdisziplinärer Zusammenarbeit erstellt und fortgeschrieben.

3.1 Ermittlung Sonderpädagogischen Förderbedarfs

Die Ermittlung des Sonderpädagogischen Förderbedarfs geschieht interdisziplinär unter Mitwirkung der Eltern und all derjenigen, die an der Förderung des betroffenen Kindes oder Jugendlichen beteiligt sind, und bezieht die medizinische Diagnose ein.

Das Verfahren zur Erhebung des Sonderpädagogischen Förderbedarfs im Sinne einer Kind-Umfeld-Analyse erfasst:

- den Entwicklungsverlauf im sozio-kulturellen Umfeld,
- den Entwicklungsstand in Bezug auf Motorik, Sensorik, Kognition, Kommunikation einschließlich der Sprache, auf Emotionalität und Sozialkompetenz sowie Lern- und Leistungsverhalten und deren Wechselwirkungen,
- das schulische Umfeld und dessen Veränderungsmöglichkeiten,
- das Auswerten der medizinischen Anamnese und Diagnose,
- den räumlichen Bedarf und die technisch-materielle Ausstattung,
- den therapeutischen und sozialpädagogischen Bedarf sowie den Bedarf im Bereich der Pflege,
- die Bewältigung des Schulweges.

Hierbei werden Informationen, sofern sie für die schulische Förderung bedeutsam sind, zu folgenden Bereichen erhoben:

- zur Orientierungsfähigkeit im Raum und hinsichtlich des eigenen Körpers,
- zur Bewegungsfähigkeit beim Liegen, Sitzen, Stehen, Gehen,

- zur Bewegungsfähigkeit beim Greifen, Halten, Loslassen,
- zu den Fernsinnen Sehen und Hören, zu den Nahsinnen Schmecken, Riechen und Tasten,
- zur Wahrnehmungsverarbeitung und senso-motorischen Koordination,
- zur Raumvorstellung und zeitlichen Strukturen,
- zur Interaktionsfähigkeit, sprachlichem Handeln und Sprechvermögen
- zur Hilfsmittelversorgung und Medikation,
- zur familiären Situation und sozialen Einbindung,
- zur emotionalen Befindlichkeit und Ausdrucksfähigkeit,
- zu Interessen und Neigungen,
- zu Aneignungsweisen und Handlungskompetenzen,
- zur Selbstständigkeit bei Verrichtungen des Alltags,
- zum Entwicklungsverlauf und zum aktuellen schulischen Leistungsstand,
- zum schulischen Umfeld und zu Möglichkeiten seiner Veränderung,
- zu körperlichen und gesundheitlichen Gegebenheiten.

Bei der Erhebung des Förderbedarfs sind das Kind und der Jugendliche nicht unter dem Blickwinkel der Beeinträchtigung zu sehen, sondern als ganzheitlich Handelnde und Gestaltende der eigenen Entwicklung. Die gewonnenen Erkenntnisse und Befunde gehen in die Beratungen mit den Eltern, ggf. mit der volljährigen Schülerin bzw. dem volljährigen Schüler zur Entscheidungsfindung ein. Von einer im Förderschwerpunkt ausgebildeten Lehrkraft werden die Ergebnisse in einem sonderpädagogischen Gutachten zusammengefasst und bewertet. Dieses Gutachten berücksichtigt die Stellungnahmen der an der Förderung der Schülerin bzw. des Schülers beteiligten Personen und es wird der Schulaufsicht mit einer Empfehlung zu einer Entscheidung über die sonderpädagogischen Fördermaßnahmen vorgelegt.

Bei dieser Entscheidung werden berücksichtigt:

- Art und Umfang des Förderbedarfs,
- Ergebnisse der Beratung mit den Eltern, ggf. mit der Schülerin bzw. dem Schüler und anderen Beteiligten,
- Fördermöglichkeiten der allgemeinen Schule, soweit nach Länderregelung Kinder und Jugendliche mit einer geistigen Behinderung in allgemeinen Schulen unterrichtet werden, bzw. der Sonderschule,
- Verfügbarkeit des erforderlichen Personals,
- Verfügbarkeit technischer und apparativer Hilfsmittel sowie spezieller Lehr- und Lernmittel,
- Baulich-räumliche Voraussetzungen.

3.2 Entscheidung über den Bildungsgang und den Förderort

Auf der Grundlage der Empfehlung und unter Einbeziehung der Eltern – bei Volljährigkeit der Schülerin bzw. des Schülers – entscheidet die Schulaufsicht[2] über den Bildungsweg und in welcher Schule das Kind oder der Jugendliche gefördert werden kann.

Die sonderpädagogische Förderung kann in Sonderschulen oder in allgemeinen Schulen erfolgen. Einige Landesgesetze geben dem gemeinsamen Unterricht den Vorzug. In jedem Fall müssen die notwendigen sächlichen, räumlichen und personellen Voraussetzungen gegeben sein. Sie sind im Vorfeld einer Entscheidung der Schulaufsicht im Zusammenwirken mit den Erziehungsberechtigten, ggf. mit anderen Kostenträgern, wie Schulträger, Krankenkasse, Pflegekasse, Sozialhilfe und Jugendhilfeträger abzuklären und sie beeinflussen die Wahl der geeigneten Schule.

Alle Entscheidungen über den individuellen Sonderpädagogischen Förderbedarf erfordern eine Überprüfung in geeigneten Abständen.

4. Erziehung und Unterricht

Ziele und Inhalte von Erziehung und Unterricht richten sich an der jeweiligen Lebenssituation und den voraussichtlich zu erwartenden Anforderungen im späteren Lebenszusammenhang aus. Dabei sind Erziehung und Unterricht mit den Themenbereichen anzubahnen und zu verwirklichen, in denen sich die Schülerinnen und Schüler mit ihren Fähigkeiten und Neigungen, mit ihren Bedürfnissen und Motiven als handelnde Personen erleben und begegnen können. Erziehung und Unterricht eröffnen ihnen Fähigkeiten zur sozialen Eingliederung und Möglichkeiten zur Selbstfindung und Selbstentfaltung.

4.1 Erziehung

Ein offenes und anregungsreiches Erziehungs- und Lernumfeld soll den Kindern und Jugendlichen mit geistiger Behinderung ermöglichen, die eigene Person in differenzierter Wahrnehmung zu erfahren und Zutrauen zum Leben aufzubauen. Zudem soll Erziehung für ein möglichst selbstbestimmtes Leben befähigen.

Erziehung trägt über die Auseinandersetzung mit der Beeinträchtigung und den Reaktionen der Umwelt auf diese dazu bei, die Persönlichkeit zu festigen und sicherer zu machen im Umgang mit der Beeinträchtigung sowie in sozialen Zusammenhängen. Hierzu gehört ausreichend Gelegenheit, sich in der Gemeinschaft zu orientieren, sich einzuordnen und sich zu behaupten. Erziehung soll dazu verhelfen, auf Kontaktangebote einzugehen, Kontakte anzunehmen, anzubahnen und aufrecht zu erhalten sowie Zusammenleben und gemeinsames Tun pflegen zu können. Auch im Miteinander von Betroffenen werden Erfahrungen

[2] Hierzu gibt es in den einzelnen Ländern unterschiedliche Regelungen.

über die handelnde Verarbeitung einer geistigen Behinderung und deren Auswirkungen, über Formen des Umgangs mit den Beeinträchtigungen und über Möglichkeiten zum Aufbau eines tragfähigen Selbstkonzeptes gemacht.

Erziehung ist auch auf das künftige Leben der Kinder und Jugendlichen gerichtet. Sie verhilft zu Fähigkeiten, sich möglichst selbst zu versorgen und zur Sicherung der eigenen Existenz beizutragen. Sie bestärkt das Kind und den Jugendlichen mit einer geistigen Behinderung darin, auf Bedürfnisse und Notlagen aufmerksam zu machen. Sie leitet an, Gefahren zu erkennen, die eigenen Kräfte im Blick auf Anforderungssituationen einzuschätzen und entsprechend zu handeln. Erziehung befähigt dazu, die Umwelt angemessen zu erleben sowie soziale Hilfen zu nutzen.

4.2 Unterricht

Der Unterricht für Schülerinnen und Schüler mit einer geistigen Behinderung geht zunächst von den Bildungszielen der allgemeinen Schule aus. Ziele und Inhalte des Unterrichts müssen im Blick auf die Lernvoraussetzungen und den Sonderpädagogischen Förderbedarf der Schülerinnen und Schüler modifiziert werden. Sie sind in eigenen Lehrplänen dargestellt und münden in individuelle Förderpläne ein.

Die Lernbedingungen sind insgesamt so zu gestalten, dass die Förderung im Bereich der geistigen Entwicklung alters- und sachgerecht erfolgen kann. So wird die Schule für jede Schülerin und für jeden Schüler mit geistiger Behinderung ein zentraler Lern- und Lebensraum sein. Die Lehrkräfte berücksichtigen die pädagogisch bedeutsamen Auswirkungen einer geistigen Behinderung, informieren sich hinreichend über Möglichkeiten pädagogischer Einflüsse und Lernhilfen, um Erziehungsmaßnahmen und Unterricht behinderungsgemäß und individuell gestalten zu können.

Die Schülerinnen und Schüler mit einer geistigen Behinderung bedürfen Klassen und Lerngruppen, in denen durch eine angemessene Schülerzahl Entwicklung und Lernen in den Förderbereichen sichergestellt sind. In manchen Fällen kann Einzelförderung notwendig sein. Stets sind eine spezielle didaktische Aufbereitung und eine flexible Organisation des Unterrichts unumgänglich.

Für die Unterrichtsgestaltung sind vor allem folgende Grundsätze zu beachten:

Handlungsorientierung ist durchgängiges Prinzip. Eine isolierte Förderung von Funktionen ohne Einbindung in einen Handlungszusammenhang ist zu vermeiden. Handlungen müssen in aufeinander aufbauenden Schritten gegliedert werden. Aus den Phasen des Handelns ergibt sich eine bestimmte Reihenfolge von Aktivitäten für den Unterricht. Damit der Phasenablauf für die Schülerin oder den Schüler überschaubar bleibt, muss der Handlungszusammenhang durch eine erkennbare Lernzielgebung gewährleistet sein. Die Dauer der einzelnen Unterrichtsphasen orientiert sich an den Möglichkeiten und der Belastbarkeit der Kinder und Jugendlichen. Die erheblichen Unterschiede der individuellen Lernfähigkeiten der Schülerinnen und Schüler erfordern innerhalb der Lerngruppen ein differenziertes Handlungsangebot.

Bewegungsförderung ist fächerübergreifendes Prinzip. Sie ist eingebettet in für das Kind und den Jugendlichen lebensbedeutsame Sinn- und Sachzusammenhänge und schließt alle Bereiche der Motorik ein. Bewegungsförderung soll zu Körpererleben und Interesse an der Bewegung führen, die Wahrnehmung unterstützen und Freude am Gemeinschaftsleben vermitteln. Bewegungsförderung sowie der Sportunterricht ermöglichen es, auf Dinge und Bezüge verändernd einzugehen, das Erfahrene einzuordnen und in Lern- und Lebenssituationen anzuwenden. Sie sollen Bewegungsabläufe der Schülerinnen und Schüler erleichtern und neue Bewegungs- und Ausdrucksmöglichkeiten erschließen.

Die *Förderung der Wahrnehmung* begleitet den gesamten Unterricht. Sie beeinflusst, differenziert und erweitert die individuelle Erfahrung und die Ausdrucksmöglichkeiten. Die Wahrnehmungsförderung setzt eine genaue Kenntnis des Entwicklungsstandes der Kinder und Jugendlichen voraus. Dabei sind die situative Anwendbarkeit der Lerninhalte zu bedenken und die zukünftige Bedeutsamkeit des Gelernten zu prüfen. Wahrnehmungsbereitschaft ist Voraussetzung für den Wahrnehmungsprozess. Um Wahrnehmungsbereitschaft zu wecken und zu fördern, ist es wichtig, personale und sachliche Gegebenheiten zu berücksichtigen. Zu achten ist dabei auf Bedürfnisse wie Ruhe und Bewegung, Befindlichkeit und psychische Wachheit, emotionale Angeregtheit und den psychischen Spannungszustand. Wahrnehmungsförderung unterstützt die Herausbildung von kognitiven Fähigkeiten, dazu Konzentrations- und Anstrengungsbereitschaft, Belastbarkeit und Ausdauer, vor allem aber auch Phantasie und Kreativität. Ziel der Wahrnehmungsförderung ist die Fähigkeit, mit allen Sinnen Umweltgegebenheiten wahrzunehmen, wirklichkeitsbezogen zu verarbeiten und diese in das persönliche Handeln zu integrieren.

Die *Förderung kommunikativen Handelns* ist ein wesentlicher Bereich der Gesamtförderung. Die Förderung der kommunikativen Fähigkeiten gilt als allgemeines Unterrichtsprinzip. Mit dem Erwerb der Fähigkeit zum intentionalen Zeichengebrauch gewinnen die Kinder und Jugendlichen Möglichkeiten, Bedürfnisse und Gefühle auszudrücken sowie Mitmenschen zu verstehen und auch anzusprechen, ggf. auch mit Gebärden, Bildern und anderen Formen. Kommunikationsförderung erwirkt Möglichkeiten, die Umwelt zu erschließen, zu ordnen und schließlich zu begreifen. Die Bereitschaft zur Kommunikation und die Freude am Sprechen und Sich-Mitteilen haben Vorrang vor der sprachlichen Richtigkeit. Dem erfolgreichen Kommunikationserlebnis kommt besondere Bedeutung zu. Schwerpunkte der Förderung der Kommunikation sind das Sammeln von Erfahrungen mit Symbolsystemen, das Entwickeln der Tüchtigkeit der motorischen Voraussetzungen wie Mundmotorik, Handmotorik, Zeigefunktion und das Gestalten von kommunikativen Beziehungen. Differenzierung der Unterrichtseinheiten und Förderung in Kleingruppen oder in Einzelmaßnahmen sowie der Einsatz technischer Kommunikationshilfen müssen das unterrichtliche Bemühen ergänzen.

Die *Förderung des Denkens* ist eingebettet in den gesamten Unterricht. Über den Unterricht hinaus bietet der ganze Schulalltag mannigfache Anlässe für das Anbahnen, Üben und Anwenden von Denkfähigkeiten. Spezielle Ziele des Unterrichts sind die Entwicklung der Merkfähigkeit und des vorausschauenden Denkens, das Anwenden von Begriffen, dazu das Beurteilen und Bewerten von Zusammenhängen sowie das Lösen von Problemen und der Aufbau von Kreativität.

Die *Förderung der sozialen Kompetenz* ist ein zentrales Unterrichtsanliegen. Unterricht ist so zu gestalten, dass soziale Beziehungen innerhalb und außerhalb der Schule zwischen behinderten und nichtbehinderten Menschen entstehen können. Im Unterricht bedarf es ausreichender Gelegenheit, dass soziale Bindungen angebahnt und differenziert werden können. Gemeinsame Aktivitäten und Handlungsmöglichkeiten können die eingeschränkten Ausdrucksformen beeinflussen und ausgleichen helfen. Das Miteinanderlernen ist wichtiges Prinzip des Unterrichts. Es wird verwirklicht in der zwischenmenschlichen Begegnung zwischen Lehrkräften sowie den Schülerinnen und Schülern. Eine Unterrichtsgemeinschaft, geprägt von gegenseitigem Verständnis, von Solidarität und Zusammenarbeit, bietet Gewähr dafür, dass alle am Unterricht Beteiligten aufeinander und auf andere zugehen und gemeinschaftliche Einstellungen zueinander annehmen und leben können. Der Unterricht bedarf daher der Zielsetzung, personale Zuwendung zu erleben, sich anderen zuzuwenden und Zuwendung zu beantworten, sich mitzuteilen, Beziehungen zu gestalten sowie Umgangsformen und Regeln zu beachten. Förderung sozialer Kompetenz soll die Schülerinnen und Schüler auch zur Teilhabe an sozialen und kulturellen Veranstaltungen in der Gemeinde, einschließlich der Ausformung von lebenspraktisch orientierten Kulturtechniken befähigen. Erziehung und Unterricht für Schülerinnen und Schüler mit einer geistigen Behinderung geben schließlich Hilfen, zu einem Leben zu finden, das als sinnerfüllt erfahren werden kann. Sie schaffen Lebensraum, in dem die Schülerinnen und Schüler lernen, zu spielen, zu arbeiten, sich zu versorgen, Freizeit zu gestalten, zu wohnen, aber auch sich unabhängig von anderen zu beschäftigen. Erziehung und Unterricht tragen zur Lebensbewältigung bei, indem lebenspraktische Tüchtigkeit und Lebenszutrauen als wesentliche Zielrichtungen von Erziehung und Unterricht angestrebt werden.

5. Formen und Orte sonderpädagogischer Förderung

Die Förderung von Kindern und Jugendlichen mit Sonderpädagogischem Förderbedarf im Bereich der geistigen Entwicklung hat zu einer Vielfalt von Förderformen und Förderorten geführt. Es entwickeln sich vermehrt Formen der gemeinsamen Erziehung und Unterrichtung an unterschiedlichen Lernorten. Frühförderung, aber auch beschäftigungs- und arbeitsorientierende Maßnahmen sowie lebensbegleitende Hilfen haben einen hohen Stellenwert.

5.1 Sonderpädagogische Förderung durch vorbeugende Maßnahmen

Frühe Hilfen sind für die Entwicklung von Kindern mit einer geistigen Behinderung von existentieller Bedeutung. Um zusätzliche Entwicklungsverzögerungen und Fehlentwicklungen zu verhindern, zu mindern oder weiter gehende Auswirkungen einer geistigen Behinderung zu vermeiden, muss die Behinderung so früh wie möglich erkannt werden. Die Förderung der Wahrnehmung, der Motorik, der Kommunikation und der Selbstständigkeit ist grundlegende Aufgabe der frühen vorschulischen Erziehung. Sie zielt auf die Entwicklung der Gesamtpersönlichkeit und folgt in der gemeinsamen Tätigkeit von Kind und Erzieherperson dem Prinzip Lernen durch Handeln.

Hierzu gehört auch das Schaffen situativer und sozialer Voraussetzungen, die Angebote der nachfolgenden Bereiche in einem für das jeweilige Kind sinnvoll ganzheitlichen Zusammenhang zusammenführen können:

- basale Stimulation,
- senso-motorische Koordination,
- Bewegungswahrnehmung, -planung und -handlung,
- Orientierung hinsichtlich des eigenen Körpers, der Raumvorstellung und der Zeitstrukturen,
- selbstständige Fortbewegungsmöglichkeit und selbstständiges Handeln,
- Spiel- und Sozialverhalten,
- Kommunikation, Sprache, Sprechen und Verstehen,
- nichtlautsprachliche Ausdrucksmöglichkeiten,
- emotionale Entwicklung, Aufbau des Selbstbewusstseins,
- geistige Entwicklung.

Alle Angebote sind in kindgerechte Spiel-, Erlebnis- und Bewegungsaktivitäten einzupassen. Dabei hängt die Wirksamkeit früher Förderung von der Art der Vermittlung ab. Frühe Förderung muss sich daher im Wesentlichen auf die Interaktion konzentrieren.

Wegen der starken emotionalen Gebundenheit des Kleinkindes an seine Beziehungsperson kann Frühförderung nur in Zusammenarbeit mit den Eltern gelingen. Der interdisziplinären Zusammenarbeit in der Frühförderung kommt eine herausragende Bedeutung zu. Erfolgreiche Frühförderung beruht auf engem und vertrauensvollem Zusammenwirken der Eltern mit allen daran beteiligten Personen und Institutionen. Das können sein: Ärzte, Therapeuten, Gesundheitsämter, sozialpädiatrische Zentren, Frühförderstellen, Kliniken, sonderpädagogische Beratungsstellen, Kindergärten, Sonderkindergärten, schulvorbereitende Einrichtungen und Träger von Maßnahmen. In diesem Zusammenhang nehmen die Eltern eine eigene und gleichberechtigte Rolle neben den Fachleuten in der Frühförderung ein. Sie entscheiden im Rahmen ihres Sorgerechts grundsätzlich eigenverantwortlich über alle Maßnahmen, die das Kind betreffen.

Frühförderung von Kindern mit einer geistigen Behinderung ist Bestandteil der allgemeinen Angebote im Säuglings-, Kleinkind- und Vorschulalter. Sie unterliegt in den einzelnen Ländern der Bundesrepublik Deutschland unterschiedlichen Zuständigkeiten und führt unterschiedliche Bezeichnungen.

5.2 Sonderpädagogische Förderung im gemeinsamen Unterricht

Kinder und Jugendliche mit einer geistigen Behinderung können allgemeine Schulen besuchen, wenn für die sonderpädagogische Förderung personelle, räumliche und auch sächliche Voraussetzungen gegeben sind. Gemeinsamer Unterricht ermöglicht es Kindern und

Jugendlichen mit einer geistigen Behinderung ebenso wie den nicht behinderten in besonderer Weise im sozialen Bereich voneinander zu lernen und eine Vielzahl von Anregungen auch im Leistungsbereich zu erhalten. In den notwendigen offenen Unterrichtsformen erwachsen dem einzelnen Kind oder Jugendlichen seiner individuellen Lernfähigkeit entsprechende und angemessene Angebote. Durch Beobachtungslernen können alle Schülerinnen und Schüler ihre Verhaltensmuster in Kommunikation und Sprache, in Bewegung und Umgang miteinander erweitern und differenzieren.

Die Schülerinnen und Schüler sollen so weit wie möglich in den Unterricht mit nicht behinderten Schülerinnen und Schülern einbezogen werden. Die individuellen Lernanforderungen für die behinderten Schülerinnen und Schüler sind auf deren besondere Bedürfnisse auszurichten. Die Lehrpläne der allgemeinen Schule und der Schule für Geistigbehinderte sind Grundlage und Orientierungshilfe. Die Leistungsbewertung erfolgt nach den in den Ländern geltenden Regelungen.

Die Zusammenarbeit der beteiligten Lehrkräfte, ggf. unter Einbeziehen der unterrichtsbegleitenden oder therapeutischen Hilfen auch anderer Maßnahmeträger, geht über Planung und Gestaltung von Unterricht hinaus und umfasst alle Bereiche pädagogischer Arbeit. Die Sonderschullehrerin oder der Sonderschullehrer übernehmen auch Aufgaben im Rahmen des gemeinsamen Lebens der Klasse, der Zusammenarbeit mit den Eltern und anderen Fachdiensten.

Die didaktischen Grundsätze des Unterrichts, welche die Arbeit mit Schülerinnen und Schülern mit einer geistigen Behinderung prägen, werden in den gemeinsamen Unterricht eingebracht. Individualisierende Formen der Planung, Durchführung und Nachbereitung der Unterrichtsprozesse sind erforderlich. Darüber hinaus sind auch Ziele in Unterrichtsvorhaben für die gesamte Schulklasse aufzunehmen, die aus der individuellen Lebenssituation von Menschen mit einer geistigen Behinderung erwachsen und das soziale Miteinander fördern. Die Interessen und Bedürfnisse der gesamten Lerngruppe sind dabei zu berücksichtigen.

Der gemeinsame Unterricht verlangt eine Differenzierung in den Zielen, Inhalten und Anforderungen, damit sich das Kind oder der Jugendliche mit den ihm gemäßen Aufgaben konfrontiert sieht und die Fortschritte machen kann, die seinen individuellen Fähigkeiten entsprechen, und die als Leistung – auch im Rahmen der Lerngruppe – empfunden werden können. Darüber hinaus ist eine Differenzierung des methodischen Vorgehens nötig, um jedem Kind und jedem Jugendlichen der Lerngruppe die Lernhilfen geben zu können, die seinen Bedürfnissen entsprechen. Eine Differenzierung in den Aufgaben, im Einsatz der Medien, in Lern- und Arbeitsgruppen und in der Einzelarbeit ist zudem erforderlich. Lerngegenstände sind so aufzubereiten, dass an ihnen unterschiedliche Lernaufgaben erfüllt werden und die Ergebnisse zu einem sinnvollen Ganzen zusammengeführt werden können.

Das Aufgabenfeld der sonderpädagogischen Lehrkräfte im gemeinsamen Unterricht umfasst im Wesentlichen die Bereiche

- Förderung der Bewegungs-, Handlungs- und Wahrnehmungsfähigkeit,
- Förderung der kognitiven, der kommunikativ-sprachlichen, der sozialen und emotionalen Entwicklung,

- Zusammenarbeit mit anderen Diensten,
- gemeinsamer Unterricht,
- Fortschreibung der Förderpläne.

Zum Aufgabenfeld aller Lehrkräfte gehören in diesem Zusammenhang

- die Bereitschaft zur Kooperation und die Berücksichtigung sonderpädagogischer, therapeutischer und pflegerischer Belange im Unterricht,
- die Förderung des gemeinsamen Lebens und Lernens in der Schule,
- die Förderung der Kontakte zu Nichtbehinderten und auch zu anderen Kindern und Jugendlichen mit Beeinträchtigungen,
- die Förderung der Zusammenarbeit mit den Personen der Schule, die für Unterricht und Erziehung aller Kinder und Jugendlichen Verantwortung tragen,
- die Zusammenarbeit mit den Eltern.

5.3 Sonderpädagogische Förderung in Sonderschulen

Die Schule für Geistigbehinderte verfügt über die konzeptionellen, personellen, baulich-räumlichen und sächlichen Voraussetzungen für eine qualifizierte, ganzheitliche Lern- und Entwicklungsförderung. Sie wird besucht von Kindern und Jugendlichen mit einer geistigen Behinderung, deren Förderung in einer allgemeinen Schule nicht ausreichend gewährleistet werden kann oder deren Eltern diesen Lernort für ihre Kinder wünschen. Unterricht und Erziehung werden auf die jeweiligen Bedürfnisse des einzelnen Kindes abgestimmt und im pädagogischen Gesamtangebot für die Klasse verwirklicht. Die im Förderschwerpunkt ausgebildete Lehrkraft trägt in Zusammenarbeit mit dem Klassenteam die Gesamtverantwortung für die von ihr geleitete Klasse und koordiniert die verschiedenen Angebote.

Die Schule für Geistigbehinderte ist in Stufen oder auch jahrgangsbezogen gegliedert. Es können auch jahrgangs- und stufenübergreifende Lerngruppen gebildet werden. Besondere Klassen für Kinder und Jugendliche mit einer schweren Mehrfachbehinderung sollen vermieden werden. Es soll über den Vormittagsunterricht hinaus ein Nachmittagsangebot vorgehalten werden, das so zu organisieren ist, dass den besonderen Bedürfnissen der Kinder und Jugendlichen entsprochen werden kann.

5.4 Sonderpädagogische Förderung in kooperativen Formen

Schulen für Geistigbehinderte und allgemeine Schulen sind gehalten, eine enge pädagogische Zusammenarbeit aufzubauen. Diese kann in unterschiedlichen Formen erfolgen, von gemeinsamen Vorhaben über Feste, Feiern, Schulleben, Projekte, bis hin zu Formen gemeinsamen Unterrichts.

Kooperative Formen der Förderung und Unterrichtung erschließen allen Beteiligten Möglichkeiten zur wechselseitigen Annäherung und zur Erfahrung von mehr Selbstverständlichkeit im Umgang miteinander. Die Begegnungen von Schülerinnen und Schülern kooperierender Schulen oder Klassen lassen soziale Beziehungen entstehen. Es entwickelt sich Verständnis füreinander. Schülerinnen und Schüler mit einer geistigen Behinderung sammeln Erfahrungen über den Raum von Familie und Sonderschule hinaus, dazu Erfahrungen in der gemeinsamen Umwelt, die eine Teilhabe am Leben im Rahmen der gesellschaftlichen Eingliederung und der Freizeitgestaltung erleichtern. Vielfach können die förderlichen Aspekte des gemeinsamen Unterrichts auch in kooperativen Formen zur Geltung kommen.

Die Einrichtung von Klassen für Geistigbehinderte in räumlicher Nähe zu Klassen der allgemeinen Schule schafft günstige Rahmenbedingungen für die angestrebte Kooperation. Es ist möglich, Klassenverbände der Schulen für Geistigbehinderte in der allgemeinen Schule aufzunehmen und sie dort am Unterricht unter Berücksichtigung der Lehrpläne beider Schulformen zu beteiligen.

Bei Schulgründungen und organisatorischen Neuregelungen sollten die Standorte der Schulen für Geistigbehinderte so gewählt werden, dass Möglichkeiten der Zusammenarbeit mit allgemeinen Schulen gegeben sind. Schulneubauten sind so zu gestalten, dass gemeinsame Unterrichtung von behinderten und nicht behinderten Schülerinnen und Schülern möglich ist.

5.5 Sonderpädagogische Förderung im Rahmen von sonderpädagogischen Förderzentren

Die Angebotsvielfalt sonderpädagogischer Förderung für Kinder und Jugendliche mit Sonderpädagogischem Förderbedarf im Schwerpunkt geistige Entwicklung kann zur Herausbildung Sonderpädagogischer Förderzentren führen. Sonderpädagogische Förderzentren können als regionale und überregionale Einrichtungen entstehen und neben dem Förderschwerpunkt der geistigen Entwicklung andere Förderschwerpunkte einbeziehen. So können sie sonderpädagogische Förderung in präventiven, stationären, kooperativen Formen möglichst wohnortnah und fachgerecht sicherstellen.

5.6 Sonderpädagogische Förderung im berufsbildenden Bereich und beim Übergang in die Beschäftigungs- und Arbeitswelt und in das Erwachsenenleben

Die Vorbereitung auf das Erwachsenenleben soll über Bemühungen zur Eingliederung in das Arbeitsleben hinaus die Jugendlichen befähigen,

- Freundschaft und Partnerschaft aufzubauen,
- sich allmählich von der Familie zu lösen und für sich möglichst selbstbestimmte Lebens- und Wohnformen zu finden,
- mit der eigenen Sexualität verantwortungsbewusst umzugehen,
- sich in der Öffentlichkeit zu orientieren und zu bewegen sowie öffentliche Einrichtungen in Anspruch zu nehmen,

- Freizeit- und Erholungsangebote auszuwählen und zu nutzen,
- sich gegenüber der natürlichen Umwelt verantwortungsbewusst und wertschätzend zu verhalten,
- ein Leben auch ohne Beruf gestalten zu können.

Der Übergang aus der allgemein bildenden Schule in die Beschäftigungs- und Arbeitswelt bedarf intensiver individueller Vorbereitung. Dabei ist eine enge Zusammenarbeit der Schule mit den Eltern, der Arbeitsverwaltung, den Betrieben, den Werkstätten für Behinderte, den Berufsschulen, den Kammern, den Fachdiensten zur beruflichen Eingliederung und ggf. anderen Einrichtungen, die sich der Aufgabe der Eingliederung dieser Personengruppe annehmen, notwendig.

Sonderpädagogische Förderung in der Schule für Geistigbehinderte und in den Formen des gemeinsamen Unterrichts zielen im Rahmen der Vorbereitung auf das Erwachsenenleben unter anderem auf eine breit angelegte beschäftigungs- und ggf. berufsorientierende Bildung ab. Kooperationsformen mit beruflichen Schulen können dies fördern. Projekte und Praktika mit entsprechender fachpädagogischer Begleitung dienen der Eingliederung.

Auf die Förderung durch die allgemein bildende Schule folgt daher eine praxisorientierte Förderung als Vorbereitung und Einführung in Beschäftigung und Arbeit. Hierzu ist es notwendig, stets neue Formen der Qualifizierung zu erproben. Sonderpädagogische Förderung verhilft auch dazu, eine Teilhabe an den sich entwickelnden Informations- und Kommunikationstechnologien zu ermöglichen, um den veränderten Anforderungen im Leben sowie in Beschäftigung und Arbeit zu entsprechen.

6. Zusammenarbeit

Eine enge und vertrauensvolle Zusammenarbeit zwischen Pädagogen, Kindern, Jugendlichen und Eltern ist für eine gezielte, ganzheitliche Förderung notwendig. Mit Einfühlungsvermögen und Verständnis für die besondere Lern- und Leistungsentwicklung sollen die Eltern von Anfang an über die Gestaltung und Ziele des Unterrichts informiert werden, bei der Erstellung von individuellen Förderplänen mitwirken und ins Schulleben aktiv einbezogen werden.

Die Schule berät sich mit den Eltern über Bildungswege, weiter führende Hilfen, therapeutische Angebote, Selbsthilfegruppen und andere Möglichkeiten der Förderung, die zur Bewältigung besonderer Probleme, aber auch zur Entlastung der Familie führen können.
Im Interesse einer ganzheitlichen Förderung bedarf es zudem einer engen Zusammenarbeit zwischen Schule, Gesundheits-, Sozial- und Jugendämtern, schulpsychologischen, schul- und fachärztlichen Diensten, Einrichtungen der Frühförderung, Arbeitsämtern, Kammern, gegebenenfalls Betrieben und Erziehungsberatungsstellen. Es sind Verbindungen zwischen

verschiedenen Fach- und Dienstleistungsbereichen sowie Maßnahmeträgern herzustellen, unterschiedliche Förder- und Hilfeleistungen zu koordinieren, damit verfügbare Kompetenzen und Ressourcen effektiv eingesetzt und genutzt werden können. Hierzu sind gegenseitige Information, Transparenz der Maßnahmen und eine verlässliche Arbeitsteilung erforderlich.

7. Einsatz und Qualifikation des Personals

Die Arbeit mit Kindern und Jugendlichen mit Sonderpädagogischem Förderbedarf im Bereich der geistigen Entwicklung macht den Einsatz von Teams erforderlich. Sonderschullehrerinnen und Sonderschullehrer mit fachrichtungsbezogener Ausbildung in Verbindung mit der Ausbildung in anderen sonderpädagogischen Fachrichtungen arbeiten mit pädagogischen Mitarbeiterinnen und Mitarbeitern, die über eine sonderpädagogische Zusatzausbildung verfügen sollten. Therapeutische Kräfte und gegebenenfalls weitere Betreuungs- und Pflegekräfte werden ebenfalls je nach Bedarf in die Teamarbeit einbezogen. Eine Vernetzung mit außerschulischen Institutionen ist anzustreben.

Die im Förderschwerpunkt ausgebildeten Lehrkräfte sollen über Kompetenzen in allen Aufgabenbereichen der sonderpädagogischen Förderung von Schülerinnen und Schülern mit geistiger Behinderung verfügen. Dazu gehören auch die Vermittlung der Kulturtechniken unter erschwerten Bedingungen und die Anbahnung lebenspraktischer Fertigkeiten. Die Lehrkräfte sind zu befähigen, an verschiedenen Lernorten wirksam zu werden.

Die Ausbildung der sonderpädagogischen Lehrkräfte muss die Breite und Struktur des jeweiligen Tätigkeitsbereiches und dessen Anforderungen an die einzelnen Personen gewährleisten. Sie vermittelt die Grundkompetenz für die Ziele und Aufgaben der Pädagogik für Menschen mit Sonderpädagogischem Förderbedarf im Bereich der geistigen Entwicklung, auch für solche mit schwerer Mehrfachbehinderung.

Unabdingbare Qualifikationsmerkmale sind Kenntnisse über Schweregrad und Ausprägung der geistigen Behinderung, deren Begleiterscheinungen und mögliche psychosoziale Zusammenhänge und Auswirkungen. Die Lehrkräfte müssen besonders befähigt sein, auf der einen Seite Nähe zu gestalten und andererseits Distanz herzustellen sowie Erwartungen und Erfahrungen mit anderen zu erörtern und abzustimmen. Kenntnisse über die basalen Wahrnehmungsprozesse, über die Entwicklung geistiger Fähigkeiten, die Formen der Ausdrucks- und der lautsprachlichen und nicht lautsprachlichen Kommunikationsförderung müssen situationsbezogen und flexibel umgesetzt werden können.

Die in der Ausbildung erworbenen Kenntnisse, Fähigkeiten und Fertigkeiten sollen durch Teamsitzungen, Beratungen, Hospitationen, Fortbildungsveranstaltungen und Weiterbildungsmaßnahmen regelmäßig aktualisiert und erweitert werden.

8. Schlussbestimmungen

Die „Empfehlungen für den Unterricht in der Schule für Geistigbehinderte", Beschluss der Kultusministerkonferenz vom 9.2.1979, werden hiermit aufgehoben.

Christa Burbat
Niedersächsisches Kultusministerium

Empfehlungen zum Förderschwerpunkt geistige Entwicklung

So wie die KMK die Empfehlung zur „Ordnung des Sonderschulwesens" von 1972 im Jahre 1994 mit den „Empfehlungen zur Sonderpädagogischen Förderung in den Schulen in der Bundesrepublik Deutschland" weiterführte, so hat sie 1998 den 1979 beschlossenen ersten „Empfehlungen für den Unterricht in der Schule für Geistigbehinderte" die „Empfehlungen zum Förderschwerpunkt geistige Entwicklung" folgen lassen.

In diesen Empfehlungen sind die grundsätzlichen Aussagen zu dem Förderschwerpunkt geistige Entwicklung entfaltet, die in den allgemeinen Empfehlungen (1994) in Ziffer III,2 „Sonderpädagogische Förderschwerpunkte" ausgeführt werden:

„Förderschwerpunkte im Bereich der geistigen Entwicklung, des Umgehen-Könnens mit geistiger Behinderung

Eine Förderung von Schülerinnen und Schülern mit geistiger Behinderung beinhaltet eine alle Entwicklungsbereiche umfassende Erziehung und Unterrichtung mit lebenspraktischem Bezug. Um ein Leben in größtmöglicher Selbstständigkeit und in Würde führen zu können, sind lebensbegleitende Förderung und spezielle Lern- und Strukturierungshilfen für eine aktive Lebensbewältigung in sozialer Integration erforderlich.

Die Förderung umfasst Maßnahmen zur kognitiven, sprachlichen und psychomotorischen, emotionalen und sozialen Entwicklung. Für Schülerinnen und Schüler mit geistiger Behinderung soll über den Vormittagsunterricht hinaus ein Nachmittagsangebot vorgehalten werden."

In den Jahren von 1995 bis 1997 erstellte eine Untergruppe der Arbeitsgruppe „Sonderpädagogischer Förderbedarf" in mehreren Wechseln zwischen Texterarbeitung in der Untergruppe und der Diskussion sowie dem Austausch in der Arbeitsgruppe einen ersten Entwurf von Empfehlungen, der einem Kreis von Lehrenden der Geistigbehindertenpädagogik, Fach- und Interessenverbänden und den Kultusministerien zur Abstimmung vorgelegt wurde. Auf der Basis der aus diesem Kreis abgegebenen Stellungnahmen wurde der Entwurf überarbeitet und der Kultusministerkonferenz vorgelegt, deren Beschluss ihn zu geltenden Empfehlungen werden ließ.

Die ersten Empfehlungen erschienen 1979 – etwas mehr als dreißig Jahre nach dem Zusammenbruch des Nationalsozialismus, einer Zeit, in der Menschen mit einer geistigen Behinderung als „lebensunwert" angesehen und auch getötet wurden. Das Recht auf Bildung und damit die Schulpflicht waren für Kinder und Jugendliche mit einem Sonderpädagogischen Förderbedarf auch im Schwerpunkt geistiger Entwicklung anerkannt. In den Schulgesetzen der Länder in der Bundesrepublik war Schulpflicht auch der Menschen mit einer geistigen Behinderung weitgehend verankert. So wird verständlich, dass in den Empfehlungen von 1979 die Schulfähigkeit dieser Kinder und Jugendlichen betont und die Grundlagen der Gestaltung der ihnen angemessenen Schule dargestellt werden. Diese Empfehlungen konnten mit dem Zusatz „für den Unterricht in der Schule für Geistigbehinderte" versehen beschlossen und veröffentlicht wurden.

1998 sind Schulbesuch und Schulpflicht für Kinder und Jugendliche mit Sonderpädagogischem Förderbedarf im Schwerpunkt geistige Entwicklung kein Diskussionspunkt mehr. Selbst die Möglichkeit, die Schulpflicht wegen einer Behinderung ruhen lassen zu können, findet sich nicht mehr in den Schulgesetzen der Länder. Diese Situation bestimmt die neuen Empfehlungen. Die Förderung von Menschen mit schwerer Mehrfachbehinderung ist durchgängiger Aspekt. Die Arbeit mit ihnen wird in allen Bereichen gesehen, besonders bei der Beschreibung der Zielgruppe und auch bei den Möglichkeiten und Orten der Förderung. Das entspricht dem in vielen Schulen gelebten Alltag und soll die Frage nach Gliederungen, die von „Graden", Umfängen, Arten oder Formen von Beeinträchtigungen bestimmt sind, gar nicht erst aufkommen lassen.

Die Frage nach der Größe der Gruppe wird häufig gestellt, wenn Förderbedarf im Schwerpunkt geistige Entwicklung diskutiert wird. Dann wird oft die in der „Empfehlung zur Ordnung des Sonderschulwesens" von 1972 genannte Zahl von 0,6% aller Schülerinnen und Schüler für die Gruppe der Kinder und Jugendlichen mit einer geistigen Behinderung herangezogen. MÜHL nennt in seinem Aufsatz zum „Förderschwerpunkt Geistige Entwicklung" in der Zeitschrift für Heilpädagogik, Heft 4/1999 neuere Zahlen und bestätigt die von 1972. Er sagt, dass „Beeinträchtigungen der geistigen Entwicklung im Schulalter bei 0,6 bis 0,7 %, im Erwachsenenalter etwa 0,45 bis 0,5 % der gleichaltrigen Population auftreten." Er führt weiter aus, dass „davon etwa 0,15 % als mehrfach funktionsbeeinträchtigt und etwa 0,2 bis 0,25 % als schwer behindert einzustufen" sind, die beiden zuletzt „genannten Teilgruppen sich überlappen, aber nicht völlig identisch sind".

Für die pädagogischen Aussagen, die in den Empfehlungen – sowohl denen von 1979 als auch denen von 1998 – gemacht werden, sind diese Zahlen weniger wichtig. Für die daraus erwachsenden schulorganisatorischen Konsequenzen können sie Orientierung sein.

Wie alle Empfehlungen zu einzelnen Förderschwerpunkten folgen auch die für den Förderschwerpunkt geistige Entwicklung der Gliederung der Empfehlungen für die Sonderpädagogische Förderung.

Bezogen auf den speziellen Schwerpunkt sind dies

- eine Beschreibung der Situation von Menschen mit geistiger Behinderung, der Ziele und Aufgaben der Förderung, bezogen auf den individuellen Förderbedarf, ohne Beschreibung von Defiziten;
- Empfehlungen zur Feststellung eines individuellen sonderpädagogischen Förderbedarfs, die die Feststellung einer Sonderschulbedürftigkeit ersetzen sollen;
- Ausführungen zu den Prinzipien des Unterrichts, die auf die Arbeit mit den Kindern und Jugendlichen mit sonderpädagogischem Förderbedarf im Schwerpunkt geistiger Entwicklung bezogen sind,
- umfängliche Aussagen zur Arbeit mit Menschen mit schwerer Mehrfachbehinderung und
- die grundsätzlichen Beschreibungen der Formen und Orte der Förderung.

Während die für den Förderschwerpunkt geistige Entwicklung spezifischen Aussagen zur Feststellung des Sonderpädagogischen Förderbedarfs stark in Anlehnung an die der allgemeinen Empfehlungen zum Sonderpädagogischen Förderbedarf formuliert werden konnten, forderten besonders

- die Beschreibung der individuellen Lebens- und Lernbedingungen eines Menschen mit Beeinträchtigungen in der geistigen Entwicklung,
- die Darstellung von Zielen und Aufgaben ihrer Förderung – an einem ganzheitlichen Welt- und Menschenbild orientiert und auf die Möglichkeiten von Selbstbestimmung und Sinnerfüllung bezogen,
- das Einbeziehen der Bedürfnisse und Möglichkeiten von Menschen mit einer schweren Mehrfachbeeinträchtigung in allen Bereichen und
- die Darstellung der verschiedenen Förderorte

umfängliche Diskussionen, die besonders durch die Abstimmung mit den Fachwissenschaftlern und Verbänden angeregt und bereichert wurden.

So leisteten die Stellungnahmen gute Hilfe bei der Umsetzung des Anliegens, nicht eine Gruppe möglicherweise gleichartig oder vergleichbar Behinderter in den Mittelpunkt der Empfehlungen zu stellen, sondern den einzelnen Menschen als Person, als sich entwickelnde Persönlichkeit. Seine Möglichkeiten, sein Leben selbstständig und selbstbestimmt zu gestalten, sind die leitende Vorstellung aller Überlegungen. Die Beeinträchtigung wird als Erschwernis gesehen, als ein die Förderung prägendes Moment, das in Diagnosen, Beschreibungen von Ausgangslagen und Zielen, bei Lernangeboten und -anregungen, und bei Entscheidungen für Förderorte Berücksichtigung finden muss.

Trotz der eher an Ganzheitlichkeit orientierten Grundkonzeption fiel – der Gliederung der allgemeinen Empfehlungen folgend – die Entscheidung für eine getrennte Darstellung der Aufgaben und Ziele von Erziehung und Unterricht. Damit soll nicht ausgedrückt werden, dass in der Wirklichkeit der Förderung eine Trennung möglich und vielleicht sogar notwendig wäre. Vielmehr soll durch die getrennten Ausführungen deutlich werden, dass diese ganzheitliche Aufgabe unter unterschiedlichen, gleichermaßen wichtigen Aspekten zu sehen ist. So können die Ausführungen Planungs- und Reflexionshilfe für diejenigen geben, die die Arbeit mit Menschen mit Sonderpädagogischem Förderbedarf im Schwerpunkt geistige Entwicklung planen und durchführen.

Als Kontrapunkt dazu sind die ausführlichen Darlegungen zu den Grundsätzen der Gestaltung des Unterrichts zu sehen. In ihnen fließen die unterschiedlichen Aspekte zusammen. In ihnen wird die Ganzheitlichkeit der Arbeit deutlich, durch sie werden Erziehungs- und Unterrichtsziele operationalisiert. Sie stehen über den Inhalten, bestimmen ihre Auswahl und durchdringen ihre Gestaltung. Ihre Umsetzung prägt Lernen und Leben der Schülerinnen und Schüler in den ihnen individuell möglichen Schritten und Anforderungen. Sie gelten für die Arbeit mit Kindern und Jugendlichen mit Sonderpädagogischem Förderbedarf im Schwerpunkt geistige Behinderung unabhängig vom Ort der Förderung.

Die Auflistung der Formen und Orte der Förderung folgt zwei Strukturen: dem Nebeneinander verschiedener Formen und dem Nacheinander der Formen für die verschiedenen Altersstufen.

Einfach, ohne divergierende Diskussion zu beschreiben und ohne Alternative ist die Frühförderung. Ebenso ohne Alternativen – aber wesentlich differenzierter in den Notwendigkeiten und Möglichkeiten, den Anforderungen und Zielen – ist die Förderung im berufsbildenden Bereich und beim Übergang in die Beschäftigungs- und Arbeitswelt und in das Erwachsenenleben. Aufgaben, Ziele und Möglichkeiten konnten hier nur genannt, nicht ausgeführt werden. Sie gehen im Regelfall über die der schulischen Arbeit hinaus, die im Mittelpunkt der allgemeinen Empfehlungen stehen und so auch die schwerpunktbezogenen Empfehlungen bestimmen. Darüber hinaus steht in diesem Bereich noch sehr Vieles am Anfang, wird noch erprobt, muss noch ausgebaut werden. Die angeführten Grundsätze können hier auch als Messlatte gelten.

Die in den Empfehlungen genannten Formen der Förderung stellen keine Auswahl dar. Es sind die, die sich im Nebeneinander in der schulischen Förderung entwickelt haben – unterschiedlich in Umfang und Region. Sie werden in den Empfehlungen in vier Abschnitten dargestellt:

Sonderpädagogische Förderung

- im gemeinsamen Unterricht,
- in Sonderschulen,
- in kooperativen Formen,
- im Rahmen von sonderpädagogischen Förderzentren.

Gemeinsamer Unterricht umfasst die Form der – früher und auch häufig noch heute – so genannten Integrationsklasse, der ältesten Form der veränderten Förderung von Schülerinnen und Schülern mit sonderpädagogischem Förderbedarf im Schwerpunkt geistige Entwicklung gemeinsam mit anderen. Ihr ist wesentlich breiterer Raum gegeben als den drei anderen Formen. Die neuen Elemente für die schulische Arbeit – z.B. andere Personalausstattung, enge Zusammenarbeit mehrerer in einer Klasse gemeinsam arbeitender Lehrkräfte, Berücksichtigung der Heterogenität der Lerngruppe in Zusammensetzung, Lernzielen und -möglichkeiten – bedurften einer umfänglicheren Darstellung. Das erschien um so wichtiger als sich die in ihm herausgebildete Form der pädagogischen Arbeit immer mehr als Kernstück weiterer sich entwickelnder Formen der Zusammenführung von Schülerinnen und Schülern mit sonderpädagogischem Förderbedarf und solchen der Allgemeinen Schulen herausstellt.

Das gilt besonders für die Sonderpädagogische Förderung in kooperativen Formen. Diese werden schon in den Empfehlungen der Bildungskommission des Deutschen Bildungsrates „Zur pädagogischen Förderung behinderter und von Behinderung bedrohter Kinder und Jugendlicher" von 1973 erwähnt. Ansätze davon wurden seit dieser Zeit – besonders in der Förderung im Schwerpunkt geistige Entwicklung – in verschiedenen Ländern der Bundesrepublik Deutschland realisiert. Eine Ausweitung erfolgte in den Jahren seit 1994/95. Alle in den Empfehlungen genannten Aspekte werden umgesetzt; Erfahrungen werden positiv bewertet. Wie in den Empfehlungen angebahnt: Kooperative Formen im Bereich der sonderpädagogischen Förderung werden als Möglichkeit gesehen, die wichtigen Elemente der Förderung in der Sonderschule mit denen des gemeinsamen Unterrichts zu verbinden.

Die Aussagen zur Förderung in der Sonderschule sind auf wenige Kernsätze begrenzt, die ihre besonderen Möglichkeiten umfassend ansprechen. Die knappen Aussagen zur sonderpädagogischen Förderung im Rahmen von sonderpädagogischen Förderzentren sind anders begründet: Hier haben sich noch so wenige gemeinsame, den Kern dieser Form der Förderung bildende Elemente herausgebildet. Breitere verallgemeinernde Aussagen können noch nicht getroffen werden. Es könnte sein, dass das sonderpädagogische Förderzentrum – wie in einigen Ländern – im Wesentlichen zum Organisations-, Fortbildungs- und Servicezentrum für die sonderpädagogische Förderung in Allgemeinen Schulen wird. Das ist aber ebenso wenig ausgereift wie die Vorstellung, dass in ihm Schülerinnen und Schüler mit Sonderpädagogischem Förderbedarf in unterschiedlichen Schwerpunkten wohnortnah gefördert werden sollen. Auch andere Formen, die Elemente dieser beiden Ansätze aufnehmen, werden erprobt. Endgültige Aussagen bleiben in diesem Punkt den nächsten Empfehlungen für die sonderpädagogische Förderung vorbehalten.

Die Empfehlungen der KMK für den Unterricht in der Schule für Geistigbehinderte von 1979 haben dazu beigetragen, die Arbeit in diesen Schulen für Schülerinnen und Schüler zu gestalten. Sie haben Anstöße gegeben, weiter geführt und Lösungen aufgezeigt. Sie wurden in die Entwicklung von Lehrplänen und Rahmenrichtlinien einbezogen und sind nicht zuletzt die Grundlage für die Arbeit in den Formen der pädagogischen Öffnung gewesen. Es ist zu hoffen, dass die Empfehlungen für die sonderpädagogische Förderung im Schwerpunkt geistige Entwicklung von 1998 gleichermaßen bei der Weiterentwicklung in Verbindung von sonderpädagogischer Förderung und gemeinsamem Lernen wirken werden.

Walther Dreher/
Norbert Heinen/
Jürgen Münch
Universität Köln

Empfehlungen zum Förderschwerpunkt geistige Entwicklung

Die „Empfehlungen zum Förderschwerpunkt geistige Entwicklung" (1998) sind als „Ergänzung" zu den „Empfehlungen zur sonderpädagogischen Förderung in den Schulen der Bundesrepublik Deutschland" (1994) gedacht. Daher stehen beide in engem Bezug zueinander und sollen im Folgenden auch als eine gewisse Einheit betrachtet werden. Ihre Entstehung wird von den Experten der Kultusministerkonferenz in den Kontext der Wiedervereinigung, gesellschaftlicher Umbrüche, veränderter Lebensvoraussetzungen und Lernbedingungen von Kindern und Jugendlichen, von Erfahrungen im gemeinsamen Unterricht, erziehungswissenschaftlicher Denkanstöße und schulpolitischer Schwerpunktsetzungen gestellt. Damit folgen sie einer Tradition kritischer Würdigung von Entwicklungen, welche z.B. die „Richtlinien für die Schule für Geistigbehinderte (Sonderschule) in Nordrhein-Westfalen" von 1973 so markieren, dass in ihnen besonders darauf hingewiesen wird, dass sie „unter dem Gesichtspunkt möglicher oder notwendiger Verbesserungen zu prüfen" seien und 1980 formulieren die „Richtlinien und Lehrpläne für den Unterricht in der Schule für Geistigbehinderte (Sonderschule)" noch deutlicher: „Die Richtlinien und Lehrpläne versuchen, dem gegenwärtigen Stand einer speziellen Geistigbehindertenpädagogik Rechnung zu tragen und absehbare Entwicklungen der näheren Zukunft einzubeziehen. Nach Ablauf einiger Jahre wird zu erkennen sein, in welchen Bereichen Fortschreibungen, Ergänzungen oder Korrekturen aufgrund zwischenzeitlicher Entwicklungen erforderlich sein werden."

Unser Beitrag soll die Empfehlungen kritisch kommentieren, d.h. von einem wissenschaftlichen Standpunkt aus überdenken. Wir tun dies in drei Schritten: Zunächst soll skizzenhaft Bezug genommen werden auf die Entwicklungen und Veränderungen, welche die Empfehlungen ansprechen und vorschlagen. Dann wollen wir beispielhaft zwei Aspekte kritisch betrachten, die einen Perspektivenwechsel erfordern und mögliche Innovationen bewirken können. Schließlich wollen wir drittens am Beispiel eines Curriculumprojektes die Richtung anzeigen, von der wir glauben, dass sie der ‚Heilpädagogik' oder der ‚Pädagogik besonderer Bedürfnisse' eine neue Bildungs- und Kulturlandschaft zu erschließen vermag. Dabei betonen wir noch einmal, dass es sich nur um skizzenhafte Ausführungen handeln kann.

Die Empfehlungen der Kultusministerkonferenz von 1994 und 1998

Betrachtet man einzelne Kapitel der neuen Empfehlungen, dann fallen unterschiedliche Ebenen auf, die hier angesprochen und in ein Gefüge gebracht werden sollen.

Begründungskontext

Die Schule für Geistigbehinderte ist seit den Empfehlungen des Bildungsrates von 1973 im Zusammenhang mit dem „Bürgerrecht auf Bildung" und der „Chancengerechtigkeit" zu sehen (EMPFEHLUNGEN 1973,27). Dieses Bürgerrecht wurde als Rechtsanspruch in die Richtlinien von 1973, die Empfehlungen von 1979 und 1994 gleichermaßen aufgenommen. Es ist gut, dass in einer Zeit, die nicht frei ist von der Infragestellung des Rechtes auf Bildung für sogenannte Schwerstbehinderte, diese Grundrechtentscheidung – grundgelegt auch durch die Ergänzung des Grundgesetzes – wiederholt und unterstrichen wird. Im Unterschied aber zu 1973 und 1979 wird 1994 explizit herausgestellt: „Die Bildung behinderter junger Menschen ist verstärkt als gemeinsame Aufgabe für grundsätzlich alle Schulen anzustreben. Sie Sonderpädagogik versteht sich dabei immer mehr als eine notwendige Ergänzung und Schwerpunktsetzung der allgemeinen Pädagogik."

Hier deutet sich eine Horizonterweiterung an, die sich auch sprachlich darin wahr nehmen lässt, dass der „Geistigbehinderte" ersetzt wird durch die Bezeichnung Schüler und Schülerinnen, Kinder und Jugendliche „mit geistiger Behinderung" und schließlich nähert sich die Bezeichnung „Förderschwerpunkt geistige Entwicklung" einer viel weiteren und allgemein auf den Menschen bezogenen Sicht in besonderer Weise an.

Das Bild vom Menschen und die Sicht von Behinderung

Die Sichtweise, die den Menschen in seiner Entwicklung anspricht und hier explizit in seiner geistigen Entwicklung, scheint auf den ersten Blick den Kontext möglicher Beeinträchtigungen in ein neues Licht zu rücken. Doch unvermittelt wird dann der Mensch „mit geistiger Behinderung" eingeführt bzw. das terminologische Konstrukt übernommen, das seit 1957 diesen Zweig der Sonderpädagogik prägt. Problematisiert wird dieses Faktum an keiner Stelle.

Positiv zu unterstreichen ist allerdings das Bild, das hier durch eine „alle Entwicklungsbereiche umfassende Erziehung und Unterrichtung" gezeichnet wird. Es verdeutlicht besonders die Individualität des einzelnen Menschen, seine Selbstständigkeit und die selbstbestimmte Gestaltung des eigenen Lebens, es umfährt die existenzielle Bedeutung menschlicher Begegnung, das Eingebettetsein in Natur, Kultur und Weltanschauung, den Einbezug von Werten, die ein sinnerfülltes Leben bestimmen können und schließlich auch persönliche Rechte und Pflichten.

Auf der Basis dieser möglichen Entwicklungsbedingungen wird weiterhin ein „Ursachenzusammenhang" tradiert, welcher den Pädagogen und die Pädagogin eigentlich irritieren müsste. In den Empfehlungen der Bildungskommission des Deutschen Bildungsrates von 1973 werden „Geistigbehinderte" so definiert: „Als geistigbehindert gilt, wer infolge einer organisch-genetischen oder anderweitigen Schädigung in seiner psychischen Gesamtentwicklung und seiner Lernfähigkeit so sehr beeinträchtigt ist, dass er voraussichtlich lebenslanger sozialer und pädagogischer Hilfen bedarf" (1973,37). Die Richtlinien von 1980 formulieren: „Geistige Behinderung wird in der Regel durch Schädigung des zentralen Nervensystems vor, während oder nach der Geburt verursacht. In Einzelfällen können auch soziale Faktoren wie extreme Hospitalisierung zu geistiger Behinderung führen" (1980, 8). Und die Empfehlungen von 1998 halten fest: „Eine geistige Behinderung, als deren Ursache vielfach hirnorganische Schädigungen angenommen werden, ist in ihrem jeweiligen aktuellen Erscheinungsbild nicht statisch, ihre Auswirkungen sind durch Erziehung und Unterricht beeinflussbar."

Von daher ist es verständlich, dass der Hinweis auf die „geistige Entwicklung" – trotz des Charakters einer Art ‚Leitidee' – nur an wenigen Stellen wiederkehrt, ansonsten ist fast durchgängig die Rede von Schülern und Schülerinnen, Kinder und Jugendlichen mit einer geistigen Behinderung bzw. es wird der Hinweis gegeben: „Die eingeengten Möglichkeiten der psychisch-geistigen Entwicklung, die veränderten Ausdrucks-, Kommunikations- und Handlungsformen haben Auswirkungen auf die Persönlichkeitsentwicklung und das soziale Umfeld. Im Rahmen ihrer individuellen Möglichkeiten können die Schülerinnen und Schüler Fähigkeiten und Fertigkeiten zur Bewältigung ihres Lebens mit einer Behinderung erlernen" (1998, 1). Es wird also nicht von ‚einengenden', ‚verändernden' und durch das soziale Umfeld ‚bewirkenden' Einflussfaktoren gesprochen, sondern die Diktion legt weiterhin nahe, dass es „Sache des Einzelnen" ist, ein „Leben mit einer Behinderung" zu bewältigen.

Auf der anderen Seite sind dann wiederum bei der Erhebung des Förderbedarfs „das Kind und der Jugendliche nicht unter dem Blickwinkel der Beeinträchtigung zu sehen, sondern als ganzheitlich Handelnde und Gestaltende der eigenen Entwicklung" (1998, 7).

Bildung, Lernen, Förderung, Förderort

Hier entsteht ein unausgesprochenes, unthematisiertes Spannungsfeld dadurch, dass trotz des Bemühens um eine andere Sicht von Behinderung, trotz eines anderen Verständnisses von Lernen als aktiver Aneignung und Tätigkeit des Subjektes, trotz des Kontinuums von Bildungs- und Lernprozessen vom basalen Lernen bis zum abstrakten Denken und von der frühen Kindheit bis zum Erwachsenwerden, trotz individueller Förderpläne, trotz Orientierung des Förderschwerpunktes geistige Entwicklung an der Allgemeinen Schule und am allgemeinen Bildungssystem und damit einher gehend an der Vielfalt von Lernorten und Lernformen – einschließlich des gemeinsamen Unterrichts –, dass trotz des Bezuges auf den Einsatz und die Qualifikation des Personals, auf die Kompetenzen in allen Bereichen der sonderpädagogischen Förderung, auf die Vernetzung mit außerschulischen Institutionen, dass trotz all dieser Vielfalt und Offenheit deutlich wird, dass mit der unreflektierten Übernahme und Ausschließlichkeit des Begriffs Förderung, mit der inhaltlichen Aussparung der Veränderungen in der Primarstufe und der Sekundarstufe I, dem Nichteinbeziehen der Rolle des Allgemeinpädagogen letztendlich die Unklarheit darüber bleibt, wie „geistige Entwicklung", deren „Beeinträchtigung" und damit „geistige Behinderung" gesehen bzw. verstanden werden sollen.

Wenn schon die Richtlinien von 1973 darauf hinweisen, es sei „nicht zuletzt einer gewissen Veränderung des Bewusstseins der Gesellschaft zuzuschreiben" (1973, 5), dass das Bildungswesen für Geistigbehinderte Beachtung fand, so ist dieses Bewusstsein heute in einem noch intensiveren Sinne gewachsen und offener geworden für die Existenzfragen von Menschen, die wir geistig behindert nennen. Wir sind jedoch der Meinung, dass dieses Bewusstsein noch einer radikaleren Transformation bedarf, besonders seitens derer, die sich professionell um die Belange dieser Menschen bemühen und sich dabei, z.B. an „Empfehlungen" und „Richtlinien" orientieren. Denn ohne eine solche Umorientierung würde sich das Urteil bestätigen, das MÜNCH über die Empfehlungen von 1994 so formuliert hat: „Diese Empfehlungen leiten weniger eine neue Entwicklung ein, sondern bestätigen eher im Nachgang den von heftiger Diskussion begleiteten Perspektivwechsel in der deutschen Sonderpädagogik und die bildungspolitische Entwicklung in den vergangenen 20 Jahren seit Veröffentlichung der Empfehlungen des Bildungsrates. Der Ausgangspunkt der Betrachtung ist nach wie vor das bestehende Sonderschulsystem. Entsprechend werden diese zurückhaltenden Empfehlungen in fachwissenschaftlichen Reaktionen weniger als aktive innovationsgeleitete Richtungsentscheidung, denn als überfällige Korrektur der bestehenden Verlautbarungen von 1960, 1965 und 1972, die mit der schulpolitischen und gesetzgeberischen Wirklichkeit nicht mehr übereinstimmen, sowie als Spiegel der aktuell bestehenden föderalen Vielfalt auf dem bildungspolitisch kleinsten konsensfähigen Nenner kommentiert" (MÜNCH 1997, 35).

Kritischer Kommentar zum Förder- und Behinderungsbegriff

Trotz der vielen, bisher teils nur angedeuteten positiven Aspekte der Empfehlungen, ist kritisch anzumerken, dass den mit Schule sowohl in der Theorie als auch in der Praxis genuin verbundenen Begriffen Unterricht, Erziehung und Bildung in den Empfehlungen eine nachrangige Bedeutung zuzukommen scheint, da die sonderpädagogische Förderung als zentrale Kategorie sowohl Grundlage als auch Fokus des Beschlusses der Kultusministerkonferenz bildet. Auch wenn SPECK (1987, 225) bezugnehmend auf die Empfehlungen des Deutschen Bildungsrates von 1973 feststellt, dass der Begriff pädagogische Förderung breite Geltung erlangt hat und deren Methoden und Mittel Erziehung, Unterricht und Therapie sind, bleiben bis heute grundlegende Probleme bestehen.

Förderung – ein inhaltsleerer Begriff?

Obwohl BEGEMANN (1992) in einer sorgfältig recherchierten kritischen Analyse dargelegt hat, dass der Begriff Förderung nicht nur durch Unschärfe und fehlende inhaltliche Bestimmung gekennzeichnet ist, sondern auch (schul)pädagogischer Tradition entbehrt, bildet dieser Terminus die tragende Kategorie, ohne dass diese Unzulänglichkeit erkannt und benannt wird.

Förderung – ein defizit- und kompensationsorientierter Begriff?

Obwohl in den Abschnitten „Sonderpädagogischer Förderbedarf" und „Feststellung von Sonderpädagogischem Förderbedarf" explizit keine defizitorientierten Aussagen getroffen werden, wird doch ein Mangel bezüglich terminologischer Schärfe sichtbar. Zwar wird durch allgemeine und unkonkrete Umschreibungen versucht, diese negative Tendenz zu vermeiden und Kompetenzorientierung zu proklamieren, was jedoch weder zu einer theoretischen Absicherung noch zu einer Klärung hinsichtlich der praktischen Bedeutung führt. Damit ist den praktizierenden Pädagogen und Pädagoginnen wenig gedient. Eine exemplarische Analyse der Interpretationen von Förderung in den Arbeiten von SPECK (1987), FRÖHLICH (1991) und THEUNISSEN (1992) lässt FORNEFELD (1995, 91) zu dem Ergebnis kommen: „Alle drei Autoren thematisieren die Förderung in engem Zusammenhang mit der gestörten oder verzögerten Entwicklung behinderter Kinder. Förderung soll Entwicklung ermöglichen. (...) Zum einen ist beeinträchtigte Entwicklung Grund für das Ersetzen des Erziehungsbegriffs durch den der Förderung und zwar in dem Sinne, dass die Entwicklungsabweichungen besondere pädagogische Zugänge verlangen, eben nicht Erziehung und Unterricht, sondern Förderung, Therapie, Pflege. Andererseits richtet sich Förderung aber gerade auf die ‚behinderte' Entwicklung. Sie scheint Anlass für und Ziel von Förderung zu sein."

Förderung – ein segregierender Begriff?

Mit der Einführung des Terminus' sonderpädagogischer Förderbedarf wird der Begriff Sonderschulbedürftigkeit, dem segregierende Funktion zukam, ersetzt, d.h. sonderpädagogische Förderung kann auch in allgemein bildenden Schulen erfolgen. Allerdings wird trotz dieser Absichtserklärung der Kultusminister durch die Betonung des bestehenden Sonderschulsystems – die Umschreibung durch die Förderschwerpunkte zeigt euphemistische Tendenzen – sowie die Hinweise auf weitere institutionelle Hilfen für Menschen mit Behinderung eine Akzentuierung erkennbar, die eher auf sonderpädagogische Förderung im Sinne spezieller Förderung als im Sinne integrierender Förderung hindeutet. Dies wird nicht zuletzt auch daran ablesbar, dass die Entscheidung über den Förderort nicht ausschließlich von den individuellen Bedürfnissen des Kindes, sondern wesentlich von den äußeren Bedingungen mitbestimmt wird, ohne dass Kriterien für die Gewichtung der einzelnen Aspekte genannt werden.

Förderung – ein Bildung ersetzender Begriff?

Obwohl dem Wert und dem Verständnis von Bildung in der Pädagogik als auch in gesellschaftspolitischen und kulturhistorischen Kontexten neben den Begriffen Erziehung und Unterricht zentrale Bedeutung zukommt, scheint der Bildungsbegriff in den Empfehlungen zur sonderpädagogischen Förderung eine untergeordnete Rolle einzunehmen, da er – von wenigen Passagen ausgenommen – entweder durch den Terminus Förderung ersetzt oder unter ihm subsumiert wird bzw. als ihm äquivalenter Begriff fungiert. Dieses die pädagogische Tradition und die jüngste Geschichte ignorierende Faktum, ist umso unverständlicher, da gerade Menschen mit geistiger bzw. schwerer geistiger Behinderung durch die Aberkennung ihres Rechts auf Bildung in ihrer Existenz bedroht waren und selbst heute immer wieder ihr Recht auf Leben Gegenstand öffentlicher Diskussionen werden kann (ANTOR/BLEIDICK 1995). Zwar existiert, wie eine Synopse von ELLGER-RÜTTGARDT (1995) belegt, in den meisten Bundesländern eine allgemeine Schulpflicht, die das Recht auf den Schulbesuch einschließt, dennoch lassen sich Unterschiede zwischen den einzelnen Bundesländern erkennen. Dies veranlasste 1994 DIE DEUTSCHE VEREINIGUNG FÜR DIE REHABILITATION BEHINDERTER E.V. dazu, eine Resolution zur Pädagogischen Förderung von Kindern und Jugendlichen mit schwersten Behinderungen zu veröffentlichen (ELLGER-RÜTTGARDT 1995, 137). Durch Rezeption (KLAFKI 1959/1985) und Weiterentwicklung des Bildungsbegriffes (SPECK 1998/STINKES 1999) hätte – wie ja ausdrücklich betont „im Zuge des Zusammenwachsens der alten und der neuen Länder" in der Bundesrepublik Deutschland – die angesprochene Heterogenität in der Schulgesetzgebung bei der Formulierung der Empfehlungen aufgegriffen und zu einem tragfähigen und zukunftsorientierten Konsens geführt werden können. Damit wäre gleichzeitig das Fundament für eine überzeugende Argumentationskette gelegt worden (ANTOR/BLEIDICK 2000, 95-102), die gegen Tendenzen angeführt werden könnten, die SPECK in seiner Schrift „Bildung – ein Grundrecht für alle" (1998) als „Aktuelle Besorgnisse zur schulischen Situation" vorträgt.

Förderung – ein richtlinien-/lehrplanrelevanter Begriff?

Zusammen mit den in Ergänzung zu den 1994 erschienen Empfehlungen bilden die 1998 verabschiedeten Empfehlungen zum Förderschwerpunkt geistige Entwicklung in den einzelnen Bundesländern die Grundlage für die Entwicklung und Gestaltung der Richtlinien und Lehrpläne für den Unterricht mit Schülerinnen und Schülern mit geistiger oder schwerer geistiger Behinderung. Inwieweit der Terminus Förderung zur Bestimmung und Legitimation der Grundlagen pädagogischen Handelns im schulischen Kontext dienen kann, erscheint uns unsicher und zweifelhaft. Er ist theoretisch nicht begründet und es können keine praktischen Leitlinien abgeleitet werden, die ein übergreifendes Konzept beschreiben, wie dies Bildung, Erziehung und Unterricht vermögen.

Behinderung

Die Empfehlungen 1994 geben zwar Hinweise, dass sie „einem gewandelten pädagogischen Selbstverständnis" und „erziehungswissenschaftlichen Denkanstößen" Rechnung tragen wollen, aber sie lassen uns doch im Unklaren, was damit gemeint sein könnte. Dies ist umso problematischer, als die Umsetzung der Empfehlungen in die besondere Verantwortung der Pädagogen und Pädagoginnen und anderer mit Schule verknüpfter Institutionen gestellt ist. Die Schwierigkeiten, die sich ergeben werden, wollten wir mit den Hinweisen auf das Verständnis von Förderung andeuten.

Die Wurzeln all dieser Ungewissheiten aber liegen letztlich darin, dass wir Sonderpädagogen und Sonderpädagoginnen ein einseitiges und heute nicht mehr tragfähiges Verständnis von Behinderung haben. An dieser Stelle können wir nicht die notwendige Diskussion hierüber in ihrer Breite und Tiefe führen. Wir beschränken uns daher bewusst nur auf Hinweise.

Einseitig denken und handeln wir, weil wir als Nichtbetroffene die Betroffenen nicht zu Wort kommen lassen, weil wir als Nichtbetroffene Aussagen treffen über andere, deren Existenz für uns selbst nicht vorstellbar ist und schließlich weil wir unsere eigenen Erkenntnispotentiale nicht ausschöpfen bzw. die Transformationen nicht mit vollziehen wollen, die uns heute durch die ethische Verpflichtung aus der Erkenntnis über unsere Erkenntnis abverlangt werden. Würden wir unsere Erkenntnispotentiale ernst nehmen, dann ließen sich unsere Sekuritäten und Gewissheiten leicht als „Wahn" entlarven.

Betroffene – ob sie Birger SELLIN, Katja ROHDE, Fredi SAAL oder anders heißen – und auch all diejenigen die sich ‚nur' im leiblichen Dialog uns öffnen –, sind Zeugen einer Lebenserfahrung und Lebensdeutung, die nicht weniger wichtig und richtig sind, als Deutungen von außen, die durchgängig wissenschaftliche Erkenntnisprozesse charakterisieren. Aber nehmen wir diese Betroffenen wirklich wahr?

Nichtbetroffene – das sind wir alle: Eltern, Pädagogen, Ärzte, Psychologen, Politiker und viele andere. Wir machen uns ein Bild vom Menschen, das uns im Denken über ihn und im Umgang mit ihm leiten soll. Das Bild, das wir – als Nichtbetroffene – von der geistigen Entwicklung unter beeinträchtigten und erschwerten Bedingungen zeichnen, trägt den Titel: ‚Menschen mit geistiger Behinderung'. Und wie wir schon dargestellt haben, wird bei geistiger Behinderung davon ausgegangen, dass ihre Ursache insbesondere in zentralnervösen Schädigungen und genetischen Abweichungen, neben unbekannten Beeinflussungen zu suchen sei. LINDEMANN/VOSSLER machen eben erneut darauf aufmerksam – und sie reihen sich hier in eine immer länger werdende Linie von gegenwärtigen Wissenschaftlern ein –, dass dieses vorauslaufende Wissen, bedingt durch ein monokausales Denken, den anderen zum defektiven, defizitären, anomalen Menschen macht, wobei die Frage ganz offen bleibt, „welchen Anteil organische, neurologische, genetische oder biochemische Merkmale am Entstehen von Behinderung haben und welcher Anteil in der sozialen Akzeptanz bestimmter Verhaltensweisen seinen Ursprung hat" (LINDEMANN/ VOSSLER 2000, 102 f.). Diese Frage stellen sie hier auch nicht in den Vordergrund, sondern sie fragen nach „den Auswirkungen des im Behinderungsbegriff festgelegten Menschenbildes" (103). Unter Bezugnahme auf die aktuellste Definition von Behinderung durch die Weltgesundheitsorganisation (WHO) unterstreichen sie die veränderte Terminologie als auch die veränderte Logik. Zwar bleibt der Schädigungsbegriff (impairment) noch bestehen, aber anstelle der Beeinträchtigung (disabilty) tritt die Beschreibung von Fähigkeiten (activity) und der Begriff Behinderung (handicap) geht auf im Verständnis und in der Forderung nach sozialer Teilhabe (participation). LINDEMANN/VOSSLER sind sich im klaren: „Eine Sichtweise von Menschen, die davon ausgeht, dass Behinderung nicht auf eine bestimmte Ursache zurückgeführt werden kann, sondern erst in der Interaktion geschaffen wird, widerspricht in vielen Punkten nicht nur der alltäglichen Erfahrung, sondern auch vielen Bereichen traditionellen wissenschaftlichen Denkens" (109).

Ein solcher Perspektivenwechsel in der Betrachtung vom Menschen wird aus den Empfehlungen nicht ersichtlich, weil er nicht thematisiert wird. Diejenigen aber, die mit diesen Empfehlungen ‚arbeiten' sollen, können hier nicht alleine gelassen werden! „Da jede Entscheidung für eine Sichtweise, sei sie linear oder nicht, andere Sichtweisen und Handlungsmöglichkeiten ausschließt, liegt bei jedem einzelnen aber nicht nur die Möglichkeit der Entscheidung, sondern auch die Verantwortung für seine Sicht der Welt und ihre Konsequenzen. Die Ablehnung einer linearen Erklärung von Behinderung kann daher nicht nur den Wechsel zu anderen Modellen bedeuten, sondern muss jedem Menschen nahe legen, sich aktiv für seine Sichtweise und ihre Konsequenzen zu entscheiden" (110).

Auf erkenntnistheoretischer Ebene diskutieren wir u.a. systemisch-konstruktivistische Grundlagen der menschlichen Erkenntnis, welche die biologischen Wurzeln des Erkennens – und damit auch die „biologische Dimension" des sogenannten „geschädigten" Menschen – in die Kontinuität respektive Komplementarität zum Sozialen zu stellen vermag (MATURANA/VARELA, WAGNER). Dass in diesem Zusammenhang dann auch der „Schädigungsbegriff" obsolet wird, soll hier nur angedeutet werden.

In den Umgang mit den Empfehlungen sollten solche Auseinandersetzungen unbedingt einfließen.

Eine Pädagogik für alle – ohne besondere Bedürfnisse?

Wenn wir noch einmal an LINDEMANN/VOSSLER anknüpfen, dann scheint eine Pädagogik, der es um die „geistige Entwicklung" eines Menschen geht, am Scheideweg zu stehen, zumindest insoweit, als jeder Pädagoge und jede Pädagogin sich für eine Sichtweise begründet entscheiden muss. Entscheidungshilfen sind nicht leicht zugänglich.

Folgen wir der Philosophie autopoietischer Systeme, so ist die Gewissheit einer Person über ihre eigene Selbst- und Weltsicht genauso legitim, wie die einer anderen. Also wie entscheiden? „Die einzige Chance für die Koexistenz ist also die Suche nach einer umfassenderen Perspektive, einem Existenzbereich, in dem beide Parteien in der Hervorbringung einer gemeinsamen Welt zusammenfinden. Ein Konflikt ist immer eine gegenseitige Negation. Er läßt sich niemals in dem Bereich lösen, in dem er stattfindet, wenn die beiden Parteien sich ihrer Sache ‚sicher' sind. Ein Konflikt ist nur zu überwinden, wenn wir uns in einen anderen Bereich bewegen, in dem Koexistenz statt findet. Das Wissen um dieses Wissen ist der soziale Imperativ jeder auf dem Menschlichen basierenden Ethik" (MATURAN/VARELA 1987, 264 f.). Von solchen verschiedenen Standpunkten und ihrer Konsensfindung her ist dann auch die Forderung des Europäischen Behindertenforums, einer Vereinigung von Betroffenen, zu verstehen: „Das letztendliche Ziel der Behindertenbewegung ist eine Gesellschaft für alle Menschen, ohne ‚besondere Bedürfnisse'" (EQUATE 1999, 4). Dieses Ziel überzeugt und hätte zur Konsequenz: Eine Pädagogik für alle – ohne besondere Bedürfnisse.

Aber sind das nicht alles gewagte Phantasien, nebulöse Visionen, entgrenzte Utopien? Oder ist es möglich, dass andere „Welten" entstehen, konstruiert, modelliert werden können?

Im Rahmen des SOKRATES-Projektes INTEGER haben 16 Wissenschaftliche Hochschulen aus elf europäischen Nationen ein Curriculum einer integrativen Lehrerausbildung entwickelt. Es ist in einer ersten Ausarbeitung im Internet zugänglich: *http://www.integer.pa-linz.ac.at*

Natürlich geht es im vorliegenden Kontext nicht um Ausbildungsfragen. Aber es stehen Innovationsimpulse von grundsätzlicher Bedeutung zur Diskussion, die unseres Erachtens in den Empfehlungen nicht systematisch aufgearbeitet und integrierend dargestellt sind. Wir sind uns natürlich bewusst, wie schwierig es ist, in einem föderalen System unter Berücksichtigung unterschiedlichster Ebenen den bildungspolitischen Weg zu Schulreformen zu gestalten. Aber Schwierigkeiten entbinden und entpflichten nicht, sich um vielgestaltige Lösungen zu bemühen.

Das Projekt INTEGER hat sich dieser herausfordernden Aufgabe gestellt. Es könnte richtungsweisende Erkenntnisse und Erfahrungen vermitteln. In seiner Orientierung an fünf grundlegenden Ebenen erkenntnistheoretischer, entwicklungslogischer, pädagogisch-didaktischer, gesellschaftlich-sozialer und gesellschaftlich-legislativer Perspektiven ist es ein Beispiel für ein integrales Bewusstsein (GEBSER) einer vielfältigen postmodernen Welt.

Wer sich mit ihm befasst, wird immer auf die Verbindung von Theorie, Praxis und eigener Person verwiesen. Genau darum geht es auch im Umgang mit den Empfehlungen! Die für die Ausarbeitung von Richtlinien verantwortlichen Experten sollten sich die transformativen Impulse zu eigen machen. Der vorliegende READER ist dafür eine ausgezeichnete Grundlage.

Literatur

ANTOR, G./BLEIDICK, U.: Recht auf Leben – Recht auf Bildung. Heidelberg 1995

ANTOR, G./BLEIDICK, U:: Behindertenpädagogik als angewandte Ethik. Stuttgart 2000

BEGEMANN, E.: „Sonder(schul)Pädagogik: Zur Notwendigkeit neuer Orientierungen. In: Zeitschrift für Heilpädagogik 43 (1992) 217-267

DEUTSCHER BILDUNGSRAT. Empfehlungen der Bildungskommission. Zur pädagogischen Förderung Behinderter und von Behinderung bedrohter Kinder und Jugendlicher. Bonn 1973

DREHER, W.: Eine Gesellschaft für alle Menschen – ohne besondere Bedürfnisse. In: Behinderte in Familie, Schule und Gesellschaft 23 (2000), 50-57

ELLGER-RÜTTGARDT, S.: Die aktuelle bildungspolitische Diskussion um die Förderung von Kindern und Jugendlichen mit schwersten Behinderungen. In: Zeitschrift für Heilpädagogik 46 (1995), 132-138

EQUATE, Zeitschrift des europäischen Behindertenforums. Ausgabe 5. 1999

FORNEFELD, B.: Das schwerstbehinderte Kind und seine Erziehung. Heidelberg 1995

FRÖHLICH, A.: Ganzheitliche Entwicklungsförderung. In: Fröhlich, A. (Hrsg.): Pädagogik bei schwerster Behinderung. Handbuch der Sonderpädagogik Bd.12. Berlin 1992, 155-168

GEBSER, J.: Gesammelte Werke in 8 Bänden. Schaffhausen 1978

HEINEN,H.: Die Menschen stärken, die Sache klären. In: Heinen,N./Lamers, W.(Hrsg.): Geistigbehindertenpädagogik als Begegnung. Düsseldorf 2000, 159-175

INTEGER: Internet - *http://www.integer.pa-linz.ac.at*

KLAFKI, W.: Das pädagogische Problem des Elementaren. Weinheim 1959

KLAFKI, W.: Neue Studien zur Bildungstheorie und Didaktik. Weinheim 1985

LAMERS, W.: Goethe und Matisse für Menschen mit einer schweren Behinderung. In: Heinen, N./Lamers, W. (Hrsg.): Geistigbehindertenpädagogik als Begegnung. Düsseldorf 2000, 177-206

LINDEMANN, H./VOSSLER, N.: Die Behinderung liegt im Auge des Betrachters. In: Geistige Behinderung 39 (2000), 100-111

MATURANA, H.R./VARELA, F.J.: Der Baum der Erkenntnis. Die biologischen Wurzeln des menschlichen Erkennens. Bern 1987

MÜNCH, J.: Sonderpädagogische Aufgabenstellungen, Lehrerbildung und Fernstudium. Evaluation und Perspektiven eines Modells wissenschaftlicher Weiterbildung. Weinheim 1997

RICHTLINIEN für die Schule Geistigbehinderte (Sonderschule) in Nordrhein-Westfalen. Ratingen, 1973

RICHTLINIEN und Lehrpläne für die Schule für Geistigbehinderte (Sonderschule) in Nordrhein-Westfalen. Köln 1980

ROHDE, K.: Ich Igelkind. Botschaften aus einer autistischen Welt. München [2]1999

SAAL, F.: Eingriffe – Angriffe oder Wer meine Behinderung nicht will, wer kann dann den Menschen an sich wollen? In: Behinderte in Familie, Schule und Gesellschaft 13 (1990) 5-9

SELLIN, B.: Ich will kein inmich mehr sein. botschaften aus einem autistischen kerker. Köln 1993

SELLIN, B.: ich deserteur einer artigen autistenrasse. neue botschaften an das volk der oberwelt. Köln 1995

SPECK, O.: System Heilpädagogik. München 1987

SPECK, O.: Bildung – ein Grundrecht für alle. In: Dörr, G. (Hrsg.): Neue Perspektiven in der Sonderpädagogik. Düsseldorf 1998, 33-55

STINKES, U.: Auf der Suche nach einem veränderten Bildungsbegriff. In: Behinderte in Familie, Schule und Gesellschaft 22 (1999) 73-82

THEUNISSEN, G.: Neue Ansätze zur Förderung schwerstbehinderter Menschen und Perspektiven für die heilpädagogische Arbeit. In: Zeitschrift für Heilpädagogik 43 (1992) 16-27

WAGNER, M.: Menschen mit geistiger Behinderung – Gestalter ihrer Welt. Bad Heilbrunn 1995

Empfehlungen zum Förderschwerpunkt Lernen

Beschluss der Kultusministerkonferenz vom 1.10.1999

In Ergänzung zu den „Empfehlungen zur sonderpädagogischen Förderung in den Schulen in der Bundesrepublik Deutschland" – Beschluss der Kultusministerkonferenz vom 6.5.1994 – werden zu den Förderschwerpunkten im Bereich des Lern- und Leistungsverhaltens, insbesondere des schulischen Lernens und des Umgehen-Könnens mit Beeinträchtigungen beim Lernen (vgl. Ziffer III, 2 der o. a. „Empfehlungen ...") hiermit die „Empfehlungen zum Förderschwerpunkt Lernen" vorgelegt.

1. Ziele und Aufgaben

1.1 Allgemeines

Sonderpädagogische Förderung soll das Recht der Kinder und Jugendlichen mit Förderbedarf im Bereich des Lern- und Leistungsverhaltens, insbesondere des schulischen Lernens, und des Umgehen-Könnens mit Beeinträchtigungen beim Lernen auf eine ihren individuellen Möglichkeiten entsprechende schulische Bildung und Erziehung verwirklichen. Sie soll die Schülerinnen und Schüler mit Lernbeeinträchtigungen darauf vorbereiten, erfolgreich und weitgehend selbstständig ihr Leben in Familie und Freizeit, in Gesellschaft und Staat, in Berufs- und Arbeitswelt, in Natur und Umwelt zu bewältigen.

Lernen als Entfaltung der eigenen Kräfte sowie als Aneignung von Kenntnissen, Fähigkeiten und Fertigkeiten vollzieht sich im Austausch des Individuums mit seiner Umwelt. In diesem Wechselwirkungsprozess stehen dem Lernenden seine vielfältigen Dispositionen zur Verfügung, um das Wissen und Können zu erweitern und Lernstrategien und Leistungsfähigkeit zu entwickeln. Lernen mit dem Ziel der selbstständigen und entwicklungsfördernden Auseinandersetzung des Einzelnen mit sich und seiner Umwelt setzt Ganzheitlichkeit der Inhalte sowie Strukturiertheit der Lernformen und Lernverläufe voraus. Intensität und Effektivität des Entwicklungs- und Aneignungsprozesses werden durch Aktivität und Selbstbestimmtheit des Lernenden positiv beeinflusst und es werden die Handlungskompetenzen im Sinne einer bestmöglichen Persönlichkeitsentwicklung erweitert. Lernprozesse verlaufen bei den Kindern und Jugendlichen nicht einheitlich; sie unterliegen einer Vielzahl von förderlichen und hemmenden Bedingungen.

Bei Schülerinnen und Schülern mit Beeinträchtigungen des Lernens ist die Beziehung zwischen Individuum und Umwelt dauerhaft bzw. zeitweilig so erschwert, dass sie die Ziele und Inhalte der Lehrpläne der allgemeinen Schule nicht oder nur ansatzweise erreichen können. Diesen Kindern und Jugendlichen und ihren Eltern muss Hilfe durch Angebote im Förderschwerpunkt Lernen zuteil werden.

Sonderpädagogische Förderung im Bereich des Förderschwerpunkts Lernen orientiert sich grundsätzlich an den Bildungs- und Erziehungszielen der allgemeinen Schule und erfüllt Bildungsaufgaben, die sich aus der Lebenswirklichkeit der Schülerinnen und Schüler mit Beeinträchtigungen des Lernens ergeben. Sie fördert durch geeignete und strukturierte Lernsituationen vor allem Denkprozesse, sprachliches Handeln, den Erwerb von altersentsprechendem Wissen, emotionale und soziale Stabilität sowie Handlungskompetenz.

Sonderpädagogische Förderung unterstützt und begleitet die Schülerinnen und Schüler durch möglichst frühzeitig einsetzende Hilfen. Dabei gilt es, soziokulturell bedingte Benachteiligungen und soziale Randständigkeit zu berücksichtigen sowie psychosoziale Verletzungen zu beachten. Auswirkungen von Beeinträchtigungen vor allem in den grundlegenden Bereichen der Lernentwicklung wie Denken, Gedächtnis, sprachliches Handeln, Wahrnehmung, Motorik, Emotionalität und Interaktion werden gemindert und durch Förderung individueller Stärken kompensiert.

Sonderpädagogische Förderung hilft den Schülerinnen und Schülern und ihren Eltern durch Beratung, Begleitung und Anleitung bei der alltäglichen Lebensgestaltung, der Berufsorientierung und der Berufsfindung. Sie ist bestrebt, Interesse zu wecken, individuelle Lernwege zu erschließen und Aneignungsweisen von Bildungsinhalten aufzubauen. Über die Vermittlung von Lernerfolgen werden Selbstbewusstsein und Selbstwertgefühl von Kindern und Jugendlichen mit Lernbeeinträchtigungen gestärkt. Sonderpädagogische Förderung im Bereich des Förderschwerpunkts Lernen hat darüber hinaus die Aufgabe, den Schülerinnen und Schülern eine sachliche und realistische Einschätzung ihrer individuellen Stärken und Schwächen, ihrer Wünsche und Vorstellungen zu ermöglichen.

1.2 Pädagogische Ausgangslage

Die pädagogische Ausgangslage von Kindern und Jugendlichen mit Beeinträchtigungen des Lern- und Leistungsverhaltens, insbesondere des schulischen Lernens, stellt sich vielfach in Verbindung mit Beeinträchtigungen der motorischen, sensorischen, kognitiven, sprachlichen sowie sozialen und emotionalen Fähigkeiten dar. Diese können unmittelbare Auswirkungen auf alle grundlegenden Entwicklungsbereiche haben und zeigen sich vor allem

- in der Grob- und Feinmotorik,
- in Wahrnehmungs- und Differenzierungsleistungen,
- in der Aufmerksamkeit,
- in der Entwicklung von Lernstrategien,
- in der Aneignung von Bildungsinhalten,
- in Transferleistungen,
- im sprachlichen Handeln,
- in der Motivation,
- im sozialen Handeln,
- im Aufbau von Selbstwertgefühl und einer realistischen Selbsteinschätzung.

Beeinträchtigungen in den genannten Entwicklungsbereichen haben wiederum Auswirkungen auf Denken, Orientierungsfähigkeiten sowie Einstellungen und Haltungen. Hierbei werden Ausmaß und Folgen einer Lernbeeinträchtigung insbesondere vom soziokulturellen Umfeld, von der Einstellung und dem Verhalten von Bezugspersonen, vor allem von Familienmitgliedern, beeinflusst.

Sonderpädagogische Förderung orientiert sich an der individuellen und sozialen Situation des Kindes und des Jugendlichen mit Lernbeeinträchtigungen. Sie bezieht ein, dass zur Gruppe von Kindern und Jugendlichen mit Beeinträchtigungen des Lernens Jungen häufiger zählen als Mädchen. Sie schließt die Vorbereitung auf spätere Lebenssituationen ein durch die Anbahnung von Kontakten zu Personen, Gruppen und Einrichtungen, die eine Teilnahme am Leben außerhalb von Schule und über die Schulzeit hinaus ermöglichen. Somit hat sie auch die Aufgabe, die Kinder und Jugendlichen auf ein Leben unter erschwerten

Bedingungen auf die Alltagsbewältigung in Familie und Freizeit, in Gesellschaft und Staat, in Beruf und Arbeitswelt, in Natur und Umwelt vorzubereiten und dazu beizutragen, dass gegebenenfalls notwendige Begleitaufgaben durch andere Maßnahmeträger erfüllt werden.

2. Sonderpädagogischer Förderbedarf

Sonderpädagogischer Förderbedarf ist bei Kindern und Jugendlichen gegeben, die in ihrer Lern- und Leistungsentwicklung so erheblichen Beeinträchtigungen unterliegen, dass sie auch mit zusätzlichen Lernhilfen der allgemeinen Schulen nicht ihren Möglichkeiten entsprechend gefördert werden können. Sie benötigen sonderpädagogische Unterstützung, um unter den gegebenen Voraussetzungen eine bestmögliche Förderung zu erfahren und eine entsprechende Bildung zu erwerben. Dabei können sozialpädagogische, psychologische und medizinisch-therapeutische Hilfen außerschulischer Maßnahmeträger notwendig sein, die einer sorgfältigen Abstimmung mit der sonderpädagogischen Förderung bedürfen. Förderpläne und gegebenenfalls Hilfepläne, die auf der Grundlage des Jugendhilferechts erstellt werden, sind ebenso aufeinander abzustimmen.

Die Ausprägung der Lernbeeinträchtigungen, der Verlauf und die Ergebnisse der bisherigen Förderung, die Bedingungen im sozialen Umfeld, Auffälligkeiten im sensorischen. motorischen und sprachlichen Bereich und im Verhalten sowie konstitutionelle Besonderheiten bestimmen den individuellen Förderbedarf der Kinder und Jugendlichen.

Mit der Bestimmung und Beschreibung des individuellen Sonderpädagogischen Förderbedarfs ist ein komplexes Verständnis von Lernbeeinträchtigungen verbunden, die möglicherweise über einen längeren Zeitraum wirksam sind. Bei der Förderung im vorschulischen Bereich, in der Schule und in der Berufsausbildung können sich die Beeinträchtigungen des Lernens in Ausprägung und Intensität unterschiedlich darstellen.

Bei Kindern und Jugendlichen mit Sonderpädagogischem Förderbedarf kommt es wesentlich darauf an, Voraussetzungen zum altersgemäßen Lernen und Handeln zu schaffen und dabei das Vertrauen in die eigenen Fähigkeiten zu stärken. Hierdurch können sich Leistungsbereitschaft und Leistungsfähigkeit entwickeln. Bei wirklichkeitsnahen und lebensorientierten Aufgaben können sich die Kinder und Jugendlichen handelnd und selbstbestimmt einbringen.

Sonderpädagogische Förderung orientiert sich an Fähigkeiten und Erfahrungen, an Interessen, Neigungen und Wünschen, an Sorgen und Nöten dieser Kinder und Jugendlichen. Für sie muss Schule ein Lebens-, Lern- und Handlungsraum sein, in dem sie eigene Aktivitäten entwickeln, Aufgaben lösen, Konflikte verarbeiten sowie Erfahrungen und Anregungen aufnehmen, weiterführen und auf neue Ziele hinlenken können. Diese Kinder und Jugendlichen sind in der schulischen Förderung einerseits angewiesen auf Geborgenheit und Sicherheit, Zuwendung und Wärme, Anerkennung und Vertrauen, um Selbstwertgefühl und

Leistungskraft entfalten zu können; sie benötigen andererseits Normen und Strukturen zu ihrer Orientierung sowie Regeln für Rücksichtnahme und Hilfsbereitschaft. So können sie schulische Aufgaben für die Gemeinschaft und Mitverantwortung für das Schulleben übernehmen.

Eine auf diese Grundlagen bezogene sonderpädagogische Förderung unterstützt den Austausch von Erfahrungen zwischen Schülerinnen und Schülern, Lehrkräften und Eltern. Dies bietet Möglichkeiten zu Beratung und Anleitung und zu konkreten Hilfen für alle, die in das Schulleben einbezogen sind.

Die Schülerinnen und Schüler müssen in besonderer Weise darauf vorbereitet werden, dass soziale und berufliche Integration ständig eigener Anstrengungen und Umorientierungen bedarf. Dabei sind auch mögliche Misserfolgserlebnisse zu bewältigen und ihre Ursachen zu klären.

3. Feststellung des Sonderpädagogischen Förderbedarfs

Die Feststellung des Sonderpädagogischen Förderbedarfs kann von Eltern, Schulen und gegebenenfalls von anderen zuständigen Diensten beantragt werden.

Sonderpädagogischer Förderbedarf wird im Rahmen einer interdisziplinären Verlaufsdiagnostik ermittelt, die an förder- und entwicklungsdiagnostischen Kriterien orientiert ist. Die Feststellung Sonderpädagogischen Förderbedarfs umfasst die Analyse der Person-Umfeld-Bedingungen, die Ermittlung des individuellen Entwicklungsstandes und der Lernausgangslage sowie eine Empfehlung zur Entscheidung über den notwendigen Förderumfang und den entsprechenden Lernort. Eine Feststellung Sonderpädagogischen Förderbedarfs findet in der Verantwortung von Schule und Schulaufsicht statt, die entweder selbst über eine auf den Förderschwerpunkt Lernen bezogene sonderpädagogische Kompetenz verfügen bzw. fachkundige Beratung hinzuziehen.

3.1 Ermittlung des Sonderpädagogischen Förderbedarfs

Bei der Ermittlung des Sonderpädagogischen Förderbedarfs sind die diagnostischen Fragestellungen auf ein qualitatives und quantitatives Profil der Fördermaßnahmen gerichtet, das Grundlage für die Förderung und die angestrebte Empfehlung zur Schullaufbahn ist. Es sind Art und Umfang des Förderbedarfs durch hierfür qualifzierte Sonderschullehrkräfte zu beurteilen; darüber hinaus sind die im konkreten Einzelfall gegebenen und organisierbaren Formen der Förderung und ihre Rahmenbedingungen in der Schule abzuklären, welche die Schülerin oder der Schüler besucht oder besuchen soll. Die Ermittlung des Sonderpädagogischen Förderbedarfs geschieht unter Mitwirkung aller Beteiligten und bezieht soweit erforderlich eine medizinische und psychologische Diagnostik ein.

In der Person-Umfeld-Analyse werden das schulische und das weitere soziale Umfeld sowie dessen Wirkungen und Veränderungsmöglichkeiten aufgezeigt. Es bedarf der Darstellung des bisherigen Entwicklungsverlaufs sowie der Erfassung des aktuellen Entwicklungsstands in Bezug auf Kognition, Sensorik, Motorik, Sprache und Kommunikation, Emotionalität und Sozialkompetenz sowie Lern- und Leistungsverhalten. Schließlich sind der sozialpädagogische und der therapeutische Bedarf im sprachlichen und sozialen Handeln zu prüfen. Hierfür werden gegebenenfalls andere Maßnahmeträger einbezogen.

Unerlässlich sind in diesem Zusammenhang Gespräche mit den Eltern und mit dem bisherigen Erziehungs- und Lehrpersonal der Kinder und Jugendlichen. Bewährt haben sich eine Analyse von Schülerarbeiten sowie Beobachtungen im Unterricht und in außerunterrichtlichen Situationen im Hinblick auf das Leistungs- und Sozialverhalten. Informelle und standardisierte Verfahren geben wichtige Informationen zum Entwicklungs-, Lern- und Leistungsstand.

Hierbei werden Informationen, sofern sie für die schulische Förderung bedeutsam sind, vor allem zu folgenden Bereichen erhoben:

- allgemeiner Entwicklungs- und Lernverlauf,
- bisherige Förderungs- und Unterstützungsangebote,
- aktueller schulischer Leistungsstand,
- Wahrnehmungsfähigkeit und Wahrnehmungsverarbeitung,
- Seh-, Hör- und Sprachvermögen,
- kognitive Fähigkeiten und praktische Fertigkeiten,
- Kommunikations- und Interaktionsfähigkeiten,
- Erleben und Verhalten, Handlungskompetenzen und Aneignungsweisen,
- soziale Einbindung,
- individuelle Erziehungs- und Lebensumstände,
- Selbstständigkeit, Selbstwertgefühl, Emotionalität,
- Erkrankungen und deren Folgen,
- schulische und berufliche Perspektiven.

Die erhobenen Daten und gewonnenen Erkenntnisse werden unter Beachtung von Stellungnahmen aller am Verfahrensprozess Beteiligten von einer im Förderschwerpunkt sonderpädagogisch qualifizierten Lehrkraft bewertet und in einem Gutachten mit einer Empfehlung zur Entscheidung über notwendige Fördermaßnahmen zusammengefasst. Die Ergebnisse des Gutachtens bilden die Grundlage für einen fortzuschreibenden individuellen Förderplan.

3.2 Entscheidung über den Bildungsgang und den Förderort

Die sonderpädagogische Förderung erfolgt in allgemeinen Schulen, in Sonderschulen und im Rahmen der Arbeit Sonderpädagogischer Förderzentren. Auf der Grundlage der Empfehlungen und unter Beteiligung der Eltern[1] sowie unter Beachtung der jeweils gegebenen

[1] In einigen Ländern haben die Eltern die Wahlfreiheit.

bzw. bereitstellbaren personellen, sächlichen und räumlichen Bedingungen entscheiden Schule und Schulaufsicht, ob die Schülerin oder der Schüler in eine allgemeine Schule aufgenommen wird, dort verbleibt oder Unterricht und Förderung in einer Sonderschule, durch ein Sonderpädagogisches Förderzentrum oder in kooperativen Förderformen erhält.

Bei dieser Entscheidung können auch Einrichtungen mit ergänzenden Betreuungs- oder Ganztagsangeboten in Anspruch genommen werden. Diese sind im Vorfeld einer Entscheidung der Schulbehörde in Abstimmung mit den Eltern und in Zusammenarbeit mit verschiedenen Maßnahmeträgern, z.B. Schulträgern und Trägern der Sozialhilfe und Jugendhilfe, zu prüfen.

Für Schülerinnen und Schüler, die sonderpädagogischer Förderung in weiteren Schwerpunkten bedürfen, ist den Empfehlungen zu den entsprechenden Förderschwerpunkten Rechnung zu tragen.

Bei jeder einzelnen Entscheidung sind zu beachten:
- Umfang des Sonderpädagogischen Förderbedarfs,
- Stellungnahme der Eltern, gegebenenfalls beratender Gremien, Fördermöglichkeiten an allgemeinen Schulen und anderen Lernorten,
- Verfügbarkeit des erforderlichen sonderpädagogischen Personals einschließlich ambulanter sonderpädagogischer Dienste,
- Bereitstellung spezieller Lehr- und Lernmittel,
- Stellungnahme der Maßnahmeträger.

Unter Berücksichtigung der Auswirkungen einer Lernbeeinträchtigung ist derjenige Lernort zu wählen, der auf bestmögliche Weise dem Förderbedarf des Kindes und Jugendlichen sowie seiner Sozial- und Persönlichkeitsentwicklung gerecht wird und auf die gesellschaftliche Eingliederung sowie auf Berufs- und Arbeitsanforderungen vorbereiten kann. Alle Entscheidungen über den individuellen Förderbedarf erfordern eine Überprüfung in geeigneten Zeitabständen.

4. Erziehung und Unterricht

Ziele und Inhalte von Erziehung und Unterricht richten sich nach der Lernausgangslage der Schülerinnen und Schüler mit Sonderpädagogischem Förderbedarf. Dabei sind Erziehung und Unterricht als Einheit zu betrachten. Dies gilt grundsätzlich für alle Lernorte.

Die Kinder und Jugendlichen mit ihren Fähigkeiten und Neigungen, mit ihren Bedürfnissen nach Geborgenheit und Schutz, nach Anerkennung, Selbsttätigkeit und Bewegung sowie dem Bedürfnis, etwas zu leisten, sollen in konkrete Lern- und Lebenssituationen geführt werden und sich als handelnde Personen erleben. Erziehung und Unterricht bilden eine wesentliche Grundlage für die Persönlichkeitsentwicklung, vor allem in den Bereichen des Verhaltens, des Denkens und der Sprache.

Ziel aller erzieherischen und unterrichtlichen Bemühungen ist es, dass sich die Schülerinnen und Schüler zu handlungsfähigen, selbstständigen und eigenverantwortlichen Persönlichkeiten entwickeln. Erziehung und Unterricht stärken die Kinder und Jugendlichen in Kommunikation und Interaktion. Darüber hinaus helfen sie bei der Entfaltung einer Grundhaltung, die von Selbstachtung, Solidarität, Hilfsbereitschaft, Verantwortung, gegenseitiger Achtung und Rücksichtnahme getragen ist. Erziehung und Unterricht berücksichtigen die aktuelle Lebenssituation der Schülerinnen und Schüler.

Erziehung und Unterricht schließen auch die Auseinandersetzung des Kindes und Jugendlichen mit seiner Beeinträchtigung und den Reaktionen der Umwelt auf diese ein. Sie sind ausgerichtet auf die Entwicklung eines wirklichkeitsbezogenen Selbstbildes, auf die Stärkung des Selbstwertgefühls, auf die Festigung der Persönlichkeit durch Aufbau kompensatorischer Fähigkeiten sowie auf die Verwirklichung der Fähigkeit, eigene Interessen in angemessener Weise zu vertreten und Verantwortung für sich selbst und andere zu übernehmen.

In Erziehung und Unterricht werden Zusammenhänge hergestellt, in denen die Kinder und Jugendlichen sich ihrer Lernfähigkeiten, Interessen und Neigungen bewusst werden und dafür Anerkennung erlangen. Die Erfahrung, sich mit den eigenen Motiven, Fragen und Zielvorstellungen als handelnde Personen zu erleben, hilft Misserfolge zu überwinden und Identität zu finden. Deshalb sind Schulen, in denen Kinder und Jugendliche mit Lernbeeinträchtigungen unterrichtet werden, zu Lebens-, Lern- und Handlungsräumen auszugestalten. Sie sollen als Orte der Begegnung zwischen Lehrerinnen und Lehrern, Schülerinnen und Schülern sowie Eltern und Personen im weiteren Umfeld begriffen werden, wo lebendige und wirklichkeitsnahe Erfahrungen für umfassende persönlichkeitsbildende Prozesse und für eine individuelle Förderung erlebt und angenommen werden können. Schule schafft auf diese Weise ein förderliches Lernklima. Sie erzieht zu einem gewaltfreien und friedlichen Miteinander, zu Akzeptanz für Schwächere, Rücksichtnahme sowie Achtung vor dem Mitmenschen. Schule ist für Schülerinnen und Schüler auch ein Lern- und Lebensraum, der für die Entwicklung von Leistungszutrauen genutzt wird.

Der Unterricht im Förderschwerpunkt Lernen geht von den Bildungszielen und Lerninhalten der allgemeinen Schule aus. Diese Ziele und Inhalte des Unterrichts werden mit Blick auf die Lernvoraussetzungen und den Sonderpädagogischen Förderbedarf der Schülerinnen und Schüler modifiziert. Einem differenzierten Lern- und Unterrichtsangebot wird in einem Bildungsgang mit entsprechend modifizierten und eigenständigen Richtlinien und Lehrplänen entsprochen.

Didaktik und Methodik berücksichtigen die individuellen Möglichkeiten und Fähigkeiten, beziehen Leistungsbereitschaft, Erfahrungen, Interessen und Neigungen der einzelnen Schülerin oder des einzelnen Schülers in der Lerngruppe ein und orientieren sich an deren Lebenswelt. Binnendifferenzierung und Individualisierung haben einen angemessenen Stellenwert. In einem Förderplan werden die unterrichtlichen Maßnahmen und gegebenenfalls Hilfen anderer Maßnahmeträger aufeinander abgestimmt. Ausgehend von diesen Lernvoraussetzungen ermöglicht ein handlungsorientierter und fachübergreifender Unterricht den Kindern und Jugendlichen die aktive Auseinandersetzung mit Lerngegenständen und kann Interesse und Neugier für das Lernen wecken.

Mit dem Ziel, dass die Schülerinnen und Schüler erworbenes Wissen und Können auf neue Anwendungsbereiche übertragen können, ist einem didaktischen und methodischen Vorgehen, bei dem die Schülerinnen und Schüler selbst Problemlösungen durch eigenes Tun und sprachliches Handeln finden, Vorrang einzuräumen.

Die Aneignung von Wissen und Können wird durch vielfältige Formen des Übens verstärkt und gesichert. Geeignete Übungen sind dadurch gekennzeichnet, dass sie die Neugierde wecken und die Aktivität der Schülerinnen und Schüler anregen. Arbeitsformen wie Gruppenarbeit, Partnerarbeit, Einzelarbeit und Freiarbeit unterstützen diesen Prozess.

Der Unterricht berücksichtigt entwicklungshemmende Gegebenheiten bei den Kindern und Jugendlichen und die zum Teil auf Grund von Misserfolgen bestehenden Abneigungen gegenüber schulischem Lernen. Durch erfolgreiches Lernen werden das Selbstvertrauen gestärkt und die Anstrengungsbereitschaft angeregt.

Kinder und Jugendliche mit Lernbeeinträchtigungen benötigen Lerngruppen, in denen ihre individuellen Lernbedürfnisse Berücksichtigung finden können. Eine anregende Klassenraum- und Schulhausgestaltung sowie Lernatmosphäre fördern aktives Lernen, die Kommunikation und Interaktion von Lehrkräften sowie Schülerinnen und Schülern im Sinne einer lernenden Gemeinschaft. Sonderpädagogische Förderung muss dabei in einem ausgewogenen Verhältnis von Individualisierung und Unterricht in einer Lerngruppe gestaltet werden.

Grundlage für die Lernorganisation bilden fachgebundenes und kursbezogenes Vorgehen im Unterricht wie auch fachübergreifende Planung in Verbindung mit Sprachförderung und Sozialerziehung am Lernort Schule und in außerschulischen Situationen. Die diagnostischen, erzieherischen und didaktischen Aufgabenstellungen im Förderschwerpunkt Lernen erfordern eine stetige Kooperation zwischen den Lehrkräften. Dabei können die Bildung von Lehrerteams und Teamberatung jahrgangsbezogen oder jahrgangsübergreifend hilfreich sein. Bei der Zusammenarbeit geht es um eine gemeinsame Bewertung der begleitdiagnostischen Daten von Schülerinnen und Schülern, eine gemeinsame Unterrichtsplanung und einen Austausch von didaktischen Materialien. Teamarbeit der Lehrkräfte wirkt modellhaft auf die Arbeitsstrukturen der Schülergruppen und erweitert die fachliche Kompetenz dieser Lehrkräfte.

Vorrangiges Ziel ist die Entwicklung von Unterrichtsformen, die einen lebensnahen, altersgemäßen und förderspezifischen Umgang mit Unterrichtsgegenständen zulassen und die helfen, Voraussetzungen des Wissenserwerbs von lernbeeinträchtigten Kindern und Jugendlichen zu erschließen. Erziehung und Unterricht bilden eine Einheit, welche die motorische, kognitive, soziale und emotionale Entwicklung sowie das sprachliche Handeln fördert. Hierbei verlangt das Wahrnehmungs- und Auffassungsvermögen der Schülerinnen und Schüler eine individuelle Unterstützung des Lernprozesses. Dies geschieht durch die Anregung und Entwicklung aller Sinne und einen variablen sowie vielgestaltigen Medieneinsatz. Eine originäre und unmittelbare Auseinandersetzung mit Sachfragen in unterschiedlichen Lernsituationen und an unterschiedlichen Lernorten trägt wesentlich zum Erkenntnisprozess bei. Die neuen Medien eröffnen vielfältige Differenzierungsmöglichkeiten.

Handlungsorientierter Unterricht fördert in besonderer Weise das Entdecken von Zusammenhängen und das Übertragen auf neue Situationen und führt in Techniken selbstständiger Lernorganisation ein. Unterricht, der das Erkennen und Durchdringen von Sachzusammenhängen durch die Schülerinnen und Schüler anstrebt, setzt an ihren Erfahrungen an und berücksichtigt ihre aktuellen und zu erwartenden Lebenssituationen.

Verlangsamte und erschwerte Lernprozesse erfordern, dass das zu Lernende veranschaulicht, gegliedert, sprachlich gefasst und angewendet wird. Darüber hinaus wird im Unterricht ein ausgewogener Wechsel von Anspannung und Entspannung, von Konzentrations- und Ruhephasen beachtet.

Für die ganzheitliche Entwicklung von Kindern und Jugendlichen hat auch die Motorik eine zentrale Bedeutung. Bewegung im Unterricht, rhythmisch-musikalische Erziehung und das Unterrichtsfach Sport erweisen sich im Schulleben als wichtige Erfahrungsfelder sozialen und selbstverantworteten Handelns. Sie sind unverzichtbar für die motorische, psychomotorische und psychosoziale Entwicklung der Schülerinnen und Schüler, auch im Sinne einer Prävention drohender oder vorhandener Entwicklungsstörungen, Leistungsschwächen und Verhaltensauffälligkeiten.

Darüber hinaus können Bewegungsimpulse und -möglichkeiten, die sich aus dem Unterricht ergeben, Anreize bieten, eigene Erfahrungen zu sammeln, neue Bewegungsabläufe zu entdecken und zu erproben, zu improvisieren und zu realisieren. Die Koordination von Bewegungsabläufen kann in besonderer Weise durch Geschicklichkeitsspiele, rhythmische Bewegungsspiele, Tanz, Malen und Zeichnen in Verbindung mit Musik, Partner- und Gruppenübungen sowie Sportspiele gefördert werden.

5. Formen und Orte sonderpädagogischer Förderung

Die schulische Förderung im Förderschwerpunkt Lernen bezieht alle Schularten und Schulstufen ein. Dabei wird angestrebt, dass gemeinsames Lernen aller Schülerinnen und Schüler mit und ohne Sonderpädagogischen Förderbedarf verwirklicht werden kann. Im Vorfeld Sonderpädagogischen Förderbedarfs haben vorbeugende Maßnahmen hohe Bedeutung. Wenn in der allgemeinen Schule eine angemessene Förderung nicht ermöglicht bzw. entwickelt werden kann, wird die Sonderschule als Förderort eines Kindes oder Jugendlichen in Frage kommen.

Eine Vielzahl von Organisationsformen hat sich an unterschiedlichen Förderorten entwickelt. Kinder und Jugendliche, die in mehreren Förderschwerpunkten Bedarf haben, werden dort gefördert, wo dies nach den Erkenntnissen, die im Rahmen des Verfahrens zur Feststellung Sonderpädagogischen Förderbedarfs gewonnen werden und unter Einbeziehung des Elternwunsches am besten möglich ist. Frühförderung, berufsorientierende und berufsbegleitende Maßnahmen sowie Hilfen anderer Maßnahmeträger unterstützen den Erfolg der sonderpädagogischen Förderung.

5.1 Sonderpädagogische Förderung durch vorbeugende Maßnahmen

Lern- und Entwicklungsverzögerungen sollen so früh wie möglich erkannt werden, um ihnen entgegenwirken zu können. Durch eine umfassende Person-Umfeld-Analyse müssen bereits in elementaren Entwicklungsbereichen Beeinträchtigungen wahrgenommen und entsprechende Handlungsperspektiven beschrieben werden, ohne dabei künftige schulische Förderorte festzulegen und vorwegzunehmen. Grundlage früher Hilfen und vorbeugender Maßnahmen ist ein Förderplan. Dieser berücksichtigt erhobene Daten aus Gesprächen mit Eltern, Gesundheitsämtern, Beratungsstellen, Sozialpädiatrischen Zentren, Kindergärten, Sonderkindergärten und anderen schulvorbereitenden Einrichtungen. Für die Entwicklung der Kinder, die in schwierigen Lebensverhältnissen aufwachsen, ist dabei auch eine Kooperation mit der Jugendhilfe und Sozialhilfe sowie anderen Diensten notwendig.

Präventive Förderung in der allgemeinen Schule wirkt der Entstehung und Verfestigung von Lernbeeinträchtigungen entgegen und kann Sonderpädagogischen Förderbedarf vermeiden helfen. Dazu werden die in den Schulen zur Verfügung stehenden Fördermöglichkeiten koordiniert. Die Förderung wird im engen Zusammenwirken der Lehrkräfte der allgemeinen Schule unter Einbeziehung der Eltern verwirklicht und gegebenenfalls mit außerschulischen Institutionen, Fachkräften und Beratungsdiensten abgestimmt. Diese präventiven Fördermaßnahmen können durch sozialpädagogische Fachkräfte unterstützt werden.

5.2 Sonderpädagogische Förderung im gemeinsamen Unterricht[2]

Die Aufgabe der allgemeinen Schule schließt ein, Schülerinnen und Schüler mit Beeinträchtigungen beim Lernen zu fördern. Kinder und Jugendliche mit Sonderpädagogischem Förderbedarf im Schwerpunkt Lernen können allgemeine Schulen besuchen, wenn für die sonderpädagogische Förderung angemessene personelle, räumliche und sächliche Voraussetzungen gegeben sind.

Diese Schülerinnen und Schüler werden nicht in allen Unterrichtsfächern nach den Lernzielen der allgemeinen Schulen unterrichtet. Die unterschiedlichen Angebote und Anforderungen entsprechen ihren individuellen Lernvoraussetzungen. Dabei sind in den Klassen mit gemeinsamem Unterricht differenzierende Formen der Planung sowie der Durchführung und der Ausgestaltung der Unterrichts- und Erziehungsprozesse in besonderem Maße erforderlich. Gemeinsamer Unterricht ermöglicht den Kindern, im sozialen Bereich voneinander zu lernen und eine Vielzahl von Anregungen im Leistungsverhalten zu erhalten.

Aufgaben von sonderpädagogischen Lehrkräften und Lehrkräften der allgemeinen Schule sind daher:

- die Abstimmung im Hinblick auf ihr pädagogisches Handeln,
- die Gestaltung eines Klimas der gemeinsamen Verantwortung in der Lerngruppe, das von Akzeptanz und Toleranz, von Rücksichtnahme und Unterstützungsbereitschaft geprägt ist,

---

[2] Zur gemeinsamen Unterrichtung und Erziehung sind in einigen Ländern gesetzliche Regelungen getroffen.

- eine besondere Berücksichtigung der Erlebnis- und Erfahrungswelt der Schülerinnen und Schüler mit Sonderpädagogischem Förderbedarf,
- eine Einbindung von individualisierenden und differenzierenden Maßnahmen in ein pädagogisches Gesamtkonzept der Lerngruppe,
- die Förderung der motorischen, kognitiven, sprachlichen, emotionalen und sozialen Entwicklung aller Kinder und Jugendlichen,
- die Stärkung der Persönlichkeit von Schülerinnen und Schülern durch Förderung des Selbstvertrauens, des Selbstwertgefühls, der Leistungsbereitschaft, der Frustrationstoleranz,
- die Entwicklung und die Fortschreibung eines Förderplans,die gemeinsame Beratung mit den Eltern.

Spezifische Aufgaben der sonderpädagogischen Lehrkräfte betreffen
- die begleitende Diagnostik,
- die Förderprogramme für Motorik, Wahrnehmung und Handlungsfähigkeit sowie sprachliches Handeln und kognitive, emotionale und soziale Entwicklung,
- die Förderung von Lernstrategien und Arbeitsorganisation,
- die Beratung für den gemeinsamen Unterricht.

5.3 Sonderpädagogische Förderung in Sonderschulen

Wenn die sonderpädagogische Förderung in der allgemeinen Schule nicht gewährleistet werden kann, werden diese Kinder und Jugendlichen in der Schule für Lernbehinderte[3] unterrichtet. Dort wird in der Regel auf der Grundlage besonderer Lehrpläne Unterricht erteilt. Diese Pläne beziehen sich auf die Lehrpläne der allgemeinen Schulen, damit ein Wechsel der Schülerinnen und Schüler in die allgemeine Schule gegebenenfalls erreicht werden kann.

Es ist Aufgabe der Schule für Lernbehinderte, ihren Schülerinnen und Schülern die Teilhabe am gesellschaftlichen Leben zu ermöglichen und ihre Integration mit Blick auf ein selbstbestimmtes Leben zu fördern.

Dies bedeutet vor allem,

- individuelle Förderpläne auf der Grundlage begleitender Diagnostik zu erstellen und fortzuschreiben,
- eine schulische Situation zu schaffen, in der der individuelle Lernerfolg Ansporn sein kann und die Entwicklung einer Leistungsbereitschaft begünstigt,
- die Kinder und Jugendlichen so zu erziehen, dass sie alters- und situationsangemessene Formen des Verhaltens erwerben und festigen können,
- die Schülerinnen und Schüler zu einem Abschluss zu führen und Möglichkeiten zu eröffnen, den Hauptschulabschluss zu erlangen,

[3] Die Länder haben für diese Schulform unterschiedliche Bezeichnungen.

- einen Wechsel in die allgemeine Schule anzustreben, zu unterstützen, zu verwirklichen und diesen zu begleiten,
- durch praxisorientierte Angebote Jugendliche für einen Beruf zu interessieren und auf eine Berufsausbildung vorzubereiten,
- die Zusammenarbeit mit Berufsschulen, Arbeitsamt, Kammern und Betrieben der Region zu pflegen,
- das Zusammenwirken mit den Eltern zu fördern.

Schulen für Lernbehinderte in Ganztagsform kommen den Bedürfnissen von Schülerinnen und Schülern entgegen, indem sie Angebote an Erziehung und Unterricht sowie sozialpädagogische Hilfen anderer Maßnahmeträger miteinander verbinden. Sie sollen über den Vormittagsunterricht hinaus Angebote im Zusammenwirken mit anderen Maßnahmeträgern ermöglichen.

5.4 Sonderpädagogische Förderung in kooperativen Formen

Schulen für Lernbehinderte sollen eine enge pädagogische Zusammenarbeit mit allgemeinen Schulen der Region anstreben. Kooperative Formen der Erziehung und des Unterrichts ermöglichen den Kindern und Jugendlichen dieser Schulen die gegenseitige Akzeptanz und fördern den Umgang miteinander.

In kooperativen Formen werden Schülerinnen und Schüler befähigt, bestehende Beziehungen zu Kindern und Jugendlichen aufrecht zu erhalten und neue anzubahnen. Die Förderung des Erwerbs und die Stärkung sozialer Kompetenzen sind wesentliche Prinzipien aller schulisch-kooperativen Lernprozesse.

Kinder und Jugendliche mit einer Lernbeeinträchtigung sollen in Begegnungen mit anderen ihre Fähigkeiten erkennen und erleben sowie eine realistische Selbsteinschätzung ihrer Fähigkeiten gewinnen können. Die enge pädagogische Zusammenarbeit von allgemeinen Schulen und Sonderschulen eröffnet unterschiedliche Möglichkeiten der Begegnung:

- gegenseitige Besuche von Klassen der allgemeinen Schule und der Sonderschule,
- gemeinsame Vorhaben wie Pausenhofgestaltung, Schulgartenpflege, gemeinsame Schul- und Sportfeste,
- Schulwanderungen, -fahrten und Schullandheimaufenthalte,
- Partnerschaften zwischen einzelnen Kindern und Jugendlichen oder Klassen,
- gemeinsame Unterrichtsvorhaben in einzelnen Fächern, vor allem in Arbeitslehre, Sport, Kunst und Musik.

Eine räumliche Zusammenführung von Klassen der allgemeinen Schulen und der Sonderschulen bietet günstige Voraussetzungen für eine angestrebte Kooperation. Sie macht das alltägliche Miteinander selbstverständlich und trägt zur Durchlässigkeit der Schularten bei.

Die in den kooperativen Formen angebahnten sozialen Beziehungen sollen über Unterricht und Schule hinaus in außerschulischen Bereichen wie bei Freizeiten, in Vereinen, in

Jugendverbänden zusammenführen. Die Schulen unterstützen die Verbindung zu den außerschulischen Partnern und sind bei der Überwindung von Schwierigkeiten behilflich.

5.5 Sonderpädagogische Förderung im Rahmen von Sonderpädagogischen Förderzentren

In einigen Ländern hat die Angebotsvielfalt sonderpädagogischer Förderung im Bereich des Lernens zur Entwicklung Sonderpädagogischer Förderzentren geführt. Sonderpädagogische Förderzentren als regionale und überregionale Einrichtungen können andere Förderschwerpunkte einbeziehen. Sie stellen die sonderpädagogische Förderung in allen Organisationsformen, einschließlich präventiver, integrativer und kooperativer Formen, in Zusammenarbeit mit allgemeinen Schulen und auch in eigenen Klassen fachgerecht und möglichst wohnortnah sicher.

Neben der Unterstützung des gemeinsamen Unterrichts liegt eine wesentliche Aufgabe der Sonderpädagogischen Förderzentren im präventiven Bereich sowie in der Entwicklung und Bereitstellung von Hilfen für Fördermaßnahmen der allgemeinen Schulen. Die Sonderpädagogischen Förderzentren haben unterstützende und beratende Funktion.

Die Sonderpädagogischen Förderzentren beraten in allen Fragen sonderpädagogischer Förderung Lehrkräfte, Eltern, Schulträger und Schulaufsicht. Sie verknüpfen Maßnahmen außerschulischer Träger mit der schulischen Erziehungs- und Unterrichtsarbeit.

5.6 Sonderpädagogische Förderung im berufsorientierenden und berufsbildenden Bereich und beim Übergang in die Arbeitswelt

Eine qualifizierte Vorbereitung auf Beruf und Beschäftigung sowie auf den Übergang in die Arbeitswelt sind wesentliche Bereiche in Erziehung und Unterricht der Schulen im Förderschwerpunkt Lernen. Der Arbeitslehre kommt in diesem Zusammenhang eine besondere Funktion zu, da hier wichtige Grundlagen für die Berufsorientierung und den Berufseintritt gelegt werden können; dabei sind fächerverbindende Aspekte zu beachten.

Eine berufliche Orientierung geschieht durch

- berufswahlvorbereitende Projekte, Berufswahlunterricht,
- Betriebserkundungen, Betriebspraktika, Praktikumstage,
- Zusammenarbeit mit den Berufsberaterinnen und Berufsberatern der Arbeitsämter,
- Kooperation mit berufsbildenden Schulen durch Erfahrungsaustausch, sog. Werkstatttage, Austausch unter Lehrkräften der berufsbildenden Schule und der Sonderschule,
- Zusammenarbeit mit Betrieben und Kammern sowie Trägern der Jugendhilfe und der Jugendarbeit,
- Schulen mit Werkcharakter.

Lehrkräfte berufsbildender Schulen müssen auf den Unterricht der Schülerinnen und Schüler mit Sonderpädagogischem Förderbedarf vorbereitet werden. Notwendig ist auch eine Sensibilisierung der Ausbilderinnen und Ausbilder in den Betrieben für die besonderen Bedürfnisse der Jugendlichen mit Sonderpädagogischem Förderbedarf.

Bei vielen Schülerinnen und Schülern ist der Prozess der Berufswahl in der allgemeinbildenden Schule nicht abgeschlossen; er wird durch andere Maßnahmen wie Förderlehrgänge und Berufsvorbereitungsjahre fortgesetzt. Die Heranführung an diese Vorbereitungsformen hinsichtlich Berufswahl und Eingliederung in die Arbeitswelt ist ein gemeinsames Aufgabenfeld von Schule, Arbeitsverwaltung, Kammern, Betrieben, Jugendberufshilfe und Eltern.

6. Besondere Regelungen für den Schulbesuch

Für Schülerinnen und Schüler mit Beeinträchtigungen im Bereich des Lernens ist eine differenzierende und in besonderem Maße individualisierende Förderung notwendig, die auf die jeweiligen Lernvoraussetzungen und Lerngegebenheiten eingeht. Die Unterrichtsführung bedarf eines schulischen Gestaltungsrahmens, der entsprechende pädagogische Freiräume ermöglicht. Alle Vorgaben bezüglich der Ziele und Inhalte, der Stundentafel, der Leistungsbeurteilung und Zeugniserteilung, der Versetzung und der Verlängerung der Dauer des Schulbesuchs sowie für den Wechsel in eine allgemeine Schule müssen deshalb notwendige Gestaltungsräume für die Lehrkräfte zulassen.

Der Unterricht orientiert sich an allgemein gültigen Zielvorstellungen und Lehrplänen. Es ist zu gewährleisten, dass über eine vergleichende und an den Vorgaben orientierte Leistungsbeurteilung hinaus auch die individuelle Leistung vor dem Hintergrund des Förderplans der einzelnen Schülerin und des einzelnen Schülers Berücksichtigung findet, um so der angestrebten Individualisierung der sonderpädagogischen Förderung konsequent Rechnung tragen zu können. In diesem Zusammenhang sollte soweit wie möglich einer verbalen Beurteilung der Vorzug vor Zifferbenotungen gegeben werden. Aus den Zeugnissen der Schülerinnen und Schüler mit Sonderpädagogischem Förderbedarf muss gegebenenfalls hervorgehen, in welchen Unterrichtsfächern entsprechend den Anforderungen der Lehrpläne der Schule für Lernbehinderte unterrichtet wurde.

7. Zusammenarbeit

Bei der sonderpädagogischen Förderung von Schülerinnen und Schülern mit Beeinträchtigungen des Lernens ist eine intensive und vertrauensvolle Zusammenarbeit zwischen Eltern und Schule erforderlich. Die Lehrkräfte erhalten durch Gespräche mit den Eltern und bei Hausbesuchen Hinweise über Erleben und Verhalten der Kinder und Jugendlichen außerhalb der Schule. Sie informieren ihrerseits die Eltern über wichtige Beobachtungen und die Entwicklung des Kindes oder Jugendlichen und beraten sich mit ihnen über Ziele und Möglichkeiten der Förderung.

Darüber hinaus verständigen sich die Lehrkräfte mit den Eltern über weiterführende Hilfen, therapeutische Angebote und familienunterstützende Maßnahmen außerschulischer Träger sowie über andere Möglichkeiten der Förderung der Kinder und Jugendlichen. Absprachen zwischen Lehrkräften, Eltern und anderen Maßnahmeträgern über zu vereinbarende Förder- und Erziehungsziele sollen zur Umsetzung der notwendigen und realisierbaren Maßnahmen führen.

Ebenso unverzichtbar ist eine verbindliche und qualifizierte Zusammenarbeit aller Lehrkräfte einer Schule zur Planung und Umsetzung einer umfassenden Förderung der Kinder und Jugendlichen. Beim Eintritt in die Schule und beim Übergang in die Arbeitswelt bedarf die sonderpädagogische Förderung einer Ergänzung durch Maßnahmen unterschiedlicher Dienste und Leistungsträger. Daher arbeiten Schulen und Eltern mit den Gesundheits-, Sozial- und Jugendämtern, den schulpsychologischen, schul- und fachärztlichen Diensten, den Erziehungsberatungsstellen, Einrichtungen der Frühförderung, weiteren Fachleuten und Institutionen, Arbeitsämtern, Kammern und Betrieben im Interesse einer abgestimmten Förderung zusammen. Um den Kindern und Jugendlichen Möglichkeiten für ihre Freizeitgestaltung zu erschließen, wirken die Lehrkräfte mit Trägern außerschulischer Sport-, Freizeit- und Bildungsangebote zusammen.

8. Einsatz und Qualifikation des Personals

Die Ausbildung der sonderpädagogischen Lehrkräfte muss die Breite und Struktur des jeweiligen Tätigkeitsfeldes und die Anforderungen an die einzelnen Personen berücksichtigen. Sie vermittelt Grundlagen zu den Zielen und Aufgaben im Förderschwerpunkt Lernen und erfolgt auf der Basis einer ganzheitlichen Betrachtungsweise des Menschen. Darüber hinaus gibt sie einen allgemeinen Überblick über Erziehung und Unterricht von Kindern und Jugendlichen mit Sonderpädagogischem Förderbedarf, insbesondere in den Förderschwerpunkten Sprache sowie im emotionalen und sozialen Handeln.

Wesentliche Merkmale der Qualifikation sind umfassende Kenntnisse über Formen und Ursachen von Lernbeeinträchtigungen und deren Begleiterscheinungen, psychosoziale Zusammenhänge und Auswirkungen sowie lernpsychologische, didaktisch-methodische Fähigkeiten und Beratungskompetenz.

Sonderpädagogisch qualifizierte Lehrkräfte benötigen Fach- und Handlungskompetenzen für die Gebiete, die im Zusammenhang mit der Förderung von Kindern und Jugendlichen mit Lernbeeinträchtigungen stehen. Dies ist insbesondere die Auseinandersetzung mit den Auswirkungen von Lernbeeinträchtigungen und mit der Förderung von Wahrnehmungsprozessen sowie der kognitiven, kommunikativen, motorischen, emotionalen und sozialen Entwicklung. Besondere Befähigungen werden erforderlich im Hinblick auf die Aufgaben bei der Zusammenarbeit mit Eltern und Vertreterinnen und Vertretern anderer Fachgebiete sowie für die begleitende Unterstützung des Prozesses der beruflichen und sozialen Integration. Die Lehrkräfte müssen individuelle Förderpläne erstellen, umsetzen und evaluieren können.

Die im Förderschwerpunkt Lernen qualifizierten Lehrkräfte wirken intensiv mit den Lehrkräften der Förderschwerpunkte Sprache sowie emotionales und soziales Handeln zusammen. Sie pflegen den Austausch mit Medizinerinnen und Medizinern, Psychologinnen und Psychologen sowie Sozialpädagoginnen und Sozialpädagogen.

Zur Sicherung und Entwicklung der Qualität sonderpädgogischer Förderung ist fortlaufende fachspezifische Fortbildung der Lehrkräfte über die gesamte Zeit der Berufstätigkeit erforderlich. Darüber hinaus sind im gleichen Maße Fähigkeiten weiterzuentwickeln, die sich auf die Lehrerpersönlichkeit beziehen und die für die ganzheitliche Förderung von Schülerinnen und Schülern mit Lernbeeinträchtigungen notwendig sind. Dazu gehören das Verständnis für die spezifische Lebenswelt Benachteiligter und sozial Randständiger sowie für wechselnde Lernvoraussetzungen und Lernprozesse, dazu das Überprüfen und Relativieren eigener Erwartungshaltungen gegenüber den Leistungen der Kinder und Jugendlichen, das Vertrauen in Leistungsfähigkeiten sowie die Annahme der Schülerinnen und Schüler mit ihren vielfältigen Problemen. Die Lehrkräfte benötigen die Kraft, persönliche Zuwendung in belastenden Situationen zu geben und zugleich Balance von persönlicher Nähe und notwendiger Distanz zu halten sowie Enttäuschungen bei Rückschlägen zu ertragen und Berufszufriedenheit zu erhalten.

Die in Ausbildung und Fortbildung erworbenen Kenntnisse, Fähigkeiten und Fertigkeiten der Lehrkräfte werden durch Teamsitzungen, Fallbesprechungen und Arbeitsgemeinschaften regelmäßig aktualisiert und erweitert.

9. Schlussbestimmung

Die Empfehlungen für den Unterricht in der Schule für Lernbehinderte (Sonderschule) – Beschluss der Kultusministerkonferenz vom 17.11.1977 – werden hiermit aufgehoben.

Hans Schlichting
Ministerium für Bildung, Wissenschaft und Weiterbildung Rheinland-Pfalz

Peter Schulz
Schule an der Strauchwiese Berlin

Empfehlungen zu den Förderschwerpunkten im Bereich des Lern- und Leistungsverhaltens, insbesondere des schulischen Lernens und des Umgehen-Könnens mit Beeinträchtigungen beim Lernen

Im Vergleich zu den Empfehlungen für den Unterricht in der Schule für Lernbehinderte (Sonderschule) vom 17.11.1977 sind in den neuen vorliegenden Empfehlungen zum Förderschwerpunkt „Lernen" wesentliche Änderungen vorgenommen worden.

Ganze 22 Jahre hat es gedauert, bevor unter Berücksichtigung gesamtgesellschaftlicher und bildungspolitischer Entwicklungen in der Bundesrepublik Deutschland sowie der Weiterentwicklung der Behindertenpädagogik und ihrer Nachbarwissenschaften diese Ausarbeitungen vorgelegt wurden. Dabei mussten die Autoren der Empfehlungen berücksichtigen, dass besonders die Auffassungen vom Lernen und von Lernbehinderung einem starken Wandel unterlagen. Unter Lernen soll vor allem eine selbstständige und entwicklungsfördernde Auseinandersetzung des Kindes und Jugendlichen mit seiner Umwelt verstanden werden. Dem Pädagogen obliegt es dabei, jene Bedingungen zu schaffen, die diesen Prozess auslösen und befördern können.

Bei einigen Kindern und Jugendlichen stellen sich innerhalb der schulischen Sozialisation (SCHMETZ 1999) erhebliche Lernschwierigkeiten heraus. Diese werden heute in ihrer Mehrdimensionalität und Komplexität gesehen und entsprechend definiert. Ihre Feststellung kann nicht mehr in einem „Diagnostischen Aufnahmeverfahren für eine sogenannte Förderschule" erfolgen. Vielmehr wird nur eine umfassende, fachübergreifende Kind-Umfeld-Analyse diesem Phänomen gerecht. Die vorliegenden Empfehlungen geben darüber hinreichend Auskunft.

Mit der veränderten Praxis der Feststellung des Förderbedarfs bei Lernschwierigkeiten kommt auch zum Tragen, dass heute in allen Bundesländern eine Vielzahl von Formen und schulischen Orten zur Einlösung des Sonderpädagogischen Förderbedarfs mit dem Schwerpunkt „Lernen" zur Verfügung stehen. Immer stärker setzt sich hierbei die integrative Beschulung in Form einer Einzel- bzw. Klassenintegration durch. Dabei wird bewusst darauf abgezielt, dass die eigenaktive Auseinandersetzung des Lernenden in der schulischen Sozialisation vor allem durch Schülerinnen und Schülern ohne Lernschwierigkeiten befördert wird.

In der Vorlage werden auch die besonderen Ziele, Aufgaben und Inhalte der Erziehung und des Unterrichts in den verschiedenen Formen und Orten der Sonderpädagogischen Förderung von Schülerinnen und Schülern mit Lernschwierigkeiten beschrieben und gegenüber anderen Lernenden entsprechend akzentuiert dargestellt.

Letztendlich legten die Autoren besonderes Gewicht in ihren Ausführungen auf die Auswahl und auf die Aufgaben des pädagogischen Personals, das mit diesen Kindern und Jugendlichen arbeitet. Hier werden neben fachlichen Kompetenzen vor allem ethische Momente in der Arbeit herausgestellt.

Ein besonders schwieriges Problem scheint den Autoren noch immer nicht ausreichend gelöst zu sein. Es handelt sich dabei um die Abgrenzung der Förderschwerpunkte „Lernen", „Sprache" und „Verhalten" voneinander. Schon rein theoretisch lässt sich diese Frage nur äußerst schwer beantworten, so dass in der Schulpraxis häufig sehr pragmatisch entschieden wird.

Die hier kurz skizzierten Aussagen weisen auf die wesentlichsten Änderungen gegenüber den Empfehlungen von 1977 hin. Sie verdeutlichen darüber hinaus, dass eine erfolgreiche Förderung lernbeeinträchtigter Kinder und Jugendlicher nur im Rahmen einer interdisziplinären Kooperation möglich ist.

Pädagogische Ausgangslage

„Die pädagogische Ausgangslage von Kindern und Jugendlichen mit Beeinträchtigungen des Lern- und Leistungsverhaltens, insbesondere des schulischen Lernens, stellt sich vielfach in Verbindung mit Beeinträchtigungen kognitiver, sensorischer, sprachlicher, motorischer und sozial-emotionaler Fähigkeiten dar." Sie haben häufig unmittelbare Auswirkungen auf die gesamte Individualentwicklung des Kindes bzw. Jugendlichen.

Auf Grund dieser Ausgangslage besteht immer die Gefahr, den Personenkreis symptom- und defizitorientiert zu beschreiben.

Die Autoren der Empfehlungen haben zur Vermeidung dieses Problems deshalb auf Handlungs- bzw. Tätigkeitsfelder, wie Beeinträchtigungen im kognitiven, sprachlichen und sozialen Handeln verwiesen. Darüber hinaus wird herausgestellt, dass das Ausmaß und die Folgen einer Lernbeeinträchtigung maßgebend vom „soziokulturellen Umfeld, von der Einstellung und dem Verhalten von Bezugspersonen, vor allem von Familienmitgliedern, beeinflusst" werden.

Die sonderpädagogische Förderung hat sich an der individuellen und sozialen Situation des Kindes und des Jugendlichen entsprechend zu orientieren. Sie sollte frühzeitig auf ein Leben unter erschwerten Bedingungen in der Alltagsbewältigung vorbereiten. Berufstätigkeit nach der Schulzeit ist dabei nicht immer gegeben, so dass auch notwendige Begleitaufgaben durch andere Maßnahmeträger außer der Schule herangezogen werden müssen.

Ziele und Aufgaben der sonderpädagogischen Förderung

Grundsätzlich orientiert sich die sonderpädagogische Förderung der Kinder und Jugendlichen mit Beeinträchtigungen des Lernens an den Erziehungs- und Bildungszielen der allgemein bildenden bzw. berufsbildenden Schulen.

Die Förderung muss Aufgaben erfüllen, die sich aus der besonderen Lebenswirklichkeit dieser Kinder und Jugendlichen ergeben. Soziokulturell bedingte Benachteiligungen und soziale Randständigkeit sind zu berücksichtigen und durch eine angemessene Förderung in allen Bereichen der Lernentwicklung wie Denken, Gedächtnis, sprachliches Handeln, Wahrnehmung, Motorik, Emotionalität und Interaktion zu mindern bzw. zu kompensieren.

Eine besonders schwierige Aufgabe der sonderpädagogischen Förderung besteht in der Beratung, Begleitung und Anleitung der Schülerinnen und Schüler und ihren Eltern beider alltäglichen Lebensgestaltung, Berufsorientierung und der Berufsfindung.

Sonderpädagogische Förderung im Bereich des Förderschwerpunktes Lernen hat darüber hinaus die Aufgabe, den Schülerinnen und Schülern eine sachliche und realistische Einschätzung ihrer individuellen Stärken und Schwächen zu vermitteln. Sie muss den Kindern und Jugendlichen bewusst machen, dass nur über die angeleitete und selbsttätige Aneignung von Handlungskompetenzen im kognitiven, sprachlichen und sozialen Bereich das Selbstbewusstsein und das Selbstwerterleben aufgebaut und gestärkt werden können.

Erziehung und Unterricht

Bei der Bestimmung der Ziele und Inhalte von Erziehung und Unterricht von Schülerinnen und Schülern mit dem Förderbedarf Lernen haben die Empfehlungen zunächst die Lernausgangslage im Blick. Erziehung und Unterricht werden als Einheit und Grundlage für die Persönlichkeitsentwicklung im kognitiven Bereich, im Bereich des sprachlichen Handelns und im sozialen Bereich gesehen. Die Stärkung der Eigenverantwortung, die Befähigung zu selbstständigem Handeln, die Anbahnung einer positiven sozialen Grundhaltung sowie das

Auseinandersetzen des Kindes und Jugendlichen mit der eigenen Beeinträchtigung werden als zentrale Anliegen dargestellt.

Um dieses Ziel zu erreichen, kommt der inneren und äußeren Gestaltung der Förderorte für Schülerinnen und Schüler mit Beeinträchtigungen im Lernen eine besondere Bedeutung zu. Die Empfehlungen geben die „Realutopie" eines Förderortes vor, der vielerorts sicherlich noch der Realisierung bedarf. Dennoch haben sich engagierte Lehrkräfte und Schulleitungen schon immer bemüht, die in den Empfehlungen formulierten didaktisch-methodischen Grundsätze für lernbeeinträchtigte Kinder und Jugendliche umzusetzen.

Die recht ausführliche Darstellung der methodischen Prinzipien sowie der Grundlagen für die Lernorganisation sind geeignet, vorliegende Förderkonzepte kritisch zu überdenken, gegebenenfalls neu zu strukturieren und den veränderten Bedürfnissen von Schülerinnen und Schülern anzupassen.

Die Bedeutung handlungsorientierter und problemzentrierter Unterrichtsmethoden wird ebenso herausgestellt wie der notwendige Wechsel von Anspannungs- und Ruhephasen. Dabei wird die Förderung der Motorik als unverzichtbar für die motorische, psychomotorische und psychosoziale Entwicklung der Kinder und Jugendlichen im Sinne der Prävention von Störungen, Schwächen und Auffälligkeiten betont.

Förderorte

Ähnlich wie schon das Grundlagenpapier „Empfehlungen zur sonderpädagogischen Förderung in den Schulen in der Bundesrepublik Deutschland" und die übrigen Papiere zu den Förderschwerpunkten sehen auch die „Empfehlungen zum Förderschwerpunkt Lernen" die Förderung lernbeeinträchtigter Kinder und Jugendlicher in allen Schularten auf allen Schulstufen vor.

Um jedoch der Entstehung und Verfestigung von Lern- und Entwicklungsverzögerungen vorzubeugen, wird der Prävention ein hoher Stellenwert eingeräumt. Diese präventiven Maßnahmen, denen ein interdisziplinär erstellter Förderplan zu Grunde liegen soll, sollen vor allem in der Allgemeinen Schule wirksam werden. Durch sonderpädagogische Intervention, die Kooperation von Sonderschullehrkräften und Lehrkräften der Allgemeinen Schule sowie unter Einbeziehung von außerschulischen Diensten und den Eltern sollen vorbeugende Maßnahmen eine hohe Wirkung entfalten.

Hier ist allerdings anzumerken, dass die Früherkennung von Lern- und Entwicklungsverzögerungen bei Kindern bereits im Elementarbereich, also im Kindergarten, einsetzen muss. Die fachlich zuständigen Behörden müssen hier Möglichkeiten des Einsatzes von Sonderpädagogen zur Diagnostik und Förderung schon in den Kindergärten schaffen. Vorliegende Erfahrungen lehren, dass sonderpädagogische Maßnahmen im Kindergartenbereich den größten Erfolg bringen.

Die Empfehlungen zum Förderschwerpunkt Lernen weisen der Allgemeinen Schule die Aufgabe zu, Schülerinnen und Schüler mit Beeinträchtigungen beim Lernen zu fördern. Diese apodiktische Aussage stellt die bislang in allen Bundesländern geübte Praxis der Aussonderung lernbeeinträchtigter Kinder und Jugendlicher in Frage. Fast alle Schülerinnen und

Schüler befinden sich derzeit in den „Schulen für Lernbehinderte". Dies ist ein wesentlicher Beleg dafür, dass im Zusammenhang mit der Lernbeeinträchtigung bislang der gemeinsame Unterricht weder als Methode der Wahl noch als zielführend für die Erreichung eines dauerhaften Lernerfolges in Allgemeinen Schulen bei festgestellter Lernbeeinträchtigung gesehen wurde.

Dennoch, Allgemeine Schulen sollten mit sonderpädagogischer Unterstützung sich an diese Aufgaben heran wagen, Schülerinnen und Schüler in ihrem Sozialverband belassen, Schwächen bewusst in Kauf nehmen und zieldifferierenden Unterricht als Aufgabe ihrer Schulen sowohl in der Primarstufe als auch in der Sekundarstufe I sehen.

Schülerinnen und Schüler mit Beeinträchtigungen im Bereich des Lernens können jedoch einen so umfänglichen und differenzierten Förderbedarf aufweisen, dass dieser nur in einer Sonderschule erfüllt werden kann. Auch hier stellt sich zunächst die Aufgabe der Erarbeitung eines interdisziplinär erstellten Förderplanes und die der Förderung dieser Kinder und Jugendlichen nach eigenen Rahmenplänen. Sonderschulen für lernbeeinträchtigte Kinder und Jugendliche fördern individuell, bereiten wenn möglich den Übergang in eine Allgemeine Schule vor, stellen das Erreichen eines Schulabschlusses sicher und bereiten die Jugendlichen in Zusammenarbeit mit anderen Diensten auf ein berufliches Leben vor. Wünschenswert für Kinder und Jugendliche mit Förderbedarf im Bereich des Lernens sind Sonderschulen in verpflichtender Ganztagsform.

Im schulischen Alltag hat bisher sicherlich die sonderpädagogische Förderung in partnerschaftlich-kooperativen Formen mit anderen Schularten mehr Bedeutung als der gemeinsame Unterricht. Diese kooperativen Formen erhalten nicht zuletzt dadurch einen gewissen Charme, weil die Zusammenarbeit auf bestimmte Stunden, Tage oder über einige Tage hinaus gehende Vorhaben begrenzt sind. Sie stellen nichts desto trotz einen unverzichtbaren Teil der schulischen Erfahrungen der Schülerinnen und Schüler dar, die in Sonderschulen gefördert werden müssen.

Vorbereitung auf das Berufsleben – sonderpädagogische Förderung im beruflichen Bereich

Unabhängig vom Förderort für lernbeeinträchtigte Schülerinnen und Schüler gewinnt die Vorbereitung auf das spätere Berufsleben bereits nach dem Abschluss des 6. Schuljahres eine zentrale unterrichtliche Bedeutung. Mit der Einführung des Fachs Arbeitslehre im 7. Schuljahr kommt diesem Bereich eine zentrale Stellung in der Weise zu, dass das Fach Arbeitslehre gewissermaßen der „rote Faden" bei der Erstellung der individuellen Förderpläne bildet. Dabei stehen berufswahlvorbereitende Projekte ebenso im Mittelpunkt wie Betriebserkundungen, Betriebspraktika, Praktikumstage sowie bereits hier die Zusammenarbeit mit den Arbeitsämtern. Auch die Kooperation mit den berufsbildenden Schulen sollte spätestens bei der Durchführung der Betriebspraktika begonnen werden.

Viele Schulen richten bereits sogenannte Werkstattklassen ein, die längerfristige „Arbeitsprojekte" in Angriff nehmen. Solche Maßnahmen sind besonders geeignet, den Jugendlichen Einblicke in betriebliche Abläufe zu geben, Techniken und handwerkliche Fähigkeiten anzubahnen und somit einen nahtlosen Übergang ins Berufsleben zu ermöglichen. Solche berufswahlvorbereitende Maßnahmen schützen auch vor Abbrüchen von Lehrverhältnissen.

Anforderungen an das Personal

Sonderschullehrkräfte, die Schülerinnen und Schüler mit Förderbedarf im Lernen unterrichten, bedürfen nach den Empfehlungen einer Ausbildung, die die „Breite und Struktur des ... Tätigkeitsfeldes und die Anforderungen an die einzelnen Personen berücksichtigt." Diese globale Umschreibung der grundlegenden Ausbildung sonderpädagogischen Personals fußt auf einer in Theorie und Praxis fundierten universitären Ausbildung. Die beschriebenen Ausbildungsmerkmale und die Inhalte der Qualifikation erstrecken sich auf die Vermittlung von lernpsychologischen, methodisch-didaktischen und diagnostischen Kenntnissen und Fähigkeiten ebenso wie auf den umfänglichen Bereich der Beratung. Eine fundierte Ausbildung als Grundlage für die Förderung lernbeeinträchtigter Schülerinnen und Schüler ist heute Standard in allen sonderpädagogischen Ausbildungsstätten.

Eine besondere Bedeutung kommt jedoch der Kooperation von Sonderschullehrkräften mit Lehrkräften von Allgemeinen Schulen sowie pädagogischen und therapeutischen Fachkräften ebenso zu wie das Zusammenwirken verschiedenster pädagogischer Kompetenzen wie beispielsweise das Erarbeiten eines Schulkonzeptes bzw. eines Schulprofils.

Die Vermittlung von Fähigkeiten zur Kooperation und zum Arbeiten im Team werden an einzelnen sonderpädagogischen Studienstätten schon praktiziert. Für viele Lehrkräfte – auch und gerade an Sonderschulen – sind die Bereiche Kooperation und Teamarbeit noch Neuland. Um auch dies zu ändern, kommt der ständigen Fort- und Weiterbildung der Sonderpädagoginnen und -pädagogen hier wie in allen übrigen sonderpädagogischen Arbeitsfeldern eine besondere Bedeutung zu.

Literatur

SCHMETZ, Ditmar: Förderschwerpunkt Lernen. In: Sonderpädagogische Förderung in der Bundesrepublik Deutschland, Materialien des vds. Würzburg 1999.

Ditmar Schmetz
Universität Dortmund

Förderschwerpunkt Lernen

Aufgabenstellung

Die nachfolgenden Auseinandersetzung mit den KMK-Empfehlungen zum Förderschwerpunkt Lernen erfolgte 1999 im April-Heft der ZEITSCHRIFT FÜR HEILPÄDAGOGIK. Der damals zugrunde liegende KMK-Entwurf ist in stilistischer Hinsicht gestrafft und inhaltlich unverändert verabschiedet worden. Die vor einem Jahr in kritischer Solidarität mit dem Anliegen der KMK-Empfehlungen auf systemisch-konstruktivistischer Theoriegrundlage erfolgte Reflexion zum Lernverständnis und den sich daraus ergebenden Fördermaßnahmen in der Unterrichtspraxis hat auch heute uneingeschränkte Gültigkeit.

Die KMK-Empfehlungen zur sonderpädagogischen Förderung von 1994 sind vor dem Hintergrund weitreichender wirtschaftlicher, kultureller und gesellschaftlicher Veränderungsprozesse zu sehen. Die daraus resultierenden Auswirkungen zeigen sich u.a. in Veränderungen bezogen auf Familie, Kindheit und Jugend, Schule, Berufs- und Arbeitswelt, auf die Gestaltung von Wohnen und Freizeit. Insbesondere das ökosystemische Denken hat Vorstellungen des Lernens in integrativen Bezügen weiterentwickelt und auch zu einem veränderten Behindertenverständnis geführt. Die Konkretisierung der KMK-Empfehlungen für die einzelnen Förderschwerpunkte gehen von einem Behindertenverständnis aus, das spezielle Förderbedürfnisse in den Mittelpunkt stellt. Im Sinne der Feststellung von Educational Needs (WARNOCK-REPORT 1978) sind entsprechende Hilfen im jeweiligen Bildungssystem für Lernende mit besonderem Förderbedarf zur Verfügung zu stellen (vgl. BLEIDICK 1987, 52). Eine Pädagogik für besondere Bedürfnisse, wie sie in ihren Grundsätzen auch 1994 auf der Weltkonferenz der UNESCO in Salamanca verabschiedet worden ist, orientiert sich an dem Menschen mit seinen individuellen Fähigkeiten und wendet sich gegen eine defizitär ausgerichtete Heil- und Sonderpädagogik. Sie fordert von Schulen, sich funktionell und strukturell in der Weise zu ändern, dass für alle Kinder Erziehung und Unterricht nach dem Prinzip integrativer Pädagogik möglich werden. All dies erfordert eine neue

Auseinandersetzung mit dem Problembereich des Lehrens und Lernens unter erschwerten Bedingungen und mit den sich daraus ergebenden Konsequenzen für die Weiterentwicklung von Schule.

Vor dem Hintergrund der ‚Empfehlungen zum Förderschwerpunkt Lernen' ist es Ziel dieses Beitrages, ein Lernverständnis aufzuzeigen, das von aktiv-eigenständigen Aneignungsprozessen ausgeht. In diesem Denken nimmt die systemisch-konstruktivistische Perspektive einen richtungweisenden Stellenwert ein. Die weiteren Ausführungen problematisieren Behinderungen des Lernens und zeigen Fördermöglichkeiten in Erziehung und Unterricht auf.

Lernen

Zentrale Auffassungen innerhalb der neueren psychologischen Lernforschung bezogen auf die verhaltenstheoretische, die kognitive und handlungstheoretische Psychologie formulieren als durchgängige Bestimmungsgröße zum Verständnis von Lernen eine durch Erfahrung herbeigeführte Verhaltensänderung. In weiterer Ausdifferenzierung fassen KLAUER und LAUTH Lernen als eine „komplexe Handlung, die u.a. Selbstreflexion, Planungsprozesse, die Befolgung einer Strategie, Abstraktion und Zielbewußtsein fordert" (1997, 706). Sie sehen vor allem den Einsatz von Strategien im Sinne vorwärtsgerichteter Reaktionsmuster und das Verfügen über metakognitive Prozesse als entscheidend für das Gelingen von Lernvorgängen an. Im interaktiven Lebensumfeld ist es insbesondere das Rollen- und Sprachhandeln des Menschen in alltäglichen Situationen, das die Entwicklung von Strategien und metakognitiven Prozessen erfordert und fördert. Dieses ist in der Regel jedoch nur möglich, wenn die emotionale und soziale Beziehung z. B. des Kindes zu den Bezugspersonen in seinem Lebenskontext einer überwiegend positiven Gestaltung unterliegt. Lernen ist also in gleicher Weise auf die kognitive, sprachliche, emotionale, motorische und soziale Entwicklung zu beziehen, die erst in interaktiven Bezügen zur Ausprägung gelangen. In diesen handeln Menschen vor allem über das Symbolsystem Sprache aufgrund von Bedeutungen, die wahrgenommene Dinge für sie haben. Diese Bedeutungen gelten als Produkte von Interaktionsprozessen. Sie werden im Rahmen konsensueller Interaktionen durch interpretativen Gebrauch bestätigt oder geändert. Aus ihnen gehen Normen, Werte und Regeln hervor. Sozialisation ist damit ein Prozess des Erlernens von Bedeutungen und Situationsdefinitionen über die Interaktion mit schon sozialisierten Mitgliedern der Gesellschaft. Die Interaktions- und Kommunikationsgestaltung zwischen den Menschen stellt damit nicht nur ein individuelles, sondern zugleich auch ein gesellschaftliches Prozessgeschehen dar, das die Identität des heranwachsenden wie des erwachsenen Menschen entscheidend beeinflusst.

Die aus diesem interaktiv-kommunikativen Handlungsprozess hervorgehenden Identitätserfahrungen des Menschen bilden die Grundlage seiner jeweiligen Realität. Wirklichkeit wird vom Individuum – aus systemisch-konstruktivistischer Sicht – nicht abgebildet, sondern konstruiert. Nach MATURANA/VARELA (1987) ist jedes Kind ein autonomes strukturdeterminiertes Wesen. Es folgt primär seinen inneren Strukturen, die kognitiv wie emotional gerichtet sind und die es gleichzeitig befähigen, mit seiner Umwelt in Kontakt zu treten. Seine autopoietische – d.h. sich selbst erzeugende – Organisation begründet zugleich seine einzigartige Identität und Individualität. Somit ist es die autopoietische Organisation, die Einheit und Selbstverwirklichung des Menschen ermöglicht und damit Autonomie begründet (vgl. LUHMANN 1984; KÖSEL 1995, 43 f.).

Für das Verständnis von Lernen ergeben sich aus dieser Sichtweise weit reichende Konsequenzen. Lernen ist immer eine konstruierende Tätigkeit des lebenden Systems und in soziale Interaktionen eingebunden. Damit ist Lernen als eine Auseinandersetzung zwischen dem Kind und der Umwelt mittels struktureller Koppelung zu verstehen. Lehrende und Lernende begegnen sich mit ihrer je eigenen Struktur und ihren subjektiven Theorien in der ‚Driftzone' und bauen eine Energiezone für Lernprozesse auf (MATURANA 1990; KÖSEL 1995). Lehrende und Lernende wirken in diesem Prozess als gegenseitige Quelle von Perturbationen (Anregungsfaktoren) und können über kommunikative Vorgänge ihre Wirklichkeitskonstruktionen verändern, wenn es ihnen sinnvoll erscheint. Lernen im schulischen Kontext findet über die Entwicklungslinie der Lerninhalte beim Lernenden als ‚Lern-Chreode' (notwendiger Weg, KÖSEL 1995) statt, wenn der angebotene Lerninhalt in die erfolgreiche Organisation der Erfahrung der Schüler selbst integriert wird (VON GLASERSFELD 1987, 381). Damit wird eine neue Qualität der Beziehung zwischen Lehrenden und Lernenden ermöglicht, in der sowohl Unterschiede als auch partnerschaftliche Gleichberechtigung realisiert werden können. Das Kind ist nicht mehr Objekt von Erziehung und Lernforderungen, es wird als Subjekt seines Lebens und seiner Entwicklung anerkannt. „Erziehung wird dann verstanden als ein interaktiver Prozess, in dem die Handlungen aller beteiligten Partner gleich wichtig sind, auch wenn Kinder und Erwachsene unterschiedliche Aufgaben haben" (ROTTHAUS 1999, 10).

Aus der Sicht der Systemtheorie, erhält der Stellenwert des Lernens somit eine neue Dimension. Im Mittelpunkt stehen nicht mehr die Zustände einzelner Teile, sondern die Prozesse ihres Zusammenwirkens (vgl. ROTTHAUS), hier die Interaktionsgestaltung zwischen Lehrenden und Lernenden.

Für Erziehung und Unterricht stellt sich somit die Aufgabe, das Kind, das primär seinen inneren Strukturen folgt, nicht etwas zu lehren, sondern seine Lernprozesse anzuregen und zu aktivieren (vgl. ROGERS 1991, 338f.; KÖSEL 1995, 43 f., WERNING 1996, 464; EBERWEIN 1996, 66). Dieses Lernverständnis findet u. a. ebenso seine Entsprechung in der von MATURANA aufgegriffenen genetischen Erkenntnislehre PIAGETs, nach der jeder lebende Organismus bestrebt und über den Äquilibrationsmechanismus in der Lage ist, ein Gleichgewicht zwischen seiner inneren Struktur und den Anforderungen seiner Umwelt herzustellen. Lernen und Entwicklung verlaufen somit nur über eine eigenaktive Auseinandersetzung des Kindes mit seiner Umwelt. Die Betonung der Eigenaktivität des Kindes findet ebenso ihre Entsprechung in der Aneignungstheorie der Kulturhistorischen Schule (WYGOTSKI; GALPERIN; LURIA), in reformpädagogischen Denk- und Erziehungsansätzen (MONTESSORI; FREINET; PETERSEN), im Lernverständnis der Humanistischen Psychologie (ROGERS). Im System Schule (LUHMANN 1984) ist eine eigenständige, selbsttätige Lernentwicklung des Kindes auf eine entwicklungsorientierte oder subjektive Didaktik (KÖSEL 1995) angewiesen, damit das Kind als autopoeitisches System seine Autonomie entwickeln und entfalten kann.

Behinderungen des Lernens

Behinderungen des Lernens bei Kindern und Jugendlichen innerhalb schulischer Sozialisation gehen somit grundsätzlich aus einer Lehr-Lern-Kultur hervor, die eine bestehende ‚Asymmetrie' zwischen Lehren und Lernen nicht überwindet. Diese realisiert für sich nicht, dass erfolgreiche unterrichtliche Interaktion und Kommunikation auf ein Lernverständnis angewiesen sind, das Lernende als autonome, sich selbst organisierende Individuen begreift und auf ein Lehrverständnis, das Wege und Perspektiven zur individuellen Wissensaneignung in differenzierter Form eröffnet (vgl. KRÜSSEL 1998, 112). In dem nach marktwirtschaftlich geprägten und kulturspezifischen Leistungsstandards in unserer Gesellschaft gegliederten Schulsystem führen diese Behinderungen des Lernens bei zahlreichen Kindern und Jugendlichen zu Lernschwierigkeiten, die zwischen leichten und schweren Ausprägungen bezogen auf die Dimensionen Zeit und Umfang der Beeinträchtigung angesiedelt sein können (vgl. KLAUER/LAUTH 1997, 703f.).

Behinderungen des Lernens bei umfänglichen Erscheinungsformen im schulischen Kontext wurden in der Hilfsschulpädagogik der Weimarer Zeit überwiegend und in ausgeprägtem Maße dem Kind als ‚Schwachsinn', als personenbezogenes Merkmal einer Minderbegabung zugeschrieben. Dieses monokausale Erklärungsmodell in seiner defizitären Gerichtetheit bestimmte auch noch in vielfältiger Weise das Verständnis der frühen Lernbehindertenpädagogik der sechziger Jahre. Seit den siebziger Jahren wurden immer mehr kausalanalytische zugunsten prozess-analytischer Erklärungsansätze aufgegeben und Behinderungen des Lernens in ihrer Mehrdimensionalität, Mehrperspektivität und Komplexität diskutiert (vgl. KANTER 1977; 1998, 42f.; Bleidick 1998, 18f.). Die von der Weltgesundheitsorganisation (WHO) 1980 vorgelegte „International Classification of Impairments Disabilities and Handicaps" fasst Behinderung nicht mehr als absolute Größe oder defektive Eigenschaft der Person (vgl. BUNDESMINISTER FÜR ARBEIT UND SOZIALORDNUNG 1983; JANTZEN 1985, 106; SANDER 1988, 79ff.). Vielmehr zeigt sich Behinderung (handicap) in unterschiedlich ausgeprägten Schweregraden und in unterschiedlichen Lebenskontexten als soziale Folge einer Schädigung (impairment) oder Leistungsminderung (disability). Von diesem ökosystemischen Behinderungsverständnis ausgehend liegt eine Behinderung vor, „wenn ein Mensch aufgrund einer Schädigung oder Leistungsminderung ungenügend in sein vielschichtiges Mensch-Umfeld-System integriert ist" (SANDER 1988, 81). Dieser an integrationsorientiertem Denken ausgerichtete Ansatz befasst sich bei der Auseinandersetzung mit Behinderungen des Lernens zunächst einmal mit den ‚special needs' des Kindes unter Einbeziehung der beteiligten Systeme wie Familie, peer group und Schule im gesellschaftlichen Kontext. Anstelle des defizittheoretischen Konzepts ist damit eine differenztheoretische Betrachtungsweise vor dem Hintergrund einer Pädagogik der Vielfalt (PRENGEL 1995) getreten. Kinder in erschwerten Lern- und Lebenssituationen (SCHMETZ 1986) sind im Sinne einer Pädagogik der Vielfalt auf individuelle Förderung und die Möglichkeit zieldifferent zu lernen angewiesen, wenn im Interaktionsfeld der Allgemeinen Schule ihre Integration gelingen soll.

Lernbehinderung ist im systemischen Sinne Ausdruck der nicht gelungenen und fehlenden Passung zwischen den individuellen Lernmöglichkeiten des Kindes und der normativen Erwartungshaltung von Schule. Aus diesem Kontext nicht vorhandener Passung gehen vielfältige Erscheinungsformen in Hinblick auf Behinderungen des Lernens in unterschiedlichem Ausprägungsgrad hervor. Lernbehinderung im Systemzusammenhang von Kind und Schule erweist sich somit als Konstrukt, das eine eindeutige Begrifflichkeit ausschließt. Die den Behinderungsbegriff vermeidende Bezeichnung ‚Lern- und Entwicklungsschwierigkeiten' charakterisiert zutreffender und anscheinend weniger stigmatisierend das Phänomen, resultiert jedoch in gleicher Weise aus der fehlenden Passung zwischen dem System Kind und dem System Schule. Dieses Problem kann ebenso für den integrativen Unterricht auftreten. Bei stetig wachsender Aufgabenvielfalt der Grundschule ohne entsprechende Bereitstellung von Ressourcen stellt sich die Frage, in welchem Maße sich Schule erfolgreich mit Lern- und Entwicklungsschwierigkeiten auseinanderzusetzen vermag. In der Geschichte der Grundschule zeigt sich seit ihrer Gründung im Jahr 1920 – als Schule für alle Kinder des Volkes – der Widerspruch, Kinder auf die weiterführenden Schulen vorzubereiten und gleichzeitig ‚leistungsschwache' Kinder zu fördern oder im Sinne der Entlastungsfunktion auszusondern (vgl. LUMER 1998, 174). Der Gemeinsame Unterricht, in dem zieldifferent und zielgleich dem pädagogischen Bedarf der Kinder Rechnung getragen wird, trägt dazu bei, die Selektionsfunktion abzubauen, vermag sie aber nicht aufzuheben, da der gesamtschulartige Charakter der Grundschule im Widerspruch zu dem hierarchisch nach Leistungsvermögen gegliederten weiter führenden Schulwesen steht.

Die Anzahl der Schüler, die 1997 bundesweit die Schule für Lernbehinderte /die Förderschule/ den Gemeinsamen Unterricht besuchten, betrug 220 716. Das sind 2,366 % von allen vollzeitschulpflichtigen Schülern der Klassen 1-10 in Allgemeinen Schulen und Sonderschulen (STATISTISCHE VERÖFFENTLICHUNGEN DER KULTUSMINISTERKONFERENZ 1998).

Ursachen

Aus historischer Sicht haben sich ebenso die Erklärungsansätze zur Entstehung von Behinderungen des Lernens von anfänglichen monokausalen Deutungskonzepten bis hin zu einer differenzierteren Betrachtungsweise weiterentwickelt. Bereits in den siebziger Jahren hatte sich die Theorieposition gefestigt, dass Lernbehinderung in ihrer Entstehung multifaktoriell bedingt ist und aus einem komplexen Gefüge zusammenhängender Ursachen und Erscheinungsformen hervorgeht. Endogene und exogene Faktoren (z. B. genetische Ursachen, prä-, peri-, postnatale Schäden, hirnorganische Funktionsstörungen, motorische Störungen, Sinnesschäden) wirken mit Umweltbedingungen (z. B. Sozialisationserschwerungen und psychosoziale Beeinträchtigungen aufgrund ungünstig verlaufender familialer Sozialisation) in Form von biosozialer Interaktion und Kumulation (KANTER 1977, 48ff.). Im Beziehungsgefüge zwischen organischen Bedingungen und Umweltbedingungen interagieren und kumulieren primäre und sekundäre Abhängigkeiten, die im Rahmen von Umweltfaktoren hinsichtlich schulischer und sozialer Ursachen Konzentrationsvermögen, Lernstil, Ich-Stärke, Selbstkonzept, Sprachverhalten, Sozialverhalten maßgeblich beeinflussen. Insbesondere strukturelle Lernstörungen, die zumeist als 'Sekundärsymptomatik' unterschätzt werden, können eine einmal aufgetretene Störung im schulischen Bereich wesentlich verschlimmern (‚Teufelskreis Lernstörungen') und erweisen sich immer als Produkt einer komplexen Lernentwicklung (BETZ/BREUNINGER 1993).

Schule selbst verursacht und verstärkt Lern- und Entwicklungsschwierigkeiten, wenn es ihr nicht möglich ist, ihre Lern- und Lebenskultur so zu gestalten, dass Kinder gemäß ihrer Lernausgangslage individuell im sozialen Beziehungsgefüge einer Lerngruppe gefördert werden und von ihnen Identitätsentfaltung im positiven Sinne erfahren wird. Bei Lern- und Entwicklungsschwierigkeiten spielen jedoch negative Bewertungen und Zuschreibungsprozesse im schulischen Kontext eine nicht unerhebliche Rolle. Bei umfänglicher Ausprägung laufen diese Kinder Gefahr, durch die Zuschreibung des Etiketts ‚lernbehindert' Stigmatisierungsprozessen ausgeliefert zu sein sowie Ausgrenzungen, Randständigkeit und damit Behinderung zu erfahren. Schulische Lernschwierigkeiten können ebenso durch vielfältige ungünstige Bedingungen im vorschulischen und außerschulischen Lebenskontext verursacht sein. Insbesondere in der frühen und späten Kindheit ist die Autonomieentwicklung des Kindes auf der Grundlage des Konzepts der Autopoiese auf entsprechende förderliche Erziehungs- und Lebensumfeldbedingungen angewiesen. Lern- und Entwicklungsschwierigkeiten mit weitreichender zeitlicher und umfänglicher Ausprägung gehen zumeist auf nicht förderliche Bedingungen in der Selbstständigkeitsentwicklung zurück. Für eine individuelle Lern- und Entwicklungsförderung ist die Befassung mit möglichen Ursachen im Rahmen der Auswertung anamnestischer Daten zur Biographie des Kindes bedeutsam, um Hilfen in einem ganzheitlich gefassten Lebenskontext bereitzustellen.

Erscheinungsformen

Lern- und Entwicklungsschwierigkeiten im Interaktionsfeld Schule vermögen sich über anfängliche leichtere Erscheinungsformen bis hin zu schweren Ausprägungen durch Generalisierung weiter zu verfestigen. Sie können sich im sensorischen, motorischen, kognitiven, sprachlichen, emotionalen, motivationalen und sozialen Verhalten zeigen.

Im sensorischen und motorischen Verhaltensbereich bilden Wahrnehmung und Bewegung ein interdependentes Beziehungsverhältnis. Wahrnehmung und Motorik sind nicht nur in ihrer Wechselwirkung, sondern auch in ihren sozialen Bezügen zu sehen. Vestibuläre, vibratorische und somatische Wahrnehmungserfahrungen des Kindes, die es in interaktiven Prozessen mit den Systemen seines Lebensumfeldes verinnerlicht, gehen ein in das Körperschema und die Körperentwicklung, die motorische Koordination, die Gestalterfassung, die auditive, visuelle und taktile Figur-Grund-Wahrnehmung und die intermodale Wahrnehmung. Diese gelten als gestört, wenn im institutionalisierten Kontext von Schule aufgrund vorgegebener Norm- und Erwartungshaltungen die Passung mit den individuellen Vorerfahrungen des Kindes nicht gelingt. Fehlende Vorerfahrungen dieser Art zeigen sich z. B. nicht nur beim Lesen- und Schreibenlernen, sondern auch in Alltagssituationen beim Anziehen, Einsortieren, Tischdecken, Basteln und Spielen. Insbesondere die kinästhetische Wahrnehmung, also die Lage- und Bewegungsempfindung, die nicht duch das Sehen vermittelt wird, und die eine enge Verbindung mit dem vestibulären System eingeht, führt bei fehlender Passung im interaktiven Austausch mit dem Lernumfeld des Kindes zu einem undifferenzierten Körperschema und zu einer erschwerten Steuerung beim Bewegungsablauf und bei der Dosierung des Krafteinsatzes. Fehlende Vorerfahrungen im taktilen, kinästhetischen-, vestibulären Wahrnehmungsbereich erschweren die Integration der Sinne und liegen bei vielen Lernstörungen im schulischen Eingangsbereich zugrunde. Auffällige Symptome können sich z. B. in Überaktivität oder ausgeprägter Passivität, in körperlichen Ungeschicklichkeiten, in einer verzögerten Sprachentwicklung, in Aufmerksamkeits- und Konzentrationsproblemen äußern.

Schwierigkeiten im sozialen und emotionalen Verhalten werden deutlich in Interaktions- und Kommunikationsstörungen, die zur Ausgrenzung oder ungenügenden Einbeziehung in das jeweilige Lebensumfeld des Kindes führen können. Die Aneignung von Grundqualifikationen zum Rollenhandeln zeigt sich in der Fähigkeit zur Rollendistanz, Ambiguitätstoleranz, zur Empathie und Identitätsdarstellung (vgl. KRAPPMANN 1971, 132ff.). Schwierigkeiten in der Aneignung und Wahrnehmung von Rollenkompetenz bei Kindern und Jugendlichen, die aus nicht intakten vorschulischen, außerschulischen und schulischen Interaktionserfahrungen hervorgehen können, belasten die Identitätsfindung und -darstellung. Identität gilt als Prozess der Selbstfindung, die durch Bewusstheit und Autonomie gekennzeichnet ist und die Fähigkeit einschließt, dass sich das Individuum assimilierend bzw. über den Vorgang der strukturellen Koppelung mit der Umwelt auseinandersetzt. Ich-Identität ist also in den Spiegelungs- und Begnungsprozess mit dem Du integriert. Verhaltensstörungen können aus pädagogischer Perspektive nur im Lebenskontext von Kindern und Jugendlichen als Notsignale verstanden und als Hilferufe gedeutet werden.

Die Fähigkeit mit den eigenen Gefühlen und mit denen anderer bewusster und sensibler umzugehen, setzt die emotionale Selbstwahrnehmung, Emotionen produktiv zu nutzen, Empathie als Deuten von Emotionen und vor allem den Umgang mit Beziehungen voraus. Mangelnde, einseitige oder auch kontraproduktive Erfahrungen von Kindern und Jugendlichen im emotionalen Verhalten in ihrem Lebensumfeld lassen Schwierigkeiten im ABC des emotionalen Lernens (GOLEMAN 1996) deutlich werden und sind nicht mit individuellen Zuschreibungsprozessen zu vereinbaren. Zum sozio-emotionalen Verhaltensbereich zählen ebenso Befähigungen zur Selbststeuerung und zur sozialen Einordnung, zur positiven Selbstkonzeptbildung, angstfrei zu leben und zu lernen, motiviert sein zu lernen und zu arbeiten. Ausfälle in diesen Bereichen sind bereits in familialen und außerfamilialen Interaktionsfeldern vor dem Hintergrund anderer Wert- und Lebensvorstellungen – als sie im System Schule vorherrschen – angelegt und können bei fehlender individueller Passung innerhalb schulischer Lernförderung zu weiterer Misserfolgsorientierung und Anstrengungsvermeidung führen.

Schwierigkeiten im Denken und Sprechen sind im System Schule maßgeblich von den Interaktionsgestaltungen zwischen Lehrenden und Lernenden bestimmt. Probleme z.B. im Abstrahieren, Kombinieren, Problemlösen, in der Transferbildung, der Vorstellungsfähigkeit, der Strukturierung und Generalisierung werden offenkundig, wenn die individuelle Lernausgangslage des Kindes in der Lehrer-Schüler-Interaktion nicht in erforderlichem Maße berücksichtigt wird. Dies gilt in gleicher Weise für die verbale wie nonverbale Kontaktaufnahme, das Sprachverständnis, den Sprachgebrauch, die Ausdrucksfähigkeit, die Begriffsbildung, die Sprachentwicklung. Vor diesem interaktiven Hintergrund sind bei Lern- und Entwicklungsschwierigkeiten häufig auffällige Störungen der Strategien zur Informationsaufnahme und -verarbeitung, Schwierigkeiten bei der begleitenden Lernkontrolle und der verbalen Handlungsanleitung (vgl. KLAUER/LAUTH 1997, 707) anzutreffen.

Nicht gelungene Interaktions- und Kommunikationspassung und -gestaltung im schulischen Bereich führen häufig zu einem Misslingen in der Aneignung von Basisfertigkeiten bezogen z. B. auf Aufmerksamkeit, Gedächtnis, Wahrnehmungsorganisation, Sprache und Methodenhandhabung des Lernens. Diese können sich beim Kind in der Folge sehr schnell ausweiten zu negativen Selbstwerteinschätzungen, zu Versagensgefühlen beim Lesen- und Schreibenlernen, beim Erlernen der Rechtschreibung, mathematischer und anderer schulisch relevanter Fähigkeiten und Fertigkeiten und zur sozialen Ausgrenzung führen. Probleme hat das System Schule vor allem mit der Integration von Kindern und Jugendlichen mit überaktivem und aggressivem Verhalten. Auch hier ist ein ökosystemisch ausgerichtetes Lern- und Erziehungsverständnis vonnöten, um geeignete ausgrenzungsvermeidende Förderkonzepte zu entwickeln und zur Anwendung zu bringen.

Erziehung und Unterricht

Autonomie und soziale Teilhabe des Menschen gelten als grundlegende ökologische Wertorientierungen, die helfen sollen, die Isolierung des einzelnen zu überwinden und ein Leben in sinnvollen Zusammenhängen zu führen (SPECK 1991, 247ff.). Sie begründen sich aus der autopoietischen Organisation des Menschen, die erst Erhalt und Selbstverwirklichung ermöglicht. Sie werden ebenso als Leitorientierung für Erziehung und Unterricht zu Grunde gelegt und haben uneingeschränkt Gültigkeit für alle Kinder und Jugendlichen, die Lehrenden und Verantwortlichen im System Schule.

Die im Folgenden dargestellten Fördermaßnahmen stehen in ihrer basalen Ausrichtung in enger Beziehung zueinander und gehen in schulisch bedeutsame Lernbereiche ein.

Lernförderungsdiagnostik und Beratung

In der traditionellen Sonderpädagogik stand die Diagnostik analog zu einem wenig flexiblen, hierarchisch gegliederten Schulsystem vorrangig im Dienst der juristischen und pädagogischen Absicherung des Sonderschulaufnahmeverfahrens. Im institutionsbezogenen Verfahren dominierte die schulleistungsbezogene Sicht, die sich auf die Feststellung entsprechender Defizite des lernbehinderten Kindes und die Frage der zu besuchenden Sonderschulform konzentrierte. Für Kinder mit sonderpädagogischem Förderbedarf hingegen liegt ein Diagnostikverständnis zugrunde, das eine individuelle lern- und lebensbegleitende Förderung und eine am Einzelfall ausgerichtete Kind-Umfeld-Analyse aufweist. Dieses begreift das Kind als ein eigenaktives Individuum und geht von seinen Stärken aus. Es unterstreicht den Gedanken der Einheit von Diagnose und Therapie. Gleichzeitig betont es eine aus dem systemischen Denken erwachsene ganzheitliche Förderung (EGGERT 1998, 62). Der hier eingeschlagene prozessdiagnostische Weg setzt Veränderungs- und Lernprozesse in Gang (vgl. BORCHERT 1996; BUNDSCHUH 1996; EBERWEIN/KNAUER 1998).

Qualitative Methoden wie z.B. die interpersonale Wahrnehmung und die Wahrnehmung als Interaktion, der Weg vom Beobachten zum Beschreiben, vom Beschreiben zum Beurteilen, Situationsanalysen und Gespräche führen zu einem besseren Verstehen des Kindes. Sie ermöglichen es den Lehrpersonen, Lernförderpläne zu erstellen, die Ergebnisse in gewissen Zeitabständen zu überprüfen und fortzuschreiben. Mit Hilfe von Lernentwicklungsberichten können individuelle Lernfortschritte erfasst und ausgewertet werden. Innerhalb einer systemisch verstandenen Lernförderungsdiagnostik (vgl. HILDESCHMIDT/SANDER 1988; BEGEMANN 1996; EGGERT 1998;) wird das Kind „als eigenständig handelndes Subjekt und als Partner des Erziehers, Lehrers und Diagnostikers" und als „Akteur seiner eigenen Entwicklung" ernstgenommen (KAUTTER 1993, 287f.; vgl. auch KORNMANN 1993, 289; SCHLEE 1993, 293; MÜNCH 1997, 219ff.).

In diesem Zusammenhang ist die sonderpädagogische Lehrkraft gleichzeitig in ihrer Beratungskompetenz gefordert. Die beratende Funktion ist nicht nur in der dialogischen Gutachtenerstellung, z.B. im Rahmen des Gemeinsamen Unterrichts zwischen der Lehrkraft der Allgemeinen Schule und der Sonderschule, sondern auch innerhalb sonderpädagogischer Interventionprozesse selbst – im Hinblick auf Schüler, Eltern und andere Lehrkräfte – vonnöten. Zugleich ist das Lehrerkollegium häufig auch auf Beratung von außen (Konsultation, Supervision) angewiesen.

Vermag ein Kind dem Unterricht in der Allgemeinen Schule trotz zusätzlicher Lernhilfen nicht zu folgen, entsteht sonderpädagogischer Förderbedarf. Der individuelle Förderbedarf wird im Bezug zu den schulischen Rahmenbedingungen festgestellt (KMK 1994). Die sonderpädagogische Förderung geht von den Erfahrungen, Interessen und Problemen der Kinder und Jugendlichen aus, um ihr Selbstwertgefühl und die Voraussetzungen des Lernens zu stärken.

Die Feststellung sonderpädagogischen Förderbedarfs erfolgt unter förderdiagnostischen Fragestellungen, die auf ein qualitatives wie quantitatives Profil der Fördermaßnahmen gerichtet sind (KMK 1999). In interdisziplinärer Ausrichtung werden gegebenenfalls die medizinische und psychologische Diagnostik einbezogen und informelle Prüfverfahren wie standardisierte Testverfahren verwendet. Eine umfassende Kind-Umfeld-Analyse soll helfen, Einblick in elementare Bereiche der Persönlichkeitsentwicklung unter dem Gesichtspunkt schulischer Anforderungsprofile zu gewinnen. Hierbei spielt die Entwicklung von Kognition, Bewegung, Wahrnehmung, Kommunikation und Sprache, des emotionalen und sozialen Verhaltens, des Lern- und Leistungsverhaltens eine zentrale Rolle. Das zu erstellende Problem-Resümee reflektiert bisherige Fördermaßnahmen, Faktoren, die eine sonderpädagogische Förderung bedingen und Rahmenbedingungen zur Verwirklichung sonderpädagogischer Fördermaßnahmen, um bei Lern- und Entwicklungsschwierigkeiten einen individuellen Förderplan entwickeln und fortschreiben zu können.

Die Entscheidung über den Förderort Sonderschule oder Allgemeine Schule liegt derzeit unter Beteiligung der Eltern bei Schule und Schulaufsicht und unterliegt dem Haushaltsvorbehalt bezogen auf personelle, sächliche und räumliche Bedingungen der beteiligten Schulen.

Wahrnehmung und Bewegung

Wahrnehmungs- und Bewegungsförderung erfordern über systematisches Beobachten, das Verhalten des Kindes in diesen Bereichen zu erfassen, um auf dieser Basis Lernprozesse anregen zu können, die seiner autopoietischen Organisation zugute kommen. Aufgabe der Lehrkraft ist es, ein dem Kind gemäßes Handlungs- und Bewegungsangebot bereitzustellen, das nächstmögliche Entwicklungsschritte erlaubt (vgl. ZIMMER 1995). Zeigen sich im Anfangsunterricht weit reichende Schwierigkeiten, die Kulturtechniken zu erlernen, reichen in der Regel begleitende Übungen zum Lese- und Rechenverständnis und graphomotorische Trainingsmaßnahmen nicht aus, um Lernerfolge und Lernmotivation zu sichern. Die unterschiedlichen Vorerfahrungen der Kinder im Wahrnehmungs- und sensomotorischen Erleben erfordern vielmehr ein Lernangebot, das die Basis- Sinnes-Systeme in ihrer vestibulären, somatischen und vibratorischen Informationsaufnahme unterstützt. In Weiterführung der basalen Stimulation (FRÖHLICH 1998) tragen so vestibuläre Anregungen (wie rhythmisches Schwingen), somatische Anregungen nach den Prinzipien der Symmetrie (Vermittlung des Körperschemas), der Spannung und Entspannung (Körpergefühl) und Rhythmisierung (körperliche Selbstwahrnehmung) sowie vibratorische Anregungen zur weiteren notwendigen Ausdifferenzierung des Körperschemas und zur Integration der Sinneswahrnehmungen bei. Die Wahrnehmungs- und Bewegungserziehung ist nicht singulär oder additiv im Unterricht, sondern in Sinnzusammenhängen zu realisieren. Im Anfangsunterricht lassen sich über entsprechende Spielszenen – z. B. nach Vorgabe einer Märchenhandlung (CÁRDENAS 1996) – Wahrnehmung und Motorik im Spontanverhalten der Kinder beobachten. Auf diesem Wege sind individuelle kindgemäße Fördermaßnahmen zu konzipieren, die sich beziehen auf die visuelle und auditive Wahrnehmung (visuomotorische Koordination, Figur-Grund-Wahrnehmung, Wahrnehmungs-, Farb- und Formkonstanz, Wahrnehmung der Raumlage und der räumlichen Beziehungen, auditiv-motorische Assoziation, auditive Diskriminationsfähigkeit, auditive Lokalisation, Wiedererkennen und Unterscheiden von auditiven Sequenzen), die kinästhetische Wahrnehmung (Stellungs-, Bewegungs-, Kraft-, Spannungssinn), die taktile, olfaktorische und gustatorische Wahrnehmung (vgl. FROSTIG/MASLOW 1978; FRITZE / PROBST / REINARTZ / REINARTZ 1976; BREUER / WEUFFEN 1996; DOUBEK 1996; HEUER 1997). Das Wahrnehmungs- und Bewegungslernen mit allen Sinnen (KÜKELHAUS 1997) ist in intersensorieller Ausrichtung zu gestalten und für Kinder mit umfänglichen Lern- und Entwicklungsschwierigkeiten von besonderer Bedeutung, wenn die unzureichende Passung zwischen schulischen Anforderungen und den individuellen Fähigkeiten dieser Kinder überwunden werden soll. Dies gilt nicht nur für den Anfangsunterricht, sondern ebenso für die weiteren schulischen Lernstufen. Innerhalb der Bewegungs- und Wahrnehmungsförderung ist es insbesondere die rhythmische Erziehung, durch die intersensorielle Ausrichtung optimiert wird (vgl. LANDESINSTITUT FÜR SCHULE UND WEITERBILDUNG 1996). Wahrnehmungs- und Bewegungsförderung stehen in enger Verbindung und Ergänzung zur Wahrnehmungs- und Bewegungstherapie. Die therapeutische Ausrichtung sonderpädagogischer Förderung hat zugleich eine besondere Bedeutung innerhalb ästhetischer Erziehung (Kunst, Musik, Bewegung).

Soziales und emotionales Lernen

Die Förderung des sozial-emotionalen Verhaltens zielt auf Befähigungen, Affektivität, Soziabilität und Selbstkonzept positiv zu gestalten. Dies kommt der Selbstständigkeit des Kindes, seiner Lern- und Leistungsmotivation, seinem Lern- und Arbeitsverhalten zugute. Entsprechende intrapsychische und interpersonale Fähigkeiten zur Rollengestaltung wie Empathiefähigkeit, Frustrations- und Ambiguitätstoleranz sind in der Aufarbeitung alltäglicher Konfliktsituationen – z.B. über das Rollenspiel – aus der Perspektive des Kindes erfahrbar zu machen, um Kontaktbereitschaft, Kooperationsfähigkeit, Konfliktfähigkeit, Kritikfähigkeit und Selbstbehauptung zu fördern (vgl. HEUER 1997, 55ff.). Systemische Förderansätze bei Verhaltensstörungen (SCHLEY 1989) sind immer auf das 'Individuum-in-seiner-Umgebung' gerichtet (vgl. VERNOOIJ 1998). Innerhalb der vielfältigen Unterrichts-, Förder- und Therapiemaßnahmen bei Lern- und Verhaltensschwierigkeiten fällt der Kooperativen Verhaltensmodifikation (SCHLEY 1989), dem Spiel (VAN DER KOOIJ 1989) und der Spielgruppenarbeit (REISER 1989) ein wichtiger Stellenwert zu. Ein strukturiert-schülerzentrierter Unterricht (GOETZE/NEUKÄTER 1989) gibt bei überaktivem Verhalten dem Kind die notwendige Unterstützung, um selbstkontrolliertes Verhalten zu internalisieren. Vor allem geht es bei der Förderung von überaktiven Kindern um Sensibilisierung und Selbstwahrnehmung, die Fähigkeit zu strukturieren und sich selbst zu akzeptieren (KROWATSCHEK 1996). Zur Gewaltprävention und Förderung sozialer Kompetenzen und friedlicher Konfliktlösung eignen sich aus den USA stammende Mediatorenmodelle, in denen Schüler als Mediatoren ausgebildet werden – Schüler helfen Schülern –, um Konfliktsituationen schlichten zu helfen (ENGERT/MÜLLER-HEISRATH/SCHMETZ 1998).

Kognition und Kommunikation

Für die Förderung von Kognition und Kommunikation sind die Subjektposition des Kindes mit seiner bisherigen Lernerfahrung und eigenaktiven Dispositionsgestaltung sowie die individuelle Passung von Fördermethoden und -materialien wiederum Voraussetzung, um Lernstrategien entwickeln zu helfen und Lernfortschritte zu ermöglichen. Verfahren wie kognitives Modellieren (KLAUER/LAUTH 1997), entdeckendes Lernen und problemhaft gestaltetes Lernen (SIEPMANN 1991), die Vermittlung metakognitiver Strategien (LAUTH/ SCHLOTTKE 1988) zielen auf Verbesserungen innerhalb allgemeiner Bewältigungsstrategien, des Problemlöseverhaltens und der Lern- und Behaltefähigkeit. KLAUERs prozessorientiertes Denktraining für Kinder und Jugendliche (1989; 1991; 1993) ist insbesondere darauf angelegt, Grundstrukturen des induktiven Denkens, z. B. systematisches und analytisches Vergleichen, das Erfassen von Regelhaftigkeiten zu fördern. Hinsichtlich der Förderung in Erziehung und Unterricht ist nach der Theorie der kognitiven Veränderbarkeit (FEUERSTEIN 1980) auf jene kognitiven Strukturen zu achten, die im Sinne PIAGETs autonomes Lernen ermöglichen. Dazu zählen vor allem das dialogische Bewusstmachen des Problems, das Herstellen von Bezügen zwischen Vergangenheit, Gegenwart und Zukunft, Wenn-dann-Relationen, kausale und finale Verknüpfungen. Grundsätzlich ist das Denken in Analogien förderlich für die allgemeine Problemlösungsfähigkeit (HEINEN 1997). Geistige Operationen dieser Art sind im handelnden Lernen erfahrbar zu machen, zu verbalisieren und über die Transferbildung im lebenspraktischen Kontext zur Anwendung zu bringen (vgl. KRETSCHMANN 1997).

Die Befähigung zur mündlichen Kommunikation stellt sich als zentrale Aufgabe der Sprachförderung. „Restringiertes" Sprachverhalten des Kindes kann im Sinne differenztheoretischen Denkens nicht negativ bewertet werden, sondern ist als individuelle Ausdrucksform anzuerkennen. Aufgabe der Lehrkraft ist es, im sprachlichen Dialog auf handlungsorientierter Ebene mit dem Kind die sprachliche Ebene zu erweitern, damit es lernt, sach-, situationsangemessen und allgemein verständlich mit anderen zu kommunizieren. Über Wege handlungsorientierter Diagnostik und Dialoge (vgl. KALDE 1995) ist die individuelle Lernausgangslage des Kindes zu erkennen. Durch den Erwerb von Sprecherstrategien in Alltagssituationen können flexible Verbalisierungsmuster mit Hilfe des Rollenhandelns erprobt und erworben werden. Insbesondere sind im Zusammenspiel von Wahrnehmung und Sprache die allgemeine Sprachförderung wie die spezielle Sprachtherapie zur Geltung zu bringen (WIEDEMANN 1997). Über Wege dieser Art und über den spielerischen Umgang mit Sprache vermag das Kind seine sprachspezifischen Leistungen insgesamt zu verbessern. Sprachförderung durch ‚Musik mit der Stimme' (AMRHEIN 1995, 378ff.) ist für die motorische und klangliche Ebene der Stimme hilfreich. Für die Sprachförderung und –therapie geht es vor allem darum, möglichst frühzeitig Schwierigkeiten über sprachtragende Grundfunktionen zu begegnen. Hierzu zählen insbesondere die Wahrnehmung, Motorik, Kognition, Emotion und Soziabilität (TROSSBACH-NEUNER 1997, 184ff.).

Kulturtechniken

Kommunikationsförderung im schriftsprachlichen Bereich, im mathematischen Bereich und im Bereich neuer Informationstechnologien ist erfolgreich, wenn es gelingt, dass Kinder und Jugendliche mit Lern- und Entwicklungsschwierigkeiten innerhalb dieser Kulturtechniken das Lernen im Austausch mit ihrer Umwelt als aktiven Prozess erfahren können, der der individuellen Selbstorganisation unterliegt. Um diesem Anspruch gerecht zu werden, muss die Lehrkraft die verschiedenen Förderkonzepte und Fördermaterialien kennen, um sie in differenzierter Form der jeweiligen individuellen Lernausgangslage des Kindes zuzuordnen. Im Erstleseunterricht und im Erstschreibunterricht kommen vor allem jene Konzepte dem aktiven Aneignungsprozess entgegen, die offene Formen des Lernens zulassen und Prinzipien des Spracherfahrungsansatzes aufgreifen (KRETSCHMANN 1998). Ein Lesenlernen mit allen Sinnen (WENDLER 1998) vermag insbesondere an die basalen Entwicklungsbereiche des Kindes anzuknüpfen. Hierzu zählt auch das ‚Lesenlernen in Bewegung' (WISCHMEYER 1996). Für geeignete Konzepte der Schriftspracherwerbsförderung ist maßgebend, dass das Kind in lebenspraktischen Bezügen selbständig üben und handeln kann und entsprechende Materialangebote – z. B. im handlungsorientierten Stationsverfahren – entwickelt sind (vgl. SOMMER-STUMPENHORST/URBANEK 1993). Fördermaterialien dieser Art erleichtern auch die innere Differenzierung in integrativen Lerngruppen. Jedoch ist der Prozess des eigenverantwortlichen Lernens zumeist erst mit zusätzlichen Strukturierungshilfen einzuleiten, so z.B. für den richtigen Umgang mit der Anlauttabelle (REICHEN 1988). Zusätzliche Stützmaßnahmen wie zum Beispiel der Einsatz von phonomimischen Verfahren (Kleingebärden, Großgebärden) sind dann sinnvoll, wenn die individuelle Lernausgangslage des Kindes dies erfordert. Bei Jugendlichen hat sich die computergestützte Leseförderung besonders bewährt (DUMMER-SMOCH/HACKETHAL 1988).

Die Förderung des weiterführenden Schreibens erfordert nach dem Verständnis des Spracherfahrungsansatzes (vgl. BRÜGELMANN 1986; 1989), dass Kinder die Möglichkeit erhalten, aus ihrem Lebensumfeld die Kommunikationsfunktion von Schrift aufzugreifen und ihren individuellen Zugang zum Schreiben, z.B. in Form von Kritzelbriefen, Zeichnungen, Fotosequenzen in den Unterricht einzubringen. Zur Bewältigung schriftsprachlicher Alltagssituationen sind die Kinder zu motivieren, Einkaufs- und Merkzettel, Einladungen,

Inhaltsnotizen, Postkarte, Brief, Bewerbung, Lebenslauf usw. zu schreiben. Schriftsprachliche Mitteilungen über ihre Vorlieben und Wünsche, Ich-Du-Mitteilungen und kreative Texte sollen zum Umgang mit eigenen Gefühlen und individuellen Interessen und Erfahrungen im sozialen Umfeld anregen (vgl. THAMM 1995; SCHMETZ 1996). Situations-, handlungs- und projektorientiertes Lernen ermöglichen den notwendigen individuellen Zugang zur Textproduktion in einem offenen Sprachunterricht (HILLER 1989; BÖHM/KORNMANN 1993; BÖHM 1999; RÖHNER 1995).

Für die sprachliche Kompetenzerweiterung (Semantik, Syntax, Morphologie) gilt in gleicher Weise, über alltagsbezogene kindgemäße Sprachanlässe sprachliche Gebrauchssicherheit zu erlangen. Dies trifft ebenso für die Rechtschreibförderung zu. Zur Stärkung des Selbstwertgefühls und Selbstwertkonzepts geht der Ansatz der Rechtschreibförderung von der individuellen Spracherfahrung des Kindes aus. Vor allem soll es den Sinn des Schreibens begreifen. Zentral stehen der Aufbau eines Grundwortschatzes (vgl. SOMMER-STUMPENHORST 1997), das Anlegen einer Rechtschreibkartei, das Nachschlagenkönnen im Wörterbuch, weiterhin Wege zieldifferenten und materialgeleiteten Lernens (Wortlisten, Wörterkisten, Wörterschrank, eigenständige Fehlerkontrolle). Auf empirisch begründeten Befunden in der Lese- und Rechtschreibförderung beruhende Interventionsformen (phonologisches Wissen, basal-phonologisches Vorgehen, Arbeiten mit Silben, Spracherfahrungsansatz, Morphemansatz) ermöglichen unter Einbeziehung computergestützter Verfahren eine Förderpraxis, die in ihrem Angebot der jeweiligen individuellen Lernausgangslage des Kindes zu entsprechen vermag und eigenständiges Üben und Lernen unterstützt (WALTER 1996).

Förderungsmöglichkeiten innerhalb mathematischen Denkens sollen bei persönlichen Erfahrungen der Kinder im Vorschulalter ansetzen, die sich aus dem Umgang mit Farben, Formen, Mengen, Gewicht, Zuordnen und Zählen in Alltagssituationen ergeben. Denn aus diesen Erfahrungen erwachsen geistige Operationen wie Ordnen, Unterscheiden, Vergleichen, Klassifizieren, Abstrahieren usw. (vgl. WERNER 1999). Konkrete Handlungen und unmittelbare Wahrnehmungen liegen so der methodischen Vorgehensweise im mathematischen Anfangsunterricht unter besonderer Beachtung der pränummerischen Förderung zugrunde. Förderdiagnostische Vorgehensweisen werden aus systemisch-konstruktivistischer Sicht als lernprozessbegleitende Interaktionen gestaltet, die das Verstehen des Problemlösungsverhaltens des Kindes in den Mittelpunkt stellen (WEMBER 1989; WITTOCH 1991; SCHERER 1995; WERNER 1999). Mathematische Förderkonzepte, die unter Einbeziehung der Komplexität der Sachstruktur von den Denkstrukturen des Kindes ausgehen und die auf dieser Grundlage selbstbstimmtes Lernen ermöglichen, motivieren das Kind, individuelle Lösungswege zu erproben und provozieren kreatives Arbeiten und Lernen. Fördern in diesem Sinne ist z. B. anglegt im struktur- und niveauorientierten Mathematikunterricht nach KUTZER (1985), in Hervorrufung von Äquilibrationsprozessen über die eigenaktive Auseinandersetzung des Kindes mit mathematischen Sachverhalten aus seiner Umwelt (PIAGET; WEMBER), in Hervorhebung des Prinzips des entdeckenden Lernens (SCHERER), im für die Grundschule innerhalb eines sozial-kommunikativen Unterrichts entwickelten Projekts ‚mathe 2000' (WITTMANN) Die Förderung mittels selbstaktiver Aneignung ist in den von WEMBER (1996, 26ff.) entwickelten und für die Förderpraxis umgesetzten Leitgedanken für mathematisches Lernen zum Ausdruck gebracht: in den Unterrichtsprinzipien des praktischen Problembezugs, der Sprache des Schülers, des aktiven Lernens, der entwicklungsgemäßen Sequentierung von Unterrichtsinhalten, der entwicklungsgemäßen Sequentierung der Lernziele, des handelnden Lernens, der schrittweisen Verinnerlichung, der operativen Übung, der sozialkooperativen Erarbeitung.

Fördermöglichkeiten mit Hilfe des Computers als Medium zum selbstständigen Üben und Lernen – insbesondere im Bereich der Kulturtechniken, des Sachunterrichts und anderer schulisch relevanter Lernbereiche (ARENHÖVEL 1994; MITZLAFF 1996) –, zum anderen die Nutzung des Computers selbst zur individuellen Informationsbeschaffung und zum Informationsaustausch haben vor dem Hintergrund des Übergangs von der Industriegesellschaft zur Informationsgesellschaft einen stetig wachsenden Stellenwert in Erziehung und Unterricht. Die Förderung von Fähigkeiten, sich mit Hilfe des Computers Informationen zu beschaffen, diese zu verarbeiten und in lebenspraktischen Bezügen zur Anwendung zu bringen (z. B. Fahrkarten lösen, Geld abheben, Preise einholen und vergleichen, Waren bestellen usw.) sind für die Autonomieentwicklung des heranwachsenden Menschen und für seine spätere berufliche Tätigkeit unentbehrlich. Auch für die Förderung hinsichtlich der Nutzung Neuer Technologien ist zu bedenken, dass die Lernausgangslage des Kindes mit seinen individuellen Lebensbezügen bedacht wird.

Frühförderung

Der Frühförderung für Kinder mit Entwicklungsverzögerungen fällt die Aufgabe zu, in der Eltern-Kind-Betreuung, im Kindergarten und -hort und Schulkindergarten präventiv zu wirken und basale Entwicklungsbereiche bezogen auf Wahrnehmung, Bewegung, Interaktion, Kommunikation, Sprach- und sozial-emotionales Verhalten in ganzheitlicher Ausrichtung zu stärken. Sie ist interdisziplinär angelegt und bezieht in systemisch orientierten Zugängen das Kind-Umfeld über die Kooperation der Eltern ein (vgl. BURGENER-WOELFRAY/JENNY-FUCHS 1995). Die Interessen und Selbstgestaltungskräfte des Kindes – es darf bestimmen, was es lernt – bilden den Ausgangspunkt einer kindgemäßen Förderung (vgl. JETTER 1985; 1996; LEYENDECKER/HORSTMANN 1996).

Einen wichtigen Stellenwert in der Frühförderung nimmt die Spielförderung ein (vgl. KLEIN 1996). Konzept und Praxis einer integrativen Spielförderung, die ihre Begründung im systemischen Denken findet, sind von HEIMLICH (1989; 1995) aufgearbeitet.

Berufsbildungsbereich

Fördermöglichkeiten im berufsorientierenden Unterricht sind nicht ohne Beachtung von Veränderungen im wirtschaftlichen und gesellschaftlichen Umfeld (vgl. STORZ 1997) zu entwickeln. So zielen sie nicht mehr einseitig auf den Erwerb eines berufskundlichen Wissens im Sinne der Berufsfachlichkeit, sondern betonen die Persönlichkeitsorientierung. In diesem Zusammenhang ist die Aneignung extrafunktionaler Schlüsselqualifikationen bedeutsam, die sich bezieht auf Sachkompetenz (z.B. Problemlösefähigkeit, Kombinationsfähigkeit, Abstraktionsfähigkeit, Denken in Algorithmen, Planungsfähigkeit, Leistungsbereitschaft, Flexibilität, Eigeninitiative), soziale Kompetenz (z. B. sprachliche Differenzierung, Dialogfähigkeit, Teamfähigkeit, Kompromissbereitschaft, Kritikfähigkeit, soziale Verantwortung, Rollendistanz, Ambiguitätstoleranz) und personale Kompetenz (Selbstvertrauen, Selbstwertgefühl, Selbststeuerung, Selbstreflexion, Selbstständigkeit, Kreativität, Motivation) (BIERMANN/RÜTZEL 1993, 121; SCHARDT 1998, 13). Schlüsselqualifikationen dieser Art sind in offenen Lernvollzügen wie projektorientierter Arbeit und Freiarbeit zu realisieren, die Möglichkeiten zu eigenständigem, lehrerunabhängigem, individuellem und in sozialen Bezügen integriertem Handeln aufweisen. Sie tragen entscheidend zur Autonomieentwicklung in sozialen Bezügen bei und sind allgemein für Erziehung und Unterricht grundlegend. In projektorientiertem Kontext – z. B. Projekt Bäckereierkundung, Fahrradwerkstatt, Schülerzeitung, Pausenkiosk, Schülerbetriebspraktikum (SCHARDT 1998) – vermag unterrichtliches Handeln auf die individuellen Föderbedürfnisse der Jugendlichen leichter ausgerichtet zu werden, um eine Passung zwischen schulischen Anforderungen und individueller Interessenlage des Jugendlichen zu ermöglichen. Fördermaßnahmen zur Berufsorientierung und zur Berufswahlvorbereitung sind als schullaufbahnbegleitender Prozess zu verstehen, der in der Kooperation zwischen Schule, Elternhaus und Berufsberatung angelegt ist und der Vernetzung von Schule mit den Betrieben, gewerblichen Einrichtungen und Verwaltungen des jeweiligen regionalen Umfeldes bedarf (vgl. SCHARFF 1998). Gleichermaßen bedeutsam für eine berufsorientierte Förderkonzeption ist die Auseinandersetzung mit negativen Berufsperspektiven. Die Jugendlichen sind also auch zu befähigen, Misserfolgs- und Aussonderungserlebnisse bei Bewerbungen ertragen zu können, vom ‚Wunschberuf' Abstand zu nehmen, Angst vor Bewerbungen und Testsituationen abzubauen, über lebenspraktische Ertüchtigung Mitgestaltungsmöglichkeiten zu erlangen (KLIPPERT 1991; SCHARDT 1998, 11).

Projektorientierte Ausbildungs- und Förderformen sind ebenso weiterzuentwickeln und zu verstärken in den nachschulischen Lernorten (Betrieb, Berufsschule, Berufsbildungswerk, Berufsförderungswerk, ausbildungsbegleitende Hilfen, sozialpädagogische Betreuung), da über diese Förderwege Selbstständigkeit fördernde Aneignungsprozesse und individuelle Lernrhythmen und Arbeitsweisen Geltung erlangen. Sie stehen allerdings nicht selten im Spannungsverhältnis zu den gesetzlichen und betrieblichen Lernzielvorgaben. Deshalb sind im Berufsbildungsbereich flexible Lernorganisationen weiterzuentwickeln – wie z. B. der Ausbau von Modulsystemen (NEISE 1995) – um das Spannungsverhältnis zwischen Personen- und Arbeitsweltorientierung auszugleichen. Die Zielsetzungen Autonomie und soziale Teilhabe erfordern daher für die berufsbildende Lernorganisation, Sinnzusammenhänge komplexer Arbeitsvorgänge und die Struktur geleiteter Lernprozesse zu erschließen, individuelle Lernstile in die Erarbeitung der Algorithmen, Logiken und Bedienerfunktionen sowie in zweckrationale berufliche Verfahrensabläufe einzubinden und individuelles Lern- und Arbeitstempo in den Lernerfolg der Arbeitsgruppe einzubeziehen (vgl. BIERMANN/RÜTZEL 1993, 123ff.). Von besonderer Bedeutung wäre eine weiterführende Arbeitsbegleitung und Lebensberatung (HILLER 1989).

Organisation

Kinder und Jugendliche mit sonderpädagogischem Förderbedarf werden im Gemeinsamen Unterricht an Allgemeinen Schulen und an Sonderschulen unterrichtet. Die Unterrichtsorganisation zielt auf die Öffnung von Schule, um eigenständiges und zieldifferentes Lernen in sozialen Bezügen zu ermöglichen, das von Prinzipien der Individualisierung und Differenzierung geleitet ist. Dies erfordert eine das Jahrgangsklassensystem überwindende Organisationsstruktur und eine am individuellen Lernfortschritt des Kindes orientierte Leistungsbeurteilung. Die Öffnung von Schule nach außen bezieht auch die Kooperation und Vernetzung mit Nachbarschulen und speziellen institutionellen Hilfen der Gemeinde bzw. des Stadtteils ein. Bei der Entwicklung von Sonderschulen zu Sonderpädagogischen Förderzentren ist die Vernetzung eine unentbehrliche Voraussetzung für die Organisation sonderpädagogischen Hilfen. Die Zusammenarbeit mit Gesundheits-, Sozial-, Jugendämtern und Schulpsychologischen Diensten, die Einbeziehung pflegerischer, therapeutischer und sozialer Hilfen, tragen zur Entwicklung eines sonderpädagogischen Profils bei, das der professionellen Förderung, der Beratung von Eltern und Lehrpersonen Allgemeiner Schulen zugute kommt.

Der Gemeinsame Unterricht an Allgemeinen Schulen setzt kooperative Organisationsformen mit der sonderpädagogischen Profession voraus. Die Vielfalt der Formen sonderpädagogischer Förderung an Allgemeinen Schulen umfasst Klassen mit Beratung, mit Ambulanzlehrer, mit sonderpädagogischen Förderangeboten durch eine sonderpädagogische Lehrkraft, mit einem Zwei-Pädagogen System (Lehrkraft der Allgemeinen Schule, der Sonderschule).

Für die Gestaltung einer Organisationsstruktur zur sonderpädagogischen Förderung an Schulen und für die entsprechende Erarbeitung z. B. eines Schulprogramms bilden Kooperations- und Teamfähigkeit eine unentbehrliche Grundlage. Teamentwicklung innerhalb und zwischen den Kollegien der Schulen dient der Verbesserung von Beziehungen, dem Erlernen von Strategien der Konfliktbewältigung, der Optimierung unterrichtlicher Organisation, der Entwicklung und der Umsetzung von Kompetenzen im Rahmen spezieller Förderung. Die Aneignung von Basiselementen innerhalb der Teamentwicklung wie Feedback, Prozessanalyse und Normvereinbarung, Teamentwicklungstraining und Planungshilfen bedürfen der Beraterunterstützung. Nach dem Ansatz des ‚Total Quality Management' (TQM) – „Qualitätsprodukte in der Schule kommen aus Qualitätsprozessen" (BONSTINGL 1992, 15) – vermag eine Organisationsentwicklung, die darauf gerichtet ist, Probleme zu identifizieren und zu lösen, eine Kräftefeld-Analyse bei Arbeitsgruppen vorzunehmen, die daraus gewonnenen Erkenntnisse für kollegiales Zusammenarbeiten einzusetzen, die Schulkultur zu verbessern, das Engagement und die Eigenaktivität der Lehrkräfte sowie die Effektivität sonderpädagogischer Förderung in Erziehung und Unterricht zu steigern (vgl. PHILIPP 1996, 61ff.).

Ist Schule ein institutionalisierter absichtsvoller Raum für die eigenständige, selbsttätige Entwicklung des Kindes, so steht die Organisation im Dienst der Passung zwischen individuellem Förderbedarf des Kindes und dem Förderangebot der Schule. Ihr fällt damit ein entscheidender Anteil für das Gelingen und die Qualitätssicherung sonderpädagogischer Förderung zu.

Literatur

AMRHEIN, F.: Sprachförderung durch ‚Musik mit der Stimme'. In: Zeitschrift für Heilpädagogik 46 (1995) 378-383

ARENHÖVEL, F.: Computereinsatz in der Grundschule. Donauwörth 1994

BEGEMANN, E.: Von der Differentialdiagnostik zur Lernbegleitung. In: Mitteilungen des Verbandes Deutscher Sonderschulen (vds). Landesverband NRW (1996) 2, 14-57

BIERMANN, H./RÜTZEL, J.: Berufsbildung für Jugendliche mit Beeinträchtigungen des Lernens. In: Baudisch, W./Schmetz, D. (Hrsg.): Lernbehinderung und Wege zur differenzierten Föderung (Sonderpädagogische Beiträge Band I). Frankfurt/M 1993

BLEIDICK, U.: Rahmenbedingungen für die soziale Integration Behinderter in das Bildungs- und Gesellschaftssystem. In: Schuchardt, E.: Schritte aufeinander zu. Bad Heilbrunn 1987, 50-84

BLEIDICK, U./HAGEMEISTER, U.: Einführung in die Behindertenpädagogik. Bd. 1. Stuttgart.

BÖHM O./KORNMANN, R. (Hrsg.): Lesen und Schreiben in der Sonderschule: Vorschläge und Erfahrungen aus der Schule für Lernbehinderte. Weinheim ²1987

BÖHM, O. (unter Mitarbeit von Moosmann, A.): Aufsatzunterricht bei lernschwachen Schülern. Heidelberg 1999

BONSTINGL, J. J.: Schools of Quality. Introduction to Total Quality Management in Education. Alexandria 1992

BORCHERT, J.: Pädagogisch-therapeutische Interventionen bei sonderpädagogischem Förderbedarf. Göttingen 1996

BREUER, H./WEUFFEN, M.: Lernschwierigkeiten am Schulanfang. Schuleingangsdiagnostik zur Früherkennung und Frühförderung. Weinheim ³1996

BRÜGELMANN, H. u.a.: Die Schrift entdecken: Beobachtungshilfen und methodische Ideen für einen offenen Anfangsunterricht im Lesen und Schreiben. Konstanz 1989

BRÜGELMANN, H.: Kinder auf dem Weg zur Schrift. Konstanz ²1986

BUNDSCHUH, K.: Einführung in die sonderpädagogische Diagnostik. München ⁴1996

CÁRDENAS, B.: Diagnostik mit Pfiffigunde. Ein kindgemäßes Verfahrung zur Beobachtung von Wahrnehmung und Motorik (5-8 Jahre). Dortmund ⁴1996

DOUBEK, A.: Elementarunterricht anders. Neue Konzepte für den Einstieg in die Kulturtechniken bei unterschiedlichen Voraussetzungen. Dortmund 1996

DUMMER-SMOCH, L./HACKETHAL, R.: Kieler Leseaufbau. Kiel ²1988

EBERWEIN, H. (Hrsg.): Handbuch Lernen und Lern-Behinderungen. Weinheim 1996

EBERWEIN, H./KNAUER, S. (Hrsg.): Handbuch Lernprozesse verstehen. Wege in eine neue (sonder)pädagogische Diagnostik. Weinheim 1998

EGGERT, D.: Von den Stärken ausgehen. Dortmund ²1998

ENGERT, E./MÜLLER-HEISRATH, A./SCHMETZ, D.: Gewaltprävention – Forschungsprojekt der Universität Dortmund 1998

FEUERSTEIN, R.: Instrumental Enrichment. An Intervention Program for Cognitive Modifiability. University Park Press 1980

FISCHER, W.: Schule leiten und gestalten. Innsbruck 1993

FRITZE, CH./PROBST, W./REINARTZ, A./REINARTZ, E.: Hören. Auditive Wahrnehmungsförderung. Dortmund 1976

FRÖHLICH, A. D.: Basale Stimulation. Das Konzept. Düsseldorf 1998

FROSTIG, M./MASLOW, P.: Lernprobleme in der Schule. Stuttgart 1978

GLASERSFELD, E. v.: Wissen, Sprache und Wirklichkeit. Arbeiten zum radikalen Konstruktivismus. Braunschweig 1987

GÖTZE, H./NEUKÄTER, H.: Strukturierter Unterricht. In: Götze, H./Neukäter, H. (Hrsg.): Pädagogik bei Verhaltensstörungen. Berlin 1989, 520-545

HEIMLICH, O.: Behinderte und nichtbehinderte Kinder spielen gemeinsam. Bad Heilbrunn 1995

HEIMLICH, O.: Soziale Benachteiligung und Spiel. Trier 1989

HEINEN, H.: Denktraining mit Regelkreisanalogien. Förderdiagnostischer Beitrag zum analogen Problemlösen mit lernbeeinträchtigten Jugendlichen im Technikunterricht. Trier 1997

HEUER, G. U.: Beurteilen, Beraten, Fördern. Dortmund 1997

HILDESCHMIDT, A./SANDER, A.: Der ökosystemische Ansatz als Grundlage für Einzelintegration. In: Eberwein, H. (Hrsg.): Behinderte und Nichtbehinderte lernen gemeinsam. Handbuch der Integrationspädagogik. Weinheim 1988, 220-226

HILLER, G. Ausbruch aus dem Bildungskeller. Langenau-Albeck 1989

JANTZEN, W.: Der Beitrag der Soziologie zur Sonder- und Heilpädagogik. In: Gerber, G./Kappus, H. u.a. (Hrsg.): Der Beitrag der Wissenschaften zur interdisziplinären Sonder- und Heilpädagogik. Wien (Universität) 1985, 105-119

JETTER, K.: Leben und Arbeiten mit behinderten und gefährdeten Säuglingen und Kleinkindern. Hannover ^{2}1985

JETTER, K.: Diagnostik – am Leben orientieren! In: Behinderte in Familie, Schule und Gesellschaft 19 (1996) 3-42

KALDE, N. Vom spielerischen zum sprachlichen Dialog mit behinderten Kindern. Dortmund ^{2}1995

KANTER, G. O.: Lernbehinderungen und die Personengruppe der Lernbehinderten. In: Kanter, G.O./Speck, O. (Hrsg.): Pädagogik der Lernbehinderten. Berlin 1977, 34-64

KANTER, G. O.: Weiterentwicklungen im Bereich der Lernbehindertenpädagogik. Fernuniversität – Gesamthochschule Hagen 1998

KAUTTER, H.: Wunschphantasien zur (sonder-)pädagogischen Diagnostik. In: Langfeldt, H.-P./Kurth, E. (Hrsg.): Diagnostik bei Lernbehinderten. Neuwied 1993, 287f.

KLAUER, K. J./LAUTH, G.W.: Lernbehinderungen und Leistungsschwierigkeiten bei Schülern. In: Weinert, F. E. (Hrsg.): Psychologie des Unterrichts und der Schule (Enzyklopädie der Psychologie, Serie I, Band 3) Göttingen 1997 701-738

KLAUER, K. J.: Denktraining für Kinder und Jugendliche. Ein Programm zur intellektuellen Förderung, Teil I-III. Göttingen 1989, 1991, 1993

KLEIN, G.: Frühförderung als Spielförderung oder Training nach Förderprogrammen? In: Zeitschrift für Heilpädagogik 47 (1996) 373-383

KLIPPERT, H.: Berufswahlunterricht. Weinheim 1991

KÖSEL, G.: Die Modellierung von Lernwelten. Ein Handbuch zur subjektiven Didaktik. Elztal-Dallau ^{2}1995

KORNMANN, R.: Wünschenswerte Entwicklungen. In: Langfeldt, H.-P./Kurth, E. (Hrsg.): Diagnostik bei Lernbehinderten. Neuwied 1993, 280f.

KRAPPMANN, L.: Soziologische Dimensionen der Identität. Stuttgart ^{2}1971

KRETSCHMANN, R.: Erlebnisbezogene Lese- und Schreibförderung. In: Zeitschrift für Heilpädagogik 49 (1998) 306-321

KROWATSCHEK, D.: Überaktive Kinder im Unterricht. Dortmund 1996

KRÜSSEL, H.: Lehren als Bereitstellen von Perspektiven. In: System Schule. Zeitschrift für innovative Schulpraxis 2 (1998) 106-113

KÜKELHAUS, H.: Entfaltung der Sinne. Frankfurt/Main 1997

KULTUSMINISTERKONFERENZ – KMK: Die Sonderschulen in der bundeseinheitlichen Schulstatistik von 1987 bis 1996. Statistische Veröffentlichungen der KMK, Dokumentation Nummer 147. November 1998

KULTUSMINISTERKONFERENZ – KMK: Empfehlungen zum Förderschwerpunkt Lernen. Bonn 1999

KULTUSMINISTERKONFERENZ – KMK: Empfehlungen zur sonderpädagogischen Förderung in den Schulen der Bundesrepublik Deutschland. Bonn 1994

LANDESINSTITUT FÜR SCHULE UND WEITERBILDUNG (Hrsg.): Bewegungserziehung und Sport in der sonderpädagogischen Förderung. Boenen 1996
LAUTH, G./SCHLOTTKE, P.: Die Förderung kognitiver Kompetenzen bei lernbehinderten Kindern mit Unterstützung durch Mediatoren. In: Heilpädagogische Forschung 14 (1988) 148-160
LEYENDECKER, CH./HORSOMANN, T. (Hrsg.): Frühförderung und Frühbehandlung. Heidelberg 1996
LUHMANN, N.: Soziale Systeme. Grundriss einer allgemeinen Theorie. Frankfurt/M. 1984
LUMER, B.: Integrationspädagogik. In: Nyssen, E./Schön, B. (Hrsg.): Perspektiven für pädagogisches Handeln. Eine Einführung in Erziehungswissenschaft und Schulpädagogik. Weinheim 1995, 154-198
MATURANA, H. R. in: Riegas, V./Vetter, Ch. (Hrsg.): Zur Biologie der Kognition. Frankfurt/M. 1990
MATURANA, H. R./VARELA, F. J.: Der Baum der Erkenntnis. Bern ³1987
MITZLAFF, H. (Hrsg.): Handbuch Grundschule und Computer. Weinheim 1996
MÜNCH, J.: Sonderpädagogische Aufgabenstellungen, Lehrerbildung und Fernstudium. Weinheim 1997
NEISE, H.: Berufswahl und berufliche Eingliederung bei Jugendlichen mit Lernschwächen. FernUniversität – Gesamthochschule Hagen 1995
OLBRICH, I.: Auditive Wahrnehmung und Sprache. Dortmund ²1994
PHILIPP, E.: Teamentwicklung in der Schule. Weinheim 1996
PRENGEL, A.: Pädagogik der Vielfalt. Opladen 1995
REICHEN, J.: Lesen durch Schreiben. Zürich ³1988
REISER, H.: Die Spielgruppenarbeit unter besonderer Berücksichtigung der Themenzentrierten Interaktion. In: Götze, H./Neukäter, H. (Hrsg.): Pädagogik bei Verhaltensstörungen. Berlin 1989, 703-719
ROGERS, C. R.: Die klientenzentrierte Gesprächspsychotherapie. Frankfurt/Main 1991
RÖHNER, C.: Authentisch Schreiben- und Lesenlernen. Bausteine zum offenen Sprachunterricht. Weinheim 1995
ROTTHAUS, W.: Wozu erziehen? Entwurf einer systemischen Erziehung. Heidelberg ²1999
SANDER, A.: Behinderungsbegriffe und ihre Konsequenzen für die Integration. In: Eberwein, H. (Hrsg.): Behinderte und Nichtbehinderte lernen gemeinsam. Handbuch der Integrationspädagogik. Weinheim 1988, 75-82
SCHARDT, M.: Möglichkeiten und Perspektiven des berufswahlvorbereitenden Unterrichts an Schulen für Lernbehinderte. In: Schardt, M./Scharff, G. (unter Mitarbeit von Drechsler, I.): Wege zur Verbesserung der beruflichen Eingliederung für Jugendliche mit Lernbehinderungen. Würzburg 1998, 8-35
SCHARFF, G.: Wohnortnahe berufliche Rehabilitation. In: Schardt, N./Scharff, G. (unter Mitarbeit von Drechsler, I.): Wege zur Verbesserung der beruflichen Eingliederung für Jugendliche mit Lernbehinderungen Würzburg 1998, 55-60
SCHERER, P.: Entdeckendes Lernen im Mathematikunterricht der Schule für Lernbehinderte. Heidelberg 1995
SCHLEE, J.: Entwicklungsperspektiven für die sonderpädagogische Diagnostik. In: Langfeldt, H.-P./Kurth, E. (Hrsg.): Diagnostik bei Lernbehinderten. Neuwied 1993, 293f.
SCHLEY, W.: Kooperative Verhaltensmodifikation. In: Götze, H./Neukäter, H. (Hrsg.): Pädagogik bei Verhaltensstörungen. Berlin 1989, 546-568
SCHLEY, W.: Systemische Ansätze in der Pädagogik bei Verhaltensstörungen. In: Götze, H./Neukäter, H. (Hrsg.): Pädagogik bei Verhaltensstörungen. Berlin 1989, 231-245
SCHMETZ, D.: Reflexionen zur Konzeption einer Interaktionspädagogik für erschwerte Lernsituationen. In: Zeitschrift für Heilpädagogik 37 (1986) 73-85
SCHMETZ, D.: Zur Textproduktion im Lernbereich Sprache. In: Baudisch, W./Schmetz, D. (Hrsg.): Schriftspracherwerb und Sprachhandeln im Primar- und Sekundarbereich – Beispiele sonderpädagogischer Förderung (Sonderpädagogische Beiträge, Band III) Frankfurt/Main 1996, 90-118

SIEPMANN, G.: Problemhaft gestaltetes Lernen im offenen und geschlossenen Unterricht – ein Beitrag aus der Hilfs- bzw. Lernbehindertenschule. In: Die Sonderschule 36 (1991) 334-341

SOMMER-STUMPENHORST, N./URBANEK, R.: Lesen- und Schreibenlernen differenziert fördern. Handbuch für Lehrerinnen und Lehrer zur Lese-Schreib-Lernkiste. Berlin 1993

SOMMER-STUMPENHORST, N.: Lese- und Rechtschreibförderung. Heft 1-3 Warendorf 1997

SPECK, O.: System Heilpädagogik. Eine ökologisch reflexive Grundlegung. München ²1991

THAMM, J.: Texte verfassen mit geistig- und lernbehinderten Jugendlichen. Ein identitätsorientiertes Konzept offenen Unterrichts. Bad Heilbrunn 1995

TROßBACH-NEUNER, E.: Schwerpunkte der Unterrichtsarbeit bei Kindern mit Förderbedarf im Bereich der Sprache. In: Zeitschrift für Heilpädagogik 48 (1997) 184-189

VAN DER KOOIJ, R.: Spiel und Verhaltensstörungen bei Schülern. In: Götze, H./ Neukäter, H. (Hrsg.): Pädagogik bei Verhaltensstörungen. Berlin 1989, 354-372

VERNOOIJ, M. A.: Systemische Aspekte in der Lernbehindertenpädagogik. In: Angerhoefer, U./Dittmann, W. (Hrsg.): Lernbehindertenpädagogik: Eine institutionalisierte Pädagogik im Wandel. Neuwied 1989, 33-50

WALTER, J.: Förderung bei Lese- und Rechtschreibschwäche. Göttingen 1996

WARNOCK, H. M.: Special Educational Needs – Report of the Committee of Enquiry into the Education of the Handicapped Children and Young People (Her Majesty´s Stationary Office). London 1978

WEMBER, F. Die sonderpädagogische Förderung elementarer mathematischer Begriffsbildung auf entwicklungspsychologischer Grundlage. In: Zeitschrift für Heilpädagogik 39 (1989) 433-443

WEMBER, F. Mathematik lehren und Mathematik lernen – Methodische Überlegungen zum Unterricht bei lern- und geistigbehinderten Kindern. In: Baudisch, W./Schmetz, D. (Hrsg.): Mathematik und Sachunterricht im Primar- und Sekundarbereich – Beispiele sonderpädagogischer Förderung (Sonderpädagogische Beiträge Band IV) Frankfurt/ Main 1996, 11-44

WENDLER, I.: Lesenlernen mit allen Sinnen. In: Zeitschrift für Heilpädagogik 49 (1998) 538-545

WERNER, B.: Rechenschwäche oder nicht geförderte Fähigkeiten. In: Zeitschrift für Heilpädagogik 50 (1999)

WERNING, R.: Anmerkungen zu einer Didaktik des Gemeinsamen Unterrichts. In: Zeitschrift für Heilpädagogik 47 (1996) 463-469

WIEDEMANN, M. (Hrsg.): Handbuch Sprachförderung mit allen Sinnen. Weinheim 1997

WISCHMEYER, M.: Lesenlernen in Bewegung. In: Zeitschrift für Heilpädagogik 47 (1996) 299-303

WITTMANN, E.: Projekt „mathe 2000", unter: www.mathematik.uni-dortmund.de/didaktik/mathe2000/index)

WITTOCH, M.: Diagnose von Störungen. In: Lorenz, H.-J. (Hrsg.): Störungen beim Mathematiklernen. Köln 1991, 90-105

ZIMMER, R.: Handbuch der Sinneswahrnehmung. Grundlagen einer ganzheitlichen Erziehung. Freiburg 1995

Empfehlungen zum Förderschwerpunkt emotionale und soziale Entwicklung

Beschluss der Kultusministerkonferenz vom 10.3.2000

In Ergänzung zu den „Empfehlungen zur sonderpädagogischen Förderung in den Schulen in der Bundesrepublik Deutschland" – Beschluss der Kultusministerkonferenz vom 6.5.1994 – werden zu den Förderschwerpunkten im Bereich der emotionalen und sozialen Entwicklung, des Erlebens und der Selbststeuerung, des Umgehen-Könnens mit Störungen des Erlebens und Verhaltens (vgl. Ziffer III, 2 der o.a. „Empfehlungen ...") hiermit die „Empfehlungen zum Förderschwerpunkt emotionale und soziale Entwicklung" vorgelegt.

1. Ziele und Aufgaben

1.1 Allgemeines

Sonderpädagogische Förderung soll das Recht der Kinder und Jugendlichen mit Förderbedarf im Bereich der emotionalen und sozialen Entwicklung auf eine ihren individuellen Möglichkeiten entsprechende schulische Bildung verwirklichen helfen. Emotionales Erleben und soziales Handeln beziehen die emotionale und soziale Entwicklung, die Selbststeuerung sowie das Umgehen-Können mit Störungen des Erlebens und Verhaltens ein. Die sonderpädagogische Förderung orientiert sich grundsätzlich an den Bildungszielen der allgemeinen und beruflichen Schulen. Darüber hinaus hat sie Bildungs- und Erziehungsaufgaben zu erfüllen, die sich aus den Lebenswirklichkeiten der Schülerinnen und Schüler mit einer Beeinträchtigung im emotionalen Erleben und sozialen Handeln ergeben. Die Schülerinnen und Schüler können unabhängig vom jeweiligen Förderort die Bildungsabschlüsse der Schularten erhalten, nach deren Lehrplänen sie unterrichtet wurden.

Die sonderpädagogische Förderung ist in erster Linie auf die Weiterentwicklung der Fähigkeiten zu emotionalem Erleben und sozialem Handeln gerichtet. Dabei unterstützt und begleitet sie diese Kinder und Jugendlichen durch ein breites Angebot spezifischer individueller Hilfen, die

- die Wahrnehmung für ihr eigenes sowie fremdes Empfinden stärken, ihre Selbststeuerungskräfte aktivieren und dadurch die Motivation für dauerhafte Veränderungen unterstützen und die Steuerungsfähigkeit ihres Verhaltens langfristig stabilisieren,
- die Fähigkeit zur Reflexion ihres eigenen Denkens und Handelns sowie das von anderen erweitern, dabei Rücksichtnahme und Toleranz gegenüber anderen entfalten,
- Interesse für das Lernen, Verständnis für die Zusammenarbeit und Sinn für das Handeln mit anderen vermitteln.

Durch vorbeugende Maßnahmen können die Verfestigung sozial unangemessener Handlungsmuster frühzeitig verhindert, erwünschte angebahnt und dadurch die schulische Entwicklung positiv beeinflusst werden. Ziel ist die bestmögliche schulische, berufliche und soziale Eingliederung.

Zu den vordringlichen Aufgaben gehört es,

- die Bedingungen für das Entstehen einer Störung der emotionalen und sozialen Entwicklung, ihre Eigendynamik und innere Logik zu verstehen,
- die Voraussetzung dafür zu schaffen, dass sich die Schülerinnen und Schüler mit ihrem Selbstkonzept und ihrem eigenen emotionalen Befinden und sozialen Handeln auseinander setzen können,
- Fragen der Orientierung, Grenzsetzung, Identifikation, Annahme und Abgrenzung, der Nähe und Distanz, des Beziehungsaufbaus, der sozialen Verantwortung, der Kooperation und der Gruppenfähigkeit zur Grundlage pädagogischen Handelns zu machen,

- die jungen Menschen mehr und mehr in die Verantwortung für ihre Entscheidungen und für die Lösung ihrer eigenen Probleme zu nehmen,
- Handlungsalternativen durch eine dialogische Problemanalyse und Lösungssuche zu entwickeln und Entscheidungshilfen bei deren Umsetzung, Modifikation und Kontrolle zu geben,
- Voraussetzungen für ein möglichst wohnortnahes, flexibles sonderpädagogisches Förderangebot unter Einbeziehung von Schulsozialarbeit, sozialpädagogischen, psychologischen und medizinisch-therapeutischen Hilfen zu schaffen.

In Fällen tief greifender Störungsbilder oder Erkrankungen erfolgt die sonderpädagogische Förderung in Zusammenarbeit mit psychiatrischen oder forensischen Einrichtungen.

1.2 Pädagogische Ausgangslage

Die pädagogische Ausgangslage von Kindern und Jugendlichen mit Förderbedarf im Bereich des emotionalen Erlebens und sozialen Handelns ist von vielfältigen komplexen Wechselwirkungen zwischen Gesellschaft und Individuum, sozialem Umfeld und Persönlichkeitsentwicklung geprägt. Zudem können die Auswirkungen von Entwicklungsstörungen, Krankheiten und Behinderungen problemverstärkend wirken.

Beeinträchtigungen im Erleben und sozialen Handeln stellen keine feststehenden und situationsunabhängigen Tatsachen dar, sondern unterliegen Entwicklungsprozessen, die durch veränderbare außerindividuelle Gegebenheiten beeinflusst werden können. Sie sind nicht auf unveränderliche Eigenschaften der Persönlichkeit zurückzuführen, sondern als Folge einer inneren Erlebens- und Erfahrungswelt anzusehen, die sich in Interaktionsprozessen im persönlichen, familiären, schulischen und gesellschaftlichen Umfeld herausbildet. Pädagogische Interventionen sind deshalb in erster Linie auf die Bereitstellung von Möglichkeiten zur Veränderung innerer Verhaltensmuster und zur individuellen Anpassung an äußere Rahmenbedingungen sowie auf den Erwerb und die Stärkung emotionaler und sozialer Fähigkeiten gerichtet.

Bei der Darstellung der pädagogischen Ausgangslage muss so konkret wie möglich festgestellt werden, welche Entwicklungsprozesse und Interaktionsverläufe sich auf der persönlichen, familiären, schulischen und gesellschaftlichen Ebene ereignen, welches Verhalten wahrgenommen wird und welche möglichen Ursachen und Wechselwirkungen damit im Zusammenhang stehen. Darüber hinaus sind auf jeder Ebene die Ressourcen und Chancen zu beschreiben und zum Ausgangspunkt der Förderung zu machen.

Persönliche Ebene

Familiäre und soziale Lebensbedingungen sowie das schulische Umfeld bedingen und beeinflussen persönliche Merkmale und Fähigkeiten wie Selbstwertgefühl, Ich-Stärke, Sicherheit, Selbstverantwortung, Impulskontrolle, Stetigkeit und Verlässlichkeit, Entwicklung von Lebensmut und Zukunftsperspektive, Realitätssinn.

Widersprüchliche Erfahrungen, insbesondere mit Eltern, Lehrkräften und Freundschaftsgruppen, können zu einer unrealistischen Selbst- und Fremdwahrnehmung führen. Kinder und Jugendliche mit Förderbedarf im Bereich des emotionalen Erlebens und sozialen Handelns überschätzen ihre Fähigkeiten und Möglichkeiten fast ebenso häufig, wie sie diese unterschätzen. Sie sehen Lösungen unter anderem darin, Anforderungen auszuweichen und in übersteigertes Selbstbewusstsein zu flüchten. Machtfantasien sind ebenso anzutreffen wie die Flucht in Traumwelten oder übersteigertes Statusdenken. Förder- oder Hilfeangeboten stehen sie gleichgültig oder ablehnend gegenüber.

Erfahrungen von Alleingelassensein, das Erleben von Angst und Hilflosigkeit, von Armut, sozialem Ausschluss, auch emotionale Überforderung und Trennungsängste oder sexueller Missbrauch können zu aggressiven wie auch regressiven oder introvertierten Verhaltensweisen führen. Die Kinder und Jugendlichen ziehen sich auf sich selbst zurück, sind depressiv und ängstlich, weinen, entwickeln Tics und zeigen kaum eigene Initiativen, sie erkranken wiederholt oder entdecken das Kranksein als ein Ereignis, auf das andere mit Zuwendung reagieren.

In extremen Fällen finden Kinder und Jugendliche keinen Ausweg aus den sich gegenseitig überlagernden und verstärkenden Problemebenen. Sie reagieren mit psychosomatischen Symptomen oder Erkrankungen. Sie geraten in die Abhängigkeit von Drogen, suchen Kontakte zu Jugendsekten oder zu kriminellen Gruppen.

Familiäre Ebene

Erfahrungen innerhalb der Familie, im familiären Umfeld und den jeweiligen Lebensbedingungen beeinflussen nachhaltig die Entwicklungsprozesse und Verhaltensmuster der Kinder und Jugendlichen. Die Zusammenhänge zwischen ihrem beobachtbaren Handeln im schulischen Umfeld sowie den familiären Lebensbedingungen und Erfahrungen sind für Lehrkräfte meist schwer zu erkennen, da sie in der Regel keinen direkten Einblick in die Familie haben und häufig nur über Beobachtungen bzw. Informationen Dritter verfügen. Die Eltern selbst unterliegen den Erfahrungen ihrer eigenen Kindheitsentwicklung, die wiederum ihr emotionales Erleben und erzieherisches Handeln bestimmen kann.

Emotionale Verwahrlosung und Kälte, Mangel an Zuwendung und Versorgung, wenig Zeit für Gespräche im Elternhaus sind mit übersteigerten Gehorsams- und Leistungserwartungen, Drohungen und hartem Dirigismus, manchmal auch Gewalt verbunden. Inkonsequenz, Unberechenbarkeit des elterlichen Verhaltens, Partnerschaftsprobleme, unaufgeklärte Familientabus bei Krankheit und Sucht, Straffälligkeit und Arbeitslosigkeit können hohe Belastungs- und Risikofaktoren darstellen. Weitere traumatisierende Ereignisse wie schwere Unfälle, Vertreibung, Flucht und Tod können als Familienschicksale die Entwicklung eines Kindes einschränken oder blockieren. Die notwendige Zusammenarbeit zwischen Eltern und Lehrerinnen und Lehrern kann durch unterschiedliche Kommunikations- und Interaktionsmuster oder mangelnde Kooperationsbereitschaft erschwert werden.

Beeinträchtigungen im Bereich des emotionalen Erlebens und sozialen Handelns können auch durch Überbehütung, unsichere Bindung an die Eltern, Verwöhnung oder durch geringes Zutrauen zum Kind verstärkt werden. Die Bereitschaft der Kinder, Initiative zu zeigen oder Verantwortung zu übernehmen, kann sinken. Diese Kinder stehen sozial im Abseits, entwickeln Krankheitssymptome und entziehen sich der Gemeinschaft.

Schulische Ebene

Schülerinnen und Schüler mit Sonderpädagogischem Förderbedarf im Bereich des emotionalen Erlebens und sozialen Handelns sind häufig für schulisches Lernen und Handeln wenig motiviert und nicht in der Lage, eine durchschnittliche altersgemäße Aufmerksamkeit zu zeigen. Hohe Ablenkbarkeit und kurze Konzentrationsspannen hindern sie an der Entfaltung ihrer geistigen Leistungsfähigkeit. Die Schülerinnen und Schüler zeigen zeitweise Übereifer und spontane Arbeitsbereitschaft, resignieren dann jedoch oft ebenso schnell, sind mutlos und enttäuscht, erscheinen antriebsarm und gleichgültig und wehren pädagogische Interventionen ab; Motivation, Ausdauer, Lerntempo und Belastbarkeit unterliegen extremen Schwankungen. Sie unternehmen bisweilen hohe Anstrengungen, um im Mittelpunkt zu stehen, und fordern von ihren Bezugspersonen ein kaum erfüllbares Maß an ständiger Zuwendung.

Die schulische Leistungsfähigkeit der Schülerinnen und Schüler ist oft durch die Vielzahl nicht unterrichtsbezogener und zugleich kräftezehrender Interaktionsprozesse erheblich eingeschränkt. Förderbedarf in anderen Schwerpunkten ist die Regel, insbesondere im Bereich des Lernens und der Sprache.

Die Wahrnehmungen der wechselseitigen Interaktionsprozesse innerhalb der schulischen Ebene durch die Schülerinnen und Schüler einerseits, die Lehrkräfte und die anderen beteiligten Personen andererseits, sind sehr verschieden. So reagieren Schülerinnen und Schüler mit Sonderpädagogischem Förderbedarf im Bereich des emotionalen Erlebens und sozialen Handelns stark affektiv auf unklare Regeln, persönliche Entwertungen, Über- und Unterforderungen im Leistungsbereich, Strafen ohne Beziehung zur Tat oder auf unbegründete Beschuldigungen und finden ohne Hilfe meist keinen Ausweg aus der belastenden Situation. Ohne angemessene Intervention durch die Lehrkräfte oder die anderen beteiligten Personen kann das emotionale und soziale Handeln der Schülerin oder des Schülers in solchen Konfliktsituationen negativ verstärkt werden. Dabei besteht die Gefahr, dass sich die Lehrkräfte in der subjektiven Wahrnehmung ihres eigenen emotionalen Erlebens und sozialen Handelns bestätigt oder gerechtfertigt fühlen. Auf diese Weise eskalieren Konflikte häufig.

Die als Auffälligkeiten wahrgenommenen Handlungsweisen können sein: Verstöße gegen die Regeln im Umgang mit Mitschülerinnen und Mitschülern oder Lehrerinnen und Lehrern, gegen Arbeitsanforderungen, gegen Normen der Klasse und der Schule, gegen die Pflicht zum Schulbesuch. Durch die Ablehnung jeder schulischen Autorität, isolierte Machtkämpfe, Verstöße gegen Normen mit der Folge negativer Einflüsse auf die Gemeinschaft geraten sie in ihrer Lerngruppe oder im gesamten schulischen Umfeld in soziale Randständigkeit. Stigmatisierende Rollenzuschreibungen sind häufig die Folge. Wenn die Schülerinnen und Schüler gegen die öffentliche Ordnung verstoßen, z.B. bei Zerstörungen und Diebstählen im Umfeld der Schule oder bei Konflikten in Einrichtungen des Personenverkehrs, kann die Akzeptanz der Schule in der Nachbarschaft erschwert werden.

Innere Spannungszustände der Schülerinnen und Schüler haben oft Auswirkungen auf den psychosomatischen und psychomotorischen Bereich und können sich durch erhöhte Anfälligkeiten für Krankheiten, erhöhte Bereitschaft zum Drogenkonsum, organische Beeinträchtigungen sowie andauernde motorische Aktivitäten und permanente innere Unruhe zeigen.

Schülerinnen und Schüler können sich aber auch ängstlich zurückziehen, sich abkapseln, in Passivität verharren oder allgemein gehemmt sein. Sie fühlen sich hilflos, haben kein Zutrauen zu sich und scheitern fast immer an Angeboten des selbstständigen Lernens. Vielen fällt es schwer, Angebote zur Zusammenarbeit mit anderen Schülerinnen und Schülern anzunehmen. Bei diesen Schülerinnen und Schülern zeigen sich Auswirkungen wie selbstverletzendes Verhalten, Vereinzelung, Rückzug auf frühere Entwicklungsphasen und Verhaltensmuster, Entmutigung und Resignation bis hin zur Suizidgefährdung. Äußere Signale und Symptome werden oft falsch gedeutet oder als nicht unmittelbar störend wahrgenommen.

Gesellschaftliche Ebene

Persönliche, familiäre und schulische Bereiche werden durch die gesellschaftlichen Rahmenbedingungen beeinflusst, die fördernde oder hemmende Wirkungen auf die Entwicklungsprozesse und Interaktionsverläufe haben können. Sie sind deshalb bei der Bewertung der pädagogischen Ausgangslage zu beachten.

Finanzielle Notlagen in den Familien können in soziale Isolation führen. Kinder und Jugendliche empfinden den Ausschluss von den Konsummöglichkeiten vielfach als Makel, sie ziehen sich aus festen Freundschaftsgruppen und aus Vereinen zurück und verlieren so oft die Möglichkeit, unterschiedliche soziale Erfahrungen zu sammeln und Halt gebende Bindungen einzugehen. Wenn Wohnsituation und Wohnumfeld keine hinreichenden Spiel- und Bewegungsräume bieten, fehlen vor allem Bewegungs- und Gruppenerfahrungen.

Die Reizüberflutung durch Medienkonsum kann für Schülerinnen und Schüler eine ständige Überforderung darstellen. Auswahl und Unterscheidung bei der Nutzung erfolgen eher zufällig und orientierungslos. Die alltägliche und selbstverständliche Abbildung von Gewalt, Sexualität, Sucht, Kriminalität kann die eigene normative Unsicherheit verstärken und den Aufbau einer kritischen Haltung zu den Medien, erschweren. Die undifferenzierte Darstellung der Normenvielfalt, insbesondere in den Medien, kann bei Schülerinnen und Schülern mit einer Beeinträchtigung des emotionalen Erlebens und sozialen Handelns den Eindruck der Beliebigkeit von Normen erwecken und den Aufbau eines eigenen gefestigten Wertesystems erschweren oder sogar verhindern.

Aggressions- und Gewaltbereitschaft in der Gesellschaft erschweren die pädagogischen Bemühungen, Konflikte gewaltfrei zu lösen, Toleranz gegenüber Minderheiten zu zeigen und eine weitgehend aggressionsfreie Selbststeuerung zu entwickeln. Sie verstärken auch die Anfälligkeit für politisch extreme Positionen. In vielen Fällen haben gewaltbereite Kinder und Jugendliche selbst Übergriffe der Eltern und anderer Menschen erleiden müssen und legitimieren damit ihr eigenes gewalttätiges Verhalten.

Kinder und Jugendliche mit Sonderpädagogischem Förderbedarf im Bereich des emotionalen Erlebens und sozialen Handelns sind in besonderem Maße durch Drogenkonsum gefährdet. Dies trifft für immer jüngere Schülerinnen und Schüler zu. Die Einnahme von Drogen ermöglicht die rasche Flucht in eine Traumwelt, einen höheren Status in der Freundschaftsgruppe und die Bewältigung des Gruppendrucks. Drogenkonsum kann zur Missachtung von Regeln ermutigen. Um die Drogensucht zu finanzieren, spielt die Beschaffungskriminalität eine große Rolle und führt zu besonderen Belastungen in der Schule. Schulische Förderung von drogenabhängigen Schülerinnen und Schülern kann nur im Verbund mit anderen außerschulischen Institutionen wirksam werden. Dazu zählen neben Jugendhilfe, therapeutischen Einrichtungen, psychiatrischen Kliniken und Beratungsstellen auch Polizei, Gerichte und der Jugendstrafvollzug.

2. Sonderpädagogischer Förderbedarf

Sonderpädagogischer Förderbedarf ist bei Kindern und Jugendlichen mit Beeinträchtigungen der emotionalen und sozialen Entwicklung, des Erlebens und der Selbststeuerung anzunehmen, wenn sie in ihren Bildungs-, Lern- und Entwicklungsmöglichkeiten so eingeschränkt sind, dass sie im Unterricht der allgemeinen Schule auch mit Hilfe anderer Dienste nicht hinreichend gefördert werden können.

Wenn bei Kindern und Jugendlichen entwicklungs- und situationsbedingte Auffälligkeiten erkennbar werden, ohne dass die in der pädagogischen Ausgangslage beschriebenen Problemebenen zu lang andauernden, verfestigten oder übergreifenden Störungen führen, besteht ein temporärer Förderbedarf, dem mit allgemein pädagogischen oder außerschulischen Hilfen entsprochen werden kann. In diesen Fällen können die Schulen mit Sonderschulen und mobilen Beratungs- und Unterstützungsdiensten kooperieren.

Beeinträchtigungen im emotionalen Erleben und sozialen Handeln sind Ausdruck einer unbewältigten inneren Problematik und als Folge einer gestörten Person-Umwelt-Beziehung zu verstehen. Sonderpädagogische Förderung kann deshalb nur auf der Basis einer differenzierten Person-Umfeld-Analyse realisiert werden.

Sonderpädagogische Förderung erstreckt sich auch auf die Entwicklung alternativer Lernangebote für Schülerinnen und Schüler, bei denen wegen stark reduzierter Gruppenfähigkeit, ausgeprägter Schulmüdigkeit, sich wiederholender Misserfolgserlebnisse, fehlender Lernmotivation, Perspektivlosigkeit oder erheblicher Lern- und Leistungsprobleme die üblichen pädagogischen oder sonderpädagogischen Maßnahmen nicht ausreichen. Solche Lernangebote können in der Regel nur in engem Zusammenwirken mit anderen Maßnahmeträgern entwickelt und durchgeführt werden.

Auch im Sekundarbereich II kann sonderpädagogische Förderung erforderlich sein. Insbesondere in psychiatrischen, psychotherapeutischen oder forensischen Einrichtungen hat sie die Aufgabe, die Schülerinnen und Schüler bei der Bewältigung einer Berufsausbildung oder dem Erwerb eines allgemeinen Schulabschlusses sowie bei der Entwicklung der eigenen Lebensplanung zu unterstützen.

3. Feststellung des Sonderpädagogischen Förderbedarfs

Die Feststellung des Sonderpädagogischen Förderbedarfs umfasst die Ermittlung des individuellen Förderbedarfs sowie die Entscheidung über den Bildungsgang und den Förderort. Das Verfahren zur Feststellung des Sonderpädagogischen Förderbedarfs kann von den Eltern, der Schule oder gegebenenfalls von anderen zuständigen Diensten beantragt werden[1]. Die Feststellung des Sonderpädagogischen Förderbedarfs findet in der Verantwortung der Schulaufsicht statt, die entweder selbst über eine auf diesen Förderschwerpunkt bezogene Kompetenz verfügt oder fachkundige Beratung hinzuzieht.

3.1 Ermittlung des Sonderpädagogischen Förderbedarfs

Bei der Ermittlung des Sonderpädagogischen Förderbedarfs sind die diagnostischen Fragestellungen auf ein qualitatives und quantitatives Profil der notwendigen Fördermaßnahmen gerichtet. Der Förderbedarf ist auf der Basis einer Person-Umfeld-Analyse zu erheben. Dabei werden insbesondere die sozialen Fähigkeiten, die Erlebnis- und Wahrnehmungsfähigkeit, die emotionale Ausdrucksfähigkeit und die Fähigkeit, sich zu steuern, sowie das Selbstkonzept der Schülerin oder des Schülers vor dem Hintergrund der persönlichen Lebenssituation und der schulischen Anforderungen beschrieben. Ferner sind die jeweils im konkreten Einzelfall gegebenen und organisierbaren Formen der Förderung abzuklären.

Bereitschaft und Fähigkeit zum Beobachten und Wahrnehmen der ganzen Person über das Unterrichtsgeschehen hinaus sind Voraussetzungen, um das Kind oder den Jugendlichen in seinen Entwicklungs- und Förderbedürfnissen zu verstehen. Für die Erhebung des Sonderpädagogischen Förderbedarfs werden Informationen aus folgenden Bereichen herangezogen:

- Stärken und Kräfte in der Person und in ihrem Umfeld,
- individuelle Lebens- und Erziehungsumstände sowie die soziale Einbindung,
- psychosoziale Grunderfahrungen und deren Entwicklung,
- Formen der Klärung und Bewältigung aktueller Lern- und Lebenssituationen,
- schulisches Umfeld, Beziehungen zu Lehrkräften, Schülerinnen und Schülern und anderen Personen,

[1] Das Verfahren ist in den Ländern unterschiedlich geregelt.

- allgemeiner Entwicklungs- und Leistungsstand, Wahrnehmung, Belastbarkeit, Ausdauer und Konzentration,
- soziale, emotionale, motorische und kognitive Entwicklung in schulischen Lernzusammenhängen und außerschulischen Erfahrungssituationen sowie in unmittelbaren Sachbegegnungen,
- Fähigkeit zum sprachlichen Handeln, Eigentätigkeit und Selbstverantwortung,
- Gruppenbewusstsein, Zugehörigkeitsgefühl, Fähigkeit zur Zusammenarbeit,
- Verlauf der Entwicklung und gegebenenfalls Ergebnisse bisheriger Förderung.

Grundsätzlich ist eine interdisziplinär angelegte Diagnostik erforderlich, die in einen gemeinsam abgestimmten Förderplan mündet. Das kann die besondere Unterstützung von Mitarbeiterinnnen und Mitarbeitern in vorschulischen und schulischen Einrichtungen, das Einbeziehen von psychosozialen, medizinischen und psychotherapeutischen Diensten sowie die Zusammenarbeit mit der Jugendhilfe, dem schulpsychologischen Dienst, Erziehungsberatungsstellen, den Jugendgerichten und dem Jugendstrafvollzug erfordern. Auf diese Weise können bereits vorliegende Informationen diagnostisch einbezogen werden. Vielfach werden entscheidungsrelevante Erkenntnisse durch Beobachtung und gemeinsame Beratung auch mit den Kindern und Jugendlichen gewonnen.

Darüber hinaus ist gemeinsam zu prüfen, ob die Lernvoraussetzungen durch eine begleitende medizinische oder psychotherapeutische Behandlung, durch ein verändertes schulisches Umfeld oder durch Maßnahmen der Jugendhilfe verbessert werden können. Die erhobenen Daten und gewonnenen Erkenntnisse werden unter Beachtung von Stellungnahmen aller am Verfahren Beteiligten von einer im Förderschwerpunkt qualifizierten Lehrkraft bewertet und in einem Gutachten mit einer Empfehlung zur Entscheidung über notwendige Fördermaßnahmen zusammengefasst. Die Ergebnisse des Gutachtens bilden die Grundlage für einen fortzuschreibenden individuellen Förderplan.

3.2 Entscheidung über den Bildungsgang und den Förderort

Auf der Grundlage der Empfehlung und der Beteiligung der Eltern und anderer Dienste sowie unter Beachtung der schulischen und außerschulischen Rahmenbedingungen entscheiden Schule und Schulaufsicht, ob die Schülerin oder der Schüler in die allgemeine Schule aufgenommen wird, dort verbleibt, eine allgemeine Schule mit gemeinsamem Unterricht besucht oder eine schulische Förderung durch eine Sonderschule, in besonderen Klassen oder kooperativen Formen erhält. In diese Entscheidung kann auch die Inanspruchnahme von Einrichtungen mit ergänzenden Ganztags- oder Betreuungsangeboten, vor allem seitens der Jugendhilfe, einbezogen werden.

Bei jeder einzelnen Entscheidung sind zu beachten:

- Art und Umfang des Förderbedarfs,
- Stellungnahmen der Eltern, der beratenden Gremien und Dienste,
- Fördermöglichkeiten der allgemeinen Schule einschließlich unterstützender Dienste,

- Verfügbarkeit des erforderlichen sonderpädagogischen Personals,
- Verfügbarkeit medizinisch-therapeutischer, psychologischer und sozialer Dienste,
- Möglichkeiten der Veränderung des Umfeldes.

Dabei ist in jedem Einzelfall das Spannungsverhältnis zwischen der bestmöglichen schulischen Förderung und der Herausnahme aus dem sozialen Umfeld zu berücksichtigen. Grundsätzlich ist derjenige Förderort zu wählen, der dem Förderbedarf des Kindes oder des Jugendlichen, seiner Selbstfindung und Persönlichkeitsentwicklung bestmöglich gerecht wird und hilft, auf die Lebensumstände des Kindes oder Jugendlichen und seiner Familie einzugehen. In Zusammenarbeit mit den Erziehungsberechtigten und gegebenenfalls der Jugendhilfe werden positive Veränderungen der Lebenswelt angestrebt.

Die Entscheidung über den individuellen Förderbedarf und den Förderort erfordert eine Überprüfung in geeigneten Zeitabständen. Das gilt auch für die Frage des Wechsels in die allgemeine Schule.

4. Erziehung und Unterricht

Erziehung und Unterricht von Schülerinnen und Schülern mit dem Förderschwerpunkt im Bereich des emotionalen Erlebens und sozialen Handelns zielen in allen Formen und Orten sonderpädagogischer Förderung neben dem Erwerb von Wissen und der Entwicklung von Fähigkeiten und Fertigkeiten insbesondere auf den Aufbau und die Festigung von positiven Einstellungen und Werthaltungen. Der Förderbedarf der Schülerinnen und Schüler macht eine spezifische Gestaltung der Erziehungs- und Unterrichtsangebote notwendig. Zu lernen, wie durch die selbstständige Entwicklung von Handlungskompetenzen mit Belastungen im Bereich des Erlebens und der sozialen Erfahrung umgegangen werden kann, hat hierbei einen hohen Stellenwert. Wesentlicher Bestandteil der schulischen Förderung ist unter der Berücksichtigung individueller Interessen und Neigungen, Wünsche und Hoffnungen, aber auch von Sorgen und Ängsten der Aufbau verlässlicher Gemeinschaften, die Halt und Orientierung bieten und die Voraussetzung dafür schaffen, dass Schülerinnen und Schüler ihre persönlichen Kräfte und Fähigkeiten entfalten können.

Voraussetzung für pädagogisches Handeln ist eine tragfähige Schüler-Lehrer-Beziehung. Sie zeichnet sich durch ein hohes Maß an Verständnis, durch besondere persönliche Zuwendung und pädagogisch-psychologische Unterstützung aus. Hierzu gehört auch, dass Grenzen gesetzt und Normen und Regeln vereinbart werden. Unterrichtliche und erzieherische Hilfen zur Orientierung im sozialen Umfeld und zur Selbststeuerung dienen der Verarbeitung von belastenden Lebenseindrücken und sollen zu einer individuell und gesellschaftlich akzeptierten Lebensführung beitragen.

Alle an der Erziehung von Schülerinnen und Schülern mit dem Förderschwerpunkt im Bereich des emotionalen Erlebens und sozialen Handelns Beteiligten haben den Auftrag, die Beziehungsfähigkeit der Schülerinnen und Schüler zu stärken. Eine klar gegliederte Ordnung innerhalb eines verlässlichen und belastbaren Rahmens bietet den Schülerinnen und Schülern Orientierung für die Gestaltung und Stabilisierung von Beziehungen im Schulalter und darüber hinaus.

Authentisches Verhalten, Klarheit und Konsequenz bei Interventionen, Flexibilität bei der Unterrichtsplanung und -durchführung, Berechenbarkeit und Verlässlichkeit des Lehrerverhaltens sind für die Schülerinnen und Schüler wichtige Hilfen, sich auf die Lernprozesse und die Beziehung zur Lehrerin oder zum Lehrer einzulassen. Auf Seiten der Lehrkräfte sind Bereitschaft, Wille und Mut zur Veränderung eigener Sicht- und Handlungsweisen Voraussetzung für die Steuerung der Prozesse in Unterricht und Schule. Reflexion und Evaluation des unterrichtlichen Handelns und der eigenen Rolle sind für die Lehrkräfte unabdingbar, um unbewusste Handlungsmuster aufzudecken, eigene Anteile bei schwierigen Interaktionen bewusst zu machen und nach Möglichkeit Veränderungen einzuleiten. Hierzu eignen sich themenspezifische Dienstbesprechungen, regelmäßige Fallbesprechungen oder Möglichkeiten zur Supervision.

Äußere und innere Formen der Differenzierung und Individualisierung müssen den in den verschiedenen Erfahrungs- und Entwicklungsbereichen sehr unterschiedlichen Förderbedürfnissen der Schülerinnen und Schüler entsprechen. In Verbindung mit Partnern der Schule, etwa aus dem Bereich der Jugendhilfe, bestehen erweiterte Möglichkeiten schulischer und außerschulischer Förderung, die gemeinsam ausgestaltet und zu einem standortbezogenen Schulkonzept entwickelt werden können. Praktisches Lernen dient der Entwicklung und der Erweiterung der Handlungskompetenzen und erlaubt eine Erprobung der Handlungsfähigkeit in einem geschützten Rahmen.

Neben Fördermaßnahmen, die sich auf eine Gruppe beziehen, können auch Einzelfördermaßnahmen notwendig sein. Sie sind häufig mit Einrichtungen vernetzt, die im Umfeld der Schule sowie vor- und nachschulisch für Kinder und Jugendliche tätig sind.

Vielfach erschweren entwicklungshemmende Erfahrungen oder gravierende Entwicklungsprobleme – häufig nach langen Phasen des Misserfolgs –, den Schülerinnen und Schülern, einen Zugang zu Personen und Lerngegenständen zu finden. Um schulferne Kinder und Jugendliche wieder an den Unterricht heranzuführen, bedarf es vorbereitender, individueller Angebote. Aggressive und regressive Tendenzen, verbunden mit Gefühlsäußerungen wie Angst, Wut, Hass, Neid, Eifersucht sowie Resignation und Depression, erfordern Raum für Gestaltungs- und Ausdrucksformen im musisch-künstlerischen und gestalterischen Bereich. Sie benötigen einen pädagogischen Rahmen, der durch Behutsamkeit und Vertrauen geprägt ist, um verdeckte Botschaften und Spannungen in den Beziehungen der Schülerinnen und Schüler zu Personen zu entschlüsseln. Für den Unterricht bedeutet dies, dass es bei der Auswahl und Interpretation lehrplanbezogener Themen und Inhalte sowie bei der Auswahl unterschiedlicher – auch außerschulischer Lernorte – einen großen Ermessensspielraum gibt.

Feste Orientierungspunkte zum Aufbau zwischenmenschlicher Beziehungen, Transparenz in den Entscheidungen, Rituale und ein Rhythmus für alltägliche Abläufe im Schulbereich bedeuten für die einzelnen Schülerinnen und Schüler wie für die Lerngruppe Überschaubarkeit, Verlässlichkeit, Stetigkeit und Sicherheit. Dadurch können die einzelnen Schülerinnen und Schüler lernen, das eigene Leben zu planen und die getroffenen Entscheidungen selbst zu überprüfen. Durch die Beteiligung der Schülerinnen und Schüler an der Gestaltung des Schullebens und durch die Berücksichtigung ihrer individuellen Wünsche und Vorschläge entsteht ein Gefühl der Zugehörigkeit und die Möglichkeit, die Klassen- und Schulgemeinschaft als anregungsreiches soziales Lernfeld zu erfahren. Die Übernahme von Verantwortung für das Handeln in der Gruppe und die Bereitschaft, Gemeinschaftsaufgaben zu erfüllen, sind wichtige Teilziele der sonderpädagogischen Förderung. Im Zusammenwirken von offenen Vorgehensweisen und strukturierenden Maßnahmen können Selbstvertrauen, Entscheidungsfreude und Verantwortungsbereitschaft erwachsen.

Für die pädagogisch-didaktische Konzeptbildung und ihre Umsetzung sind neben der speziellen sonderpädagogischen Kompetenz ein Förderschwerpunkte übergreifendes Denken und kooperatives Handeln der Lehrkräfte unverzichtbar. Alle Förderangebote, die sich auf Bewegung, Kommunikation, Wahrnehmung, Denken, Gedächtnis, Emotionalität und Soziabilität beziehen, sind als Bestandteile eines umfassenden individuellen Förderplans und eines Gesamtkonzepts für die jeweilige Lerngruppe auszuweisen. Der Förderplan sollte gemeinsam mit den Personen, die die Förderung durchführen, in konkrete, umsetzbare Schritte gegliedert und schriftlich festgehalten werden.

Bei der Verwirklichung der individuellen Förderpläne in Erziehung und Unterricht sind folgende allgemeine methodische Grundsätze und inhaltliche Angebotsformen zu beachten:

Viele Schülerinnen und Schüler mit Förderbedarf im Bereich des emotionalen Erlebens und sozialen Handelns brauchen in der täglichen Unterrichtsarbeit vielfältige Unterstützung ihrer Wahrnehmung. Kinder und Jugendliche mit Wahrnehmungsstörungen benötigen klare und verlässliche Strukturen. Erarbeitung und Aneignung der Lerninhalte werden erleichtert, wenn ein Lernen mit allen Sinnen ermöglicht wird. Die Förderung der Wahrnehmung begleitet den gesamten Unterricht und setzt eine genaue Kenntnis des Entwicklungsstandes der Kinder und Jugendlichen voraus. Sie beeinflusst, differenziert und erweitert die individuellen Erfahrungen und die Ausdrucksmöglichkeiten. Wahrnehmungsförderung unterstützt die Herausbildung kognitiver Fähigkeiten, dazu Konzentrations- und Anstrengungsbereitschaft, Belastbarkeit und Ausdauer, vor allem aber auch Fantasie und Kreativität. Die Wahrnehmungsförderung zielt darauf, mit allen Sinnen sich selbst und seine Umwelt zu erfahren, wirklichkeitsbezogen zu verarbeiten und in das Handeln einzubeziehen. Die Versprachlichung der Sinneseindrücke lässt dabei die Subjektivität jeder Wahrnehmung erkennen. Das erleichert, unterschiedliche Sichtweisen zu akzeptieren. Wahrnehmungsförderung hat somit auch für die emotionale Entwicklung und die Steuerung des sozialen Handelns erhebliche Bedeutung.

Wahrnehmung und Bewegung sind miteinander verbunden. Bewegungserziehung und Sport ermöglichen, Kontakt mit anderen Menschen aufzunehmen und sich mitzuteilen. Sie sind unverzichtbar für die individuelle Förderung der motorischen, psychomotorischen und psychosozialen Entwicklung. Der Zusammenhang von Bewegung und kognitiver Entwicklung, emotionaler Stabilität und Abbau von Spannungen erfordert ein aktives, positiv erlebtes Sich-Bewegen, Spielen und Sporttreiben.

Die Einbeziehung vielfältiger Bewegungsmöglichkeiten in den Unterricht, ein Wechsel von Anspannung und Entspannung sowie eine zur Bewegung anregende Schullandschaft können die emotionale und soziale Entwicklung in besonderer Weise fördern. Darüber hinaus können Bewegungsimpulse und Bewegungsmöglichkeiten, die sich aus dem Unterricht ergeben, ebenso wie Sport und Tanz Anreize bieten, eigene Erfahrungen zu sammeln, neue Bewegungsabläufe zu entdecken und zu erproben, zu improvisieren und zu realisieren.

Die Koordination von Bewegungsabläufen kann in besonderer Weise durch Geschicklichkeitsspiele, rhythmische Bewegungsspiele, Tanzen, Malen und Zeichnen in Verbindung mit Musik, Partner- und Gruppenübungen und durch Sportspiele gefördert werden. Die Schülerinnen und Schüler können häufig ihre Gefühle und inneren Spannungen leichter über Musik oder den kreativen Umgang mit Medien ausdrücken. Trommeln, Schlagzeug spielen, Umgang mit Ton oder großflächiges Musik-Malen und das Hören von Musik stellen wichtige Förderangebote für die Entwicklung des Einzelnen oder der Gruppe dar.

Erziehung und Unterricht müssen einen hohen Aufforderungscharakter zum sprachlichen Handeln besitzen. Dem Förderbedarf wird entsprochen durch die Unterstützung der Kinder und Jugendlichen bei der Ausweitung ihrer kommunikativen Handlungsfähigkeiten und durch die Sensibilisierung für eigene Anteile an einer erschwerten Kommunikation. Für die didaktisch-methodische Gestaltung bieten sich daher der handlungs- und projektorientierte Unterricht, die Gestaltung lebensweltbezogener Unterrichtssituationen und das Aufsuchen außerschulischer Lernorte an. Aus der Sache begründete Anlässe und Notwendigkeiten zur Versprachlichung, zur spontanen Mitteilung von Entdecktem, zur gegenseitigen Abstimmung und zur Zusammenarbeit können für die Schülerinnen und Schüler eine Herausforderung darstellen, Sprache handlungsbegleitend und zugleich handlungsleitend zu verwenden. Die dabei neu erworbenen sprachlichen Kompetenzen sowie Lern- und Handlungsstrategien müssen in neuen Sachzusammenhängen und Lernsituationen erprobt, variiert, gesichert und erweitert werden. Das Schreiben für sich selbst und an andere in Form eines Tagebuchs, in Briefen oder E-Mails und kreatives Sprachhandeln erweitern die sprachlichen Kompetenzen und können dem sprachlichen Ausdruck und der Reflexion dienen.

Die Fähigkeit zu spielen ist bei den Kindern und Jugendlichen mit diesem Förderbedarf vielfach unzureichend entwickelt. Spiele in Gruppen erfordern Absprachen, das Einhalten von Regeln und Durchhaltevermögen. In einer entspannten Spielatmosphäre können sich die Kinder engagieren, überlassen sich der Dynamik der Spielsituation und empfinden Freude und Vergnügen. Aus Beobachtungen während des Spiels lassen sich Hinweise für die schulische Förderung ableiten. Durch Regelspiele können das Gemeinschaftsgefühl gestärkt und das Ertragen von Erfolg und Misserfolg geübt werden.

Rollenspiele können bei der Entwicklung von Selbst- und Fremdwahrnehmung, von Einfühlungsvermögen, von Rollendistanz und Identität, aber auch beim Aufbau von Frustrationstoleranz und Abbau von Vorurteilen hilfreich sein. Sie bieten für die Bewältigung von konkreten Situationen die Möglichkeit des Probehandelns, um in einem geschützten Rahmen unterschiedliche Versuche zur Lösung eines Problems zu machen, alternative Entscheidungen zu überprüfen und schließlich einen Weg für den Umgang mit diesem Problem zu finden. Im Spiel mit Handpuppen kann es insbesondere unsicheren, gehemmten und verschlossenen Kindern gelingen, sich mitzuteilen und auszudrücken. Literarische Werke wie Märchen, Geschichten oder Gedichte können wertvolle Grundlagen sozialen Lernens und hilfreich bei der konstruktiven Auseinandersetzung mit sich und anderen Personen sein.

Für Schülerinnen und Schüler bedeutsame, aus ihrer Lebenswelt stammende Themen und Inhalte werden im Unterricht durch Projekte und in Arbeitsgemeinschaften altersgemäß aufbereitet. Der Ernstcharakter der Aufgabe und das konkrete eigene Tun stehen im Mittelpunkt und führen zu unmittelbaren, für das schulische Leben wichtigen Erfahrungen. Durch bestätigende und ermutigende Rückmeldungen von außerschulischen Partnern, von Lehrkräften und der Gruppe, aber auch durch gute Arbeitsergebnisse werden Leistungsmotivation und Interesse gesteigert. Dies erfordert eine kreative Nutzung der schulischen Gestaltungsmöglichkeiten, insbesondere der Unterrichtsinhalte, der Stundentafel, des Stundenplans und des Schullebens sowie der Räumlichkeiten und der Ausstattung.

Im Unterricht sind Tätigkeiten von Bedeutung, die zu handwerklichen und technischen Arbeiten, zu künstlerischen Darstellungen und zu sozialen Hilfeleistungen führen. Für Schülerinnen und Schüler, die vor dem Übergang in den beruflichen Bereich stehen, erhalten Begegnungen, die Einblick in die Erfordernisse von Ausbildungsverhältnissen und die Gestaltung einer Lebensführung gewähren, ein besonderes Gewicht.

Die Leistungsbeurteilung wird zunächst der individuellen Förderung untergeordnet. Sie orientiert sich allerdings zunehmend an den Anforderungen der entsprechenden Bildungsgänge. Rechtliche Regelungen bezüglich der Leistungsbewertung erfordern für die Lehrkräfte einen Gestaltungsspielraum, der die Berücksichtigung individueller Lernfortschritte ermöglicht. Kennzeichnend für diesen Förderschwerpunkt ist, dass die Rückmeldung zu den Leistungen als Bestandteil des pädagogischen Dialogs erfolgt.

Der pädagogische Grundsatz, dass Fehler Chancen zum Lernen sind, hat für Kinder und Jugendliche mit diesem Förderschwerpunkt eine wichtige Funktion. Die häufige Erfahrung dieser Schülerinnen und Schüler, dass Fehler negativ bewertet werden und damit oft eine Entwertung der Person verbunden ist, blockiert sie nicht nur im fachlichen Leistungsbereich, sondern auch bei Entscheidungen im sozialen Handeln. Ein konstruktiver Umgang mit Fehlern ermutigt sie, andere Wege zu beschreiten, zu experimentieren, sich auf ein noch nicht erprobtes Handlungsmuster einzulassen. Die Schülerinnen und Schüler müssen Umwege gehen können und sich sogar für nachteilige Wege entscheiden dürfen, ohne dass sofort Korrekturen erfolgen. So werden sie nach und nach Verantwortung für ihre Entscheidungen, Fehler und die Folgen übernehmen.

5. Formen und Orte sonderpädagogischer Förderung

Die schulische Förderung von Schülerinnen und Schülern mit Sonderpädagogischem Förderbedarf im Bereich des emotionalen Erlebens und sozialen Handelns erfolgt in einer Vielzahl von Förderformen und an verschiedenen Förderorten, die den unterschiedlichen Förderbedürfnissen der Schülerinnen und Schüler, aber auch regionalen Gegebenheiten Rechnung tragen. Der Schwerpunkt liegt im Primarbereich und im Sekundarbereich I. Schulische Förderung kann aber auch im Sekundarbereich II sowohl im allgemein bildenden als auch im berufsbildenden Bereich notwendig sein. Auf Grund der Vielfältigkeit des Förderbedarfs gibt es differenzierte und konzeptionell verschiedenartige Formen vorbeugender Maßnahmen, mobiler Beratungs- und Unterstützungsdienste, gemeinsamen Unterrichts und von Kooperation mit allgemeinen Schulen sowie im Rahmen von Sonderpädagogischen Förderzentren. Grundsätzlich wird angestrebt, in einem gestuften System von Beratung und Unterstützung eine angemessene Förderung der Kinder in flexiblen Organisationsformen zu sichern, damit sie in ihrer Stammschule verbleiben können. Die Zusammenarbeit mit außerschulischen Institutionen und der Verbund mit anderen regionalen Diensten haben einen hohen Stellenwert. Die Entscheidung für einen Förderort orientiert sich an der bestmöglichen Förderung der Kinder und Jugendlichen.

5.1 Sonderpädagogische Förderung durch vorbeugende Maßnahmen

Vorbeugende Maßnahmen beschränken sich vor Eintritt in die Schule in der Regel auf die Kooperation zwischen Sonderschulen bzw. Sonderpädagogischen Förderzentren und Kindertageseinrichtungen. Sie zielen auf die Entwicklung der Gesamtpersönlichkeit des Kindes und erfolgen in Form der Beratung des Personals und durch spezielle Fortbildungsangebote. In einigen Ländern ist eine Institutionalisierung der vorbeugenden Maßnahmen durch Einrichtung von Diagnose- und Förderklassen, Vorschulklassen, schulvorbereitenden Einrichtungen sowie mobilen Beratungs- und Unterstützungsdiensten, die vor allen Dingen im Elementar- und Primarbereich tätig werden, gegeben. Die Unterstützung vorschulischer Einrichtungen durch sonderpädagogische Lehrkräfte erweist sich insbesondere beim Übergang in die Schule als hilfreich.

Vorbeugende Maßnahmen erstrecken sich auf die Früherkennung von Problemlagen in der Familie sowie auf die Vermittlung von Maßnahmen der Frühförderung und der Jugendhilfe. Es kommt vor allem darauf an, in kritischen Situationen auf die Entwicklung von Kindern und Jugendlichen rechtzeitig Einfluss zu nehmen. Kritische Situationen sind insbesondere Übergänge in neue Lebensabschnitte, zum Beispiel beim Beginn der Schulpflicht, beim Wechsel in eine andere Schule oder in den Beruf, aber auch in der Pubertät oder durch besondere Ereignisse wie Ortswechsel, schwere Krankheit oder Tod eines Elternteils, Scheidung der Eltern. Für die Schülerinnen und Schüler besteht in der Regel noch kein Sonderpädagogischer Förderbedarf. Allerdings kann ohne Wahrnehmung der belastenden Situation und entsprechender Symptome der sich abzeichnenden Schwierigkeiten und ohne eine entsprechende Stützung eine Verfestigung der Störungen entstehen, die sonderpädagogische Förderung notwendig machen.

Förderung im Rahmen der Vorbeugung erfolgt in der Grundschule und in den Schulen im Sekundarbereich durch kooperative Zusammenarbeit mit Sonderschulen, Sonderpädagogischen Förderzentren oder mobilen Beratungs- und Unterstützungsdiensten, die auch an allgemeinen Schulen eingerichtet sein können. Schwerpunkte hierbei sind:

- Information und Beratung von Lehrkräften und Eltern über die Wechselwirkungen gestörter Interaktionsprozesse,
- Begründung von Interventionen, die die Entwicklungsmöglichkeiten des Kindes stärken und stützen,
- Hilfen zur Gestaltung vielfältiger sozialer und emotionaler Lernsituationen,
- Entwicklung eines Schulkonzepts, das in besonderer Weise die Förderung von Kindern und Jugendlichen dieses Förderschwerpunktes zum Ziel hat.

Die Stärkung der Zusammenarbeit von Schule und Wirtschaft, Programme zur Schaffung von Ausbildungsplätzen für Jugendliche, ein dichtes Netz von Drogenberatungsstellen, der Verbund und die Zusammenarbeit unterschiedlicher Dienste, vor allem von Jugendhilfe und Jugendberufshilfe, mit der Schule, zudem ganztägige Betreuungsangebote über die Dauer des Schulunterrichts hinaus und Unterstützung der schulischen Arbeit durch Schulsozialarbeit haben hohe vorbeugende Wirkung.

5.2 Sonderpädagogische Förderung im gemeinsamen Unterricht

Schülerinnen und Schüler mit Sonderpädagogischem Förderbedarf im Bereich des emotionalen Erlebens und sozialen Handelns besuchen allgemeine Schulen, wenn dort die notwendigen personellen, räumlichen und sächlichen Voraussetzungen gegeben sind oder geschaffen werden können. Die sonderpädagogische Förderung im gemeinsamen Unterricht erfolgt in Zusammenarbeit von sonderpädagogischen Lehrkräften mit Lehrkräften der allgemeinen Schule.

Die Schülerinnen und Schüler sind in der allgemeinen Schule in ein altersangemessenes soziales Umfeld eingebunden, das ihnen Gelegenheiten gibt, ihr Handeln an den Normen einer weitgehend stabilen sozialen Gruppe zu orientieren, aber auch zu erproben und zu kontrollieren. Sonderpädagogische Förderung in der allgemeinen Schule legt deshalb besonderen Wert auf die Schaffung von Unterrichtssituationen, die gegenseitige Wertschätzung zur Stabilisierung des Selbstwertgefühls ermöglichen, kooperatives und kommunikatives Handeln fördern, Selbst- und Fremdwahrnehmung stärken und zur Entwicklung tragfähiger Konfliktlösungsstrategien beitragen.

Sonderpädagogische Förderung im Bereich des emotionalen Erlebens und sozialen Handelns verlangt in der allgemeinen Schule ein flexibles System der Schul- und Unterrichtsorganisation, das sich auf inhaltliche, personelle und räumliche Aspekte bezieht. Die Schwerpunktsetzung sollte in einem entsprechenden Schulkonzept verdeutlicht sein.

Eine verlässliche und tragfähige Schüler-Lehrer-Beziehung als Voraussetzung für eine wirksame sonderpädagogische Förderung verlangt eine personelle Kontinuität. Die allgemeine Schule bedarf einer räumlichen Ausstattung, die es erlaubt, dass auch sonderpädagogische Fördermaßnahmen durchgeführt werden können, die individuelle Lernangebote, Spiel- und Bewegungsübungen zum Abbau von Spannungszuständen, Selbstlernkonzepte sowie Lernen in Projekten ermöglichen.

Die Wechselwirkungen zwischen den persönlichen, familiären, schulischen und gesellschaftlichen Ebenen verlangen eine intensive Zusammenarbeit der Lehrkräfte der Schule untereinander sowie mit den Eltern und den anderen Diensten. Da bei gemeinsamem Unterricht die sonderpädagogische Förderung wohnortnah erfolgt, kann die notwendige Zusammenarbeit meist kurzfristiger und effektiver organisiert werden als bei Schulen mit sehr weiten Einzugsbereichen. Eine wirkungsvolle und in vielen Fällen notwendige Ergänzung der sonderpädagogischen Förderung kann durch abgestimmte sozialpädagogische Hilfen oder durch Schulsozialarbeit unterschiedlicher Maßnahmeträger erfolgen.

Schülerinnen und Schüler im Sekundarbereich I mit Sonderpädagogischem Förderbedarf im Bereich der emotionalen und sozialen Entwicklung stellen an die inhaltliche und organisatorische Konzeption der allgemeinen Schule hohe Anforderungen. Insbesondere Lernen im Projekt- und Werkstattunterricht, Thematisieren von Konflikten im Unterricht, die Veränderung geplanten Unterrichts bei Störungen erfordern neben Absprachen und gegenseitiger Unterstützung auch ein erweitertes Raumangebot für spezielle Unterrichtsangebote und Differenzierungsmöglichkeiten.

Im gemeinsamen Unterricht im Sekundarbereich II erfolgt die sonderpädagogische Förderung hauptsächlich durch Beratung und Diagnose sowie Intervention in Einzelfällen.

5.3 Sonderpädagogische Förderung in Sonderschulen

Schülerinnen und Schüler mit Sonderpädagogischem Förderbedarf im Bereich des emotionalen Erlebens und sozialen Handelns, für die eine hinreichende Förderung in allgemeinen Schulen nicht gewährleistet werden kann, werden in Sonderschulen oder in Schulen und Klassen für Erziehungshilfe[2] unterrichtet.

Die sonderpädagogische Förderung erfolgt schwerpunktmäßig im Primarbereich der Schulen und Klassen für Erziehungshilfe. Sie sind als Durchgangsschule konzipiert. In ihnen wird grundsätzlich nach den Lehrplänen der Grundschule unterrichtet. Ziel ist die frühestmögliche Rückführung in die Grundschule.

Besteht für Schülerinnen und Schüler im Sekundarbereich I weiterhin sonderpädagogischer Förderbedarf, so können die Schülerinnen und Schüler durch die sonderpädagogische Förderung einen Schulabschluss erlangen, der ihren individuellen Möglichkeiten entspricht.

Durch die Trennung der sonderpädagogischen Förderung in Primar- und Sekundarbereich kann dem unterschiedlichen entwicklungsbedingten Förderbedarf durch inhaltliche, organisatorische und altersbezogene Förderangebote entsprochen werden. Dadurch können die Auswirkungen negativer Vorbilder, Abhängigkeit und Ausbeutung als problemverstärkende Faktoren abgeschwächt oder verhindert werden. Für die pädagogische Arbeit ist es förderlich, wenn die Größe von Sonderschulen dieses Schwerpunkts so bemessen ist, dass Erziehungspersonen jede Schülerin und jeden Schüler kennen.

---

[2] Die Bezeichnung der entsprechenden Sonderschulen ist in den Ländern unterschiedlich.

Der Anteil von Mädchen ist in den Schulen für Erziehungshilfe deutlich geringer als der der Jungen. Als Gründe werden dafür genannt: Mädchen mit Sonderpädagogischem Förderbedarf im Bereich des emotionalen Erlebens und sozialen Handelns bringen ihre Probleme mit sich und der Umwelt vielfach durch gehemmte oder unsichere Verhaltensmuster zum Ausdruck. Sie erleben sich häufiger in Angst- und Spannungszuständen, begleitet von Gefühlen der Minderwertigkeit, des Versagens und Verlassenseins, manche werden ausgebeutet oder sexuell missbraucht. Da vor allem regressive Verhaltensweisen von Mädchen nicht als störend erlebt werden, werden die psychosozialen und psychosomatischen Folgen oft nicht erkannt. Deshalb ist die Sensibilität zur Wahrnehmung dieser Probleme in den allgemeinen Schulen zu stärken. Zur Feststellung des Sonderpädagogischen Förderbedarfs bei Mädchen ist die geschlechtsbedingte spezifische Situation in die Person-Umfeld-Analyse einzubeziehen.

Die Verunsicherung in ihrer geschlechtlichen und gesellschaftlichen Rolle kann bei einigen Mädchen auch zu erhöhter Gewaltbereitschaft und -tätigkeit führen. Schulen für Erziehungshilfe benötigen eigene Konzepte zur Förderung der Mädchen.

In Schulen für Erziehungshilfe können Schülerinnen und Schülern mit umfangreichem Sonderpädagogischen Förderbedarf besondere, auf die persönliche Situation zugeschnittene Förderangebote gemacht werden. In Zusammenarbeit mit anderen Diensten können schulische Maßnahmen für so genannte Straßenkinder oder Jugendliche ohne festen Wohnsitz entwickelt und realisiert werden. Für einzelne Schülerinnen und Schüler können Unterricht, Therapie und soziale Fürsorge durch ein abgestimmtes Konzept grundlegender Veränderung der Lebensumstände zu langfristig wirksamen neuen Lebensentscheidungen führen.

Schülerinnen und Schüler mit Förderbedarf in ihrer emotionalen und sozialen Entwicklung bedürfen in besonderer Weise strukturierender Hilfen im Tagesablauf. Schulen für Erziehungshilfe, die als Ganztagsschulen oder als Schulen mit Nachmittagsangeboten konzipiert sind, können diesem Bedürfnis durch einen rhythmisierten Tagesablauf, der schulische Aktivitäten und Freizeitangebote verbindet, entsprechen. Ist die Sonderschule mit einem heilpädagogischen Heim oder einer Tagesstätte verbunden, wird die enge Zusammenarbeit der Institutionen unerlässlich.

Schülerinnen und Schüler mit Förderbedarf im Bereich des emotionalen Erlebens und sozialen Handelns brauchen mehr Raum als andere Schülerinnen und Schüler, zum Beispiel zur Abgrenzung, da sie durch körperliche Nähe überfordert sein können. Andere Schülerinnen und Schüler benötigen mehr Raum, damit andere Schülerinnen und Schüler durch den hohen Bewegungsdrang nicht gestört werden. Einzel- und Kleingruppenförderung, Entspannung und Bewegung, Förderangebote in akuten Konfliktsituationen sowie Projekt- und Werkstattunterricht erfordern spezielle räumliche Gegebenheiten mit der notwendigen Ausstattung.

Sonderpädagogische Förderung kann zeitweise oder auch auf längere Dauer in psychiatrischen oder forensischen Einrichtungen erfolgen. Hier ist sie in das Gesamtkonzept der Rehabilitation eingebunden und zielt darauf ab, für die Dauer des Aufenthalts dem Kind oder Jugendlichen eine schulische oder berufliche Bildung zu sichern, die ihm nach der Entlassung eine schulische oder berufliche Eingliederung ermöglicht. Es können auch Bildungsabschlüsse erworben oder Berufsausbildungen absolviert werden.

5.4 Sonderpädagogische Förderung in Kooperation mit allgemeinen Schulen

Schulen für Erziehungshilfe arbeiten mit allgemeinen Schulen zusammen. Kooperative Formen der Erziehung und Unterrichtung ermöglichen allen Beteiligten Erfahrungen im unvoreingenommenen Umgang miteinander. Die Durchlässigkeit der Schulen und gegenseitiges Unterstützen der Lehrkräfte unterschiedlicher Schulformen werden durch Kooperation begünstigt. Darüber hinaus leisten beispielsweise Begegnungsveranstaltungen wichtige Beiträge für die Förderung des sozialen Handelns und emotionalen Erlebens aller Schülerinnen und Schüler.

Die sonderpädagogische Förderung in Kooperation mit allgemeinen Schulen erfolgt in unterschiedlichen Formen: zeitweise Förderung einer Schülerin oder eines Schülers aus der Schule oder Klasse für Erziehungshilfe in bestimmten Fächern in der allgemeinen Schule, gemeinsame Unterrichtsvorhaben von Lehrkräften beider Schulen, Probeunterricht im Rahmen einer Rückschulung, Austausch von Lehrkräften, gemeinsame Klassenfahrten, gegenseitige Einzelfallhilfe und Beratung, Maßnahmen der vorbeugenden Hilfe.

5.5 Sonderpädagogische Förderung im Rahmen von Sonderpädagogischen Förderzentren

Regionale oder überregionale Sonderpädagogische Förderzentren[3] haben die Aufgabe, in Zusammenarbeit mit allgemeinen Schulen sonderpädagogische Förderung in einzelnen oder mehreren Förderschwerpunkten an unterschiedlichen Förderorten nach Möglichkeit in der allgemeinen Schule kompetent und möglichst wohnortnah durchzuführen.

Bei der Entwicklung von Sonderpädagogischen Förderzentren sind in den Ländern verschiedene Richtungen erkennbar, die einer fachlichen und organisatorischen Weiterentwicklung der sonderpädagogischen Förderung im gemeinsamen Unterricht und in der ambulanten Arbeit Rechnung tragen. Dabei gibt es unterschiedliche Organisationsformen: Sonderpädagogische Förderzentren mit Sonderschulangebot und zusätzlicher sonderpädagogischer Förderung in allgemeinen Schulen sowie solche, die für alle Lehrkräfte, Eltern und andere Interessierte sonderpädagogische Fachkompetenz bereit stellen und die Förderung unterschiedlicher Dienste koordinieren.

Sonderpädagogische Förderzentren mit mehreren Förderschwerpunkten verfügen über sonderpädagogische Lehrkräfte der entsprechenden Fachrichtungen und die notwendige räumliche und sächliche Ausstattung. Die Förderung von Kindern und Jugendlichen, die über den Sonderpädagogischen Förderbedarf im emotionalen Erleben oder sozialen Handeln hinaus in weiteren Förderschwerpunkten zu fördern sind, verlangt ein besonders hohes Maß an Kooperationsbereitschaft und Koordinierung bei der Realisierung eines ganzheitlichen und integrativen Förderansatzes.

---

3 In einigen Ländern gibt es gesetzliche Regelungen für Sonderpädagogische Förderzentren.

5.6 Sonderpädagogische Förderung im berufsorientierenden und berufsbildenden Bereich sowie beim Übergang in die Arbeitswelt

Schülerinnen und Schüler mit Förderbedarf im Bereich der sozialen und emotionalen Entwicklung haben erhöhte Schwierigkeiten beim Übergang in die Berufs- und Arbeitswelt. Neue personale Bezüge, ungewohnte Anforderungen, veränderte Kommunikationsstrukturen können zu Unsicherheiten im Verhalten, zu Leistungsversagen und Rückzug auf alte Verhaltensmuster, auch zu Aggressionen und zur Verweigerung führen. Ausbildungsverhältnisse scheitern dann, wenn Hilfen für den Übergang fehlen. Sonderpädagogische Förderung soll bereits im Sekundarbereich I auf diese Situation vorbereiten.

Berufsorientierung und Vorbereitung auf Beruf und Leben sind Schwerpunkte in den allgemeinen Schulen und Sonderschulen des Sekundarbereichs I. Die Entwicklung eines realistischen Selbstkonzepts ist Voraussetzung für eine tragfähige Berufswahlentscheidung. Sie wird insbesondere durch Betriebspraktika unterstützt und gefestigt, die in der Anzahl und der Dauer flexibel gestaltet werden. Dadurch wird auch der spätere Übergang in die Arbeitswelt erleichtert. Die Schülerinnen und Schüler gewinnen durch die Betriebspraktika Sicherheit im Umgang mit neuen Situationen und Personen. Sie lernen, sich in die vorgegebenen Bedingungen der Arbeitswelt einzuordnen und die dort erforderlichen Arbeitshaltungen einzuüben. Gleichzeitig erhalten sie ein realistisches Bewährungsfeld für ihr emotionales und soziales Handeln, in dem sie Kooperations- und Kommunikationsformen sowie Konfliktlösungsstrategien in neuen Situationen erproben können.

Sonderpädagogische Förderung von Schülerinnen und Schülern mit Störungen im Bereich der emotionalen und sozialen Entwicklung erfolgt im berufsbildenden Bereich im gemeinsamen Unterricht, durch Kooperation von Sonderschulen mit beruflichen Schulen, in Sonderberufsschulen und in Berufsbildungswerken.

Nach dem Übergang in den berufsbildenden Bereich kann die sonderpädagogische Förderung in Zusammenarbeit mit dem Betrieb, der Jugendberufshilfe und anderen Partnern die bereits erlernten Fähigkeiten der Schülerinnen und Schüler festigen, indem die neue Situation angesprochen, Einzelfallhilfe geleistet und die Eingewöhnungsphase in die neue Lernumgebung erleichtert wird.

Wenn die sonderpädagogische Förderung nicht durch Lehrkräfte einer beruflichen Schule erfolgen kann, die zugleich eine Lehrbefähigung für Sonderpädagogik besitzen, übernehmen sonderpädagogische Lehrkräfte diese Aufgabe oder tragen dazu bei, dass die Jugendlichen durch Bereitstellung und Koordination sonderpädagogischer Hilfen und durch interdisziplinäre Zusammenarbeit in bestmöglicher Weise gefördert werden.

Im berufsbildenden Bereich zielt die sonderpädagogische Förderung im Wesentlichen auf die Festigung erworbener emotionaler und sozialer Kompetenzen. Sie dient der Unterstützung Jugendlicher beim Erwerb der berufsbezogenen Kenntnisse und Fertigkeiten und bietet Hilfen in schwierigen Kommunikations- und Kooperationssituationen im Ausbildungsbetrieb. Die Zusammenarbeit der Lehrkräfte der beruflichen Schulen und der sonderpädagogischen Lehrkräfte mit den Ausbilderinnen und Ausbildern im Betrieb und mit der Arbeitsverwaltung ist unerlässlich.

Sonderberufsschulen für Erziehungshilfe, die auch an klinischen oder forensischen Einrichtungen eingerichtet sein können, ermöglichen Schülerinnen und Schülern eine Berufsausbildung. Sie arbeiten mit den entsprechenden Einrichtungen der Rehabilitation zusammen.

6. Regelungen für den Schulbesuch

Der Auftrag zur Individualisierung der Förderung ergibt sich aus den spezifischen Ausprägungen des Sonderpädagogischen Förderbedarfs des einzelnen Kindes oder Jugendlichen. Eine Unterrichtsführung und Erziehungsplanung, die die persönliche Weiterentwicklung und die sozialen und emotionalen Bedürfnisse der Schülerinnen und Schüler in besonderer Weise beachten und zum Ausgangs- und Zielpunkt von Unterricht machen, brauchen einen schulischen Gestaltungsrahmen, der auf die langfristige Stabilisierung ausgerichtet ist und auf aktuelle Herausforderungen reagieren kann.

Aus diesem Grunde werden bei Vorgaben bezüglich der Ziele und Inhalte, der Stundentafel, der Leistungsbeurteilung und Zeugnisgebung, der Versetzung, der Verlängerung der Schulpflicht sowie der Übergangsbestimmungen für weiter führende Schularten die vorhandenen Modifikationsmöglichkeiten genutzt.

Bei Leistungsanforderungen und -kontrollen sowie bei Prüfungen darf den Schülerinnen und Schülern aufgrund der Beeinträchtigung im Bereich des emotionalen Erlebens und sozialen Handelns kein Nachteil entstehen. Erforderlichenfalls ist ein Nachteilsausgleich zum Beispiel durch Zulassen oder Bereitstellen von Hilfen oder die Gewährung einer Zeitzugabe zu schaffen.

7. Zusammenarbeit

In der schulischen Förderung von Kindern und Jugendlichen mit Sonderpädagogischem Förderbedarf im Bereich des emotionalen Erlebens und sozialen Handelns sind im Interesse einer gemeinsam abgestimmten Erziehung und Bildung das Mitbestimmungsrecht der Eltern und die Verantwortung der Träger der Hilfemaßnahmen in besonderer Weise zu beachten. Alle Konflikte, insbesondere die zwischen Lehrkräften, Schülerinnen und Schülern und Eltern, stellen eine gemeinsam zu bewältigende Aufgabe dar.

Schulen für Erziehungshilfe oder entsprechende Unterstützungseinrichtungen arbeiten mit Kindertageseinrichtungen, verschiedenen Beratungsstellen und schulpsychologischen Diensten und Einrichtungen der Jugendarbeit zusammen. Dem Zusammenwirken mit der Jugendhilfe kommt hohe Bedeutung zu. Freizeitpädagogische Maßnahmen werden auch mit außerschulischen Trägern wie Kirchen und Vereinen vorbereitet und durchgeführt. Die Zusammenarbeit mit der Arbeitsverwaltung ist von der Schule möglichst frühzeitig zu planen und zu koordinieren. Durch die Zusammenarbeit zwischen allgemeiner Schule, Sonderschule, medizinischen und psychologischen Diensten sowie mit Kirchen und Vereinen werden den Schülerinnen und Schülern Möglichkeiten des Zugangs zur allgemeinen Schule eröffnet.

Die Kooperation zwischen Jugendhilfe und Schule erfordert

- persönlichen Kontakt zwischen Fachkräften aus beiden Bereichen,
- die Schaffung einer Struktur für eine verbindliche Zusammenarbeit,
- Rollenzuschreibungen für die Partner der Jugendhilfe und der Schule,
- gemeinsame Fortbildung,
- Transparenz vorhandener Angebote für die Eltern,
- eine effiziente Nutzung der Ressourcen durch Kooperation mit Trägern und Einrichtungen der offenen Kinder- und Jugendarbeit.

Die Grundlage der Zusammenarbeit ist gegenseitiges Vertrauen, das sich aus einer kontinuierlichen Gesprächsbereitschaft, aus persönlicher Wertschätzung, Akzeptanz und Toleranz und Respektierung der fachlichen Zuständigkeiten entwickelt. Der Austausch von Informationen und Erfahrungen bietet wesentliche Entscheidungshilfen; im Austausch von unterschiedlichen Sichtweisen können sich neue Möglichkeiten pädagogischen Handelns eröffnen.

Die Zusammenarbeit verschafft neue Handlungsmöglichkeiten und schließt Formen der Beratung ein. Beratungsgespräche machen es möglich, Probleme gemeinsam zu bewältigen, die die Beziehung zwischen Lehrkräften, Schülerinnen und Schülern sowie Eltern erschweren und die den Lernprozess beeinträchtigen. Die Beratungsqualität kann durch Fortbildung, Fallbesprechungen oder Supervision gesichert werden. Für die Beratung sind zweckentsprechende räumliche und zeitliche Voraussetzungen erforderlich.

8. Einsatz und Qualifikation des Personals

Die schulische Förderung von Kindern und Jugendlichen mit Sonderpädagogischem Förderbedarf im Bereich des emotionalen Erlebens und sozialen Handelns erfordert den Einsatz von sonderpädagogisch ausgebildeten Lehrkräften. Die Ausbildung dieser Lehrkräfte berücksichtigt die Breite und Struktur des gesamten Tätigkeitsfeldes.

Sie schließt neben der Fach- und Beratungskompetenz in diesem Förderschwerpunkt die notwendigen Wissensanteile aus dem Gesamtbereich der Erziehung und Unterrichtung von Schülerinnen und Schülern mit Sonderpädagogischem Förderbedarf ein, insbesondere im Bereich des sprachlichen Handelns und des Lernens.

Zur Sicherung und Weiterentwicklung der Qualität sonderpädagogischer Förderung ist regelmäßige Fortbildung erforderlich. Hierbei ist der Kooperations-, Beratungs- und Abstimmungsbedarf mit Fachkräften aus anderen Disziplinen und Institutionen zu berücksichtigen.

Die an der schulischen Förderung beteiligten Lehrerinnen und Lehrer sowie die Schülerinnen und Schüler reflektieren ihr eigenes Handeln und die Auswirkungen ihrer Handlungen auf das Beziehungsgeflecht. Hierbei ist eine Balance zwischen der Identifikation mit Problemen der Schülerinnen und Schüler und der notwendigen Distanz herzustellen. Regelmäßige Fallbesprechungen, themenspezifische Fall- und Dienstbesprechungen und Supervision ermöglichen es, Abläufe der Erziehungs- und Unterrichtsprozesse darzustellen sowie im Erfahrungsaustausch mit dem Kollegium Möglichkeiten der weiteren Gestaltung zu erarbeiten.

Die Persönlichkeit der Lehrkraft ist wesentlich für die Entwicklung der Beziehungen der Schülerinnen und Schüler zu Personen und Dingen. Die Lehrkräfte vermitteln durch ihre Haltung persönliche Orientierung. Sie bieten Schülerinnen und Schülern, die in Konflikten zu gesellschaftlichen Normen stehen, ihre Unterstützung bei der Entwicklung von Lebensperspektiven und der Übernahme gesellschaftlicher Normen und Werte an. Deshalb benötigen die Lehrkräfte wie die Schülerinnen und Schüler zusätzlich Angebote, die sich auf die Weiterentwicklung und Stabilisierung ihrer Persönlichkeit beziehen. Dazu gehören das Verständnis für plötzlich wechselnde und extreme Verhaltensänderungen, das Überprüfen und Relativieren eigener Erwartungshaltungen an das Handeln im sozialen und emotionalen Bereich, das Vertrauen in die Leistungsfähigkeit der Schülerin oder des Schülers, die Annahme der Schülerinnen und Schüler mit ihren vielfältigen Problemen, persönliche Zuwendung in belastenden Situationen, schließlich das Aushalten von Enttäuschungen und Rückschlägen.

9. Schlussbestimmung

Die Empfehlungen für den Unterricht in der Schule für Verhaltensgestörte – Beschluss der Kultusministerkonferenz vom 17. November 1977 – werden hiermit aufgehoben.

Sönke Asmussen
Ministerium für Kultus, Jugend und Sport Baden-Württemberg

Ruppert Heidenreich
Ministerium für Schule und Weiterbildung, Wissenschaft und Forschung des Landes Nordrhein-Westfalen

Empfehlungen zum Förderschwerpunkt emotionale und soziale Entwicklung

Drei Förderschwerpunkte – eine gemeinsame Untergruppe

Die KMK-Arbeitsgruppe hatte für die Förderschwerpunkte Lernen, Sprache, emotionale und soziale Entwicklung eine gemeinsame Untergruppe gebildet. Nach einer Phase des gemeinsamen Beginns und der weitgehend gemeinsamen Arbeit am Förderschwerpunkt Sprache konstituierten sich drei Untergruppen. Diese haben teilweise miteinander getagt, teilweise auch an Bausteinen der jeweils anderen Gruppen mitgearbeitet, letztlich aber für jeweils eigene Papiere verantwortlich gezeichnet.

Die Untergruppe mit dem Förderschwerpunkt emotionale und soziale Entwicklung hat zu Beginn ihrer Arbeit – bei einer weitgehenden formalen Bindung an die Struktur der bereits verabschiedeten Empfehlungen zu den anderen Förderschwerpunkten – durch eine Umfrage unter den Ländern eine Übersicht zu Organisationsformen der schulischen Förderung von Kindern und Jugendlichen mit Förderbedarf im Bereich der emotionalen und sozialen Entwicklung erstellt. Das Ergebnis war vor allem für die Darstellung des Kapitels „Formen und Orte sonderpädagogischer Förderung" von Bedeutung. Gleichzeitig konnten auch laufende Entwicklungen erfasst werden, um auf diesem Weg zu sichern, dass die Empfehlungen tatsächlich den aktuellen Entwicklungsstand repräsentieren.

Getrennte Förderschwerpunkte für Lernen, Sprache und emotionale und soziale Entwicklung oder ein gemeinsamer Förderschwerpunkt?

Viele Schülerinnen und Schüler, so wird immer wieder aus der Praxis berichtet, die im Bereich des Lernens sonderpädagogischen Förderbedarf haben, hätten auch Förderbedarf im Bereich der Sprache oder der emotionalen und sozialen Entwicklung, eine große Zahl der Kinder und Jugendlichen mit Förderbedarf im Bereich der emotionalen und sozialen Entwicklung bedürften zusätzlicher Hilfen beim Lernen oder kommunikativen Handeln und im Förderschwerpunkt Sprache würden die beiden anderen Förderschwerpunkte oft als ebenso notwendig erkannt. Die Schnittmenge der beobachtbaren Ursachen und die daraus folgenden Überschneidungen beim sonderpädagogischen Förderbedarf legten deshalb durchaus den Schluss nahe, zunächst eine gemeinsame Grundlage für alle drei Förderschwerpunkte zu bearbeiten und daran anschließend in drei eigenen Kapiteln nur noch auf Besonderheiten der einzelnen Förderschwerpunkte einzugehen.

Die Untergruppe hat diese Frage dem Plenum der KMK-Arbeitsgruppe vorgelegt. Diese entschied, es bei drei eigenen Förderschwerpunkten zu belassen. Ausschlaggebend war vor allem die Tatsache, dass es in allen Bundesländern eine formale Trennung dieser drei Sonderschultypen gibt. Inhaltlich wurde aber auch darauf verwiesen, dass gerade der Förderschwerpunkt emotionale und soziale Entwicklung ein außerordentlich breites Spektrum unterschiedlichster Förderansätze erfordert. Man könne diesem Förderschwerpunkt nicht durch einen allgemeinen Grundlagentext gerecht werden. Andernfalls würde die Beschreibung der Besonderheiten dieses Förderschwerpunktes weit umfangreicher als die beiden andern werden. Außerdem wurde eine Entfachlichung zu Lasten der spezifischen Förderung befürchtet.

Emotionale und soziale Entwicklung oder emotionales und soziales Handeln?

Eine weitere Schwierigkeit bestand in der Wahl der Benennung des Förderschwerpunktes. Die ausführliche Formulierung im Grundlagentext (Kap. III.2) wurde zwar fachlich als sehr differenziert bewertet, erwies sich aber als wenig griffig im Sinne einer Kurzformel. Die bisher in einzelnen Ländern gebrauchten kurzen Formulierungen wie verhaltensgestört, verhaltensbehindert, erziehungsschwierig, erziehungshilfebedürftig usw. entsprachen nicht mehr dem gewandelten Verständnis von sonderpädagogischer Förderung wie es im Grundsatzbeschluss der KMK vom 6. Mai 1994 verankert ist. Also entschied sich die Untergruppe zunächst für die Bezeichnung „Förderschwerpunkt emotionale und soziale Entwicklung" und griff damit auf die Formulierung im Grundsatzbeschluss zurück.

Die weitere Arbeit in der Untergruppe zeigte jedoch, dass im Bereich von Erziehung und Unterricht dieses Förderschwerpunktes – deutlicher vielleicht als in den Empfehlungen zu den anderen Förderschwerpunkten – der Schüler selbst Handelnder und aktiver Mitgestalter bei der sonderpädagogischen Förderung ist. Eine ganz ähnliche Diskussion wurde übrigens in der Untergruppe des Förderschwerpunktes Sprache geführt. Sie führte darauf hin den Begriff des sprachlichen Handelns ein. Im Bereich Sprache leuchtet die Formulierung schnell ein, da jede Kommunikation als Handlung erkennbar ist.

Im Bereich der emotionalen und sozialen Entwicklung ergibt sich zunächst ein (scheinbarer) Widerspruch, wenn man vom emotionalen und sozialen Handeln spricht. Die Untergruppe bevorzugte dennoch weiterhin den Begriff des emotionalen und sozialen Handelns. In der Untergruppe wurde hierbei stärker der handlungstheoretische Hintergrund (DEWEY/PIAGET) zur Begründung für die Formulierung emotionales und soziales Handeln heran gezogen. Die Formulierung spiegelte nach Auffassung der Untergruppe die Einheit von Denken, Fühlen, Wahrnehmen und Handeln wider. Damit wird emotionales und soziales Handeln begrifflich sehr weit gefasst und schließt die emotionale und soziale Entwicklung, das Fühlen, Wahrnehmen, Erleben und die Selbststeuerung ein. Insbesondere von Vertretern aus der Schulpraxis, denen der Text informell vorgelegt wurde, gab es zur Formulierung emotionales und soziales Handeln positive Rückmeldungen. Sie empfanden sie als sehr praxisnah, da sie ihre tägliche Arbeit bestätigte, nämlich die Förderung des emotionalen und sozialen Handelns ihrer Schülerinnen und Schüler.

Von Vertretern der Wissenschaft gab es an der Formulierung emotionales und soziales Handeln zum Teil Kritik. Die Bezeichnung sei missverständlich und lege darüber hinaus das Vorurteil nahe, dass diese Zielgruppe im kognitiven und leistungsbezogenen Bereich keinen Förderbedarf aufweise. Es wurde auch darauf hingewiesen, dass im ICD-10 (International Classification of Diseases, WHO 1994) zwischen Störungen des Sozialverhaltens und Störungen der Emotionen unterschieden werde, außerdem handele es sich um psychologisch unterschiedliche Ebenen.

Die langen Diskussionen führten im Plenum der KMK-Arbeitsgruppe zu einem Kompromiss: Die Überschrift blieb wie im Grundsatzbeschluss vom 6. 5. 1994 erhalten "Förderschwerpunkt emotionale und soziale Entwicklung". Im Text allerdings wird ab dem zweiten Satz durchgängig vom Förderschwerpunkt im Bereich des emotionalen Erlebens und sozialen Handelns gesprochen.

Zwischen Euphemismus und Klartext: Von welchen Schülerinnen und Schülern ist die Rede?

Die Schwierigkeit bei diesen Empfehlungen besteht vor allen Dingen darin, auf der einen Seite den Förderbedarf im Bereich des emotionalen Erlebens und sozialen Handelns so konkret wie möglich zu beschreiben, auf der anderen Seite aber auch ohne euphemistische Umschreibungen zu sagen, welche Verhaltensweisen bei diesen Schülerinnen und Schülern beobachtet werden.

In den Stellungnahmen der Wissenschaftler und der Verbände wurde teilweise eine Defizitorientierung des Papiers beklagt. Die Arbeitsgruppe hat dieses Argument im Hinblick auf den Grundsatzbeschluss der KMK vom 6. Mai 1994 sehr sorgfältig geprüft und nahezu alle Anregungen, positive Formulierungen zur Beschreibung der Fördermöglichkeiten zu wählen, aufgenommen. Aber die Arbeitsgruppe hat sich auch entschieden, konkret beobachtbares Verhalten im Klartext zu benennen. Hierbei hat sie sich auch von der Funktion einer KMK-Empfehlung leiten lassen: Die Empfehlung richtet sich an die Verwaltungen der Länder und beschreibt die Ziele und Aufgaben, Voraussetzungen, Bedingungen und Organisationsformen zur Förderung von Schülerinnen und Schülern mit dem Förderschwerpunkt im

Bereich des emotionalen Erlebens und sozialen Handelns. Es sollte und durfte keinen Zweifel darüber geben, um welche Schülerschaft es geht, welche konkreten Probleme zu bewältigen sind. Außerdem wird durch diese Form der Darstellung deutlich, welche Aufgaben von der Schule geleistet werden können und welche nur im Verbund mit anderen Institutionen leistbar sind. Im übrigen muss es eine Abgrenzung zu Schülerinnen und Schülern mit vorübergehenden schulischen Problemen geben, die in der Regel keinen sonderpädagogischen Förderbedarf haben, und für deren Hilfen zunächst die Allgemeine Schule zuständig ist.

Die Arbeitsgruppe hat eine sehr ausführliche Darstellung der pädagogischen Ausgangslage vorgenommen und sie in vier Ebenen beschrieben: persönliche Ebene, familiäre Ebene, schulische Ebene, gesellschaftliche Ebene. Dadurch wird das breite Spektrum an notwendiger sonderpädagogischer Förderung ersichtlich, das hohe Maß an Individualisierung und Flexibilität hinsichtlich der Förderorte, der Methoden und der Inhalte. Aus diesem Grund hat sich die Arbeitsgruppe auch entschieden, die gesellschaftliche Ebene nicht auszublenden. Hier wird deutlich, dass flankierende Maßnahmen die schulische Arbeit mit diesen Schülerinnen und Schülern unterstützen und dass die schulische Arbeit durch viele Faktoren beeinflusst wird, die nicht schulischen Gestaltungsmöglichkeiten unterliegen. Verwaltung kann damit den Empfehlungen deutlich entnehmen, in welchem Rahmen schulpolitische Entscheidungen getroffen und Schulentwicklungsplanung betrieben werden können.

Von der inneren Logik des Handelns der Schülerinnen und Schüler mit dem Förderschwerpunkt emotionale und soziale Entwicklung

Das Grundverständnis der Arbeitsgruppe von Beeinträchtigungen im emotionalen Erleben und sozialen Handeln war von der Überzeugung geprägt, dass diese Beeinträchtigungen keine feststehenden und situationsunabhängigen Tatsachen darstellen, sondern Entwicklungsprozessen unterliegen. Sie sind also nicht auf unveränderliche Eigenschaften der Persönlichkeit zurückzuführen, wie es z.B. die Formulierung vom verhaltensgestörten Schüler implizit festschreibt, sondern sind als Folge einer inneren Erlebens- und Erfahrungswelt anzusehen, die sich in Interaktionsprozessen im persönlichen, familiären, schulischen und gesellschaftlichen Umfeld herausbildet. Das Handeln der Schülerinnen und Schüler besitzt demzufolge eine innere Logik. Je mehr wir über diese innere Logik erfahren und wissen, uns in sie hinein fühlen, desto brauchbarer und wirksamer können Interventionen erfolgen.

Unterricht und Erziehung: ein gemeinsames oder getrennte Kapitel?

Im Kapitel Erziehung und Unterricht spiegelt sich ein Entwicklungsprozess der Arbeitsgruppe wider. Haben wir noch im Grundsatzbeschluss vom 6. 5. 1994 die Kapitel Unterricht und Erziehung unterteilt, so wurde bei fortschreitender Arbeit an den Empfehlungen für die einzelnen Förderschwerpunkte deutlich, dass die Trennung in Unterkapitel von Erziehung und Unterricht aus fachlichen Gründen nicht haltbar ist.

Unterricht und Erziehung sind nach unserer Auffassung besonders bei diesem Förderschwerpunkt untrennbar miteinander verknüpft. Unterrichtsangebote und Rahmenbedingungen, Organisationsformen, Methoden und die Lehrerpersönlichkeit wirken permanent zusammen. Pädagogische Interventionen können nur bei einer tragfähigen Schüler-Lehrer-Beziehung wirksam werden. Es war das Anliegen der Arbeitsgruppe, immer wieder den unterrichtlichen Zusammenhang vom Aufbau einer Beziehung, von individuellen Förderangeboten, von Maßnahmen zur Stärkung der Persönlichkeit der Schülerinnen und Schüler und der Unterstützung ihrer Entscheidungen für einen anderen Lebensweg, aber auch von klarer Wertorientierung und der Einhaltung von Normen und Regeln herzustellen.

Wichtig ist dabei, den Schüler selbst als Protagonist seiner Entscheidungen zu betrachten. Ohne seine eigenen Entscheidungen z.B. für oder gegen Normen und Regeln, für oder gegen Veränderungen, für oder gegen den Aufbau einer Beziehung können pädagogische Interventionen kaum wirksam werden. Die Übernahme von Verantwortung für das Handeln in der Gruppe und die Bereitschaft, Gemeinschaftsaufgaben zu erfüllen, sind wichtige Teilziele im Unterricht.

Die Arbeitsgruppe hat sich auch intensiv mit der Tatsache befasst, dass in allen Ländern wesentlich weniger Mädchen als Jungen Schulen für Erziehungshilfe besuchen. Dafür werden verschiedene Gründe genannt. Es erscheint jedoch notwendig, dass bei Mädchen mit dem Förderschwerpunkt im Bereich des emotionalen Erlebens und des sozialen Handelns sowohl bei der Feststellung des sonderpädagogischen Förderbedarfs die geschlechtsbedingte spezifische Situation einbezogen als auch für die Realisierung des Unterricht eigene Konzepte entwickelt werden.

Kooperation

Der Arbeitsgruppe war bewusst, dass das schulische Förderangebot nur ein Baustein der Förderung sein kann. Wesentlich mehr Zeit verbringen die Schülerinnen und Schüler außerhalb von Schule. Der Einfluss der Gruppe der Gleichaltrigen ist deshalb in der Regel auch weitaus höher einzuschätzen als der der Schule. Zeitgleich zur Förderung in der Schule sind – neben den Eltern – immer auch Experten aus anderen Disziplinen mit zum Teil eigenen Aufgaben und in eigener Zuständigkeit tätig. Die Zusammenarbeit mit Partnern wird deshalb in allen Kapiteln der vorliegenden Empfehlungen besonders gewichtet.

Durch das Kinder- und Jugendhilfegesetz (KJHG) gibt es für die Zusammenarbeit mit der Jugendhilfe einen rechtlich abgesicherten Rahmen. In der Anhörung zum Entwurf dieser Empfehlungen wurde der Einwand geäußert, dass für die erforderliche Zusammenarbeit ein enormer Zeiteinsatz erforderlich ist. Die Arbeitsgruppe hat sich deshalb darauf verständigt, die verschiedenen Kooperationsmöglichkeiten und -notwendigkeiten aufzuzeigen in der Hoffnung, dass die Länder den Rahmen für die erforderliche Zusammenarbeit zur Verfügung stellen werden.

Das gilt auch für andere unterstützende Maßnahmen. Niemand bestreitet, dass Schulsozialarbeit die schulische Arbeit gerade bei diesem Förderschwerpunkt wirksam unterstützen kann. Die Zusammenarbeit mit Therapeuten ist oftmals unabdingbar. Ebenso die Zusammenarbeit mit den am Ganztagsangebot Beteiligten.

Die Empfehlungen greifen alle in den Schulen praktizierten und viele in der Literatur beschriebenen unterstützenden Maßnahmen auf. Die Länder haben sie mit dem Beschluss dieser Empfehlungen als mögliche Unterstützung der sonderpädagogischen Förderung zur Kenntnis genommen.

Walter Spiess
Universität Kiel

Empfehlungen zum Förderschwerpunkt emotionale und soziale Entwicklung

Vorbemerkungen

Fachwissenschaftlerinnen und Fachwissenschaftler sind bereits zum Entwurf dieser „Empfehlungen zum Förderschwerpunkt emotionale und soziale Entwicklung" (im Folgenden kurz „Empfehlungen" genannt) um Stellungnahme gebeten worden.

Sie würdigen, soweit bekannt wurde, die Weiterentwicklung, die im Vergleich zu den „Empfehlungen für den Unterricht in der Schule für Verhaltensgestörte" (Beschluss der Kultusministerkonferenz von 1977) zu konstatieren ist, nämlich die Trendwende in der Organisationsstruktur der Sonderpädagogischen Förderung: weg vom Ausbau des Sonderschulwesens und hin zur flexiblen Organisationsstruktur verschiedener Formen und unterschiedlicher Orte. Ansonsten sind ihre Veränderungsvorschläge offenbar soweit als möglich eingearbeitet worden.

In Anbetracht dieser Ausgangslage stellt sich die Frage, wie ein fachwissenschaftlicher Kommentar gestaltet werden könnte, damit er einen nützlichen „Mehrwert" für die Adressaten erbringt.

Zielsetzung dieses Kommentars

Ein solcher Mehrwert könnte insbesondere in einer Empfehlung zu den „Empfehlungen" liegen: Wie wendet man diese „Empfehlungen zum Förderschwerpunkt emotionale und soziale Entwicklung" „richtig" an?

Auf der Suche nach einer Antwort dürfte die Klärung folgender Fragen nützlich sein:

– Inwieweit können die in den „Empfehlungen" enthalten Aussagen als „wissenschaftlich" gelten?

- Inwieweit sind ergänzende Aussagen zu wichtigen Aspekten sonderpädagogischer Förderung in diesem Bereich angezeigt?
- Inwieweit sind die Aussagen auf „gute" oder „effektive" und inwieweit sind sie auf „effiziente" Arbeit ausgerichtet?

Zur „richtigen" Anwendung der „Empfehlungen"

Die „Wissenschaftlichkeit" der Empfehlungen – und die daraus resultierenden Verantwortlichkeiten und Freiheiten bei deren „Anwendung"

Die vorliegenden Empfehlungen können – in Weiterentwicklung einer Idee von LYOTARD (1986) formuliert – als gemeinsame „Erzählung" einer Gruppe von Fachpersonen verstanden werden, die eine kollektive Vorstellung davon entworfen haben, wie die sonderpädagogische Förderung im Schwerpunkt emotionale und soziale Entwicklung künftig gestaltet sein sollte. Dabei musste diese „Erzählung" – so das bildungsförderalistische Gebot – von allen beteiligten Fachpersonen und durch sie vertretenen Länder als zutreffend erachtet werden. Präziser gesagt: Sie musste einstimmig verabschiedet werden.

Die „Erzählerinnen" und „Erzähler" selbst blicken typischerweise auf ein pädagogisches, insbesondere sonderpädagogisches Studium zurück, haben Schulerfahrung als Lehrperson und sind derzeit in der Schulverwaltung tätig.

Die „Erzählung" als solche setzt sich aus Aussagen zusammen, welche – grob klassifiziert – Faktenwissen, Ursachenwissen, Veränderungswissen sowie Handlungsanweisungen (z.B. „Für die Erhebung des Sonderpädagogischen Förderbedarfs werden Informationen aus folgenden Bereichen herangezogen: ..." beinhalten.

Die Terminologie scheint im Hinblick auf die Adressatengruppen gewählt: keine rein fachwissenschaftliche Sprache einer „Pädagogik bei Verhaltensstörungen/Erziehungshilfe", sondern eher eine allgemeinpädagogische, „schulpraktische", ja teilweise sogar umgangssprachliche – wie folgende Beispiele belegen:

Einer der zentralen Begriffe, nämlich der des Förderbedarfs im Bereich des „emotionalen und sozialen Handelns" ist im (fach-)wissenschaftlichen Sprachgebrauch nicht vorzufinden – wohl deshalb, weil Handeln immer zugleich auch von Affekten begleitet gedacht, ansonsten aber von Emotionen als eigener Kategorie unterschieden wird.

Gleichwohl könnte die Wahl des Begriffes „Handeln" dazu anregen, Kinder und Jugendliche auch in diesem Förderbereich nicht ausschließlich als „Opfer" von unkontrollierbaren „ Ursachen" zu sehen, sondern ihr Verhalten als die Art und Weise zu verstehen, in der sie versuchen, mit widrigen Bedingungen ihres Lebens fertig zu werden („subjektiv sinnvolle Anpassungsleistung", REISER 1999, 147).

Anstelle fachwissenschaftlicher Definitionen bzw. Klassifikationen von Verhaltensstörungen (Beispiele: die „Internationale Klassifikation psychischer Störungen" (ICD) der Weltgesundheitsorganisation; das „Diagnostische und Statistische Manual psychischer Störungen" (DSM) der American Psychiatric Association) werden narrative und typologisierende

Beschreibungen gegeben. Diese Art der Darstellung dürfte es den Adressaten (zunächst (Kultus-)Verwaltungen; dann auch Schulen, Ausbildungsstätten, Verbände; Eltern) erleichtern, sich den Personenkreis vorzustellen, der für eine sonderpädagogische Förderung in diesem Bereich in Frage kommt.

Nachdem diese narrativen Typologien aber nicht den wissenschaftlichen Definitionen der Ursachenforschung entsprechen, kann ein Bezug auf deren Ergebnisse keine wissenschaftliche Stringenz für sich beanspruchen. Wenn in den „Empfehlungen" gleichwohl Aussagen über Ursachenzusammenhänge gemacht werden, muss man ihnen wohl eher den Status von subjektiven Theorien zuschreiben. Sie sollten deshalb in der weiteren „Anwendung" auch nur als solche – wenn überhaupt – „gehandelt" werden.

Durch die gewählte Terminologie – so kann man verallgemeinern – verlieren die „Empfehlungen" zwangsläufig und prinzipiell an fachwissenschaftlicher Prägnanz; zugleich gewinnen sie dadurch – so darf man vermuten – an Verständlichkeit für einen größeren Personenkreis.

Die „Empfehlungen" beinhalten – als kollektive „Erzählung" – ganz unterschiedliche Aussagen, die insgesamt als Sammlung und Kombination im Sinne eines theoretischen und methodischen Eklektizismus verstanden werden können. Jede „Erzählerin" und jeder „Erzähler" dürfte etwas von dem an Fakten-, Ursachen- und Veränderungswissen sowie an Handlungsanweisungen eingebracht haben, was ihr oder ihm im Hinblick auf eine „gute" sonderpädagogische Förderung im Bereich der emotionalen und sozialen Entwicklung hilfreich und nützlich erschien. So gesehen kann nicht erwartet werden, dass die einzelnen Elemente, welche den Gesamttext ausmachen, in sich theoretisch konsistent oder praktisch miteinander kompatibel sind.

Vielmehr spiegelt die Pluralität dieser Elemente wohl die Pluralität wider, mit der GOETZE, MUTZECK, MYSCHKER, NEUKÄTER, PÜTTER, SPIESS, VERNOOIJ, WINKLER und WITTROCK als fachwissenschaftliche Vertreterinnen und Vertreter pädagogisch-therapeutische Erklärungs- und Handlungsansätze für Zwecke der Lehre darstellen (in „Verhaltensstörungen als Herausforderung", herausgegeben 1998 von WITTROCK im Namen des Wissenschaftlichen Arbeitskreises für die Pädagogik bei Verhaltensstörungen, DVN e.V.).

Aus metatheoretischer Perspektive betrachtet finden sich sowohl in den „Empfehlungen" als auch im eben genannten Lehrbuch-Text neben Elementen eines „klassischen" positivistischen, ursachenorientierten, individualisierenden und kategorialen Denkens Elemente eines konstruktivistischen, systemischen und lösungsorientierten Denkens.

Ein Unterschied besteht darin, dass in der fachwissenschaftlichen Darstellung Ansätze nicht „vermischt", sondern jeweils für sich dargestellt werden. Eine Gemeinsamkeit besteht darin, dass die Auswahl bezüglich der einzelnen Ansätze oder Elemente – wegen der fraglichen theoretischen Konsistenz sowie der fraglichen praktischen Kompatibilität – in die Verantwortung der Personen gestellt wird, die sich daran orientieren.

Weil es also nicht möglich erscheint, alles zugleich zu (be-)denken oder alles zugleich in die Praxis umzusetzen, bleibt der Spielraum, aus diesen „Empfehlungen" wiederum im Sinne eines theoretischen und methodischen Eklektizismus auszuwählen. Kriterium braucht dann nicht mehr der allgemeine Gültigkeitsbereich einer Theorie oder die in einer Vergleichsuntersuchung festgestellte Wirksamkeit einer Methode zu sein. Kriterium darf dann die aktuelle Brauchbarkeit und Nützlichkeit einer Theorie oder eines Handlungsmodells im Sinn des (gestalttherapeutischen) bon mots sein: See what works for you!

Aus einem solchen Verständnis heraus folgt unter moralisch-ethischer Perspektive die Verantwortung zur (Selbst-)Kontrolle in der Form von (Selbst-)Evaluation und von Anstrengungen im Hinblick auf Qualitätssicherung.

Fehlende Aussagen? – Wozu ein Nachtrag nützlich sein könnte

Wenn die in den „Empfehlungen" getroffene Auswahl bestimmte Konzepte (die schon publiziert sind – oder die nach der Veröffentlichung dieser Empfehlungen erst noch entwickelt werden) vermissen lässt, dann kann dies mit der notwendigen Beschränktheit eines solchen Textes zumindest teilweise erklärt und zugleich als Aufforderung verstanden werden, sich durch das Studium aktueller Fachliteratur und durch die Teilnahme an Fort- und Weiterbildungsveranstaltungen auf dem Laufenden zu halten.

Gleichwohl sollen hier zwei Nachträge vorgenommen werden, weil sie von besonderer theoretischer wie praktischer Reichweite sein könnten. Der erste betrifft Entscheidungssituationen, in denen es um mehr als einen einzigen Förderschwerpunkt geht:

„Die Förderung von Kindern und Jugendlichen, die über den Sonderpädagogischen Förderbedarf im emotionalen oder sozialen Handeln hinaus in weiteren Förderschwerpunkten zu fördern sind, kann nicht über eine bloße Addition der einzelnen Förderbedürfnisse erreicht werden, sondern verlangt ein besonders hohes Maß an Kooperationsbereitschaft bei der Realisierung eines ganzheitlichen und integrativen Förderansatzes."

Diese Aussage zeigt, dass derartige Entscheidungssituationen in den „Empfehlungen" zumindest vorhergesehen werden. Gleichwohl wird im Verhältnis zur mutmaßlichen Häufigkeit und Komplexität solcher Entscheidungen samt aller praktischer Folgen wenig Orientierung gegeben. Allerdings hat sich auch die Fachwissenschaft dazu bislang kaum geäußert.

Deshalb sollen hier zwei Entscheidungshilfen – gewissermaßen „zur Probe" – gegeben werden:

Man könnte die Betroffenen fragen, in welchem oder welchen der Förderschwerpunkte zuerst eine erwünschte Veränderung eintreten sollte (Kriterium der Dringlichkeit, die insbesondere durch den aktuellen Leidendruck der Betroffenen bestimmt sein dürfte).

Man könnte „ Szenarien" oder Prognosen darüber erstellen, wie es wäre, wenn man zuerst in dem einen Förderschwerpunkt oder in dem anderen oder in beiden zugleich aktiv würde: Bei dem einen Kind und seinem Kontext wäre vorstellbar, dass eine vorrangige Förderung im Bereich der emotionalen und sozialen Entwicklung Fortschritte im Lesen, Schreiben oder Rechnen begünstigt, bei dem anderen Kind in seinem Kontext könnte es umgekehrt sein. Gegebenenfalls wären auch für beide Förderbereiche Maßnahmen mehr oder weniger gleichzeitig einzuleiten (Kriterium der mutmaßlichen Interdependenz von Förderbereichen).

Möglicherweise ist es mitunter entwicklungsförderlicher oder effektiver, wenn der Einschätzung der unmittelbar Betroffenen über das erfolgversprechendste Vorgehen (Kriterium der Akzeptanz durch die Betroffenen) Vorrang eingeräumt wird gegenüber der Einschätzung von Fachleuten (Kriterium der fachlichen Prognose).

Der zweite Nachtrag betrifft Kinder und Jugendliche im Kontext von Hyperaktivität und Aufmerksamkeitsstörungen.

Das Problem wird in den „Empfehlungen" benannt, und zwar auf der „schulischen Ebene". Gleichwohl könnte die Prävalenz derartiger Problemlagen sowohl in Schule als auch im Elternhaus, die damit verbundenen Belastungen in beiden Lebensbereichen sowie die zwischen Lehrkräften, Eltern und Ärzten oft kontrovers diskutierten medizinischen und pädagogisch-therapeutischen Möglichkeiten ein Anlass dafür sein, mittels „Empfehlungen" zumindest eine gewisse Vorsicht nahe zu legen – etwa wie folgt:

In jedem „Falle" mögen die vorgefundenen Vorstellungen, welche von einer monokausalen Verursachung wie zum Beispiel von einer (Stoffwechsel-)Krankheit oder einer singulären (Wahrnehmungs-)Störung ausgehen, die aktuelle diagnostische Praxis sowie die derzeit praktizierten Entscheidungen über medizinische und pädagogisch-therapeutische Maßnahmen (insbesondere im Hinblick auf Wirksamkeit, Risiken und Nebenwirkungen) kritisch hinterfragt werden. Möglicherweise liefern künftige Forschungsergebnisse zuverlässigere Entscheidungskriterien.

Die „Empfehlungen" als Maximalkonzept – und Abstriche, die für eine effiziente Praxis empfehlenswert sein könnten

Die „Empfehlungen" enthalten Aussagen unter anderem darüber, was man alles tun könnte, sollte und müsste. Sie scheinen auf eine „gute" und „effektive" sonderpädagogische Förderung ausgerichtet zu sein.

Angesichts der derzeitigen finanziellen und personellen Rahmenbedingungen würden Aussagen bezüglich der „Effizienz" von sonderpädagogischen Aktivitäten eine wichtige zusätzliche Orientierung geben. Allerdings hat die Fachwissenschaft in ihrer eigenen Diskussion dieses zunehmend wichtiger werdende Entscheidungskriterium bislang kaum berücksichtigt.

Gerade im Hinblick auf die Feststellung des Sonderpädagogischen Förderbedarfs kann man sich in jedem „Fall" neu fragen, welche von den diagnostischen Informationen, die man einzuholen plant, für die Entscheidung über die Form(en) und den Ort der Förderung voraussichtlich brauchbar und nützlich sein werden und welche nicht.

Vielleicht erweisen sich dann Aussagen wie die folgenden als Maximalforderung: „Bei der Darstellung der pädagogischen Ausgangslage muss so konkret wie möglich festgestellt werden, welche Entwicklungsprozesse und Interaktionsverläufe auf der persönlichen, familiären, schulischen und gesellschaftlichen Ebene beobachtet und erkundet werden, welches Verhalten wahrgenommen wird und welche möglichen Ursachen und Wechselwirkungen damit in Zusammenhang stehen." Oder: „Für die Erhebung des Sonderpädagogischen Förderbedarfs werden Informationen aus folgenden Bereichen herangezogen: ...". Oder: „Grundsätzlich ist eine interdisziplinär angelegte Diagnostik erforderlich ...".

Andererseits könnte sich die empfohlene Person-Umfeld-Analyse, wenn sie im Sinne von SANDER (1993) verstanden wird, zumindest für den Förderschwerpunkt emotionale und soziale Entwicklung als zu begrenzt und somit als ineffizient erweisen. SANDER schränkt die Person-Umfeld-Analyse auf das schulische Umfeld ein, „weil das außerschulische Umfeld eines Kindes, vor allem seine Familie, den schulischen Einflussmöglichkeiten weitgehend entzogen ist; und als Pädagogen tun wir besser daran, das schulische Umfeld, also unser eigenes professionelles Tätigkeitsfeld, aktiv zu verändern als über ein eventuell ungünstiges familiäres Umfeld zu lamentieren" (26).

Diese Einschätzung mag für die sonderpädagogische Förderung in anderen Schwerpunkten zutreffen. Für den Förderschwerpunkt emotionale und soziale Entwicklung haben insbesondere Sonderpädagoginnen und Sonderpädagogen, welche sich an systemischen Konzepten orientieren (z.B. BAESCHLIN 2000; PALMOWSKI 2000), berichtet, dass manchmal gerade durch Einbezug der Eltern, ggf. des allein erziehenden Elternteils, der ganzen Familie oder auch der peer group Ressourcen nutzbar gemacht werden, welche Entwicklungsprozesse im Bereich des emotionalen und sozialen Handelns begünstigten.

Die „ Empfehlungen" und ihre Zukunft

Der Text kann – als „Empfehlungen" proklamiert – zugleich als „up-date" eines Programmes verstanden werden, das Aussagen beinhaltet, die in gewissen Fachkreisen als in der Praxis derzeit „bewährt" gelten. Die „Empfehlungen" stellen jedoch kein Gesamtkonzept dar, dessen Wirksamkeit und Nützlichkeit bereits als Ganzes erwiesen wäre – sie können es aber noch werden.

Aussagen, die weitgehend „als in der Praxis bewährt" gelten, können als Heurismen genutzt werden. Orientiert man sich an derartigen Aussagen, so darf man hoffen, dass erwünschte Veränderungen und Entwicklungen mit grösserer Wahrscheinlichkeit oder schneller als sonst eintreten. Die Orientierung daran bietet jedoch keine Garantie auf Erfolg.

Vielmehr bleibt es die Aufgabe jedes Einzelnen, eines jeden Teams, eines jeden Förderzentrums usw., durch Beobachtung, Befragung und wechselseitigen Austausch abzuschätzen, inwieweit eine Orientierung an Aussagen dieser „Empfehlungen" die erwünschten Entwicklungsprozesse tatsächlich begünstigt – oder in welchen Punkten diese „Empfehlungen" auf die konkreten Gegebenheiten vor Ort umzuschreiben oder ganz allgemein fortzuschreiben wären.

Wenn man zum Schluss dieses Kommentars von einer fachwissenschaftlichen zu einer bildungssoziologischen Perspektive wechselt, dann erscheinen diese „Empfehlungen", ihr Entstehungsprozess und ihre Propagierung als ein weiteres Element der Organisationsentwicklung im förderalistisch verfassten bundesdeutschen Bildungswesen. Im Unterschied dazu versuchen andere Länder Europas Veränderungen des Bildungswesens zentralistisch und per Gesetz herbei zu führen.

Es wird spannend sein zu beobachten, wie diese „Empfehlungen" von den Adressaten aufgenommen und umgesetzt werden – und, vor allem, was die Kinder und Jugendlichen mit entsprechendem Förderbedarf durch ihre tatsächlichen Entwicklungen dazu „sagen".

Literatur

BAESCHLIN, M. und K.: Beratung von Jugendlichen und Eltern. In: Spiess, W. (Hrsg.): Die Logik des Gelingens: Lösungs- und entwicklungsorientierte Beratung im Kontext von Pädagogik. Dortmund 2000, 149–192

GOETZE, H.: Der personenzentrierte Ansatz: Die pädagogisch-therapeutisch orientierten Spielstunden mit Bernd. In: Wittrock, M. (Hrsg.): Verhaltensstörungen als Herausforderung: Pädagogisch-therapeutische Erklärungs- und Handlungsansätze. Oldenburg 1998, 62–82

LYOTARD, J.-F.: Das postmoderne Wissen. Wien 1986

MUTZECK, W.: Handlungstheoretischer Ansatz zur Explikation, Erklärung, Diagnose und Intervention bei Verhaltensstörungen. In: Wittrock, M. (Hrsg.): Verhaltensstörungen als Herausforderung: Pädagogisch-therapeutische Erklärungs- und Handlungsansätze. Oldenburg 1998, 177–207

MYSCHKER, N.: Interaktionspädagogischer Ansatz. In: Wittrock, M. (Hrsg.): Verhaltensstörungen als Herausforderung: Pädagogisch-therapeutische Erklärungs- und Handlungsansätze. Oldenburg 1998

NEUKÄTER, H.: Ansatz der kognitiven Verhaltensmodifikaton. In: Wittrock, M. (Hrsg.): Verhaltensstörungen als Herausforderung: Pädagogisch-therapeutische Erklärungs- und Handlungsansätze. Oldenburg 1998, 83–99

PALMOWSKI, W.: Anders handeln. Lehrerverhalten in Konfliktsituationen. Dortmund 2000

PÜTTER, I.: Ressourcen und Lösungen: der Ansatz von M.H. Erickson. In: Wittrock, M. (Hrsg.): Verhaltensstörungen als Herausforderung: Pädagogisch-therapeutische Erklärungs- und Handlungsansätze. Oldenburg 1998, 119–137

REISER, H.: Förderschwerpunkt Verhalten. In: Zeitschrift für Heilpädagogik 50 (1999) 144-148

SANDER, A.: Kind-Umfeld-Diagnose: Ökologischer Ansatz in der Diagnostik. In: Pädagogisches Landesinstitut Brandenburg (Hrsg.): Lernort Schule, Heft 2, Kinder mit Förderbedarf. Ludwigsfelde 1993, 23-36

SPIESS, W.: Lösungs- und entwicklungsorientiertes Denk- und Handlungsmodell. In: Wittrock, M. (Hrsg.): Verhaltensstörungen als Herausforderung: Pädagogisch-therapeutische Erklärungs- und Handlungsansätze. Oldenburg 1998, 207–223

VERNOOIJ, M.A./WINKLER, U.: Systemischer Ansatz. In: Wittrock, M. (Hrsg.): Verhaltensstörungen als Herausforderung: Pädagogisch-therapeutische Erklärungs- und Handlungsansätze. Oldenburg 1998, 157–176

WITTROCK; M.: Ansatz der Lebensproblemzentrierten Pädagogik. In: Wittrock, M. (Hrsg.): Verhaltensstörungen als Herausforderung: Pädagogisch-therapeutische Erklärungs- und Handlungsansätze. Oldenburg 1998, 138–156

Gewerkschaft Erziehung und Wissenschaft Hauptvorstand

Die GEW ist die Bildungsgewerkschaft im DGB. Sie vertritt alle Berufe in Erziehung, Bildung und Wissenschaft. Dazu gehören z.Zt. auch über 25.000 Sonderpädagoginnen und Sonderpädagogen, die in allen Bereichen des Bildungswesens tätig sind. Zur innergewerkschaftlichen und berufspolitischen Interessenvertretung gibt es auf Bezirks-, Landes- und Bundesebene die Fachgruppe „Sonderpädagogische Berufe".

Seit den 80er Jahren engagiert sich die GEW für „eine Schule für alle Kinder":
„Jedes Kind ist unterschiedlich. Die Schule muss sich auf diese Unterschiede pädagogisch einlassen. Sie muss an die Lernvoraussetzungen jedes Kindes anknüpfen und seine Lernfortschritte beachten. Sie darf sich dieser Verpflichtung nicht durch Sortieren und Aussondern entziehen. Kinder können und sollen zusammen lernen, auch wenn an sie nicht - oder nicht zur selben Zeit - die gleichen Anforderungen gestellt werden können. Nur so kann die schulische Unterstützung der für das Leben in unserer Gesellschaft notwendigen sozialen Lernprozesse verwirklicht werden."
(Gewerkschaftstag 1980)

Das Konzept der Gemeinsamkeit von Menschen mit Behinderungen und allen anderen gilt in der GEW nach wie vor für alle Bildungseinrichtungen.

Zur Umsetzung fordert die GEW:

Kein Kind darf zum Besuch der Sonderschule gezwungen werden. Entsprechende Haushaltsvorbehalte in den Schulgesetzen der Länder sind aufzuheben.

Politik und Schulverwaltung müssen Rahmenbedingugen schaffen, die gemeinsamen Unterricht von Schülrinnen und Schülern mit und ohne Behinderung gewähleisten. Dazu gehört die entsprechende Vorbereitung der Lehrkräfte in Aus- und Fortbildung.

Die vorhandenen öffentlichen Mittel für Rehabilitation, für Jugendhilfe und Schule sind so zu bündeln, lass die Förderbedürfnisse aller Kinder und Jugendlichen berücksichtigt werden können.

Denn: Integration ist Menschenpflicht.

Venn Sie mehr über uns erfahren wollen,
ordern Sie kostenlos unsere neuesten Veröffentlichungen an:

- Integration ist Menschenpflicht. Memorandum zum 25-jährigen Jubiläum der Empfehlung des Deutschen Bildungsrates zur pädagogischen Förderung behinderter und von Behinderung bedrohter Kinder und Jugendlicher, September 1998
- Integration ist Menschenpflicht. Ein Reader zur gemeinsamen Erziehung und Bildung von behinderten und nicht behinderten Kindern und Jugendlichen, April 2000
- Ulf Preuss-Lausitz: Kosten bei integrierter und separater sondepädagogischer Unterrichtung. Eine vergleichende Analyse in den Bundesländern Berlin, Brandenburg und Schleswig-Holstein, März 2000

GEW

Empfehlungen zu Erziehung und Unterricht von Kindern und Jugendlichen mit autistischem Verhalten

Beschluss der Kultusministerkonferenz vom 16. 6. 2000

In Ergänzung zu den „Empfehlungen zur sonderpädagogischen Förderung in den Schulen in der Bundesrepublik Deutschland" – Beschluss der Kultusministerkonferenz vom 6. 5. 1994 – werden hiermit die „Empfehlungen zu Erziehung und Unterricht von Kindern und Jugendlichen mit autistischem Verhalten" vorgelegt.

1. Ziele und Aufgaben

1.1 Allgemeines

Die Förderung von Kindern und Jugendlichen mit autistischem Verhalten erfordert eine Erziehung und einen Unterricht, die sich auf alle Entwicklungsbereiche beziehen. Für eine aktive Lebensbewältigung in größtmöglicher sozialer Integration und für ein Leben in weitgehender Selbstständigkeit und Selbstbestimmung sind spezielle Eingliederungs- und Lernangebote erforderlich.

Sonderpädagogische Förderung hilft Kindern und Jugendlichen mit autistischem Verhalten bei ihrer Bewältigung von Schul- und Alltagssituationen und strebt als Bestandteil von umfassenden Eingliederungsmaßnahmen an, dass sie Zurückgezogenheit überwinden und Bildungsangebote annehmen können.

Einschränkungen und Störungen in der Einheit von Wahrnehmung und Motorik sowie in der Kommunikation bei Kindern und Jugendlichen mit autistischem Verhalten haben erhebliche Auswirkungen auf die Persönlichkeitsentwicklung und die Beziehungen zum sozialen Umfeld. Durch besondere Zuwendung können diese Kinder und Jugendlichen ihre Aktivitäten und Interessen erweitern, Sprache zur Interaktion nutzen sowie sich für andere Menschen, Sachverhalte und Gegenstände öffnen und Gemeinsamkeit erleben.

Sonderpädagogische Förderung hat zudem die Aufgabe, diesen Kindern und Jugendlichen zur Begegnung und Auseinandersetzung mit sich selbst, mit eigenen Wünschen und Vorstellungen in Familie, Schule, Freizeit, Beschäftigung und Arbeit sowie in der Gemeinschaft und in der Gesellschaft zu verhelfen. Die Kinder und Jugendlichen mit autistischem Verhalten sollen erfahren, dass sowohl in der menschlichen Begegnung als auch im Umgang mit Natur und Kultur ein erfülltes Leben möglich ist. Die Förderung soll anknüpfend an die individuellen Voraussetzungen zu einer selbstbestimmten Gestaltung des Lebens und zur individuellen Entfaltung in der Gemeinschaft sowie zur Wahrnehmung von Rechten und zur Erfüllung von Pflichten in der Gesellschaft beitragen.

Sonderpädagogische Förderung unterstützt und begleitet Kinder und Jugendliche mit autistischem Verhalten, die in ihrer geistigen Entwicklung schwer beeinträchtigt, aber auch hochbegabt sein können. Ihre Förderung ist Aufgabe aller Schulformen. Die Unterschiedlichkeit der Ausprägung der autistischen Verhaltensweisen erfordert eine individuelle Ausrichtung der pädagogischen Maßnahmen. Erziehungsziele, unterrichtliche Inhalte und Methoden müssen an der Individualität und an den pädagogischen Bedürfnissen des einzelnen Kindes oder Jugendlichen anknüpfen.

Das soziale Handeln von Kindern und Jugendlichen mit autistischem Verhalten ist stark beeinträchtigt; von Beginn der Förderung an müssen deshalb tragfähige Beziehungen aufgebaut werden. Das bedingt eine verstehende Haltung und Einstellung der schulischen Bezugspersonen, konsequente und verlässliche Rahmenbedingungen sowie ein intensives Einbeziehen der Eltern und der betreuenden Personen. Auf diese Weise ist es möglich, dass die Kinder und Jugendlichen mit autistischem Verhalten entwicklungsfördernde Beziehungen zu Personen und Sachen aufnehmen, sie annehmen und somit Strukturen des sozialen Handelns aufbauen können.

Die behutsame und Ängste überwindende Gestaltung der pädagogischen Situation mit anregenden und an der jeweiligen Erlebniswelt anknüpfenden Angeboten für das Kind oder den Jugendlichen steht im Vordergrund der anfänglichen unterrichtlichen und erzieherischen Bemühungen, die bei Bedarf als Einzelmaßnahmen beginnen können. Auf diesem Wege werden Möglichkeiten eröffnet, die den Kindern und Jugendlichen dazu verhelfen, in sinnbezogenen Aktivitäten durch Förderung der Wahrnehmung, der Motorik und der Sprache kognitive Strukturen sowie Bewegungs- und Interaktionsmuster zu entfalten. Dabei sind ein einfühlsames und verständnisvolles Verhalten der Lehrkräfte ebenso notwendig wie das Schaffen eines Raumes der Geborgenheit, in den sich das Kind oder der Jugendliche zeitweise zurückziehen und dort möglichst selbst entscheiden kann, neue Erfahrungen auch mit anderen machen zu wollen. So werden Hilfen zur Entwicklung der individuell erreichbaren Fähigkeiten und Fertigkeiten gegeben.

1.2 Pädagogische Ausgangslage

Bei Kindern und Jugendlichen mit autistischem Verhalten liegt eine tiefgreifende Entwicklungsstörung vor. Ihre Lebenssituation ist durch sensorische, motorische, emotionale und soziale Probleme erschwert. Von zentraler Bedeutung sind Beeinträchtigungen von Wahrnehmung und Motorik.

Ausprägung und Intensität des autistischen Verhaltens sind bei Kindern und Jugendlichen unterschiedlich. Dafür werden vielfältige, insbesondere neurologische Ursachen angenommen. Autistisches Verhalten ist in seinem jeweiligen Erscheinungsbild nicht unveränderbar, sondern durch Erziehung, Unterricht, Förderung und Therapie langfristig beeinflussbar. Die Anregung von Veränderungsprozessen geschieht unter Berücksichtigung der Persönlichkeitsentwicklung und des individuellen Förderbedarfs.

Sonderpädagogische Förderung knüpft grundsätzlich an die individuelle Ausgangslage des einzelnen Kindes und Jugendlichen an. Um die oft schwer zugänglichen tatsächlichen Fähigkeiten, Fertigkeiten und Stärken dieser Kinder und Jugendlichen zu erkennen, ist eine begleitende Diagnostik unverzichtbar. Differenzierte Förderangebote müssen dabei dem jeweiligen Entwicklungsstand sowie dem Erleben und Verhalten der Kinder oder Jugendlichen angepasst werden.

Autistisches Verhalten steht im Zusammenhang mit Beeinträchtigungen

– der kommunikativen Aufnahme-, Verarbeitungs- und Darstellungsfähigkeit,
– der Fähigkeit, ein Gegenüber zu erkennen und sich auf Beziehungen einzulassen,
– der Fähigkeit, Kommunikationsangebote zu verstehen,
– der Bereitschaft, Kommunikation und Interaktion zuzulassen und herzustellen,
– der Selbsteinschätzung und des Zutrauens,

- der Selbstbehauptung und der Selbstkontrolle,
- der Fähigkeit, sich auf Anforderungen einzustellen,
- des situations-, sach- und sinnbezogenen Lernens,
- der Durchhaltefähigkeit im Lernprozess,
- der Übernahme von Handlungsmustern,
- der selbstständigen Aufgabengliederung, der Planungsfähigkeit und des sachangemessenen und zielgerichteten Handlungsvollzugs.

Sonderpädagogische Förderung erschließt bei Kindern und Jugendlichen mit autistischem Verhalten durch sinnbezogene Aktivitäten konkrete sprachliche und kommunikative Handlungsmöglichkeiten. Es wird dabei vorrangig die weitgehende Gebundenheit des Lernenden an das Vorhandensein von Empathie und Halt gebenden Beziehungen berücksichtigt. Zudem sind die Notwendigkeit der Herausbildung kommunikativer Strategien, der Abbau von Ängsten und Irritationen vor allem im Blick auf Veränderungen und Abweichungen von Gewohntem sowie der Aufbau von Vertrauen, von Motivation und Offenheit für Neues zu beachten.

2. Förderbedarf

2.1 Besonderer pädagogischer Förderbedarf

Auf Grund ihrer veränderten Entwicklungs- und Lerngegebenheiten bedürfen Kinder und Jugendliche mit autistischem Verhalten im Unterricht besonderer pädagogischer Unterstützung. Unterricht wird dem besonderen Förderbedarf entsprechend eigens bestimmt und angepasst. Dabei werden die sich aus dem autistischen Verhalten und der besonderen Unterrichtssituation ergebenden Belastungen beachtet. Für die Kinder und Jugendlichen müssen annehmbare, auf die persönliche Erlebniswelt bezogene Körper- und Sinneserfahrungen sowie angemessene kognitive Lernangebote eröffnet werden. Es bedarf personenbezogener Anlässe, um Wahrnehmung aufzubauen und Emotionalität zu entfalten, Anpassungsbereitschaft zu fördern und Kommunikation in vielfältigen Ausdrucksformen einzuüben.

2.2 Sonderpädagogischer Förderbedarf

Bei den meisten Kindern und Jugendlichen mit autistischem Verhalten besteht Sonderpädagogischer Förderbedarf. Dieser kann für das einzelne Kind oder den einzelnen Jugendlichen durch das Zusammenwirken physiologischer, psychischer, erzieherischer und sozialer Faktoren bedingt sein. Es sind deshalb medizinisch-therapeutische, psychologische, pädagogische, soziale sowie pflegerische und technische Hilfen notwendig, ggf. mit der Unterstützung durch außerschulische Maßnahmeträger. Hierbei ist eine Abstimmung der verschiedenen Maßnahmen und Hilfen erforderlich, die es in ein pädagogisches Förderkonzept einzuarbeiten gilt. Erkenntnisse aus der bisherigen Förderung, gegebenenfalls Informationen über weitere Funktionsbeeinträchtigungen und Bedingungen des Umfelds bestimmen den individuellen Sonderpädagogischen Förderbedarf.

Die Kinder und Jugendlichen mit autistischem Verhalten sind auf interaktive Zusammenhänge angewiesen, die durch soziale und emotionale Signale erfahrbar sind und durch Reaktionen auf Emotionen anderer Menschen geübt werden können. Sie benötigen eine Förderung, die Anlässe schafft, Wahrnehmung und Emotionalität zu entwickeln sowie Anpassungsbereitschaft anzubahnen und Kommunikation in vielfältigen Ausdrucksformen einzuüben.

Kinder und Jugendliche mit autistischem Verhalten benötigen Menschen, die ihre individuellen Ausdrucksformen verstehen und die durch die Vermittlung von geeigneten Kommunikationsformen und durch angemessenen Umgang vertrauensvolle Beziehungen zu ihnen aufnehmen können. Dabei sind für die Bezugspersonen Kenntnisse über Ursachen, Erscheinungsformen und Auswirkungen des Autismus notwendig. Die Bezugspersonen zeigen den Kindern und Jugendlichen den Weg in die Umwelt und zu Menschen und Dingen auf und begleiten sie dabei. Von den Bezugspersonen ist daher auch bei scheinbarer Unnahbarkeit und aggressivem Verhalten, bei Distanzlosigkeit und gesteigertem Bewegungsdrang immer die Bereitschaft zur Zuwendung gefordert. Sensibilität für spezifische Ausdrucksformen, Vertrauen und Respektieren des Andersseins ermöglichen es dem Kind oder dem Jugendlichen, sich der Umwelt zu öffnen und mit ihr in Kontakt zu treten.

Aus dem Sonderpädagogischen Förderbedarf von Kindern und Jugendlichen mit autistischem Verhalten erwächst ein komplexes Aufgabenfeld der Förderung, das die Enwicklung der körperlichen und geistigen, der emotionalen und sozialen sowie der kommunikativen Fähigkeiten in allen Teilbereichen einschließt. Zu diesen Aufgaben gehören vor allem:

- Förderung der sensorischen Wahrnehmung und ihrer Verarbeitung in den Bereichen des Hörens, des Sehens, des Riechens, des Schmeckens, des Tastens, des Berührens, des Fühlens von Temperatur und Schmerz,
- Förderung der Körperwahrnehmung und der Wahrnehmung des Körperschemas sowie der Vorstellung vom eigenen Körper im Raum,
- Förderung der Grob- und Feinmotorik,
- Förderung der Selbstständigkeit und des sozialen Verhaltens,
- Aufbau von Verständnis für Mimik und Gestik und deren Gebrauch,
- Entwicklung von sozial-emotionaler Beziehungsfähigkeit, vor allem durch Aufbau von sozialem Handeln sowie Abbau von unangemessenem Kontaktverhalten,

- Entwicklung der Imitationsfähigkeit und des Beachtens gemeinschaftsbezogener Regeln,
- Entwicklung des sprachlichen Handelns einschließlich manueller Formen,
- Förderung von Interessen und Neigungen, von Freude und Erfolgserleben,
- Entwicklung von Handlungsfähigkeit durch Abbau von Ruhelosigkeit und gesteigertem Bewegungsdrang sowie durch Aufbau von Konzentration und Ausdauer,
- Minderung von Angstreaktionen und Angstzuständen sowie Entwicklung von Fähigkeiten zum Erkennen realer Gefahren,
- Lösen von Stereotypien und starrem Festhalten an nichtfunktionalen Gewohnheiten sowie an Ritualen und Beschäftigungen, Verminderung von selbstverletzendem Verhalten.

Der Sonderpädagogische Förderbedarf kann bei Erziehung und Unterricht auch ergänzende medizinisch-therapeutische Hilfen erfordern. Diese müssen in ein pädagogisches Gesamtkonzept eingebettet und in enger Zusammenarbeit mit den Eltern und den Diensten der unterschiedlichen Maßnahmeträger geleistet werden.

3. Feststellung des Sonderpädagogischen Förderbedarfs

Die Feststellung des Sonderpädagogischen Förderbedarfs umfasst die Erhebung des individuellen Förderbedarfs unter Berücksichtigung der Entwicklungs- und Lerngeschichte sowie die Entscheidung über den Bildungsgang und den Förderort. Die Feststellung des Sonderpädagogischen Förderbedarfs findet in der Verantwortung von Schule und Schulaufsicht statt, die entweder selbst über sonderpädagogische Kompetenz verfügen oder fachkundige Beratung hinzuziehen. Lernausgangslage und Lernentwicklung bei Kindern und Jugendlichen mit autistischem Verhalten werden durch eine begleitende Diagnostik geklärt. Der auf den Sonderpädagogischen Förderbedarf bezogene individuelle Förderplan wird in interdisziplinärer Zusammenarbeit unter Beteiligung der Eltern erstellt und fortgeschrieben. Die Feststellung des Sonderpädagogischen Förderbedarfs findet auf der Grundlage landesrechtlicher Regelungen statt.

3.1 Ermittlung des Sonderpädagogischen Förderbedarfs

Vielfältige Erscheinungsformen und häufig nicht erkennbare Ursachen erschweren die Diagnostik autistischen Verhaltens. In jedem Fall werden die Ergebnisse der Diagnostik anderer Fachdisziplinen berücksichtigt. Die Annahme autistischen Verhaltens beruht auf einer fachärztlichen Diagnose, auf freier und gebundener Verhaltensbeobachtung und auf einer

Anamnese und Exploration, bei denen Eltern, Lehrerinnen und Lehrer, Erzieherinnen und Erzieher, Therapeutinnen und Therapeuten einbezogen werden.

Bei der Ermittlung des Sonderpädagogischen Förderbedarfs erstellt eine Sonderschullehrkraft ein Gutachten, in dem im Rahmen einer Person-Umfeld-Analyse der Entwicklungsverlauf im sozio-kulturellen Umfeld dargestellt wird. Dabei wird der individuelle Entwicklungsstand in Bezug auf Kognition, Emotionalität und Sozialkompetenz einschließlich der Kommunikation und des Spracherwerbs erfasst. Außerdem werden die Ergebnisse der medizinischen Diagnostik berücksichtigt. Einbezogen werden ebenso die Beschreibung des Umfeldes und seine Veränderungsmöglichkeiten wie der räumliche Bedarf, die technisch-materielle Ausstattung sowie der therapeutische, sozialpädagogische und pflegerische Bedarf.

Für die schulische Förderung bedeutsame Informationen beziehen sich auf:

- Wahrnehmungsverarbeitung und sensomotorische Koordination,
- die Nahsinne Schmecken, Riechen und Tasten, die Fernsinne Sehen und Hören sowie die Tiefensinne Gleichgewicht, Wärme, Empfinden von Muskelspannung und Schmerz,
- Orientierung im Raum und hinsichtlich des eigenen Körpers,
- Bewegungsfähigkeit beim Liegen, Sitzen, Stehen, Gehen,
- Bewegungsfähigkeit beim Greifen, Halten, Loslassen,
- Raumvorstellung und zeitliche Strukturen,
- emotionale Befindlichkeit und Ausdrucksfähigkeit,
- Durchhaltevermögen und Ausdauer,
- Aneignungsweisen und Handlungskompetenzen,
- lebenspraktische Fertigkeiten,
- körperliche und gesundheitliche Gegebenheiten,
- Interessen, Neigungen und Spielverhalten,
- spezifische Verhaltensweisen wie Stereotypien, Rituale, Ängste, zweckentfremdeter Gebrauch von Gegenständen,
- Lern- und Leistungsverhalten.

Im sonderpädagogischen Gutachten werden die Stellungnahmen der an der Diagnose und Förderung des Kindes oder des Jugendlichen beteiligten Personen berücksichtigt. Es wird der Schulaufsicht mit einer Empfehlung zur Entscheidung über die besonderen oder die sonderpädagogischen Fördermaßnahmen vorgelegt. Bei dieser Entscheidung finden Beachtung:

- Ergebnisse der Beratung mit den Eltern, ggf. mit dem Kind oder Jugendlichen und anderen Beteiligten,

– Fördermöglichkeiten der allgemeinen Schule oder der Sonderschule,

– Art und Umfang des Förderbedarfs,

– Verfügbarkeit des erforderlichen Personals,

– Vorhandensein technischer und apparativer Hilfsmittel sowie spezieller Lehr- und Lernmittel,

– baulich-räumliche Voraussetzungen.

3.2 Entscheidung über den Bildungsgang und den Förderort

Auf der Grundlage der Empfehlung und unter Einbeziehung der Eltern, bei Volljährigkeit der Schülerin oder des Schülers, entscheiden Schule und Schulaufsicht über den Bildungsgang und den Förderort.

Für Kinder und Jugendliche mit autistischem Verhalten gibt es keine eigene Schulart. Die sonderpädagogische Förderung kann in allgemeinen Schulen oder in Sonderschulen[1] erfolgen. Es müssen die notwendigen sächlichen, räumlichen und personellen Voraussetzungen gegeben sein. Sie sind im Vorfeld einer Entscheidung der Schulaufsicht im Zusammenwirken mit den Eltern, mit anderen Kostenträgern wie Schulträger, Krankenkasse, Pflegekasse, Sozial- und Jugendhilfe abzuklären. Alle Entscheidungen über den individuellen Sonderpädagogischen Förderbedarf erfordern eine Überprüfung in regelmäßigen Abständen.

4. Erziehung und Unterricht

Ziele und Inhalte von Erziehung und Unterricht gehen vom Entwicklungsstand, der Lebenssituation und dem Lernverhalten der Kinder und Jugendlichen mit autistischem Verhalten sowie dem jeweiligen Lerngeschehen aus. Erziehung und Unterricht sollen Möglichkeiten zur Selbstentfaltung eröffnen, damit sich die Betroffenen als handelnde Personen erfahren. Dabei sind Erziehung und Unterricht vor allem in den Bereichen zu verwirklichen, in denen die Kinder und Jugendlichen ihre Umwelt erfahren, soziale Beziehungen aufbauen und Fähigkeiten für eine sinngebende Lebensgestaltung entwickeln können.

Die Lernsituationen und Hilfen sollen dazu beitragen, dass die Kinder und Jugendlichen mit autistischem Verhalten sich selbst im Bezug zu ihrer Umwelt erleben, von stereotypen Verhaltensweisen zur sachgerechten und zweckbezogenen Eigentätigkeit gelangen und realistische Beziehungen zur Umwelt entwickeln. Der Unterricht bietet Gelegenheiten, die Isolation zu mildern oder aufzuheben, entwicklungsförderliche Beziehungen mit Personen und zu Gegenständen einzugehen sowie Formen des individuellen und sozialen Handelns aufzubauen.

[1] In den einzelnen Ländern gibt es unterschiedliche Bezeichnungen.

Es werden Lernsituationen geschaffen, die geeignet sind, Selbstvertrauen und Selbstwertgefühl der Kinder und Jugendlichen unter Anerkennung individueller Leistungsmöglichkeiten und Lerngrenzen zu stärken und Handlungsangebote auszuschöpfen und zu erweitern. Erziehung und Unterricht gelingen am besten auf der Grundlage einer verlässlichen Beziehung und wechselseitigen Vertrauensbildung. Die Halt gebenden Beziehungen und die Glaubwürdigkeit der Lehrkräfte sowie der Mitschülerinnen und Mitschüler sind wichtige Voraussetzungen für neue Lernerfahrungen.

Diese Kinder und Jugendlichen benötigen vor allem zu Beginn der schulischen Förderung vertraute Bezugspersonen, feste Gruppen und klare Strukturen, um die individuelle Förderung sowie die Förderung in einer Gruppe zum Tragen zu bringen. Sie brauchen Bezugspersonen, die sie in ihren individuellen Ausdrucksformen annehmen und verstehen und ihnen Wege in die Umwelt und den Zugang zu anderen Menschen aufzeigen und sie dabei unterstützen. Wesentliche Voraussetzung für das Miteinander im Unterricht ist, dass die Lehrkräfte versuchen, das Phänomen Autismus für sich und andere zu erklären. Die Prinzipien der Individualisierung und Differenzierung, der Selbsttätigkeit, der Wiederholung und Übung, der Praxisnähe, der Kontinuität, der Ganzheitlichkeit sowie der Einsatz von entsprechenden Lehr-, Lern- und Arbeitsmitteln haben im Unterricht besondere Bedeutung. Die dafür notwendige sächliche und auch personelle Ausstattung erfolgt nach in den Ländern geltenden Regelungen.

Der Unterricht für Kinder und Jugendliche mit autistischem Verhalten orientiert sich am jeweilig festgelegten Bildungsgang. Die Bildungsinhalte müssen mit Blick auf den Entwicklungsstand und die Lernvoraussetzungen der Kinder und Jugendlichen vermittelt werden. Die Lehrkräfte berücksichtigen dabei die pädagogisch bedeutsamen Auswirkungen des autistischen Verhaltens, z.B. Vorlieben, Abneigungen, Angstverhalten, Stereotypien vor allem bei Bewegung und Spiel, insbesondere Alltagsrituale, Wahrnehmungsauffälligkeiten, Eigenart bei Spracherwerb und Sprachgebrauch, besondere emotionale Sensibilität und soziale Charakteristika.

Die Anforderungen des Unterrichts sind differenziert und überschaubar auf den Entwicklungsstand zu beziehen, Unterforderung ebenso wie Überforderung zu vermeiden. Im Unterricht bedarf es einer Strukturierung in individuelle Lernschritte und Sinneinheiten. Veränderungen des Lerntempos, des Umfangs des Lernstoffs, der Unterrichtsmethoden sowie des Einsatzes von Unterrichtsmaterialen erfolgen so, dass sie vom Kind oder Jugendlichem angenommen und bewältigt werden können. Für die meisten Kinder und Jugendlichen mit autistischem Verhalten sind besondere räumliche Ausstattungen bereit zu stellen. An ihrem vertrauten Lernplatz erleben sie Sicherheit, haben sie Möglichkeiten zum Rückzug in reizärmere Bereiche und können sie den noch nicht beeinflussbaren Zwängen der eigenen Arbeitsweise nachkommen.

Die Kinder und Jugendlichen mit autistischem Verhalten sind angewiesen auf einen geordneten, klar strukturierten und zwischen den Lehrkräften abgestimmten Unterricht. Mit Hilfe eindeutiger Lernvorgaben für die zu bearbeitenden Lerninhalte und unter Berücksichtigung des individuellen Lerntaktes und Zeitrahmens ist der Unterrichtsverlauf zu planen. Im Unterricht sind die Hilfen zur Kontaktaufnahme und zur Verständigung sowie für das Handeln von nachhaltiger Bedeutung. Bei der Abfolge der Anforderungen und der Lernschritte ist darauf zu achten, dass Problemverhalten und Fehlleistungen auf der Grundlage sorgfältiger Analysen vermindert werden. Die Lernsituationen sind so zu entwickeln, dass sich unmittelbar erfahrbare Lernerfolge ergeben.

Die Kinder und Jugendlichen müssen lernen, möglichst in einem Raum der Geborgenheit selbst entscheiden zu können, neue Erfahrungen zu machen, Vorstellungen auszubilden, intentionale Handlungen und nahe Perspektiven zu entwickeln. Dazu bedarf es der Unterstützung und Korrektur, der anhaltenden Anregung und Ermutigung durch die Lehrkräfte.

Im Unterricht sind je nach Bedarf Fördermaßnahmen anzubieten für

- die Wahrnehmung,
- die Motorik,
- das sprachliche Handeln,
- die Fähigkeit, Umwelt zu strukturieren,
- die lebenspraktischen Fertigkeiten,
- das Verständnis für Handlungsabläufe,
- das soziale Handeln und
- die Kulturtechniken.

Mündliche, schriftliche und praktische Aufgaben können wechselseitig ersetzt, die Bearbeitungszeit kann verlängert werden. Unterschiedliche Formen unterstützender Kommunikation können notwendig werden, um Nachteile aus Art und Schwere der Beeinträchtigung auszugleichen. Hierbei können Hilfen anderer Maßnahmeträger erforderlich sein.

Für Kinder und Jugendliche mit autistischem Verhalten kann auf Antrag die Schulbesuchszeit durch die Schulbehörde im Rahmen landesrechtlicher Regelungen verlängert werden, wenn zu erwarten ist, dass das angestrebte Bildungsziel erreicht wird.

5. Formen und Orte sonderpädagogischer Förderung

Die Förderung von Kindern und Jugendlichen mit autistischem Verhalten erfolgt in unterschiedlichen Förderformen und an unterschiedlichen Förderorten, eigene Schulen gibt es für sie nicht. Zunehmend werden Formen der gemeinsamen Erziehung und Unterrichtung an unterschiedlichen Lernorten erprobt.

Zu Beginn der schulischen Bildung kann Einzelförderung notwendig sein. Diese ist dann angezeigt, wenn angemessene individuelle Lern- und Arbeitsverhaltensweisen aufgebaut werden, um in einer Gruppen- oder Klassensituation bestehen zu können. In besonders begründeten Fällen können Einzelmaßnahmen auch im Hausunterricht durchgeführt werden. Frühförderung, aber auch beschäftigungs- und arbeitsorientierende Maßnahmen sowie lebensbegleitende Hilfen haben einen hohen Stellenwert.

5.1 Sonderpädagogische Förderung durch vorbeugende Maßnahmen

Frühe Hilfen sind für die Entwicklung von Kindern mit autistischem Verhalten von besonderer Bedeutung. Um zusätzliche Entwicklungsverzögerungen und Fehlentwicklungen zu verhindern, zu mindern oder weiter gehende Auswirkungen zu vermeiden, muss das autistische Verhalten so früh wie möglich erkannt werden. Die Förderung der Wahrnehmung, der Motorik, des emotionalen Erlebens, der Kommunikation, der Selbstständigkeit und der sozialen Kompetenz ist grundlegende Aufgabe der vorschulischen Erziehung. Sie zielt auf die Entwicklung der Gesamtpersönlichkeit und folgt in der gemeinsamen Tätigkeit von Kind und Erzieherperson dem Prinzip des Lernens durch Handeln.

Hierzu gehört es auch, situative und soziale Voraussetzungen zu schaffen, welche die Angebote in den nachfolgenden Bereichen in einem für das Kind sinnvollen und ganzheitlichen Zusammenhang verbinden:

- Bewegungswahrnehmung, -planung und -handlung, sensomotorische Koordination,
- Orientierung hinsichtlich des eigenen Körpers, der Raumvorstellung und der Zeitstrukturen,
- selbstständige Fortbewegungsmöglichkeit,
- selbstständiges Handeln,
- Kommunikation, Sprache und Sprechen,
- nichtlautsprachliche Ausdrucksmöglichkeiten,
- Spiel- und Sozialverhalten,
- emotionale Entwicklung,
- geistige Entwicklung,
- Aufbau des Selbstbewusstseins.

Alle Angebote sind in kindgerechte Spiel-, Erlebnis- und Bewegungsaktivitäten einzubeziehen. Dabei hängt die Wirksamkeit früher Förderung von der Art der Vermittlung ab. Frühe Förderung muss sich daher auf die Interaktion konzentrieren.

Erfolgreiche Frühförderung beruht auf engem und vertrauensvollem Zusammenwirken der Eltern mit allen beteiligten Personen und Institutionen. Das können sein: Ärzte, Therapeuten, Gesundheitsämter, sozialpädiatrische Zentren, Frühförderstellen, Kliniken, sonderpädagogische Beratungsstellen, Kindergärten, Sonderkindergärten, schulvorbereitende Einrichtungen und andere Träger von Maßnahmen. In diesem Zusammenhang nehmen die Eltern eine gleichberechtigte Rolle neben den Fachleuten ein.

Frühförderung von Kindern mit autistischem Verhalten ist Bestandteil der allgemeinen Angebote im Kleinkind- und Vorschulalter. In den einzelnen Ländern gibt es dafür unterschiedliche Bezeichnungen und Zuständigkeiten.

5.2 Sonderpädagogische Förderung im gemeinsamen Unterricht

Kinder und Jugendliche mit autistischem Verhalten sollen weitgehend in den gemeinsamen Unterricht einbezogen werden. Durch Beobachtungslernen können alle Kinder und Jugendlichen ihre Verhaltensmuster in Sprache und in Kommunikation, in Bewegung und im Umgang miteinander erweitern und differenzieren. Die Lehrpläne der allgemein bildenden und der berufsbildenden Schulen sind Grundlage für den Unterricht. Die Leistungsbewertung erfolgt nach den in den einzelnen Ländern geltenden Regelungen.

Im gemeinsamen Unterricht werden die didaktischen Grundsätze des Unterrichts, vor allem Individualisierung und Differenzierung, welche die Arbeit mit Kindern und Jugendlichen mit autistischem Verhalten prägen, verwirklicht. Darüber hinaus sind in Unterrichtsvorhaben für die gesamte Schulklasse Ziele aufzunehmen, die sich aus den individuellen Lebenssituationen ergeben und das soziale Miteinander fördern. Die Interessen und Bedürfnisse der gesamten Lerngruppe sind zu berücksichtigen.

Das Aufgabenfeld der sonderpädagogischen Lehrkräfte im gemeinsamen Unterricht bezieht sich im Wesentlichen auf

- die Förderung der Bewegungs-, Wahrnehmungs- und Handlungsfähigkeit,
- die Förderung der kognitiven, emotionalen, sozialen und kommunikativ-sprachlichen Entwicklung,
- die Vernetzung mit anderen Diensten,
- die Aufstellung und Fortschreibung der Förderpläne.

Zu den Aufgaben aller Lehrkräfte gehören in diesem Zusammenhang

- die Kooperation miteinander und die Berücksichtigung sonderpädagogischer Belange im Unterricht,
- die Förderung des gemeinsamen Lebens und Lernens in der Schule,
- die Förderung der Kontakte zu Nichtbehinderten und zu anderen Kindern und Jugendlichen mit Beeinträchtigungen,
- die Förderung der Zusammenarbeit mit den Personen der Schule, die für Unterricht und Erziehung aller Kinder und Jugendlichen Verantwortung tragen,
- die Zusammenarbeit mit den Eltern und den Trägern von Maßnahmen.

5.3 Sonderpädagogische Förderung in Sonderschulen

Kinder und Jugendliche mit autistischem Verhalten, deren Förderung in einer allgemeinen Schule nicht ausreichend gewährleistet werden kann, besuchen Sonderschulen mit unterschiedlichen Förderschwerpunkten. Sonderschulen verfügen in der Regel über die konzeptionellen, personellen, baulich-räumlichen und sächlichen Voraussetzungen für eine ganzheitliche Lern- und Entwicklungsförderung. Sie beziehen im Einzelfall Hilfen anderer Maßnahmeträger ein. Unterricht und Erziehung werden auf die jeweiligen Bedürfnisse des einzelnen Kindes oder Jugendlichen abgestimmt und im pädagogischen Gesamtangebot für die Klasse verwirklicht.

Kinder und Jugendliche mit autistischem Verhalten können teils in allgemeinen Schulen, teils in Sonderschulen unterrichtet werden. Für sie bietet die Sonderschule zur Vorbereitung und Ergänzung des gemeinsamen Unterrichts die notwendige sonderpädagogische Unterstützung. Dies bedingt ein enges Zusammenwirken von allgemeinen Schulen und Sonderschulen.

5.4 Sonderpädagogische Förderung in kooperativen Formen

Zusammenarbeit kann in unterschiedlichen Formen erfolgen, von gemeinsamen Vorhaben wie Feste, Feiern, Schulleben, Projekte bis hin zum gemeinsamen Unterricht. Kooperative Formen der Förderung erschließen allen Beteiligten Möglichkeiten zur wechselseitigen Annäherung und zur Erfahrung von mehr Selbstverständlichkeit im Umgang miteinander. Die Begegnungen von Kindern und Jugendlichen kooperierender Schulen oder Klassen lassen soziale Beziehungen und Verständnis füreinander entstehen. Kinder und Jugendliche mit autistischem Verhalten sammeln Erfahrungen über den Raum von Familie und Sonderschule hinaus. Sie machen Erfahrungen in der gemeinsamen Umgebung, die eine Teilhabe am Leben im Rahmen der gesellschaftlichen Eingliederung und der Freizeitgestaltung erleichtern. Vielfach können die förderlichen Aspekte des gemeinsamen Unterrichts auch in kooperativen Formen zur Geltung kommen.

5.5 Sonderpädagogische Förderung im Rahmen von Sonderpädagogischen Förderzentren

Sonderpädagogische Förderzentren können als regionale und überregionale Einrichtungen den Förderschwerpunkt autistisches Verhalten einbeziehen. Sie können sonderpädagogische Förderung in präventiven, integrativen, teilstationären, stationären und kooperativen Formen möglichst wohnortnah und fachgerecht sicherstellen.

5.6 Sonderpädagogische Förderung im berufsbildenden Bereich, beim Übergang in die Beschäftigungs- und Arbeitswelt sowie in das Erwachsenenleben

Der Übergang aus der allgemein bildenden Schule in die Beschäftigungs- und Arbeitswelt oder in das Studium bedarf intensiver individueller Vorbereitung. Erforderlich ist eine enge Zusammenarbeit der Schule mit den Eltern, der Arbeitsverwaltung, den Betrieben, den Werkstätten für Behinderte, den beruflichen Schulen, den Kammern, den Fachdiensten zur beruflichen Eingliederung und anderen Einrichtungen, die sich der Aufgabe der Eingliederung dieser Personengruppe annehmen.

Auf die Förderung durch die allgemein bildende Schule folgt daher eine praxisorientierte Förderung als Vorbereitung auf die Berufs- und Arbeitswelt. Hierzu ist es notwendig, stets neue Formen der Qualifizierung zu erproben.

Sonderpädagogische Förderung in Sonderschulen, im gemeinsamen Unterricht und durch Kooperation mit beruflichen Schulen zielt, wie auch für alle Schülerinnen und Schüler gültig, auf die Vorbereitung auf das Erwachsenenleben, auf Beschäftigung und Beruf. Projekte und Praktika mit entsprechender fachpädagogischer Begleitung dienen der Eingliederung.

Über Bemühungen zur Eingliederung in Arbeit und Beruf hinaus soll die Vorbereitung auf das Erwachsenenleben die Jugendlichen befähigen,

- Freundschaft und Partnerschaft aufzubauen,
- sich allmählich von der Familie zu lösen und für sich möglichst selbstbestimmte Lebens- und Wohnformen zu finden,
- sich in der Öffentlichkeit angemessen zu verhalten sowie öffentliche Einrichtungen in Anspruch zu nehmen,
- Freizeit- und Erholungsangebote auszuwählen und zu nutzen,
- sich gegenüber der Natur verantwortungsbewusst zu verhalten.

6. Zusammenarbeit

Die besondere Situation der Kinder und Jugendlichen mit autistischem Verhalten macht eine Bündelung unterschiedlicher Kompetenzen und eine wechselseitige Verknüpfung der Förderangebote und -hilfen notwendig. Alle Bemühungen sind darauf auszurichten, die Lebensqualität für diese Kinder und Jugendlichen zu steigern. Die Erkenntnisse und Erfahrungen der Eltern hinsichtlich des Erlebens und Verhaltens des Kindes oder Jugendlichen auch außerhalb der Schule sind in die Förderung einzubeziehen. Andererseits müssen die Eltern über wichtige Entwicklungen der Kinder und Jugendlichen in der Schule informiert werden. Sorgfältige Beobachtung und genaue Beurteilung der Entwicklungsprozesse durch die Lehrkräfte tragen dazu bei, das autistische Verhalten besser zu verstehen und daraus angemessene Schlussfolgerungen für die Förderung zu ziehen. Gegenseitiger Austausch von Beobachtungen, Erfahrungen und Informationen über die Entwicklung verhilft zu einer ganzheitlichen und kontinuierlichen Förderung.

Bei Kindern und Jugendlichen mit autistischem Verhalten ist eine intensive und vertrauensvolle Zusammenarbeit zwischen den Eltern und dem Personal von Frühförderung, Kindergärten, Schulen, Ganztagsbetreuung, Heimen und Selbsthilfegruppen, Therapiezentren sowie der medizinischen Dienste erforderlich. An der Zusammenarbeit sind über die Schule hinaus unterschiedliche Maßnahmeträger beteiligt wie:

- Gesundheits-, Sozial- und Jugendämter,
- Arbeitsämter, Betriebe und Kammern,
- außerschulische Sport-, Freizeit- und Bildungseinrichtungen.

7. Einsatz und Qualifikation des Personals

Unterricht und Erziehung für Kinder und Jugendliche mit autistischem Verhalten verlangen spezifische Kompetenzen der Lehrkräfte, die der kognitiven, sprachlichen, sensorischen, motorischen, emotionalen und sozialen Entwicklung entsprechen müssen. Die Lehrkräfte benötigen Kenntnisse und Fähigkeiten, um die Erlebniswelt und Verhaltensweisen autistischer Menschen zu erkennen und zu verstehen. Unabdingbar sind das Wissen über Schweregrade und Ausprägungen autistischen Verhaltens und die Fähigkeit zur lautsprachlichen, nichtlautsprachlichen und unterstützenden Kommunikation. In die notwendig interdisziplinär angelegte Aus- und Fortbildung sind Erfahrungen aus der Förderung und Erkenntnisse der einschlägigen Wissenschaftsdisziplinen einzubeziehen.

Der Unterricht für Kinder und Jugendliche mit autistischem Verhalten ist grundsätzlich Aufgabe der Lehrkräfte aller Schulen. Die Eignung für diese Aufgabe setzt Aufgeschlossenheit und Befähigung für die besonderen Herausforderungen des Förderschwerpunktes autistisches Verhalten voraus. In pädagogisch-psychologischer und didaktisch-methodischer Hinsicht müssen die Belange autistischer Kinder und Jugendlicher berücksichtigt werden. Regelmäßige Teilnahme an – ggf. auch länderübergreifenden – Fortbildungsveranstaltungen ist notwendig.

Zur Erfüllung der besonderen Aufgaben von Erziehung und Unterricht sind unverzichtbar:

- Wissen über Erscheinungsbilder des Autismus und deren mögliche Auswirkungen auf die psychosoziale Entwicklung,
- Befähigung zu einer pädagogisch ausgerichteten Diagnostik,
- Kompetenz zur Einschätzung der Belastbarkeit von Kindern und Jugendlichen mit autistischem Verhalten,
- Anwendung didaktischer Grundsätze auf der Basis entwicklungspsychologischer Erkenntnisse und methodischer Maßnahmen unter dem besonderen Aspekt des Unterrichts von Kindern und Jugendlichen mit autistischem Verhalten,
- Kenntnisse und Erfahrungsaustausch über spezielle Lehr-, Lern- und Arbeitsmittel sowie Medien,
- Informationen über Zielsetzungen und Wirkungen verschiedener Therapien und Interventionen,

– Befähigung zu Gesprächsführung, Beratung und Zusammenarbeit,

– Befähigung, Beziehungen trotz erschwerter Bedingungen anzubahnen und aufrecht zu erhalten,

– Strategien zur Aufarbeitung psychischer Belastungen der Lehrkräfte.

8. Schlussbestimmung

Der „Bericht zur Förderung von Schülern mit autistischem Verhalten in der Bundesrepublik Deutschland", vom Schulausschuss am 1. 12. 1983 zustimmend zur Kenntnis genommen, wird aufgehoben.

Dieter Schwägerl
Sächsisches Staatsministerium für Kultus

Empfehlungen zur Förderung von Kindern und Jugendlichen mit autistischem Verhalten

Die Arbeitsgruppe „Sonderpädagogischer Förderbedarf" hat im Rahmen der KMK-Empfehlungen zur Sonderpädagogischen Förderung in den Schulen der Bundesrepublik Deutschland von der KMK den Auftrag erhalten, Empfehlungen zur Förderung von Kindern und Jugendlichen mit autistischem Verhalten zu erarbeiten.

Dies kann als Hinweis gewertet werden, der Bildung und Erziehung von Kindern und Jugendlichen mit autistischem Verhalten mehr Beachtung zu schenken. Damit wird der „Bericht zur Förderung von Schülern mit autistischem Verhalten in der Bundesrepublik Deutschland" vom 01.12.1983 aufgehoben. Die Publikationen der einzelnen Bundesländer zum Autismus wurden analytisch bewertet und um neue Sichtweisen und Erkenntnisse erweitert.

Die vorliegenden Empfehlungen sollen Aktuelles aufgreifen, Entwicklungen beschreiben und Wege aufzeigen, wie Bildung, Förderung und Erziehung von Kindern und Jugendlichen mit autistischem Verhalten erfolgreich gestaltet werden können.

Dabei stellen sich folgende Fragen:

- Wie sieht der Förderbedarf von Kindern und Jugendlichen mit autistischem Verhalten aus?
- Was sind die Inhalte von Unterricht und Erziehung?
- Wie kann diesen Kindern und Jugendlichen mit autistischem Verhalten bestmöglich in Erziehung und Unterricht entsprochen werden?
- Welche Partner, Einrichtungen, Dienste und Institutionen sind zu beteiligen, damit Unterricht, Förderung und Erziehung entwicklungsbegleitend gelingen?

Nicht alle Kultusministerien stimmten der Notwendigkeit derartiger Empfehlungen zu.

Auch aus diesem Grund waren die Mitglieder der Arbeitsgruppe anfangs unsicher, was als sonderpädagogische Förderung für junge Menschen mit autistischem Verhalten betrachtet werden kann. Wir waren umfassend bemüht, eigene Kenntnisse, Literaturstudien, Länderaussagen, pädagogische Erfahrungen und Urteile sowie bildungspolitische Schwerpunktsetzungen in die Arbeit einzubeziehen.

Die Bildungshoheit der einzelnen Länder der Bundesrepublik zwingt uns, auch einen möglichst breiten Konsens zu finden. Das wiederum fordert die wissenschaftlichen Experten, Verbände, Vereine und Interessenvertretungen vereinzelt zum Widerspruch.

In der Bestimmung des Förderbedarfs für Kinder und Jugendliche mit autistischem Verhalten fanden wir uns in der Unterscheidung zwischen besonderem und Sonderpädagogischem Förderbedarf. Allein diese Erkenntnis hat deutlich gemacht, dass eigene Sichtweisen und die Sichtweisen der Arbeitsgruppe sich im Verlauf der Diskussionen veränderten.

Dem Rahmen der KMK-Empfehlungen folgend gliedern sich diese Empfehlungen in sieben Teile:

- zur pädagogischen Ausgangslage,
- zum Förderbedarf,
- zur Feststellung des Förderbedarfs,
- zu Erziehung und Unterricht,
- zu Formen und Orten sonderpädagogischer Förderung,
- zur Zusammenarbeit der an der Förderung Beteiligten und
- zum Einsatz und Qualifikation des Personals.

Pädagogische Ausgangslage

Die Betrachtung muss sich auf die Betroffenen, deren Erleben und Verhalten richten.

In den Empfehlungen werden pädagogisch relevante Gegebenheiten definiert. Bei Kindern und Jugendlichen mit autistischem Verhalten liegt eine tiefgreifende Entwicklungsstörung vor. Von zentraler Bedeutung ist die beeinträchtigte Wahrnehmungsverarbeitung einschließlich der Motorik.

Autistisches Verhalten steht im Zusammenhang mit einer Reihe von Beeinträchtigungen, die unter pädagogisch relevanter Sicht gesehen und verstanden werden müssen. Die von der Arbeitsgruppe erstellten Empfehlungen übersetzen aus der pädagogischen Ausgangslage heraus notwendige pädagogische Aufgaben und drücken deren Art und Qualität aus.

Förderbedarf

Die Arbeitsgruppe versuchte zu erfassen und zu beschreiben, was den Förderbedarf ausmacht. Die KMK stellte ein Verhältnis besonderen Förderbedarfs und Sonderpädagogischen Förderbedarfs zueinander dar. Es soll deutlich werden, dass es eines differenzierten und umfassenden Wissens und Verständnisses von Förderung bedarf, um über Erscheinungen hinaus Hinweise zu geben, die Art und den Grad des Syndroms und den damit verbundenen notwendigen Förderbedarf erfassen.

Die Feststellung des Sonderpädagogischen Förderbedarfs erfordert eine hohe fachlich fundierte Leistung. In deren Ergebnis bestimmt die Verschiedenheit der kindlichen Bedürfnisse die Förderplanung und die Entscheidung über den Lernort.

Mit den Aussagen der Arbeitsgruppe zum Förderbedarf soll sich eine Reihe pädagogischer Wertvorstellungen und Orientierungen durchsetzen; unter anderem wie Sonderpädagogischer Förderbedarf abgesteckt werden kann.

Der KMK geht es um das Bemühen von Gültigkeiten, wenn man den Förderbedarf beschreibt. Sie verweist dabei auf die komplexen Bedarfs- und Aufgabenfelder.

Feststellung des Sonderpädagogischen Förderbedarfs

Die Arbeitsgruppe hat sich, trotz aller Erschwernisse, eine diagnosegeleitete Förderung zu eigen gemacht und dafür zu überprüfende Bereiche definiert. Auf der Grundlage einer Empfehlung und unter Einbeziehung der Eltern, so die KMK, entscheiden Schule und Schulaufsicht über den Bildungsgang und den Förderort. Darüber hinaus wird deutlich gemacht, dass alle Entscheidungen über den individuellen Förderbedarf und den Förderort eine Überprüfung in regelmäßigen Abständen erfordern. Alle getroffenen Aussagen und Ergebnisse mussen revidierbar sein.

Erziehung und Unterricht

Nach der Beschreibung des Sonderpädagogischen Förderbedarfs hat die Arbeitsgruppe Ziele, Inhalte und Aufgaben von Erziehung und Unterricht benannt. Diese Aufgaben werden in hohem Grade von Unterrichtserfahrungen bestimmt. Die Erfahrungen in Erziehung und Unterricht von Kindern und Jugendlichen mit autistischem Verhalten in allen Schularten bilden den Hintergrund für Darstellungen des Lehrens und Lernens.

Die KMK empfiehlt, wegen der nicht genügenden Berechenbarkeit des autistischen Verhaltens, sich um eine didaktisch-methodische, aussichtsreiche Vor- und Nachbereitung von Unterricht zu bemühen. Die Empfehlungen verstehen die Erhebung des Förderbedarfs als eine Ertüchtigung für die Herausforderungen in Erziehung und Unterricht.

Man erfährt, dass Lernsituationen zu schaffen sind, die sich dafür eignen, das Selbstvertrauen und Selbstwertgefühl der Kinder und Jugendlichen mit autistischem Verhalten zu stärken und Handlungsangebote auszuschöpfen.

Die unterrichtlichen Hinweise in den Empfehlungen beinhalten, dass mündliche, schriftliche und praktische Aufgaben eine zeitliche Verlängerung zur Erledigung erforderlich machen. Es wird auf den Einbezug anderer Maßnahmeträger und Nachteilsausgleiche nach landesrechtlichen Regelungen verwiesen.

Die KMK setzt auf Aktivitäten eigenen Wissen-Wollens und Wählen-Könnens, auf Menschen, die lebendig, zukunftsoffen und neugierig sind gegenüber dem, was Unterricht und Erziehung in der Schule anbieten.

Formen und Orte der sonderpädagogischen Förderung

Die Förderung von Kindern und Jugendlichen mit autistischem Verhalten umfasst unterschiedliche Förderformen und Förderorte. Nach Abstimmung aller Beteiligten soll aus den Erfahrungen heraus der geeignete Förderort gewählt werden.

Die KMK-Richtungsweisungen fordern daher ein plurales Angebot

- in präventiven Maßnahmen, so früh wie möglich,
- im gemeinsamen Unterricht an allgemeinen Schulen,
- in verlässlichen Sonderschulen,
- in kooperativen Formen und
- im berufsbildenden Bereich sowie beim Übergang in das Beschäftigungs- und Erwachsenenleben ein.

Es liegt ein Anspruch von Sonderpädagogik vor, die Förderung auf der Grundlage des individuellen Bedarfs im gesamten Schulwesen durchzusetzen.

Zusammenarbeit

Die Empfehlungen setzen in ihrer Neuorientierung zum autistischen Verhalten auf die Zusammenarbeit all der Partner, die den Sonderpädagogischen Förderbedarf zu erfüllen haben.

Es geht bei der Zusammenarbeit auch weit über Anteile von Unterricht und Therapie hinaus, es geht um das Gelingen des Lebens mit Autisten.

Qualifikation des Personals

Der Unterricht für Kinder und Jugendliche mit autistischem Verhalten wird und kann von Lehrkräften aller Schularten erteilt werden. Voraussetzung dafür sind ein hohes Maß an Eignung für diese Aufgabe und Befähigung für die besonderen Herausforderungen, die an diese Arbeit gestellt sind. Die Lehrkräfte benötigen Kenntnisse und Fähigkeiten, um Erleben und Verhalten autistischer Menschen zu verstehen. Das von der KMK vertretene Förderkonzept verlangt von den Lehrkräften:

- Ausrichtung am jungen Menschen mit autistischem Verhalten,
- Orientierung an seinem Lebensweg,
- Beachtung der Persönlichkeitsentwicklung,
- Handeln durch nächstmögliche Entwicklungsschritte.

Die Empfehlungen sollen ordnend wirken. Aus der Sicht der KMK heißt das,

- ein Förderangebot mit pädagogischen, psychologischen und therapeutischen Schwerpunkten aufzuweisen,
- eine interdisziplinäre Grundausrichtung zu teilen,
- zur regelmäßigen Kooperation bereit zu sein,
- vor Ort mit Gegenwartssinn präsent zu sein,
- am Bildungskonzept fortlaufend zu arbeiten.

Die Empfehlungen zur Förderung von Kindern und Jugendlichen mit autistischem Verhalten bieten Grundlagen, von denen aus die sonderpädagogische Förderung bestimmt und Prozesse und Wirksamkeiten entfaltet werden sollen. Das Anliegen der KMK ist, den Betroffenen trotz schwerer Behinderung, Bildung anzubieten.

Die Arbeitsgruppe wollte dazu nicht Allgemeinheiten formulieren, sondern auf Fragestellungen Antworten geben, weil Kinder und Jugendliche mit autistischem Verhalten bildbare und einmalige Persönlichkeiten sind.

Peter Rödler
Universität Koblenz - Landau

Einige grundlegende Überlegungen zur Förderung von Kindern und Jugendlichen mit autistischem Verhalten

Die Aufforderung einer Kommentierung der Revision der Empfehlungen zur Förderung von Kindern und Jugendlichen mit autistischen Verhaltensweisen soll hier nicht zum Anlass genommen werden, Überlegungen zu Formulierungen im Einzelnen anzustellen. Solche Empfehlungen können bei der Bandbreite autistischer Erscheinungsformen wie auch der in den jeweiligen Ländern bzw. von den jeweiligen Experten favorisierten Erklärungsmodelle und Handlungsempfehlungen nicht mehr sein, als eine mehr oder weniger additive Zusammenstellung der jeweiligen Aspekte der Problematik. Unter diesem Aspekt betrachtet führen die Empfehlungen die wesentlichen Informationen zusammen und sind so prinzipiell zu begrüßen.

Ich möchte deshalb die weitaus günstigere Position im Vergleich mit den Autorinnen und Autoren der Empfehlungen, hier alleine um einen Kommentar gefragt zu sein, nutzen, um der additiven Zusammenstellung von Hinweisen in den Empfehlungen eine konsistente pädagogische Sichtweise zum Autismus an die Seite zu stellen. Betrachtet man die Empfehlungen nun unter dieser Voraussetzung so findet sich dann dennoch Kritikwürdiges.

Bei genauerer Betrachtung der Empfehlungen unter dem Aspekt einer Suche nach einer möglicherweise doch vorhandenen Sichtweise zum Autismus zeigt sich in der Art der Zusammenstellung zwar nur implizit aber letztlich eben doch eine durchgehende Sichtweise des Autismus. So schreiten die Zusammenstellungen in der Regel von einfachen körper- bzw. wahrnehmungsbezogenen Aspekten fort, hin zu den komplexen Phänomenen wie der geistigen Entwicklung und dem Selbstbewusstsein (vgl. hierzu exemplarisch: 5.1 ‚Sonderpäd. Förderung durch vorbeugende Maßnahmen'). Es zeigt sich hier in Verbindung mit dem Autismus die Vorstellung einer Wahrnehmungsstörung, bei der die Pädagogik von der basalen Anregung der Wahrnehmungsverarbeitung hin zu komplexen Verhältnissen und letztlich sinnvollen dialogischen Bezügen voran schreitet (Pädagogisches Prinzip vom Einfachen zum Schweren). Der Hinweis, diese Angebote seien immer in einem sinnvollen ganzheitlichen Zusammenhang anzubieten, ist der Erkenntnis dieser technologischen Sicht geschuldet, ist aber, so allgemein erhoben, nicht in der Lage, die funktionalistische Sicht dieser Position aufzuheben.

Ich möchte entgegen dieser Sicht im Folgenden eine Position bestimmen, die grundsätzlich bei jedem Menschen von der Komplexität sprachlich-kultureller Beziehungen ausgeht (vgl. hierzu: RÖDLER: Menschen lebenslang auf Hilfe anderer angewiesen – Grundlagen einer allgemeinen basalen Pädagogik. Frankfurt 1993; Neuauflage 2000). Pädagogische Hilfe bietet in dieser Sicht nicht eine Vereinfachung der angebotenen Welt im beschriebenen Sinne, sondern eine für die jeweilige Schülerin/Klientin ausreichend mit pädagogischen Orientierungen versehene Welt. Die praktische Wirksamkeit dieser Position zeigen mir dabei die vielfältigen erfolgreichen Beratungen im Zusammenhang mit Autismus auf dem Hintergrund dieser Position.

Zum Personenkreis: autistische Verhaltensweisen versus Autismus?

Ein wesentliches Problem im Zusammenhang mit Aussagen zu Menschen mit autistischen Verhaltensweisen ist, dass dieses Syndrom, wie schon erwähnt, über eine außerordentlich große Bandbreite von Erscheinungsformen und Leistungsniveaus streut. Diese reicht von schwerst beeinträchtigten Autisten, die sich lebensbedrohlich selbst verletzen und in der Psychiatrie, als ‚untherapierbar' angesehen, oft erheblichen Zwangsmittel ausgesetzt sind, bis hin zu solchen, die zwar autistische Verhaltensweisen zeigen, aber dennoch genügend orientiert sind, um einem Unterricht auf gymnasialem Niveau zu folgen, wobei sie in ihren Fähigkeiten in Teilbereichen möglicherweise weit über dieses Niveau hinaus reichen können.

Vor diesem Hintergrund ist es müßig, eindimensionale Ratschläge für den Umgang mit Autismus zu entwerfen. Ist es aber der einzige Ausweg einer allgemeinen Aussage in dieser Situation ein Nebeneinander von Überlegungen wie in den Empfehlungen vorzustellen? Ich denke nicht. Der Grund für dieses Nebeneinander ist der Versuch direkte Hilfen zu geben: Beschreibungen von Wirkzusammenhängen, Vorschläge für die konkrete Arbeit... Diese fallen dann logischer Weise so vielfältig wie das Phänomen Autismus selbst aus. Ich möchte mich deshalb mit meinen folgenden Überlegungen weder auf mögliche Wirk verhältnisse beziehen noch möchte ich direkte Vorschläge für die Praxis machen. Ich möchte in meinen Ausführungen dagegen einige grundlegende Hinweise erarbeiten, die sich unabhängig von der genannten Bandbreite von Autismusformen und -niveaus auf die gemeinsame Bedeutung autistischer Verhaltensweiser insgesamt beziehen.

Schauen wir also auf das autistische Verhalten jenseits der Vermutung eines einheitlichen Grundes und einer einheitlichen pädagogisch-therapeutischen ‚Lösung' aber mit dem Ziel, eine einheitliche Bedeutung zu finden, die dieses Verhalten unter den verschiedensten Voraussetzungen sinnbildend macht. Ausgangspunkt hierfür ist mir weiterhin die Beschreibung der Kardinalsymptome von KANNER: Erstens die Unfähigkeit sich in der üblichen Weise auf andere Menschen zu beziehen (Selbstisolation) und zweitens ein ängstliches Beharren auf der Gleicherhaltung der Umwelt (vgl.: KANNER, L.: The specificity of early infantile autism. In: Zeitung der Kinderpsychiatrie 25/1958, 108). Allein in dieser Hierarchisierung und Strukturierung seiner Beschreibung des autistischen Verhaltens bezogen auf diese Kardinalsymptome zeigt sich KANNER unserer Unternehmung nach einem einheitlichen Verständnis autistischer Verhaltensweisen näher als das Nebeneinander heutiger Autismus-Checklisten.

Bei genauerer Betrachtung finden wir aber auch zwischen diesen beiden Kardinalsymptomen eine Hierarchie: Menschen unterscheiden sich untereinander so sehr, wie dies sonst im Tierreich in keiner Gattung vorkommt. Aber auch die einzelnen Individuen selbst ändern häufig ihr Aussehen (Kleider, Frisur ...) und ihr Verhalten, dies macht die Authentizität eines jeden menschlichen Individuums aus. Man könnte sagen: Das Kennzeichen der menschlichen Gattung ist es, dass sich die einzelnen Individuen einander jeden Tag neu gegenüber treten. Verbinden wir dies nun mit dem Wunsch nach extremer Gleicherhaltung der Umwelt, wie er von KANNER für Autisten beschrieben ist, so wird deutlich, dass diese Haltung direkt mit dem Wesen der anderen Menschen kollidiert, d.h. ein Mensch mit dem Wunsch nach Gleicherhaltung muss sich vor anderen Menschen zurück ziehen. So zeigt sich im Spiegel dieser Überlegungen die Gleicherhaltung der Umwelt primär und die Selbstisolation als eine sekundäre Folge.

Damit stellt sich nun die Frage, ob und in wie weit ‚Gleicherhalt der Umwelt' für Menschen eine besondere Bedeutung hat. Ich greife hier auf eine anthropologische Annahme zurück, die ich an anderer Stelle (Menschen lebenslang ... s.o.) ausführlich behandelt habe: die Annahme, dass sich die Menschen gegenüber den Tieren durch eine wesentlich größere instinktive Unbestimmtheit auszeichnen. In diesen Freiraum von biologischer Bestimmung hinein gestalten Menschen ihre gesellschaftlichen wie individuellen Bedeutungen von Welt, die in ihrem Wechselbezug letztlich das ausmachen, was man Kultur oder auch Sprache nennen kann. Diese Qualität der menschlichen Gattung ist aber auch gleichzeitig ihr Schicksal. So sind die Menschen ohne für sie verwertbare kulturelle Orientierungen als Ersatz für die mangelnde instinktive Orientierung primär einer für sie nicht zu strukturierenden Flut von Reizen (ca. 10^9/s) ausgesetzt. Finden sie hier keine – soziale (!) – Hilfe können Sie an dieser Wahrnehmungsüberflutung sogar sterben. Eine weitgehende Isolation von dem Raum menschlicher Begegnung, durch welchen Grund auch immer, trifft diese Kinder dabei nicht alleine psychologisch in ihrer Motivik, sondern gefährdet mit der Wahrnehmungsorganisation auch ihre gesamte organische Organisation: Isolation kann töten!

Nun sind aber in der Regel allererste Orientierungen über die primäre Versorgung doch verwertbar, so dass es in der Regel nicht zum totalen Zusammenbruch des Systems kommt. Auf der Basis solcher nur rudimentärer Orientierungen ist aber andererseits auch kein dynamisches, den – vor allem sozialen – Veränderungen der Welt gewachsenes psychisches System zu bilden. So dient das gesamte Trachten eines Menschen in dieser Lage dem Erhalt der brüchigen Orientierungsgrundlage: Änderungen werden wenn möglich unterdrückt, eigene stereotype und damit hoch geordnete Selbststimulationen als Orientierungshilfen in der ansonsten nicht verarbeitbaren Umwelt eingesetzt. Mit diesen Mitteln gelingt einem Menschen in dieser Lage damit eine, wenn auch brüchige Anpassung an die Umwelt. Stereotypien bis hin zu selbst verletzendem Verhalten verweisen dabei auf die Fähigkeit von Menschen, auf der Ebene minimaler gewonnener Bedeutungen und fort bestehender massiver Isolation, dennoch der Wahrnehmung eine minimale Orientierungsgrundlage zu bieten und so zumindest ihre Existenz zu sichern. So wird im Extremfall die Gleicherhaltung der Umwelt zur Bedingung der psychischen und physischen Existenz, wobei dieses Verhalten gleichzeitig den Erwerb der Kompetenz des Umgangs mit Neuigkeit durch das Leben in ‚Dauerordnungen' erschwert, wenn nicht verhindert.

Diese Überlegungen zum Wert des als ‚autistisch' bezeichneten Verhaltens zeigen die prinzipiell wesentliche Bedeutung dieses Verhaltens. Dabei ist zu bedenken, dass dieses in den seltensten Fällen den gesamten Lebensraum eines Menschen durchzieht. Weitaus häufiger findet dieses Verhalten der Selbstsicherung nur in den Fällen statt, in denen die Orientierungsgrundlage eines Menschen zusammenbricht oder verloren zu gehen droht. Hier zeigt sich mir nun der Übergang vom ‚Autisten' zum ‚Menschen mit autistischen Verhaltensweisen'. Dort wo die selbst erzeugten Ordnungen, Stereotypien, Rituale ... bis hin zu Selbstverletzungen praktisch den gesamten Weltzugang eines Menschen bestimmen, dieses Verhalten als dessen ‚Wesen' erscheint – wobei übersehen wird, dass dieses Verhalten eine Antwort auf eine inadäquate Umwelt ist (!) – sollte von Autismus gesprochen werden, was in unserem Zusammenhang keine (!) nosologische Gruppe, der ein gemeinsamer Wirkzusammenhang unterstellt werden kann, meint! In den ‚Fällen' in denen Menschen nur in bestimmten Situationen zeitweise zu einer autistischen Selbststabilisierung greifen, sollte dagegen von autistischem Verhalten gesprochen werden.

Aus diesen Grundüberlegungen zum Autismus ergeben sich die Hilfen für solcher Art selbst orientierte Menschen prinzipiell von selbst: es müssen für einen Menschen in seinem Lebensumfeld Orientierungshilfen gefunden werden, wobei das Finden dieser für einen Menschen verwertbaren Hilfen im konkreten Einzelfall häufig außerordentlich schwer ist, detailliertester Kenntnis über dessen Vorgeschichte und Lebensumstände sowie in der Regel auch einer kooperativen Beratung von mehreren Menschen aus dessen Lebensumfeld bedarf.

Dabei ist aber auch zu bedenken, dass diese so von außen gewährleisteten Ordnungen zwar eine hohe Sicherheit bieten, aber die Tendenz haben – und seien sie noch so gut gemeint –, selbst zu einem Stereotyp zu verkommen, während das oft geforderte Angebot einer ‚guten Beziehung' (s. die neuen Empfehlungen) in seiner ‚unendlichen Offenheit' keine orientierende Sicherheiten zu bieten in der Lage ist und damit keine verwertbare Begegnung gewährleisten kann.

Was bleibt ist,

- immer wieder von Neuem Vorstellungen und Ordnungen zu entwickeln, diese offen zu legen, sie zu verantworten, um sie dann, unter dem Eindruck der erlebten Begegnung, um so deutlicher verändern oder revidieren zu können,
- die mit einem ‚Autisten' gemeinsame Welt trotz aller unbedingt notwendigen (!) Angebote von Orientierungen, Stereotypien und Rituale jeden Tag neu zu erfinden, um so dem ‚Autisten' die Kraft seines Lebens in der Spur, die er in der gemeinsamen Welt hinterlässt, erfahrbar zu machen,
- in der Bereitschaft, die eigenen Grenzen zu überschreiten, dem ‚Autisten' immer wieder ein Modell zu bieten, die ängstigende Fremdheit von wirklicher Neuigkeit, d.h. Uner-

wartetem auf sich zunehmen, um in dem Umgang mit dieser die eigene Lebendigkeit entwickeln zu können.

Aus dem Zusammenhang meiner Überlegungen wird deutlich, dass diese Aufgabe niemandem allein – und schon gar nicht Eltern allein – zugemutet werden kann. Die Arbeit mit Menschen die mehr oder weniger große Teile Ihrer Welt nur über autistische Verhaltensweisen aneignen können ist damit grundsätzlich, wie in den Empfehlungen erwähnt, eine interdisziplinäre Aufgabe.

In der Folge dieser Überlegungen zeigt sich natürlich auch die außerordentliche Bedeutung früher Hilfen, da mit jeder dauerhaften Gewohnheit die Kompetenz Neuigkeit zu verarbeiten Tag für Tag ein Stück weiter reduziert wird, während jede gewonnene neue Orientierung ein Mittel ist, auch in der Zukunft Neuigkeit kompetenter verarbeiten zu können.

Die Bindung des ‚adäquaten Lernortes' eines Autisten an sein Bildungsniveau ist so gesehen, da es ja nicht um das Angebot einer vereinfachten Welt sondern um Orientierungshilfen in der vorhandenen Welt geht, sinnlos. Entscheidend ist alleine, ob die vorgesehene Institution den von mir angedeuteten kooperativen alltäglichen Forschungsprozess leisten kann.

Um diese Kompetenz im gesamten Schulsystem zu erweitern sind entsprechende Angebote in der Aus-, Fort- und Weiterbildung aller Lehrämter zu gewährleisten, wie auch für diese Arbeit begleitende Beratung, Hilfen und Supervision dringend zu wünschen sind.

Ich hoffe ich konnte in meinen Ausführungen die neuen Empfehlungen zur Förderung von Kindern und Jugendlichen mit autistischen Verhaltensweisen dadurch ergänzen, dass ich dem Nebeneinander der Empfehlungen ein diese Informationen strukturierendes Modell an die Seite gestellt habe. Zusammenfassend möchte ich nochmals betonen, dass es bei der pädagogischen Arbeit mit Menschen in jedem Fall immer um das Gesamt menschlicher Bezüge in einem gemeinsamen Handlungsraum geht, der nie nur auf Körper, Wahrnehmung oder Bewegung reduziert werden darf, und der letztlich für alle Beteiligten existenziellen Charakter hat.

Klaus Siml
Bildungsministerium des Landes Mecklenburg-Vorpommern

Reminiszenzen einer zehnjährigen Liaison

Es ist bekannt, dass die Bewertung und Beurteilung von vergangenen Ereignissen immer aus dem gegenwärtigen Erkenntnisstand und aus gegenwärtiger Sichtweise erfolgt. Viele Prozesse und Erscheinungen kann man aus heutiger Sicht anders beurteilen als es zum Zeitpunkt des Geschehens möglich war. Das fordert naturgemäß entweder Kritik oder Zustimmung heraus.

Die Beurteilung der Entwicklung der sonderpädagogischen Förderung nach der Wende kann daher nur aus der Sicht des Landes Mecklenburg-Vorpommern und aus der subjektiven Einschätzung meines persönlichen Werdeganges erfolgen. Eine Gesamtschau aller neuen Bundesländer kann damit nicht verbunden sein. Aus der Tatsache, dass die „Kulturhoheit" in der ehemaligen DDR zentral in Berlin lag, musste sich das Bewusstsein für eine „Kulturhoheit" in den einzelnen neuen Ländern erst entwickeln. Gemeinsamer Ausgangspunkt waren aber die Wurzeln im geschlossenen System der Sonderpädagogik der ehemaligen DDR. Die Entwicklung in den einzelnen neuen Ländern wurde nach der Wende vorrangig von den bildungspolitischen Vorstellungen der jeweils ersten Landesregierungen geprägt, auch im Bereich der Sonderpädagogik. Innerhalb dieses Rahmens nur war es möglich, Sach- und Fachkompetenz als Person einzubringen.

Der Prozess der Umgestaltung – strukturell und als Folge dann auch inhaltlich – wurde für die Vertreter der neuen Länder erheblich erleichtert und befördert durch den Umstand, dass zum selben Zeitpunkt die KMK den Auftrag erteilt hatte, für die alten Bundesländer eine Standortbestimmung der Sonderpädagogischen Förderung zu geben und Perspektiven für die weitere Entwicklung aufzuzeigen.

Es ist für mich eine angenehme Aufgabe, Bilanz über einen längeren Zeitraum der Zusammenarbeit von Fachvertretern aus 16 Bundesländern im Bewusstsein zu ziehen, dass das

Ergebnis der Zusammenarbeit (die verabschiedeten KMK-Empfehlungen) schon zum gegenwärtigen Zeitpunkt breite Akzeptanz gefunden hat. Die angenehme Aufgabe wird aber nicht einfacher, wenn das Phänomen des „Zusammenwachsens" eines Schulbereiches (die sonderpädagogische Förderung) beschrieben werden soll, der sich in zwei gänzlich unterschiedlichen Gesellschaftssystemen entwickelt hat. Dies kann nur gelingen, wenn man eine gemeinsame Grundüberzeugung hat, die außerhalb der politischen Zusammenhänge als Basis einer ergebnisorientierten Arbeit dient. Ich glaube, alle Beteiligten der Arbeitsgruppe, ganz gleich, aus welchem Bundesland sie kamen, hatten diese gemeinsame Basis.

Die Arbeitsgruppe der KMK „Sonderpädagogischer Förderbedarf" bestand aus den Fachreferenten für Sonderpädagogik der 16 Bundesländer. Die Zusammensetzung der Gruppe hätte von den persönlichen Werdegängen jedes Einzelnen nicht verschiedener sein können. Diese Damen und Herren, deren Gemeinsamkeit darin bestand, ihren persönlichen Einsatz und ihre Fähigkeiten in den Dienst der sonderpädagogischen Förderung zu stellen, bekamen den Auftrag, die Grundlagen der sonderpädagogischen Förderung auf den gegenwärtigen Stand der Entwicklung in der Bundesrepublik Deutschland zu bringen.

Den sach- und fachkundigen Vertretern der alten Bundesländer standen die Vertreter der neuen Bundesländer „gegenüber", welche sich anfangs auf Grund der ganz neuen und für sie unbekannten Rechtslage mit den Strukturen und zum Teil neuen Inhalten erst vertraut machen mussten.

Es war für uns, die wir aus einem zentral gesteuerten System der sonderpädagogischen Förderung der ehemaligen DDR kamen, anfangs sehr schwierig, unsere Fachkenntnisse in des bestehende System der alten Bundesländer mit ihren verschiedenen Zuständigkeiten der Länder und Kommunen, den verschiedenen Kostenträgern wie Bund, Land, Kreis, Kommune, Bundessozialhilfegesetz, Kinder- und Jugendhilfegesetz und andere Träger einzubringen. Bei der Erarbeitung des Grundlagenpapiers vom 6. Mai 1994 wurde heftig über vermeintliche fachliche Probleme bzw. Ansichten gestritten, die sich dann aber im Verlauf der Auseinandersetzung oft aus der jeweiligen unterschiedlichen bildungspolitischen Sichtweise und gewohnten Organisations- bzw. Rechtsform erklären ließen. Dies änderte sich grundlegend, als es galt, die einzelnen Förderschwerpunkte in den einzelnen Unterarbeitsgruppen auszugestalten. Hier konnten sich die Vertreter der neuen Bundesländer auch auf der Basis der inzwischen erworbenen Rechtssicherheit konstruktiv in den Erarbeitungs- und Gestaltungsprozess einbringen.

Die Ergebnisse, Erkenntnisse und sich daraus entwickelnden neuen Sichtweisen aus der fachlichen Auseinandersetzung mit den Vertretern aller Bundesländer fanden Eingang in die eigene Landesgesetzgebung.

Für mich war es erstaunlich, festzustellen, dass Menschen, die fachlich auf einer gemeinsamen Basis stehen und eine gemeinsame Muttersprache sprechen, oft sprachliche Verständigungsschwierigkeiten hatten. Dies äußerte sich nicht nur in der verschiedenen Begrifflichkeit für bestimmte Sachverhalte, sondern auch in der verschiedenen Ausdrucksweise und in der Art und Weise der argumentativen Auseinandersetzung.

Nun ist es sicher in der Wissenschaft und in anderen gesellschaftlichen Bereichen angebracht und nützlich, sich mit unterschiedlicher Terminologie abzufinden bzw. auseinander zu setzen. In einem Konsenspapier für 16 Bundesländer muss jedoch schon Klarheit über Begriffe bzw. Sachverhalte bestehen bzw. hergestellt werden.

In der fachlichen Auseinandersetzung mit meinen Kolleginnen und Kollegen aus den alten Bundesländern konnte ich unabhängig von bildungspolitischen Prioritäten in deren Bundesländern immer wieder Gemeinsamkeiten bei ihnen in folgenden Bereichen feststellen:

- Der Familienerziehung und der damit verbundenen Verantwortung der Eltern wurde ein hoher Stellenwert beigemessen.
- Daraus resultiert eine Skepsis gegenüber einer allzu großen Einflussnahme von staatlichen Institutionen auf die Erziehung und Bildung der Kinder und Jugendlichen.
- Sie zeigten sich alle als konsequente Anhänger des föderalen Prinzips und der damit verbundenen Kulturhoheit der Länder im Schulbereich.
- Sie versuchten, den Rahmen von Richtlinien bzw. Vorschriften möglichst weit zu stecken, um innerhalb dessen einen großen Spielraum für Varianten zu ermöglichen.

Dies alles stand der in der ehemaligen DDR geübten Praxis im Schulwesen diametral gegenüber. Für uns aus den neuen Bundesländern war es in der Vergangenheit tägliche Erfahrung und zum Teil auch Überzeugung, dass der Staat alles regeln kann und auch sollte. Ob wir es uns eingestehen wollten oder nicht, wir waren alle diesem Denkschema mehr oder weniger stark verhaftet. Es gelang mir erst im Verlauf der Zeit, auch bedingt durch den sich ständig erweiternden Kenntnisstand der neuen Rechtsnormen und demokratischen Verwaltungsstrukturen, die Balance zu finden, zwischen dem, was man erhalten und einbringen möchte und dem, was vorbehaltlos als innovative Verbesserung anerkannt werden konnte.

Oft bin ich mit der Bemerkung konfrontiert worden, warum wir (die Vertreter der neuen Bundesländer) die guten „Dinge" aus der Sonderpädagogik der DDR nicht übernommen haben. In dieser Frage oder diesem Vorwurf stecken zwei Problemkreise; zum einen müsste man klären, was in der DDR im Bereich der Sonderpädagogik erhaltenswert war und zum anderen, ob es objektiv möglich war, dies in das jetzige Rechtssystem zu integrieren.

Es ist zu überlegen, ob es möglich ist, strukturelle oder organisatorische Elemente aus einem diktatorischen Staats- und Schulsystem in einen demokratisch legitimierten Föderalismus übernehmen zu können. Das Prinzip der zentralen und besonders auch ideologischen Steuerung, wie sich das im Staatlichen Schulwesen der ehemaligen DDR darstellte, steht im Gegensatz zum Prinzip der Eigenverantwortung der Familien, Träger, Kommunen und Länder.

Eine Antwort auf diese Frage würde den Rahmen dieses Beitrages übersteigen und die Auseinandersetzung darüber unweigerlich zur Ideologisierung des Themas führen.

Aus dieser Überlegung heraus möchte ich nur anführen, dass in der ehemaligen DDR der Bereich der Frühförderung organisatorisch lückenlos mit dem Schulbereich zusammenarbeitete, dass der Übergang in die Berufs- und Arbeitswelt für jeden Schüler (speziell der ehemaligen Hilfsschüler) garantiert war und dass sich die Lehrerausbildung wesentlich praxisorientierter darstellte.

Im Laufe der letzten zehn Jahre steht für die Entwicklung der sonderpädagogischen Förderung in den neuen Ländern nach meiner Auffassung positiv Folgendes zu Buche:

- die Öffnung eines ehemals geschlossenen Sonderschulsystems nach allen Seiten,
- der flächendeckende Aufbau einer eigenständigen Schulart für Kinder und Jugendliche, die in der ehemaligen DDR „schulbildungsunfähig" waren,
- der neue integrative Ansatz bei der Förderung der Schüler mit sonderpädagogischem Förderbedarf,
- der zum Teil hohe technisch-materielle Einsatz im Bereich der körper- und sinnesbehinderten Schüler.

Ich bin überzeugt, dass die Qualität der pädagogischen Arbeit nicht nur abhängig ist von den rechtlichen und materiellen Rahmenbedingungen des Systems, sondern im Wesentlichen auch von der Einsatzbereitschaft und Kreativität der in diesem Bereich tätigen Personen. Daran hat es bei all denjenigen, die in der ehemaligen DDR dort tätig waren, nicht gemangelt. Die in diesem Bereich tätigen Personen (Erzieher, Lehrer und anderes Personal) hatten zur Bildungs- und Erziehungsarbeit von behinderten Kindern und Jugendlichen die nötige pädagogische und ethische Einstellung, ohne die eine erfolgreiche Arbeit nicht möglich ist. Diese Arbeit war zwar gesellschaftlich und ideologisch beeinflusst, deren Qualität darf aber nicht daran gemessen werden.

Es kann uns zum jetzigen Zeitpunkt optimistisch stimmen, wenn die Arbeit in einer Körperbehindertenschule in Schwerin, Rostock oder Neubrandenburg nach gleichen fachlichen und ethischen Grundsätzen erfolgt wie die in Würzburg, Frankfurt oder Berlin. Dies gilt für alle Bereiche der sonderpädagogischen Förderung. Ich bin froh darüber, dass ich in der Arbeit in der Arbeitsgruppe der Kultusministerkonferenz (KMK) und als Fachreferent im Ministerium meines Landes einen Teil dazu beitragen konnte.

Die Arbeit in der Arbeitsgruppe „Sonderpädagogischer Förderbedarf" der KMK war von Beginn bis zum erfolgreichen Abschluss des Auftrages von gegenseitigem Respekt und Anerkennung jedes Einzelnen gekennzeichnet. Dabei spielte es keine Rolle, aus welchem Bundesland diese kamen.

Der gemeinsame Auftrag zwang uns, sich fachlich umfassend mit allen Förderbereichen auseinander zu setzen, und das wurde so für mich zur intensivsten Fortbildung, die ich jemals kennengelernt habe.

Durch die anfangs wechselnden Tagungsorte in den einzelnen Ministerien bzw. speziellen sonderpädagogischen Einrichtungen bekamen wir Einblicke in Theorie und Praxis vor Ort und konnten selbst viele gute Hinweise und Impulse im eigenen Land umsetzen. Ich bedauere es sehr, dass diese fruchtbare und von ausgesprochen kooperativem Geist geprägte Zusammenarbeit beendet ist.

Die Art und Weise wie die einzelnen Entwürfe entstanden und bis hin zu einer von allen getragenen Fassung weiter entwickelt wurden, war für mich ein Ausdruck von föderalem Denken und praktischem Handeln, was ich so noch nicht kennengelernt hatte. Einen großen Anteil an der erfolgreichen Arbeit hatten auch die Leiter der Arbeitsgruppe, die es verstanden hatten, aus „nichtsonderpädagogischer Sicht" die Verhältnismäßigkeit der Mittel immer im Auge zu behalten und damit die sonderpädagogische Förderung als Teilbereich der gesamten schulischen Bildung und Erziehung in ihrer Wichtigkeit und Wertigkeit einzuordnen. Ganz besonders hervorheben möchte ich hier Herrn Christian Hannig aus Bremen.

Der Anteil jedes Einzelnen am Gelingen des Gesamtvorhabens war naturgemäß unterschiedlich, was in keiner Weise durch mangelnde Bereitschaft begründet war. Besonders beeindruckt haben mich die Mitglieder der „Redaktionskommission" die durch unermüdliche Arbeit an der jeweiligen letzten Fassung Stil und Ausdruck der Empfehlungen geprägt haben.

Ganz besonders möchte ich Herrn Dr. Hans Neugebauer, Blindeninstitutsstiftung Würzburg, und seinen Mitarbeitern danken, die stets außerordentlich hilfsbereite und freundliche Gastgeber der letzten Beratungen waren, und Frau Brigitte Lohmar von der KMK einbeziehen, die uns in allen Beratungen eine sach- und fachkompetente Unterstützung bei der Verbindung mit den Gremien der KMK war.

Ich bin der Meinung, es sollten Wege gefunden werden, diese Art von Gedankenaustausch in angemessenem Rahmen im Interesse der sonderpädagogischen Förderung in der Bundesrepublik Deutschland als festen Bestandteil weiterhin zu etablieren. Der Erfahrungsaustausch über die Ländergrenzen hinweg ist für mich ein wichtiger und unverzichtbarer Beitrag zur Qualitätssicherung der sonderpädagogischen Förderung.

Wenn ich das Bild vom „Zusammenwachsen von Ost und West" benutzen würde, dann trifft es für die zehnjährige Arbeit dieser Arbeitsgruppe zu, welche vom Respekt gegenüber dem Einzelnen und dem Willen aller geprägt war, etwas Gemeinsames zu entwickeln, in dem sich alle wiederfinden können.

In Erinnerung an diese zehnjährige fachlich und menschlich außerordentliche Zusammenarbeit möchte ich hier alle Beteiligte nennen:

Leiter der Arbeitsgruppe:

Hans Georg MEWS	Bremen
Christian HANNIG	Bremen
Dr. Gerhard SOMMER	Bayern

Mitglieder der Arbeitsgruppe:

Klaus WENZ	Baden-Württemberg
Sönke ASMUSSEN	Baden-Württemberg
Dr. Elmar SCHAAR	Bayern
Dr. Peter HÜBNER	Berlin
Brigitte SAFADI	Berlin
Dr. Peter SCHULZ	Berlin
Ute FEUER	Berlin
Katja SIEGER	Brandenburg
Dr. Martin RUDNICK	Brandenburg
Barbara KLEINERT-MOLITOR †	Bremen
Walter HURLING	Hamburg
Ernst HEIDE	Hessen
Klaus SIML	Mecklenburg-Vorpommern
Christa BURBAT	Niedersachsen
Dr. Peter WACHTEL	Niedersachsen
Hanns SCHEILEN	Nordrhein-Westfalen
Ruppert HEIDENREICH	Nordrhein-Westfalen
Hans SCHLICHTING	Rheinland-Pfalz
Hans-Walter HOFMANN	Saarland
Dieter SCHWÄGERL	Sachsen
Thekla JANNER	Sachsen-Anhalt
Max HAUPT	Sachsen-Anhalt
Hans MOHR †	Schleswig-Holstein
Christine PLUHAR	Schleswig-Holstein
Margitta URLAND †	Thüringen
Volker MENSCH	Thüringen
Brigitte LOHMAR	KMK Bonn

Anschriften der Autorinnen, Autoren und Herausgeber

Sönke Asmussen
Ministerium für Bildung, Jugend und Sport Baden-Württemberg
Schlossplatz 4, 70173 Stuttgart

Christa Burbat
Kultusministerium des Landes Niedersachsen
Schiffgraben 12, 30159 Hannover

Dr. Wolfgang Drave
Graf-zu-Bentheim-Schule
Blindeninstitutsstiftung
Ohmstr. 7, 97076 Würzburg

Prof. Dr. Walther Dreher
Heilpädagogische Fakultät – Universität Köln
Frangenheimstr. 4, 50531 Köln

Prof. Dr. Klaus-B. Günther
Institut für Behindertenpädagogik – Universität Hamburg
Sedanstr. 19, 20146 Hamburg

Christian Hannig
Der Senator für Bildung und Wissenschaft
Rembertiring 8–12, 28195 Bremen

Ernst Heide
Hessisches Kultusministerium
Luisenplatz 10, 65185 Wiesbaden

Ruppert Heidenreich
Ministerium für Schule und Weiterbildung, Wissenschaft und Forschung
Völklinger Str. 49, 40221 Düsseldorf

Dr. Norbert Heinen
Heilpädagogische Fakultät – Universität Köln
Frangenheimstr. 4, 50531 Köln

Prof. Dr. Gustav O. Kanter
Nauheimer Str. 5, 40221 Düsseldorf

Dr. Jürgen Münch
Heilpädagogische Fakultät – Universität Köln
Frangenheimstr. 4, 50531 Köln

Christine Pluhar
Ministerium für Bildung, Wissenschaft, Forschung und Kultur
des Landes Schleswig-Holstein
Gartenstr. 6, 24103 Kiel

Prof. Dr. Peter Rödler
Pädagogik für Behinderte – Universität Koblenz-Landau
Rheinau 1, 56075 Koblenz

Dr. Martin Rudnick
Ministerium für Bildung, Jugend und Sport des Landes Brandenburg
Steinstr. 104–106, 14480 Potsdam

Franz Rumpler
vds – Fachverband für Behindertenpädagogik
Ohmstr. 7, 97076 Würzburg

Dr. Elmar Schaar
Bayerisches Staatsministerium für Unterricht und Kultus
Salvatorstr. 3, 80333 München

Hans Schlichting
Ministerium für Bildung, Wissenschaft und Weiterbildung Rheinland-Pfalz
Mittlere Bleiche 61, 55116 Mainz

Prof. Dr. Ditmar Schmetz
Fachbereich Sondererziehung und Rehabilitation – Universität Dortmund
Emil-Figge-Straße 50, 44227 Dortmund

Frieder Schmitt
Klinikschule Freiburg – Universitätsklinik
Hauptstraße 8, 79104 Freiburg

Dr. Peter Schulz
Schule an der Strauchwiese
Lindenbergerstr. 12, 13156 Berlin

Dieter Schwägerl
Sächsisches Staatsministerium für Kultus
Carolaplatz 1, 01097 Dresden

Klaus Siml
Ministerium für Bildung, Wissenschaft und Kultur – Mecklenburg-Vorpommern
Werderstr. 124, 19055 Schwerin

Prof. Walter Spiess, Ph. D.
Institut für Heilpädagogik – Christian-Albrechts-Universität zu Kiel
Olshausenstraße 75, 24118 Kiel

Prof. Dr. Hans Stadler
Fachbereich Sondererziehung und Rehabilitation – Universität Dortmund
Emil-Figge-Straße 50, 44227 Dortmund

Dr. Peter Wachtel
Kultusministerium des Landes Niedersachsen
Schiffgraben 12, 30159 Hannover

Prof. Dr. Renate Walthes
Fachbereich Sondererziehung und Rehabilitation – Universität Dortmund
Emil-Figge-Straße 50, 44227 Dortmund

Prof. Dr. Alfons Welling
Institut für Behindertenpädagogik – Universität Hamburg
Sedanstr. 19, 20146 Hamburg

Heil- und Sonderpädagogik in der edition bentheim